JOHANN CASPAR BLUNTSCHLI

DAS MODERNE VÖLKERRECHT DER CIVILISIRTEN STATEN

ALS RECHTSBUCH DARGESTELLT

Elibron Classics
www.elibron.com

Elibron Classics series.

ISBN 1-4212-4582-5 (paperback)
ISBN 1-4212-4581-7 (hardcover)

This Elibron Classics Replica Edition is an unabridged facsimile of the edition published in 1878 by C. H. Beck, Nördlingen.

Dr. J. C. BLUNTSCHLI.

Président de l'Institut de Droit International.

1875 – 1877

DAS

MODERNE VÖLKERRECHT

DER

CIVILISIRTEN STATEN

ALS RECHTSBUCH DARGESTELLT

VON

Dr. J. C. BLUNTSCHLI.

Dritte mit Rücksicht auf die neueren Ereignisse bis 1877 ergänzte Auflage.

NÖRDLINGEN.

VERLAG DER C. H. BECK'SCHEN BUCHHANDLUNG.

1878.

Druck der C. H. Beck'schen Buchdruckerei in Nördlingen.

Anstatt des Vorworts

ein Brief

an Professor Dr. Franz Lieber in New-York.

Mein lieber Freund!

„Endlich bin ich wieder da“, und diess Mal nicht in der Gestalt des Meerschaums*), sondern in der ernsteren eines völkerrechtlichen Rechtsbuchs, dessen Namengebung und Einführung in die Welt ich Sie bitte, als Pathe beizustehen. Ihr glücklicher Gedanke, der amerikanischen Armee ein kurz gefasstes Kriegsrecht als Instruction ins Feld mitzugeben, und mit den Mahnungen des Rechts die wilden Leidenschaften des Kriegs möglichst zu zähmen,

---

*) Diese Anspielung wird durch folgende Stelle eines Briefes erklärt, den Professor Lieber am 23. August 1867 an Bluntschli geschrieben hatte: „Gestern wurde ich drollig und doch nicht unangenehm an Sie erinnert. Einer meiner Söhne ist in Neu-Mexico stationirt, volle 2500 Meilen von hier, ich meine englische Meilen. In einem Briefe, den ich gestern erhielt, sind die Worte: „Endlich ist Bluntschli wieder da“. Bluntschli? sagen Sie. Ich habe die Gewohnheit allen Gegenständen im Gebrauch Namen zu geben, und so haben auch die kleinen Meerschaumpfeifen, die ich mitunter rauche, ihre Namen. Eine heisst Sadowa; eine andere nannte ich nach Ihnen. Ich gab sie meinem Sohn beim Abschiede, und sie war auf dem langen, schwierigen und gefährlichen Marsche abhanden gekommen. Endlich aber, wie Sie sehen, ist Bluntschli wieder aufgetaucht in jenen fernen wilden Bergen Neu-Mexikos. Mein Sohn ist ungefähr 150 englische Meilen von Santa Fè“.

hat mich zuerst zu dem Vorsatze angeregt, die Grundzüge des modernen Völkerrechts in Form eines Rechtsbuchs darzustellen und Ihre Briefe haben mich ermuthigt, dieses Wagniss durchzuführen.

Ihre Kriegsartikel haben durch die Autorität des Präsidenten Lincoln eine amtliche Verstärkung erhalten, welche mein Rechtsbuch völlig entbehren muss. Dasselbe kann nur insofern Autorität gewinnen, als die heutige civilisirte Welt in ihm einen zeitgemässen und wahren Ausdruck ihres Rechtsbewusstseins erkennt, und die Macht auf die öffentliche Meinung achtet.

Meines Erachtens ist die neuere Rechtswissenschaft in einer Beziehung hinter den Fortschritten der Rechtspraxis zurückgeblieben. Sie hat ihre Blicke zu lange an der Vergangenheit haften lassen und darüber die Bewegung des Lebens nach der Zukunft hin aus dem Gesichte verloren. Die Wahrheit, dass das gegenwärtige Recht ein gewordenes und daher wesentlich aus der Vergangenheit zu erklären ist, bedarf der Ergänzung durch die andere Wahrheit, dass das gegenwärtige Recht zugleich ein werdendes und berufen ist, das fortschreitende Leben der Menschheit zu begleiten. Viele unserer rechtsgelehrten Collegen können sich nicht losmachen von der hergebrachten Vorstellung, dass das Recht ein unveränderliches starres System fester äusserer Gesetze sei, welche das menschliche Thun beschränken. Sie denken sich das Recht, wie eine Mauer und wie Spaliere, an welchen der Gärtner die rankenden Pflanzen anbindet, wie ein Messer, womit er die geilen Triebe wegschneidet. Nur schwer ringt sich die Wissenschaft zu dem tieferen Verständniss durch, dass das Recht eine lebendige Ordnung in der Menschheit, nicht eine todte ausser der Menschheit sei, dass nur das lebendige und nicht das todte Recht befähigt sei, mit den Völkern zu leben und fortzuschreiten. Am wenigsten passt jener falsche Gedanke eines an sich todten Rechts zu einer Darstellung des Völkerrechts, das überall noch nicht zu festem Abschluss gekommen, sondern noch in mächtiger unaufhaltsamer Bewegung begriffen ist. Das Recht des natürlichen Wachsthums der Völker und Staten, das Recht der Entwicklung der Menschheit, das Recht des fortschreitenden Lebens muss von der Wissenschaft unzweideutiger und entschiedener als bisher anerkannt und vertreten werden, wenn dieselbe ihre hohe sittliche und geistige Mission erfüllen soll, ihre leuchtende Fackel auf den Wegen der Menschheit voran zu tragen.

Die Rechtswissenschaft darf daher meines Erachtens nicht bloss die schon in frühern Zeiten zur Geltung gelangten Rechtssätze protokolliren, sondern soll auch die in der Gegenwart wirksame Rechtsüberzeugung neu aussprechen und durch diese Aussprache ihr Anerkennung und Geltung verschaffen helfen. Je empfindlicher der Mangel gesetzgeberischer Organe ist, welche für die Fortbildung des Völkerrechts sorgen, um so weniger darf sich die Wissenschaft dieser Aufgabe entziehn.

Freilich muss sie sich auch davor hüten, der Zukunft vorzugreifen. Sie darf nicht unreife Ideen als wirkliche Rechtssätze und selbst dann nicht verkünden, wenn sie ihre Verwirklichung in der Zukunft klar vorhersieht. Das Recht als ein lebendiges ist immer ein gegenwärtiges und unterscheidet sich dadurch sowohl von dem Rechte der Vergangenheit, das nicht mehr ist als von dem Rechte der Zukunft, das noch nicht ist. Vergangenheit und Zukunft leben beide nur insofern, als sie sich in der Gegenwart begegnen und fruchtbar verbinden.

In dieser Gesinnung habe ich, mein verehrter Freund, meine Arbeit aufgefasst. Die grossen Ereignisse des vorigen Jahrs, denen auch Sie mit so lebhafter Theilnahme gefolgt sind, haben mich in dieser Ueberzeugung bestärkt. Wir haben es damals in Deutschland erlebt, dass man im Namen eines veralteten und lebensunfähigen Bundesrechts die naturnothwendige Entwicklung der deutschen Nation zu einem politischen Volke mit aller Gewalt hat verhindern wollen. Allzu lange haben wir unter dem Missbrauch des Rechts zur Ertödtung des Lebens gelitten. Nachdem endlich, Gott sei Dank, jene falsche Autorität des todten Rechts durch die preussischen Siege gestürzt und für die Neugestaltung Deutschlands freie Bewegung erstritten worden ist, darf auch die deutsche Wissenschaft es nicht länger versäumen, das Recht der Entwicklung wie der Völker so der Menschheit offen zu vertreten.

Nach Ihrem Wunsche habe ich auch für eine französische Uebersetzung dieses Werks gesorgt. Dieselbe wird in Bälde ebenfalls im Druck erscheinen. Wenn sich das Buch, das den andern trefflichen Darstellungen des Völkerrechts keine Concurrenz machen, sondern dieselben durch den neuen Versuch einer gesetzähnlichen Formulirung ergänzen will, sich als brauchbar erweisen wird, so wird wohl auch eine Uebersetzung in englischer Sprache nicht ausbleiben.

So möge denn das Buch seinem freundlichen Pathen keine Schande machen, wenn es in die rauhe Luft des öffentlichen Lebens eintritt.

Heidelberg, im September 1867.

Ein zweiter Brief

an Professor Franz Lieber in New-York

als

Vorwort der zweiten Auflage.

Lieber Freund!

Seitdem dieses Völkerrechtsbuch in die Welt getreten ist, haben gewaltige Ereignisse Europa umgestaltet.

Mit frivolem Uebermuth wurde der furchtbare Krieg zwischen Frankreich und Deutschland begonnen. Die deutschen Siege aber haben den Sturz des Napoleonischen Kaiserthums und die Zurückweisung der französischen Ansprüche auf die Oberleitung in Europa, den Verlust von Elsass-Lothringen für Frankreich und den Wiedererwerb derselben für Deutschland, den Untergang des Kirchenstats, die Einverleibung Roms in das moderne Königreich Italien, und die Wiedergeburt des deutschen Kaiserreichs zur Folge gehabt.

Wir haben beide Gott gepriesen, dass er uns in höherem Alter noch vergönnt hat, die Erhebung nnd Einigung des deutschen Volkes und die Gründung des deutschen Reichs zu erleben. An uns ist das Wort wahr geworden: „Was die Jugend ersehnt, dess geniesst das Alter die Fülle."

Wir sind es auch wohl zufrieden, dass das heutige deutsche Kaiserreich ein ganz anderes ist, als das vormalige „römische Reich deutscher Nation" im Mittelalter. Der deutsche Kaiser erhebt nicht mehr, wie vormals der römische Kaiser, das anmassende Verlangen des imperium mundi. Er will nicht mehr über Italien regieren, noch über andere Völker und Staten eine Lebensherrschaft üben. Er erkennt vielmehr die volle Unabhängigkeit und Freiheit auch der andern Staten willig an. Die starke Bürgschaft, welche er dem Frieden der europäischen Welt gewährt, ist für diese keine Bedrohung, sondern nur eine Wohlthat.

Er weist auch die mittelalterliche advocatia ecclesiae von sich, und damit die Verflechtung mit der päpstlichen Politik. Er sichert vielmehr den verschiedenen Confessionen und Jedermann die Gewissens- und Geistesfreiheit, deren göttlich-menschliches Licht das Vaticanische Concil auszublasen vergeblich unternommen hat.

Wir wissen wohl, dass mit der neu erhobenen Stellung des deutschen Volkes die Pflicht desselben gegen die Menschheit gewachsen ist. Der barbarische Rassenhass ist uns fremd; wir erkennen es gerne an, dass auch die französische Nation sich grosse Verdienste um die Menschheit erworben hat und berufen ist, auch in der Zukunft wieder Bedeutendes zu leisten. Wir würden es für keinen Fortschritt halten, wenn wirklich, wie Manche besorgen, die französische Eitelkeit durch den deutschen Hochmuth verdrängt und ersetzt würde, denn jene weibliche Eigenschaft ist doch liebenswürdig und weniger verletzend als dieser männliche Fehler.

Die Mängel und die Schwäche des Völkerrechts sind aber in diesem Kriege in erschreckendem Masse offenbar geworden. Oft hat sich sogar bei Offizieren beider Armeen und selbst in hohen Kreisen und bei hochgebildeten Männern eine grauenhafte Unkenntniss des Völkerrechts gezeigt. Es sind viele Missgriffe gemacht worden, die sich nicht aus bösem Willen, auch nicht aus der rechtsverwirrenden Macht des Hasses oder dem aufflammenden Zorne allein erklären lassen, sondern sicher unterblieben wären, wenn die Kenntniss des Völkerrechts allgemeiner verbreitet wäre.

Es ist daher durchaus nothwendig, dass das Völkerrecht und insbesondere das Kriegsrecht und das Recht der Neutralen sorgfältiger als bisher in den Kriegsschulen gelehrt werde. Auch darf Europa mit Ehren nicht länger zögern, das amerikanische Vorbild nachzuahmen, und die wichtigsten Rechts-Vorschriften den Offizieren und Soldaten in scharfer Fassung als gedruckte Dienstinstruction mit zu geben. Der gewohnte biblische Unterricht in der Volksschule und im Hause wirkt in dieser Hinsicht eher schädlich als nützlich, weil in dem alten Testamente noch die Bilder einer barbarischen und überaus grausamen Praxis wie eine von Gott gewollte Nothwendigkeit dargestellt werden. Weder der veredelnde Geist des Christenthums, noch die moderne humanere Civilisation kommen zur vollen Geltung, wenn sie nicht schon in der Schule Beachtung finden.

Lassen Sie Sich auch diese zweite ergänzte Auflage willkommen sein.

Heidelberg, 1. Oct. 1872.*)

Von Herzen Ihr

Bluntschli.

---

*) Dieser Brief ist nicht mehr an seine Adresse gelangt. Wenige Tage nachdem er geschrieben war, brachte der Telegraph die unerwartete und schmerzliche Nachricht von dem Tode des trefflichen Mannes, in dessen Leben sich die Liebe zu dem angeborenen deutschen Vaterlande mit der Liebe zu seiner Adoptivheimat, den Vereinigten Staten von Amerika verbunden hatte. Vierzehn Tage nach dieser Nachricht erhielt ich noch seinen letzten Artikel in der Evening Post: „Religion and Law". Er führte darin den Gedanken aus, dass die Berufung auf den religiösen Glauben kein Hinderniss sei gegen die Geltung der als nothwendig erkannten Statsgesetze und vertheidigte die Wegweisung des Jesuitenordens aus dem deutschen Reiche als eine Massregel zum Schutze der Volksfreiheit und des religiösen Friedens.

Inhalt.

Einleitung.

Die Bedeutung und die Fortschritte des modernen Völkerrechts.

Seite

Grundlage des Völkerrechts 1

Bedenken gegen das Volkerrecht 2

1. Völkerrechtliche Gesetzgebung 3

2. Volkerrechtliche Rechtspflege 8

3. Angebliche Herrschaft der Gewalt 10

Anfange des Völkerrechts.

1. Im Alterthum 12

2. Im Mittelalter. Christenthum 13

Die Germanen 16

Aufleben des modernen Völkerrechts 17

Befreiung des Völkerrechts von religiöser Befangenheit 18

Schranken des Völkerrechts 20

Massregeln gegen die Sclaverei 21

Religiöse Freiheit 23

Gesantschaften und Consulate 24

Fremdenrecht.

Keine Isolirung der Staten 26

Gemeinschaft der Gewässer.

Freie Schifffahrt 28

Weltstrassen, Eisenbahnen, Post- u. Telegraphenverkehr 32

Vermittlung in Streitfällen.

Schiedsrichterliches Verfahren 33

Kriegsrecht.

Recht gegen die Feinde. Die Staten sind Feinde, nicht die Privaten 35

Feindliches Vermögen im Landkriege 40

Feindliches Vermögen im Seekriege 45

Die Neutralität 49

Das Recht der nationalen Entwicklung und der Selbstbestimmung der Volker 51

Seite

Rechtsbuch.

Buch I. *Begründung, Natur und Grenzen des Völkerrechts.* §§ 1—16 59

Buch II. *Völkerrechtliche Personen.*

I. Die Staten.

1. Statspersönlichkeit § 17—27 67
2. Entstehung und Anerkennung neuer Staten 28—38 72
3. Einfluss der Verfassungswandlung auf die völkerrechtlichen Verhaltnisse der Staten 39—45 77
4. Untergang der Staten, Abtretung von Statsgebiet, Einverleibungen, Statenfolge 46—61 80
5. Völkerrechtliche Eigenschaften der Staten.
   A. Handlungsfahigkeit 62. 63 87
   B. Souveränetät 64—80 88
   C. Rechtsgleichheit 81—94 96

II. Statensysteme.

1. Europäisches Gleichgewicht 95—100 102
2. Heilige Allianz 101—102 104
3. Pentarchie 103—107 106
4. Allgemeine Congresse 108—114 108

Buch III. *Völkerrechtliche Organe.*

I. Die Statshäupter.

1. Repräsentationsrecht der Statshäupter 115—125 113
2. Die Statshäupter als souveräne Personen 126—134 118
3. Vom Recht der Exterritorialität 135—153 121
4. Die Familiengenossen der souveränen Personen 154—158 . . 129

II. Andere Organe des völkerrechtlichen Verkehrs. Gesante.

5. Recht und Pflicht des völkerrechtlichen Verkehrs 159—169 . 131
6. Classen und Arten der Gesanten. Diplomatischer Korper 170—182 134
7. Anfang der diplomatischen Sendung 183—190 138
8. Persönliche Rechte und Pflichten der Gesanten 191—226 . . 140
9. Ende der diplomatischen Sendung 227—240 150

III. Von den Agenten und Commissären 241—243 . . . 155

IV. Von den Consuln 244—275 156

Buch IV. *Die Statshoheit im Verhältniss zum Land.*

Gebietshoheit.

1. Bedeutung, Erwerb und Verlust der Gebietshoheit 276—295 . 167
2. Grenzen des Statsgebiets 296—303 179
3. Oeffentliche Gewasser. Die Meeresfreiheit 304—316 . . . 183
4. Schiffsrecht 317—352 190
5. Von den Statsdienstbarkeiten 353—359 207

Buch V. *Die Statshoheit im Verhältniss zu den Personen.*

1. Schutz der persönlichen Freiheit 360—363 211
2. Von der Statsgenossenschaft 364—374 213

Seite

3. Hoheitsrecht und Schutzpflicht des States gegenüber seinen Statsgenossen im Ausland 375—380 219
4. Hoheitsrecht und Rechtsschutz gegenuber den Ausländern im Inland 381—393 223
5. Auslieferungspflicht und Asylrecht 394—401 227

Buch VI. *Völkerrechtliche Verträge.*

1. Erfordernisse und Wirkungen der völkerrechtlichen Verträge 402—416 233
2. Form der Verträge 417—424 239
3. Verstarkung der Verträge. Garantieverträge 425—441 . . 242
4. Arten der völkerrechtlichen Vertrage 442—445 249
5. Von den Allianzen insbesondere 446—449 252
6. Aufhoren der Vertragsverbindlichkeit 450—461 255

Buch VII. *Verletzungen des Völkerrechts und Verfahren zur Herstellung desselben.*

1. Im Allgemeinen 462—473 260
2. Bruch der inneren Statsordnung. Intervention 474—480 . . 267
3. Minneverfahren 481—487 271
4. Schiedsrichterliches Verfahren 488—498 273
5. Zwangsmittel ohne Krieg. Selbsthülfe durch Repressalien. Retorsion. Sperre 499—509 279

Buch VIII. *Das Kriegsrecht.*

1. Begriff des Kriegs. Kriegsparteien, Kriegsursachen und Kriegserklarung 510—528 287
2. Wirkungen des Kriegszustandes im Allgemeinen. Kriegsziel 529—536 296
3. Kriegsrecht gegen den feindlichen Stat und in dem feindlichen Statsgebiete 537—556 301
4. Unerlaubte Kriegsmittel 557—567 314
5. Recht und Pflicht der Kriegsgewalt gegenuber den feindlichen Personen und den friedlichen Bewohnern in Feindesland. Quartiergeben. Verwundete in der Schlacht, Kriegsgefangene. Geiseln. Auswechslung der Gefangenen. Entlassung auf Ehrenwort 568 626 320
6. Verfahren gegen Deserteure und Ueberläufer, Spione, Kriegsverrather, Wegefuhrer, Räuber, Marodeurs, Kriegsrebellen 627—643 353
7. Recht der Kriegsgewalt uber das feindliche Vermögen und das Vermögen der friedlichen Personen in Feindesland.
   A. Im Landkrieg 644—663 360
   B. Im Seekrieg 664—673 374
8. Verkehr und Verhandlungen unter den Kriegsparteien. Waffenruhe. Waffenstillstand. Capitulation 674—699 380
9. Beendigung des Krieges. Friedensschluss 700—726 . . . 393
10. Postliminium 727—741 406

Seite

Buch IX. *Recht der Neutralität.*

1. Begriff und Arten der Neutralität 742—748 413
2. Bedingungen der Neutralität u. Pflichten der Neutralen 749—782 416
3. Rechte der Neutralen 783 - 797 440
4. Neutraler Handelsverkehr. Kriegscontrebande und Durchsuchungsrecht 798—826 448
5. Blokade 827—840 465
6. Prisengerichte 841—862 473

Anhang. *I. Amerikanische Kriegsartikel der Vereinigten Staten von 1863* 483

II. Brüsseler Entwurf einer internationalen Erklärung über das Kriegsvölkerrecht von 1874 511

III. Entwurf eines Reglements, betr. das schiedsrichterliche Verfahren in völkerrechtlichen Processen. Beschlossen von dem Institut für Völkerrecht. Sitzung im Haag 1875 . 522

EINLEITUNG.

Die Bedeutung und die Fortschritte des modernen Völkerrechts.

Grundlage des Völkerrechts.

Wo immer Menschen mit Menschen verkehren und dauernde Beziehungen anknüpfen, da regen sich in ihnen das Rechtsgefühl und der Rechtssinn und verlangen eine gewisse Ordnung der nothwendigen Verhältnisse und eine wechselseitige Achtung der daraus entspringenden Rechte. Beide Eigenschaften der menschlichen Seele, das Rechtsgefühl und der Rechtssinn, sind selbst unter barbarischen Stämmen deutlich wahrzunehmen, aber nur bei civilisirten Völkern gelangen sie zu voller Ausbildung des Bewusstseins und mit Hilfe öffentlicher Institutionen zu gesicherter Wirksamkeit. Sie können wohl gedrückt, aber nie ganz unterdrückt, wohl missleitet, aber nie zerstört werden. Immer wieder erheben sie sich, wenn der Druck nachlässt und besinnen sie sich, wenn die verwirrende Leidenschaft erlischt. Der Rechtssinn ist ohne Zweifel stärker in den Männern als in den Frauen und jene sind bereiter als diese, ihr Recht gegen Jedermann mit Gründen und im Nothfall mit den Waffen zu verfechten. Aber an zähem und lebhaftem Rechtsgefühl stehen die Frauen den Männern nicht nach. Sie ergeben sich eher der übermächtigen Gewalt, aber sie empfinden und beklagen das Unrecht, das ihnen widerfährt, nicht deshalb weniger, weil sie sich schwächer fühlen und weniger demselben widerstehen können. Schon in den Kindern zeigt sich diese Anlage der Menschennatur für die Rechtsbildung. Auch die Kinder haben ein scharfes Auge für die Ungerechtigkeit, der sie in der Familie oder in der Schule ausgesetzt sind und werden oft tief verlezt und verbittert, wenn sie glauben, parteiisch behandelt zu werden.

Wenn es aber eine unbestreitbare Wahrheit ist, dass der Mensch von Natur ein Rectswesen und mit der Anlage zur Rechtsbildung ausgestattet ist, dann muss auch das Völkerrecht in der

Menschennatur seine unzerstörbare Wurzel und seine sichere Begründung haben. Völkerrecht heisst die als rechtlich-nothwendig anerkannte Ordnung, welche die Beziehungen der Staten zu einander regelt. Die Staten aber d. h. die organisirten Völker bestehen aus Menschen, und sind selber als einheitliche Gesammtwesen Personen, d. h. lebendige mit Willen begabte Rechtskörper, wie die Einzelmenschen. Die Staten sind wie die Einzelnen einerseits individuelle Wesen für sich und andrerseits Glieder der Menschheit. Dieselbe Menschennatur, und demgemäss auch dieselbe Rechtsnatur, die jedes Volk und jeder Stat in sich hat, die finden sie wieder in den andern Völkern und Staten. Sie verbindet alle Völker mit unwiderstehlicher Nothwendigkeit. Keines kann sich dieser gemeinsamen Natur entäussern, keines dieselbe in dem andern Volke verkennen. Deshalb sind sie alle durch ihre gemeinsame Menschennatur verpflichtet, sich wechselseitig als menschliche Rechtswesen zu achten. Das ist die feste und dauerhafte Grundlage alles Völkerrechts. Würde es heute geläugnet und untergehen, so würde es morgen wieder behauptet und neu begründet werden.

Bedenken gegen das Völkerrecht.

Trotzdem werden heute noch starke Zweifel gegen die Existenz des Völkerrechts vielfältig geäussert. Die grundsätzlichen und die thatsächlichen Bedenken, auf welche sich jene Zweifel stützen, sind in der That nicht geringfügig. Sie fordern vielmehr zu ernster Prüfung auf. Man wendet ein, es fehle vorerst an einer beglaubigten Aussprache des Völkerrechts durch das Gesetz, sodann an einem wirksamen Schutze desselben durch die Rechtspflege; und man erinnert daran, dass in dem Streite der Staten und Völker der Entscheid eher von der siegreichen Gewalt gegeben werde, als von irgend einer Rechtsautorität. Man fragt dann: Wie kann ernstlich von Völkerrecht die Rede sein, ohne ein Völkergesetz, welches das Recht mit Autorität verkündet, ohne ein Völkergericht, welches dieses Recht in Rechtsform handhabt, wenn die Macht schliesslich allezeit den Ausschlag gibt?

Wir können es nicht läugnen: Diese Bedenken haben ihren Grund in grossen Mängeln und schweren Gebrechen des Völkerrechts. Dennoch ist der Schluss, dass es kein Völkerrecht gebe, übereilt und verfehlt. Fassen wir dieselben schärfer ins Auge.

1. Völkerrechtliche Gesetzgebung.

Wir sind heute gewohnt, wenn irgend Fragen des Familienrechts, des Erbrechts, des Vermögensrechts auftauchen, ein privatrechtliches Gesetzbuch nachzuschlagen und dort die Aufschlüsse über die geltenden Rechtsgrundsätze aufzusuchen, oder wenn ein Verbrechen verübt worden, nachzusehen, mit welcher Strafe es in dem Strafgesetzbuch bedroht sei. Die Fundamentalsätze des Statsrechts sind gewöhnlich in Verfassungsurkunden öffentlich verkündet, und schon finden wir in einzelnen Staten, wie z. B. in dem Stat New-York, eine Codification auch des öffentlichen Rechts. Aber es giebt kein völkerrechtliches Gesetzbuch und nicht einmal einzelne völkerrechtliche Gesetze, welche die Rechtsgrundsätze mit bindender Autorität aussprechen, nach denen völkerrechtliche Streitfragen zu entscheiden sind. Da meinen denn Manche, gewohnt alles Recht aus Gesetzen abzuleiten; „Ohne Gesetze kein Recht."

Indessen sind die Gesetze nur der klarste und wirksamste Ausdruck, aber keineswegs die einzige Quelle des Rechts. Bei allen Völkern gab es eine Zeit, in der sie keine Gesetzbücher und dennoch ein geltendes Recht hatten. In der Jugendperiode auch der Culturvölker gab es Ehen, Erbrecht der Anverwandten, Eigenthum, Forderungen und Schulden ohne Gesetze, welche diese Rechtsverhältnisse ordneten und es wurden die Verbrechen bestraft ohne Strafgesetz. Die in den nationalen Institutionen und in den Volksgebräuchen und Uebungen dargestellte Rechtsordnung ist überall älter als die gesetzlich bestimmte. Erst in dem reiferen und selbstbewussteren Lebensalter der Völker unternimmt es der Stat, das Recht in Gesetzbüchern auszusprechen. Es kann uns daher nicht befremden, wenn das noch junge Völkerrecht vorerst ebenfalls in gewissen Einrichtungen, Gebräuchen und Uebungen der Völker erkennbar zu Tage tritt.

Für das Völkerrecht besteht aber in dieser Hinsicht eine eigenthümliche Schwierigkeit. Mag das Verlangen nach einer klaren autoritativen Verkündung völkerrechtlicher Gesetze noch so dringend geworden und die geistige Fähigkeit zu solcher Ausprache noch so unzweifelhaft sein, so fehlt es doch an einem anerkannten Gesetzgeber, der das Gesetz erlassen könnte. In jedem einzelnen State ist durch die Statsverfassung für ein Organ des allgemeinen Statswillens gesorgt, d. h. ein Gesetzgeber anerkannt. Aber wo wäre der Weltgesetzgeber zu finden, dessen Ausspruch alle Staten und alle Nationen Folge leisteten? Die Einrichtung eines gesetzgebenden Körpers für die Welt, setzt die Organisation der Welt voraus und eben diese besteht nicht.

Vielleicht wird die Zukunft dereinst die erhabene Idee verwirklichen und der gesammten, in Völker und Staten getheilten Menschheit einen gemeinsamen Rechtskörper schaffen, welcher ihren Gesammtwillen mit allgemein anerkannter Autorität aussprechen wird, wie die Vergangenheit den verschiedenen Nationen in den Staten eine einheitliche Rechtsgestalt gegeben hat, und wie die Gegenwart wenigstens das Bewusstsein weckt und klärt, nicht blos, dass die Menschheit in Natur und Bestimmung Ein Gesammtwesen sei, sondern überdem, dass auch in der Menschheit gemeinsame Rechtsgrundsätze zur Geltung kommen müssen. Wird einst jene zukünftige Organisation der Menschheit erfüllt sein, dann freilich wird auch der Gesetzgeber für die Welt nicht mehr fehlen und es wird dann das Weltgesetz die Beziehungen der mancherlei Staaten zu einander und zur Menschheit ebenso klar, einheitlich und wirksam ordnen, wie es das heutige Statsgesetz thut mit Bezug auf die Verhältnisse der Privatpersonen untereinander und zum State.

Mag man aber dieses hohe Endziel für einen schönen Traum der Idealisten halten oder an dessen Erreichung mit Zuversicht glauben, darüber kann kein Streit sein, dass dasselbe zur Zeit und noch auf lange hin keineswegs erreichbar sei. Das heutige Völkerrecht entspricht diesem Ideale nicht. Nur langsam und allmählig führt es aus der rohen Barbarei der Gewalt und Willkür zu civilisirten Rechtszuständen. Es kann höchstens als Uebergang dienen aus der unsichern Rechtsgemeinschaft der Völker zu der endlichen vollbewussten Rechtseinheit der Menschheit. Jeder neue völkerrechtliche Grundsatz, welcher dem gemeinsamen Rechtsbewusstsein der Völker klar gemacht und in dem Verkehrsleben der Völker bethätigt wird, ist daher ein Fortschritt auf dem Wege zu jenem Ziele.

Ganz so schlimm, wie es der oberflächlichen Betrachtung erscheint, steht es übrigens nicht. Es fehlt dem heutigen Völkerrecht nicht völlig an gemeinsamer, autoritativer Aussprache seiner Rechtsgrundsätze, die daher einen gesetzähnlichen Charakter hat. Indem von Zeit zu Zeit grosse völkerrechtliche Congresse der civilisirten

Staten zusammengetreten sind und ihre gemeinsame Rechtsüberzeugung in formulirten Rechtssätzen zu Protokoll erklärt haben, haben sie im Grund dasselbe gethan, was der Gesetzgeber thut. Die eigentliche Absicht dabei war nicht, ein Vertragsrecht zu schaffen, welches lediglich die Vertragsparteien und die Unterzeichner des Protokolles binden sollte, sondern allgemeine Rechtsnormen, zunächst freilich nur für die europäische Welt, festzusetzen, welche alle europäischen Staten zu beachten haben; sie wollten nicht ein Willkürrecht hervorbringen, das ebendeshalb nicht weiter gilt, als jene Willkür Macht hat, sondern ein nothwendiges Recht anerkennen, welches in der Natur der Verhältnisse und in den Pflichten der civilisirten Völker gegen die Menschheit seine eigentliche Begründung hat.

Die mittelalterliche Rechtsbildung war oft auch in den einzelnen Ländern nicht anders. Man wählte nicht selten die Form des Vertrags und schuf den Inhalt des Gesetzes. Die heutigen Staten haben nicht einmal die Wahl zwischen zweierlei Formen. Sie können ihre gemeinsame Rechtsüberzeugung nur in der bedenklichen Form einer vielstimmigen Erklärung aussprechen; die einheitliche Form der Aussprache ist für ihre Gesammtheit unmöglich, so lange diese nicht zu Einer Rechtsperson organisirt ist. Auch in den Verträgen, welche zunächst nur unter einzelnen Staten abgeschlossen worden, sind daher manche Bestimmungen zu finden, welche ihrem Wesen nach Rechtsgesetze und keineswegs blosse Vertragsartikel sind, welche die nothwendige Rechtsordnung, nicht die zufällige Convenienz der contrahirenden Staten darstellen.

Von der Art sind z. B. die Vereinbarung des Wiener Congresses von 1815 über die Gemeinströme und das Gesantenrecht, des Pariser Congresses von 1856 über das Seerecht, die Genfer Convention von 1864 über die Pflege der Verwundeten und kranken Krieger, ganz besonders aber die Feststellung eines Entwurfes betreffend das Landkriegsrecht überhaupt durch die internationale Delegirtenconferenz in Brüssel, welche sich einer völkerrechtlichen Codification sehr annähert.*)

Sogar die Gesetzgebung eines Einzelstates kann so völkerrechtliche Grundsätze mit öffentlicher Autorität aussprechen und

*) Abgedruckt in der Beilage.

dadurch an der Klärung und Fortbildung des Völkerrechts überhaupt einen bedeutenden Antheil nehmen. Die formelle und zwingende Autorität eines States reicht freilich nicht über die Grenzen seines Gebietes hinaus. Aber die geistige und freie Autorität desselben kann sich sehr viel weiter erstrecken, wenn ihr die öffentliche Meinung ihren Beifall zuwendet, wenn die Ueberzeugung sich verbreitet, dass jene Aussprache dem Rechtsbewusstsein der civilisirten Welt entspreche.

Wir haben in neuester Zeit einen merkwürdigen Act dieser Art erlebt, welcher zugleich einen bedeutenden Fortschritt des modernen Völkerrechts bezeichnet. Während des nordamerikanischen Bürgerkriegs nämlich ist im April 1863 eine „Instruction für die Armeen der Vereinigten Staten im Feld" erschienen, welche geradezu als eine erste Codification des Kriegsrechts im Landkrieg zu betrachten ist.*) Dieselbe wurde von einem der angesehensten Rechtsgelehrten und Statsphilosophen Amerikas, von Professor Lieber, entworfen, von einer Commission von Officieren geprüft und von dem Präsidenten der Vereinigten Staten, Lincoln genehmigt. Sie enthält in 157 Paragraphen genaue Vorschriften über die Kriegsgewalt in Feindesland, ihre Macht und ihre Grenzen, über das öffentliche und das Privateigenthum des Feindes, über den Schutz der Privatpersonen und die Interessen der Religion, Kunst und Wissenschaft, über Ausreisser und Kriegsgefangene und die Beute auf dem Schlachtfelde, über Parteigänger und Freischaaren, über Späher, Räuber und Kriegsrebellen, über Sicherheitspässe, Spione, Kriegsverräther, gefangene Boten und den Missbrauch der Parlamentärfahne, über Auswechslung der Kriegsgefangenen, Waffenstillstands- und Schutzzeichen, über die Entlassung auf Ehrenwort, über Waffenstillstand und Capitulation, über Mord, Aufstand, Bürgerkrieg, Rebellion. Diese Instruction ist sehr viel ausführlicher und durchgebildeter als die Kriegsreglemente, welche bei den europäischen Heeren in Uebung sind. Da dieselbe aber durchweg Sätze ausspricht von allgemeinem, völkerrechtlichem Rechtsgehalt, und da die Art ihrer Aussprache in Uebereinstimmung ist mit dem Rechtsbewusstsein der heutigen Menschheit und mit der civilisirten Kriegsführung der Gegenwart, so wirkt dieses Edict über die weiten Grenzen der Vereinigten Staten weit hinaus; und trägt erheblich

*) Abgedruckt in der Beilage.

dazu bei, einen wichtigen Bestandtheil des modernen Völkerrechts in humanem und der Nothwendigkeit der Verhältnisse entsprechendem Sinne zu allgemeiner Anerkennung zu bringen. Die europäischen Staten können hierin nicht lange mehr hinter dem Vorbilde der amerikanischen Staten zurückbleiben, ohne sich dem beschämenden Urtheil der öffentlichen Meinung auszusetzen, dass sie in der Entwicklung des Völkerrechts hinter dem Fortschritte der civilisirten Menschheit zurückbleiben.

Ein anderes Surrogat der Gesetzgebung, welches in vielen Ländern die Ausbildung des Privat- und des Strafrechts, selbst des Statsrechts erheblich gefördert hat, sind die Rechtsbücher, in denen die geltenden Rechtssätze von rechtskundigen Privatpersonen aufgezeichnet und dargestellt werden. Der Inhalt solcher Rechtsbücher ist in der Hauptsache ganz derselbe, wie der Inhalt der Gesetzbücher. Es werden darin die geltenden Rechtsnormen ausgesprochen und verkündet. Aber weil die Rechtsbücher ein Werk der Privaten, die Gesetzbücher dagegen ein Werk der Statsgewalt sind, so haben jene keinen Anspruch auf die bindende Autorität, welche dem Gesetze Gehorsam verschafft. Die Rechtsbücher haben nur insofern eine Autorität, als auch die Wissenschaft Autorität besitzt und als sie als wahr und gerecht erkannt werden. Es is das eher eine innerliche und geistige, von der Kritik jeder Zeit zu prüfende, freie Autorität, nicht die gebundene unangreifbare der äussern Gewalt, welche dem Gesetze gebührt, und Gehorsam erzwingt.

In dem folgenden Buch habe ich, durch das amerikanische Vorbild angeregt, den Versuch gewagt, ein solches Rechtsbuch des Völkerrechts darzustellen. Wenn diese Darstellung dem heutigen Rechtsbewusstsein der civilisirten Welt entspricht, und zur Klärung und Aussprache desselben dienlich ist, so ist der Zweck dieser Arbeit erfüllt; wenn nicht, so wünsche ich nur, dass es in Bälde Andern besser gelingen möge, dieses berechtigte Bedürfniss zu befriedigen.*)

---

*) Die günstige Aufnahme, welche dieses Völkerrechtsbuch, dessen erste Auflage 1868 erschienen ist, sowohl bei Statsmännern als in der wissenschaftlichen Welt erfahren hat, beweist, dass dasselbe ein zeitgemässes Unternehmen war. Das Buch ist in französischer Uebersetzung von Dr. Lardy, Secretair der schweizerischen Gesandtschaft 1870 in Paris herausgegeben und von Ed. Laboulaye in Frankreich eingeführt worden. Zweite Aufl. 1874. Eine spanische und eine russische Uebersetzung sind neuerdings erschienen. An einer englischen wird, wie ich höre, gearbeitet. Eine Ungarische und eine Italienische sind in Aussicht.

2. Völkerrechtliche Rechtspflege.

Fast noch schlimmer als der Mangel eines Völkergesetzes ist der Mangel eines Völkergerichts. Wenn der vermeintliche Eigenthümer einer Sache von dem Besitzer Herausgabe verlangt, oder der Gläubiger von dem Schuldner Zahlung fordert, so finden die beiden streitenden Parteien einen Richter im State, welcher ihren Streit rechtskräftig entscheidet. Wenn ferner Jemand bestolen oder misshandelt wird, so schreitet der Statsanwalt ein, die Geschwornen erkennen über die Schuld und der Strafrichter bestimmt die Strafe, welche von der Statsgewalt vollzogen wird. Aber wenn ein Stat Ansprüche auf einen Bezirk erhebt, den ein anderer Stat besetzt hält, wenn ein Stat Entschädigung fordert für rechswidrige Verletzung seiner Interessen durch einen andern Stat, wenn ein Stat einen schweren Friedens- und Rechtsbruch begeht wider einen andern Stat, so giebt es keinen Gerichtshof, an welchen der Kläger sich wenden kann, welcher dem Unrecht wehrt, dem Rechte Anerkennung verschafft und auch den Schwachen wider den Mächtigen schützt. Das letzte und in manchen Fällen das einzige Mittel, welches dem verletzten Stat bleibt, um sein Recht zu behaupten, ist der Krieg und im Kriege entscheidet die Gewalt der auf einander stossenden Naturkräfte. Im Kriege siegt leichter die Partei, welche die Macht, als die, welche das Recht für sich hat.

Unläugbar ist daher der Krieg eine rohe und unsichere Form des Rechtsschutzes. Wir können nichi mit Zuversicht darauf rechnen, dass die Macht sich dahin wende, wo das Recht ist und der besser Berechtigte in Folge dessen auch der Stärkere sei. Aber selbst in dieser leidenschaftlichen und rohen Form der gewaltsamen Selbsthülfe macht sich doch das Rechtsgefühl der Völker geltend. Eben für ihr Recht greifen die Staten zu den Waffen und unternehmen es, indem sie alle ihre Manneskraft anspannen und das Leben der Bürger einsetzen, ihrer Rechtsbehauptung den Sieg zu verschaffen. Niemals ist es auch gleichgültig, auf welcher Seite das Recht sei. Der Glaube an das eigene gute Recht stärkt und ermuthigt die Kämpfenden, das Bewusstsein des eigenen Unrechts ängstigt und verwirrt sie. Das offenbare Recht zieht Freunde herbei und gewinnt die Gunst der öffentlichen Meinung; das augenfällige Unrecht reizt die Gegner zur Feindschaft und weckt allgemeine Missgunst. Der Stärkste selbst, wenn er Sieger wird, fühlt sich nach dem unübertrefflichen Ausdrucke Rousseau's nicht stark genug ohne das Recht und wird seines Sieges erst froh, wenn es ihm glückt, dem Erfolge der Waffen die endliche Anerkennung des Rechts zu verschaffen. Wenn der Sieg dauernde und insofern nothwendige Wirkungen hervorbringt, so bestimmt er wirklich die Rechtsordnung für die Gegenwart und ihre Folge.

In der Jugendgeriode der germanischen Völker und theilweise noch im Mittelalter war es mit dem Rechtsschutze des Privat- und des Strafrechts nicht viel besser bestellt. Die männliche Selbsthülfe war auch da eine gewöhnliche Form der Rechtshülfe. Mit den Waffen in der Hand vertheidigte der Eigenthümer den Frieden seines Hauses, der Gläubiger pfändete selber den säumigen Schuldner, gegen die Friedensbrecher wurde die Familien- und die Blutrache geübt, der Rechtsstreit der Ritter und Städte wurde in der Form der Fehde vollzogen. Sogar in die öffentlichen Gerichte hinein trat die Waffengewalt, der Zweikampf war ein beliebtes Beweismittel, und selbst der Urtheilsschelte wurde durch die Berufung auf die Schwerter Nachdruck verliehen. Nur allmählig verdrängte die friedlichere und zuverlässigere Gerichtshülfe die ältere Selbsthülfe. Es ist daher nicht unnatürlich, wenn die Staten, d. h. die derzeitigen alleinigen Inhaber, Träger und Garanten des Völkerrechts, in ihren Rechtsstreiten im Gefühl ihrer Selbständigkeit und ihrer Rechtsmacht sich noch heute vornehmlich selber zu helfen suchen.

Indessen der Krieg ist doch nicht das einzige völkerrechtliche Rechtsmittel. Es giebt daneben auch friedliche Mittel, dem Völkerrechte Anerkennung und Schutz zu verschaffen. Die Erinnerungen und Mahnungen, unter Umständen die Forderungen der neutralen Mächte, die guten Dienste befreundeter Staten, die Aeusserungen des diplomatischen Körpers, die Drohungen der Grossmächte, die Gefahren von Coalitionen gegen den Friedensbrecher, die laute und starke Stimme der öffentlichen Meinung gewähren der völkerrechtlichen Ordnung auch einigen — freilich nicht immer einen ausreichenden Schutz, und werden selten ungestraft missachtet. Zuweilen endlich werden völkerrechtliche Schiedsgerichte gebildet, welche den Streit der Staten auch in wirklicher Rechtsform nach einem vorgängigen Processverfahren entscheiden.

3. Angebliche Herrschaft der Gewalt.

Wer immer einen Blick wirft auf die Geschichte der Völker, wird auch die Wahrnehmung machen, dass die Macht einen grossen Antheil hat an der Bildung der Staten und diese Macht erscheint oft genug in der rohen Form der physischen Gewalt, welche mit dem Säbel in der Hand ihre Gebote durchsetzt und unter dem Donner der Kanonen und im Gewitter der Schlacht die Verhältnisse der Staten umgestaltet. Aber obwohl in allen Zeitaltern viel brutale Gewalt der Mächtigen sich breit macht und auf die Rechtsordnung einen Druck übt, und obwohl viel verübtes Unrecht ungestraft bleibt, so ist die Weltgeschichte doch nicht ein wüstes Durcheinander der entfesselten Leidenschaften und nicht das Ergebniss der rohen Gewaltübung. Vielmehr erkennen wir, bei näherer Prüfung und Ueberlegung des weltgeschichtlichen Ganges, auch eine sittliche Ordnung. Der sichere Fortschritt der allgemein-menschlichen Rechtsentwicklung stellt sich darin unzweideutig dar. Das Wort unseres grossen Dichters: „Die Weltgeschichte ist das Weltgericht“ spricht eine tröstliche Wahrheit aus.

Die Regel der heutigen Welt ist nicht mehr der Krieg, sondern der Friede. Im Frieden aber herrscht in den Beziehungen der Staten zu einander nicht die Gewalt, sondern in der That das anerkannte Recht. In dem friedlichen Verkehre der Staten mit einander wird die Persönlichkeit und die Selbständigkeit des schwächsten States ebenso geachtet, wie die des mächtigsten. Das Völkerrecht regelt die Bedingungen, die Formen, die Wirkungen dieses Verkehrs wesentlich für alle gleich, für die Riesen wie für die Zwerge unter den Staten. Jeder Versuch, diese Grundsätze gestützt auf die Uebermacht willkürlich zu verletzen und ihre Schranken zu überschreiten, ruft einen Widerspruch und Widerstand hervor, welchen auch der mächtige Stat nicht ohne Gefahr und Schaden verachten darf.

Aber selbst in dem Ausnahmszustande des Kriegs, in welchem die physische Gewalt ihre mächtigste Wirkung äussert, werden dieser Gewalt doch von dem Völkerrecht feste Schranken gesetzt, welche auch sie nicht überschreiten darf, ohne die Verdammung der cixilisirten Welt auf sich zu laden. In nichts mehr bewährt und zeigt sich die Macht und das Wachsthum des Völkerrechts herrlicher als darin, dass es vermocht hat, die spröde Wildheit der Kriegsgewalt allmählich zu zähmen und selbst die zerstörende Wuth des feindlichen Hasses durch Gesetze der Menschlichkeit zu mässigen und zu bändigen.

Ueberdem dürfen wir bei der Beurtheilung geschichtlicher Ereignisse niemals vergessen: Was dem oberflächlichen Sinn nur als rohe Uebermacht und als brutale Gewalt erscheint, das stellt sich der tieferen Erkenntniss in manchen Fällen als unwiderstehliche Nothwendigkeit der natürlichen Verhältnisse und als unaufhaltsamer Drang berechtigten Volkslebens dar, welches die abgestorbenen Formen des veralteten Rechts abstösst, wie die jungen Pflanzentriebe im Frühling das welke Laub des Winters abstossen. Wo aber das wirklich der Fall ist, da ist die Gewalt in Wahrheit nur der Geburtshelfer des natürlichen oder des werdenden Rechts. Sie dient dann der Rechtsbildung, sie beherrscht dieselbe nicht.

Zwar kann ich in die glühenden Lobpreisungen des Krieges nicht einstimmen, zu denen sich nun auch in Deutschland, wie früher in Frankreich begabte Schriftsteller begeistert fühlen.*) Obwohl ich die männlichen Tugenden der Tapferkeit, des kühnen Muthes, der Anspannung aller Körper- und Charakterkräfte, des Heldenthumes, die sich im Kriege entwickeln, sehr hoch schätze, so hindert mich daran trotzdem der Gedanke an den wilden Hass der Menschen wider die Menschen, an die rasende Zerstörungslust und die Blut- und Raubgier, die auch entfesselt werden, und die Erinnerung an die entsetzlichen und oft ganz unnöthigen Leiden, welche der Mensch dem Menschen zufügt, an den zerrütteten Wohlstand vieler Familien und an das vernichtete Lebensglück von Tausenden; und der Jubelgesang zu Ehren des Kriegs mahnt mich dann unwillkürlich an das Bellen der Wölfe, im besten Fall an das Brüllen des hungrigen Löwen. Aber das bleibt wahr: Indem der Krieg die Kräfte der Völker und die Macht der Verhältnisse im Grossen offenbart und zur Geltung bringt, bewährt er sich als eine Rechtbildende Autorität. Er ist nicht eine reine Form, aber er ist eine wirksame Form der Rechtsbildung. Er ist nicht das Ideal der Menschheit, aber er ist heute noch ein unentbehrliches Mittel für den nothwendigen Fortschritt der Menschheit.

---

*) Vgl. die Stellen bei Parieu Science Polit. p. 358 ff. v. Treitschke Pol. Auff. N. F. II. S. 782 ff. Am weitesten geht A. Lasson in der Schrift: Das Culturideal und der Krieg. Berlin 1868.

Die Mängel also des Völkerrechts sind gross, aber nicht so gross, um dessen Existenz zu behindern. Das Völkerrecht ringt noch mit ihnen, aber es hat schon manchen Sieg über die Schwierigkeiten erfochten, welche seiner Geltung im Wege stehen. Man vergleiche die Rechtszustände der heutigen Statenwelt mit den Zuständen der früheren Zeitalter und man wird durch diese Vergleichung der grossen und segensreichen Fortschritte gewahr, welche das Völkerrecht in den letzten Jahrhunderten gemacht hat und fortwährend macht. Darin ersehen wir eine Bürgschaft für die weiteren Fortschritte der Zukunft. Die Vervollkommnung des Völkerrechts begleitet und sichert die Vervolkommnung des Menschengeschlechts. Halten wir Ueberschau und betrachten wir im Grossen die Entwicklung des Völkerrechts.

Anfänge des Völkerrechts.

1. Im Alterthum.

Einzelne Keime des Völkerrechts sind zu allen Zeiten unter allen Völkern sichtbar geworden. Selbst unter wilden und barbarischen Stämmen finden wir fast überall eine gewisse, meistens religiöse Scheu, die Gesanten anderer Stämme zu verletzen, mancherlei Spuren des Gastrechts und die Uebung, Bündnisse und andere Verträge abzuschliessen, den Krieg durch den erklärten Frieden zu beendigen.

Bei den civilisirten alten Völkern Asiens, wie besonders bei den alten Indiern mehren und entwickeln sich theilweise die Ansätze und Triebe zu völkerrechtlicher Rechtsbildung. Aber selbst die hochgebildeten Hellenen, obwohl sie zuerst den Stat menschlich begriffen haben, sind doch nur in dem eng begrenzten Verhältniss der hellenischen Staten zu einander zu einem noch sehr dürftigen Völkerrecht gelangt. Die Gemeinschaft der Religion, Sprache und Cultur hat in den Hellenen aller Städte das Gefühl nationaler Gemeinschaft und Verwantschaft geweckt. In Folge davon wurde die in eine grosse Anzahl selbständiger Städte und Staten getheilte Nation doch einer gewissen Rechtsgemeinschaft inne. „Alle Hellenen sind Brüder“, sagte man und erkannte an, dass jeder hellenische Stat dem andern gegenüber gewisse Rechtsgrundsätze zu beachten verpflichtet sei. Aber die nicht hellenischen, die sogenannten barbarischen Völker betrachteten sie noch als „ihre natürlichen Feinde“, mit denen keine Rechtsgemeinschaft bestehe. Der „Krieg mit den Barbaren“ erschien ihnen als die natürliche Regel und jede List oder Gewalt gegen die Barbaren als erlaubt. Sie wiesen die Gleichberechtigung der Barbarenstaten noch mit Verachtung von sich, und hielten sich als die edlere Rasse für berufen, über die Barbaren zu herrschen. Das war nicht etwa nur die Meinung der eiteln und selbstsüchtigen Menge, es war das ebenso die Meinung der berühmten Philosophen Platon und Aristoteles.

Die Römer sind als die weltgeschichtlichen Begründer des von Religion und Moral unterschiedenen Rechts und der Rechtswissenschaft anerkannt. Aber auch den Römern verdankt die Welt noch nicht die erste allgemeine Feststellung des Völkerrechts. Freilich sind in dem alten Rom auch vortreffliche Anfänge eines civilisirten Völkerrechts zu entdecken. Bevor die Römer einen fremden Stat mit Krieg überzogen, pflegten sie ihre Forderungen in Rechtsform durch ihre Gesante, die Fecialen, anzumelden und, wenn nicht willfahrt wurde, den Krieg feierlich anzukünden. Sie kannten und übten mancherlei Formen der Statsverträge und Bündnisse mit andern Staten. Obwohl sie während des Kriegs schonungslos und grausam verfuhren, so pflegten sie doch die Religion, die Sitten und theilweise sogar das Recht der unterthänig gewordenen Völker zu schützen. Sie erhoben sich sogar zu der Idee der Humanität, als der grossen Aufgabe ihrer Politik und fassten die Welt als Ein Ganzes in weitgreifendem Gedanken zusammen. Aber alle diese Keime entwickelten sich doch nicht zu einem humanen Völker- und Weltrecht, weil der Sinn der Römer nicht auf Rechtsgemeinschaft unter den Völkern, sondern auf absolute Herrschaft Roms über die Völker gerichtet war. Die absolute Weltherrschaft Eines Volkes aber ist die Vereinung des Völkerrechts im Princip.

Wir sehen, die Eitelkeit, der Stolz, die Selbstsucht und die Herrschsucht der einzelnen Völker verhinderten im Alterthum das Wachsthum des Völkerrechts und zerstörten die noch schwachen Keime, bevor sie erstarkt waren. Ohne wesentliche Gleichberechtigung der verschiedenen Völker ist kein Völkerrecht möglich.

2. Im Mittelalter. Christenthum.

Im Mittelalter treten in Europa zwei neue Mächte entscheidend auf, die christliche Kirche und die germanischen Fürsten und Völker. Haben etwa diese Mächte das Völkerrecht zur Welt gebracht?

In der That leuchten manche christliche Ideen der Bildung des Völkerrechts vor. Das Christenthum sieht in Gott den Vater der Menschen, in den Menschen die Kinder Gottes. Damit ist die Einheit des Menschengeschlechts und die Brüderschaft aller Völker im Princip anerkannt. Die christliche Religion beugt jenen Stolz der antiken Selbstgerechtigkeit und fordert Demuth, sie greift die Selbstsucht in ihrer Wurzel an und verlangt Entsagung, sie schätzt die Hingebung für Andere höher als die Herrschaft über Andere. Sie entfernt also die Hindernisse, welche der Gründung eines antiken Völkerrechts im Wege waren. Ihr höchstes Gebot ist die Menschenliebe und sie steigert dieselbe bis zur Feindesliebe. Sie wirkt erlösend und befreiend, indem sie die Menschen reinigt und mit Gott versöhnt. Sie verkündet die Botschaft des Friedens. Es liegt nahe, diese Ideen und Gebote in die Rechtssprache zu übersetzen und zu Grundsätzen eines humanen Völkerrechts umzubilden, welches alle Völker als freie Glieder der grossen Menschenfamilie anerkennt, für den Weltfrieden sorgt und sogar im Kriege für die Menschenrechte Achtung fordert. Im Mittelalter war die römisch-katholische Kirche berufen, die christlichen Ideen zu vertreten, sie hatte die Erziehung der uncivilisirten Völker übernommen. Dennoch hat sie ein derartiges christliches Völkerrecht nicht hervorgebracht. Vergeblich sieht man sich in dem kanonischen Gesetzbuch darnach um. Nur dem Kriegsrecht ist ein kurzer und erfolgloser Abschnitt des alten Decretum Gratiani (II. 23) gewidmet.

Allerdings versuchten es die Päpste im Mittelalter, das Amt der obersten Schiedsrichter über die Fürsten und Völker der abendländischen Christenheit sich zuzueignen. Oefter sassen die Päpste zu Gericht über die Streitigkeiten der Fürsten unter sich oder mit den Ständen. Wenn sich nur irgendwie dem Streite eine religiöse Seite oder eine kirchliche Beziehung abgewinnen liess — und wo wäre das nicht möglich? — so hielten sie ihre Gerichtsbarkeit für begründet. Bald bemühten sie sich dann, Vergleiche zu stiften, bald sprachen sie ihr Urtheil aus. Aber diese völkerrechtliche Stellung der Päpste litt doch an grossen Mängeln. Wo das öffentliche Recht in Frage war, da waren die mächtigen Parteien nicht geneigt, sich dem geistlichen Gericht zu unterwerfen, und die Päpste vermochten nicht, den trotzigen Widerspruch zu beseitigen, nicht den Widerspruch zu brechen.

Es gelang den Päpsten so wenig, ihr völkerrechtliches Schiedsrichteramt durchzusetzen, als es ihnen glückte, ihren Anspruch auf Weltherrschaft zu verwirklichen. Auch dieser Anspruch hatte eher einen völker- als einen staatsrechtlichen Charakter angenommen, seitdem das alte römische Weltreich zerrissen und in eine grosse Anzahl unabhängiger Fürstenthümer und Republiken zerfallen war. Die Päpste begründeten nun diesen Anspruch auf absolute Weltherrschaft mit der religiösen Autorität Gottes, wie die alten römischen Kaiser ihn politisch mit dem Beruf und Willen des römischen Volkes begründet hatten. Der geistliche Absolutismus war aber im Princip eben so wenig verträglich mit einer allgemeinen Rechtsordnung, welche die Fürsten und Völker in ihren Rechten schützt, als der weltliche. Jener war sogar gefährlicher, als dieser, weil er seine Vollmacht aus dem unerforschlichen Willen des allmächtigen Gottes ableitete und nicht wie dieser in dem ausgesprochenen Menschengesetz eine deutliche Schranke fand. Dennoch war die behauptete göttliche Herrschaft des Papstes über die christlichen Völker schwächer als die Hoheit des antiken römischen Kaisers, weil der christliche Papst grundsätzlich genöthigt war, die Zweiheit von Stat und Kirche anzuerkennen und das weltliche Schwert nicht selber handhaben durfte, sondern dem Könige überlassen musste. So oft daher eine weltliche Macht dem Papste ihren Gehorsam oder ihren Beistand versagte, wie das trotz Kirchenbann und Interdict auch im Mittelalter nicht selten geschah, so war sein Spruch und sein Gebot in seiner Wirksamkeit gelähmt.

Es zeigte sich aber im Mittelalter noch ein zweites Grundgebrechen, welches jede Gestaltung eines päpstlichen Völkerrechts unmöglich machte. Eben die religiöse Begründung des päpstlichen Rechts verhinderte dasselbe allgemein-menschlich zu werden. Die Kirche verlangte den Glauben als die Grundbedingung auch des Rechts. Nur unter der gläubigen Christenheit sollte der Friede walten und die Rechtsordnung gelten. Den Ungläubigen gegenüber kannte das Papstthum keine Schonung und keine Achtung der Menschenrechte. Gegen die Ungläubigen war der Krieg die Losung; man liess ihnen nur die Wahl zwischen Bekehrung oder Vertilgung. Jede Ketzerei und den Unglauben auszurotten auf der Erde, das wurde auf allen Kanzeln als die heilige Pflicht der Christenheit verkündet. Damit ist aber die menschliche Grundlage des Völkerrechts im Princip verneint. Wenn das Völkerrecht Menschenrecht ist, weshalb sollten denn die ungläubigen Völker sich nicht ebenso darauf berufen dürfen, wie die gläubigen? Hören sie denn auf, Menschen zu sein, weil sie andere Vorstellungen haben als die Kirche von Gott und göttlichen Dingen?

Die antike Welt hatte kein Völkerrecht zu Stande gebracht, weil die selbstsüchtigen Völker den Fremden, den Barbaren nicht gerecht wurden, das christliche Mittelalter kam nicht dazu, weil die glaubenseifrigen Völker die Ungläubigen für rechtlos hielten. Die reine Idee der Menschlichkeit konnte die Welt nicht erleuchten, so lange die Atmosphäre von dem Rauche der Brandopfer verdunkelt war, welche der Glaubenshass angezündet hatte.

Die Germanen.

Die zweite bestimmende Macht des Mittelalters, die Germanen, brachten ebenfalls eine Anlage zu völkerrechtlicher Rechtsbildung mit, aber auch diese Anlage gelangte im Mittelalter nicht zu voller Entwicklung. Der trotzige Freiheitssinn und das lebhafte Gefühl der besondern Persönlichkeit, wodurch die Germanen von jeher sich auszeichneten, haben einen natürlichen Zug zu allgemeinem Menschenrecht. Die in zahlreiche Stämme und Völkerschaften getheilten Germanen waren immer geneigt, auch andern Völkern ein Recht zuzuschreiben, wie sie es für sich in Anspruch nahmen. In dem Fremden achteten sie doch den Menschen und hielten es für billig, dass ein Jeder nach seinem angeborenen Stammes- oder seinem gewählten Volksrechte beurtheilt werde. Sie erkannten so ein Nebeneinander verschiedener Volksrechte an. Für sie hatten Persönlichkeit, Freiheit, Ehre höchsten Werth, aber sie glaubten nicht im Alleinbesitz dieser Güter zu sein, wenn freilich auch sie sich für besser und schätzenswerther hielten als andere Nationen. Um den Glauben Anderer kümmerten sie sich nicht, bevor sie in die Schule der römischen Kirche kamen. Nicht einmal im eigenen Lande machten sie das Recht vom Glauben abhängig. Sogar im Kriege vergassen sie das Recht nicht. Sie betrachteten die Fehde und den Krieg als einen gewaltigen Rechtsstreit und glaubten, dass Gott dem Rechte zum Siege verhelfe, in der Schlacht wie im Zweikampf. Auch in dem Feinde und in den unterwürfigen Knechten und eigenen Leuten achteten sie noch immer von Natur berechtigte Menschen. Sicher sind das höchst bedeutsame Ansätze zum Völkerrecht, wie der Belgier Laurent zuerst und vortrefflich gezeigt hat.

Aber es fehlte den Germanen anfangs sowohl an der Einheit des politischen Willens und der statlichen Macht als an der nöthigen Geistesbildung, um einem neuen Weltrecht Ausdruck zu geben und Geltung zu verschaffen. Ihre Sitten waren zu roh, ihr Trotz zu ungefügig, ihre Fäuste zu derb und ihre Rauflust zu unbändig. Als sie aber später von Rom in die geistige und sittliche Schule und Zucht genommen wurden, bekamen sie mit der Einheit des Papstthums und des Kaiserthums und mit der religiösen Bildung auch die Mängel der mittelalterlich-römischen Institutionen und Ideen, und jene Ansätze konnten nicht mehr zu gesundem und fröhlichem Wachsthum gelangen.

Vergeblich wurde nun das römische Kaiserthum dem deutschen Königthum aufgepfropft. Die Kaiser nannten sich wohl noch Herren der Welt, Könige der Könige, Häupter der ewigen Stadt und Regenten des Erdkreises. Auch sie behaupteten wohl, die obersten Richter zu sein über die Fürsten und die Völker, und die Schirmer des Weltfriedens. Aber die weltliche Oberherrlichkeit der Kaiser wurde in der abendländischen Christenheit noch weniger allgemein anerkannt als die geistliche der Päpste. Nicht einmal in Deutschland und in Italien vermochten die Kaiser den Landfrieden vor der wilden Fehdelust der vielen grossen und kleinen Herren nachhaltig zu schützen. Um die Weltordnung zu handhaben, dazu reichten ihre Kräfte noch weniger aus. In dem Ideale des Mittelalters herrschen überall Recht und Gericht; aber in der Wirklichkeit regiert die rohe Gewalt. Es ist bezeichnend, dass die „Zeit des Faustrechts" von jedermann auf die mittelalterlichen Zustände bezogen wird und dass das Wort auf kein anderes Zeitalter besser passt. Wo aber das Faustrecht in Uebung ist, da hat das Völkerrecht keinen Raum.

Aufleben des modernen Völkerrechts.

Erst nachdem die kirchlich-päpstliche Einheit in dem abendländischen Europa durch die Reformation des sechszehnten Jahrhunderts zerbrochen war, wie lange vorher schon die weltlich-kaiserliche Einheit sich als unausführbar erwiesen hatte, bekamen die lange zurück gehaltenen Rechtstriebe Luft. Die Wissenschaft, welche sich endlich der Herrschaft des Glaubens entwand, förderte nun zunächst mit ihrem Lichte ihre Entfaltung. In der That, die Begründung des neueren Völkerrechts ist voraus ein Werk der Wissenschaft, welche das schlummernde Rechtsbewusstsein der civilisirten Welt aufgeweckt hat. Dann folgte ihr die statsmännische Praxis und übernahm die Pflege und Erweiterung des Völkerrechts. Noch heute sind beide Kräfte thätig. Bald geht die Wissenschaft voraus, indem sie völkerrechtliche Grundsätze ausspricht und erweist, bald folgt die Wissenschaft der rüstiger vorschreitenden Praxis nach, welche von der Culturströmung der Zeit getrieben und von den Bedürfnissen der Zeit gedrängt sich entschliesst, neues Recht anzuwenden und ins Leben einzuführen. Wenn es der Wissenschaft gelingt, der Menschheit ihre Rechtsideen als Rechtsvorschriften klar zu machen, und das Rechtsgefühl der Mächte diese Vorschriften zu beachten beginnt, dann ist wirkliches Völkerrecht offenbar geworden, gesetzt auch es sollte nicht überall und nicht ausnahmslos anerkannt werden und die Befolgung nicht immer zu erzwingen sein. Ebenso wenn es der statlichen Praxis glückt, sei es durch diplomatische Verhandlungen oder in der Kriegsübung oder sonst im Leben angesehener Völker bestimmte völkerrechtliche Befugnisse und Pflichten zur Anerkennung und stetigen Wirksamkeit zu bringen, so wird auch auf diese Weise das allmählige Wachsthum des Völkerrechts sichtbar, obwohl es an einer alle Saten bindenden formellen Autorität und an einer gesicherten Rechtspflege noch fehlt.

Es ist charakteristisch, dass das Bahn brechende Werk des edeln Holländers Hugo de Groot, der mit Recht als der geistige Vater des modernen Völkerrechts geehrt wird, im Angesicht des entsetzlichen Krieges geschrieben wurde (1622—1625), in welchem die deutsche Nation während dreissig Jahren gegen sich selber wüthete. Damals trat der hochgebildete Gelehrte und Statsmann zugleich dem religiösen Fanatismus entgegen, welcher die Ausrottung der Andersgläubigen als ein gottgefälliges Werk ansah und der brutalen Rohheit, welche ihren Leidenschaften und Lüsten zügellosen Lauf verstattete. Er zeigte der Welt das erhabene Bild eines auf die menschliche Natur gegründeten und durch die Zustimmung der Weisen und Edeln aller Zeiten geheiligten Rechts, damit sie sich wieder ihrer Pflicht erinnere und Mässigung lerne.

Befreiung des Völkerrechts von religiöser Befangenheit.

Von Anfang an war das neue Völkerrecht frei von dem antiken Vorurtheil, dass nur das eigene Volk berechtigt, die Fremden aber rechtlos seien und ebenso frei von dem mittelalterlichen Wahne, dass die Gültigkeit des Menschenrechts abhängig sei von dem besonderen Gottesglauben. Mit viel Muth und grossem Nachdruck hat sodann der Nachfolger Groot's, der Deutsche Pufendorf ebenfalls noch im siebzehnten Jahrhundert wider die kirchlichen Eiferer die Wahrheit verfochten, dass das Natur- und das Völkerrecht nicht auf die Christenheit eingeschlossen sei, sondern alle Völker aller Religionen verbinde, weil alle zur Menschheit gehören.

Trotz dieser einleuchtenden Lehren ist in unserm civilisirten Europa der grosse Fortschritt der Wissenschaft erst vor wenig Jahren zu durchgreifender praktischer Anerkennung gelangt. Noch die sogenannte Heilige Alianz vom September 1815 wollte ein ausschiesslich christliches Völkerrecht begründen und schützen. Allerdings war sie nicht mehr ganz so enge, wie das mittelalterliche Glaubensrecht. Sie unterschied nicht mehr zwischen rechtgläubigen und nicht-rechtgläubigen christlichen Bekenntnissen und beseitigte die feindliche Scheidung der verschiedenen Confessionen. In ihr verband sich der katholische Kaiser von Oesterreich mit dem protestantischen Könige von Preussen und dem griechischen Czaren von Russland. Die verschiedenen Confessionen sollten nur Eine christliche Völkerfamilie bilden. Aber man wollte doch nicht über die Grenze der Christenheit hinaus gehen und meinte in der christlichen Religion die Grundlage des neuen Völkerrechts zu finden. Die Türkei blieb noch ausgeschlossen von der europäischen Statengemeinschaft. Freilich hatte man es schon seit Jahrhunderten nicht vermeiden können, auch mit der hohen Pforte völkerrechtliche Verträge abzuschliessen. Aber erst auf dem Pariser Friedenscongress vom Jahre 1856 wurde die Türkei als ein berechtigtes Glied in die europäische Statengenossenschaft aufgenommen und dadurch der allgemeinmenschliche Charakter des Völkerrechts bewährt.

Seither ist es auch in der Praxis anerkannt, dass die Grenzen der Christenheit nicht zugleich Grenzen des Völkerrechts seien. Unbedenklich breitet sich dasselbe über andere muhammedanische Staten und ebenso über China und Japan aus und fordert von allen Völkern Achtung seiner Rechtsgrundsätze, mögen dieselben nun Gott nach der Weise der Christen oder der Buddhisten, nach Art der Muhammedaner oder der Schüler des Confucius verehren. Endlich ist die Wahrheit durchgedrungen: Der religiöse Glaube begründet nicht und behindert nicht die Rechtspflicht.

Die geschichtliche Erfahrung, dass das Völkerrecht zuerst von christlichen Völkern ausgebildet worden ist, und von diesen leichter und entschiedener aufgenommen wird, als von nicht-christlichen, bleibt daneben bestehen.

Schranken des Völkerrechts.

Das moderne Völkerrecht erkennt voraus das Nebeneinanderbestehen der verschiedenen Staten an. Es soll die Existenz der Staten sichern, nicht dieselbe gefährden, ihre Freiheit schützen, nicht unterdrücken. Aber zugleich legt es allen Staten auch Pflichten auf, indem es sie als Glieder der Menschheit verbindet und deshalb von ihnen Achtung vor dem Menschenrechte fordert. Würde man die Souveränetät der Staten als ein unbegrenztes Recht fassen, so würde jeder Stat auch dem andern gegenüber thun können, was ihm beliebte, d. h. es würde das Völkerrecht im Princip verneint. Würde man umgekehrt die Zusammengehörigkeit der Staten und die Einheit des Menschengeschlechts rücksichtslos durchführen, so würde dadurch die Selbständigkeit der einzelnen Staten gebrochen, ihre Eigenart und ihre Freiheit gefährdet, sie würden am Ende zu blossen Provinzen des Einen Weltreichs erniedrigt.

Deshalb ist es nöthig, dass die Fortbildung des Völkerrechts zugleich die Grenzen beachte, welche seiner Wirksamkeit durch das Statsrecht gezogen sind. Aus diesem Grunde bestimmt das Völkerrecht zunächst und hauptsächlich die Rechtsverhältnisse der Staten unter einander und hütet sich davor, sich in die innern Angelegenheiten der Staten einzumischen. Den Schutz der Privatrechte stellt es durchweg den Staten anheim, auch dann wenn diese Privatrechte einen allgemein-menschlichen Charakter haben, und greift nicht in die Handhabung der statlichen Strafgerichtsbarkeit ein, wenngleich auch hier zuweilen menschliches Recht in Frage ist.

Es ist nicht unmöglich, dass in der Zukunft das Völkerrecht etwas weniger ängstlich sein und in manchen Fällen sich für berechtigt halten werde, zum Schutze gewisser Menschenrechte einzuschreiten, wenn dieselben von einer Statsgewalt selbst unterdrückt werden; etwa so wie in den Bundesstaten die Bundesgewalt gewisse verfassungsmässige Rechte der Privaten auch gegen die Verletzung von Seite eines Einzelstates zu schützen pflegt. Aber die bisherigen Versuche völkerrechtlicher Garantien zum Schutze menschlicher Privatrechte sind noch selten und schwach und überall noch hindert die Furcht vor Eingriffen in die Souveränetät der Staten ein energisches Vorgehen.

Massregeln gegen die Sclaverei.

Eine derartige Ausnahme enthalten die völkerrechtlichen Massregeln gegen die Zufuhr von Negersclaven.

Die meisten Völker der alten Welt hatten die Sclaverei geduldet. Die römischen Juristen, wohlbewusst, dass das natürliche Menschenrecht die Freiheit, nicht die Sclaverei sei, suchten diese eben mit der allgemeinen Rechtssitte aller Völker zu rechfertigen. Auch das Christenthum, obwohl es den Geist der Bruderliebe auch unter Herren und Sclaven weckte, liess doch die bestehende Sclaverei als Rechtsinstitut unangefochten.

Während des Mittelalters wurde in dem germanisirten Europa die antike Sclaverei in die weniger harte Eigenschaft umgestaltet und allmählich in die bäuerliche Hörigkeit gemildert, aber es erhielt sich doch noch bis tief ins achtzehnte, in einzelnen, auch deutschen Ländern bis ins neunzehnte Jahrhundert hinein eine erbliche Knechtschaft der eigenen Leute. In Osteuropa nahm diese bäuerliche Eigenschaft sogar in den letzten Jahrhunderten massenhaft überhand und in den europäischen Colonien von Amerika erhielt selbst die strengste Sclaverei eine neue Gestalt und Anwendung in der absoluten Herrschaft, welche die weissen Eigenthümer über die schwarze Arbeiterbevölkerung erkauften, die aus Afrika dahin verpflanzt ward.

In allen diesen Zeitaltern kümmerte sich das Völkerrecht niemals darum. Im achtzehnten Jahrhundert noch schützte und begünstigte das freie England die Sclavenzufuhr aus Afrika. Noch im Jahre 1713 schämten sich die englischen Statsmänner nicht, in dem Frieden mit Spanien zu Utrecht ausdrücklich auszubedingen, dass es den englischen Schiffen gestattet werde, binnen der nächsten Jahre einige tausend Negersclaven jährlich in die spanischen Colonien einzuführen. Sie betrachteten den Menschenhandel noch als ein vortheilhaftes Speculationsgeschäft, wofür England sich Privilegien einräumen lassen müsse.

Seit ungefähr einem Jahrhundert finden wir eine entschiedene Wendung in den Ansichten der civilisirten Welt. Die Philosophie und die schöne Literatur brachten menschlichere Grundsätze in Umlauf. Von da an beginnt in allen Ländern ein offener Kampf für die persönliche Freiheit wider die Knechtschaft, und die Gesetzgebung verzeichnet und sichert die Siege der Freiheit. Die Leibeigenschaft und Hörigkeit werden theilweise vor, theilweise nach der französischen Verkündung der Menschenrechte in den westeuropäischen Ländern abgeschafft.

Jetzt erst beginnt auch das Völkerrecht die Frage in Betracht zu ziehen; und nun geht England voran in der Bekämpfung der Negersclaverei, welche es selber früher grossgezogen hatte. Der Wiener Congress missbilligt in einer förmlichen Erklärung vom 8. Februar 1815 den von Afrika nach Amerika betriebenen Negerhandel, „durch welchen Afrika entvölkert, Europa geschändet und die Humanität verletzt“ werde. Früher schon hatten auch die Vereinigten Staaten von Amerika diesen schmählichen Seehandel mit schwarzen Menschen gesetzlich verboten. Die Verurtheilung dieser besonders gefährlichen und schädlichen Art der Sclavenzüchtung durch den Spruch der civilisirten Menschheit war nun im Princip entschieden und damit wenigstens erwiesen, dass das Rechtsgefühl der Welt humaner und freier geworden war, als es im Alterthum und im Mittelalter gewesen.

Freilich zeigte sich hier sofort wieder die grosse Schwierigkeit alles Völkerrechts, dem Urtheil der civilisirten Menschheit Geltung zu verschaffen, ohne die Freiheit der einzelnen Staten zu gefährden. Zwar liessen sich die europäischen Staten anfangs herbei, der unablässigen Bestürmung der englischen Diplomatie das verlangte Visitationsrecht ermächtigter Kriegsschiffe gegen verdächtige Sclavenschiffe innerhalb gewisser Meere zuzugestehen und insofern eine Art völkerrechtlicher Seepolizei auch im Friedenszustande einzuführen. In diesem Sinne kam der europäische Vertrag vom 20. December 1841 zu Stande. Aber dieses Untersuchungsrecht begegnete dem Widerspruch der Vereinigten Staten, welche besorgten, dass dadurch die Uebermacht der englischen Kriegsmarine über ihre Handelsmarine verstärkt und der friedliche Seehandel überhaupt belästigt werde. Auch Frankreich sagte sich nun wieder los von dem Zugeständniss solcher Durchsuchung und trat auf den Standpunkt der Vereinigten Staten über, welche es vorzogen, gemeinsam mit England Kreuzer auszurüsten, welche an den afrikanischen Küsten zunächst die eigenen Sclavenschiffe verfolgen aber sich hüten sollten, fremde Kauffahrer zu belästigen.

Auf den Vorschlag der nordamerikanischen Bundesregierung

kam dann die weitere Verabredung mit England (9. August 1842) zu Stande, gemeinsam die Staten, welche noch öffentliche Sclavenmärkte gestatten, zur Abstellung dieses Missbrauchs zu mahnen. Auch diese Massregel zur Befreiung der Welt von der Schmach der Sclaverei ist nicht ohne Wirkung geblieben. Insbesondere sah sich die Ottomanische Pforte veranlasst, dem Andringen der Diplomatie Gehör zu geben und wenigstens den offenen Sclavenhandel zu untersagen.

Neuerdings hat die Aufhebung der Leibeigenschaft in dem russischen Reich durch das Manifest des Kaisers Alexander II. vom 19. Februar 1861 die grosse Frage endlich für Europa und für einen grossen Theil von Asien zu Gunsten der persönlichen Freiheit entschieden. Noch wichtiger ist der Sieg der Freiheit über die Sclaverei in Nordamerika geworden. Seitdem die Verwerfung der Sclaverei zu einem Grundgesetz der Vereinigten Staten erklärt worden ist (1865), ist dieses Institut nirgends mehr auf dem ganzen Welttheil zu halten. Auch das Kaiserreich Brasilien hat nun die Sclaverei gesetzlich aufgehoben (1871).

Es wird daher nicht mehr lange dauern, bis das allgemeine Rechtsbewusstsein der Welt die grossen Sätze eines jeden humanen Rechts auch mit völkerrechtlichen Garantien schützen wird:

Es gibt kein Eigenthum des Menschen am Menschen. Die Sclaverei ist im Widerspruch mit dem Rechte der menschlichen Natur und mit dem Gemeinbewusstsein der Menschheit.

Religiöse Freiheit.

Noch weniger entwickelt, aber wiederum in den Anfängen sichtbar, ist der völkerrechtliche Schutz der religiösen Freiheit gegen grausame Verfolgung und Unterdrückung durch den Fanatismus anderer von dem State bevorzugter Religionen. Mit Recht überlässt man den gesetzlichen Schutz der religiösen Bekenntniss- und Cultusfreiheit den einzelnen Staten und scheut sich bei geringen und zweifelhaften Anlässen die Selbständigkeit des statlichen Sonderlebens anzutasten. Aber bei grossen und schweren Verletzungen jenes natürlichen Menschenrechts bleibt die gesittete Völkergenossenschaft nicht mehr theilnahmelos und stumm. Sie äussert zum mindesten ihre Meinung, gibt Räthe und erlässt Warnungen und Mahnungen. Zuletzt kann eine grobe Missachtung der Menschenpflicht zu ernster Machtentfaltung auch der Staten führen, welche sich vorzugsweise berufen fühlen, ihre Glaubensgenossen oder würdiger noch das allgemeine Menschenrecht wider die fanatischen Verfolger zu schützen. Gegenüber der Türkei ist das bereits in einzelnen Fällen geschehen. Die europäischen Mächte haben wiederholt zum Schutze der christlichen Rajahs völkerrechtlich eingewirkt. Das Aufsehen, welches der kirchliche Raub des jüdischen Knaben Mortara auch in dem romanischen und katholischen Westeuropa gemacht hat, beweisst, dass das öffentliche Gewissen der heutigen Menschheit nicht blos dann sich zu regen anfängt, wenn die eigene Religion gekränkt wird, sondern auch dann, wenn zu Gunsten der eigenen Religion die heiligen Rechte der Familie verletzt werden.

Gesantschaften und Consulate.

Geringere Schwierigkeiten standen der Pflege des friedlichen Verkehrs von Stat zu Stat und der Nationen unter einander im Wege. Zu allen Zeiten hatten die Völker — wenige wilde Stämme ausgenommen — mit einander durch Gesante, als Repräsentanten unterhandelt: und von Alters her wurden diese Gesanten erst durch die Religion, dann durch das Recht als unverletzlich geschützt. Aber die Einrichtung ständiger Gesantschaften in den verschiedenen Hauptstädten gehört erst der neueren Zeit an und ist in Europa vorzüglich seit Richelieu und Ludwig XIV. allgemeine Sitte geworden. In Folge dessen wurde der fortdauernde Zusammenhang unter den Staten in dem fortgesetzten persönlichen Verkehr ihrer Vertreter lebendig dargestellt. Das Völkerrecht erhielt so in den Residenzen gleichsam einen persönlichen Ausdruck und eine friedlich wirkende Repräsentation. Es fanden sich da wie in Knotenpunkten des Weltverkehrs die Diplomaten der verschiedenen Staten zusammen und fingen an, als sogenannte diplomatische Körper sich als völkerrechtliche Genossenschaften zu fühlen. Wenn auch dabei selbstsüchtige Absichten mitgewirkt haben, so hat doch augenscheinlich die Wirksamkeit des Völkerrechts durch diese Einrichtung sehr gewonnen. Wenn ein Stat seine völkerrechtlichen Pflichten offenbar verletzen möchte, so findet er sofort in dem diplomatischen Körper eine gewisse Schranke. Da kein Stat mächtig genug ist, um die Missbilligung der civilisirten Statengesellschaft gleichgültig hinzunehmen, so wird diese Stimme des Völkerrechts nicht leicht überhört. Indem diese ständigen Gesantschaften sich immer weiter über die ganze Erde hin erstrecken, wächst der Verband aller Staten zu einer gemeinsamen Weltordnung allmählig heran und die völkerrechtlichen Garantien nehmen an Stärke und Ausdehnung zu.

Ausser den Gesantschaften hat das neuere Völkerrecht noch das Institut des Consulats weiter ausgebildet. Die Zahl der Consuln ist viel grösser als die der Gesanten und in starker Vermehrung begriffen. Durch die Consulate wird so ein zweites Netz völkerrechtlicher Aemter über die Erdoberfläche ausgebreitet, welche dem friedlichen Verkehr aller Nationen dienen und die Rechtsgemeinschaft in der Welt beleben. Die Consuln sind nicht wie die Gesanten berufen, als eigentliche Stellvertreter der Staten zu handeln, sie haben vorzugsweise die Interessen der Privaten in fremden Ländern zu wahren und den heimatlichen Rechtsschutz auch in der Ferne wirksam zu machen. Gerade deshalb steigt ihre Wichtigkeit in dem Masse, in welchem der internationale Verkehr reicher und belebter wird.

Zuerst haben die Bedürfnisse und Interessen des Handels die Kaufleute veranlasst, ins Ausland zu gehen und mit Fremden zu verkehren. Daher sind die Consulate anfangs nur als Handelsconsulate gegründet worden. Auch heute noch ist der Handelsverkehr die wichtigste Beziehung von Nation zu Nation. Aber er ist es heute schon nicht ganz mehr, wie früher. Es giebt bereits eine Menge von Culturbeziehungen aller Art, welche die Nationen ebenfalls verbinden. Nicht einmal mehr die Mehrzahl der Reisenden sind Kaufleute. Die verschiedensten Ursachen bestimmen die Privaten, vorübergehend fremde Länder zu besuchen, oder sich auf längere Zeit auswärts niederzulassen, Interessen der Bildung, der Wissenschaft, der Kunst, der Landwirthschaft, des Vergnügens, der Verwantschaft u. s. f. Auch diese Masse von Nichtkaufleuten tritt in den Rechtsverkehr mit den Ausländern und bedarf gelegentlich der Förderung und des Schutzes in der Fremde. Die Consuln sind berufen, auch diesen Classen nöthigenfalls beizustehen.

Indem so der Geschäftskreis der Consuln erweitert und ihre Geschäftslast vergrössert ward, genügten nicht überall mehr die alten Handelsconsuln, welche nur nebenher das Consulat verwalteten. Man konnte dem Kaufmann nicht zumuthen, dass er neben seinem eigenen Handel die mannigfaltiger, schwieriger und zahlreicher gewordenen Geschäfte des Consulats unentgeltlich als Ehrenpflicht besorge, und man ward genöthigt, an den begangensten Plätzen und in den Hauptstädten, wo man keine Gesantschaften unterhielt, für besoldete Berufsconsuln zu sorgen, welche dann das Consulat als Hauptberuf verwalteten. Das so im Wachsthum begriffene Consulat ist augenscheinlich noch der Hebung und Steigerung fähig und ganz geeignet, die friedlichen und freundlichen Beziehungen der Nationen unter einander und mit den Staten vielfältig zu sichern und zu fördern. Um den ersten Ring der Gesantschaften wird so ein zweites weiteres Band geschlungen, welches die Gemeinschaft der Welt pflegt.

Fremdenrecht.

Keine Isolirung der Staten.

Die friedlichen Siege des neueren Völkerrechts haben voraus die Zustände der Fremden sehr verbessert. Die antiken Völker waren noch wie die Barbaren geneigt, die Fremden wie Feinde zu betrachten und für rechtlos zu halten, wenn sie nicht von dem Schutz eines einheimischen Gastfreundes oder von der Schirmhoheit eines mächtigen Patrons gedeckt waren. Die Verbannung in die Fremde, das Exil, galt daher als Verstossung ins Elend. Auch das Mittelalter behandelte die Fremden noch mit offenbarer Ungunst. Die Fremden waren genöthigt, einen unsicheren Rechtsschutz der Landesherrn und der Gemeinden mit schwerem Geld zu bezahlen; wollten sie ihr Vermögen wieder aus dem Lande wegziehen, so mussten sie auch den Wegzug mit Procenten des Vermögenswerthes erkaufen; starben sie in dem für sie fremden Lande, so pflegte die Herrschaft auch auf ihre Verlassenschaft zu greifen und dieselbe wie herrenloses Gut an sich zu ziehen oder doch die Wegfahrt der Erben mit erheblichen Abzügen zu belasten.

Das alles ist anders und besser geworden. Die Fremden werden nun in der civilisirten Welt in ihren Menschenrechten geachtet und in den wichtigsten Beziehungen des Privatrechts und des Verkehrs den Einheimischen durchweg gleichgestellt. Die Barbarei des Wildfangs- und des Heimfallsrechts ist endlich aus Europa verschwunden. Zahlreiche Statenverträge haben die Abzugsrechte gänzlich abgeschafft und sichern die Freizügigkeit. Der deutsche Privatmann lebt in Paris oder in New-York oder in Calcutta eben so sicher wie in Berlin oder in München. Zahllose Fremde aus allen Ländern der Welt wohnen in allen Welttheilen unter einander gemischt friedlich beisammen und fühlen sich in Person, Vermögen und Verkehr nicht minder geschützt als in der Heimat. Mit dem Aufschwung der Transportmittel hat auch die gemeinsame Rechtsbildung Schritt gehalten. Auch sie hat die nationale Isolirtheit durchbrochen und ein internationales Verkehrsrecht geschaffen, von dem sich kein Stat abschliessen kann. Wollte er dasselbe missachten, so würde er nicht blos die Missbilligung der civilisirten Welt auf sich laden, sondern auch in Gefahr sein, zur Rechenschaft gezogen zu werden, damit er lerne, in den Fremden die Menschen und in dem Verkehr der Nationen die Gemeinschaft der Völker zu achten. Der Gedanke des Weltbürgerrechts, den Kant als eine ideale Hauptforderung des neuen Völkerrechts ausgesprochen, hat heute schon zum Theil eine reale Wahrheit, und dieses Weltbürgerrecht ist so wenig unverträglich mit dem besonderen Statsbürgerrecht, als dieses mit dem Gemeinde- und Ortsbürgerrecht.

Nur in dem Innern der grossen Continente von Asien und besonders von Afrika, wohin die Civilisation noch nicht mit Macht vorgedrungen ist, dauert einstweilen noch die früher allgemeine Verneinung des Fremdenrechtes fort, gewiss nicht lange mehr. Mit vollem Rechte nimmt sich jeder Stat seiner Bürger auch in der Fremde insofern an, als dieselben gegen Rechtsverweigerung und Gewaltthat seines Schutzes bedürfen. Der Statsschutz ist nicht an die Grenzen des Statsgebietes gebannt. Die Verbindung der Staten und die Einheit der Menschheit zeigen sich auch darin, dass die schützenden Arme der Statsgewalt überall hin auf der Erdoberfläche so weit sich ausstrecken, als es mit der rechtlichen Selbständigkeit anderer Staten verträglich ist. Dieser statliche Rechtsschutz in der Fremde ist zuweilen von mächtigen Staten anmasslich und übermüthig überspannt worden, aber im Grossen und Ganzen ist es doch ein grosser Fortschritt eines wirksamen Völkerrechts, dass der internationale Verkehr und die Rechtssicherheit der Fremden nicht der Willkür einer launischen Statsgewalt Preis gegeben und Staten, welche diese Rechte verletzen, zur Genugthuung und Entschädigung angehalten werden.

Selbst die völlige Abschliessung und Isolirtheit eines States wider jeden Fremdenverkehr, in früherer Zeit als ein selbstverständliches Recht eines souveränen States betrachtet, erscheint dem heutigen Rechtsbewusstsein als eine Verletzung des natürlichen

Menschenrechts, welches für alle Nationen einen gesicherten Rechtsverkehr fordert, damit die Menschenanlage zu voller und reicher Entfaltung gelangen und so die Bestimmung des Menschengeschlechts erfüllt werden könne. In den letzten Jahrhunderten hatte sich so die ostasiatische Welt gegen die europäisch-amerikanische völlig abgeschlossen. Die chinesischen und japanischen Seehäfen und Handelsstädte blieben lange Zeit den Schiffen und Kaufleuten der christlichen Nationen versperrt. Aber in unsern Tagen sind auch diese trennenden Schranken vor der zwingenden Macht des erstarkten menschlichen Völkerrechts gefallen und die ostasiatischen Reiche in die Handels- und Verkehrsgemeinschaft mit den Europäern und Amerikanern eingetreten. Im Jahre 1842 hat England das chinesische Weltreich zuerst genöthigt, in dem Frieden von Nanking seine Häfen wieder zu öffnen, und im Jahre 1858 haben die Vereinigten Staten von Nordamerika zuerst wieder Japan dem Weltverkehr erschlossen. Seither berühren sich und wirken auf einander die christlich moderne und die ostasiatische alte Civilisation, und das Völkerrecht hat wiederum einen gewaltigen Fortschritt zum allgemeinen Weltrecht gemacht.

Gemeinschaft der Gewässer.

Freie Schifffahrt.

Würde sich die Luft nicht jeder menschlichen Absperrung im Grossen entziehen, so hätte sicherlich die souveräne Selbstsucht der Einzelstaten auch die Luft über ihrem Lande als ihr ausschliessliches Eigenthum anzusprechen hier oder dort den Versuch gemacht. Aber die Staten haben keine Gewalt über die mächtige Bewegung der Luftströme, welche unbekümmert um alle Landesgrenzen ihren Weg nehmen. Auch das Meer und die öffentlichen Gewässer sind von der Natur mit einander verbunden und, wenn sie auch die Länder zuweilen trennen, so dienen sie doch zugleich, den Verkehr der verschiedenen Nationen zu erleichtern. Sie verbinden auch die Küsten und Ufer, welche sie bespülen. Da haben es aber die Staten wirklich lange versucht, ihre Alleinherrschaft möglichst weit auch über die Gewässer auszudehnen und die Freigebigkeit der gemeinsamen Natur ausschliesslich für sich auszubeuten. Sogar über das offene Meer hin wollte die mittelalterliche Statshoheit ihr Eigenthum ausbreiten. Die Republik Genua nahm über das ligurische, Venedig über das adriatische Meer eine ausschliessliche Seeherrschaft in Anspruch. Die Könige von Spanien und Portugal behaupteten, die westindischen Meere gehören ihnen allein zu, weil der Papst Alexander VI., dem diese Meere so wenig als die westindischen Länder jemals gehört hatten, ihnen dieselben geschenkt habe. Als Hugo de Groot zuerst diese sinnlose Anmassung wiederlegte und für die „Freiheit der Meere" seine Fürsprache unternahm (1609), musste er noch mancherlei hergebrachte Missbräuche schonen. Lange nachher noch und bis ins achtzehnte Jahrhundert hinein wollte England über die Meere, welche die Grossbrittanischen Inseln umschliessen, eine ausschliessliche Seehoheit behaupten.

Dem langsamen aber stätigen Wachsthum der völkerrechtlichen Erkenntniss haben endlich alle diese anmassenden Uebergriffe weichen müssen. In dem heutigen Rechtsbewusstsein der civilisirten Welt haben die beiden wichtigen Sätze feste Wurzeln:

> Kein Stat hat eine besondere Seehoheit über die offene See. Die unter einander verbundenen Meere sind der freien Schifffahrt aller Nationen offen.

Vor wenig Jahren erst sind einige letzte Reste der älteren selbstsüchtigen Beschränkung und Ausbeutung weggeräumt worden. Das Marmarameer, obwohl es von den Türkischen Küsten umschlossen ist und seine enge Einfahrt leicht von den Dardanellenschlössern beherrscht werden kann, und das Schwarze Meer, welches Russland für sich in Beschlag zu nehmen bemüht war, sind durch die Friedensschlüsse von Adrianopel (1829) und Paris (1856) der freien Schifffahrt aller Nationen geöffnet worden. Noch im Jahre 1841 wurde der Sundzoll, den Dänemark von den Seefahrern zwischen der Nordsee und der Ostsee seit Jahrhunderten erhob, als herkömmliches und in vielen Statsverträgen bestätigtes Recht von den meisten Seemächten anerkannt. Aber als endlich die Vereinigten Staten erklärten, sie werden dieses geschichtliche Recht, welches dem natürlichen Recht der freien Seefahrt widerstreite, nicht ferner respectiren, liess sich auch Dänemark willig auf den anerbotenen Loskauf mit den europäischen Staten ein. Die Freiheit der Meere ward nun auch in diesem Falle anerkannt (1857).

Nachdem einmal der natürliche Zusammenhang der öffentlichen Gewässer und ihre Bestimmung, der Schifffahrt aller Nationen zu dienen erkannt und anerkannt war, führten diese Gedanken zu weitern Befreiungen. Man musste zugestehen, dass die Gebietshoheit sich nicht ganz auf den festen Erdboden beschränken lässt. Mehr noch als der nasse Küstensaum am Meere, und als die Buchten und Rheden, welche vom Festland her theilweise beherrscht werden, gehören die grossen Ströme und Flüsse, welche durch ein Land fliessen oder seine Grenze bilden, und die Häfen, welche durch öffentliche Werke geschützt sind, damit sie hinwieder die Schiffe schützen können, einem bestimmten Statsgebiete zu und sind der Aufsicht und Sorge des Einzelstates unterworfen. Sie sind ein fliessender Theil des Landes, und nicht wie das offene Meer frei von jeder besondern Statshoheit.

Allein neben jener Zutheilung zu einem Sondergebiete muss auch die natürliche Verbindung der schiffbaren Ströme, Flüsse, Seen, Häfen mit der offenen See beachtet werden, und insoweit ist jene ausschliessliche Gebietshoheit durch die Rücksicht auf die Verkehrsgemeinschaft zu ermässigen und abzuändern. Von dem freien und offenen Meere her fahren die Schiffe der verschiedenen Nationen in die Seehäfen und in die Flüsse der Staten ein. Die Freiheit des internationalen Verkehrs wäre gehemmt und die Gemeinschaft in der Benutzung öffentlicher Gewässer wäre gestört, wenn jeder Stat willkürlich alle seine Häfen und Flüsse für fremde Schiffe unzugänglich machen dürfte. Wenn ein Fluss durch mehrere Statsgebiete hindurch fliesst, um sich ins Meer zu ergiessen, so könnten die einen Staten, insofern ihre Gebietshoheit nicht beschränkt würde, die andern von dem Seeverkehr absperren, und die Gewässer würden ihrer natürlichen Bestimmung, die Nationen zu verbinden, entfremdet.

Zuerst wurde diese neue Forderung des Völkerrechts, dass der Zusammenhang der öffentlichen Gewässer beachtet und die Freiheit der Schifffahrt geschützt werde, im Pariser Frieden von 1814 in Anwendung auf die Rheinschifffahrt ausgesprochen und zugleich eine allgemeine Durchführung des Princips auf allen europäischen Flüssen in Aussicht gestellt. Es war hauptsächlich das Verdienst des Preussischen Gesanten, Wilhelms von Humbold, diesen Fortschritt der völkerrechtlichen Verkehrsgemeinschaft anzutragen. Die Wiener Congressacte von 1815 (Art. 108 ff.) verkündete sodann die Freiheit der Schifffahrt auf allen schiffbaren Flüssen, welche zwei oder mehrere Gebiete durchströmen, und wendete diesen Grundsatz ausdrücklich auch auf die schiffbaren Nebenflüsse des Rheins an, ferner auf die Schelde, deren Mündungen lange Zeit durch die Holländer für die Belgischen Schiffe gesperrt waren, die Maas, die Elbe, die Oder, die Weser, die Weichsel und den Po. Von da an mussten allmählig die mancherlei aus dem Mittelalter überlieferten Flusszölle der wachsenden Freiheit weichen und sowohl die Uferstaten als die Seemächte hatten nun ein festes Princip gewonnen, von welchem aus sie alle herkömmlichen Beschwerden und Gebühren bekämpften, durch welche der Schifffahrtsverkehr belastet und gehemmt war. Nur solche Gebühren blieben gerechtfertigt, welche als Gegenleistung erschienen für nothwendige oder nützliche Dienste. Später erst nahmen die Donaustaten das neue Princip an. Aber endlich wurde durch den Pariser Frieden von 1856 auch die Donau den Schiffen aller Nationen geöffnet.

Die Logik des Gedankens nöthigt uns, dieselbe Freiheit der Schifffahrt auch bezüglich der Flüsse zu fordern, welche nur durch Ein Statsgebiet fliessen, aber, indem sie ins Meer münden, von Natur dem Weltverkehr dienen. Diese Forderung ist aber zur Zeit noch nicht allgemein anerkannt. Mancher Stat verweigert heute noch fremden Schiffen die Benutzung seiner Eigenflüsse, während er für seine Schiffe die freie Schifffahrt auf Flüssen fordert, deren Wasser nirgends seine Ufer bespült, die durch mehrere fremde Statsgebiete fliessen. Das ist ein auffallender und grober Widerspruch. Weshalb sollte Ein Stat mehr Recht haben an seinem Eigenflusse, als die sämmtlichen Uferstaten zusammen an ihrem Gemeinflusse? Wenn diese genöthigt sind, ihre Flüsse dem Weltverkehr zu öffnen, warum sollte jener seine Flüsse gegen den Welthandel absperren dürfen? Wie sollten die fremden Schiffe, welche völkerrechtlich befugt sind, einen Gemeinfluss zu befahren, diese Befugniss verlieren, wenn in Folge von Gebietsabtretungen, Ein Stat in den Besitz des ganzen Flusses gelangt? Sollte z. B. der Po der Schifffahrt offen stehen, so lange er durch mehrere Statsgebiete floss, und nun abgesperrt werden können, seitdem er ganz und gar in den Besitz des Königreichs Italien gekommen ist? Der Mississippi war im vorigen Jahrhundert noch ein Gemeinstrom, an dem auch England und Spanien Theil hatten und gehört heute ganz den Vereinigten Staten zu. Hat er in Folge dessen seine Natur verändert und ist seine Bedeutung für den Weltverkehr geringer geworden? Jene Unterscheidung zwischen der freien Schifffahrt auf mehrstatlichen Weltströmen und der unfreien Schifffahrt auf einstatlichen Weltströmen ist also unhaltbar.

Welt-Srassen, Eisenbahnen, Post- und Telegraphen-Verkehr.

Eine Reihe von Verkehrsmitteln, welche die Menschen aus verschiedenen Ländern mit einander verbinden, haben in neuerer Zeit eine grossartige allgemeine Ausbildung erfahren, und sind in Folge dessen zu einem Gegenstande völkerrechtlicher Sorge geworden.

Es gibt nicht blos Landstrassen, es gibt auch Weltstrassen, welche mehreren Völkern zu dienen bestimmt sind. Ganz besonders haben die Eisenbahnen, obwohl sie zunächst den einzelnen Ländern angehören, doch zugleich eine internationale Bedeutung erlangt. Das Bedürfniss völkerrechtlicher Sicherung dieser Verkehrswege zu Lande ist daher im Steigen begriffen.

Dieselbe Erscheinung tritt in dem Postverkehr zu Tage, welcher alle Nationen der Welt einander näher bringt und es den Einzelnen möglich macht, ihre Meinungen und Begehren einander überallhin rasch und sicher mitzutheilen. Die internationalen Postverträge, insbesondere der vom Jahre 1874 suchen diesem Bedürfniss Befriedigung zu verschaffen.

Endlich hat unsere Zeit ein Telegraphennetz über alle Welttheile und durch die Meere hindurch ausgebreitet, welche mit Hülfe des elektrischen Drahtes augenblicklich die Aeusserungen der Menschen dem entlegensten Correspondenten mittheilt. Auch hier hat das Völkerrecht seine Aufgabe, für den Weltverkehr zu sorgen, zu erkennen begonnen. Insbesondere die Telegraphenverträge von Bern 1869 und von St. Petersburg 1875 sind wichtige Stationen auf dem Wege zur Erfüllung dieser internationalen Aufgabe.

Bereits haben diese Interessen zur Gründung internationaler Centralämter geführt. Es gibt ein internationales Bureau für den Telegraphenverein zu Bern, seit 1869, ein internationales Bureau des allgemeinen Postvereins in Bern, Vertrag vom 3. Mai 1875, ein internationales Bureau für Mas und Gewicht in Paris, Vertrag vom 20. Mai 1875.

Vermittlung in Streitfällen. Schiedsrichterliches Verfahren.

Gerathen zwei Staten in einen ernsten Rechtsstreit mit einander, so sind sie noch immer geneigt, in Ermanglung eines völkerrechtlichen Gerichtshofs, den Weg der Selbsthülfe zu betreten, und die äusserste Selbsthülfe ist der Krieg. Es ist das ohne Zweifel noch eine barbarische Seite der heutigen Weltordnung, und wir müssen zugestehen, dass in dieser höchst wichtigen Hinsicht die Fortschritte des Völkerrechts noch beschämend klein sind. Wir können höchstens einige unentwickelte Keime zu einer civilisirteren Rechtspflege entdecken. Auf dem Pariser Congresse von 1856 gaben die versammelten Mächte im Interesse des Friedens den Wunsch zu Protokoll, dass die Staten, unter denen ein Streit sich erhebe, nicht sofort zu den Waffen greifen, sondern zuvor die guten Dienste einer befreundeten Macht anrufen möchten, um den Streit friedlich zu schlichten. Man wagte nicht, den Wunsch als Rechtsforderung auszusprechen, und die Mächte wollten sich selber nicht binden.

Vielleicht wird, was hier gewünscht ward, später in eine völkerrechtliche Rechtspflicht umgewandelt, ebenso wie in manchen Ländern die Rechtsstreite der Privatpersonen vorerst an einen Friedensrichter zum Sühneversuch gebracht werden müssen, bevor sie gerichtlich im Process verfolgt werden dürfen. Es wäre damit der Krieg nicht verhindert, aber eine neue Garantie für den Frieden gewonnen.

In den Statenbünden gibt es auch kein Bundesgericht, welches zuständig wäre, über die Streitigkeiten zwischen den verbündeten Einzelstaten zu urtheilen. Da kennt man seit Jahrhunderten das Verfahren vor Schiedsrichtern oder Austrägen, welche den Process ohne Krieg durch Rechtsspruch erledigen. Den Einzelstaten ist es oft zur Pflicht gemacht, diesen schiedsrichterlichen Weg zu betreten und sich aller kriegerischen Gewalt zu enthalten. Auch unter nicht verbündeten Staten wird zuweilen dieses Mittel der Rechtspflege benutzt, aber eine allgemeine Rechtspflicht dazu besteht noch nicht. Vielleicht wird es einem der nächsten völkerrechtlichen Congresse gelingen, wenigstens für gewisse Streitfragen die Pflicht des schiedsrichterlichen Verfahrens auszusprechen und dieses zugleich in seinen Grundzügen zu ordnen.

Es giebt Streitigkeiten, für welche die letzte Rechtshülfe, der Krieg vernünftiger Weise unmöglich ist. Dahin gehören durchweg alle Entschädigungs- und alle Etikette- und Rangfragen. Der Werth des Streites steht in solchen Fällen in einem allzu grossen Missverhältniss zu den nothwendigen Kriegskosten und zu den unvermeidlichen Kriegsübeln, als dass ein Stat, der bei gesunden Sinnen ist, sich entschliessen möchte, zu diesem Mittel zu greifen. Für derartige Fälle sollte immer ein friedliches Schiedsgericht angerufen werden können; sonst bleiben sie unerledigt und verbittern die Stimmung auf die Dauer. Freilich ist es nicht leicht, geeignete Richter zu finden. Wählt man eine neutrale grosse Macht, so ist man doch nicht sicher, dass dieselbe auch ihre eigenen politischen Interessen und Neigungen bei dem Schiedsspruch in die Wage lege. Man ist auch nicht sicher, dass der gewählte Fürst, auch wenn er kein eigenes Interesse hat, geeignete Berather beiziehe; die zugezogenen aber bleiben oft verborgen und daher unverantwortlich. Den ordentlichen Gerichtshöfen, an die man sich wenden könnte, fehlt meistens die völkerrechtliche Bildung und die freie statsmännische Praxis. Auch die Juristenfacultäten, auf welche Professor Lieber verwiesen hat, bieten für die Kenntniss statlicher Dinge keine ausreichende Gewähr, wenn gleich die wissenschaftliche Einsicht und Ehre in ihnen ausgezeichnet vertreten sind. Vielleicht könnte zum voraus auf Vorschläge von Justizministern und Juristenfacultäten eine Geschwornenliste von völkerrechtlich gebildeten Männern der verschiedenen Nationen gebildet werden, aus der im einzelnen Fall — etwa unter der formellen Leitung eines neutralen Statshaupts (Fürsten oder Präsidenten) als Richter — die Urtheiler bezeichnet würden. Obwohl man auf diesem Gebiete noch tastend nach friedlichen Rechtsmitteln sucht, so bedeuten die im Jahr 1871 bestellten Schiedsgerichte zwischen den Vereinigten Staten und Grossbrittanien und zwischen jener Union und Mexico doch, trotz der noch zweifelhaften Ergebnisse, einen Fortschritt der Völkerrechtspraxis.

Einen beachtenswerthen Anfang zu dieser Reform hat das Königreich Italien gemacht, indem es eine schiedsrichterliche Clausel in neuere Verträge einführte. Das Institut für Völkerrecht hat durch den Entwurf eines Statuts, welches das schiedsrichterliche Verfahren ordnet, den Weg zu einer allgemeinen Ordnung der Art geebnet, 1874 und 1875.

Kriegsrecht.

Recht gegen die Feinde.

Die Staten sind Feinde, nicht die Privaten.

Seine herrlichsten Siege hat der humane Geist des modernen Völkerrechts gerade da erfochten, wo dem Rechte gewöhnlich die geringste Macht zugeschrieben wird. Im Kriege nämlich tritt die massive Gewalt wider die Gewalt in den Kampf und die feindlichen Leidenschaften ringen mit einander auf Leben und Tod. Eben in diesem wilden Stadium des Völkerstreites gilt es vor allen Dingen, die civilisatorische Macht des Völkerrechts zu zeigen. In der That, sie hat sich in der Ausbildung eines civilisirten Kriegsrechts, durch welches die alte barbarische Kriegssitte grossentheils verdrängt und untersagt wird, glänzend bewährt. Die Kriege sind menschlicher, gesitteter, milder geworden, und nicht blos thatsächlich durch die veredelte Kriegsübung, sondern ebenso rechtlich durch die Vervollkommnung des Völkerrechts.

Die alten Völker betrachteten die Feinde, mit denen sie im Kriege waren, als rechtlose Wesen und hielten Alles gegen sie für erlaubt. Dem heutigen Rechtsbewusstsein ist es klar, dass die Menschenrechte auch im Kriege zu beachten sind, weil die Feinde nicht aufgehört haben, Menschen zu sein.

Bis auf die neueste Zeit dehnte man überdem den Begriff des Feindes ungebührlich aus und behandelte höchstens aus sittlichen oder politischen Rücksichten, aber keineswegs aus Rechtsgründen, die unkriegerische Bevölkerung des feindlichen States mit einiger Schonung. Noch Hugo de Groot und Pufendorf betrachten es als hergebrachte, auf dem Consens der Völker beruhende Rechtssätze, dass alle Statsangehörigen der beiden Kriegsparteien, also auch die Weiber, die Kinder, die Greise, die Kranken Feinde und dass die Feinde als solche der Willkür des Siegers unterworfen seien.

Erst die schärfere Unterscheidung des heutigen Rechtsbewusstseins hat den Grundgedanken klar gemacht, dass der Krieg ein Rechtsstreit der Staten, beziehungsweise politischer Mächte und keineswegs ein Streit zwischen Privaten oder mit Privaten sei. Dieser Unterschied, den die Wissenschaft erst begriff, als ihn zuvor die Praxis thatsächlich beachtet hatte, zieht eine Reihe der wichtigsten Folgerungen nach sich.

Jedes Individuum nämlich steht in einem Doppelverhältniss. Einmal ist es ein Wesen für sich, d. h. eine *Privatperson*. Als solche hat es einen Anspruch auf einen weiten Kreis von persönlichen Familien- und Vermögensrechten, mit Einem Wort auf sein *Privatrecht*. Da nun der Krieg nicht gegen die Privaten geführt wird, so gibt es auch keinen Rechtsgrund, nach welchem das Privatrecht im Kriege untergehen oder der Willkür des Feindes blossgestellt werden sollte.

Sodann ist jedes Individuum ein *Glied* und *Angehöriger* einer *Statsgemeinschaft*. Insofern ist es allerdings mitbetheiligt bei dem Streite seines Stats. Das Schicksal des Vaterlandes ist den Kindern des Landes nicht fremd. Sie nehmen Theil an den Erfolgen und an den Leiden des States, dem sie angehören. Sie sind auch durch ihre Bürgerpflicht verbunden, dem State in der Gefahr Beistand zu leisten mit Gut und Blut. In dem ganzen Bereich des *öffentlichen Rechts* sind alle Statsangehörigen dem State verpflichtet.

Aus dieser Unterscheidung ergeben sich folgende Hauptsätze des modernen Völkerrechts: *Die Individuen sind als Privatpersonen keine Feinde, als Statsangehörige sind sie betheiligt bei der Feindschaft der Staten.* So weit das *Privatrecht* massgebend ist, dauert also das *Friedensverhältniss* und das *Friedensrecht* fort. So weit das *öffentliche Recht* entscheidet, ist das *Feindesverhältniss* eingetreten und wirkt das *Kriegsrecht*.

In Folge dieser Grundsätze sind die Gefahren, welche der Krieg über die friedliche Bevölkerung herbei zieht, sehr viel geringer geworden.

Im Alterthum waren auch die wehrlosen Personen, die Frauen und Kinder, in stäter Gefahr, von den feindlichen Kriegern misshandelt, zu Sclaven gemacht und verkauft oder getödtet zu werden. Der politische Verstand der Römer hielt dieselben in den meisten Kriegen ab, von diesem vermeintlichen Recht einen ausgedehnten Gebrauch zu machen, denn sie wollten die Völker beherrschen, nicht vertilgen; aber die römischen Rechtsgelehrten hatten nicht den geringsten Zweifel an dem Rechte zu solchen Handlungen. Nur die Götter und ihre Tempel gewährten einigen Schutz vor der Rohheit und dem Blutdurst der stürmenden Krieger; aber auch dieser Schutz war unsicher und auf sehr enge Grenzen beschränkt.

Auch im Mittelalter gab es keine schützende Rechtsregel. Die eigentliche Sclaverei war nicht mehr in den Sitten, ausser etwa zum Nachtheil kriegsgefangener Muhammedaner. Aber die Rohheit war grösser als in dem civilisirteren Römerreiche. Auch friedliche Leute waren der äussersten Gewaltthat und selbst dem Tode ausgesetzt, wenn der Feind mit Kriegsgewalt ihr Land überzog. Der dreissigjährige Krieg noch ist mit allen Gräueln soldatischer Barbarei befleckt.

Der humane Groot wagt es noch nicht, solcher Missethat das Brandmal der völkerrechtlichen Verurtheilung aufzudrücken. Im Gegentheil, er erkennt noch die völkerrechtliche Erlaubniss dazu an und missbilligt diese Barbarei nur aus moralischen und vernünftigen Gründen. Die einzige völkerrechtliche Schranke findet er in dem Verbot, die Frauen zu missbrauchen, zu welchem endlich das christliche Völkerrecht sich entschlossen habe.

Das heutige Völkerrecht verwirft den Gedanken einer absoluten Willkürgewalt über die Privatpersonen vollständig und gestattet weder Misshandlung noch Beleidigung, am wenigsten Tödtung derselben. Das Recht der persönlichen Sicherheit, der Ehre, der Freiheit ist Privatrecht und dieses bleibt im Kriege unversehrt. Die feindliche Kriegsgewalt ist nur zu den Massregeln befugt, welche zu Statszwecken dienen und im Interesse der Kriegsführung liegen. Sie kann die freie Bewegung der Privaten hemmen, den Privatverkehr unterbrechen, Strassen und Plätze absperren, die Einwohner entwaffnen u. s. f. Wie das Privatrecht sich dem gewaltigeren Rechte der Gesammtheit, d. h. dem Statsrecht auch im Frieden unterordnen muss, aber doch nicht von dem öffentlichen Rechte aufgehoben und verschlungen werden darf, so legt das öffentliche Kriegsrecht seine nothwendigen Gebote auch den Privaten auf, aber es erkennt zugleich das Privatrecht an. Die allgemeine Noth und Gefahr, welche der Krieg auch über die Privaten verhängt, ist ohnehin gross und schadet genug; die unvermeidlichen Leiden der Bevölkerung dürfen daher nicht grund- und zwecklos durch vermeidliche Uebel vergrössert und erschwert werden. Freilich wird auch jetzt noch die Rechtsregel in der Praxis nicht immer genau befolgt, und mancherlei Ungebühr wird noch straflos im Kriege gegen Privaten verübt. Aber im Grossen und Ganzen ist es wahr, dass die friedlichen Bewohner einer Stadt oder selbst eines Dorfes und einzelner Höfe dem Gang der Kriegsereignisse mit weit mehr Ruhe entgegensehen dürfen, als in irgend einer früheren Periode der Geschichte. Es ist ein grosses Verdienst Vattel's, dass er zuerst der humaner werdenden Kriegsübung der stehenden Heere auch einen völkerrechtlichen Ausdruck gegeben und durch seine klare Darstellung des neueren Völkerrechts gerechtere Grundsätze populär gemacht hat.

In einer andern Lage freilich sind diejenigen Personen, welche an der Kriegsführung selbst einen thätigen Antheil nehmen, voraus das Heer und wer sonst mit den Waffen oder durch persönliche Dienste den Kampf unterstützt. Nach der ältern wiederum barbarischen Theorie sprach man hier von einem Recht der Kriegsgewalt über Leben und Tod ihrer activen Feinde. Das humane Völkerrecht von heute verwirft auch dieses angebliche Recht der Gewalt als grundlos.

Allerdings wer an dem Kampfe Theil nimmt, freiwillig oder gezwungen, der ist den Gefahren des Kampfes Preis gegeben und dieser Kampf wird auf Leben und Tod geführt. So weit das natürliche Recht des Kampfes reicht, so weit muss auch das Recht gehen, den kämpfenden Feind zu tödten, aber nicht weiter. Jenes Recht aber ist bedingt durch die rechtliche Bedeutung und begrenzt durch den Zweck des Kriegs. Niemals darf der Krieg mit seiner furchtbaren Gewalt selber Zweck sein. Er ist immer nur statliche Rechtshülfe und ein Mittel für Statszwecke. Deshalb ist die Kriegsgewalt keine absolute. Sie findet demnach von Rechtswegen ihre Grenze und ihr Ende, wo sie nicht mehr dem Statszweck dient.

Es ist daher erlaubt, den Feind, der Widerstand leistet, mit tödtlichen Geschossen zum Weichen zu nöthigen, erlaubt, den bewehrten Gegner im Einzelkampfe zu tödten, erlaubt, den fliehenden Feind zu verfolgen, weil das Alles nöthig ist, um den Sieg zu erstreiten und zu sichern. Aber es ist nicht erlaubt, den Feind, der seine Waffen ablegt und sich ergiebt, oder der verwundet auf dem Schlachtfelde liegt und unfähig ist, den Kampf fortzusetzen, und nicht erlaubt, die Aerzte, Feldgeistlichen und andere Nichtkämpfer einzeln zu tödten, weil das nicht nöthig ist, um den Sieg zu gewinnen, die unzweckmässige Tödtung aber rohe Grausamkeit wäre. Die kriegerische Gewalt darf nicht dem zügellosen Hasse und wilder Rachsucht dienen, denn sie ist Rechtshülfe und Statsgewalt. Dies

Gebot der Menschlichkeit darf auch nicht von der aufgeregten Wuth der kriegerischen Leidenschaft überhört werden. Der militärische Befehl, „keinen Pardon zu geben und Alles niederzumachen", ist eine völkerrechtswidrige Barbarei und wird nur als Repressalie noch und zur Abwendung eigener äusserster Lebensgefahr zugelassen. Auch hier ist es wieder Vattel, welcher die humaneren Grundsätze des neuen Völkerrechts zuerst mit Erfolg vertheidigt hat. Um dieses Verdienstes willen um die Civilisation gebührt ihm eine hohe Stelle unter den Lehrern und Förderern des Völkerrechts.

Mit grossem Nachdruck und Eifer für militärische Ehre bestreitet er auch den absurden Satz der früheren Schriftsteller, dass man dem hartnäckigen Vertheidiger eines festen Platzes den Tod als Strafe drohen dürfe, wenn er denselben nicht übergebe. Die Tapferkeit des Feindes wird niemals ein strafwürdiges Verbrechen, auch nicht, wenn sie eine vielleicht unhaltbare Stellung zu behaupten sucht. Während des Kampfes ist Schonung nicht am Platze und, wer sein eigenes Leben einsetzt, mit dem darf man nicht rechten, wenn er das Leben seines Feindes angreift. Die hartnäckigste Vertheidigung kann dazu dienen, dem übermächtigen Feinde Achtung abzunöthigen und bessere Friedensbedingungen zu erzielen. Zur Strafe darf der Sieger nur die tödten, welche ein strafbares Verbrechen begangen haben, z. B. die Seeräuber, die Spione oder Marodeurs. Aber diese Art der Tödtung setzt ein strafgerichtliches Verfahren voraus, wenn auch vielleicht das summarische des Standrechts. Das ist nicht mehr Kampfesrecht, sondern Strafrecht.

Auch das Recht, die Angehörigen des feindlichen States, vorzüglich die bei der Kriegsführung Betheiligten zu Kriegsgefangenen zu machen, ist durch den Zweck des Kriegs begrenzt und darf nur als ein Mittel zum endlichen Frieden benutzt werden. Die Kriegsgefangenschaft der neueren Zeit ist nicht mehr, wie die antike, eine zeitige Sclaverei. Die Grundsätze, welche Preussen und die Vereinigten Staten in einem Vertrag von 1785 anerkannt haben, sind nach und nach allgemeines Recht geworden. Die Kriegsgefangenen dürfen nicht als Verbrecher, nicht als Züchtlinge behandelt werden. Sie werden nicht zur Strafe, sondern der Sicherheit wegen und um den Feind eher zum Frieden zu nöthigen, in ihrer Freiheit beschränkt und verwahrt. Sie dürfen daher nicht misshandelt und gequält, noch zu Arbeiten angehalten werden, welche ihrer Lebensstellung nicht angemessen sind, auch dann nicht, wenn man von ihnen fordern kann, dass sie ihren Lebensunterhalt mit ihrer Arbeit verdienen. Sogar ihre Bewegung und ihre Beschäftigung sind nicht mehr zu beschränken, als es das Interesse der Sicherheit fordert. Die heutige Sitte verlangt sogar, dass die kriegsgefangenen Officiere auf ihr Ehrenwort in relativer Freiheit gelassen werden. Nur wenn sie dieselbe missbrauchen zu statsfeindlichen Zwecken oder Fluchtversuche machen, sind sie strenger zu bewachen. So lange nicht die Sicherheit und die gute Ordnung darunter leiden, sind auch den Kriegsgefangenen unbedenklich diejenigen Genüsse zu verstatten, für welche sie auf eigene Kosten sorgen oder die ihnen von ihren Landsleuten und Freunden ermöglicht werden.

Mit edler Sorge nimmt sich das heutige Völkerrecht auch der verwundeten Feinde an. Die Beschlüsse der internationalen Conferenz zu Genf im August 1864, welche auf Einladuug der Schweiz von einer grossen Anzahl von Staten beschickt wurde, erkennen den Rechtsgrundsatz an, dass die ärztliche Sorge, welche den eigenen Verwundeten zu Theil wird, auch auf die verwundeten Feinde in wesentlich gleicher Weise ausgedehnt werden solle. So ward das christliche Princip der Feindesliebe in die bindende Form des Menschen- und Völkerrechts übersetzt.

Feindliches Vermögen im Landkriege.

Nicht minder gross sind die Fortschritte, welche das neuere Völkerrecht in der Anerkennung und dem Schutze des feindlichen Vermögens gemacht hat. Freilich besteht hier noch zwischen Land- und Seekrieg ein bedeutender Unterschied. In jenem ist die alte Barbarei früher und vollständiger überwunden worden, als in diesem.

Die antiken Völker, welche den Feind als rechtlos ansahen, betrachteten auch das Vermögen aller derer, die sie Feinde nannten, als einen Gegenstand freier Besitz- und Wegnahme. Das Grundeigenthum der Feinde verfiel dem siegreichen Stat, ihre Habe ward von den Truppen erbeutet und dem Feldherrn überliefert, welcher über die Vertheilung frei verfügte. Keine Rechtsvorschrift hinderte das Heer, die Häuser der Feinde abzubrennen und ihre Pflanzungen zu verwüsten. Die Sitte war freilich oft menschlicher als das Recht und die Politik schonte oft, wo das Recht Zerstörung und Raub gestattete. Aber in vielen Fällen zeigte sich auch die wilde Rohheit eines barbarischen Kriegsrechts in ihrer scheusslichen Gestalt, ohne Mass und ohne Scham.

Nicht viel anders war es im Mittelalter. Die damaligen Fehden waren weniger blutig als die antiken Schlachten, aber um so verderblicher für das Eigenthum und den Wohlstand der betroffenen Gegenden. Das Grundeigenthum blieb zwar meistens unverändert, aber die Dörfer wurden niedergebrannt, die Burgen gebrochen, die Bäume umgehauen, das Vieh weggeführt, die Habe der friedlichen Leute als gute Beute geraubt.

Auch hier bewährt jener Grundsatz des heutigen Rechts, dass der Krieg gegen den Stat und nicht gegen die Privaten geführt werde, seine heilsame Wirkung.

Wir unterscheiden nun zwischen öffentlichem Vermögen und Privatgut. Das öffentliche Vermögen, welches dem feindlichen State gehört, darf im Kriege angegriffen und von dem Sieger weggenommen werden. Voraus bemächtigt sich die Kriegsgewalt aller der Sachen des Feindes, welche Bezug auf die Kriegsführung selber haben, der Waffen, der öffentlichen Magazine und Vorräthe, der Kriegscasse, denn voraus ist die Kriegsgewalt berechtigt, dem Feinde die Mittel zu entwinden, mit denen derselbe Krieg führt und Widerstand leistet. Ferner ergreift sie, indem sie in dem feindlichen Lande fortschreitet, die Zügel der Statsgewalt und nimmt mit Recht die öffentliche Autorität einstweilen für sich in Anspruch. Sie verfügt daher über die öffentlichen Gebäude, nimmt die Finanzgefälle aller Art in ihre Hand und erstreckt ihre Macht über die öffentlichen Cassen; denn es dient das, den feindlichen Stat zu überwinden und zum Frieden zu zwingen.

Indessen sogar innerhalb des öffentlichen Vermögens beginnt die civilisirte Welt feiner zu empfinden und wichtige Unterscheidungen zu machen. Nicht alles öffentliche Gut dient in gleicher Weise dem State und daher auch schliesslich seiner Kriegsmacht. Viele öffentliche Anstalten dienen mit ihrem Vermögen andern, eher socialen Zwecken. Die Kirchen sind den religiösen Bedürfnissen der Bewohner geweiht. Die Spitäler sind für Kranke bestimmt. Die Schulen, die Bibliotheken, die Laboratorien, die Sammlungen sind für die Zwecke der Bildung und der Wissenschaft gegründet. Eben deshalb sind sie, wie die Amerikanischen Kriegsvorschriften es ausdrücken (§ 34), nicht im Sinne des Kriegsrechts als öffentliches

Vermögen zu betrachten und sollen ihren Zwecken nicht entfremdet werden. Der Raub von Kunstschätzen und Denkmälern, noch in den Revolutionskriegen zu Anfang dieses Jahrhunderts oft geübt, erscheint dem öffentlichen Gewissen bereits als anstössig und widerrechtlich, weil diese Dinge keinen nahen Bezug auf den Stat und den Krieg haben, sondern der friedlichen Cultur der bleibenden Nation dienen.

Wenn das heutige Völkerrecht sogar einen Theil der öffentlichen Güter vor den Griffen des Siegers bewahrt, so versteht sich der Schutz des Privateigenthums nun von selbst. Ein Recht des Siegers, das Grundeigenthum den Privaten wegzunehmen und sich anzueignen, wird nicht mehr anerkannt. Die Eroberung ist ein Act der Statsgewalt, und lässt das Privateigenthum unversehrt. Der Pariser Cassationshof hat daher mit gutem Grunde entschieden, dass selbst die fürstlichen Privatgüter kein Gegenstand der Eroberung seien und dass nur die Güter, welche dem Fürsten als Statshaupt zugehören, von dem siegenden Feinde weggenommen werden dürfen. Das Privateigenthum ist also nur insofern der Kriegsgewalt unterworfen, als es auch der Statsgewalt unterworfen bleibt. Die Grundeigenthümer müssen sich gefallen lassen, dass das Heer, soweit die Kriegsoperationen es nöthig machen, vorübergehend ihre Häuser und Güter besetze; aber sobald das kriegerische Nothrecht mit der Noth selbst erlischt, tritt auch die Regel des freien Eigenthums von selber wieder in Kraft.

Endlich hat das gereiftere Rechtsbewusstsein der civilisirten Welt es eingesehen, dass auch jenes angebliche Beuterecht im Krieg, trotz der zahlreichen und ehrwürdigen Autoritäten der römischen Rechtswissenschaft und der mittelalterlichen Rechte, eitel Unrecht sei und sich mit einer gesicherten Weltordnung durchaus nicht vertrage. Es ist beschämend für unsere Wissenschaft, dass sie in dieser wichtigen Frage nicht eher die Wahrheit erkannt hat, als bis ihr die veredelte Kriegsführung der heutigen Staten durch die thatsächliche Missbilligung und durch das militärische Verbot aller Beutemacherei vorausgegangen ist. Während die Gelehrten sich noch immer durch die alten Autoritäten täuschen liessen, arbeiteten die Generäle mit eiserner Disciplin an der Abschaffung jenes offenbaren Raubs, den man vergeblich sich bemüht, als Recht auszugeben. Worauf denn sollte sich dieses angebliche Beuterecht gründen? Etwa auf den alten Wahn, dass der Feind ein rechtloses Wesen sei? Aber der Feind ist ein Mensch und jeder Mensch ein Rechtswesen. Oder auf die Vorstellung, dass im Kriege die Gewalt herrsche? Aber es ist ja der Beruf des Völkerrechts, auch die Kriegsgewalt mit den Zügeln des Rechts zu bändigen. Oder auf den Gedanken, dass dem Feinde zu schaden natürliches Kriegsrecht sei? Aber die Privatpersonen sind als solche nicht Feinde, und das Privateigenthum darf daher nicht willkürlich geschädigt werden. Oder auf die Uebereinstimmung der Völker? Aber die civilisirtesten Völker verwerfen das Beuterecht als Raubrecht.

So entschieden hat sich die civilisirte Kriegsführung in unsern Tagen von der alten Barbarei losgesagt, dass sogar die Lebensmittel, deren das Heer in feindlichem Lande bedarf, regelmässig eingekauft und bar bezahlt werden. Die scheussliche Maxime, nicht etwa nur des dreissigjährigen Kriegs, sondern noch der Revolutionskriege zu Ende des vorigen und zu Anfang des jetzigen Jahrhunderts, dass der Krieg sich selber ernähren müsse und dass daher die Heere in Feindesland auf Kosten der friedlichen Bewohner leben dürfen, wird heute von der öffentlichen Meinung als Barbarei gebrandmarkt. In der Noth freilich, wenn ausreichende Lebensmittel und andere unentbehrliche Sachen in ordentlicher Verkehrsform nicht zu erwerben sind, vielleicht weil die Einwohner sie nicht dem Heere verkaufen wollen, oder die Lieferungen zurück bleiben, dann kann es dem Truppenkörper nicht verwehrt werden, auch mit Gewalt sich die Dinge anzueignen, ohne die er nicht leben und seine Bestimmung erfüllen kann; denn niemals kann die öffentliche Gewalt ihre Existenz dem Privatrechte zum Opfer bringen, vielmehr muss dieses der Noth des States weichen. Aber sogar in diesem äussersten Falle erkennt die heutige Kriegsgewalt, soweit nicht das Recht zur Besteuerung oder das Recht auf Kriegslasten (Fuhrwerke, Einquartirung) die Forderung unentgeltlicher (wenigstens vorläufig unentgeltlicher) Leistungen rechtfertigt, die Pflicht schatzungsgemässer Entschädigung an, und zieht die geordnete Auferlegung von Requisitionen auch der aus Noth erlaubten Marode entschieden vor.

Am wenigsten ist es den Kriegsleuten gestattet, die Hauswirthe, bei denen sie einquartirt werden, zu beschädigen und zu bestehlen. Wo dergleichen Unfug und Unrecht noch gelegentlich vorkommt und, sei es aus Rachsucht oder aus Gewinnsucht, auch von den Officieren noch geduldet wird, da geschieht dies nicht mehr im Sinne, sondern mit Widerspruch des heutigen Kriegsrechts. Die Ehre einer disciplinirten Armee und der civilisirten Kriegsführung fordert strenge Bestrafung solcher Missbräuche und Missethaten.

Nur ganz ausnahmsweise wird im heutigen Landkriege noch die Beute gestattet. Die Kriegsrüstung insbesondere der bewehrten Feinde, ihre Waffen und Pferde sind heute noch Gegenstand erlaubter Beute, weil vor der nahen Beziehung dieser Sachen zur Kampfesführung die Rücksicht auf das Privateigenthum zurück tritt. Diese Sachen dienen dem Krieg und verfallen deshalb dem Sieger. Dagegen gilt es bereits als unwürdig und dem civilisirten Kriegsrechte nicht mehr entsprechend, dem besiegten Gegner sein Geld oder seine Kleinode wegzunehmen. Auch der Kriegsgefangene bleibt Privateigenthümer. Nur wenn ein Officier grosse Geldsummen mit sich führt, so werden diese nicht als Privatgut, sondern als Kriegsmittel und Kriegsgut betrachtet.

Ebenso wird dem Sieger gewöhnlich noch verstattet, dem todt auf dem Schlachtfeld gebliebenen Feinde die Habe wegzunehmen, die er zurücklässt. Die völlige Unsicherheit dieser Verlassenschaft lässt die Wegnahme in milderem Lichte erscheinen. Indessen der ehrenhafte Sieger wird solche Sachen doch nur insofern behalten, als er die rechtmässigen Erben nicht kennt, und sie herausgeben, sobald Jemand ein besseres Recht daran nachweist. Die heimliche Marode aber den Schlachtfeldern nachschleichender Diebe, der sogenannten Kriegshiänen, wird nicht mehr geduldet, sondern als ein schweres Verbrechen bestraft.

Zuweilen vertheidigt man noch heute die Erlaubniss zur Plünderung eines hartnäckig vertheidigten Platzes, mit dem Bedürfniss der Kriegsführung, die Angreifer durch die Aussicht auf Gewinn zum Sturme zu ermuthigen. Indessen ist das nur die alte Barbarei, welche versucht, sich in diesem letzten Schlupfwinkel noch eine Zeit lang wider die bessere Rechtsordnung zu halten. Ganz mit denselben schlechten Gründen hatte man vordem den Stürmenden auch die Frauen in dem eroberten Platze Preis gegeben. Was seiner Natur nach schändliches Unrecht ist, das darf auch nicht als Belohnung versprochen und nicht als ein Mittel benutzt werden, um den Pflichteifer leidenschaftlich aufzuregen.

Die internationale Brüsseler Conferenz für Kriegsrecht hat denn auch 1876 die Plünderung gänzlich verworfen.

Feindliches Vermögen im Seekrieg.

Viel zäher hat die alte Barbarei im Seekrieg der Aufnahme neuer, das Privateigenthum auch im Kriege schützender Grundsätze widerstanden. Sie ist hier vorzüglich von einem State vertheidigt worden, der in anderer Hinsicht sich unläugbare Verdienste um die Ausbildung eines humaneren Völkerrechts erworben hat, nämlich von England, der grössten modernen Seemacht.

Die englischen Statsmänner und Rechtsgelehrten voraus behaupteten, das Beuterecht, das im Landkriege besser aufgegeben werde, sei für den Seekrieg nicht zu entbehren. Sie wiesen darauf hin, dass die Landmächte in der Besitznahme und Eroberung des feindlichen Landes ein eingreifendes und wirksames Zwangsmittel besitzen, um den feindlichen Stat zur Anerkennung ihrer Rechtsansprüche und Forderungen zu nöthigen, dass aber die Seemächte dieses Zwangsmittels entbehren, weil ihre Macht auf die See und die Seeküsten beschränkt sei. Sie gründeten auf diesen Unterschied die Nothwendigkeit für die Seestaten, nach einem andern Zwangsmittel zu greifen, und als solches, meinten sie, biete sich nur die Unterdrückung des Seehandels und die Wegnahme der feindlichen Schiffe und Kaufwaren an. Allein niemals kann die Schwäche der rechtmässigen Kriegsmittel ein Grund sein, um die Zulässigkeit unrechtmässiger Kriegsmittel zu rechtfertigen. So wenig der Finanzmann, dem es nicht gelungen ist, ein Darlehen abzuschliessen, die leeren Statscassen dadurch füllen darf, dass er den Reichen all ihr Geld wegnehmen lässt, so wenig darf der Kriegsmann deshalb das Privatgut zur See berauben, weil die Kanonen seiner Schiffe nicht ins Innere des Landes wirken. Die Kaufleute des feindlichen States sind als solche keine Feinde, weder der Seemacht noch der Landmacht gegenüber; und wenn diese genöthigt ist, ihr Privatrecht zu achten, so liegt der Seemacht ganz dieselbe Pflicht ob aus ganz denselben Gründen. Die frühere Barbarei im Landkrieg wurde ganz ebenso damit vertheidigt, dass die Schädigung der Feinde ein unentbehrliches Mittel sei, um den Feind zur Nachgiebigkeit zu zwingen. Man hat dieselbe abgeschafft, weil man das Unrecht und die Verderblichkeit dieses Kriegsmittels erkannt hat. Dieselbe Einsicht wird endlich auch das Beuterecht im Seekrieg als einen Flecken der heutigen Weltordnung erkennen lassen und dieselbe davon reinigen helfen.

Vor einem Menschenalter stand es freilich noch schlimmer als gegenwärtig. Sowohl die Schiffe der feindlichen Nation sammt ihrer Ladung als die feindlichen Kaufgüter, selbst wenn sie auf neutralen Schiffen verführt wurden, schienen ein offener Gegenstand der Seebeute zu sein, obwohl sie nicht im Eigenthum des States waren, mit welchem Krieg geführt wurde, sondern der Privaten, gegen welche nicht Krieg geführt ward. Man bedachte nicht einmal, dass die Enteignung dieser als gute Prise weggenommenen Privatgüter sogar die Grenzen eines Zwangsmittels gegen den Feind überschreite, indem sie nicht wie die Beschlagnahme für die Forderungen ein Unterpfand schafft, sondern über den Frieden hinaus wirkt und das Recht friedlicher Privaten völlig aufzehrt.

Indessen einige, freilich noch nicht genügende, Fortschritte sind gemacht worden, um auch das Seekriegsrecht zu civilisiren.

Es verdienen vorzüglich folgende Massregeln Erwähnung:

1. Die endliche Missbilligung und Abschaffung der Kaperei. Nach der früheren räuberischen Praxis begnügten sich die Seemächte nicht damit, durch ihre Kriegsmarine den Seehandel zu behindern und die Rheder und Kaufleute der feindlichen Nation nach Kräften zu schädigen. Sie riefen sogar die Raublust der Privatunternehmer zu Hülfe und ermächtigten dieselben, mit ihren Kaperschiffen auf Beute auszulaufen. Es war das ein von Stats wegen in Kriegszeiten autorisirter Seeraub. Vergeblich hatten sich im vorigen Jahrhundert philanthropische Männer, wie Franklin, gegen diese schmachvolle Unsitte erklärt. Auch ein Statsvertrag zwischen den Vereinigten Staten von Nordamerika und Preussen vom Jahr 1785, worin beide Mächte versprachen, niemals Kaperbriefe wider einander auszustellen, blieb ohne allgemeine Nachfolge. Während der Napoleonischen Kriege noch waren die französischen Kauffahrer aus allen Meeren von den Engländern weggefegt worden und französische Waren nirgends vor der englischen Confiscation sicher, so weit die englische Seemacht reichte. Die Continentalsperre, welche der Kaiser Napoleon gegen England in Europa anordnete, war nur Wiedervergeltung, aber nicht wirksam genug, um von England den Verzicht auf die Seebeute zu erzwingen.

Endlich haben sich auf dem Pariser Congress vom Jahr 1856 die versammelten Mächte zu dem wichtigen Satze des heutigen europäischen Völkerrechts geeinigt: „Die Kaperei ist abgeschafft.“ Leider ist derselbe durch den Widerspruch der Vereinigten Staten noch nicht allgemein anerkanntes Recht geworden. Die Weigerung Nordamerikas zuzustimmen beruhte freilich auf einem Grunde, der an sich volle Billigung verdient. Der Präsident wollte nicht damit die Kaperei gutheissen, sondern er erklärte nur, dass die Abschaffung derselben für sich allein und, so lange nicht auf das verwerfliche Beuterecht zur See überhaupt verzichtet werde, eine unzureichende und sogar eine gefährliche Massregel sei. Es ist wahr, die grossen Seemächte, welche über eine zahlreiche Kriegsmarine verfügen, bedürfen der Beihülfe der Kaper nicht, und ihre Ueberlegenheit im Seekrieg über schwächere Seestaten mit zahlreicher Handelsmarine aber wenig Kriegsschiffen wird dadurch eher vergrössert, weil nun die letztern Staten der vielleicht nützlichen Hülfe von Kaperschiffen, in die sich die Kauffahrer verwandeln können, entbehren müssen. Indessen war jene Weigerung doch ein Fehler; denn es ist nicht recht, was man selbst für Unrecht erklärt, deshalb festzuhalten, weil daneben noch anderes Unrecht fortbesteht, noch politisch klug, ein erreichbares minderes Gut nicht anzunehmen, weil ein grösseres wünschbares Gut noch nicht erlangt wird. Die Abschaffung der Kaperei liegt auf dem Wege zur Abschaffung der Seebeute, sie ist nicht ein Hinderniss dieser Entwicklung.

2. Die Gefahr für die Kauffahrer ist ferner durch die neuere Sitte der kriegführenden Seemächte, eine ergiebige Frist anzusetzen, binnen welcher die Schiffe der feindlichen Nation ungefährdet aus den Häfen des Krieg drohenden States auslaufen und sich mit ihrer Ladung nach einem sichern Hafen flüchten können, erheblich ermässigt worden. In dem Kriege mit Russland von 1854, 1855 haben die Westmächte England und Frankreich ein nachahmungswürdiges Beispiel der Art gegeben.

3. Ferner wurden auf dem Pariser Congress von 1856 zwei wichtige Gesetze in das Völkerrecht aufgenommen:

a) „Die neutrale Flagge deckt die feindliche Waare, mit einziger Ausnahme der Kriegscontrebande.“ Da kein Stat auf offenem Meere eine Gebietshoheit besitzt, so ist schon lange der völkerrechtliche Satz anerkannt, dass jedes Schiff auf offener See nur der Schutzhoheit und Statsgewalt seines eigenen Landes unterthan ist. Die nationale Flagge bezeichnet den Stat, dem das Schiff angehört. Es wird betrachtet wie ein schwimmender Theil des betreffenden Statsgebiets. Es war daher nur folgerichtig, das feindliche Privateigenthum in neutralen Schiffen ebenso zu achten, wie wenn es in dem neutralen Lande wäre. Der Krieg darf das neutrale Gebiet nicht antasten. Es ist Friedensland. Die Kriegscontrebande macht desshalb eine Ausnahme, weil sie der Kriegspartei als solcher zu Kriegszwecken zugeführt wird. Im Uebrigen gilt nun der Satz: „Frei Schiff, frei Gut".

b) Ueberdem soll die „neutrale Waare" auch auf feindlichem Schiffe gegen das Prisenrecht gesichert werden, d. h. das Beuterecht darf nur auf feindliche Schiffe und auf Waren der feindlichen Nation auf feindlichen Schiffen angewendet werden. Auf „unfreiem Schiff" kann es also „freies Gut" geben.

4. Endlich hat der Pariser Congress von 1856 auch das oft unmässig geübte Blokaderecht durch die Bedingung beschränkt, dass die Blokade „wirksam" sein müsse, um anerkannt zu werden, d. h. die Seesperre gilt nur insoweit, als die Seemacht, welche sie im Kriege anordnet, dieselbe auch thatsächlich und mit fortgesetztem Erfolg handhabt, also nicht, wenn es ihr an den nöthigen Kriegsschiffen mangelt, um die Ein- und Ausfahrt in den blokirten Hafen durchweg zu verhindern.

Es sind das Alles bedeutende Ermässigungen des hergebrachten Raubrechtes der Seebeute. Aber ein wahrhaft civilisirtes Seekriegsrecht wird erst dann vorhanden sein, wenn die ganze Seebeute ebenso im Princip untersagt wird, wie die Beute im Landkrieg, wenn Schiffe und Waaren der friedlichen Rheder und Kaufleute zur See ebenso sicher sind, wie die Habe der Bewohner des Landes. Diese Fortbildung des Völkerrechts wird nicht mehr lange ausbleiben. Auch die Seemächte, welche bisher der Forderung des natürlichen Rechts keine Folge gegeben und der Macht der Logik sich nicht gefügt haben, werden schliesslich der lauten Stimme der eigenen Interessen Gehör geben. Das Beuterecht, das gegen die fremden Schiffe und Waaren verübt wird, gefährdet und verletzt nicht blos das Vermögen der feindlichen, sondern ganz ebenso der eigenen Nation, denn Handel und Verkehr sind immer wechselseitig. Auch der Handel und der Credit der eigenen Kaufleute leiden schwer in Folge dieser barbarischen Ueberspannung der Kriegsübel; und volle Sicherheit hat auch ihr eigenes Privateigenthum erst dann, wenn alles Privateigenthum geachtet wird. Seit den Kriegen Englands mit Napoleon I. hat sich auch in dieser Hinsicht die Welt sehr verändert. Der englische Welthandel bedarf nun zu seiner Sicherung kaum minder des völkerrechtlichen Schutzes, als der französische, oder nordamerikanische oder deutsche; denn so mächtig die englische Kriegsmarine auch ist, sie wäre doch nicht im Stande, zugleich der feindlichen Kriegsmarine zu begegnen und überall die englischen Kauffahrer zu schützen. Wir dürfen aber wohl die Hoffnung hegen, dass die Vorschläge, welche Bremen im Jahre 1859 zum Schutz des friedlichen Welthandels gemacht hat, schliesslich auch die Billigung Englands finden und dann zum allgemeinen Völkerrecht erhoben werden. Leider ist der neueste Versuch Deutschlands 1870, im Kriege mit Frankreich, die Seebeute ganz aufzuheben und den Seehandel auch der feindlichen Schiffe zu achten, daran gescheitert, dass Frankreich nicht darauf einging und überdem das französische Verfahren auch die Deutschen zu Repressalien reizte.

Die Neutralität.

Zum Schlusse verdient noch die Ausbildung der Rechte und Pflichten der neutralen Staten erwähnt zu werden, welche seit dem Ende des vorigen Jahrhunderts ebenfalls manche Fortschritte gemacht hat. Indem das Recht der Neutralität wächst, wird zugleich das Recht und die Gefahr des Krieges eingeschränkt. Die neutralen Staten umschliessen mit ihrem friedlichen Gebiete das Kriegsgebiet. An ihren Grenzen bricht sich die Brandung der Kriegsfluth.

Es ist überhaupt ein beachtenswerthes und preiswürdiges Bestreben der neueren Kriegsübung, den Krieg möglichst zu localisiren, d. h. die unvermeidliche Gewalt und die Uebel des Krieges auf ein möglichst enges Kriegsfeld einzugrenzen. Die allmählich erstarkte Neutralität hilft den Krieg im Grossen localisiren. Dadurch wird die Welt vor einem allgemeinen Weltbrand geschützt und es wird die Macht des Friedens auch dem Kriege gegenüber fortwährend bewährt. Die neutralen Staten vertreten das friedliche Regelrecht, setzen der Ausnahme des Kriegsrechts Schranken und tragen überdem dazu bei, die Leiden des Kriegs zu mildern, indem sie den Verfolgten und Flüchtlingen eine friedliche Zuflucht eröffnen, und den Krieg eher zu beendigen, indem sie die Friedensunterhandlungen erleichtern und vermitteln.

Der Anstoss, welchen die Russische Kaiserin Katharina II. auf den Rath ihres Kanzlers Panin in der sogenannten „bewaffneten Neutralität" von 1870 zum Schutz der neutralen Schifffahrt gegeben, und die Verabredungen, welche in derselben Richtung im Jahre 1800 von den nordischen Mächten Russland, Preussen, Schweden und Dänemark getroffen wurden, haben die Rechte der neutralen Schifffahrt in Kriegszeiten gekräftigt und Grundsätze zuerst vertheidigt, welche endlich auf dem Pariser Congress von 1856 allgemein gebilligt worden sind. Noch bestehen freilich über den Begriff der unerlaubten Contrebande manche Zweifel, welche den Handel unsicher machen; aber auch in Kriegszeiten und selbst wenn der Verdacht der Contrebande sich erhebt, ist doch das früher rücksichtslos geübte Durchsuchungsrecht der feindlichen Kriegsschiffe gegenüber den neutralen Handelsschiffen, sorgfältiger begrenzt worden. So lange freilich noch die Kriegspartei allein die Prisengerichte bestellt, welche darüber erkennen, ob ein weggenommenes neutrales Schiff Contrebande geführt habe oder die rechtmässige Blokade in unerlaubter Weise habe brechen wollen, so lange noch sind die Garantien für eine unparteiische Rechtspflege gering. Zwar sind die Prisergerichte in neuerer Zeit etwas unbefangener geworden als früher, sie vermuthen nicht mehr wie ehedem so leichtsinnig oder leidenschaftlich für die Schuld des eingebrachten Schiffes, sie sind geneigter worden, auch die Vertheidigung zu hören und zu würdigen, die Freisprechungen sind weniger selten geworden. Aber der Grundcharakter eines ausschliesslich von der Partei gesetzten und besetzten Gerichtshofs wird heute noch festgehalten und deshalb können die Neutralen diese Handhabung der Rechtspflege noch nicht mit Vertrauen betrachten.

Indessen den Rechten der Neutralen entsprechen auch Pflichten. Indem die Neutralen verlangen, dass sie von den Folgen und Wirkungen des Krieges möglichst wenig betroffen werden und dass die Kriegsgewalt der Feinde vor ihrer friedlichen Haltung rücksichtsvoll vorbei gehe, so dürfen sie auch ihrerseits nicht an der Kriegsführung sich betheiligen. Die neutralen Staten dürfen nicht kriegen helfen, wenn sie in ihrer friedlichen Neutralität geachtet bleiben wollen. Wer den Feind im Kriege und zum Kriege unterstützt, der hört auf, neutral zu sein, denn neutral sein heisst auf keiner der beiden Seiten Theilnehmer am Kriege sein.

Auf die Ausbildung der Rechte und der Pflichten der Neutralen hat einen grossen Einfluss die Neutralitätsacte gehabt, welche zuerst in Nordamerika auf den Betrieb Hamiltons und im Einverständniss mit dem Ersten Präsidenten Washington im Jahre 1794 erlassen und im Jahr 1818 revidirt worden ist. Sie ist von der Englischen

Parlamentsacte von 1819 nach- und fortgebildet worden. Der letzte Bürgerkrieg in den Vereinigten Staten hat freilich den Glauben an die Wirksamkeit dieser Neutralitätsgesetze einiger Massen geschwächt. Die Vereinigten Staten beklagten sich darüber, dass England nicht sorgfältig und nicht entschieden genug die Begünstigung der Südstaten verhindert und durch Lieferung von englischen Schiffen die räuberischen Kreuzer ausgerüstet habe, welche die Meere unsicher machten. Aber das Genfer Schiedsgericht von 1872 hat diese Klage für begründet erklärt und durch die Entschädigungspflicht, zu der es England verurtheilte, die Wirksamkeit der völkerrechtlichen Neutralitätspflicht bekräftigt. Der französisch-deutsche Krieg von 1870/71 hat das Bedürfniss einer genaueren Bestimmung der Neutralitätspflichten neuerdings offenbar gemacht.

Die theilweise widerstrebenden Interessen des freien Handels der Neutralen auch mit der Nation der Kriegspartei und der unerlässlichen Enthaltsamkeit von jeder Theilnahme am Krieg von Seite des neutralen Stats sind noch mit einander im Kampf und suchen noch das gerechte Gleichgewicht.

Das Recht der nationalen Entwicklung und der Selbstbestimmung der Völker.

In unserer Zeit hört man oft die laute Klage, der Bestand der Staten selber sei nicht mehr wie früher durch das Völkerrecht gesichert, die Revolution von Innen und die Uebermacht von Aussen bedrohen alle legitimen Gewalten, und so oft ihnen der Umsturz eines rechtlich begründeten Zustandes glücke, so werde die vollendete Thatsache, das heisst zumeist das siegreiche Unrecht von den Mächten als neues Recht gutgeheissen und anerkannt. Man beschuldigt das heutige Völkerrecht, es habe alles Verständniss verloren für die Rechtssicherheit der Staten und ihrer Regierungen und huldige jederzeit gefügig dem brutalen Erfolg.

Man sehe zu, ob denen, welche so reden, nicht selber alles Verständniss fehlt in die Natur des Völkerrechts und des öffentlichen Rechts überhaupt.

Die inneren Verfassungsänderungen eines Stats und die Wechsel der Fürsten und Dynastien sind meistens Vorgänge in dem Leben eines einzelnen Volkes und States und eben deshalb zunächst **statsrechtlich, nicht völkerrechtlich** zu beurtheilen. Das Völkerrecht ordnet nicht die einzelnen Staten, sondern nur die Beziehungen der Staten zu einander. Erst in zweiter Linie tritt daher an das Völkerrecht die Frage heran, ob ein Stat, der eine solche Umwandlung erfahren hat und seine thatsächlich die Statsgewalt ausübende Regierung auch in der Statengemeinschaft und im Statenverkehr als souveräne Personen anzuerkennen seien. Für das völkerrechtliche Verhalten ist daher die statsrechtliche Erledigung gewöhnlich Mass gebend. Jene Vorwürfe, auch wenn sie gerecht wären, würden daher eher das moderne Statsrecht treffen als das Völkerrecht, welches genöthigt und berufen ist, die statlichen Bildungen, wie sie in der Welt existiren, neben einander anzuerkennen und mit einander zu verbinden.

In der europäischen Restaurationsperiode von 1815 bis 1830 versuchten es die Mächte der Heiligen Allianz auf den Congressen von Aachen und mehr noch auf den Congressen von Laibach und Verona das Princip der dynastischen Legitimität zu einem Grundgesetz des europäischen Völkerrechts zu erheben. Jede constitutionelle Beschränkung der absoluten Fürstengewalt und jede Aenderung in dem neu garantirten Territorialbesitz wurden als Revolution verdammt und der Schutz der bestehenden Statsautoritäten als eine Pflicht der fünf Grossmächte dargestellt, welche berufen seien, das öffentliche Recht in Europa zu sichern und zu schützen.

Die Weltgeschichte hat über den damaligen Versuch gerichtet, sie hat die Unausführbarkeit desselben an den Tag gebracht und die Mängel jenes Grundgedankens schonungslos aufgedeckt.

Die mittelalterliche Vorstellung, welche von der Legitimitätspolitik zu einem künstlichen Scheinleben wieder erweckt wurde, betrachtete die Landesherrschaft wie ein göttliches Lehen und wie ein Stamm- und Erbgut der Dynastien, worüber beliebig zu verfügen dem regierenden Familienhaupte zustehe, welches so wenig der Wandlung ausgesetzt sei, wie das feste der Privatperson gehörige Grundeigenthum. Von diesem Standpunkte aus erschien der Kampf um die Regierung eines Landes wie der Kampf zwischen Eigenthümer und Räuber. Nach dem Grundsatze solcher Legitimität galt es als selbstverständlich, dass das geschichtlich begründete Thronrecht unter allen Umständen, wie ein Eigenthum erhalten werden müsse wider jede Besitzstörung.

Aber diese ganze Grundansicht von Fürstenrecht ist noch unreif und beinahe kindisch. Das Recht und die davon nicht abzutrennende Pflicht, ein Volk zu regieren, ist in Wahrheit kein Privat- und kein Familienrecht, es ist kein Eigenthum. Das Volk ist eine lebendige Person und der Fürst ist nicht ausser und nicht wie der Eigenthümer einer Herde Vieh über sondern in dem Volke als das Haupt des Volkes. Sein Recht ist öffentliches Recht und öffentliche Pflicht, Statsrecht und Statspflicht. Alle Fragen der Statsherrschaft sind daher nicht nach den privatrechtlichen Gesetzen über Eigenthum und Besitz, nicht nach den strafrechtlichen Begriffen von Raub und Diebstahl, sondern von dem Standpunkte des Volkes und des States aus und ihrer Entwicklung zu beurtheilen.

Das aber hat allmählich, nicht ohne Fehlschritte und Missgriffe, das moderne Völkerrecht begriffen, indem es den vielfältig durchlöcherten Schnürleib der alten Legitimitätsdoctrin abgelegt hat.

Es war ein grosser Fortschritt in der Rechtserkenntniss, als man endlich einsah, dass die Völker lebendige Wesen seien und dass demgemäss auch das Verfassungs- und Staatsrecht, welches als Organisation und gleichsam als Leib des Volkes sein Leben bedingt und darstellt, diejenigen Wandlungen vornehmen muss und erfährt, welche nöthig sind, um die Entwicklung des Volkslebens zu ermöglichen und zu begleiten. Der Rechtsbegriff selbst wurde dadurch vergeistigt. Zuvor war er todt und kalt. Jetzt wurde er voll Leben und Wärme. Recht heisst nicht eine Ansammlung unveränderlicher Regeln, sondern Recht bedeutet die wirksame Ordnung des Volkslebens. Ein Recht, welches die naturgemässe Entwicklung des Volkes verhindert, statt dieselbe zu sichern und zu schützen, ist daher unbrauchbar für lebendige Völker und in Wahrheit Unrecht, auch wenn es in unanfechtbaren Urkunden geschrieben und besiegelt wäre.

Die Wissenschaft ist noch in dieser den Charakter alles öffentlichen Rechts wandelnden Arbeit begriffen, wie die Welt in der Bewegung begriffen ist, aus dem mittelalterlichen Herren- und Landesrecht die modernen Volksstaten hervorzubilden.

Aber heute schon dürfen wir getrost als ein Ergebniss der Kämpfe und Errungenschaften unsers Jahrhunderts folgende moderne von dem heutigen Völkerrecht gebilligte statsrechtliche Rechtssätze aussprechen;

1. Die Autorität des geschichtlichen und formulirten Rechts verliert in dem Masse ihre Macht, in dem es offenbar wird, dass dasselbe das Leben des States gefährde statt dem-

selben zu dienen und die Entwicklung des öffentlichen Rechts unmöglich mache, statt dieselbe zu reguliren.

2. Alles öffentliche Recht gilt nur, inwiefern es lebenskräftig ist.

3. Neben dem Recht der statlichen Existenz ist auch das Recht der statlichen Entwicklung anzuerkennen. Das Recht der statlichen Entwicklung ist die Folge des Rechts der Existenz; denn in der Entwicklung offenbart sich die Existenz des States als eines lebendigen Wesens.

4. Das Völkerrecht ehrt die Ergebnisse der Weltgeschichte und betrachtet die Verhältnisse, welche sich als nothwendige und fortwirkende Grundlagen und Bedingungen des derzeitigen Völkerlebens manifestiren, nicht blos als zu duldende Thatsachen, sondern als geschichtliche Fortbildung des Rechts.

5. Das Völkerrecht achtet das Recht der Völker, die Form ihres gemeinsamen Verbandes und ihres gemeinsamen Lebens, d. h. ihre Verfassung selber zu bestimmen.

Bei näherer Erwägung zeigt sich also, dass jene Anklage des modernen Völkerrechts, als sei es rechtlos geworden, völlig eitel ist. Ganz im Gegentheil, es ist der höchste Vorzug und die Ehre der modernen Rechtsansicht, dass ihr das Recht selbst nicht mehr als ein todtes und als ein Hinderniss des Lebens, sondern als ein lebendiges und entwicklungsfähiges erscheint. Wie der organische Leib des Menschen, welcher das Leben des Menschen bedingt, einer fortwährenden Wandlung bedarf, um dem fortschreitenden Leben zu dienen, so ist auch das öffentliche Recht eines Volkes mit seinen Institutionen, der Entwicklung bedürftig und fähig, damit es jeder Zeit seine Aufgabe erfüllen kann, das fortschreitende Leben des Volkes zu wahren und zu fördern. Wie das Blut in dem menschlichen Körper erneuert wird, so wird der Statskörper durch den Wechsel der Menschen im State stets erneuert. Die Selbstvervollkommnung ist die Aufgabe der Menschheit, auf dem Gebiete des Rechts nicht minder als in allen andern Richtungen humaner Cultur.

Die angeführten einzelnen Momente mögen genügen, um die grossen Fortschritte zu veranschaulichen, welche das Völkerrecht in neuerer Zeit wirklich gemacht hat, wenngleich sie auch darauf hinweisen, dass noch weitere Fortschritte zu machen sind, wenn die civilisatorische Aufgabe des Völkerrechts erfüllt und eine humane Weltordnung hergestellt werden soll.

Wie die Wissenschaft für die Begründung und Erkenntniss des Völkerrechts entscheidend geworden ist, so hat sie die Pflicht, auch seine Fortschritte vorzubereiten, zu beleuchten und zu begleiten. Obwohl nun die Praxis der Statsmänner die Leitung übernommen hat, so hängt doch die Wirksamkeit des Völkerrechts hauptsächlich davon ab, dass seine Grundsätze und Grundgedanken von der öffentlichen Meinung gekannt und gebilligt werden und dass das öffentliche Gewissen darüber aufgeklärt werde. Je allgemeiner die Rechtssätze des Völkerrechts verbreitet und verstanden werden, je bestimmter und entschiedener das Rechtsbewusstsein der civilisirten Menschheit sich entfaltet, umsomehr ist auch die Wirksamkeit des Völkerrechts in der Welt gesichert. In dem Völkerrecht voraus bethätigt sich noch der Erweis des Geistes und der Kraft. Sein flüssiger Stoff ist noch nicht, wie die andern Rechtsordnungen, zu fester abgeschlossener Form gestaltet, aber unaufhaltsam wächst es seiner Bestimmung und seinem Ende, dem humanen Weltrecht entgegen.

RECHTSBUCH.

Erstes Buch.

Begründung. Natur und Grenzen des Völkerrechts.

1.

Völkerrecht ist die anerkannte Weltordnung, welche die verschiedenen Staten zu einer menschlichen Rechtsgenossenschaft verbindet, und auch den Angehörigen der verschiedenen Staten einen gemeinsamen Rechtsschutz gewährt für ihre allgemein menschlichen und internationalen Rechte.

1. In der Anerkennung der Weltordnung liegt mehr als in der „Erkenntniss" derselben. Diese kann blosse Theorie sein, jene bedeutet zugleich die Bewährung derselben im Völkerleben. Das Wissen allein bildet noch kein Recht; erst wenn die Macht des Rechtbewusstseins sich in der Praxis offenbart, ist eine Rechtsordnung da.

2. Zunächst ordnet das Völkerrecht das Verhältniss der Staten zu einander. Sein Hauptinhalt ist öffentliches Recht. Insofern kann es auch, von den einzelnen Staten aus betrachtet, „ausseres Statsrecht" genannt werden. Der Name ist aber ungenau, weil das Völkerrecht von wesentlich universeller Natur, weil es das Recht der Menschheit ist. Schon Hugo Grotius hat das erkannt. Prol. 17: „Sicut cujusque civitatis jura utilitatem suae civitatis respiciunt, ita inter civitates aut omnes aut plerasque ex consensu jura quaedam nasci potuerunt et nata apparet, quae utilitatem respicerent non coetuum singulorum sed magnae illius universitatis, et hoc jus est quod gentium dicitur". Daneben ordnet das Völkerrecht aber auch die überall gleichmässig wirksamen und unter den Schutz der civilisirten Welt gestellten oder die im Verhältniss zu verschiedenen Staten anerkannten Rechtsverhaltnisse der Privatpersonen, und heisst insofern „internationales Recht" im engern Sinn. Diese zweite Bedeutung des Völkerrechts ist aber noch weniger entwickelt als die erste und gewährt nur einen mittelbaren Schutz, durch Vermittlung der Staten. Der englisch-amerikanische Sprach-

gebrauch nennt das Völkerrecht überhaupt „international law", versteht aber unter nation, wie der französische das, was wir Volk (populus) heissen, d. h. das zum Stat organisirte Gemeinwesen, den lebendigen Stat, nicht die blosse Sprach- und Culturgemeinschaft, welche wir Deutsche Nation heissen.

2.

Die gemeinsame Menschennatur ist das natürliche Band, welches alle Völker zur Einen Menschheit verbindet. Daher hat jedes Volk ein natürliches Recht, in seiner Menschennatur von den andern Völkern geachtet zu werden und die Pflicht, dieselbe Menschennatur in diesen zu achten.

Das ist die menschliche Rechtsgleichheit der Völker.

In allen Zeiten haben einzelne Weise diese Wahrheit erkannt; aber Anerkennung hat dieselbe erst in dem neueren Völkerrecht gefunden, und heute noch stehen ihrer allgemeinen Durchführung als Rechtssatz vielfältige Vorurtheile, Glaubens- und Rassenhass und Selbstsucht als Hindernisse im Wege.

3.

Es hängt nicht von der Willkür eines States ab, das Völkerrecht zu achten oder zu verwerfen. Da sich kein Stat seiner Menschennatur entledigen kann, so darf er sich auch seiner Menschenpflicht nicht entziehen.

1. Wäre das Völkerrecht ausschliesslich das Erzeugniss des freien Willens der einzelnen Staten, so wäre im Grunde alles Völkerrecht Vertragsrecht, d. h. kein Stat wäre andern Staten gegenüber verpflichtet, völkerrechtliche Sätze zu beachten, wenn dieselben nicht durch Statenvertrag sanctionirt wären. Es bliebe dann sogar unerklärt, wesshalb denn die Verträge die Staten auch dann noch binden, wenn der Wille der Vertragsparteien sich ändert, weshalb nicht jede Willensänderung eine Rechtsänderung nach sich zieht. Die Verbindlichkeit des Völkerrechts setzt die Nothwendigkeit desselben im Gegensatze zur Willkür voraus.

2. Auf dem Congress zu Aachen im Jahre 1818 wurde von den 5 europäischen Grossmächten die Verbindlichkeit des europäischen Völkerrechts — sowohl für ihre wechselseitigen Beziehungen als im Verhältniss zu andern Staten — anerkannt. Protokoll vom 15. Nov. 1818: „Les souverains en formant cette union auguste, ont regardé comme la base fondamentale, leur invariable résolution de ne jamais s'écarter, ni entre eux ni dans leurs relations avec d'autres états, de l'observation la plus stricte des principes du droit des gens, principes qui dans leur application à un état de paix permanent, peuvent seuls garantir éfficacement l'indépendance de chaque gouvernement et la stabilité de l'association générale".

4.

In demselben Verhältniss, in welchem das Gemeinbewusstsein der Menschheit an Klarheit und Energie zunimmt, wächst auch das

Völkerrecht in Inhalt und Geltung, denn das Völkerrecht geht aus dem Rechtsbewusstsein der Menschheit hervor.

Vgl. darüber die Einleitung.

5.

Die civilisirten Nationen sind vorzugsweise berufen und befähigt, das gemeine Rechtsbewusstsein der Menschheit auszubilden, und die civilisirten Staten voraus verpflichtet, die Forderungen desselben zu erfüllen. Deshalb sind sie vorzugsweise die Ordner und Vertreter des Völkerrechts.

Das Wesen der Civilisation besteht, wie schon der grosse Dante erklärt hat, in der harmonischen Ausbildung universeller Menschlichkeit, der Humanität. Das Völkerrecht ist eine der edelsten Früchte der Civilisation, denn es ist seinem Wesen nach eine menschliche Ordnung. Der Anspruch der europäischen und amerikanischen Staten, vor den andern Völkern die Träger und Schirmer des Völkerrechts zu sein, wäre eine eitle Anmassung, wenn derselbe sich nicht auf die höhere Civilisation jener Staten gründete.

6.

Wenn gleich das heutige Völkerrecht vorerst unter den christlichen Nationen ausgebildet worden ist, und der christlichen Religion vielfältige Anregung zu danken hat, so ist es dennoch nicht an das christliche Bekenntniss gebunden und nicht auf die christliche Welt beschränkt.

Seine eigentliche Grundlage ist die Menschennatur, sein Ziel ist die menschliche Weltordnung, seine Mittel sind statliche Rechtsmittel, und seine Ausbildung ist das Werk der menschlichen Wissenschaft und Praxis.

Das Völkerrecht verbindet als allgemeines Menschenrecht Christen und Muhammedaner, Brahmanisten und Buddhisten, die Anhänger des Kongfutsü und die Verehrer der Gestirne, die Gläubigen und die Ungläubigen.

1. Im Gegensatze zu der wissenschaftlichen Begründung und Darstellung des Völkerrechts hatte die „Heilige Allianz" der drei östlichen Mächte (14/26. Sept. 1815) nochmals den Versuch gemacht, dasselbe auf die christliche Religion zu basiren: „L'empereur d'Autriche, le Roi de Prusse et l'empereur de Russie — déclarent solennelement que le présent acte n'a pour objet que de manifester à la face de l'Univers leur détermination inébranlable, de ne prendre pour règle de leur conduite, soit dans l'administration de leurs états respectifs, soit dans leurs relations politiques avec tout autre gouvernement, que les préceptes de cette religion sainte, préceptes de justice, de charité et de paix, qui loin d'être uniquement applicables à la vie privée, doivent au contraire influer directement sur les réso-

lutions des princes et guider toutes leurs démarches comme étant le seul moyen de consolider les institutions humaines et de remédier à leurs imperfections.“ Der Versuch musste grundsätzlich misslingen, weil Christus überhaupt keine äussere Weltordnung eingeführt und keine Rechtsgesetze gegeben hat und er scheiterte thatsächlich als der Widerstreit der Interessen die Alliirten entzweite, die neuen Bedürfnisse nach einer neuen Rechtsgestaltung drängten, und der selbstbewusste Geist der europäischen Philosophie und Rechtswissenschaft aus dem träumerischen Schlummer der Restaurationszeit wieder aufwachte.

2. Die Religion verbindet die Menschen mit Gott, das Recht ordnet die Beziehungen der Menschen zu den Menschen. Die völkerrechtlichen Fragen sind daher nicht aus der Glaubenslehre, sondern nach menschlichen Grundsätzen zu entscheiden. Die Beschränkung des Völkerrechts auf die christlichen Staten mochte dem glaubenseifrigen und unduldsamen Geist des Mittelalters ebenso natürlich erscheinen, wie der gleichzeitige Anspruch der islamitischen Staten auf die Tributleistung der Ungläubigen. Die heutige Menschheit fühlt und kennt ihre Zusammengehörigheit, wenn gleich verschiedene Religionen in ihr wirken Ein Stat erwirbt nicht deshalb besondere Rechte gegen einen andern Stat, weil in jenem das Christenthum und in diesem der Islam verbreitet ist, und seiner Menschenpflicht kann sich Niemand aus dem Grunde entziehen, weil er orthodox und der Andere nicht orthodox ist. So wenig das menschliche Auge oder Ohr in Folge des religiösen Glaubens andere Eigenschaften erhält, eben so wenig wird das menschliche Recht durch den Glauben geändert.

7.

Das Völkerrecht ist nicht auf die europäische Völkerfamilie beschränkt. Das Gebiet seiner Herrschaft ist die ganze Erdoberfläche, so weit auf ihr sich Menschen berühren.

Das heutige Völkerrecht ist vorerst inmitten der christlichen und der europäischen Völkerfamilie entstanden und wird durch ihre Einflüsse allmählich über den Erdball hin ausgebreitet. Vgl. § 111. In Europa haben die drei grossen Gruppen Romanen, Germanen und Slaven zu diesem Zwecke zusammen gewirkt. Dann ist das Völkerrecht durch die ausgewanderten Nachkommen der Europäer in Amerika weiter ausgebreitet und gefördert worden. Aber gerade weil der Geist dieser Völkerfamilie einen universellen Charakter hat, und nach Humanität trachtet, so verwirft er grundsätzlich jede Beschränkung des Völkerrechts auf bestimmte Völker und will allen Völkern gerecht werden Diese Wahrheit war schon von Pufendorf und Montesquieu klar gemacht worden, und dennoch hat bis tief ins neunzehnte Jahrhundert hinein die mittelalterliche Beschränkung auf die christlichen Staten in der Literatur und in der Praxis sich erhalten.

Für Europa hat die Aufnahme der Türkei in die europäische Statengenossenschaft 1856, für Ostasien die Eröffnung der Reiche China seit 1840 und von Japan seit 1854 diesen Fortschritt zum Theil vollzogen, zum Theil eingeleitet. Nähere Angaben bei Lawrence Com. sur les élém. de Droit Int. de Wheaton. Leipzig 1868. I. S. 126 ff. Die Ausdehnung des Völkerrechts auf die Orientalischen Völker hat freilich noch grosse Schwierigkeiten. Vgl. das Questionnaire des völkerrechtlichen Instituts von 1875. Annaire von 1877 S. 141.

8.

So weit das Recht der Menschheit reicht, so weit reicht das Völkerrecht. Wo die Eigenthümlichkeit der Staten beginnt, da tritt das besondere Gesetz dem allgemeinen vor.

Das Völkerrecht hebt die Selbständigkeit und Freiheit der Staten nicht auf, sondern setzt dieselbe voraus und achtet sie.

Die Ausbildung des Statsrechts ist der des Völkerrechts vorausgegangen; die Völker sorgten zunächst für sich, und waren anfangs geneigt, die andern Völker als ihre natürlichen Feinde anzusehen. Spät erst erweiterte sich ihr Blick auf das Allgemeine, was sie zusammenhält, und sie lernten in den andern Völkern ihre Brüder erkennen.

9.

Das Völkerrecht nöthigt nur insoweit einen Stat, sein bisheriges Sonderrecht ausser Wirksamkeit zu setzen oder abzuändern, als dasselbe mit den nothwendigen Gesetzen des Völkerrechts unverträglich erscheint.

Die Unterdrückung des Sclavenhandels und der Sclavenmärkte in vielen amerikanischen und asiatischen Ländern, das Verbot des Seeraubs gegenüber den Barbareskenstaten von Nordafrika, die Nöthigung der ostasiatischen Reiche, dem Welthandel Thore und Wege zu öffnen, mögen als Beispiele dienen.

10.

Da die Menschheit, obwohl ihrer natürlichen Gemeinschaft und Einheit bewusst geworden, doch nicht als Eine Gesammtperson und noch nicht einmal als eine Rechtsgenossenschaft organisirt ist, so wird auch das gegenwärtige Völkerrecht nicht in der Form eines einheitlichen Weltgesetzes noch in der von statutarischen Mehrheitsbeschlüssen geordnet und verkündet.

Man kann sich die Menschheit als eine einheitliche Gesammtperson, d. h. als Weltstat denken, sei es nun in Form einer Weltmonarchie oder eines die Welt umfassenden Bundesstats. (Vgl. Bluntschli, Lehre vom modernen Stat. Bd. 1. B. 1. Cap. 2. 1875.) Aber dieser Gedanke hat noch keine geschichtliche Verwirklichung erlebt; es fehlt somit an einem Organ für die Weltgesetzgebung. Unserer Zeit liegt der Gedanke einer genossenschaftlichen Verbindung der Staten, zunächst der europäischen, näher, aber selbst ein solcher allgemeiner Statenbund existirt noch nicht und daher gibt es auch keine rechtliche Möglichkeit durch Mehrheitsbeschlüsse für die ganze Verbindung Vorschriften zu geben. (Vgl. Bluntschli, Verfassung des europäischen Statenvereins, 1878.)

11.

Die heutige Welt muss sich daher mit der weniger vollkommenen Offenbarung des Völkerrechts begnügen, welche in der möglichst allgemeinen und gleichmässigen Anerkennung der einzelnen Staten, vorzüglich der civilisirten Staten liegt.

Da nur die Einzelstaten als formale Autorität existiren, nicht ihr Verband, so ist der Widerspruch zwischen dem universellen Inhalt des Völkerrechts und der partikularistischen Form seiner Aussprache nicht zu vermeiden. Das Völkerrecht erscheint daher als ein Werk der Einzelstaten, während es in Wahrheit das Erzeugniss ihres Gemeinbewusstseins ist.

Die englische Regierung berief sich im Jahre 1753 in einem Streit mit König Friedrich II. von Preussen auf diese ursprüngliche Quelle des Völkerrechts mit den Worten: „Das Völkerrecht ist gegründet auf Gerechtigkeit und Billigkeit, auf die Natur der Sache und wird bestätigt durch lange Uebung.“ (Phillimore Intern. Law 1. 21).

12.

Die Anerkennung völkerrechtlicher Grundsätze kann von den Staten ausgesprochen werden sowohl in völkerrechtlicher als in statsrechtlicher Form.

Sie kann gemeinsam von mehreren Staten ausgesprochen werden auf Congressen der Statshäupter mit ihren Ministern oder in Conferenzen ihrer Gesanten oder Delegirten, durch Protokolle oder in Statsverträgen, sie kann aber auch einseitig durch Gesetze oder Verordnungen der Einzelstaten erklärt oder in der völkerrechtlichen Uebung dargestellt werden.

1. Der Unterschied der Congresse und der Conferenzen ist ein fliessender. Wenn die Statshäupter (Fürsten) selber zu gemeinsamen Beschlüssen zusammentreten, so wird diese Zusammenkunft Congress genannt; wenn nur die Gesanten zusammen berathen, so heisst das Conferenz. Aber der Charakter des Congresses wird nicht verletzt, wenn etwa, wie z. B. auf dem deutschen Fürstencongress zu Frankfurt am Main 1863 anstatt eines regierenden Königs sein dazu ermächtigter Sohn oder nach Umständen ein anderer Bevollmächtigter an den Verhandlungen Theil nimmt. Der Congress kann sogar ohne Fürsten, lediglich aus Bevollmächtigten der Staten zusammen treten. Umgekehrt es kann auch ein Souverain gelegentlich an den Berathungen der Gesanten Theil nehmen, ohne dass die Conferenz um desswillen zum Congresse wird. Auf den Congressen werden entscheidende Beschlüsse gefasst, auf den Conferenzen werden dieselben vorbereitet. Zum Congress können daher nur beschlussfähige Personen zusammentreten, an Conferenzen auch Personen Theil nehmen, welche nicht beschlussfähig sind.

2. In den Protokollen werden die gemeinsamen Erklärungen und Beschlüsse aufgezeichnet, ausnahmsweise auch die Vorbehalte einzelner vertretener Staten angemerkt. Die gemeinsame Erklärung des übereinstimmenden Willens ist nur dann ein wirklicher Vertrag, wenn dieser Wille dahin gerichtet ist, sich je den andern Parteien gegenüber dadurch zu verbinden, nicht aber wenn in demselben nur die Ueberzeugung kund gegeben wird von dem, was allgemeine Rechtsordnung sei und daher auch von jedem State beachtet werden müsse (§ 13). Was völkerrechtlich im Gewande des Vertragsrechts erscheint, ist bei näherer Prüfung oft dem

Wesen nach Gesetzesrecht, d. h. eine Rechtsregel, deren nothwendig verbindliche Kraft durch den Vertrag nur anerkannt und bestätigt, nicht erst neu begründet wird.

3. Wenn die Gesetze und Verordnungen der Einzelstaten völkerrechtliche Verhältnisse regeln, so sind sie deshalb eine Quelle des Völkerrechts, obwohl sie der formellen Betrachtung sich nur als statsrechtliche Acte darstellen. Dahin gehören z. B. die Prisenreglemente, das Nordamerikanische Neutralitätsgesetz u. s. f.

13.

Die Uebereinstimmung der Völker (consensus gentium) wirkt mehr noch als Ausdruck des gemeinsamen Rechtsbewusstseins der Menschheit denn als Willensäusserung der einzelnen Staten.

Der Widerspruch eines einzelnen Stats genügt daher ebenso wenig, ihn von den offenbaren Pflichten des Völkerrechts zu entbinden, als die Nichtbeachtung einer Rechtsregel in einzelnun Fällen die Uebereinstimmung der Völker zu entkräften vermag.

1. Der Consens der Völker bleibt nicht unveranderlich. Er wandelt sich mit der Zeit und entwickelt sich mit dem Bewusstsein des Menschengeistes. In den Uebungen der Volker wird sowohl das Beharrliche als das Veranderliche offenbar (§ 14)

2. Das sogenannte „conventionelle“, d. h. auf Vertragswillen beruhende Völkerrecht ist nur bindend für die Vertragsparteien; das nothwendige Völkerrecht dagegen bindet, soweit seine Nothwendigkeit reicht, auch die Staten, welche sich nicht erklärt haben, ja sogar dissentirende Staten. Die Zweifel, ob ein Rechtssatz nothwendig oder nur conventionell sei, sind nicht durch den blossen Hinweis auf einen Statsvertrag zu beseitigen, welcher denselben ausspreche, denn in dem Vertrage kann sowohl conventionelles Recht willkurlich festgestellt als nothwendiges Recht gemeinsam ausgesprochen worden sein. Vgl unten § 110.

14.

Aus den Uebungen und Sitten der Völker darf man auf ihr Rechtsbewusstsein und auf die Rechtsgesetze schliessen, welche darin sichtbar werden. Auch die Uebungen sind nicht unveränderlich noch unverbesserlich. Die Vervollkommnung des Völkerrechts zeigt sich in den verbesserten und veredelten Uebungen der Völker.

1. Bynkershoek de Reb. belli praef.: „Ut mores gentium mutantur, et mutatur jus gentium.“ Quaest. Jur. Publ. II. 7. „Inter mores gentium, quae nunc sunt et olim fuerunt, sollicite distinguendum est; nam moribus censetur praecipua pars juris gentium.“ De foro leg. praef.: „Scio ex sola ratione aliud atque aliud placere posse; sed scio eam rationem vincere, quam usus probavit.“ Vgl. auch die Erklarung des englischen Oberrichters Lord Stowell bei Phillimore I. 46.

2. Gefährlich und ungenau ist der Ausdruck bei Vattel Prélim. § 26: „Lorsqu'une coutume, un usage est généraliment établi, si elle est utile et raisonnable, elle devient obligatoire pour toutes ces nations-là, qui sont censées y avoir donné

leur consentement; et elles sont tenues à l'observer les unes envers les autres, tant qu'elles n'ont pas déclaré expressément ne vouloir plus la suivre". Soweit in jenen Uebungen nothwendiges Recht offenbar wird, dürfen sich die Staten nicht lossagen; nur so weit sie willkurlich sind, können sie auch willkurlich beseitigt werden.

15.

Wenn die herkömmlichen Uebungen im Widerspruch sind mit den ewigen Grundsätzen des natürlichen Menschenrechts oder von dem fortschreitenden Rechtsbewusstsein der civilisirten Völker gemissbilligt werden, so sind dieselben nicht oder nicht mehr rechtsverbindlich für die einzelnen Staten und ist eine Verbesserung derselben nothwendig.

Die Abschaffung der Sclaverei und des Beuterechts ist uberall im Gegensatz zu den alten Gesetzen und Vertragen der Staten durch Verbesserung der Völkersitte eingefuhrt worden.

16.

Wie in den Uebungen der Völker so ist auch in den Aeusserungen erleuchteter Statsmänner und in den Werken der Wissenschaft das Rechtsbewusstsein der civilisirten Menschheit ausgesprochen. Insofern die Wissenschaft das Recht darstellt, dient sie der Klarheit des Rechts und der Verbreitung der Rechtskunde; in wiefern sie eine Autorität über die Menschen übt und die Handlungen und das Verhalten der Staten bestimmt, wirkt sie an der Fortbildung der Rechtsordnung selber mit.

Hugo Grotius I. 1. XIV. „Probatur (jus gentium) pari modo quo jus non scriptum civile, usu perpetuo et testimonio peritorum." Kent (Comm. of th. Am. Law. I. p. 19.): „In cases where the principal jurists agree, the praesumption will be very great in favour of the solidity of their maxims." Die Autorität der Rechtswissenschaft ist freilich nur eine Folge des Glaubens an ihre Erkenntniss des Rechts, das vor ihr schon da war, und nicht wie die Autorität des Gesetzgebers eine ursprungliche Rechtsmacht. Aber der Mangel einer völkerrechtlichen Gesetzgebung erhoht den Werth der secundären Rechtsquellen. Indem die Wissenschaft vornehmlich das Volkerrecht vernunftmässig begrundet und mit Autoritat verkundet, hilft sie jene Lücke ausfullen. Hugo Groot hat in seinem berühmten Werk, welches die Grundlage der neuern Wissenschaft vom Völkerrecht geworden ist, sich vornehmlich auf die Zeugnisse weiser Männer berufen, und ist dann selber wieder zur Autorität fur die Nachfolger geworden. Wenn heute Wheaton und Phillimore, Calvo und Dudley-Field, Heffter und Rolin-Jacquemyns einig sind in der Darstellung eines Rechtssatzes, so wird man, auch ohne vertragsmässige Beurkundung und trotz zweifelhafter Uebung geneigt sein, denselben als modernes Völkerrecht zu betrachten. Freilich hat die kritische Prüfung den Aussprüchen der Schriftsteller gegenüber eine grössere Freiheit als bezuglich des Vertragsrechts.

Zweites Buch.

Völkerrechtliche Personen.

I. Die Staten.

1. Statspersönlichkeit.

17.

Die Staten sind völkerrechtliche Personen.

Die Persönlichkeit ist eine nothwendige Eigenschaft der Staten. Person im rechtlichen Sinn des Worts heisst ein Wesen, welches fähig ist, Rechte zu erwerben und zu behaupten und Verpflichtungen auf sich zu nehmen. Indem der Stat innerhalb seines Gebietes die Rechtsordnung selbstandig ordnet und schutzt, ist er die höchste Rechtsperson. Indem der Stat nach aussen mit andern Staten in Rechtsverhältnisse eintritt, bewahrt sich seine völkerrechtliche Persönlichkeit.

18.

Das Völkerrecht verbindet die verschiedenen Staten zu einer gemeinsamen Rechtsordnung, sowohl repräsentative als absolute, monarchische, wie republikanische, grosse und kleine Staten. Es fordert keine bestimmte Verfassungsform oder Grösse. Wo immer eine Völkerschaft zu einem regierungsmässig geordneten Ganzen in einem bestimmten Lande dauernd verbunden ist, da wird sie völkerrechtlich als Stat betrachtet.

Die Verfassung des States wird zunächst nach den innern Verhaltnissen eines Volks bestimmt. Sie ist die Organisation des politischen Korpers des betreffenden Volks, und bildet die Grundlage des Statsrechts. Erst wenn der schon organisirte Stat nach aussen als Person erscheint und sich geltend macht, beginnt für ihn die völkerrechtliche Beziehung. Vgl. §§ 39 f. 115 f.

19.

Eine vorübergehende Anarchie hindert die Fortdauer eines States nicht, wenn die Reorganisation desselben in Aussicht bleibt.

Die regierungsmässige Ordnung kann in einem State momentan durch Aufstände oder Revolution erschüttert oder zerstört werden. Dadurch wird die Persönlichkeit des States nicht aufgehoben, so wenig als der Einzelmensch dieselbe einbüsst, wenn der Fieberzustand seine Handlungsfähigkeit hindert. Frankreich war zur Zeit der Septembermorde 1793 noch ein Stat, wie Neapel, als die Banden Ruffos die Hauptstadt mit ihren Gräueln erfüllten, Juni 1799. Die Auflösung der Statsordnung zieht aber den Untergang eines States dann nach sich, wenn die Wiederherstellung oder die Neugestaltung der Ordnung innerhalb des Volks und Landes als unmöglich erscheint. Das ist nur der Fall, wenn eine barbarische Rasse die Zügel des Stats abwirft, wie in den Negeraufständen von St. Domingo 1791 oder wenn eine statsfeindlich gesinnte Menge, wie die Wiedertäufer im sechzehnten Jahrhundert und die Communisten in neuerer Zeit mit Erfolg den Stat verneinen.

20.

Nomadenvölker gelten nicht als Stat, weil sie keine festen Wohnsitze und kein eigenes Land haben; aber insofern sie als Völker geordnet sind und durch ihre Häupter oder ihre Versammlungen einen gemeinsamen öffentlichen Willen haben, werden sie den Staten ähnlich behandelt und können völkerrechtliche Verträge schliessen. Die allgemein-menschlichen Pflichten des Völkerrechts liegen auch solchen Völkern ob.

1. Den Wanderstämmen fehlt es an der Stätigkeit und meistens auch an einer wirksamen Einheit. Sie sind hinter der Statenbildung zurück geblieben. Nur wenn sie sich dauernd in einem Lande niederlassen, wie vormals die Juden in Palästina, die arabischen Nomaden in Bagdad und Syrien und an den Küsten des Mittelmeeres, die Mongolen in China, die Türken in dem oströmischen Reiche, können sie neue Staten bilden. Aber auch während sie wandern, sind die Staten, in deren Gebiet oder an deren Grenzen sie sich umher treiben, genöthigt, mit ihnen einzelne Rechtsverhältnisse durch völkerrechtliche Verträge zu ordnen oder sie zur Beachtung völkerrechtlicher Pflichten anzuhalten. Die Staten haben ein Recht, den Menschenraub der Turkomanen zu verhindern und die Beduinen und Kirgisen zu nöthigen, dass sie die Pflanzungen der civilisirten Nationen respectiren, wenn gleich jene Völker nicht das Recht von Staten haben.

2. Auch die Indianerstämme in Nordamerika, die unter sich Gemeinden von Jägern bilden, gelten nicht als Staten und stehen unter der Statshoheit der Union, aber es werden mit ihnen Verträge von völkerrechtlichem Charakter abgeschlossen. Seit 1785 findet sich in diesen Verträgen regelmässig die Bestimmung: „Die genannten Indianerstämme erkennen die Schutzhoheit der Vereinigten Staten an, mit Ausschluss jedes andern Souverains.“ Lawrence Comm. zu Wheaton I. 265.

21.

Dasselbe gilt von Statsvölkern mit einer Regierung, welche ihr bisheriges Land verlassen, um ein neues Gebiet in Besitz zu nehmen. Sie sind inzwischen nicht Staten und daher nicht Mitglieder der Völkergenossenschaft, aber sie dürfen sich den allgemeinen Pflichten nicht entziehen und können völkerrechtliche Verträge schliessen.

Zur Zeit der grossen Völkerwanderung zu Anfang des Mittelalters fand dieser Satz öftere Anwendung. In der heutigen Welt sind die Staten fester geworden; aber unmöglich ist eine Erneuerung solcher Auswanderungen nicht, wie schon die Hinweisung auf den Mormonenstat zeigt

22.

Die Staten sind die Träger und Garanten des Völkerrechts und insofern völkerrechtliche Personen im höchsten Sinne des Worts.

Erst seit der Auflösung der Einen romano-germanischen Christenheit des Mittelalters in eine Anzahl selbständiger europäischer Staten ist das heutige Völkerrecht entstanden. Es ruht auf der Nothwendigkeit des menschlich geordneten Nebeneinander der Staten, es wird gehandhabt durch die Autorität und geschützt durch die Macht dieser Staten. Käme es zu einer neuen einheitlichen Gesammtordnung und zu gemeinsamen Organen ihres Willens, so würde die gegenwärtige nicht organisirte Völkergenossenschaft zum organisirten Weltreich geeinigt, und das heutige Völkerrecht in die Form des Weltrechts in höherem Sinne übergehen. Vgl. oben § 10.

23.

Die einzelnen Menschen sind keine völkerrechtliche Personen in diesem Sinne. Aber sie haben Anspruch auf den Schutz des Völkerrechts, wenn in ihrer Person die von dem Völkerrecht gewährleisteten Menschenrechte missachtet worden sind.

Die Anlage zum Weltbürgerrecht (Kant) ist bereits sichtbar, aber ihre Ausbildung ist nur möglich, wenn es zu der politischen Organisation der Welt kommen wird Der Einzelne ist zunächst als Individuum eine Privatperson, sodann hat er als Bürger der Gemeinde und des Stats Antheil an den öffentlichen Rechten der Gemeinde und des Stats. Dort hat er auf Privatrecht, hier auf Statsrecht Anspruch. Auch seine Menschenrechte werden zunächst im State und durch die Rechtspflege des States geschützt. Seine menschliche Persönlichkeit reicht aber über den Stat hinaus. „Das gemeinsame Vaterland ist die Erde." Heffter § 15. Daher kann auch der Einzelmensch vorzüglich als Landesfremder in Beziehungen kommen, welche durch das Völkerrecht geschützt werden. Gäbe es ein Weltreich, so wäre er in diesem Weltbürger. Da es nur ein lockeres Nebeneinander der Staten gibt, so ist er genöthigt, zunächst bei dem State, dem er als Statsgenosse angehört, auch die völkerrechtliche Hülfe zu suchen. Indessen zeigt sich auch darin die noch unvollständig entwickelte Anlage zu höherer Statengemeinschaft, dass auch fremde Staten sich aus völkerrechtlichen Gründen des verletzten

„Weltbürgers“ annehmen können, und oft annehmen, wenn es an dem Schutz des genössischen States fehlt. In unzahligen Fällen sind so in Asien Europäer von englischen oder russischen Gesanten geschützt worden, die weder dem englischen noch dem russischen Statsverband angehörten.

24.

Auch die Parteien, selbst die organisirten Kriegsparteien gelten, wenn sie nicht Staten sind, nicht als völkerrechtliche Personen im eigentlichen Sinn, obwohl sie völkerrechtliche Pflichten zu beachten und je nach Umständen durch das Völkerrecht geschützte Ansprüche haben.

Ein Versuch zur Statenbildung zeigt sich zuweilen in der Organisation von Kriegsparteien, welche sich statliche Macht aneignen. Aber so lange sie es nicht zu wirklicher Statenbildung gebracht haben, können sie auch nicht als Glieder des Statenvereins angesehen werden. Von der Art waren z. B. die aufstandischen Bewohner der Vendée, während der französischen Revolution, die Tyroler im Jahre 1809, das Corps von Schill 1813, die Freischaar Garibaldi's 1860. Vgl unten Buch VIII. Cap. I.

25.

Nationale Gemeinschaften, welche keine statliche Organisation erhalten haben, sind weder im Stats- noch im Völkerrecht Personen geworden. Aber soweit in ihnen das allgemeine Menschenrecht zu schützen ist, ist der Schutz des Völkerrechts begründet.

1. Inwiefern die Nationen zugleich politische Volker geworden sind oder den Hauptstoff von Volkern bilden, bedurfen sie keines besondern volkerrechtlichen Schutzes. Der Statsschutz genugt. Wohl aber wird ein völkerrechtlicher Schutz Bedurfniss, wenn Nationen, welche nicht im State eine politisch gesicherte Stellung haben, in einer das Menschenrecht missachtenden Weise von dem State selber unterdrückt werden, auf dessen Schutz sie zunächst angewiesen sind. Es ist ein auffallender Mangel des zeitigen Völkerrechts und eine Ueberspannung der Statssouveränetät, dass fur diesen Schutz noch so wenig gesorgt ist. Die gewaltsame Ausrottung der barbarischen Ureinwohner in dem Machtgebiete europäischer und amerikanischer Colonien, wie z. B. der Indianer in Amerika, ist eine Verletzung des Völkerrechts. Aber auch die zeitweisen Judenhetzen in europäischen Staten, in Rumänien noch im Jahr 1869, sind nicht blos stats- sondern ebenso völkerrechtswidrig.

2. Mancini hat in der bekannten Eröffnungsrede seiner Vorträge über Völkerrecht (Della nazionalità come fondamento del diritto delle genti. Torino 1851.) den Vorschlag angeregt, das moderne Völkerrecht nicht auf die Staten (Völker) sondern auf die Nationalitäten zu begründen; und es hat diese Meinung in Italien vielen Beifall, freilich auch Widerspruch gefunden. Wir stimmen insofern mit Mancini überein, als er den tieferen Grund des Volkerrechts nicht in der Willensäusserung der Staten, sondern in der menschlichen Natur erkennt, welche alle Völker verbindet. Wir halten ebenfalls die Nationen als geschichtliche Cultur-

Rassegemeinschaften für berufen, die Staten mit nationalem Geiste zu erfüllen und wissen, dass die moderne Statenbildung vorzugsweise einen nationalen Charakter hat. Aber die Nationen sind doch, so lange sie nicht Völker geworden und in dem Stat nicht einen rechtlichen Körper erhalten haben, keine Rechtspersonen. Es fehlen ihnen dazu die Einheit des Willens und die unentbehrlichen Organe der Willensäusserung, die erst im State sich finden Würde das Völkerrecht wirklich auf die flüssige Nationalität, nicht auf das feste Statswesen gegründet, so würde es allen Halt verlieren und unfähig werden, sich Anerkennung und Geltung zu verschaffen. (Vgl. Bluntschli, Lehre vom modernen Stat. Bd 1. Buch II. Cap. 4.)

26.

Die christlichen Kirchen sind keine völkerrechtlichen Personen im obigen Sinn, indem sie nicht Träger und Garanten des Völkerrechts sind, aber sie sind den Staten ähnliche Personen und können mit den Staten in Rechtsbeziehungen treten, welche einen mehr oder weniger ausgeprägten völkerrechtlichen Charakter haben.

Im Mittelalter betrachtete sich die römisch-katholische Kirche als oberste völkerrechtliche Autorität. Das heutige Völkerrecht aber beruht nicht auf einer religiösen und kirchlichen, sondern allein auf politischer und statlicher Autorität. Aber es erkennt die Persönlichkeit der Kirchen an und betrachtet die Verträge zwischen Kirche und Stat besonders dann ähnlich wie die Verträge zwischen Stat und Stat, wenn die Kirche nicht blos auf das Statsgebiet begrenzt ist, und ihr selbständiger Charakter auch in der Organisation ausgebildet erscheint. Am deutlichsten zeigt sich das in den Concordaten zwischen einzelnen Staten und dem päpstlichen Stuhl. Art. 443. Aber auch eine Landeskirche kann vertragsmässige Rechte haben gegenüber dem State. mit dem sie verbunden ist. Nur wird dann das Verhältniss eher einen stats- oder privatrechtlichen, seltener einen völkerrechtlichen Charakter haben.

In Folge der schärferen Sonderung von Stat und Kirche, welche die moderne Entwicklung liebt, ist dann auch im Gegensatze zu der Uebung des Mittelalters von keinem State eine Betheiligung an dem Vaticanischen Concil der römischen Kirche von 1869/70 verlangt, noch eine solche einem State angeboten worden. Wohl aber hat sich damals Frankreich vorbehalten, Allem entgegen zu treten, was etwa gegen die französischen Freiheiten beschlossen werden sollte. Circular des Fürsten de la Tour d'Auvergne vom 8. Septbr. 1869, in Aegidi und Klauhold Archiv S. 333.

27.

Die Statshäupter (Souveräne) und die Gesanten der Staten sind nur in abgeleitetem Sinne als völkerrechtliche Personen insofern zu betrachten, als sie als Organe oder Repräsentanten der Staten erscheinen und mit andern Staten in Beziehung treten.

Es gilt das nicht allein von den Fürsten, sondern auch von republikanischen Regierungen, ebenso nicht blos von den eigentlichen Gesanten, sondern von den diplomatischen Personen überhaupt. Sie alle aber sind nur volkerrechtliche Personen in mittelbarem Sinne, durch Vermittlung der Staten als der eigentlichen völkerrechtlichen Personen. Hören sie auf, Organe oder Vertreter der Staten zu sein, so erlischt damit ihre völkerrechtliche Bedeutung von selbst.

---

2. Entstehung und Anerkennung neuer Staten.

28.

Die neue Statenbildung ist ein geschichtlicher Vorgang in dem politischen Leben der Völker.

Das Völkerrecht schafft nicht neue Staten, aber es verbindet die gleichzeitig vorhandenen Staten zu einer gemeinsamen menschlichen Rechtsordnung.

Das Völkerrecht erkennt die dauerhaften Ergebnisse der Weltgeschichte als rechtsbeständig an.

Bei der Statenbildung wirken verschiedene politische Kräfte zusammen, der Ordnung und der Freiheit, der Macht und des Willens, der instinctiven Triebe und des leitenden Gedankens, der inneren oder ausseren Nothigung und der freien Selbstbestimmung. Je nachdem ein Factor als entscheidende Autoritat erkannt und anerkannt wird, erhält der Stat seine besondere Verfassungsform, denn wer die hochste Autorität hat, der nimmt gewöhnlich die Zugel des Regiments in seine Hand. Nur die Geschichte macht es offenbar, ob ein Furst, oder eine Aristokratie oder die Gemeinde der Bürger die öffentlichen Angelegenheiten leite. Das Alles sind nicht völkerrechtliche sondern staatsrechtliche Bildungen und Bestimmungen (Bluntschli, Lehre vom modernen Stat. Bd. I. B. IV). Das Völkerrecht setzt das Nebeneinander der Staten voraus, wie sie geschichtlich geworden sind. Die vorhandenen Staten verpflichtet es, gemeinsame Rechtsgrundsätze zu beachten.

Da das Völkerrecht selbst durch die Weltgeschichte fortgebildet wird, so muss es auch im Uebrigen die Ergebnisse der Weltgeschichte respectiren.

29.

Die Frage, ob, aus welchen Ursachen und in welcher Form ein neuer Stat entstanden sei, ist voraus statsrechtlich.

Die Frage dagegen, ob und in welcher Stellung ein neu gebildeter Stat in der Genossenschaft der Staten Zutritt erhalte, ist wesentlich völkerrechtlich.

Die Aufnahme des neuen States in die völkerrechtliche Statengemeinschaft geschieht durch die Anerkennung der bisherigen Staten.

Die Frage, ob ein wirklicher Stat existire, und was fur eine Verfassung er habe, ist zunachst eine Frage, welche ohne Rucksicht auf andere Staten lediglich im Hinblick auf das bestimmte, zu einem Stat geeinigte und in einem besonderen Lande organisirte Volk, d. h. welche stats- nicht völkerrechtlich zu beantworten ist. Aber wenn ein neuer Stat mit andern Staten in Beziehungen tritt, dann ist für diese die Ueberlegung nöthig, ob auch wirklich eine neue Statspersönlichkeit da sei, auf welche die Rechte und Pflichten des Völkerrechts passen. Als die nordamerikanischen Colonien sich von England losrissen, war dieser geschichtliche Vorgang zunächst ein Ereigniss innerhalb des englischen Stats und vorerst nach englischem Statsrecht zu beurtheilen; in dem Masse aber, in welchem die Colonien ihre Selbständigkeit erkämpften und zu neuen Staten wurden, entstand ein neues Statsrecht der nordamerikanischen Republiken, und in Folge dessen eine neue völkerrechtliche Beziehung derselben zu andern Staten. Die Frage, ob diese Staten auch von den übrigen europäischen Staten anerkannt werden sollen, war nach völkerrechtlichen Grundsätzen zu entscheiden. Wie die Statenbildung so geht auch das Statsrecht in diesen Dingen dem Völkerrechte vorher.

30.

Die Anerkennung des bei der Neubildung betheiligten und vielleicht dadurch verletzten alten Stats hat eine stärkere Wirkung als die Anerkennung von Seite der unbetheiligten und daher neutralen Staten, aber es ist nicht nothwendig, dass die erstere der letzteren vorausgehe, wenn gleich sie einmal vollzogen eher die letztere nachzieht.

Die Anerkennung von Seite des alten betheiligten States hebt die Zweifel und beendigt den Streit über die Neubildung. Sie drückt derselben daher den Stempel der Rechtmässigkeit auf. Vgl. darüber die Rede des Ministers Canning bei Philimore II. § 11. Aber es wird dem betheiligten alten Stat oft schwerer, den neuen Stat anzuerkennen, als den unbefangenen dritten Staten So hat, um nur Beispiele aus dem letzten Jahrhundert zu geben, Frankreich früher die Vereinigten Staten von Nordamerika anerkannt, als der Mutterstat England, und hinwieder England früher die südamerikanischen Staten als der Mutterstat Spanien, die meisten europäischen Mächte früher das Königreich Italien, als das mittelbar betheiligte Oesterreich und dieses früher als das unmittelbar betheiligte Papstthum.

31.

So lange noch der offene Kampf über die neue Statenbildung fortdauert und es demgemäss zweifelhaft ist, ob wirklich ein neuer Stat entstanden sei, ist kein anderer Stat verpflichtet, den neuen Stat anzuerkennen.

Beispiele aus neuerer Zeit sind die eine Zeit lang verfehlten Versuche der südamerikanischen Colonien sich loszureissen von den Mutterstaten, die unglücklichen Kämpfe der Polen 1830/32, 1863 und der Magyaren 1848/49 für Herstellung eines besonderen States, der nordamerikanische Südbund

1861—65. ·Ausführlich spricht sich darüber die Depesche des Lord Russel vom 2. Aug 1862 aus (Lawrence Com. I. S. 206): „Pour avoir droit à un rang parmi les États indépendants de la terre, un État devrait non seulement posséder la force et des ressources pendant un certain laps de temps, mais il faudrait aussi qu'il pût faire espére la stabilité et la durée.“

32.

Es kommt, in Ermanglung eines Weltgerichts, jedem vorhandenen State zu, selbständig zu beurtheilen, ob die Neubildung eines States den zeitigen Bedürfnissen des Völkerlebens entspreche und eine ausreichende statliche Kraft vorhanden sei, um der Neubildung Sieg und Dauer zu verleihen. Wenn er sich überzeugt, dass diese Fragen zu bejahen seien, so ist er auch berechtigt, den neuen Stat als Stat anzuerkennen, obwohl der Kampf noch fortdauert.

In dieser frühzeitigen Anerkennung liegt keine Theilnahme an dem Kampf und keine Rechtsverletzung gegen den Stat, welcher seinerseits die neue Statenbildung bekämpft.

Beispiele sind die Anerkennung der Vereinigten Staten durch Frankreich im Jahr 1778 während des englisch-amerikanischen Kriegs und die Verhandlungen zwischen Frankreich und England darüber (vgl. Wheaton hist. d. Droit des gens I. p. 354) die Anerkennung der südamerikanischen Staten durch England 1825 (Depeschen von Canning bei Phillimore II. App. 1.), die Anerkennung von Texas durch England 1839 (vgl. Lawrence Comm. zu Wheaton I. 2 § 10), der Vertrag zwischen England, Frankreich und Russland vom 6. Juli 1827 über Griechenland als einen neuen Stat, die Anerkennung des Königreichs Belgien durch die V Mächte 1830 trotz der Einsprache des Königs der Niederlande, die Anerkennung des Königreichs Italien auch in dem Neapolitanischen Gebiete und in der Romagna durch England, während der König Franz II von Neapel noch in Gaeta sich zu halten suchte und trotz der Proteste des päpstlichen Stuhles. (Vgl. die merkwürdige Note Lord Russels vom 27. October 1860.) Aeusserung des Lord Palmerston im Parlament bei Gelegenheit der Anerkennung von Texas (Lawrence a. a. O. in der Ausg. v. 1868. I. 197). „Bevor die fremden Mächte einen neuen Stat anerkennen, sollen sie das Aufhören der Feindseligkeiten von Seite des alten Stats abwarten, das seinem Verzicht lange vorher gehen kann; auch muss der neue Stat hinreichend befestigt sein, um mit andern Ländern einen internationalen Verkehr zu pflegen; und er muss bona fide volle Unabhängigkeit besitzen, als ein besonderer Stat, wenn auch nicht vollkommene Ruhe im Innern, deren oft alte Staten entbehren. Es muss eine Regierung bestehen, welche von dem Volke anerkannt ist, an dessen Spitze sie ist, und fähig ist auch die Verantwortlichkeit zu übernehmen für die Handlungen desselben. Aber die Weigerung des alten Stats, der zwar den Kampf eingestellt hat, aber sich vorbehalt, in der Zukunft seine Autorität herzustellen, ist kein rechtmässiger Hinderungsgrund für die übrigen Staten.“

33.

Die frühzeitige Anerkennung kann jedoch in der Absicht geschehen, sich an dem Kampfe zu betheiligen und für die statenbildende Macht Partei zu ergreifen. In diesem Falle ist der Stat, welcher die neue Statenbildung mit Kriegsgewalt zu verhindern sucht, berechtigt, jene Handlung als eine feindliche That zu betrachten und demgemäss zu handeln.

Vgl. Anm. zu § 32. England hat in Folge der frühen Anerkennung der Vereinigten Staten durch Frankreich 1778 seinen Gesanten von Paris abgerufen, und darin einen casus belli gesehen. Die Proclamation des französischen Nationalconvents an die Völker vom 19. Nov. 1793 und das Anerbieten der Bundesgenossenschaft war eine active Begünstigung und Theilnahme an der Neugestaltung republikanischer Staten, ebenso die Unterstützung der helvetischen Republik durch die französische wider die alten Republiken der Eidgenossenschaft 1798. Die voreilige Anerkennung des Aufstandes in Cuba, zu welcher das Repräsentantenhaus der Vereinigten Staten von Amerika am 5. April 1869 sich bereit zeigte, welche aber durch die Weisheit des Senats und des Präsidenten vereitelt wurde, hatte Spanien gerechten Anlass zu Beschwerden gegeben.

34.

Kein Stat ist verpflichtet, den neuen Stat sofort nach dem siegreichen Durchbruch der neuen Statenbildung anzuerkennen, wenn noch eine ernste Gefahr in Aussicht ist, dass der Kampf um dessen Existenz erneuert werde, indem ebendeshalb seine Fortdauer noch als zweifelhaft betrachtet werden kann.

Aber jeder Stat ist berechtigt, trotz solcher Zweifel im Vertrauen auf die Lebenskraft des neuen Stats, demselben seine Anerkennung zu gewähren.

Um desswillen geschieht die Anerkennung neuer Staten gewöhnlich nicht gleichzeitig durch die übrigen Staten, sondern nur stufenweise und allmählich, je nachdem dieselben derartigen Zweifeln ein geringes oder ein schweres Gewicht beilegen. Natürlich hat bei der Schätzung des Zweifels auch die Neigung oder Abneigung einigen Einfluss, und es wirken auch die politischen Interessen bald verzögernd bald förderlich ein.

35.

Der neu gebildete Stat hat ein Recht auf Eintritt in die völkerrechtliche Statengenossenhaft und auf Anerkennung von Seite der übrigen Staten, wenn sein Bestand unzweifelhaft und gesichert ist. Er hat dieses Recht, weil er existirt und das Völkerrecht die in der Welt existirenden Staten zu gemeinsamer Rechtsordnung verbindet.

Die Anerkennung eines wirklichen States durch andere Staten erscheint freilich in der Form eines freien Actes souveraner Staten, aber sie ist doch nicht ein Act der absoluten Willkur, denn das Völkerrecht verbindet die vorhandenen Staten auch wider ihren Willen zu menschlicher Rechtsgemeinschaft Die in der alteren Literatur vielfältig vertretene Meinung, dass es von dem blossen Belieben eines jeden States abhänge, ob er einen andern Stat anerkennen wolle, oder nicht, verkennt die Rechtsnothwendigkeit des Volkerrechts und ware nur dann richtig, wenn das Volkerrecht lediglich auf der Willkur der Staten beruhte, d. h. blosses Vertragsrecht ware. Hatte Frankreich die Entstehung des Norddeutschen Bundes nach 1866 nicht anerkannt, so wäre diese Weigerung ohne Zweifel als Kriegsfall von Preussen betrachtet worden.

36.

So wenig ein bestehender Stat sich der völkerrechtlichen Gemeinschaft willkürlich entziehen kann, ebenso wenig können die übrigen Staten einen bestehenden Stat willkürlich aus dem Völkerverband ausschliessen.

37.

Die Pflicht zu völkerrechtlicher Anerkennung wird nicht durch die Rücksicht darauf aufgehoben, dass die Statenbildung nicht ohne Gewaltthat und Unrecht zu Stande gekommen sei, indem das Völkerrecht die wirklichen Staten auch dann verbindet, wenn sie Unrecht thun und die Frage, ob ein wirklicher Stat da sei, nicht von der Untadelhaftigkeit seiner Geburt abhängt.

Die Bildung neuer Staten geht fast niemals ohne Gewalt vor sich; indem dabei Kräfte, die bis dahin nicht im Besitz der Statsgewalt waren, diese durch Kampf mit andern Gewalthabern erstreiten mussen. Man braucht nur die Entstehungsgeschichte der gegenwartigen Staten naher zu prufen, so wird man uberall wahrnehmen, dass die alten Autoritaten und das geschichtliche alte Recht der neuen Stotenbildung ihren Widerstand entgegen zu setzen versucht haben und dass die neue Rechtsbildung genöthigt war, diesen Widerstand zu uberwältigen. Kriege, Revolutionen, Usurpationen haben einen weit grösseren Antheil an der Bildung neuer Staten als friedliche Verträge, oder freiwillige Verleihungen und unwidersprochene Statsacte. Für das Völkerrecht ist aber immer entscheidend die Existenz der Staten. Da diese Rechtspersonen sind, so mussen sie als solche betrachtet und ihre Beziehungen zu einander menschlich geregelt werden. Die Mängel in der Rechtsform der Entstehung haben gewohnlich nur eine statsrechtliche Bedeutung und werden auch statsrechtlich geheilt. Das Völkerrecht braucht sich nicht darum zu kümmern. Nur wenn im Kampf mit einem andern State die Neubildung durchgeführt wird, wird diese Frage zu einer völkerrechtlichen. Davon handelt der folgende Artikel.

38.

Wenn ein Stat, dessen Rechte bei der Neubildung eines andern

States verletzt worden sind, ausser Stande ist, diese Neubildung und den Bestand des neuen States zu verhindern, so hat er auch das Recht nicht, demselben seine Anerkennung länger zu versagen.

Der Gang der Weltgeschichte, in welchem sich die dauernde Macht der Verhaltnisse offenbart, also auch das lebendige Recht sichtbar wird, zerstört alte und begründet neue Rechte. Wenn jene unhaltbar geworden sind, so gehen sie unter, und wenn diese ihre Macht und Autorität bewahrt haben, so sind sie nicht mehr zu ignoriren. Spanien hat die Losreissung der Niederlande und das deutsche Reich hat die Unabhängigkeit der Schweizerischen Cantone erst im Westphalischen Frieden anerkannt. So zahe die alten Mächte das längst erstorbene Recht der früheren Jahrhunderte noch bewahren wollten, sie waren dennoch schliesslich durch die Macht der Zeit genothigt, die Umgestaltung anzuerkennen. Vgl. unten B. IV.

---

3. Einfluss der Verfassungswandlung auf die völkerrechtlichen Verhältnisse der Staten.

39.

Die besondere Verfassung eines States bildet in der Regel keinen Theil des Völkerrechts, sondern ist dessen Statsrecht.

Die Veränderung einer Statsverfassung hat daher in der Regel keine völkerrechtlichen Wirkungen.

Vgl. oben §§ 9, 17, 18. Verfassungsfragen sind innere Statsfragen. Ob ein Stat als Monarchie oder Republik oder ob er absolut oder repräsentativ organisirt sei, das ist zunächst fur das Völkerrecht gleichgultig. Die politischen Beziehungen eines States zu andern Staten werden durch solche Verfassungsänderungen wohl oft genug verandert, indem die frühern Machthaber gesturzt werden und andere Parteien zur Herrschaft gelangen. Mit der frühern Regierung bestand vielleicht eine intime Freundschaft, die mit der neuen nicht fortgesetzt werden kann, oder es waren damals gespannte Verhaltnisse mit jener, die leicht mit dieser ausgeglichen werden. Aber die völkerrechtlichen Rechtsverhaltnisse werden durch die innere Verfassungsänderung nicht betroffen und nicht geändert. Möglich, dass die geänderte Politik im Krieg und Frieden auch diese Verhaltnisse im Verfolge ändert. Das ist aber nicht eine unmittelbare Wirkung der Verfassungsänderung, sondern eine Folge anderer rechtbildender Ereignisse.

40.

Der Stat bleibt dieselbe völkerrechtliche Person, wenn er gleich bald in der Gestalt einer Monarchie, bald in der Form einer Republik erscheint, in der einen Zeitphase constitutionel, in einer andern autokratisch regiert wird. Deshalb bleiben auch seine Rechte und Verpflichtungen gegenüber andern Staten fortbestehn.

Der englische Stat war völkerrechtlich derselbe Stat vor, während und nach den Revolutionen von 1649 und 1688, obwohl die Statsformen und die Regierungen heftige Wechsel erlebten. Ebenso blieb der französische Stat als Person fortbestehn, ungeachtet er seit 1789 eine Reihe der durchgreifendsten Verfassungsänderungen erfahren hat. Die Individualität des Volks und die Fortdauer des Landes bestimmen die Existenz des States und jene verharren im Wesen, wenn auch die äusseren Erscheinungsformen sich verändern.

41.

Da die Staten als Personen Verträge mit einander eingehen, so ist die Fortdauer der Vertragsverhältnisse nicht bedingt durch die Fortdauer der Regierungen, welche die Verträge abgeschlossen haben.

Nicht bloss die Gesanten, sondern auch die Fürsten schliessen die Verträge ab nicht für sich, sondern als Repräsentanten der Staten. Die Staten selbst erwerben daraus Rechte und werden dadurch verpflichtet. Vgl. unten B. VI. Deshalb dauern diese Rechtsverhältnisse fort, wenn gleich eine andere Dynastie in einem der Staten zur Herrschaft erhoben oder die Monarchie in die Republik umgewandelt wird. Der Satz wurde auch in den Verhandlungen der europäischen Mächte mit Frankreich nach der Erhebung Napoleons III. zum Kaiser von Frankreich allseitig anerkannt. Vgl. unten § 123. Der moderne Grundsatz ist in dem Protokoll der V Grossmächte zu London (19. Februar 1831) ausgesprochen: „D'après ce principe d'un ordre supérieur, les Traités ne perdent pas leur puissance, quels que soient les changemens qui interviennent dans l'organisation intérieure des peuples."

42.

Ueberhaupt werden Rechte und Pflichten eines States gegen einen andern Stat nicht verändert, wenn gleich die Regierungsform eines dieser Staten eine Wandelung erfährt.

Auch das Statsvermögen verbleibt dem State trotz des Wechsels der Dynastie oder der Statsform.

Es zeigt sich das z. B. in den Grenzverhältnissen und bei Statsdienstbarkeiten. Dieselben bleiben dieselben, mag der Stat monarchisch oder republikanisch regiert werden, diese oder jene Verfassung haben.

43.

Nur diejenigen völkerrechtlichen Verträge und Rechtsverhältnisse, welche sich wesentlich nicht auf den Stat selbst sondern nur auf die Personen bestimmter Regenten oder Dynastien im State beziehen, verlieren durch eine Verfassungswandelung ihre Geltung und

Wirksamkeit, wenn jene Personen in Folge derselben ihre Eigenschaft als Häupter oder Dynastien dieses States einbüssen.

Deshalb haben Verträge eines States mit der Dynastie eines andern States, welche den Schutz derselben bezwecken, nur eine beschränkte Wirksamkeit. Wenn trotzdem diese Dynastie durch eine Revolution gestürzt oder durch eine Usurpation beseitigt wird und die Verfassungsänderung so vollzogen ist, dass ein neues Statsrecht zur Wirksamkeit gelangt ist, so hort auch fur den Stat, welcher die gestürzte Dynastie zu schutzen versprochen hatte, diese Verpflichtung auf. Beispiele sind die Vertrage König Ludwig XIV. von Frankreich mit Jakob II. von England, die Verträge des Kaisers von Oesterreich mit dem Bourbonischen Königshause von Neapel und andern Italienischen Fursten, nach der Restauration von 1815, die Verabredungen Napoleons III. mit dem Kaiser Maximilian von Mexico in unsern Tagen. Das Statsrecht wirkt in allen diesen Dingen entscheidend und das Volkerrecht wirkt nur nachträglich unter der Voraussetung des Statsrechts.

44.

Wird eine entthronte oder vertriebene Dynastie später wieder restaurirt, so ist sie nicht berechtigt, die völkerrechtlichen Verhältnisse, welche in der Zwischenzeit von der damals anerkannten Regierung geschaffen worden sind, als nicht geschehen zu betrachten, indem der Stat inzwischen fortlebt und seinen Rechtswillen durch die jeweiligen in Wirksamkeit begriffenen Organe äussert.

Z. B. Es kam den restaurirten Stuarts in England und den restaurirten Bourbonen in Frankreich nicht zu, Verträge als nichtig zu behandeln, welche dort der Protector Cromwell für England und der Kaiser Napoleon für Frankreich inzwischen abgeschlossen hatten und es war nicht Rechtsubung, sondern eitle Dynastenlaune, wenn der restaurirte König von Piemont, und der restaurirte Kurfürst von Hessen 1814 die ganze Periode der Zwischenregierung als nicht vorhanden fingirten. Die Statshandlungen verbinden den Stat, der bleibt, und deshalb auch die wechselnden Repräsentanten des Stats.

45.

Nur wenn die Zwischenregierung nicht zu wirklichem Bestande gelangt ist und deshalb ihre Handlungen nicht als Statsacte gelten, braucht sich die restaurirte Regierung nicht darum zu kümmern.

Z. B. Die Zwischenregierung des Dictators Manin in Venedig, Kossuths in Ungarn, die republikanischen Regierungen von Rom und in Baden im Jahre 1849 wurden mit Recht nicht als wahre Repräsentanten der betreffenden Staten anerkannt, nicht deshalb, weil die rechtmassige Dynastie gewaltsam entthront worden war, sondern deshalb, weil die Republik sich nicht zu behaupten vermochte.

4. Untergang der Staten, Abtretung von Statsgebiet, Einverleibungen, Statenfolge.

46.

Die blosse Gebietsverminderung bedeutet so wenig Untergang eines States als die Abnahme seiner Bevölkerung, wenn nur Land und Volk wesentlich dieselben verbleiben.

Man sieht dabei auf die Hauptbestandtheile des Landes, welche vorzüglich den Charakter des States bedingen und den Kern des Volkes. In dem antiken Römerreiche bildeten Italien und Rom den Hauptkern des römischen States, welcher daher noch als fortdauernd angesehen ward, obwohl eine römische Provinz nach der andern von den Germanen abgerissen wurde. Auch in unserm Jahrhunderte blieb Preussen derselbe Stat, nachdem er im Frieden von Tilsit 1807 fast die Hälfte seines Gebietes eingebüsst hatte, weil die alten Stammlande erhalten blieben. Ebenso blieben Grossbrittanien nach dem Abfall der nordamerikanischen Colonien 1776, Frankreich nach den Abtretungen in den beiden Pariser Frieden 1814/15 und von 1871 und Oesterreich nach dem Verluste der Lombardei 1859 und von Venedig 1866 dieselben Staten, weil das europäische Haupt- und Mutterland Grossbrittanien verblieb, weil Frankreich nur seine frühern Eroberungen wieder aufgeben musste und weil nicht die italienischen Provinzen, sondern die Donauländer den Kern der österreichischen Monarchie bilden.

47.

Die Abtretung einer Provinz oder eines andern Theiles des Statsgebietes hat insofern auf die völkerrechtlichen Verhältnisse des fortdauernden States einen Einfluss, als diejenigen Rechte, welche ihm bezüglich des abgetretenen Gebietes gegen andere Staten bisher zustanden, und diejenigen Verpflichtungen, welche ihm bisher mit Rücksicht darauf oblagen, nun von ihm abgelöst werden und mit der Abtretung auf den Stat übergehen, welcher dieselbe erwirbt.

Von der Art sind Grenzregulirungen, Bestimmungen über den Uferbau und die Flusschifffahrt (über Kirchen, Spitäler u. s. f.), offene Strassen, besondere Provincialschulden.

Man kann diese Rechte und Pflichten, insofern sie einem bestimmten Landestheile anhaften, örtliche, und insofern sie einem bestimmten Stamme oder bestimmten Personenclassen anhangen, persönliche nennen. Die örtlichen Rechte und Pflichten sind an den Ort, die persönlichen an die Person gebunden und folgen dem politischen Schicksale derselben. Im Einzelnen freilich können Zweifel entstehen, ob der örtliche und persönliche Zusammenhang oder die Beziehung auf den Stat als wesentlich erscheint. Die im Auftrag der beiden Nachbarstaten gesetzten Marksteine zur Bezeichnung der Grenzen gelten natürlich in derselben Weise für die Grenzländer fort, wenn schon das eine Grenzgebiet einem andern State einverleibt worden ist. Ebenso verhält es sich mit den Verabredungen zweier Staten über den Uferschutz, über Anlegung und Unterhaltung von Dämmen, über die Schifffahrt auf einem bestimmten Flusse, über Landungsplätze, über Eisenbahnen u. dgl.; sie beziehen sich auf eine bestimmte Oertlichkeit, und wirken fort auch gegenüber dem State, welcher später die Hoheit über diese Oerter neu erworben hat. Wenn gleich dieser Stat bei der Begründung dieser Rechtsverhältnisse nicht mitgewirkt hat, so kann er doch das neue Gebiet nur in dem rechtlichen Zustande übernehmen, in dem es sich befindet, d. h. mit den vorhandenen Ortsrechten und Ortspflichten. Aehnlich verhält es sich mit den durch Statenverträge garantirten persönlichen Rechten z. B. einer bestimmten Religionsgenossenschaft auf Ausübung ihres Cultus, mit dem Antheil, der einer bestimmten Classe von Fremden an der Benützung örtlicher Anstalten (Krankenheil- und Pflegehäuser, Pfründehäuser, Bildungsanstalten u. s. f.) zugesichert worden ist. Diese Rechte gehen nicht unter, wenn gleich an die Stelle des States, zu welchem bisher jene Religionsgenossen und diese Anstalten gehörten, ein anderer Stat tritt. Aber immerhin ist die Fortdauer und Wirksamkeit solcher persönlichen Rechte mehr gefährdet als die der örtlichen Rechte, weil die persönlichen Verhältnisse von der politischen Umgestaltung leichter erfasst und gewandelt werden als blosse örtliche Einrichtungen. Vgl. Lawrence Comm. zu Wheaton § 11. (I. 210.)

48.

Dagegen gehen keineswegs alle vertragsmässigen Rechte und Verbindlichkeiten eines States gegenüber andern Staten von Rechts wegen, weder im Ganzen noch im Verhältniss der Ausdehnung des Gebietes oder der Volkszahl auf den abgetrennten Theil über, wenn gleich dieser Theil nun zu einem selbständigen neuen State geworden ist. Die alte Vertragsperson bleibt berechtigt und verpflichtet, der neue Stat ist weder Vertragsperson noch Nachfolger jener Vertragspersonen.

Z. B. Die Vereinigten Staten von Nordamerika sind nicht in alle Vertragsverhältnisse von Rechts wegen eingetreten, welche von den Königen von England zu der Zeit mit fremden Staten abgeschlossen worden waren, als die nordamerikanischen Colonien noch einen Theil des englischen Reiches bildeten. Ebenso tritt das Königreich Italien nicht ohne weiters in die sämmtlichen Vertragsverhältnisse Oesterreichs mit andern Staten ein, an welchen auch die norditalienischen Provinzen mittelbar Theil hatten, so lange sie zu Oesterreich gehörten, sondern nur in diejenigen, welche sich örtlich auf die Lombardei oder auf Venedig insbesondere bezogen, wie z. B. die Lombardische und Venetianische Schuld. Bei der Abtretung von Venetien an Italien wurde nur diese Schuld und nicht zugleich ein Theil der allgemeinen Oesterreichischen Statsschuld von Italien übernommen. (Verhandlungen von 1866.) Ebenso wurde die von Frankreich an Deutschland abgetretene Provinz Elsass-Lothringen 1871 von jeder Uebernahme der französischen Statsschuld frei erklärt.

49.

Zerfällt ein Stat in zwei oder mehrere neue Staten, von denen keiner als die Fortsetzung des alten States zu betrachten ist, so ist der alte Gesammtstat untergegangen und es treten die neuen Staten als neue Personen an seine Stelle.

Neuere Beispiele sind die Auflosung des römischen Reiches deutscher Nation in eine Anzahl souveräner deutscher Staten 1805 und 1806, die Theilung des Cantons Basel in die Halbcantone Baselstadt und Baselland. 1833. Das Beispiel der Theilung der Vereinigten Niederlande in die Konigreiche Holland und Belgien 1831 gehort theilweise auch hieher, obwohl in gewissem Sinne die Niederlande in Holland vorzugsweise fordauerten, namentlich im Verhaltniss zu den Colonien.

50.

Wird ein bisheriger Stat einem andern State einverleibt, so geht zwar jener Stat unter, aber sein Untergang zieht deshalb nicht nothwendig den Untergang seiner völkerrechtlichen Rechte und Pflichten nach sich, weil die Volkssubstanz und das Land fordauern und nur in den neuen Statenverband übergehen.

Vielmehr gehen Rechte und Pflichten insoweit mit Volk und Land auf den Nachfolgestat über, als ihre Fortdauer möglich und in den fortwirkenden Verhältnissen begründet erscheint.

Die Beispiele sind in neuerer Zeit nicht selten. Das erste Napoleonische Kaiserreich hatte sich eine grosse Anzahl von Staten nach und nach einverleibt. Aber auch die deutschen Staten hatten zur Zeit der Auflösung des alten Kaiserreichs viele geistliche und weltliche Territorien annexirt. Eine Zeit lang brachte die Wiener Congressacte das europäische Statensystem zur Ruhe. Indessen hatte sie selber manche Einverleibung bestatigt und Oesterreich annexirte später die Republik Krakau. Zahlreichere Annexionen kennt die neueste Entwicklung der nationalen Politik, insbesondere Savoyens durch Frankreich, der italienischen Fürstenthümer durch das neue Königreich Italien (1860), der deutschen Staten Hannover, Kurhessen, Nassau, Schleswig-Holstein und Frankfurt durch Preussen (1866).

51.

Wenn ein Stat durch Wahl oder in Folge des Erbrechts das Statshaupt eines andern States auch zu seinem Statshaupt erhält (Personalunion), so hört er noch nicht auf, als eine besondere Statsperson zu gelten; und es tritt in diesem Falle keine Statenfolge ein.

Jeder der so verbundenen Staten verbleibt in seinen völkerrechtlichen Verhältnissen. Im Mittelalter waren die Beispiele häufiger, als in unsrer Zeit, welche die Tendenz hat, entweder die Personalunion in eine Realunion umzuwandeln, damit die Einheit in der Politik und die Gleichheit im Recht zur Geltung kommen oder die bloss durch Personalunion verbundenen Staten wieder ganzlich zu trennen. Neuere Beispiele sind die Verbindung von Schweden und Norwegen, der Herzogthumer Schleswig und Holstein mit der Krone Danemark, des Königreichs Hannover mit der englischen Krone, des Furstenthums Neuenburg mit der Krone Preussen, des Grossherzogthums Luxemburg mit der Hollandischen Krone.

52.

So viel wirkliche Staten vorhanden sind, so viel völkerrechtliche Personen sind vorhanden. Der Stat, welcher mehrere andere Staten sich einverleibt hat, hat völkerrechtlich nur Eine Stimme, nicht mehrere Stimmen, da er nur Eine Statsperson ist. Umgekehrt haben die mehreren Staten, welche aus der Spaltung Eines States hervorgegangen sind, völkerrechtlich jeder eine Stimme, wenn gleich diese Völker bis dahin zu Einem State geeinigt nur Eine Stimme hatten.

In dem ältern deutschen Reichsrecht und ebenso in dem früheren schweizerischen Bundesrecht hatte ein anderer Grundsatz gegolten, namlich der ein für alle Mal an bestimmte Territorien und Cantone geknüpfter Stimmrechte, so dass z. B. Oesterreich und Preussen mehrere Stimmen in der Curie der Fürsten und Herren ubten, weil sie mehrere Herrschaften besassen und die schweizerischen Halbcantone nur je zusammen Eine Stimme auf den Tagsatzungen führten. Der statlich richtige Grundsatz ist aber später auch im deutschen Bunde und in dem schweizerischen Bundesstate durchgedrungen.

53.

Mit dem Untergang eines States verliert sein Verfassungsrecht die selbständige Autorität und Wirksamkeit. Aber es ist möglich, bestimmte statsrechtliche Einrichtungen, welche trotz des Ueberganges in einen Nachfolgestat fortdauern sollen, auch für die Zukunft unter den Schutz des Völkerrechts zu stellen.

Die bisherige Verfassung und das bisherige Statsrecht hatten in dem Willen des untergegangenen States die Quelle ihrer Autorität und in seiner Macht die Garantie fur ihre Wirksamkeit gefunden. Jener besondere Statswille und diese Statsmacht sind nun aber mit dem State selber untergegangen und es ist ein neuer Stat an seine Stelle getreten, dessen Wille und Macht nun entscheiden. Eben deshalb versteht sich auch die Fortdauer der bisherigen Verfassung und des bisherigen öffentlichen Rechts nicht von selber. In den wichtigsten Beziehungen — insbesondere der politischen Regierung und Vertretung — ist dieselbe geradezu unmöglich geworden, wenn der Nachfolgestat wirklich zur Herrschaft und Entwicklung gelangen soll. Sie können daher nur insoweit fortdauern, als der Nachfolgestat das fur zulässig erachtet und seinerseits gutheisst.

Wohl aber lassen sich auch bei Einverleibungen bestimmte Verfassungszustande und Einrichtungen erhalten und es kommt wohl vor, dass das vertragsmässig verabredet wird. So sind z. B. bei der Vereinigung der deutschen Ostseelander mit dem Russischen Reiche bestimmte Zusicherungen gegeben worden, zum Schutz der bestehenden politischen und confessionellen Rechte der

Bewohner. Ebenso enthält die Wiener Congressacte manche derartige Vorbehalte bezüglich der Zutheilung von Ländern an die anerkannten europaischen Staten. Dieselben haben freilich nur eine beschränkte Wirksamkeit und sind immerhin unsicher, weil die Einigung innerhalb eines States mit der Zeit Fortschritte macht, und es schwer, oft unmöglich und unzulassig ist, der souveränen Statsgewalt Widerstand zu leisten, wenn sie an die Stelle des alten ein neues Recht zu setzen entschlossen ist.

Die Fortdauer der französischen Gesetzgebung in den linksrheinischen deutschen Ländern war anfangs wohlbegründet, wird aber durch die gemeinsame Fortbildung sowohl der deutschen Reichsgesetzgebung als der besondern Landesgesetzgebung nach und nach begränzt und beendet.

54.

Das Statsvermögen der untergehenden Staten geht in Activen und Passiven auf den oder die Nachfolgestaten über.

Es gibt ein statsrechtliches Folgerecht, das eine gewisse Analogie hat mit dem privatrechtlichen Erbrecht, aber nicht mit demselben zu verwechseln ist. Da das Volk des einverleibten States als Theil des Volkes des einverleibenden States fortlebt, so kann diese Succession noch eher als eine Fortsetzung der Persönlichkeit aufgefasst werden, als das in dem römischen Erbrechte der Privaten geschieht. Das Statsvermögen kann bestehen:

a) aus öffentlichem Gute (Domaine public), welches entweder von Natur, wie die öffentlichen Gewässer, Strassen, Plätze, Hafen u. s. f. oder durch besondere statliche Anordnung wie Residenzen, Rath- und Gerichtshäuser, Casernen, Gefängnisse u. dgl. dem Privatrecht entzogen ist und ausschliesslich der öffentlichen Herrschaft und Benutzung angehört oder

b) aus Privatgut, welches dem Fiscus gehört, wie z. B. einzelne Gewerbe, landwirthschaftliche Grundstücke, Geld.

Auf all dieses Vermögen bezieht sich dieses statliche Folgerecht. Für das öffentliche Gut versteht es sich von selber, dass dasselbe dem State folgt, dem es dient. Aber auch das Privatvermögen des States wird nicht herrenloses Gut, wenn der Stat untergeht, sondern da die Person, welcher es bisher angehorte, nicht gänzlich verschwindet, sondern mit Volk und Land, also ihrem Stoffe nach in den neuen Stat übergeht, folgt es naturgemäss dieser persönlichen Wandelung nach, und wird deshalb Privatgut des neuen States, in welchem der Stoff des alten States fortlebt.

Aus der Succession des einverleibenden States folgt nicht, dass er alles Vermögen des einverleibten States centralisire. Vielmehr wird ein grosser Theil desselben schon seiner örtlichen Beziehung wegen im Lande (in der Provinz) bleiben. Art. 56. Ueberdem kann die Bildung von Provincialfonds die besonderen Ansprüche und Bedürfnisse der Provinz befriedigen. Beispiele Kurhessen 1867. Hannover 1868. Elsass-Lothringen 1871. Das Königreich Italien einigte alle Statsschulden der frühern einzelnen italienischen Staten in eine gemeinsame Statsschuld, Gesetz von 1861 und übernahm 1866 auch die päpstliche Statsschuld nach Verhältniss der Bevolkerung der Romagna.

55.

Sind mehrere Nachfolgestaten vorhanden, welche an die Stelle des Einen untergehenden States treten, und ist die Art der Theilung des Statsvermögens nicht vertragsmässig geordnet worden, so sind nicht die privatrechtlichen Regeln der Erbtheilung unter mehrere Erben einfach anzuwenden, sondern es ist voraus die öffentlichrechtliche Natur des öffentlichen Gutes zu berücksichtigen.

Die öffentlich-rechtliche Statenfolge und das privatrechtliche Erbrecht sind insofern ähnlich, als in beiden Fällen das bisherige Subject des Vermögens dort durch Untergang hier durch Tod wegfällt, aber das Vermögen desselben auf andere Personen übergeht, welche in gewissem Sinne als Fortsetzer seiner Persönlichkeit angesehen werden. Aber das gesetzliche Privaterbrecht beruht auf dem Familienverband zwischen Erblasser und Erben, welcher bei der Statenfolge fehlt, und die Statenfolge beruht auf dem totalen oder theilweisen Uebergang von Volk und Land auf den Folgestat. Die privatrechtliche Verlassenschaft hat nur eine Beziehung auf die Personen der Erben und wird daher je nach der Nähe ihrer Verwantschaft unter dieselben vertheilt, sei es nach Stämmen, sei es nach Köpfen. Das zurückgelassene Statsvermögen dagegen hat eine natürliche Beziehung zu Volk und Land und die öffentlichen Bedürfnisse beider. Daher ist die Vertheilung nach öffentlich-rechtlichen Grundsätzen zu ordnen.

56.

Demgemäss fällt das für öffentliche Zwecke bestimmte liegende Gut, wie öffentliche Gebäude, Anstalten und Stiftungen zunächst dem State zu, in dessen Gebiete sie gelegen sind oder sie ihren Hauptsitz haben und der erwerbende Stat ist nur insofern eine billige Entschädigung an die Theilungsmasse schuldig, als dieselben bisher auch den öffentlichen Bedürfnissen der Bevölkerung der andern Staten gedient haben und diese zur Befriedigung solcher Bedürfnisse zu neuen Vermögensleistungen genöthigt werden.

Selbstverständlich fallen auch die öffentlichen Gewässer, Strassen, Plätze, Küsten, Häfen u. s. f. ohne Entschädigung dem State zu, mit welchem sie von Natur verbunden sind. Auch wenn damit gewisse Einkünfte verbunden sind, wie z. B. Wegegelder, Hafengebühren u. dgl., so ist dafür kein Ersatz zur Theilung zu bringen, so wenig als für den Unterhalt der Strassen, Häfen u. s. f. eine Forderung.

Anders verhält es sich z. B. mit einer Pflegeanstalt für Kranke, welche auch von den Kranken der Gemeinden benutzt werden konnten, die nun einem andern State zugetheilt sind, als dem, in dessen Gebiet die Krankenpflegeanstalt gelegen ist. Da ist ein billiger Ersatz in Anrechnung zu bringen.

57.

Die vorhandenen Waffenvorräthe und Kriegsausrüstungen

(Kanonen, Gewehre, Uniformen u. s. f.) sind im Zweifel nach Verhältniss der Volkszahl zu vertheilen.

Nach der Volkszahl richtet sich auch die Wehrpflicht und die Grösse des Bedürfnisses der Ausrüstung. Anders freilich ist es, wenn die Waffenvorrathe durch Matrikularbeiträge beschafft worden sind, wie in dem deutschen Bunde von 1815. Dann wird das Verhältniss der Matrikel auch bei der Theilung zu beachten sein.

58.

Die eigentlichen Domänen, die öffentlichen Cassen und überhaupt das Privateigenthum des States, welches nur mittelbar den öffentlichen Zwecken dient, bildet eine gemeinsame Theilungsmasse und wird, wenn nicht besondere Gründe eine Abweichung rechtfertigen, nach Verhältniss der Volkszahl unter die mehreren Folgestaten vertheilt, so jedoch, dass die Liegenschaften dem State verbleiben, in dessen Gebiete sie liegen und nur der Schätzungswerth derselben zur Vertheilung kommt.

Es gibt kein natürlicheres Theilungsverhaltniss, und keinen sicheren Masstab der Theilung als die Volkszahl, obwohl vielleicht die eine Bevölkerung z. B. die städtische vor der anderen z. B. der blos landlichen durch Vermögen, Bildung und durch hohere Bedürfnisse hervorragt. Um eine gerechte und allgemein verständliche Lösung zu finden, muss man zu den einfachsten und ursprunglichsten Elementen des States zuruckgehen und das sind doch die Menschen, die er einigt.

59.

Die Statsschulden sind nicht nach Verhältniss der Volkszahl, sondern wenn sie hypothesirt oder fundirt sind, im Anschluss an die verpfändeten Liegenschaften oder das Fundirungsgut, im übrigen nach Verhältniss der Steuerleistungen zu vertheilen.

1. Indem der Stat seine Anleihen hypothesirt oder fundirt, bringt er dieselben in einen nähern Zusammenhang mit andern Gütern, und dieser Zusammenhang wirkt fort, obwohl der Stat sich auflost. Die Glaubiger halten sich daran und kommen eben deshalb nur mit dem Folgestat in eine neue Beziehung, welchem diese Güter zugefallen sind. Eine Scheidung der persönlichen Schuld und der dinglichen Sicherung ist hier nicht ebenso statthaft wie im Privatrecht.

2. Die Sicherheit der übrigen Statsschulden beruht auf der Steuerkraft der Statsgenossen und diese wird bemessen nach der wirklichen Steuerleistung. Diese gibt daher einen gerechteren Masstab als die Volkszahl. Man denke sich z. B. einen Stat in zwei Staten aufgelöst, von denen der eine eine reiche Stadtebevölkerung, der andere eine arme Landbevölkerung hat. Da wurde bei einer Vertheilung der Statsschulden nach der Volkszahl der eine Stat uberlastet, er konnte die Schuld nicht tragen, und der andere Stat unverhaltnissmassig in der bisherigen Steuerleistung erleichtert, zum Schaden der Glaubiger.

60.

Geht ein Stat durch Aussterben oder Zerstreuung oder Auswanderung seines Volkes auch in der Volks- oder Landessubstanz unter, dann erlöschen mit seiner Persönlichkeit auch seine Rechte und Verpflichtungen.

Als die Juden mit Vertilgung der fremden Einwohner Palästina besetzten, ward der neue jüdische Stat in keiner Weise Rechtsnachfolger der daselbst untergegangenen Staten. Ebenso als die Germanischen Völker zur Zeit der Völkerwanderung ihre alten Wohnsitze verliessen, gingen auch ihre alten Staten unter und die nachrückenden germanischen oder slavischen Völker traten ebenso wenig als ihre Rechtsnachfolger an ihre Stelle, als das römisch-byzantinische Reich, welches jene aufnahm, deshalb zum Rechtsnachfolger ihrer untergegangenen Staten ward.

61.

Die vorübergehende Schwäche oder Noth eines States führt nicht seinen Untergang herbei; wohl aber die dauernde Ohnmacht und die offenbare Unfähigkeit desselben, ferner selbständig zu leben.

Es gibt kein Recht, die „kranken" Staten zu vernichten und dann zu beerben. Es ist möglich, dass ein tief zerrütteter und geschwächter Stat sich wieder erhole. Wenn aber diese Möglichkeit verschwunden und die Ohnmacht dauernd geworden ist, dann geht mit der Fähigkeit zu leben auch das Recht als Stat zu leben unrettbar unter. Das Völkerrecht schützt nur lebensfähige Staten. So gefährlich dieser Satz ist, weil er sophistisch missbraucht werden kann, so ist doch die Wahrheit desselben unbestreitbar. „Nur der Lebende hat Recht."

---

5. Völkerrechtliche Eigenschaften der Staten.

A. Handlungsfähigkeit.

62.

Jeder Stat ist als Rechtswesen berechtigt, seinen Rechtswillen zu äussern und Handlungen mit Rechtswirkung vorzunehmen. Aber er bedarf dazu besonderer von Menschen erfüllter repräsentativer Organe.

Weil der Stat eine Gesammtperson ist und in seiner Verfassung nicht einen natürlichen, sondern einen nachgebildeten Culturleib hat, so bedarf er menschlicher Organe und Vertreter seines Willens und seiner Handlungen. Das Statshaupt repräsentirt voraus den Stat im Verkehr mit andern Staten.

63.

Im Verhältniss der Staten zu einander wird der thatsächliche

Inhaber und Träger der Statsgewalt (das wirkliche Statshaupt) als das Organ des Statswillens und als der Vertreter des States betrachtet.

Vgl. unten § 315 ff.

B. Souveränetät.

64.

Die Souveränetät eines States zeigt sich

a) in der Unabhängigkeit desselben von einem fremden State und in der Ablehnung jeder fremden Statshandlung auf seinem Gebiet;

b) in der Freiheit desselben, ohne Behinderung fremder Staten seinen eigenen Statswillen selbst zu bestimmen und nach eigenem Ermessen zu äussern und zu bethätigen.

Die Souveranetät ist zunächst wieder ein statsrechtlicher Begriff und bedeutet die Statsgewalt in höchster Potenz und in oberster Instanz. Die völkerrechtliche Bedeutung derselben tritt erst hervor im Verhältniss zu fremden Staten.

65.

Souveränetät heisst nicht absolute Unabhängigkeit noch absolute Freiheit eines States, denn die Staten sind keine absoluten Wesen, sondern rechtlich beschränkte Personen.

Der Begriff der Souveränetät ist zuerst in Frankreich und zwar in der Zeit ausgebildet worden, als das französische Königthum alle Statsgewalt in möglichst absolutem Sinne in seiner Hand zu concentriren unternahm, im Gegensatze zu den Beschränkungen der mittelalterlichen ständischen Rechte und der Lehensverfassung. Seither ist eine gewisse Tendenz zum Absolutismus in dem Worte verblieben, die schwer auszumerzen ist. Dennoch widerspricht dieser Absolutismus sowohl der Rechtsnatur des modernen Verfassungsstates als der völkerrechtlichen Gemeinordnung.

66.

Jeder Stat darf nur in dem Masse Unabhängigkeit und Freiheit für sich ansprechen, als sich mit der nothwendigen menschlichen Weltordnung, mit der Selbständigkeit der andern Staten und mit der Verbindung aller Staten verträgt.

Das Völkerrecht erhält aber beschränkt zugleich die Souveranetät der Einzelstaten, weil es das friedliche Nebeneinander sämmtlicher Staten schützt und auch den Krieg durch Rechtsvorschriften civilisirt. Gegen das Völkerrecht kann sich kein Stat auf seine Souveränetät berufen, weil die Grundlage des Volkerrechts nicht die Willkür der Staten sondern die Gemeinschaft der Menschheit ist. Vgl. zu 68.

67.

Innerhalb der völkerrechtlichen Schranken spricht die Rechtsvermuthung für volle und ungetheilte Souveränetät eines jeden States.

Die Souveränetat ist die selbstverständliche Eigenschaft des wirklichen States, d. h. eines Gemeinwesens, das sich selbst regiert. Hoheit und Einheit sind mit dem Statsbegriff gegeben. Weitere Beschränkungen andern Staten gegenüber erfordern daher eine besondere Begründung, wie namentlich durch Verträge.

68.

Zu den regelmässigen Souveränetätsrechten eines States gehören:

a) das Recht, seine Verfassung selber zu bestimmen;
b) das Recht selbständiger Gesetzgebung für sein Volk und Land;
c) die Selbstregierung und Selbstverwaltung;
d) die freie Besetzung der öffentlichen Aemter;
e) das Recht für den Verkehr mit andern Staten seine Stellvertreter zu bezeichnen und zu ermächtigen.

Es kommt den fremden Staten nicht zu, sich in die Ausübung dieser Rechte einzumischen, es wäre denn, dass bei derselben das Völkerrecht missachtet würde.

In der Verfassung spricht der Stat die Grundsätze seines eigenen Daseins aus und bildet er die Organe seines eigenen Lebens aus. Die Verfassunggebende Gewalt ist daher Statsgewalt. Jeder Stat erscheint daher dem andern gegenuber als eine *sich selber ordnende Macht*. So wenig meine Nachbarn berechtigt sind, den Styl und die Einrichtung meines Hauses mir vorzuschreiben, so wenig haben die Nachbarstaten ein Recht, über die Verfassung eines fremden States Vorschriften zu geben. Es ist freilich auch fur die Nachbarstaten politisch nicht gleichgültig, wie die Verfassung eines anstossenden States beschaffen sei und es können je nach Umständen Parteiverbindungen von einem State zum andern bald förderlich bald gefahrlich erscheinen. Daher haben oft schon mächtigere Staten einen Einfluss geubt auf die Verfassungsänderungen ihrer Nachbarstaten. Die französische Republik hat sich gegen Ende des vorigen Jahrhunderts mit *republikanischen Nachbarstaten*, Napoleon I. hat Frankreich mit *Napoleonischen Vasallenstaten* zu umgeben gesucht. Aber gerade diese Beispiele warnen vor solchen Eingriffen in die natürliche Verfassungsbildung fremder Völker, denn nirgends sind durch die Einwirkung von aussen her dauernde Verfassungszustände zu Stande gekommen. Auch die Interventionen der heiligen Allianz in Italien und Spanien zur *Herstellung der absoluten Monarchie* haben nur vorübergehend den natürlichen Entwicklungsgang zu storen, aber nicht auf die Dauer zu hindern vermocht. Ebenso unglücklich ist in neuester Zeit der Versuch Napoleons III. ausgefallen, *in Mexico* ein Kaiserthum mit französischer Hülfe einzurichten. Recht und Politik weisen darauf hin, dass man jedem Volke überlasse, die Formen seines Gesammtlebens selber zu bestimmen. Erst wenn daraus eine wirkliche Gefahr entsteht für die Sicherheit der andern Staten und für die völkerrechtliche Rechtsordnung, ist eine Einmischung in die Verfassungsarbeiten zu rechtfertigen. Beachtenswerth sind in dieser Hinsicht die Depeschen des amerikanischen Ministers Seward vom 26. Sept. und vom 6 Dec. 1863 über Mexiko. Er spricht aus, dass die Entwicklung von Amerika eine republikanische sei, aber erkennt zugleich an, dass die Vereinigten Staten weder ein Recht noch eine Neigung haben, in die Verfassungsstreitigkeiten der Mexikaner über Republik oder Monarchie sich einzumischen. Aber er befürwortet das Recht der amerikanischen Völker, die republikanische Verfassung einzuführen und bestreitet den europäischen Monarchien das Recht, sie daran zu hindern. Sehr wahr und schön ist das moderne Rechtsprincip in der Thronrede des Königs Wilhelm von Preussen bei Eröffnung des norddeutschen Reichstags am 14. Febr. 1870 ausgesprochen worden: „Unter den Regierungen wie unter den Völkern der heutigen Welt ist die Ueberzeugung in siegreichem Fortschritte begriffen, dass einem jeden politischen Gemeinwesen die unabhängige Pflege der Wohlfahrt, der Freiheit und der Gerechtigkeit im eigenen Hause zustehe und obliege und dass die Wehrkraft eines jeden Landes nur zum Schutze eigener, nicht zur Beeinträchtigung fremder Unabhängigkeit berufen sei."

69.

Kein Stat braucht zu dulden, dass innerhalb seines Gebietes ein fremder Stat irgend welche Statshandlungen vornehme, sei es der Polizei oder der Besteurung, der militärischen oder der Justizgewalt. Jeder Stat ist verpflichtet, sich der statlichen Ein- und Uebergriffe in fremdes Statsgebiet zu enthalten.

Vorbehalten sind theils allgemeine völkerrechtlich anerkannte Ausnahmen theils die besonderen Statsdienstbarkeiten.

1. In dem Bereich der civilisirten europäischen und amerikanischen Statenwelt ist dieser Grundsatz vollständiger anerkannt, als im Verhältniss zu barbarischen Völkern oder Staten einer der unsrigen sehr fernen und fremden Civilisation. Da wird noch die Polizei und die Justiz über die auswärts wohnenden Landsleute in fremdem Gebiet möglichst von dem State ihrer Heimat verwaltet. (Vgl. Art. 269.) Der Grundsatz des persönlichen Rechtes, welches das Volk verbindet, wo immer seine Genossen sich aufhalten, überwiegt da noch über die Regel des Landesrechtes, welches ausschliesslich von der im Lande bestehenden Statsgewalt gehandhabt wird.

2. Allgemeine völkerrechtlich anerkannte Ausnahmen sind z. B. das Recht der Exterritorialität und das Recht der Schifffahrt über den Küstensaum.

70.

In der Regel gibt es nur Eine Souveränetät für ein bestimmtes Volk und Land, wie nur Einen Stat. Ausnahmsweise zeigt sich in zusammengesetzten Staten (Statenbünden, Bundesstaten, Statenreichen, Bundesreichen) auf demselben Boden und für dieselbe Bevölkerung eine Doppelsouveränetät wie eine zwiefache Statenbildung, die eine des Gesammtstates, die andere der Einzelstaten.

1. Bundesstaten und Statenbünde sind beides föderative und daher meist republikanische Verbände einer Anzahl von Einzelstaten. Aelter ist die Form der Statenbünde (Conföderationen), welche nur eine genossenschaftliche Gemeinschaft der mehreren Einzelstaten zu gemeinsamen Zwecken darstellt und daher nur Gesandtencongresse keine einheitlichen Gesammtorgane kennt. Man kann daher diese Verbindung nur in uneigentlichem Sinne Gesammtstat nennen. Sie schwankt noch zwischen völkerrechtlicher und statsrechtlicher Gestaltung. Von der Art waren die Hansestadte im Mittelalter, die Republik der Niederlande, die schweizerische Eidgenossenschaft vor 1798 und wieder 1803 bis 1848, die ursprüngliche Bundesverfassung der Vereinigten Staten von 1776 bis 1787, der deutsche Bund von 1815—1866.

2. Der Bundesstat (die Union, Föderation) dagegen ist eine einheitliche Gestaltung des Gesammtstates, der schärfer unterschieden wird von den Einzelstaten und in sich als Stat vollständig organisirt ist. Zuerst erscheint diese von Alexander Hamilton erdachte moderne Statsform ausgebildet in Nordamerika seit 1787, und ist in der Schweiz 1848 nachgebildet worden. In der Föderation ist die Doppelsouveränetät klarer dargestellt als in der Conföderation, in welcher noch die Souveränetät der Einzelstaten völlig überwiegt.

3. Das Statenreich ist mehr eine monarchische und daher in höherem Sinne einheitliche Gliederung einer Mehrzahl von Einzelstaten, die von einem Gesammtstate abhängig sind. Im Mittelalter hatte das deutsche Reich diesen Charakter, bevor es seiner Auflösung entgegen ging, und heute noch das Türkische Osmanenreich. In gewissem Sinne ist auch die Oesterreichisch-Ungarische Monarchie seit 21. Dec. 1867 ein Statenreich zu nennen. In dem Kaiserthum, welches den Gesammtstat nach Aussen repräsentirt und die Reichsgewalt zusammenhalt, ist die Macht und Einheit des ganzen Reichs dargestellt. Aber dieses gliedert sich dann in zwei wesentliche selbständige Staten, das cisleithanische Oesterreich, das selbst wieder in mehrere Kronlander getheilt ist, und in das Königreich Ungarn, dem hinwieder Kroatien als ein relativ besonderes Land beigeordnet ist. Vgl. Bidermann, die rechtliche Natur der österreichisch-ungarischen Monarchie, Wien 1877.

4. Der Norddeutsche Bund von 1867 und das deutsche Reich von 1871 lassen sich nicht unter einen dieser Begriffe unterbringen, sondern haben einen eigenthümlichen Charakter, den wir nach der Anleitung der Verfassungsurkunde am besten Bundesreich nennen. Dieses Bundesreich ist aus einem Compromiss der verschiedenen idealen und realen Mächte entstanden. In der Institution des Bundesrathes ist der Zusammenhang mit der frühern Form des deutschen Bundes von 1815 als Statenbundes noch deutlich zu erkennen. Die Institution des Reichsraths erinnert sehr an die in Amerika und der Schweiz geltende Verfassung der Föderation (des Bundesstats), indem in ihr eine Repräsentation des gesammten deutschen Volkes erscheint, die ganz verschieden ist von der Repräsentation der Preussen, Bayern u. s. f. in den Landtagen der Einzelstaten. Dagegen widerspricht die Verbindung der erblichen Würde des Königs von Preussen mit der Würde des erblichen Kaiserthums und ebenso die Verbindung der

wichtigen Institution des Reichskanzlers und des Reichskanzleramtes mit dem Preussischen Ministerium dem Grundgedanken des Bundesstats, welcher die Regierungsämter des Gesammtstats und der Einzelstaten trennt. Aber sie erklärt sich aus der entscheidenden Bedeutung des Preussischen States, welcher das deutsche Reich gestiftet hat und in demselben seiner Bevölkerungszahl und seiner einheitlichen Macht wegen eine so hervorragende Stellung einnimmt, dass die übrigen Staten genöthigt sind, sich an Preussen anzuschliessen und anzulehnen. Das Haupt des Preussischen States ist daher das naturliche Haupt des deutschen Reiches; und in der Regierung des Reiches ist daher auch Etwas von dem Preussischen Einheitsstate wahzunehmen.

71.

Sowohl der Gesammtstat (der Statenverein) gilt völkerrechtlich als Statsperson als die Einzelstaten.

Die Souveränetät des Gesammtstates äussert sich innerhalb des verfassungsmässigen Bereiches der Gesammtheit und die der Einzelstaten in den Sonderangelegenheiten der einzelnen Länder.

Die Persönlichkeit der Statenbünde zeigt sich deutlicher noch im Völkerrecht als im Statsrecht. Die schweizerische Eidgenossenschaft galt im europäischen Statensystem während Jahrhunderten als Ein Statswesen, obwohl sie in sich selbst durchaus nicht als Stat organisirt, sondern nur ein dauernder Verband von souveranen Staten war.

72.

In den Bundesstaten, den Statenreichen und den Bundesreichen wird die völkerrechtliche Vertretung nach aussen regelmässig durch die Bundes- oder Reichsgewalt bestimmt und besorgt. Indessen sind auch Verträge der Einzelstaten unter sich oder mit fremden Staten zulässig, wenn gleich in den Schranken der Verfassung und unter Aufsicht des Gesammtstats.

In der Schweiz werden die Verträge der Cantone unter sich Concordate genannt. Der intercantonale Charakter derselben ist analog dem völkerrechtlichen der Verträge unter fremden Staten, wird aber dadurch modificirt, dass die Cantone hinwieder bundesstatlich verbunden sind und daher der Bund eine Aufsicht über die Concordate übt und dieselben unter seinen Schutz stellt.

73.

In den Statenbünden gehört die diplomatische Vertretung regelmässig der Regierung der Einzelstaten zu. Indessen ist auch die Gesammtheit berechtigt, sich als Eine zusammengesetze Statsperson vertreten zu lassen und Verträge abzuschliessen.

In den Statenbünden tritt die Souveränetät der Einzelstaten voller und entschiedener hervor, als in den Bundesstaten. Deshalb wird in der Regel auch der

Gesantschaftsverkehr vorzugsweise mit den Einzelstaten gepflogen. Aber weil doch der Statenverband wieder ein Interesse hat, sich als völkerrechtliches Ganzes darzustellen, so muss auch ihm die Befugniss gewahrt werden, gemeinsame Bundesgesante zu bezeichnen und bei sich fremde Gesante zu empfangen. Bei dem deutschen Bunde waren manche fremde Gesante accreditirt und in einzelnen Fällen liess er sich durch einen gemeinsamen Bundesgesanten auswarts vertreten.

74.

Wenn zwei oder mehrere Staten durch dasselbe Statshaupt nur vorübergehend geeinigt sind, so werden sie im Völkerrecht als zwei verschiedene Personen behandelt und haben demgemäss auf Conferenzen und Congressen zwei oder mehrere Stimmen und können durch verschiedene Gesante vertreten werden.

Beispiele treten ein, wenn ein Erbfürst in einem andern Lande auf Lebenszeit zum Wahlfürst gewahlt wird. Karl V. war als römischer Kaiser und deutsches Reichsoberhaupt Vertreter des deutschen Reiches und als König von Spanien Vertreter Spaniens, ohne dass irgend eine nähere stats- oder völkerrechtliche Beziehung dieser beiden Staten zu einander eintrat.

75.

Ist aber die Einigung unter Einem Statshaupt eine dauernde und erscheint die Verbindung der so geeinigten Staten als eine politische, wenn auch noch nicht als eine statsrechtlich organisirte Lebensgemeinschaft, so wird dieselbe völkerrechtlich wie ein Gesammtstat betrachtet und in einer gemeinsamen Vertretung durch Eine Stimme dargestellt. Soweit indessen die Verhältnisse der einzelnen verbundenen Staten besonders hervortreten, ist hinwieder eine besondere Vertretung zulässig.

1. Von der Art sind die fortdauernden Personalunionen durch dieselbe fürstliche Dynastie. Fruhere Beispiele sind die ursprüngliche Personalunion des Erzherzogthums Oesterreich mit der Böhmischen und der Ungarischen Krone, auch die anfängliche Verbindung der Englischen mit der Schottischen und mit der Irischen Krone, die Verbindung der Russischen mit der Polnischen Krone von 1815 bis 1830, und die Verbindung des Fürstenthums Neuchatel mit der Preussischen Krone bis 1847, das heutige Verhältniss der Königreiche Schweden und Norwegen, welche denselben König, aber nicht dieselbe Regierung noch dieselbe Gesetzgebung haben. Allerdings sind auch die beiden letzten Völker dauernd verbunden und würden durch Aussterben der gemeinsamen Dynastie nicht wieder getrennt. Insofern mag ihre Union auch eine Realunion genannt werden. Vgl. Lawrence zu Wheaton I. 270. Siehe oben zu § 70.

2. Wenn die verbundenen Staten nicht bloss das Haupt gemeinsam haben, sondern uberdem noch andere Organe sei es der Regierung oder Gesetzgebung, so

bewirkt eine solche Realunion in höherem Grade die völkerrechtliche Einheit des zusammengesetzten Statskörpers. Eine solche Realunion verbindet die Oesterreichischen Kronländer zu einem gemeinsamen Statskörper; aber auch die Verbindung des Kaiserthums Oesterreich mit dem Königreich Ungarn nach der Verfassung von 1867 ist in Folge des gemeinsamen Ministeriums des Aeussern und der Delegation aus der blossen Personalunion zur Realunion fortgeschritten.

3. Die volle statliche Einheit wird erreicht, wenn die Union nach dem englischen Sprachgebrauche zur Incorporation (incorporate union) wird, d. h. wenn die ursprünglich verschiedenen Staten durch die Verfassung völlig in Einen Stat umgebildet werden, wie das für die Königreiche England und Schottland seit 1707 und für Grossbrittanien und Irland 1801 geschehen ist und für die Einverleibung Polens in Russland 1863.

76.

Wenn die Souveränetät eines States abgeleitet erscheint von der Souveränetät eines andern Hauptstates und in Anerkennung und in Folge dieser Ableitung eine theilweise Unterordnung jenes States unter diesen fortdauert, so wird der eine Vasallenstat und der andere lehensherrlicher oder oberherrlicher Stat genannt.

Die völkerrechtliche Selbständigkeit des erstern wird durch die nothwendige Rücksicht auf den letztern beschränkt.

1. Es sind hier immerhin mancherlei Uebergangsstufen von einer Gebundenheit, welche den diplomatischen Verkehr des Vasallenstates mit andern Staten nur durch Vermittlung des oberherrlichen States gestattet, bis zu völlig freier Bewegung des Vasallenstates denkbar. Die deutschen Territorialstaten des spätern Mittelalters waren solche Vasallenstaten, indem sie ihre Regalien von dem deutschen Könige empfingen und von Kaiser und Reich abhängig waren. Aber seit dem Westphälischen Frieden war doch ihr Recht anerkannt, mit fremden Machten Allianzen zu schliessen.

2. In mancherlei verschiedenen Rechtsverhältnissen stehen die Vasallenstaten der Türkei, die halbsouveränen der muhamedanischen Fürstenthümer Tunis und Tripolis, und das Vicekönigreich Aegypten mit dem erblichen Khedive, sodann das christliche Fürstenthum Serbien mit einem Erbfürsten zu der hohen Pforte. Das frühere Königreich Neapel war nur dem äusseren Scheine nach gleichsam zum Zeichen der Ehrfurcht, ein Vasallenstat des päpstlichen Rom und in Wahrheit wurde es im europäischen Völkerrecht als ein vollsouveraner Stat betrachtet und behandelt.

77.

Da die Souveränetät, in welcher sich die Einheit und Hoheit des States gipfelt, eine natürliche Tendenz zur Einheit hat, so ist diese Spaltung derselben in eine Oberherrliche und in eine Vasallensouveränetät nicht dauerhaft. Entweder erheben sich im Laufe der Zeit die Vasallenstaten zu vollsouveränen Staten, indem die Oberherrlichkeit immer mehr zur blossen Form und ohnmächtig wird, oder der oberherrliche Stat zieht hinwieder die verliehenen Hoheitsrechte an sich und einverleibt sich dem Vasallenstat.

Die geschichtliche Entwicklung beweist die Wahrheit dieses Satzes. Im Mittelalter gab es eine grosse Masse von Vasallenstaten, sowohl in Europa als in Asien. Gegenwärtig sind fast alle verschwunden, weil sie in Einheitsstaten umgewandelt worden sind. Gegenwärtig vollzieht sich dieser Umbildungsprocess auch in dem Ottomanischen Reiche. Das Völkerrecht muss diese natürliche Entwicklung beachten und es soll sie schützen, es darf sie nicht dadurch hemmen wollen, dass es unhaltbare Formen der altern Rechtsbildung zu verewigen sucht. Vgl. über die Halbsouveränetät des Fürstenthums Rumanien, welches auch früher nur in uneigentlichem Sinne ein Vasallenstat genannt werden konnte, (Moldau und Wallachei) Lawrence Comm. zu Wheaton (Leipzig 1868 I. S. 233 ff.)

Der moderne Zug zur Einheit zeigt sich wie in Europa und Amerika so in Ostasien. Die Aufhebung der Vasallenstaten der Daimijos in Japan und die Concentration aller Statsgewalt in dem Mikado (Kaiser) im Sept. 1871 ist ein merkwürdiger Beleg dafür.

78.

Die Souveränetät der Schutzstaten, das heisst der Staten, welche im Gefühl ihrer Schwäche den Schutz eines mächtigeren States gesucht und sich der Schutzhoheit desselben unterworfen haben, gilt ebenfalls als Halbsouveränetät, weil sie durch eine übergeordnete höhere Souveränetät dauernd beschränkt wird.

Die Schutzhoheit ist insofern ähnlich der Lehenshoheit, als der Schirmherr, wie der Lehensherr eine übergeordnete Stellung behauptet. Aber es wird nicht von jenem wie von diesem die halbe Souveränetät des Schutzstates abgeleitet, sondern nur um der Rücksicht auf den Schirmherrn willen die Souveränetät des Schutzstates beschränkt. Auch dieses Verhältniss trägt übrigens den Keim des Todes in sich, denn ein Stat, der sich nicht selber schützen kann, verdient nicht ein selbständiger Stat zu bleiben. Die Beispiele solcher Staten sind daher wieder selten in dem heutigen Statensystem. Die Republik Krakau, welche unter der Schutzhoheit der drei Ostmächte, Oesterreich, Russland und Preussen, gewesen war, ist 1846 von Oesterreich einverleibt; die Jonischen Inseln, ein Schutzstat Englands, sind 1864 mit Griechenland vereinigt worden. Wenn auch die Donaufürstenthümer zunächst Vasallenstaten der Ottomanischen Pforte und zugleich Schutzstaten der europäischen Grossmächte sind, so dient dieses Schutzverhältniss eher dazu, ihr Wachsthum zur Unabhängigkeit von der Türkischen Herrschaft zu fördern, als ihre freie Entwicklung zu gefährden.

79.

Den Colonialstaten, welche dem Mutterstate untergeordnet sind, kann ebenfalls eine beschränkte Selbständigkeit zugestanden sein, so dass sie als halbsouveräne Staten in besondere völkerrechtliche Beziehungen treten.

Schon die grosse Entfernung vieler überseeischen Colonien von dem Mutterstate macht im Interesse derselben eine besondere Regierung und daher auch eine besondere Repräsentation oft wünschenswerth. Wenn daher auch ursprünglich das Mutterland der alleinige Sitz der Souveränetät war, so erfordert das Wachsthum der Colonie doch mit der Zeit eine Ausstattung mit grosseren Rechten freierer Bewegung. So entwickeln sich die Colonien zu eigenthümlichen Statswesen, ähnlich den Schutzstaten und scheiden sich zuletzt wohl auch als neue vollsouveräne Staten aus. Die Geschichte von Amerika enthalt in dieser Hinsicht grosse Lehren auch für das Völkerrecht. Als Vorbild einer guten Colonialpolitik darf die englische gegenüber von Canada und Australien seit den Reformen von Lord Durham (1836) angesehen werden.

80.

In ähnlichen Verhältnissen theilweiser Abhängigkeit von den Hauptstaten und theilweiser Selbständigkeit stehen auch die mancherlei Nebenländer.

Es kommt hier freilich vieles darauf an, wie diese Nebenländer beschaffen seien, ob die darin lebende Bevölkerung fähig sei, ihre öffentlichen Interessen selbständig zu besorgen, und ob sie geneigt sei, das so zu thun, dass dabei die Interessen des Hauptstates nicht verletzt werden. Wenn sie unfahig und feindlich gesinnt ist, so wird ihr entweder überhaupt keine Selbständigkeit verstattet oder dafür gesorgt werden, dass die Verwaltung der besonderen Landesinteressen nicht der unterworfenen Bevölkerung überlassen, sondern von der dahin verpflanzten Colonie des Herrschervolkes besorgt werde. Da diese Nebenländer meistens durch Eroberung dem Hauptstate unterworfen worden sind, wie z. B. die Ostindischen Lander den Engländern, Algier dem französischen State, so ist es schwerer, dieselben zu statlicher Selbständigkeit heranzubilden, als die eigentlichen Coloniallander.

C. Rechtsgleichheit.

81.

Jeder Stat ist als Rechtsperson dem andern State gleich. An dem Völkerrecht haben alle Staten gleichen Antheil und gleichen Anspruch auf Achtung ihrer Existenz.

Die Rechtsgleichheit der Staten ist ebenso zu verstehen, wie die Rechtsgleichheit der Privatpersonen. Der Unterschied der Grösse, der Macht, des Ranges ändert an der wesentlichen Gleichheit Nichts, welche in der Anerkennung aller dieser Personen als Rechtswesen und der gleichmässigen Anwendung der völkerrechtlichen Grundsätze auf Alle besteht.

Erklärung des Senators Sunner im amerikanischen Senat am 23. März 1871: „Da die Gleichheit aller Völker ebenso ein völkerrechtlicher Grundsatz ist, wie die Gleichheit aller Menschen ein Axiom ist unserer Unabhängigkeitserklärung, so darf man einem kleinen und schwachen Volke Nichts thun, was man einem grossen und mächtigen Volke gegenüber nicht thun würde, oder was wir nicht dulden würden, wenn es gegen uns selber geschähe."

82.

Kein Stat ist berechtigt, die individuellen Kennzeichen eines andern Stats — dessen Namen, Wappen, Fahne, Flagge — sich anzueignen oder zu missbrauchen.

In diesen Zeichen spricht sich die besondere Persönlichkeit eines States aus und jeder Stat hat ein Recht, in derselben geachtet zu werden. Die Rechtsgleichheit verwischt nicht die individuelle Verschiedenheit, sondern erkennt sie an und schützt sie für Alle. Selbstverständlich geht hier die ältere Wahl solcher Namen und Zeichen der späteren vor. So weit jene vollzogen ist, muss diese sie als bereits vorhandenes Recht respectiren und darf keine Verwirrung stiften durch Aneignung derselben Namen und Zeichen.

83.

Jeder Stat hat gleichen Anspruch darauf, als eine geistig-sittliche und als eine Rechtsperson geachtet zu werden, und demgemäss auch ein Recht auf Ehre. Die Verletzung der Statsehre begründet das Recht, Genugthuung zu fordern.

1. Auch in dieser Beziehung verhält es sich mit den Staten ähnlich, wie mit den einzelnen Menschen Der Mensch als solcher hat eine Würde und es gibt eine gemeinsame Menschenehre, wie eine Statsehre, die im Verkehr mit Menschen und Staten nicht verletzt werden darf. Freilich kann auch ein Stat in einzelnen Fällen eine unsittliche und eine geistig-niedrige Politik verfolgen, wie ein einzelner Mensch zuweilen schlecht und dumm handeln kann; und natürlich wird dieses Verhalten auch einen Einfluss üben auf die öffentliche Meinung und auf das Vertrauen der übrigen Staten. Aber der Rechtsanspruch auf die allgemeine Statsehre wird dadurch so wenig zerstört, als das Recht jener Privatpersonen auf Anerkennung der gemeinen Menschenehre, durch einzelne Fehler. Die Menschenehre strahlt immer wieder neu hervor aus der an sich hohen Menschennatur, dem Ebenbilde Gottes, und ebenso die Statsehre aus dem majestätischen Wesen des States, das heisst der einheitlichen und männlichen Gestaltung des Völkerlebens.

2. Ueber die Uebung des Seegrusses, wenn einzelne Kriegsschiffe oder Kriegsflotten einander begegnen, ist vorzüglich Calvo Droit Intern. § 151 ff. zu vergleichen.

84.

Aus der persönlichen Rechtsgleichheit der Staten folgt nicht gleicher Rang derselben noch das Recht eines jeden States, einen beliebigen hohen Titel anzunehmen. Aber es steht einem jeden State zu, einen seiner Bedeutung und Machtstellung entsprechenden Titel zu wählen.

Die beiden Sätze, dass jeder Stat Anspruch habe auf gleichen Rang, und dasss jeder Stat beliebige Titel annehmen konne, die man zuweilen aus der missverstandenen Rechtsgleichheit gefolgert hat, sind falsch. Denn der Rang, den ein Stat in der Gesellschaft der übrigen Staten einnimmt, ist nicht eine einfache Wirkung seiner Persönlichkeit, welche für alle Staten dieselbe rechtliche Bedeutuug hat, sondern er ist die Wirkung der Machtstellung und des Einflusses, welche verschieden sind unter den Staten. Der Titel aber bezeichnet den Rang, den ein Stat unter den andern einnimmt und kann eben deshalb nicht willkürlich von jenem ohne Rücksicht auf diese gewählt werden. Es war der Gipfel der Lächerlichkeit, als ein Negerhäuptling auf Haiti den Kaisertitel für seine Flitterkrone in Anspruch nahm. Als der Kurfurst Friedrich I. von Brandenburg am 18. Januar 1701 den Konigstitel annahm, konnte die innere Berechtigung desselben noch bezweifelt werden, aber die Geschichte des preussischen Stats hat seither alle Zweifel zerstreut. Aehnlich verhält es sich mit der Annahme des Kaisertitels durch Peter den Grossen, welche nur sehr allmählich Anerkennung fand, (von dem deutschen Kaiser erst 1744, von Frankreich erst 1762 und von Polen 1764). Auf dem Aachener Congress erklarten die funf Grossmachte ausdrücklich in dem Protokoll vom 11. October 1818, dass dem Wunsche des Kurfürsten von Hessen auf den Titel eines Königs nicht zu entsprechen sei und dass sie überhaupt in Zukunft über andere Titelerhöhungen gemeinsam verhandeln wollen.

85.

Auf kaiserlichen Rang und Titel haben nur diejenigen Staten einen natürlichen Anspruch, welche nicht eine blosse nationale, sondern eine universelle Bedeutung haben für die Welt oder mindestens einen Welttheil und insofern Weltmächte sind oder welche doch als Grosstaten verschiedene Völker in sich einigen oder auf verschiedene Völker einen statlich bestimmten Einfluss haben.

Das charakteristische Merkmal des Kaiserthums ist das, dass es sich als Statsautorität über den engen Gesichtskreis eines besonderen Volkes und die engen Grenzen eines einzelnen Landes erhebt. Das Kaiserthum hat einen weltgeschichtlichen Ursprung und eine universellle Bedeutung in der Geschichte. Daher darf auch der Kaisertitel nicht von der anmasslichen Eitelkeit blosser Volks- und Landesfürsten missbraucht werden. Die fränkischen und die deutschen Könige des Mittelalters erhielten denselben als römische Kaiser und standen als Verwalter des Weltfriedens und der christlichen Weltordnung (damals imperium mundi genannt) an der Spitze der abendländischen Christenheit. Der Russische Czar Peter der Grosse nahm den Kaisertitel 1701 in der Absicht an, die Erinnerung an das Oströmische Kaiserthum zu erneuern. Napoleon I. wollte das Reich Karls des Grossen in moderner Gewalt wieder aufrichten, als er 1804 den Kaisertitel sich aneignete. Das Oesterreichische Kaiserthum (seit 1804) und das zweite französische (seit 1852) haben eine weniger universelle, aber doch nicht eine bloss nationale und einzelstatliche Bedeutung. Die Würde des deutschen Kaisers (seit 18. Jan. 1871) hat Bezug auf die grosse Statengemeinschaft des deutschen Reiches und erhebt sich dadurch über die Würde der Königskronen, welche den deutschen Einzelstaten zugehören. In dem indischen Kaiserthum der englischen Könige seit 1876 ist die Hoheit über die indischen Fürsten und Völker dargestellt.

86.

Der Kaiserliche Rang eines States ist nicht bedingt durch den Kaisertitel. Auch eine von Königen regierte Weltmacht hat Anspruch auf kaiserlichen Rang und ebenso eine weltmächtige Republik.

Die Grossbrittanische Krone hatte schon vor der Annahme des Kaisertitels für Indien den Kaiserlichen Rang (corona imperialis). Keine andere übertrifft sie an universeller Bedeutung. Nichts wird die Bundesrepublik der Vereinigten Staten von Nordamerika hindern, wenn sie sich als Weltmacht darstellen will, Kaiserlichen Rang anzusprechen und zu behaupten.

87.

Königlichen Rang haben die übrigen wesentlich auf ein Volk und ein Land beschränkten Staten von ansehnlichem Umfang und erheblicher Bedeutung im Völkerverkehr.

Dahin rechnet man nach dem diplomatischen Gebrauch, ausser den Staten, deren Häupter als Könige völkerrechtlich anerkannt sind, auch die Republiken von ähnlicher Grösse und Bedeutung und die vorhandenen Grossherzogthümer.

Schon im Mittelalter nahmen die Kurfürsten des heiligen römischen Reiches deutscher Nation für sich denselben Rang in Anspruch, den die Könige der andern christlichen Völker hatten. Ueber ihnen allen erhoben sich ja nach der Fiction der mittelalterlichen Reichslehre in derselben Weise die kaiserliche Majestät und die päpstliche Heiligkeit

88.

Es besteht kein Rangvorzug der Königreiche vor den Republiken mit königlichem Rang oder umgekehrt dieser vor jenen.

Das höfische Ceremoniel kennt wohl den Vortritt der Könige vor den Grossherzogen, aber nicht einen Vortritt der Königsstaten vor den königlichen Freistaten. Die Macht und der politische Einfluss, welche die natürliche Grundlage auch für die Rangordnung der Staten bilden, sind von diesem Verfassungsunterschied unabhängig. England hatte als Republik unter Cromwell eine grössere Bedeutung aber keinen andern Rang als zur Zeit des Königs Karls I.; und die französische Republik behauptete im Frieden von Campo-Formio 1797 denselben Rang, wie vormals unter den Bourbonischen Königen.

89.

In allen wesentlichen Beziehungen stehen alle Königlichen Staten unter einander und auch den Kaiserlichen gleich. Insbesondere kommt allen das unbeanstandete Recht zu, Botschafter zu senden und zu empfangen, königliche Embleme in Krone, Scepter, Wappen anzunehmen und zu führen, im Ceremoniel und bei Unterzeichnung der Verträge auf dem Fusse der Gleichheit behandelt zu werden. Die Fürsten dieses Ranges geben sich im brieflichen Verkehr den Brudernamen.

Indessen erhalten nur die Könige als Statshäupter den Titel der „Majestät", nicht auch die übrigen Fürsten von Königlichem Rang, und es haben jene vor diesen den Vortritt.

Der Titel der Majestät, ursprünglich auf den Kaiser beschränkt, ist seit dem titelsüchtigen siebenzehnten Jahrhunderte auch auf die Könige ausgedehnt worden. Jedenfalls passt er nur zu einer Würde, welche mit dem Vollgenuss der vollkommenen Regierungssouveränetat verbunden ist, aber nicht auf statsrechtlich abhängige Könige. Es wird aber wohl schwerer noch werden, die Titel zu ermassigen, als die wirklichen Hoheitsrechte zu vermindern.

90.

Unter Staten von gleichem Rang haben je die älteren den Vortritt vor den jüngern. Ueberdem können die Rangverhältnisse zwischen einzelnen Staten durch Vertrag oder Observanz bestimmt sein.

1. Die Versuche, auf dem Aachener Congresse diese Dinge genauer völkerrechtlich zu ordnen, sind an den Schwierigkeiten gescheitert, welche die Eitelkeit und die höfischen Sitten jeder Uebereinkunft der Art in den Weg stellen.

2. Besondere Verträge und Gebrauche finden z. B. Statt in einzelnen Ländern bezüglich des Schiffsgrusses. Vgl. Phillimore, Intern. Law. Bd. II. § 34 ff.

91.

Die Verwantschaft der Souveräne ändert das Rangverhältniss derselben nicht.

Protokoll des Wiener Congresses vom 19. März 1815. Artikel V.: „Les liens de parenté ou d'alliance de famille entre les Cours ne donnent aucun raug à leurs employés diplomatiques. Il en est de méme des alliances politiques."

92.

Halbsouveräne Staten (Vasallenstaten, Schutzstaten, abhängige

Einzelstaten) stehen jederzeit im Rang den übergeordneten oberherrlichen Staten (Schutzmächten oder Hauptstaten) nach. Ebenso gebührt dem Gesammtstat, im Verhältniss zu den Einzelstaten, aus denen er zusammengesetzt ist, der Vorrang.

Da die Unterordnung der halbsouveränen Staten sogar eine statsrechtliche ist, so folgt die Ueberordnung der Hauptstaten im Rang von selber daraus. Aber ebenso rechtfertigt sich der Vorrang des Gesammtstats als des Ganzen vor dem Einzelstat, als dem Theile. So hat die amerikanische Union den Vorrang vor Pennsylvanien oder Virginien und das deutsche Kaiserreich den Vorrang vor den deutschen Königreichen.

93.

Gegenüber dritten Staten nimmt der halbsouveräne Stat diejenige Stellung ein, welche ihm seinem anerkannten Titel oder seiner anerkannten Bedeutung in der Statenfamilie gemäss zukommt, neben und gleich vollsouveränen Staten.

Der Grund liegt in der Regel der Gleichheit, welche überall eintritt, wo keine besonderen Grunde einen Unterschied rechtfertigen. Den dritten Staten gegenuber besteht keine Unterordnung, und daher ist auch der gleiche Rang am Platz. Wenn also z. B. Virginien mit Brasilien einen Vertrag schliesst, oder Sachsen mit Oesterreich, so ist der Umstand, dass jenes zu den Vereinigten Staten, dieses zu dem Deutschen Reiche gehört, nur erheblich im Verhältniss zu der Bundesgewalt, aber nicht erheblich fur die Rangstellung gegenüber dem auswärtigen State.

94.

Die Rangerhöhung eines States bedarf, um allseitig zu wirken, der völkerrechtlichen Anerkennung der übrigen Staten, welche indessen nicht willkürlich und ohne Grund versagt werden darf.

Vgl. zu Art. 84. Die grundlose Verweigerung der Anerkennung ist zum mindesten ein Zeichen unfreundlicher Gesinnung und kann zur Beleidigung des States werden, der sich emporgeschwungen hat.

II. Statensysteme.

1. Europäisches Gleichgewicht.

95.

Das Gleichgewicht unter den Staten besteht nicht darin, dass dieselben gleich gross an Umfang des Gebiets und an Volkszahl und gleich mächtig seien. Die Verschiedenheit der Staten an Grösse und Macht ist eine nothwendige Wirkung der natürlichen Unterschiede des Bodens, der Volksindividualitäten und der geschichtlichen Entwicklung.

Das Völkerrecht muss diese Verschiedenheit anerkennen und darf sie nicht bekämpfen. Ihre Zerstörung würde die Bestimmung der Menschheit gefährden, welche auf der Wechselwirkung verschiedener Kräfte beruht.

Der Gedanke eines mathematischen Gleichgewichts war zu Anfang des XVIII. Jahrhunderts beliebt. Man hoffte von seiner Verwirklichung die Sicherung des Weltfriedens und die grundliche Beseitigung jeder Gefahr von Universalmonarchie. Der bekannte Vorschlag des Abbé Saint Pierre: „Projet de la paix éternelle" von 1715 am Schluss des grossen europäiscen Krieges gegen das Uebergewicht Frankreichs, sucht diesen Gedanken in einer neuen Karte Europas darzustellen. Aber der Gedanke ist schon deshalb falsch, weil er die geistigen Charakterkräfte, die sich nicht abzählen lassen, missachtet und eine künstliche Gleichheit da einrichten will, wo die Natur grosse und dauernde Unterschiede zeigt.

Frankreich war an Umfang und Volkszahl unter der Regierung Ludwigs XIV. gewachsen, und war dennoch zu Ende dieser Regierung schwacher als zu Anfang derselben. Preussen war unter Friedrich Wilhelm II. viel grösser geworden, und trotzdem weniger mächtig als unter Friedrich dem Grossen.

96.

Es ist ferner keine Forderung des Gleichgewichts, dass die bestehenden Staten allezeit unverändert erhalten bleiben. Es gibt ein natürliches und insofern nothwendiges Wachsthum der Staten und ebenso eine unvermeidliche Abnahme ihrer Kräfte und ihrer Wirksamkeit. Das Völkerrecht muss die umbildende Macht der Geschichte anerkennen.

Das Mittelalter war der Zerbrockelung der Nationen in kleine Furstenthümer und Stadte, zumal in Deutschland und in Italien sehr gunstig. Der Zustand war ertraglich, so lange der Verkehr gering, das nationale Bewusstsein schwach, die öffentlichen Bedurfnisse klein waren und keine äusseren Gefahren die Existenz dieser Städtchen bedrohten. In der neueren Zeit ist das Alles anders geworden. Deshalb gingen die meisten Kleinstaten bereits unter und es bildeten sich grössere Volksstaten aus.

97.

Es ist kein völkerrechtliches Gesetz, dass die Erweiterung eines Statsgebiets einen andern vielleicht rivalen Stat berechtige, auch seinerseits eine Vergrösserung zu verlangen.

In der statlichen Praxis des vorigen Jahrhunderts hat man sich oft auf diese angebliche Folgerung aus dem Princip des Gleichgewichts berufen, um die Eroberungssucht mit einem scheinbaren Rechtssatze zu bemänteln. So verlangte Oesterreich ein Stück der Türkei, weil Russland sich in Polen ausdehne. Die Theilung Polens unter die drei Nachbarmächte wurde auch mit solchen Argumenten beschönigt. Aber noch in unserm Jahrhunderte ist mit solchen Scheingründen vielfältig Missbrauch getrieben worden Man hat noch im Jahr 1803 deutsches Land nach dem Ausdruck Fichte's „zu Zulagen gemacht zu den Hauptgewichten in der Wage des europäischen Gleichgewichts". Sogar noch 1860 wurde die Annexion Savoyens durch Frankreich wenigstens nebenher mit dem grossen Wachsthum des Königreichs Italien zu rechtfertigen gesucht und nach 1866 die Einverleibung Belgiens in Frankreich von Napoleon III. als Compensation verlangt für die Erweiterung des norddeutschen Bundes über die süddeutschen Staten. Da das völkerrechtliche Gleichgewicht nicht gleich grosse Staten, noch ein unveränderliches Grössenverhältniss der vorhandenen bedeutet, noch bedeuten darf, so ist eine derartige mathematische Anwendung jenes Princips unzulässig. Die Existenz und die Entwicklung der Völker und Staten darf nicht nach so plumpen Regeln beschnitten und zugeschnitten werden.

98.

Das wahre Gleichgewicht bedeutet das friedliche Nebeneinanderbestehen verschiedener Staten. Es wird gefährdet und gestört, wenn das Uebergewicht Eines States so unverhältnissmässig zu werden droht, dass die Sicherheit und Freiheit der übrigen Staten daneben nicht mehr fortbestehen kann. In solchen Fällen sind nicht bloss die zunächst gefährdeten schwächeren Staten, sondern es sind auch die übrigen ungefährdeten Staten veranlasst und berechtigt, das Gleichgewicht herzustellen und für ausreichenden Schutz desselben zu sorgen.

Definition von F. v. Gentz (Werke Weik IV. S. 39) Gleichgewicht bedeutet: „diejenige Verfassung neben einander bestehender und mehr oder weniger mit einander verbundener Staten, vermöge deren keiner unter ihnen die Unabhängigkeit oder die wesentlichen Rechte eines andern, ohne wirksamen Widerstand von irgend einer Seite und folglich ohne Gefahr für sich selbst beschädigen kann."

Es gilt dieser Satz vorzüglich von der europaischen Statenfamilie, welche den Fortbestand einer Anzahl selbständiger Staten als Grundbedingung ihrer Wohlfahrt betrachtet. Daraus erklären sich die zahlreichen und am Ende glücklichen Allianzen wider die drohende Universalmonarchie zuerst gegen Kaiser Karl V., dann gegen König Philipp II. von Spanien, später gegen Ludwig XIV. und wiederum gegen Kaiser Napoleon I, zuletzt wider die Russische Oberherrschaft in Sudosteuropa. Aber nicht ebenso scheint der Satz auf Amerika anwendbar, indem die Vereinigten Staten offenbar heute schon zur leitenden Hauptmacht fur den ganzen Welttheil geworden sind.

99.

Das Streben nach einer auf die Uebermacht Eines Volkes gestützten Universalherrschaft über die andern Völker ist eine Gefährdung des Gleichgewichts und rechtfertigt den gemeinsamen Widerstand der übrigen Staten.

Vgl. die vorige Anmerkung. Mit dieser völkerrechtswidrigen Bedrohung selbständiger und nicht zusammengehöriger Staten darf nicht verwechselt werden die Bedrohung unhaltbarer Particularstaten durch einen nationalen Grossstat. Denn es kann die Einverleibung jener durch diesen vielleicht eine nothwendige Bedingung sein fur die Sicherheit der nationalen Existenz und Gesammtwohlfahrt, oder eine unvermeidliche Folge der nationalen Entwicklung eines Volks. Die Geschichte Italiens in den Jahren 1860, 66, 70, und die von Deutschland in den Jahren 1866 und 1871 machen das klar. Das Gleichgewicht der italienischen und der deutschen Particularstaten war überhaupt kein Gut von hohem und von dauerndem Werth und es konnte leicht darauf verzichtet werden, wenn man statt dessen die unschätzbare Errungenschaft eines nationalen States und eine wurdigere Stellung in der Welt erhielt.

100.

Auch eine theilweise Uebermacht eines States kann die Sicherheit und die Freiheit der andern Staten und damit das Gleichgewicht gefährden und rechtfertigt den gemeinsamen Widerstand der übrigen Staten, um dieselbe zu beschränken. Das gilt insbesondere von einer übermächtigen Seeherrschaft eines States.

Ein Beispiel geben die Verträge der neutralen Staten zur Bekampfung der englischen Universalherrschaft uber die Meere.

---

2. Heilige Allianz.

101.

Die heilige Allianz vom Jahr 1815, welche auf das Princip der christlichen Religion ein neues christliches Völkerrecht begründen will, kann nicht als modernes Völkerrecht gelten.

Die heilige Allianz, zu Paris von den drei Monarchen von Russland, Oesterreich und Preussen unterzeichnet 14/26. Sept. 1815, war ein Versuch der Restaurationsepoche, im Gegensatze zu der französischen Revolution, ein neues Völkerrecht zu begründen. Die Grundgedanken waren zum Theil der religiösen Ueberlieferung des Mittelalters, zum Theil der russischen Weltansicht entnommen. Eben deshalb konnten sie weder das moderne Rechtsbewusstsein, noch die Bedürfnisse der civilisirteren Völker befriedigen. Sie gehörten einem frühern Standpunkte der Entwicklung an und waren daher ungeeignet, den Fortschritt der Neuzeit zu leiten und zu ordnen. Vgl. den Artikel Heilige Allianz im Deutschen Statswörterbuch von Bluntschli.

102.

Indem sie das Völkerrecht ausschliesslich auf die Religion gründet, verkennt sie den Unterschied von Religion und Recht; indem sie nur auf christliche Völker anwendbar ist und die nichtchristlichen Staten ausser die menschliche Weltordnung versetzt, verengt sie die Wirksamkeit des Völkerrechts; indem sie Christus als den „alleinigen Souverän der gesammten christlichen Nation“ bezeichnet, geräth sie auf die Abwege der Theokratie, welche dem politischen Bewusstsein der europäischen und der civilisirten Völker überhaupt fremd und unerträglich ist; indem sie die patriarchalischen Ideen zu Statsprincipien erhebt, passt sie nicht zu der Denkweise und den Bedürfnissen der politisch erzogenen und frei gewordenen Menschheit.

Man kann den frommen Geist, der dieses Actenstück beseelt, ehren und sich des grossen Fortschrittes erfreuen, welcher in der proclamirten Verbrüderung der Staten der verschiedenen christlichen Confessionen auch im Gegensatz zum Mittelalter liegt, das nur die Christenheit Einer Confession als eine berechtigte Völkerfamilie anerkannte, alle Ungläubigen oder Andersgläubigen aber ausschloss und verdammte. Aber die oben genannten Mängel sind so gross, dass das Werk trotz der wohlwollenden Absichten seiner Gründer nicht gelingen konnte.

Die Bestimmungen der heiligen Allianz sind durch die Wissenschaft als unzureichend und theilweise irrthümlich im Princip und durch die seitherige europäische Geschichte als unausführbar und unwirksam erwiesen worden.

Die gesammte Entwicklung des Rechts- und des Statsbegriffs, sowohl im Alterthum als in der Neuzeit bei sämmtlichen Statsvölkern widerspricht der theokratischen Statslehre, welche der heiligen Allianz zu Grunde liegt. England und der Papst sind derselben von Anfang an nicht beigetreten; und die anderen europäischen Staten haben sich seither theils ausdrücklich davon losgesagt, theils stillschweigend dieselbe fallen gelassen. Die gesammte Verfassungsbildung der neuen Zeit wird von menschlichen Rechtsideen bestimmt. In dem Orientalischen Kriege von 1854—1856 stand Russland, der Stifter der heiligen Allianz, ganz isolirt, nicht bloss den feindlichen Westmächten England und Frankreich, sondern ebenso dem übelwollenden Oestreich und dem neutralen Preussen gegenüber; von der versprochenen wechselseitigen „assistance aide et secours" (Art. 1 des Vertrags) war Nichts mehr zu verspuren.

---

3. Pentarchie.

103.

Der in Aachen 1818 befestigte Verband der fünf europäischen Grossstaten England, Frankreich, Oesterreich, Preussen und Russland bedeutet nicht einen festen völkerrechtlichen Senat für Europa, sondern nur, dass diese Staten zur Zeit die Macht haben und es als gemeinsame Aufgabe erkennen, bei der Regulirung der europäischen Angelegenheiten mitzuwirken.

Die Wiener Congressacte wurde ausser den genannten Staten auch von Spanien und Portugal und dem Konige von Schweden und Norwegen unterzeichnet. Aber man gewohnte sich, besonders seit dem Congress von Aachen, auf welchem Frankreich vollends wieder in die „brüderliche" Gemeinschaft der allirten Machte aufgenommen ward, jene funf machtigsten Staten als europäische Pentarchie zu betrachten. Die fünf Machte besassen über zwei Drittheile des europäischen Bodens und umfassten beinahe drei Viertheile der europäischen Gesammtbevölkerung. In der militärischen Macht waren sie den ubrigen europäischen Staten noch mehr uberlegen. Dennoch war diese Vereinigung nur ein unvollständiges Bild der wirklichen Zustande von Europa. Die romanischen Staten waren im Verhältniss zu den germanischen zu wenig, die mittleren und kleineren Staten gar nicht berücksichtigt. Wenn aber ein Stat berechtigt erscheint zu existiren, so kann ihm das Recht nicht abgesprochen werden, in der Versammlung der Statengenossenschaft auch eine Stimme zu haben und sei es unmittelbar sei es mittelbar vertreten zu sein. Die sogenannte Pentarchie mag als Anfang einer Organisation Europas, aber sie kann nicht als ihre Vollendung betrachtet werden.

104.

Die Zahl der europäischen Grossstaten ist nicht abgeschlossen. Es können neue hinzutreten, indem sie stark und so activ werden, dass ihre Mitwirkung in den europäischen Angelegenheiten ohne allgemeine Gefahr nicht zu entbehren ist. Es können auch bisherige Grossstaten so schwach werden, dass es ungefährlich und unnöthig erscheint, dieselben weiter beizuziehen, wenn unter den Grosstaten über die europäischen Angelegenheiten verhandelt wird.

1. Das 1861 gegrundete und 1871 vervollständigte Konigreich Italien trat seither als sechste Grossmacht zu den funf hinzu. Spanien, im sechszehnten Jahrhundert noch die erste europäische Grossmacht, ist durch die Missregierung seiner Könige und den verderblichen Einfluss der kirchlichen Reaction dermassen entkräftet und entgeistet worden, dass es in unserm Jahrhundert nicht mehr als

Grossstat angesehen wurde Das kann sich aber wieder ändern. Ebenso kann auch Schweden, im siebzehnten Jahrhundert eine wirkliche Grossmacht, wieder eine bedeutendere Stellung erwerben, wenn es das für zweckmässig erachtet. Die Bedeutung Preussens unter den Grossmächten war nach dem Krimkriege in ein bedenkliches Schwanken gerathen, hatte sich aber durch den Krieg von 1866 und die Gründung des Norddeutschen Bundes sehr gehoben. Das neue Deutsche Reich von 1871, in welchem Preussen als mächtigster Einzelstat eine hervorragende Stellung einnimmt, ist zur Zeit die angesehenste europäische Grossmacht. In dem deutschen Kaiser, der zugleich König von Preussen ist, wird sowohl die Statsmacht Preussens als die nach Aussen geeinigte Macht des gesammten deutschen Volkes concentrirt. Alle diese Aenderungen in den politischen Verhältnissen der Staten wirken auch auf die Stellung und den Einfluss zurück, welche diesen Staten in der Organisation Europas zukommen.

2. Der Begriff einer Weltmacht setzt den einer Grossmacht voraus, verlangt aber überdem eine Machtentfaltung, welche über den eigenen Welttheil hinausreicht, und daher voraus eine Achtung gebietende Marine.

105.

Jeder europäische Stat hat ein Recht darauf, dass seine besondern Angelegenheiten nicht von den Grossstaten gemeinsam verhandelt werden, ohne dass er zu der Verhandlung eingeladen und zugezogen werde.

Aachener Protokoll vom 15. Nov. 1818: „Que si, pour mieux attaindre le but ci dessus énoncé (le maintien de la paix générale, fondé, sur le respect réligieux pour les engagements consignés dans les traités) les puissances qui ont concouru an présent acte, jugeaient néccessaire d'établir des réunions particulières, soit entre les augustes souverains eux-mêmes, soit entre leurs ministres et plénipotentiaires respectifs, pour y traiter en commun de leurs propres intérêts, en tant qu'ils se rapportent à l'objet de leurs délibérations actuelles, l'époque et l'endroit de ces réunions seront chaque fois préablement arrêtés au moyen de communications diplomatiques, et que, dans le cas ou ces réunions auraient pour objet des affaires spécialement liées aux interêts des autres états de l'Europe, elles n'auront lieu qu'à la suite d'une invitation formelle de la part de ceux de ces états que les dites affaires concerneraient, et sous la réserve expresse de leur droit d'y participer directement ou par leurs plénipotentiaires“

106.

Das Recht des States, über dessen Verhältnisse in der Versammlung der europäischen Grossstaten verhandelt wird, zugezogen zu werden, erstreckt sich auf alle Verhandlungen. Er steht dabei den Grossstaten nicht wie eine Partei ihrem Richter, sondern als vollberechtigte Person und wesentlich gleichberechtigtes Mitglied der europäischen Statengenossenschaft zur Seite.

Dieser Grundsatz, welcher aus der völkerrechtlichen Stellung der europäischen

Staten folgt, wurde auf den Congressen von Laibach (1821) und Verona (1822) nur sehr unvollständig, besser dagegen auf dem Pariser Congress (1856) beachtet. Bei der Einladung zu einer Conferenz über die römische Frage wurde dem Königreich Italien gleiches Stimmrecht mit den übrigen Mächten zugesichert. (Franz. Depesche v. 27. Nov. 1867. Aegidi Statsarch. Nr. 3126.)

Dagegen wurde derselbe wieder 1860 auf der Pariser Conferenz zum Nachtheil von Griechenland missachtet. Griechische Erklärung v. 9. Jan. 1869, die Conferenz v. 10. Jan. (Statsarch. 3735 und 3737, 3794—3798, 3814.)

107.

Wenn die Zustände eines States dem europäischen Frieden Gefahr bringen oder seine Handlungen die allgemeine Sicherheit der europäischen Staten bedrohen oder die Leiden seiner Bevölkerung der Civilisation Europas unwürdig und unerträglich erscheinen, so sind das nicht mehr besondere Angelegenheiten nur dieses States, sondern ist die europäische Statengenossenschaft berechtigt, auf Besserung hinzuwirken.

In der Zeit der Interventionspolitik zu Gunsten der legitimen Fürstengewalt wurde die erste Bedingung einer Intervention arg missbraucht, indem man da Gefahren für die europäische Rechtsordnung erblickte, wo in Wahrheit nur eine naturgemässe Fortbildung des Verfassungsrechts zu finden war. Ein Beispiel der zweiten Bedingung ist der Krieg der Westmächte gegen Russland 1853–56, als Russland die Türkei überzog; und auf die dritte Bedingung hat man sich wiederholt im Interesse der christlichen Bevölkerung der Türkei berufen. Das heutige Europa darf nicht mehr dulden, dass die blutigen Ketzerverfolgungen oder die Hexengerichte nach der Weise des Mittelalters erneuert werden. Die civilisirte Menschheit hat ein Recht, die Fortschritte der Menschlichkeit gegen den Wahnsinn verblendeter Fanatiker zu schützen. Vgl. unten Buch VII.

---

4. Allgemeine Congresse.

108.

Zur Zeit gibt es noch keine anerkannte Rechtsordnung für allgemeine europäische Congresse und noch weniger für allgemeine Weltcongresse.

1. Die Institution eines völkerrechtlichen Congresses, auf welchem die Häupter und Vertreter der Staten zu gemeinsamer Berathung zusammentreten, ist noch in ihren ersten mangelhaften und unsicher tastenden Anfängen. Noch immer erscheint der Congress von Wien 1814—1815 als der bedeutendste allgemein-europäische Congress. Die folgenden Congresse von Aachen 1818, Troppau 1820, Laibach 1821 und Verona 1822 waren vorzugsweise nur Congresse der fünf europäischen Grossmächte. Der grossartige Vorschlag des Kaisers Napoleon III. vom Jahr

1863 zu einem allgemeinen europäischen Congress ist bisher ohne Erfolg geblieben. Aber die Idee der Congresse hat so sicher noch eine grosse Zukunft, als die fortschreitende Menschheit sich mehr den friedlichen Mitteln zuwenden wird, um für den Schutz und die zeitgemässe Fortbildung ihrer gemeinsamen Lebensordnung zu sorgen. Dem Napoleonischen Congressgedanken war das Misstrauen verderblich, dass der Congress wesentlich dienen sollte, um die französische Oberherrlichkeit zu begründen und auszudehnen oder doch das Ansehen des französischen Kaisers zu erhöhen. Europa wird aber schwerlich wieder zur vollen Sicherheit seines Friedens gelangen, bis ein neuer Congress die Wahrung und Fortbildung des Völkerrechts gefördert haben wird. Heute (Neujahr 1872) ist das wohl noch zu früh. Vorerst muss der Angriff der jesuitischen Römischen Curie auf den modernen Stat abgeschlagen sein. Aber dann wird es eine Aufgabe des deutschen Kaisers sein, nicht für deutsche Oberherrlichkeit, sondern für die Freiheit und das Recht aller Völker entschieden einzustehen. Schon König Heinrich IV. von Frankreich und sein Minister Sullo hatten den Plan zu einem Senat von LX Vertretern von XV Staten als Glieder der „christlichen Republik" entworfen.

2. Neuere Reformvorschläge zu einer Organisation sind gemacht worden:

a) von Professor J. Lorimer in Edinburg:

Jährliche Congresse, welche in Belgien oder in der Schweiz zusammen treten, und zu welchen jeder Stat zwei Abgeordnete, von denen nur Einer abstimmt, ernennen würde. Das Stimmverhältniss würde je nach der Bevölkerung, dem Einkommen und der Handelsbewegung bemessen. (Dieser Masstab wäre offenbar England in höchstem Grade günstig.)

b) von dem Statsrathspräsidenten von Parieu in Paris:

Eine internationale Commission, deren Mitglieder vorerst von den Regierungen, später von den Volksvertretungen der europäischen Völker ernannt, periodisch zusammentreten würden, und die Autorität der Wissenschaft und der Gerechtigkeit für sich hätten.

3. Neuester Vorschlag von Lorimer (Revue de Droit Int. 1877. S. 200 f.) Ausbildung einer europäischen Völkerunion mit

a) einer Gesetzgebung, Senat und Abgeordnetenkammer (jede der sechs Grossmächte bezeichnet 5 lebenslängliche Senatoren und 30 Abgeordnete, die andern Staten weniger, mit kurzer Amtsdauer), mit dem Sitz in Constantinopel, welches zu einem internationalen Freistat erhoben wird, und dessen Präsident von dem Bureau des völkerrechtlichen Congresses gewählt wird und Präsident des Senats ist;

b) einem völkerrechtlichen Gerichtshof für Civil- und Strafsachen;

c) einer vollziehenden Gewalt, welcher eine internationale Armee zu Gebote steht. In Verbindung mit diesem Vorschlag steht eine allgemeine Abrüstung aller europäischen Staten und Beschränkung ihrer Meere. Der ganze Gedanke hat keine Aussicht auf Ausführung.

4. Ein völkerrechtlicher Senat und ein völkerrechtliches Parlament werden noch lange fromme Wünsche bleiben. Dennoch ist das Bedürfniss einer Organisation Europas erwacht. Meines Erachtens ist die Befriedigung desselben nur möglich, wenn auf eine Organisation über den Staten verzichtet und die Organi-

sation durch die Staten gebildet wird. Die einfachste Lösung scheint mir die, welche sich an die bestehenden Zustande anschliesst:

A. Fur grosse Völkerfragen:

a) Europäischer Rath, aus sammtlichen Statshäuptern oder ihren Stellvertretern, mit ungleicher Stimme (Grossmächte 3, Mittelmachte 2, kleine Staten 1 St.) und

b) ein europäischer Senat, aus Capacitäten bestehend, von den Kammern der Einzelstaten, je auf eine Anzahl Jahre gewählt. (Grossmächte wählen je 10 Mitglieder, Mittelstaten 4, kleine 2 Mitglieder). Der Senat verhandelt öffentlich. Gemeinsam mit dem Rath beschliesst er die völkerrechtlichen Gesetze und gibt in grossen Streitfragen seine Meinung ab. Der Entscheid ist bei dem Rathe.

B. Fur kleine Rechtssachen:

Je nach Umständen ein völkerrechtliches Bundesgericht oder ein Schiedsgericht.

C. Für kleine Verwaltungssachen:

Stehende Bundesämter (Posten, Telegraphen, Eisenbahnen, Schiffahrt), bestellt von dem Europäischen Rath.

Die Ausfuhrung dieser Gedanken in der „Gegenwart" 1878.

109.

Aus der völkerrechtlichen Existenz der Staten und aus ihrer Betheiligung an dem Schicksal der europäischen Statengenossenschaft folgt das natürliche Recht aller europäischen Staten, welche einen selbständigen völkerrechtlichen Verkehr pflegen, zu einem allgemeinen europäischen Congress zugezogen zu werden und eine eigene Stimme zu führen.

Staten, welche nur im Bunde mit andern Staten eine völkerrechtliche Existenz behaupten können, sind nicht zu individueller, sondern nur zur Gesammtvertretung berechtigt.

Nach diesem Grundsatze ergingen am 4. Nov. 1863 die Einladungen des Kaisers Napoleon III. an alle souveranen Staten Europas. „Jedesmal", heisst es in dem Einladungsschreiben, „wenn starke Stösse die Grundlagen der Staten erschüttert und deren Grenzen verändert haben, griff man zu feierlichen Transactionen, um die neuen Elemente zu verbinden und die vollendeten Umgestaltungen zu sichten und zu heiligen."

110.

Sind die auf einem allgemeinen europäischen Congresse versammelten Staten einig über völkerrechtliche Bestimmungen, so sind dieselben für alle europäischen Staten verbindliche Rechtsvorschriften.

Vgl. oben § 13. Das gilt auch für die Staten, welche nicht erschienen sind und daher ihre Zustimmung nicht erklart haben.

111.

Ein europäischer Congress hat nicht die Autorität eines Weltcongresses, aber wenn er einig ist, so spricht er das derzeitige europäische Rechtsbewusstsein auch bezüglich des allgemeinen Völkerrechts aus.

Darin liegt freilich keine genügende Sicherheit dafür, dass diese Aussprache auch von den aussereuropäischen Staten als richtig anerkannt und beachtet werde. So wurde bekanntlich von Seite der Vereinigten Staten von Amerika das Verbot der Kaperei, zu welchem sich der Pariser Friedenscongress von 1856 verständigt hatte, nicht anerkannt, so lange nicht zugleich die tadelnswerthe Praxis der Seebeute ebenfalls verboten werde. Vgl. unten § 670.

112.

Die Anerkennung und Wirksamkeit allgemeiner Grundsätze des Völkerrechts wird besser gesichert, wenn zu der Berathung und autoritativen Feststellung derselben mit den europäischen Grossstaten auch die aussereuropäischen Weltmächte, insbesondere die amerikanische Grossmacht, zusammentreten und zusammenwirken, d. h. wenn der Congeess als Weltcongress erscheint.

Vgl. oben § 7.

113.

Auf den Statencongressen entscheidet, in Ermanglung einer schützenden Organisation, nicht die Meinung oder der Wille der Mehrheit. Die Minderheit ist nicht von Rechtswegen verpflichtet, sich der Mehrheit unterzuordnen. Ein einzelner Stat kann möglicher Weise mit Recht seine abweichende Meinung behaupten. Aber wenn die Mehrheit sich für die Nothwendigkeit eines allgemeinen Rechtsgrundsatzes erklärt, so ist das immerhin ein beachtenswerthes Zeugniss für das derzeitige allgemeine Rechtsbewusstsein der gebildeten Völker; und wenn gleich die Mehrheit keine formelle Herrschaft hat über die Minderheit, so liegt doch in der Verletzung eines Grundsatzes, den jene für einen allgemein verbindlichen Rechtssatz erklärt, eine ernste Gefahr für den verletzenden Stat.

Wenn dereinst die Congresse organisirt sein werden, dann wird auch eine Beschlussfassung mit Mehrheit möglich werden. Es ist eine Unvollkommenheit des jetzigen Rechtszustandes, dass der einzelne Stat allen andern gegenüber auch seine Willkur als Recht behaupten kann, welche an die noch barbarische Sitte der alten germanischen Rechtsfindung erinnert, in welcher nicht die Mehrheit der Stimmen, sondern die Tapferkeit der Fauste entschieden hat oder an das berüchtigte liberum Veto der einzelnen polnischen Magnaten, welches das Zustandekommen der Gesetze zu hindern vermocht hat. Aber wie gefahrlich die einfache Einfuhrung des

Mehrheitsprincips ohne Garantien gegen den Missbrauch wäre, zeigt schon der Hinblick auf den Gegensatz der Verfassungen. Wollte die monarchische Mehrheit der europäischen Staten die republikanische Schweiz nach monarchischen Grundsätzen bemessen, so wurde das offenbares Unrecht sein, ebenso wie die Beurtheilung des russischen Stats nach den constitutionellen Systemen der ubrigen europaischen Staten unrichtig wäre.

114.

Die gegenwärtige Uebung, wornach auf den Congressen nur die Regierungen der Staten vertreten sind, stimmt nicht zu dem repräsentativen Charakter des modernen Statsrechts und ist keineswegs ohne Gefahr für die Verfassungen der einzelnen Staten.

Jener Widerspruch und diese Gefahr lassen sich heben oder ermassigen:

a) durch Vollmachten auch von Seite der Volksvertretung der Einzelstaten,

b) durch den Vorbehalt nachträglicher Genehmigung von Seite der gesetzgebenden Gewalt in den Einzelstaten,

c) durch die Verantwortlichkeit der Minister und Gesanten für ihre Stimmführung auf den Congressen.

Die Anwendung der parlamentarischen Vertretung auch auf völkerrechtliche Congresse wird noch lange ein idealer Wunsch bleiben. Inzwischen können aber die Volksvertretungen dafür sorgen, dass nicht durch auswärtige Verhandlungen die verfassungsmässigen Rechte ihres Volkes verletzt oder die besonderen Interessen ihres Landes geschädigt werden. In England und in den Vereinigten Staten ist diese Sorge schon seit langem geübt worden und mit Erfolg, wie manche Beispiele zeigen. Lediglich deshalb ist die englische Krone der Heiligen Allianz nicht beigetreten und mehr als einmal hat der amerikanische Senat die diplomatischen Verabredungen durch seine Einsprache unwirksam gemacht.

Drittes Buch.

Völkerrechtliche Organe.

I. Die Statshäupter.

1. Repräsentationsrecht der Statshäupter.

115.

Das Statsrecht bestimmt, wer die Statspersönlichkeit nach aussen darzustellen berechtigt und verpflichtet sei und unter welchen Bedingungen und Beschränkungen.

Die Bildung der nöthigen Organe, um den Stat zu leiten und im Namen des States zu handeln, ist die Aufgabe der Statsverfassung. Das Völkerrecht hat den Stat zu nehmen, wie er ist und bestimmt nicht die Verfassung der Staten. Ob Jemand durch Erbrecht oder durch Wahl auf den Thron erhoben wird, ist für die Frage der Repräsentation im Völkerrecht unerbehlich. Vgl oben § 18.

116.

In der Regel hat die wirkliche Statsregierung (qui actu regit) das völkerrechtliche Repräsentationsrecht auszuüben.

1. In dem hellenischen Alterthum konnte es in Frage kommen, ob nicht der Volksversammlung das Repräsentationsrecht zukomme. In den modernen Staten wird überall die Repräsentation nach Aussen als Aufgabe und Recht der eigentlichen Statsregierung betrachtet.

2. Eine Statsregierung kann aber nur insofern von andern Staten als wirklich betrachtet werden, als sie in der That regiert, nicht wenn sie blos Ansprüche darauf erhebt, die Regierung zu übernehmen.

117.

Wer in einem Lande die Regierungsgewalt erwirbt, wird in Folge dessen im völkerrechtlichen Verkehr als Organ der Statspersönlichkeit betrachtet. Mit einem siegreichen und im Lande anerkannten Usurpator können für den Stat verbindliche Verträge abgeschlossen werden.

1. Die europäischen Mächte haben so abwechselnd mit dem Protector Cromwell und später wieder mit dem König Karl II. und nach der Vertreibung Jacobs II. mit dem Könige Wilhelm III. fur England verbindliche Verträge abgeschlossen; ebenso mit der französischen Directorialregierung, mit Napoleon I., mit dem gewaltsam restaurirten Konig Ludwig XVIII., mit Ludwig Philipp, und wieder mit der republikanischen Regierung nach 1848, mit Napoleon III. nach dem 2. Decbr. 1851, mit der provisorischen Regierung zur Landesvertheidigung nach dem 4. Sept. 1870, mit der französischen Republik unter Thiers und Mac Mahon nach 1871 für Frankreich, ohne näher zu prüfen, ob diese Statshäupter in correcter Rechtsform zur Regierung gelangt seien. Die wirkliche Regierung ist allein in der Lage, fur den regierten Stat zu handeln, weil sie allein im Besitz der Mittel ist, um wirksam zu handeln. Die Repräsentation ist nur ein Theil, nur eine einzelne Acusserung der Regierungsthätigkeit überhaupt. Da der Stat eine lebendige Person und nicht ein todtes System von formellen Rechten ist, so kann er nur von dem vertreten werden, welcher in dem Stat und an der Spitze des States als lebendiges Statsorgan dem State dient, d. h. nur von dem, der wirklich die Regierungsgewalt ausubt oder ausüben lässt.

2. Wie innerhalb des States der thatsachlichen Regierung, dem „actually King" gehorcht wird und gehorcht werden muss (Englische Parlamentsacte von Heinrich VII 1494), so erscheint nach aussen die thatsächliche Regierung des Volkes und Landes als deren natürlicher Vertreter. In einer Note vom 25. März 1825 constatirte der englische Minister die allgemeine Uebung der europäischen Staten. mit den Regierungen de facto in völkerrechtlichen Verkehr zu treten. Vgl. Phillimore II. 19. Auch die römische Kirche hat trotz ihrer legitimistischen Neigungen in neuerer Zeit, dieselbe Maxime im Verkehr mit den Staten behauptet. Papst Gregor XVI. hat es in einer feierlichen Erklarung vom August 1831 (bei Heffter Völkerr. Anhang. IV.) als ein Bedürfniss und einen alten Gebrauch der Kirche bezeichnet, dass dieselbe mit denen verhandele „qui actu summa rerum potiuntur", aber sich zugleich dagegen verwahrt, dass darin eine Anerkennung ihrer Rechtmässigkeit liege. Indessen ist in der Aufnahme der völkerrechtlichen Beziehungen und in der Ertheilung der gebräuchlichen Titel (Könige u. s. f.) doch die Anerkennung einer wirklichen Regierung enthalten und es ist das nicht ohne Wirkung auf die neue Rechtsbildung, indem sie die Zweifel gegen deren Bestand vermindert oder vollends beseitigt. Nach beiden Seiten hin ist die Depesche des Grafen v. Bismarck aus Versailles vom 16. Jan. 1871 an Jules Favre in Paris (Statsarch. 4283) merkwürdig. Sie macht die Anerkennung der völkerrechtlichen Vertretung Frankreichs durch die factische Regierung der nationalen Vertheidigung auf Seite Deutschlands davon abhängig, dass dieselbe zuvor „mindestens von der französischen Nation selbst anerkannt sei".

118.

Wer die Regierungsgewalt verliert, hört in Folge dessen auf, der völkerrechtliche Vertreter des States zu sein.

Mit einem entthronten Fürsten können keine den Stat verbindliche Verträge abgeschlossen werden.

Das nicht mehr wirkliche Statshaupt, ausser Stande zu regieren, kann eben deshalb den Stat auch nicht repräsentiren. Jakob II. konnte nach seiner Flucht und nachdem das Parlament seine Absetzung in Form der angenommenen Abdankung erklärt hatte, nicht mehr England vertreten, noch die Bourbonen Frankreich während ihres Exils. Dasselbe gilt von den vertriebenen italienischen und deutschen Fürsten dieser Tage. Napoleon III. war als Kriegsgefangener (Sept. 1870) nicht mehr berechtigt, Frankreich zu vertreten und ebenso wenig die Kaiserin Eugenie, trotz ihrer Regentschaftsvollmachten nach ihrer Flucht nach England. Selbst wenn man annimmt, dass das Recht solcher entthronten Fürsten noch nicht erloschen und je nach Umständen wieder herzustellen sei, so muss doch, so lange dieses Recht nicht ausgeübt werden kann, auch die daraus abgeleitete Repräsentation ruhen. Die Zumuthung an ein Volk, dass es durch einen Fürsten sich verpflichten lasse, der keine Macht mehr über dasselbe besitzt und ausser Stande ist, für den Vollzug seiner Zusagen zu sorgen, ist ungereimt.

119.

Daraus, dass ein Stat mit dem thatsächlichen Haupte eines States in regelmässigen Verkehr tritt, folgt nicht, dass er die Rechtmässigkeit seiner Erhebung, wohl aber, dass er die rechtliche Wirksamkeit seiner gegenwärtigen Statsstellung anerkenne.

Vgl. zu § 117. Es ist daher möglich, obwohl selten zweckmässig, dass ein Stat, wenn er eine neue Regierung anerkennt, zugleich seine Meinung über den revolutionaren Anfang der neuen Gewalt ausspricht, wie das bei Gelegenheit der Anerkennung des neuen Königreichs Italien durch Frankreich am 15. Juni 1861 und durch Preussen am 21. Juli 1862 geschehen ist.

120.

Die Legitimität oder Illegitimität des Ursprungs einer Statsregierung ist eine Rechtsfrage, voraus des Stats-, erst in zweiter Linie des Völkerrechts. Auch eine ursprünglich durch Rechtsbruch erhobene Regierung kann aber rechtmässig werden, wenn sie im State dauernden Bestand gewinnt und allgemeine Anerkennung findet.

Im Gegensatz zu dieser Wahrheit hatte die Legitimitätspolitik der Congresse von Laibach und Verona es für eine Aufgabe der europäischen Völkerfamilie erklärt überall einzuschreiten, wo in einem State der Geist der Revolution sich rege und die legitimen Fursten in ihrem Besitze der Gewalt auch wider die Völker zu schützen und wiederherzustellen. Am klarsten spricht die damalige Tendenz die Circulardepesche des Fürsten von Metternich aus, datirt Laibach 12. Mai 1821. Es heisst darin: „Les Souverains alliés n'out pu méconnaître, qu'il il n'y avait qu'une barrière à opposer a ce torrent dévastateur" (— de la conjuration impie, qui veut renverser ce qui existe —). Conserver ce qui est légalement établi, tel a dû être le principe invariable de leur politique, le point de départ et l'objet final de toutes leurs résolutions. Jamais ces Monarques n'out manifesté la moindre disposition de contrarier des améliorations réelles ou la réforme des abus qui se glissent dans les meilleurs gouvernemens. — Les changemens utiles ou nécessaires dans la législation et dans l'administration des États ne doivent émaner que de la volonté libre, de l'impulsion réfléchie et éclairée de ceux que Dieu a rendu responsables du pouvoir. Tout ce qui sort de cette ligne, conduit nécessairement au désordre, aux bouleversemens, à des maux bien plus insupportables que ceux que l'on prétend guérir, Pénétrés de cette vérité éternelle, les Souverains n'ont pas hésité à la proclamer avec franchise et vigueur: Ils ont déclaré qu'en respectant les droits et l'indépendance de tout pouvoir légitime, Ils régardaient comme légalement nulle et désavouée par les principes qui constituent le droit public de l'Europe, toute prétendue réforme opérée par la révolte et la force ouverte". Nach diesen Legitimitätsgrundsatzen wurde in Piemont, in Neapel, in Spanien intervenirt und die repräsentative Verfassung dieser Länder überall in die absolute Monarchie zurückgeschraubt. Aber weder gelang es, diese Grundsätze gegen die südamerikanischen Colonien, die sich von den europäischen Mutterstaten lossagten, durchzuführen, indem die englische Regierung diese Umbildung anerkannte, und die Vereinigten Staten ihr Monroeprincip der legitimistischen Politik der europäischen Höfe entgegen setzten, noch waren dieselben in Europa auf die Dauer festzuhalten. Zuerst schon hinderten das russische Interesse, der Idealismus Frankreichs und das liberalere Rechtsgefühl Englands die Anwendung derselben auf die griechische Revolution. Im Jahre 1830 schracken die Ostmächte vor der Verantwortlichkeit und Gefahr eines europäischen Krieges zurück und erkannten die gewaltsame Aenderung der französischen Dynastie und die Revolution Belgiens an. Seither sind eine lange Reihe von Regierungswechseln in den europäischen Staten erst thatsächlich, wenn auch im Gegensatz zu dem Grundsatz der unangreifbaren Legitimität vollzogen, und wenn sie sich als nothwendig und dauerhaft erwiesen, immer unbedenklicher von allen europäischen Staten anerkannt worden. Der Fortschritt, der in der Anerkennung der neuen Rechtsbildung je nach den Bedurfnissen und der Entwicklung der Völker liegt, ist also seit den Zwanzigerjahren dieses Jahrhunderts allgemein gemacht und die ältere Lehre einer unveränderlichen Legitimität in die Rumpelkammer der mittelalterlichen Antiquitäten verwiesen worden.

121.

Wenn es zweifelhaft ist, ob eine Person wirkliches Statshaupt geworden, oder ob sie noch wirkliches Statshaupt sei, so kann auch die Befugniss dieser Person, den Stat nach Aussen zu vertreten, von andern Statsregierungen in Zweifel gezogen werden.

Bei Umwälzungen, welche einen Regierungswechsel zur Folge haben, tritt gewöhnlich eine Zwischenzeit ein, in der es unsicher ist, ob der bisherige Gewalthaber sich noch behaupten oder in Bälde seine einstweilen erschütterte Herrschaft wieder herstellen könne und ob der neue Träger der Statsgewalt sich in der neu eingenommenen Stellung befestigen werde. In dieser Zwischenzeit kann es einer ausserhalb dieser Parteikämpfe stehenden Regierung nicht verargt werden, wenn sie auch im Zweifel ist, wen sie als wahren Repräsentanten des betreffenden Stats zu betrachten habe. Im Zweifel hat sie sich aber einer verbindlichen Verhandlung mit dem einen und dem andern zu enthalten, denn es können nicht zugleich zwei verschiedene Regierungen und daher zwei Vertreter Eines States bestehn.

122.

Die Frage der Anerkennung einer auswärtigen Regierung wird in den modernen Staten durchweg von den inländischen Regierungen entschieden; und es haben sich dann die Landesgerichte auch in internationalen Processen nach diesem Entscheide zu richten.

1. Es ist das eine Folge der Repräsentativgewalt, welche in den modernen Staten von Europa und Amerika fast überall ganz den Regierungen anvertraut ist. Wo aber eine Verfassung, wie die schweizerische Bundesverfassung (Art. 74. 4) diese Anerkennung fremder Staten und Regierungen dem Gesetzgebenden Körper vorbehält, da ist natürlich nur dieser und nicht die Regierung competent. Die Competenz der statlichen Organe wird durch das Statsrecht, nicht durch das Völkerrecht geregelt.

2. Die völkerrechtlichen Beziehungen der verschiedenen Staten zu einander würden übrigens verwirrt, wenn es den einzelnen Gerichten zustände, im Gegensatze zu dem Entscheide der Statsregierung eine fremde Regierung sei es nicht als zu Recht bestehend sei es als berechtigt zu erklären. Phillimore (II 23) führt manche Urtheile der englischen und nordamerikanischen Gerichte an, welche diese Regel bestätigen.

123.

Die völkerrechtliche Persönlichkeit eines States erleidet keine Aenderung, wenn gleich die Regierung desselben einen Wechsel — und auch dann nicht, wenn sie einen gewaltsamen Wechsel — erfährt, vorausgesetzt nur, dass Volk und Land in ihrer Individualität fortbestehen.

Da nicht einmal die vollständige Wandlung der Statsverfassung die Fortdauer der Statsperson verhindert (vgl. oben § 41. 42), so kann der Wechsel in der Person und dem System der Regierung noch weniger eine so erschütternde Wirkung haben.

124.

Das wirkliche Statshaupt ist berechtigt, auch die völkerrechtlich dem State zukommende Ehre, Würde und Rangstellung in Anspruch zu nehmen und den entsprechenden Titel zu führen.

Die Verweigerung solcher Titel wird mit Grund als eine Beleidigung betrachtet, wenn erst die neue Regierung sich als unzweifelhaft wirkliche Regierung betrachten darf. Schon die leise Missachtung, welche Napoleon III. von Kaiser Nikolaus erfuhr, als dieser in seinem Schreiben den üblichen Brudernamen (mon frère) unterliess, ist von dem Erstern schwer empfunden und gerächt worden: und doch liess sich da von keiner Rechtsverletzung sprechen, sondern höchstens von einem Verstoss gegen die höfische Sitte, denn es war darin Napoleon ausdrücklich als wirkliches Statshaupt der Franzosen anerkannt worden.

125.

Die diplomatische Sitte fordert, dass die in regelmässigem Verkehr mit einander befindlichen Staten einander jeden Personenwechsel in dem Statshaupt anzeigen. Die Unterlassung oder Verschiebung dieser Anzeige ist indessen nicht als Rechtsverletzung zu betrachten und hat keine Aenderung der Rechtsverhältnisse zur Folge.

Zuweilen wird die Anzeige aus dem Grunde aufgeschoben oder vermieden, um unangenehme Erörterungen über die Rechtmässigkeit der Aenderung zu vermeiden und die stille Heilung der Zeit nicht zu stören. In dieser Weise verfuhr die neue Regierung des Königreichs Italien 1862/64 mit einer wohlberechneten Zuruckhaltung, um nicht die deutschen Staten zu feindseligen Gegenäusserungen zu veranlassen und nicht der österreichischen Politik, welche dem neuen Stat die Anerkennung verweigerte, willkommenen Anlass zu Demonstrationen zu geben.

---

2. Die Statshäupter als souveräne Personen.

126.

Die Frage, ob dem jeweiligen Statshaupt auch persönliche Souveränetät zukomme oder nicht, ist zunächst wieder eine Frage des Statsrechts, nicht des Völkerrechts.

In der Regel wird diese Frage in den heutigen Monarchien bejaht, und in den heutigen Republiken verneint. Der Fürst wird als eine souveräne Person betrachtet, der republikanische Präsident nicht. Das war nicht immer so und ist nicht nothwendig so. Die alt-römischen Consuln galten nicht minder als souveräne Personen als die Könige der andern Völker; und zwischen den erblichen Reichsfürsten des Mittelalters und dem gewählten Dogen der Republik Venedig wurde in dieser Hinsicht kein Unterschied gemacht. Der Grund, weshalb die heutigen Republiken ihren Regierungen diese persönliche Eigenschaft absprechen, ist der: sie wollen dieselben fortwährend daran erinnern, dass ihre Gewalt eine abgeleitete, keine ursprüngliche sei, wahrend die monarchischen Völker es lieben, die Hoheit des States in der Majestät des Monarchen persönlich darzustellen.

127.

Die Familien der Souveräne in den europäischen Staten werden als „souveräne Familien“ bezeichnet und sind unter sich ebenbürtig.

Der Ausdruck souveräne Familie ist freilich ungenau, denn der Familie kommt keine Souveränetat zu, weder die ursprungliche Statssouveranetat, noch die concentrirte Fürstensouveranetät. Vielmehr sind alle ihre ubrigen Glieder Unterthanen des Stats und des Statshaupts.

128.

Wenn gleich der Präsident einer Republik nicht als Souverän gilt, so kommen ihm dennoch, insofern er als Repräsentant seines States erscheint, alle diejenigen Rechte zu, welche dem souveränen Repräsentanten eines States gebühren.

Inwiefern er den Stat reprasentirt, ist in ihm das Recht des States zu ehren, den er darstellt. Es gilt das auch von dem Rang und den besondern Ehren des republikanischen Stats im Verhältniss zu den monarchischen Staten.

129.

Die Unabhängigkeit eines States gegenüber andern Staten wird durch die Unabhängigkeit des Statshauptes von fremden Statsgewalten bewährt. Die Statshäupter sind in der Regel keiner fremden Statshoheit unterworfen, auch dann nicht, wenn sie ein fremdes Statsgebiet betreten.

Die sogenannte Exterritorialität, von der in dem folgenden Capitel die Rede sein wird, ist eine weit getriebene Anwendung dieses Grundsatzes, welche die völkerrechtliche Beschränkung der Statshoheit, die sich im übrigen auf das ganze Land ausdehnt, zu Gunsten der fremden Souveräne erklären und rechtfertigen soll. Die Rucksicht auf die völkerrechtliche Sicherheit und Unabhängigkkeit der Vertreter der Staten hat hier das Uebergewicht erlangt über die Rucksicht auf die besondere statsrechtliche Gebietshoheit.

130.

Die Souveräne können jedoch in fremdem Gebiet ihre Befreiung von der dortigen Statsgewalt nur insofern behaupten, als sie

a) daselbst als souveräne Personen bekannt und anerkannt sind,

b) als ihnen der Eintritt in das fremde Land nicht untersagt worden ist, oder sie nicht gemahnt worden sind, dasselbe wieder zu verlassen,

c) als die beiden Staten sich im Frieden mit einander befinden.

1. Zu a) Wenn ein Souverän, während er in fremdem Lande ist, entthront wird, so kann ihm auch der Stat seines Aufenthaltsorts die Anerkennung entziehen und er ist nachher als Privatperson zu betrachten. Wenn ein Furst nach seiner Entthronung oder nach seiner Abdankung in ein fremdes Land zieht und daher nicht mehr berechtigt erscheint, den Stat zu repräsentiren, so hat er auch kein Recht auf diese Ausnahmsstellung. Als die Exkönigin Christine von

Schweden in Frankreich ihren Diener Monaldeschi tödten liess (1657), war sie dafür den französischen Gerichten verantwortlich, wenn gleich die französische Regierung sich darauf beschränkte, sie deshalb aus Frankreich zu verweisen. Auch die Königin Marie Stuart war schon Jahre lang von England nicht mehr als Königin von Schottland anerkannt, als ihr der Process gemacht wurde.

2. Zu b) Jeder Stat ist zunächst ausschliesslich Herr seines Gebietes und braucht daher nicht zu dulden, dass sich in demselben ein fremder Souverän gegen seinen Willen festsetze. Er kann daher demselben je nach Umständen den Eintritt in das Land verweigern, ohne eine Rechtsverletzung zu begehen und er kann denselben zum Austritt anhalten. Je nach Umständen kann aber darin nicht bloss eine Unfreundlichkeit, sondern sogar eine Beleidigung erkannt werden, wenn solches in der Absicht geschieht, die Ehre des betreffenden Stats oder seines Fursten zu verletzen.

3. Zu c) Im Kriege kann der fremde Souverän, der als Feind zu betrachten ist, gefangen gesetzt werden. Die Gefangennahme des Kurfursten von Hessen durch Preussen im Jahr 1866 war nicht, wie es in dem Manifest des Herzogs von Nassau vom 15. Juli heisst „ein in der Geschichte der Civilisation einzig dastehendes Beispiel". Die Beispiele von kriegsgefangenen Fursten sind in der europaischen und in der deutschen Geschichte nicht selten. Die Kriegsgefangenschaft des Kaisers Napoleon I. ist noch in frischer Erinnerung der heutigen Welt, welche nun wieder die Kriegsgefangenschaft Napoleon III. erlebt hat. Vgl. unten §§ 142. 143.

131.

Wenn ein Souverän in einem fremden State ein Amt annimmt, so wird er durch das Amt dem fremden State verpflichtet. Er ist verbunden, so lange er das Amt bekleidet, alle Pflichten desselben auszuüben und bleibt insofern der fremden Statsgewalt untergeordnet.

In dieser Lage sind einzelne deutsche Fürsten, welche zugleich als Generale in der preussischen Armee dienen. Freilich ist hier leicht ein Conflict möglich zwischen der statsrechtlichen Amtspflicht und der völkerrechtlichen Selbständigkeit, dessen Losung in Art. 132 gegeben wird.

132.

Dem Souverän steht es jeder Zeit zu, das Amt in fremdem State wieder zurückzugeben und seine souveräne Stellung wieder geltend zu machen. Ebenso steht es der fremden Statsgewalt frei, ihm das Amt ohne Verzug wieder abzunehmen.

Vgl. darüber die vorige Anmerkung. Kommt es wirklich zum Conflict, so ist derselbe dadurch zu beseitigen, dass der Fürst entweder sich auf seine völkerrechtliche Stellung zurückzieht, indem er das fremde Statsamt niederlegt, oder dass ihm das letztere abgenommen und er auf die volkerrechtliche Stellung zurückgewiesen wird. Allerdings lässt sich auch das Gegentheil als Losung denken, das Aufgeben der souveränen Stellung und das volle Uebergehen in den fremden Statsdienst. Dann wird aber der Fürst Privatmann und kommt nicht mehr als souverane Person in Betracht.

133.

Reist ein Souverän incognito in fremdem Lande, so wird seine souveräne Eigenschaft ignorirt und er als Privatperson behandelt. Im Nothfall aber kann er das Incognito ablegen und sich als Souverän zu erkennen geben. Von da an kann er die Rechte eines Souveräns ansprechen.

Ein bekannter Fall ist die Reise des Czars Peter von Russland incognito im Gefolge seiner Gesantschaft nach Berlin. Ein neueres Beispiel hat die Schweiz in diesem Jahrzehent geliefert, indem der König von Holland zu Vevay als Privatmann mit einer Polizeistrafe belegt, dann aber, nachdem er sich als Souverän zu erkennen gegeben, von dem Bundesrathe von der Busse befreit wurde.

134.

Wenn der Präsident einer Republik in fremdem Lande reist, so wird er in der Regel als Privatperson betrachtet und behandelt.

Insofern er aber daselbst als Repräsentant seines States auftritt, hat er dieselbe Befreiung von der fremden Statsgewalt anzusprechen, wie ein Souverän in fremdem Lande.

Regel und Ausnahme drehen sich um, je nachdem dem Statshaupt persönliche Souveranetät oder nur repräsentative Darstellung der Statssouveränetät zugeschrieben wird. In der Monarchie ist die souverane Erscheinung die Regel, die Erscheinung als Privatperson die Ausnahme. In der Republik ist diese die Regel und jene die Ausnahme. Vgl. oben zu § 128. Der Unterschied der monarchischen und der republikanischen Verfassung begründet keinen Unterschied in den Rechten und Pflichten des völkerrechtlichen Verkehrs, der durch die Statshaupter vermittelt wird.

3. Vom Recht der Exterritorialität.

135.

Zu Gunsten fremder Souveräne oder überhaupt zu Gunsten der Personen, welche einen Stat in fremdem Lande repräsentiren, wird, um ihre Unabhängigkeit von einer andern Statsgewalt zu sichern, in mancher Beziehung fingirt, sie seien ausserhalb des fremden Landes (extra territorium), gleich wie wenn sie überallhin ihre Heimat mitzunehmen vermöchten.

Die Fiction der Exterritorialitat ist nicht der Grund der Exemption von fremder Statsgewalt, welche jene Personen in fremdem Lande geniessen, sondern nur eine bildliche Darstellung dieses Ausnahmerechts. Der wirkliche Grund liegt in der völkerrechtlichen Achtung vor der Unabhängigkeit der repräsentirten Staten in ihrem Verkehr mit einander. Vgl. § 129. Die Fiction wirkt deshalb nur relativ, sie wirkt nicht über die wirklichen Gründe der Exemtion hinaus.

136.

Die exterritoriale Person wird der Statshoheit des einheimischen States in der Regel nicht unterworfen, obwohl sie thatsächlich in dessen Gebiet sich aufhält.

Der einheimische Stat bleibt jedoch berechtigt zu fordern, dass die exterritoriale Person hinwieder seine Unabhängigkeit, Sicherheit und Ehre nicht verletze und die zur Erhaltung derselben nöthigen Massregeln zu ergreifen.

Die Exemtion von der einheimischen Statsgewalt ist nur ein negatives Recht, sie hindert die Ausübung derselben gegen die exterritoriale Person. Aber sie ist nicht eine positive Befugniss des Exterritorialen, nun seinerseits den Stat anzugreifen, der ihm jene Rücksicht und Gunst erweist. Der Stat ehrt in dem fremden Souverän einen Genossen seiner eigenen Souveränetät, aber er braucht nicht einen offenbaren Feind in seinem Lande zu dulden. Es ist wiederholt und mit Recht geschehen, dass Gesante gefangen gesetzt wurden, weil sie an einer Verschwörung wider die Regierung Theil nahmen, in deren Land sie waren, z. B. der Schwedische Gesante in England 1716 (Wheaton hist. I. 308). Vgl. unten § 202.

137.

Die exterritoriale Person ist der Polizeigewalt des einheimischen States nicht unterworfen. Die Polizei darf keinen unmittelbaren oder mittelbaren Zwang gegen sie üben. Aber die Polizei ist nicht gehindert, diejenigen Massregeln zu ergreifen, welche nöthig sind, um rechts- oder sicherheitsgefährliche Handlungen der exterritorialen Person zu verhindern und die exterritoriale Person ist ihrerseits verbunden, die allgemeinen polizeilichen Anordnungen und Einrichtungen des Landes nicht zu stören.

Wollte die exterritoriale Person z. B. Schiessproben in ihrem Garten vornehmen, welche die Nachbarn bedrohten, oder ein Feuer anzünden, durch welches die anstossenden Häuser in Gefahr gesetzt würden, so wäre die Polizei im Recht, das zu hindern. Die Rücksicht auf die Würde des fremden Stats muss sich vereinigen lassen mit der nothwendigen Sorge für die eigene Sicherheit. Die bau- und feuerpolizeilichen Vorschriften gelten daher auch für die Wohnungen der Exterritorialen. Vgl. § 133 N.

138.

Die exteritoriale Person ist nicht steuerpflichtig. Inwiefern aber im Lande Gebühren erhoben werden für öffentliche Dienstleistungen, so ist auch die exterritoriale Person, insofern sie diese Leistungen benutzt, nicht von Rechts wegen von der Gebühr befreit.

Die Steuerbefreiung erklärt sich zunächst wieder aus der Verneinung der Steuerhoheit des einheimischen States über den fremden Souverän. Dieselbe wird aber aus Courtoisie zuweilen in weiterem Sinne geübt, als die rechtliche Consequenz des Princips fordert. Es versteht sich, dass der Exterritoriale keiner Einkommen- oder Vermögenssteuer, keiner Kriegs- oder Armensteuer unterworfen ist und ebenso, dass er Zoll- und Octroifreiheit geniesst für die Effekten und Waaren, welche er mit sich fuhrt oder zu seinem Gebrauche kommen lässt. Die Grundsteuer fällt nicht weg, wird aber aus Courtoisie meistens erlassen. Vgl. Amari Diritto Intern. § 618. Aber zweifelhafter ist schon die Befreiung von Weg- und Bruckengeldern, weil das Gebühren sind für die Anlage und Unterhaltung der Wege und Brücken. Indessen die Courtoisie reicht gewöhnlich so weit. Nicht ebenso verhält es sich mit den Taxen fur Erwerb von Grundstucken oder andern Sachen, oder bezüglich der Gerichtsgebuhren in Processen, welche der Exterritoriale freiwillig vor den einheimischen Gerichten führt oder fuhren lässt. Diese Gebuhren werden meistens gefordert und können jedenfalls gefordert werden. Selbstverständlich sind auch die Postgebühren, die Telegraphengebühren, die Kosten für Benutzung der Eisenbahnen ohne Unterschied, ob diese Anstalten von Privaten unternommen oder von Stats wegen besorgt werden, nicht in jener Steuerfreiheit inbegriffen. Wird der Exterritoriale zuweilen auch von den Briefporti befreit, so ist das eine ihm erwiesene Gefälligkeit, keine Rechtspflicht.

139.

Die Landesgerichte nehmen in der Regel keine bürgerliche Klage, insbesondere keine Schuldklage gegen die exterritorialen Personen an und dürfen gegen dieselben keine Zwangsmittel anwenden, weder gegen deren Person, noch gegen deren Vermögen.

Es ist das wieder nur eine Folge der persönlichen Unabhängigkeit des Exterritorialen von anderer Statsgewalt. Die Civilgerichtsbarkeit ist freilich nur zum Schutz der Privatrechte und des Privatverkehrs eingefuhrt. Das Privatrecht aber ist in seinem Wesen nach für Jedermann dasselbe und hat mit Statssouveränetät nichts zu schaffen. Wenn der Souverän ein Haus sich zufertigen lässt oder ererbt, oder einen Miethvertrag eingeht, oder einen Wechsel ausstellt, so erscheint er in allen diesen Rechtsgeschäften ganz ebenso als Privatperson, wie jeder Andere und handelt in denselben Rechtsformen, nach denselben Grundsätzen, mit denselben Wirkungen. Als Privateigenthumer, als Privatgläubiger oder Schuldner ist er in keiner Weise Repräsentant des Stats, nicht Souverän. Wenn trotzdem die civilisirten Staten ihre Gerichte anweisen, in der Regel keine Civilklage gegen die exterritorialen Personen anzunehmen, so liegt der Hauptgrund in der völkerrechtlichen Rücksicht, dass die Durchführung der gerichtlichen Zwangsmittel (Arrest, Pfändung, Concurs, Versilberung) gegen die privatrechtliche Person und ihr Vermögen mittelbar auch ihre völkerrechtliche Unverletzlichkeit, Unabhängigkeit und Ehre treffen und gefährden würde. Man zieht es daher vor, im Interesse der Sicherheit und Würde des statlichen Verkehrs von der strengen Consequenz des privatrechtlichen Grundsatzes abzusehen, und will das Gericht nicht der Gefahr aussetzen, dass seine Autorität sich machtlos zeige. Ueberdem kam dieser Befreiung der Exterritorialen von der Civilgerichtsbarkeit jene Fiction zu Statten, indem nun fingirt wurde, sie wohnen nicht innerhalb des Gerichtsbezirkes der inländischen Civilgerichte, sondern ihr Domicil liege in ihrer Heimat. Während daher im Mittelalter noch, welches den privatrechtlichen Charakter des Rechts mit Vorliebe betont, die privatrechtliche Klage gegen Fürsten unbedenklich überall an die Hand genommen wurde, wo die Gerichtsbarkeit an sich begründet erschien, so ist dagegen in der neuern Zeit die Exemtion der souveränen Personen auch von der fremden Civilgerichtsbarkeit allgemeiner zur Uebung der gebildeten Völker geworden. Im Jahr 1827 hat sich das französische Civilgericht von Havre sogar, ungeachtet der abweichenden Meinung der Statsanwaltschaft, für incompetent erklärt, eine Civilklage gegen den Präsidenten der Negerrepublik von Haiti an die Hand zu nehmen. Vgl. Phillimore II. App. IV.

140.

Ausnahmsweise wird die einheimische Gerichtsbarkeit der Civilgerichte begründet:

a) insofern die Klage auch dann hierorts anzubringen wäre, wenn der Exterritoriale in Wahrheit ausser dem Lande wohnte und die Execution ohne Gefährdung der statlichen Unabhängigkeit und Ehre durchzuführen ist, wie insbesondere bei Realklagen auf liegendes Gut;

b) insofern der Exterritoriale eine besondere Privatstellung z. B. als Kaufmann im Lande inne hat, oder ein einheimisches Amt bekleidet und daher in diesen Eigenschaften der inländischen Gerichtshoheit untergeordnet ist;

c) wenn der Exterritoriale vertragsmässig oder sonst in rechtlich wirksamer Form die hiesige Gerichtsbarkeit anerkannt hat.

Auch in diesen Ausnahmsfällen ist jedoch der unmittelbare Zwang gegen die Person (Personalverhaft) insoweit zu unterlassen, als dadurch die völkerrechtlichen Beziehungen verletzt werden könnten, und es hat sich die gerichtliche Execution auf vermögensrechtliche Zwangsmittel zu beschränken.

1. Zu a) Die Vindication eines Grundstücks, welches der Exterritoriale im Besitz hat, ist nur vor den Landesgerichten durchzuführen, wo das Grundstück wirklich gelegen ist. Ebenso die Klagen aus Nachbarrecht (z. B. wegen

Wasserablauf) und auf oder gegen behauptete Dienstbarkeiten. Dagegen für Arrestklagen kommt hinwieder die Rücksicht auf die gefahrdete Würde und Freiheit des Beklagten hemmend in Betracht, sowie die Erwägung, dass die moderne Rechtsbildung in Schuldklagen überhaupt nicht geneigt ist, die gerichtliche Competenz der inländischen Gerichte über auswärtige Souveräne oder Gesante zuzulassen.

2. Zu b) Wenn ein Statshaupt zugleich ein Handelsetablissement betreibt und als Kaufmann an dem Handelsverkehr Theil nimmt, so hat er sich in dieser Eigenschaft des Vorzugs seiner Würde begeben und muss vor den Handelsgerichten für seine Handelsgeschäfte Rede stehen. Ebenso hat der englische Master of rolls in einem Process des entthronten Herzogs von Braunschweig gegen den König von Hannover und Herzog von Cumberland (13. Jan. 1844) sein Urtheil dahin ausgesprochen: „I am of opinion, that his majesty the King of Hanover is and ought to be exempt from all liability of beeng sued in the Court of this country, for any acts done by him as King of Hanover, or in his character of Sovereign Prince, but that, being a subject of the Queen, he is and ought to be liable to be sued in the Courts of this country, in respect of any acts and transactions done by him, or in which he may have been engaged as subject". (Phillimore II. App. IV. S. 589).

3. Zu c) Wenn eine souveräne Person oder ein anderer Exterritorialer sich die Klage gegen sich gefallen lässt, oder wenn er etwa selber eine Civilklage in dem fremden Lande anstellt, so muss er, oder sein Vertreter sich nach der Processordnung des anerkannten Gerichts in dem Processe fügen und kann für sich kein weiteres Privilegium ansprechen. Im letzteren Fall wird er sich daher auch der Eidesleistung nicht entziehen können, wo diese als nothwendig gilt, noch der Bezahlung der Processkosten, wenn er unterliegt. Im Jahr 1828 entschied das englische Obergericht, dass fremde Souveräne ebensowohl vor den Billigkeits- wie vor den Rechtshöfen Klage führen können (Phillimore II. App. IV. S. 548). In einem andern Fall wurde ebenfalls in der Appellationsinstanz von den rechtsgelehrten Lords von England der Satz ausgesprochen, dass ein fremder Souverän, wenn er vor einem englischen Gerichte eine Klage verfolge, jedem andern Privatkläger gleich zu behandeln, also je nach Erforderniss der Sache ihm auch der Eid aufzulegen sei. (Process zwischen dem Könige von Spanien und dem Hause Hullet und Widder. Aug. 1833. Phillimore II. App. IV. 3). Auf eine Widerklage dagegen braucht sich der Exterritoriale nicht einzulassen, weil dieselbe eine Klage ist, und alle Gründe, welche gegen die Zulassung von Klagen sprechen, auch auf die Widerklage passen.

141.

Die exterritoriale Person ist der Strafgerichtsbarkeit des einheimischen States nicht unterworfen. Dieser Stat hat aber das Recht, theils die nöthigen Massregeln zu ergreifen, um ein Vergehen des Exterritorialen zu verhindern, theils von dem State des Exterritorialen Genugthung zu fordern, wenn dieser die Rechtsordnung des Landes in einer Weise verletzt, welche an sich zu strafgerichtlicher Verfolgung berechtigt.

Auch diese Bestimmung, welche durch den allgemeinen Gebranch der civilisirten Völker bestätigt wird, ist singulares Recht, weil dieselbe die an sich berechtigte Wirksamkeit der Strafrechtspflege hemmt. Es verhalt sich damit ähnlich wie mit der statsrechtlichen Unverantwortlichkeit der Souveräne. Aber es ist zweckmässig, daran zu erinnern, dass es gefährlich ist, die Haltbarkeit solcher Rechtsfictionen auf eine zu harte Probe zu setzen.

142.

Wenn die exterritoriale Person in dem Lande feindliche Handlungen verübt, so darf sie von der einheimischen Regierung als Feind erklärt und behandelt und im Nothfall gefangen genommen werden.

Das ist nicht Anwendung des Strafrechts, sondern des Kriegsrechts. Die Gefangenschaft ist Kriegsgefangenschaft, nicht Strafgefängniss. Vgl. oben zu § 130.

143.

Der einheimische Stat ist jeder Zeit berechtigt, der exterritorialen Person aus erheblichen Gründen das Gastrecht und damit die Fortdauer der Exterritorialität zu kündigen.

Die Kündigung darf nicht auf einen kürzeren Termin gestellt werden, als es dem Exterritorialen möglich ist, mit Sicherheit das Land zu verlassen.

Vgl. oben zu § 130.

144.

Wenn der Exterritoriale andere Personen in ihrem persönlichen, Familien- oder Vermögensrecht gewaltsam angreift oder ernstlich bedroht, so ist auch ihm gegenüber die Nothwehr erlaubt.

Phillimore II. 105. Der Gewaltthat darf man mit Gewalt begegnen, und wenn in Folge der Nothwehr gegen widerrechtliche Gewaltthat der Exterritoriale umkommt, so ist das keine Verletzung des Volkerrechts. Das Recht der Nothwehr ist natürliches Menschenrecht, welches von dem Völker- wie von dem Statsrecht anerkannt werden muss, nicht unterdrückt werden darf.

145.

Die Exemtion von der einheimischen Statshoheit wird auch auf die Familiengenossen, Beamten, Begleiter und Diener des Exterritorialen ausgedehnt. Sein Gefolge hat indessen nur einen mittelbaren Anspruch auf Exterritorialität, nicht um seiner selbst willen, sondern nur aus Rücksicht auf den exterritorialen Gefolgsherrn.

Die Familiengenossen haben Theil an seiner Befreiung, insofern sie thatsächlich zu ihm gehören, also in seinem Hause wohnen, aber nicht, wenn sie eine selbständige Stellung ausserhalb seiner Familie behaupten. Im letztern Fall sind sie fremde Privatpersonen gleich andern Fremden. Die Uebergänge aus dem einen in den andern Zustand können freilich zu mancherlei Zweifeln den Anlass geben. Der Hauslehrer der Kinder des Exterritorialen gehört zu seinem Gefolge, aber die übrigen Lehrer am Ort, welche nur einzelne Lehrstunden geben, gehören nicht dazu.

146.

Der Exterritoriale darf nicht sein Ausnahmerecht dazu missbrauchen, um Personen, welche im Lande gerichtlich oder polizeilich verfolgt werden, durch Aufnahme in sein Gefolge der einheimischen Gerichts- oder Polizeigewalt zu entziehen.

Ueberhaupt ist das Privilegium im Sinn des guten Glaubens zu interpretiren. Als ein Musiker, um seinen Glaubigern zu entgehen, sich in die Capelle eines Bayrischen Gesanten in London aufnehmen liess, wurde diese Aufnahme von dem englischen Gerichtshof als illusorisch behandelt, weil kein wirklicher bona-fide-Dienst nachgewiesen sei. In ähnlicher Weise wurden noch gegen mehrere andere angebliche Diener dieses Gesanten verfahren, der offenbar das Privilegium zu einem ungebuhrlichen Patronate missbraucht hatte. Siehe die Falle bei Wildmann I. 124

147.

Die Personen im Gefolge des Exterritorialen sind in der Regel ebenfalls von der Gerichtsbarkeit des einheimischen States befreit. Dieser Stat ist aber berechtigt, von dem State des Exterritorialen zu fordern, dass er den einheimischen Gläubigern oder andern einheimischen Klägern Recht gewähre und wegen der im Lande verübten Vergehen und Verbrechen dieselben bestrafe.

Vattel (IV. § 124) berichtet über einen merkwürdigen Fall, der sich in England ereignete, als ein Edelmann im Gefolge des französischen Botschafters Marquis von Rosny, spätern Herzogs von Sully, sich einer Tödtung schuldig machte. Derselbe wurde von dem Botschafter zum Tode verurtheilt und die Hinrichtung der englischen Justiz anheimgestellt, dann aber trat Begnadigung ein.

148.

Verübt eine Person aus dem Gefolge des Exterritorialen ein Vergehen, so ist der Letztere berechtigt, dieselbe nöthigenfalls gefangen zu nehmen und in seine Heimat zur Betrafung zu überschicken.

Die Gefangennahme derselben durch die einheimische Statsgewalt zum Behuf der Ueberlieferung an den Exterritorialen oder dessen Stat ist nicht Verletzung, sondern Anerkennung dieser mittelbaren Exterritorialität.

Die Gefangennahme geschieht in diesem Fall nicht in der Absicht, die eigene Gerichtsbarkeit auszuuben, auch nicht in der Meinung, den fremden Stat zu verletzen, sondern in dem Vorsatz, demselben in der Ausubung seiner Gerichtsbarkeit behülflich zu sein.

149.

Es steht den Exterritorialen frei, ihr Gefolge der ortspolizeilichen und gerichtlichen Autorität ebenso unterzuordnen, wie die andern Bewohner des Ortes es sind. Keinenfalls dürfen die Gefolgsleute ungesraft Störungen der öffentlichen Ordnung des Orts verüben.

Wenn die Gefolgsleute des Exterritorialen Unterthanen des einheimischen States selber sind, so werden sie gewöhnlich dessen Jurisdiction unterstellt. Es kann das aber unbedenklich auch auf Angehörige des States, den der Exterritoriale repräsentirt, ausgedehnt werden, sobald dieser es zweckmassig findet. denn sie haben alle kein persönliches, sondern nur ein abgeleitetes Recht auf Exterritorialität. Auf dem Friedenscongress zu Münster in Westphalen am Schluss des dreissigjährigen Kriegs kamen so die Gesanten überein. um die Rauf- und Streitlust ihrer Gefolge im Zaum zu halten, dieselben gemeinsam der Ortspolizei zu unterwerfen. Ueberhaupt ist eine allzu weite Ausdehnung der Exterritorialität für die Rechtssicherheit und die öffentliche Ordnung durchaus schadlich und nicht zu empfehlen. Das Völkerrecht fordert grundsätzlich nur, dass die Ehre und Freiheit der Staten in ihren Repräsentanten geschützt, und durchaus nicht, dass die Missethaten der Individuen begünstigt werden.

150.

Die Exemtion des Exterritorialen erstreckt sich auch auf die Wohnung, welche er inne hat, aber nicht auf den Grundbesitz, welchen er als Privatmann bewirthschaftet.

Wenn ein Souverän ein Gut in einem fremden Lande kauft, um seine Capitalien darin anzulegen, und sein Vermögen in solcher Weise zu bewirthschaften, nicht um daselbst als Souverän zu leben und den Stat repräsentiren zu lassen, so ist kein Grund da, dieses Gut als exterritorial zu betrachten. Nur inwiefern das Hotel des Exterritorialen seiner Person als Wohnung dient und in Folge dessen seine repräsentative Stellung und Freiheit sichert, gilt dasselbe als exempt. Dann darf es, ohne seinen Willen, nicht von der einheimischen Statsgewalt betreten und durchsucht werden. Als die russische Finanzwache am 3. April 1752 in das Hotel des schwedischen Gesanten in Petersburg eindrang und ein paar Diener desselben gefangen nahm, welche beschuldigt waren, das Statsmonopol verletzt zu haben, gab die Kaiserin Elisabeth dem beleidigten Gesanten volle Genugthuung wegen dieser Verletzung des Völkerrechts. Vattel IV. § 117.

151.

Die Wohnung des Exterritorialen darf nicht zum Asyl missbraucht werden für gerichtlich Verfolgte. Der Exterritoriale ist verpflichtet, solchen Flüchtlingen die Aufnahme zu untersagen, beziehungsweise dieselben an die ordentliche Gerichtsgewalt auszuliefern.

Oft wurde ein solches Asylrecht behauptet und oft auch ausgeübt. Am weitesten war dieser Missbrauch in Rom gediehen, wo auch die Kirchen ein Asyl gewährten. Im Mittelalter dienten die zahlreichen Asyle, welche in Herrenhöfen und Kirchen und von Schutzheiligen gewährt wurden, um die wilde Verfolgung der Blutrache, der Fehde und einer barbarischen Justiz zu mässigen. Mit einer civilisirten und einer wirksamen Rechtspflege aber sind dieselben nicht mehr vereinbar. Bynkershoek (de jure legatorum c. 21) hat den Beweis geführt, dass keinerlei völkerrechtliche Rechtsgründe für ein derartiges Asylrecht sprechen. Seither ist diese Ansicht, die schon Hugo de Groot (II. 18, 8) vertrat, allgemein von der Wissenschaft anerkannt worden, wenn gleich einzelne Exterritoriale immer noch von Zeit zu Zeit den Versuch machten, auch ihr angebliches Asylrecht auszuüben.

152.

Ebenso ist das Quartier, welches der Exterritoriale auf Reisen bezogen hat und ist der Wagen, in dem er fährt, zu Ehren seiner Sicherheit und Unabhängigkeit vor polizeilicher oder gerichtlicher Gewaltübung befreit.

153.

Die Exemtion erstreckt sich auch auf das dem Exterritorialen gehörige Mobiliar, welches zu seinem Gebrauche dient, wie insbesondere Arbeitstische, Schränke, Kisten und Kasten, die Ausstattung seiner Wohnung, Wagen und Pferde.

Der alte technische Ausdruck für die Befreiung ist: „Legatus instructus et cum instrumento.“ Die Ausdehnung der Befreiung auch auf die Mobilien sichert besonders auch die Acten und Correspondenzen des Exterritorialen. Vgl. unten Abschnitt 8 dieses Buches.

4. Die Familiengenossen der souveränen Personen.

154.

Die Ehegatten, Kinder und andere Anverwante einer souveränen Person haben als solche kein Recht der Souveränetät, sondern sind Unterthanen.

Sie haben daher auch, wenn sie in fremdem Lande sind, keinen Rechtsanspruch auf Exemption von der dortigen Statsgewalt noch auf Exterritorialität.

Alle diese Personen, selbst der Gemal einer regierenden Königin, der nicht zugleich Mitregent ist, oder die Gemalin eines Konigs, obwohl sie den Titel Königin führt, sind nicht Repräsentanten des States selbst, noch Träger der Souveränetät, also völkerrechtlich ohne Anrecht auf jene Privilegien, welche um der Souveränetät oder Repräsentation des States willen zugestanden werden. Die Courtoisie geht aber hier gewöhnlich über die Rechtsnothwendigkeit hinaus und befreit zuweilen auch solche hohe Personen von manchen Belästigungen, deren andere Reisende ausgesetzt sind.

155.

Das Statsrecht bestimmt zunächst die Titel und den Rang, welche diesen Personen zukommen. Aber damit diese Titel und Rangstufen im völkerrechtlichen Verkehr beachtet werden, müssen dieselben dem herkömmlichen Gebrauche entsprechen oder, wenn sie erhöht werden, die Erhöhung von den Mächten anerkannt worden sein.

Vgl. das Protokoll der fünf Grossmächte auf der Conferenz zu Aachen vom 11. Oct. 1818: „Les Cabinets prennent en même tems l'engagement de ne reconnaître à l'avenir aucun changement ni dans les titres des souverains ni dans ceux de princes de leurs maisons sans en être préablement convenus entre eux."

156.

Die Gemalinnen der souveränen Fürsten führen in der Regel denselben Titel und haben denselben Rang, wie diese, aber nicht ebenso allgemein die Gemale von souveränen Fürstinnen.

Die Gemalinnen der Kaiser und Könige werden Majesäten genannt, obwohl ihnen die eigentlichen Majestätsrechte nicht zustehn.

Prinz Albert erhielt als Gemal der Königin Victoria von England den Königstitel nicht; dagegen wurde dem Herzog Ferdinand, ebenfalls aus dem Hause Coburg, als Gemal der Königin Maria II. da Gloria von Portugal der Königstitel verliehen.

157.

Den Prinzen der souveränen Häuser kommt regelmässig die nächstfolgende Rangstufe in der Titulatur zu.

Aus Kaiserlichen Häusern der Titel Kaiserliche Hoheit, aus Königshäusern der Titel Königliche Hoheit, in Grossherzoglichen Häusern Hoheit, der Erbprinz auch Königliche Hoheit, aus Herzoglichen Häusern der Erbprinz Hoheit, andere Verwante von herzoglicher oder fürstlicher Abkunft Durchlaucht.

158.

Die Prinzessinnen von souveränen Häusern pflegen den angeborenen höheren Titel beizubehalten, wenn sie in Folge ihrer Heirath nur einen minderen Titel erhielten.

Die Gemalin eines Prinzen, welcher den Titel Hoheit führt, kann so den Titel Kaiserliche oder Königliche Hoheit führen, wenn sie aus einem Kaiser- oder Konigshause stammt.

II. Andere Organe des völkerrechtlichen Verkehrs. Gesante.

5. Recht und Pflicht des völkerrechtlichen Verkehrs.

159.

Jeder Stat ist als souveräne Person berechtigt, Gesante und andere Agenten mit dem Auftrage zu ernennen, seinen Verkehr mit andern Staten zu vermitteln.

Dieses sogenannte „active Gesantschaftsrecht" ist eine Anwendung der Souveränetätsrechte auf die völkerrechtlichen Beziehungen der Staten zu einander.

160.

In zusammengesetzten Staten (Statenbünden, Bundesstaten, Statenreichen, Bundesreichen) wird dieses Recht je nach der Verfassung derselben entweder von den Einzelstaten und dem Gesammtstate, oder nur von diesem, oder vorherrschend von jenen oder von diesem geübt.

In der alten Deutschen Reichsverfassung hatten die Landesherrn das Gesantenrecht erworben, neben dem Kaiser und Reich insgesammt. Der deutsche Bund von 1815 erkannte das vorzugsweise Gesantenrecht der Einzelstaten an, schloss aber eine Gesammtvertretung nicht aus. Die Verfassung der Vereinigten Staten von Nordamerika von 1787 concentrirt das Gesantenrecht fast ausschliesslich in der Hand des Präsidenten, ebenso die schweizerische Bundesverfassung von 1848 in der des Bundesraths; beide Verfassungen schliessen aber eine besondere ausserordentliche Vertretung der Einzelstaten nicht völlig aus, aber ordnen dieselbe der Aufsicht der Bundesgewalt unter. Auch einzelnen Türkischen Vasallenstaten ist ein beschränktes Gesantenrecht zugestanden worden. Nach der Verfassung des Deutschen Reiches ernennt der Kaiser die Reichsgesanten. Das Recht der Einzelstaten, für ihre besonderen Interessen Gesante zu bestellen, ist nicht aufgehoben, aber es wird durch die zweckmässigere Reichsdiplomatie thatsächlich beseitigt.

161.

Ausnahmsweise wird das Recht, einen Gesanten zu senden, auch auf die Vicekönige und die Statthalter entlegener Provinzen oder abhängiger Länder übertragen.

Da diese Provinzen oder Länder eine besondere relative Sonderexistenz haben, so bedürfen sie unter Umstanden auch eine besondere Vertretung. Da der Hauptstat der grossen Entfernung wegen nicht in der Lage ist, diese Vertretung wirksam zu besorgen, so ist eine Uebertragung dieses beschrankten Gesantenrechts auf die besondere Provincial- oder Landesregierung nicht zu entbehren. Fälle der Art. sind z. B. die Gesanten, welche von den englischen Regierungen in Ostindien, in Australien, von der Holländischen Colonialregierung in Ostasien versendet werden. Es bedarf jedoch einer besondern Ermachtigung von Seite der souveränen Hauptregierung.

162.

Die Wahl des Gesanten oder Agenten steht dem Absendestate frei. Es wird keine bestimmte Standeseigenschaft erfordert.

Das Wahlrecht folgt wieder aus der Souveränetät des Absendestates. Ein bestimmter Stand, etwa Adels- oder geistlicher Stand, ist auch für die obersten Classen der Gesanten nicht erforderlich, so wenig als fur andere oberste Statsämter. Ein Botschafter aus bürgerlicher Familie hat genau dasselbe Recht, wie ein Botschafter von furstlicher Abkunft, denn er reprasentirt in beiden Fällen nicht seine persönliche und Standeswürde, sondern den Stat und dessen Souverän.

163.

Jeder Stat ist in Folge des völkerrechtlichen Verbandes aller Staten verpflichtet, den Gesanten eines andern völkerrechtlich anerkannten States zu empfangen und anzuhören. Nur besonders erhebliche Ausnahmsgründe können eine Abweisung rechtfertigen.

Die allgemeine Weigerung, Gesante zu empfangen, würde die Möglichkeit eines völkerrechtlichen Verkehrs ausschliessen. Damit aber wäre der völkerrechtliche Verband der Staten unwirksam gemacht. Dagegen wird die Zulassung ständiger Gesanten als ein Act des Friedens betrachtet und in Kriegszeiten dieser friedliche Verkehr gewöhnlich abgebrochen. Von der besondern Weigerung, eine bestimmte Person zu empfangen, handelt § 164.

164.

Dem Empfangstate steht es zu, gewisse ihm anstössige Personen sich als Gesante oder Agenten zu verbitten.

Mit Grund erregt es Anstoss, wenn ein Stat einen von einem andern State früher wegen eines Verbrechens bestraften oder verfolgten nun als seinen Gesanten bei diesem State accreditiren will; daher ist in einem solchen Fall die Annahme dieser Person nicht zu erwarten. Bynkershoek (Quaest. Publ. II. v.) erwähnt eines Falles, in dem England als Gesanten nach dem Hag einen Mann schickte, welcher zuvor von der Holländisch-Ostindischen Compagnie verurtheilt worden war, dass ihm die Zunge geschlitzt werde. Derselbe wurde anfangs widerrechtlich in Holland gefangen gesetzt, dann aber mit Recht zurückgewiesen. Es ist schon ein zureichender Grund, sich eine Person als Gesanten zu verbitten, die sich zuvor durch besondere Gehässigkeit und Feindschaft gegen den besendeten Stat oder dessen Haupt hervorgethan hat. Dagegen wäre es unpassend, wenn etwa ein Stat überhaupt keine burgerlichen Personen, oder keine Frauen als Gesante empfangen wollte; denn die Standes- oder Geschlechtsunterschiede bilden keine rechtlichen Erfordernisse oder Hindernisse für das Amt eines Gesanten und können auch keinen Grund zu persönlichem Anstoss geben.

165.

Ebenso kann der Empfangsstat die Annahme eines persönlich nicht anstössigen Gesanten dann verweigern, wenn derselbe als Träger eines das Recht oder die Ehre des Empfangsstates verletzenden Mission erscheint.

Eine wichtige Anwendung dieses Satzes ist die auf die päpstlichen Legate und Nuncien, die nach den Kirchengesetzen Vollmachten in Anspruch nehmen, welche mit dem Verfassungsrecht des besendeten States nicht verträglich sind. In Folge dessen wurde schon vor der Revolution am französischen Hofe kein papstlicher Gesanter angenommen, welcher nicht eine beschränkte Vollmacht vorweisen konnte. Das französische Statsbewusstsein gestattete nicht, dass die päpstlichen Gesanten die Ansprüche und Anmassungen der römischen Hierarchie mit den völkerrechtlichen Privilegien der Gesanten decken und ausrusten. Aus ahnlichen Gründen kann jeder Stat die Annahme von Jesuiten als Gesanten verweigern.

166.

Ferner gilt es als ein ausreichender Grund, die Annahme eines Gesanten zu verbitten, welcher ein Unterthan des besendeten States ist.

Das war eine Zeit lang Maxime des französischen und ist noch Gebrauch des schwedischen Stats, keinen Gesanten zu empfangen, der Unterthan dieser besendeten Staten war. Man scheut den Conflict zwischen den Rechten des Gesanten auf Unabhängigkeit zu Ehren des States, den er repräsentirt, und den Pflichten gegen den Stat, dem er als Unterthan zugehört.

167.

Die völkerrechtliche gute Sitte verlangt, dass vor der Absendung eines Gesanten dem Empfangstate davon Anzeige gemacht und die Person genannt werde. Wird keine Einsprache gemacht, so wird angenommen, der Genannte sei dem Empfangstate nicht anstössig.

Durch diese Uebung wird auch eine schroffe Zurückweisung vermieden. Es genügt gewöhnlich, dass der zu besendende Stat seine Bedenken gegen die fragliche Person eröffnet, um den Absendestat zu bestimmen, eine andere Person zu wählen.

168.

Ist ein Gesanter einmal aufgenommen, so geniesst er alle Rechte und Ehren seiner Stellung und es darf nachträglich nicht eine Einsprache gegen seine Person erhoben werden aus Gründen, welche schon zur Zeit seines Empfanges vorlagen und bekannt sein konnten.

169.

In der Annahme des Gesanten liegt die Anerkennung des Absendestats, beziehungsweise der Statsregierung, welche denselben bevollmächtigt, durch den Empfangsstat.

Es widerspricht der Einheit des States, der repräsentirt werden soll, gleichzeitig zwei verschiedene Gesante, den einen des vertriebenen Fürsten, der auf Wiederherstellung hofft, den andern des vielleicht durch Usurpation zur Gewalt gelangten Fürsten, als Repräsentanten des Einen Stats zu empfangen. Indem der Empfangstat den einen oder den andern empfängt, erklärt er, dass er dessen Vollmachtgeber als das wirkliche Statshaupt betrachte. Die Annahme des Gesanten der neuen Regierung ist daher mit der Entlassung des Gesanten der alten Regierung zu verbinden. Vgl. oben § 28 ff.

---

6. Classen und Arten der Gesanten. Diplomatischer Körper.

170.

Als Gesante werden diejenigen Personen betrachtet, welche von einem State ermächtigt und dazu beglaubigt sind, dessen Rechte und Interessen bei einem andern State zu vertreten.

Die Ermächtigung allein gewährt noch nicht die Stellung und Rechte eines Gesanten; auch der geheime Agent ist ermächtigt; es muss die Beglaubigung gegenüber dem besendeten State hinzutreten.

171.

Das heutige Völkerrecht unterscheidet drei bis vier Classen von Gesanten:

1) die Botschafter (ambassadeurs);
2) die Gesanten im engern Sinn (envoyés) und die bevollmächtigten Minister;
3) die Geschäftsträger (chargés d'affaires).

Zwischen der zweiten und der dritten Classe nehmen die Ministerresidenten eine Mittelstellung ein.

Im Alterthum gab es nur Eine Classe von Gesanten, von den Römern Legati genannt. In den wesentlichen Beziehungen sind sich auch heute noch alle Classen gleich. Die Unterschiede, welche seit dem fünfzehnten Jahrhundert nach und nach aufgekommen sind, haben vornehmlich einen Bezug auf die Hofstellung, das Ceremoniel und den Rang.

Auf dem Wiener Congress wurde von den acht Mächten am 19. März 1815 ein Protokoll unterzeichnet, dessen Artikel 1 die obigen 3 Classen unterscheidet:

„Les employés diplomatiques sont partagés en trois classes:
celle des ambassadeurs, légates ou nonces,
celle des envoyés ministres ou autres accrédités auprès des souverains,
celle des chargés d'affaires accrédités auprès des ministres chargés des affaires étrangères".

Dazu kam nun das Protokoll des Aachener Congresses der fünf Grossmächte vom 21. Nov. 1818, welches die vierte Zwischenclasse anerkannte: „Il est arrêté entre les cinq cours que les ministres résidens accrédités auprès d'elles formeront par rapport à leur rang une classe intermédiaire entre les ministres du second ordre et les chargés d'affaires".

172.

Botschafter werden in der Regel nur von Staten von Königlichem Rang abgesendet und empfangen. Die Legati und Nuntien des Papstes haben den Rang der Botschafter.

Die Botschafter allein repräsentiren auch die äussere Würde des Souverains, der sie beglaubigt.

1. Die Beschränkung der Botschafter auf die Staten von königlichem Rang beruht weniger auf einem festen Rechtsgrundsatz als auf der Sitte und hat eine naturliche Unterlage in den grosseren für kleinere Staten unverhältnissmässigen Kosten solcher Vertretung. Da aber nur die Botschafter die persönliche Würde des Souveräns repräsentiren, so ist grundsätzlich nicht einzusehen, weshalb nicht auch ein souveraner Herzog oder ein anderer Furst bei ausserordentlichem Anlass sich nicht ebenfalls in seiner persönlichen Wurde vertreten lassen, d. h. daher nicht ebenfalls einen Botschafter senden durfte, der dann freilich keinen höheren Rang behaupten könnte, als sein Vollmachtgeber besitzt, also den Botschaftern, welche Könige vertreten, nachstehen musste.

2. Die Legati a latere oder de latere (die Carnināle führen diesen Namen), oder die nuncii (Nicht-Cardinäle), welche der Papst entsendet, haben durchweg eher kirchliche als politische Missionen und repräsentiren daher den Papst vornehmlich in seiner Eigenschaft als Hauptes der römisch-katholischen Kirche. Die Bedeutung und der Rang dieser päpstlichen Repräsentanten ist daher unabhängig von der Fortdauer eines Kirchenstates.

3. Protokoll des Wiener Congresses vom 19. März 1815 Art. II: „Les ambassadeurs, légates ou nonces ont seuls le caractère représentatif."

173.

Die Gesanten der zweiten Classe werden wie die Botschafter bei dem Souverän des Empfangstates persönlich beglaubigt, aber repräsentiren nicht zugleich mit dem State auch die persönliche Würde (Dignität) des Souveräns.

Die Internuncien des Papstes werden ihnen gleichgestellt.

Vgl. zu Art. 172. Dahin gehören die sogenannten bevollmächtigten Minister (plena potentia muniti), die ausserordentlichen oder ordentlichen Gesanten, die Gesanten schlechtweg. Auch der Oesterreichische „Internuncius" zu Constantinopel gehört in diese Classe. Das ist die eigentliche Haupt- und Regelclasse, über welche sich die Botschafter um etwas erheben und welche die folgenden Classen nicht völlig erreichen.

174.

Die Geschäftsträger werden nur bei dem Ministerium der auswärtigen Angelegenheiten beglaubigt. Für die Rangstufe ist es unerheblich, wenn ihnen der Titel Minister verliehen wird.

Dagegen erhalten die Ministerresidenten, welche bei dem Hofe beglaubigt werden, einen mittleren Rang zwischen der dritten und vierten Classe.

Vgl. zu § 171.

175.

Die Eigenschaft einer ausserordentlichen Mission oder Vollmacht gibt keinen höhern Rang.

Protokoll vom 19. März 1815 Art. III: „Les employés diplomatiques en mission extraordinaire n'out à ce titre aucune supériorité de rang."

176.

Unter einander nehmen die Gesanten einer jeden Classe ihre Rangordnung nach dem Tage der officiellen Anmeldung ihrer Ankunft.

Ebenda Art. IV.: „Les employés diplomatiques prendront rang entre eux dans chaque classe d'après la date de la notification officielle de leur arrivée. Le présent règlement n'apportera aucune innovation relativement aux représentans du Pape."

177.

Die Verwantschaftsverhältnisse unter den Höfen haben keinen Einfluss auf den Rang ihres Gesanten.

Ebenda Art. VI.: „Les liens de parenté ou d'alliance de famille entre les Cours ne donnent aucun rang à leurs employés diplomatiques de chaque classe."

178.

Bei der Unterzeichnung von Acten und Verträgen unter mehreren Staten, welche sich das Alternat zugestehn, entscheidet das Loos unter den Ministern über die Reihenfolge der Unterschriften.

Ebenda Art. VII: „Dans les actes ou traités entre plusieurs puissances qui admettent l'alternat, le sort décidera entre les ministres, de l'ordre qui devra être suivi dans les signatures". Statt dessen wird oft die Reihenfolge nach den Anfangsbuchstaben der Statennamen gewählt, um jede Eifersucht der Stellung abzuschneiden.

179.

Daraus, dass ein Stat ständige Gesante eines andern States empfängt, entsteht keine Verpflichtung des letztern States, ebenfalls ständige Gesante bei jenem State zu beglaubigen.

Es kann auch ein Stat, ohne seinem Rechte oder seiner Ehre etwas zu vergeben, fremde Gesante von höherem oder geringerem Rang empfangen, als er hinwieder absendet.

Unter den Grossmächten wird freilich das Interesse möglichster Gleichheit auch in der Repräsentation meist dahin wirken, dass sie sich durch Gesante von gleich hohem Rang vertreten lassen. Aber das ist keine Rechtsnothwendigkeit. Die Beispiele sind nicht selten, in denen ein Stat einen Gesanten von höherem Rang empfängt, als er absendet oder umgekehrt.

180.

Es gibt sowohl ständige als nichtständige Gesante. Zu den letztern gehört auch der Interimsgesante, welcher für den ständigen, aber zur Zeit abwesenden oder verhinderten Gesanten die Geschäfte besorgt.

Dieser Gegensatz hat keinen Einfluss auf den Rang des Gesanten, sondern nur auf die Dauer seiner Vollmacht.

181.

Die Ceremonialgesanten (ministres d'étiquette, de cérémonie) vertreten lediglich die persönlichen Beziehungen der Höfe und Regierungen und bedürfen zur Vertretung in Statsgeschäften einer besondern Ermächtigung, in Folge welcher sie aufhören, blosse Ceremonialgesante zu sein.

Solche Ceremonialgesante werden oft zu gewissen Feierlichkeiten, bei Kronungen, Heirathswerbungen, Vermählungen, Taufen, Begräbnissen entsendet und empfangen, oder zu Beglückwünschungen. Auch die an den Papst fruher gesendeten legati reverentiae der katholischen Fursten gehören hieher.

182.

Die gleichzeitig bei einer Regierung beglaubigten Gesanten aller Classen bilden zusammen den diplomatischen Körper (corps diplomatique).

Derselbe ist nicht eine juristische oder politische Person, sondern ein freier Verein verschiedener Personen, aber er stellt die völkerrechtliche Gemeinschaft der Staten dar und ist berechtigt, den gemeinsamen Empfindungen und Meinungen einen Ausdruck zu geben.

Darin liegt ein Keim einer völkerrechtlichen Organisation, der sich in der Zukunft weiter entwickeln lässt. Die ubereinstimmende Meinungsäusserung des diplomatischen Körpers hat eine gewisse völkerrechtliche Autorität, die zu missachten nicht ungefährlich ist. Der Sitte nach führt gewöhnlich — wenigstens bei blos formellen Aeusserungen des diplomatischen Körpers — der älteste (d. h. am längsten daselbst amtirende) Gesante das Wort. Es steht aber kein Rechtsgrund der Bezeichnung eines andern Sprechers entgegen.

---

7. Anfang der diplomatischen Sendung.

183.

Dem Absendestat gegenüber beginnt der Charakter eines Gesanten schon mit der vollzogenen Ernennung. Im völkerrechtlichen Verkehr mit dem besendeten State wird die Eigenschaft des Gesanten durch das Creditiv beglaubigt.

184.

Das Creditiv ist die schriftliche und förmliche Vollmacht, welche der Gesante zum Behuf seiner Beglaubigung bei dem besendeten State erhält und demselben mittheilt.

185.

Das Creditiv wird gewöhnlich in Form eines Beglaubigungsschreibens (lettre de créance) ausgestellt und in den obern Classen von Souverän an Souverän, in der Classe der Geschäftsträger von Minister an Minister gerichtet.

186.

Schon vor Ueberreichung des Creditivs wird der Gesante, der sich durch seine Pässe oder in anderer glaubhafter Form als solchen ausweist, als eine völkerrechtlich besonders gesicherte und begünstigte Person behandelt, aber erst in Folge der Abgabe und Annahme des Creditivs erhält er dem besendeten State gegenüber volles Gesantenrecht seinem Range gemäss.

Das Völkerrecht muss den Gesanten schon unterwegs schützen, wenn er an den besendeten Hof reist. Aber erst von der Ueberreichung des Creditivs an ist er wirklicher Gesanter bei dem besendeten State. Bis dahin war er designirter Gesanter. Auf jenen völkerrechtlichen Schutz hat der Gesante auch in einem fremden Lande, durch welches er reist, einen naturgemässen Anspruch. Die Ermordung der französischen Gesanten nach Venedig und Constantinopel in der Lombardei gab dem König Franz I. einen gerechten Grund zu der ernstesten Beschwerde gegen Kaiser Carl V. als uber eine schwere Verletzung des Völkerrechts. Vgl. Vattel IV. § 84.

187.

Der Ueberreichung des Creditivs geht die Notification der Ankunft des Gesanten bei dem Ministerium des Aeussern vorher. Von da an wird der diplomatische Altersrang gerechnet (Art. 176).

Mit der Notification wird die Mittheilung einer Abschrift des Creditivs verbunden.

188.

Der Unterschied der verschiedenen Classen der Gesanten hat einen Einfluss auf das bei der Ueberreichung und Annahme des Creditivs übliche Ceremoniel und auf die persönlichen Beziehungen am Hofe, aber ist für das statliche Rechtsverhältniss selbst nicht erheblich.

So lasst der Botschafter seine Ankunft durch einen Cavalier der Gesantschaft oder seinem Secretar anmelden, die Gesanten zweiter und dritter Classe schreiben unmittelbar an den Minister des Aeussern. Der Botschafter wird mit Kanonenschüssen bei dem feierlichen Empfang salutirt, die übrigen Gesanten nicht; u. dgl.

189.

Das Ceremoniel wird im Einzelnen durch die Landes- und Hofsitte bestimmt. Aber es ist eine völkerrechtliche Pflicht des Empfangstates, in demselben nichts anzuordnen, was die Ehre des Absendestates verletzt oder den Rang desselben herabsetzt. Dem Gesanten darf keine unwürdige Zumuthung gemacht werden und jeder Gesante hat Anspruch auf die vollen regelmässigen Ehren seiner Classe.

An despotischen, insbesondere an orientalischen Höfen wird dem Statshaupte oft eine abgöttische Verehrung bezeugt und es werden daher an die Gesanten der fremden Staten zuweilen Zumuthungen gemacht, die mit der Würde freier Männer sich so wenig vertragen, als mit der Würde der repräsentiren Staten. Obwohl daher der besendete Stat selber das äussere Ceremoniel bestimmen kann, so ist doch der Gesante in seinem Recht, wenn er sich derlei Zumuthungen nicht gefallen lasst.

190.

Die Besuche der Gesanten und bei Gesanten und ebenso die Einladungen zu Festen und Tafeln fallen in den Bereich der Höflichkeit und der Sitte, nicht in den des Völkerrechts, so lange dabei die Ehre und der anerkannte Rang der Staten und ihrer Vertreter unverletzt bleiben.

Etiketteverstösse sind nicht an sich beleidigend, sondern nur, wenn darin die Absicht der Beleidigung offenbar wird. Im vorigen Jahrhundert hatten diese Dinge noch mehr Bedeutung, als in unsrer Zeit.

---

8. Persönliche Rechte und Pflichten der Gesanten.

191.

Die Gesanten haben das Recht der Unverletzbarkeit.

Wenige Sätze des Völkerrechts haben eine so frühe und allgemeine Anerkennung nicht blos unter den civilisirten Staten, sondern sogar unter barbarischen Völkern gefunden, wie die Unverletzbarkeit der Gesanten. Im Alterthum waren dieselben unter den Schutz der Götter gestellt und galten insofern als personae sanctae. Die Scheu vor den Göttern musste damals noch die Ohnmacht des Völkerrechts ersetzen. Die moderne Welt stellt sie unter den Schutz des menschlichen Völkerrechts. Vgl. darüber Hugo Grot. II. c. 18. 1.

192.

Der Stat, bei welchem die Gesanten beglaubigt sind, ist nicht blos verpflichtet, sich jeder Gewaltübung gegen dieselben zu enthalten, sondern auch dieselben vor jeder Vergewaltigung zu schützen, welche ihnen von andern Bewohnern des Landes droht.

Dem State liegt freilich auch gegen andere Personen die Pflicht ob, sie wider Gewaltthat zu schützen. Aber diese allgemeine Schutzpflicht wird zu Gunsten des directen Völkerverkehrs mit Bezug auf die Gesanten gesteigert und gleichsam potenzirt. Der besendete Stat hat darauf eine besondere Sorge zu verwenden und je nach Bedürfniss dem Gesanten eine ausserordentliche Bedeckung oder Schutzwache zur Sicherung beizuordnen.

193.

Die widerrechtliche Verletzung der Gesanten gilt zugleich als Verletzung des repräsentirten States, und in schweren Fällen als Verletzung auch der völkerrechtlichen Statengenossenschaft überhaupt.

Alle Staten sind dabei betheiligt, dass die Unverletzlichkeit der Gesanten anerkannt und geschützt bleibe; daher sind auch die ubrigen Staten berechtigt, theils das Begehren um Genugthuung des zunachst betheiligten States zu unterstutzen, theils sogar von sich aus auf Wiederherstellung des Rechts und Sühne zu dringen. Vgl. Phillimore II. 142.

194.

Wird ein Gesanter in gerechter Nothwehr verletzt, so ist kein Grund zu völkerrechtlicher Beschwerde da, denn Nothwehr ist erlaubt.

Vgl. oben § 144.

195.

Ein Gesanter, der sich in Gefahr begibt, ist auch den Zufällen dieser Gefahr ausgesetzt; wenn er dabei verletzt wird, so ist das keine Beleidigung seines States und keine Verletzung des Völkerrechts.

Wenn er z. B., ohne die nöthige Vorsicht zu üben, sich in einen aufrührerischen Haufen begibt, und an dem Strassenkampfe Theil nimmt oder wenn er sich auf ein Duell einlässt und bei dieser Gelegenheit verwundet oder gar getödtet wird, so trifft diese Verletzung ihn nicht als Gesanten und daher auch nicht den von ihm repräsentirten Stat. Es ist das ein persönlicher Unfall, für den nicht der Stat verantwortlich gemacht werden kann, der die Unverletzlichkeit des Gesanten zu schützen hat.

196.

Ueberdem kommt den Gesanten das Recht der Exterritorialität zu. Dasselbe erstreckt sich auch auf ihr Gefolge und ihre Wohnung (§ 135 ff.).

Die Lehre von der Exterritorialität wurde vornehmlich im Hinblick auf die Ausnahmestellung der Gesanten ausgebildet.

197.

Der besondere Schutz und die Exemption von der einheimischen Statsgewalt, welche den fremden Gesanten gewährt werden, beziehen sich vorzüglich auf ihre Papiere, Acten und Correspondenzen.

198.

Demgemäss sind auch die Curiere, welche mit amtlichen Depeschen von Gesanten und an Gesante geschickt werden, vor polizeilicher oder politischer Wegnahme ihrer Depeschen gesichert.

199.

Die Verletzung des Briefgeheimnisses bezüglich der amtlich

bezeichneten Gesantencorrespondenz ist auch als Verletzung des Völkerrechts zu missbilligen.

Obwohl diese Anwendung des Grundsatzes selbstverständlich ist, so hat sich doch die Praxis mancher Staten so wenig darnach gerichtet, und sich so oft durch das politische Interesse verlocken lassen, die Briefe zu durchspähen, dass eben dieser Missbrauch dahin geführt hat, wichtige Depeschen in Chiffern zu schreiben und dadurch unleserlich für Dritte zu machen und überdem Depeschen, die man besser sichern will, gar nicht mehr der Post anzuvertrauen, sondern mit besondern Curieren zu versenden.

200.

Mit der Wohnung des Gesanten ist kein Asylrecht verbunden. Vielmehr ist der Gesante verpflichtet, wenn ein von der einheimischen Gerichts- oder Polizeigewalt Verfolgter sich dahin geflüchtet hat, entweder den Flüchtling an die zuständige Behörde auszuliefern oder die Nachforschung nach demselben auch in seiner Wohnung zu gestatten.

Vgl. oben 77. Als ein englischer Botschafter 1726 in Madrid sich weigerte, den in sein Hotel geflüchteten Spanischen Minister, Herzog von Ripperda, auszuliefern, wurde derselbe gewaltsam herausgeholt. Ueber die Form des Verfahrens hatte England Grund zur Beschwerde, aber in der Hauptsache war Spanien im Recht (Phillimore II. 204). In Martens Erzählungen (I. 217) findet sich ein Bericht über den vergeblichen Versuch des englischen Gesanten in Stockholm, den in sein Hotel geflüchteten, wegen eines Statsverbrechens verfolgten Kaufmann Springer zu retten (1747). Das Hotel wurde von schwedischen Truppen umstellt und der Flüchtling musste ausgeliefert werden. Der Gesante aber wurde abberufen, weil er zu weit gegangen war in der Ausdehnung seines Schutzes.

201.

Ebenso wenig kann der Gesante sich auf die Freiheit seiner Equipage berufen, um Flüchtlingen durchzuhelfen, welche er in seinen Wagen aufgenommen hat.

Wenn in einem solchen Fall die einheimische Gerichts- oder Polizeigewalt den Wagen anhält und den Flüchtigen verhaftet, so ist das keine Verletzung des Völkerrechts. Ein Beispiel aus Rom führt Vattel an (IV. 119), indem ein französischer Gesanter vergeblich versuchte, verfolgte Neapolitaner vor den päpstlichen Wachen zu retten.

202.

Der Gesante darf sein Hotel nicht zu feindlichen Handlungen gegen den Stat missbrauchen lassen, bei welchem er beglaubigt ist. Verletzt er diese Pflicht, so schützt ihn auch die Exterritorialität nicht vor denjenigen Massregeln, welche die Selbsterhaltung und Sicherung des besendeten States erfordern.

Er darf also insbesondere keine Versammlungen von Verschwornen daselbst gestatten, keine Waffenmagazine da einrichten, zur Unterstützung eines Aufstandes u. s. f. Als der schwedische Gesante in London an einer Verschwörung gegen den König von England Theil nahm, liess dieser den Gesanten verhaften und seine Papiere in Beschlag nehmen. Dieses Verfahren wurde von den englischen Statssecretären der Diplomatie gegenüber, die anfangs Bedenken aussprach, gerechtfertigt. Martens Causes Célèbres I. 75. Vgl. auch Vattel IV. 101.

203.

Der Gesante hat das Recht der freien Religionsübung in dem Gesantschaftshotel, zunächst für sich, seine Familie, sein Gefolge und seine Dienerschaft.

Dieses Privilegium des Gesanten hat seinen Werth grossentheils verloren, seitdem die Cultusfreiheit als allgemeines Recht die frühere Unduldsamkeit in den meisten civilisirten Staten endlich verdrängt ist. Aber es ist heute noch von Bedeutung in den Staten, welche in dieser Hinsicht hinter dem Fortschritte der Zeit zurückgeblieben sind.

204.

Den Gesanten der oberen Classen wird allgemein ein sogenanntes Capellenrecht zugestanden, d. h. das Recht, in weiterem Sinne innerhalb der exterritorialen Wohnung für den Gottesdienst zu sorgen.

Ein völkerrechtlicher Grund, das Capellenrecht auf jene Classen zu beschränken und den Geschäftsträgern zu versagen, besteht nicht. Dasselbe ist nur früher zu Gunsten der vornehmern Gesanten gestattet und anerkannt worden.

205.

In dem Capellenrecht ist enthalten:

a) eine gesantschaftliche Capelle für Cultuszwecke zu bauen und zu benutzen,

b) die Befugniss, einen besondern, der Gesantschaft beigeordneten Geistlichen (Priester, Prediger) für den Gottesdienst zu halten,

c) das Recht, auch andere Personen, mindestens die Landsleute und Schutzbefohlenen des Gesanten, gewöhnlich auch andere fremde Glaubensgenossen zur Theilnahme an dem gesantschaftlichen Gottesdienst zuzulassen.

Die neuere Rechtsbildung ist wie überhaupt der Cultusfreiheit so auch einer Ausdehnung des Capellenrechts günstig. Indessen kommt zuweilen noch ein Verbot in einzelnen Staten für dessen Unterthanen vor, den andersgläubigen Gottesdienst zu besuchen. So war es, so lange der Papst in Rom regierte (bis 1870), den

Römern untersagt, dem protestantischen Gottesdienst in der preussischen Gesantschaftscapelle zu Rom beizuwohnen.

206.

Es ist nicht nothwendig in dem Capellenrecht auch die Befugniss inbegriffen, den Cultus nach aussen hin öffentlich darzustellen, wie insbesondere durch Glockengeläute, Processionen, Erscheinen des Geistlichen ausserhalb der eximirten Räume in der Tracht seines kirchlichen Amtes.

Innerhalb der Capelle dagegen und in dem Gesantschaftshotel darf der Geistliche ungehindert in der Amtstracht erscheinen. Er darf daselbst Taufen und Trauungen vollziehen und auf dem dazu gehörigen Begräbnissplatz den Trauergottesdienst abhalten.

Das Capellenrecht des Gesanten ist zunächst Hausrecht desselben und erstreckt sich deshalb nicht auf den öffentlichen Cultus ausserhalb des Gesantschaftshotels und seiner Zubehörde, der Capelle.

207.

Die vorübergehende Abwesenheit des Gesanten hindert die Fortdauer des gesantschaftlichen Gottesdienstes nicht. Wird aber der gesantschaftliche Verkehr abgebrochen, so erlischt auch das Capellenrecht.

208.

Die Familie, die Begleiter und Diener des Gesanten haben ebenfalls freie Religionsübung innerhalb des Gesantschaftshotels je nach ihrer Religion und Confession.

Es gilt das auch dann, wenn diese Personen eine andere Confession bekennen, als der Gesante selbst. Die Capelle z. B. eines preussischen oder deutschen Gesanten kann protestantisch sein, während der Gesante selbst katholisch ist.

209.

Der Gesante und sein Gefolge sind der Strafgerichtsbarkeit des besendeten States nicht unterworfen. Dieser Stat aber ist berechtigt, wenn durch solche Personen die Rechtsordnung des Landes in strafwürdiger Weise verletzt worden ist, auf diplomatischem Wege Genugthuung und je nach Umständen Entschädigung zu fordern.

Vgl. oben zu § 141 f.

210.

Verübt der Gesante selber eine strafbare Handlung, so kann solches der Regierung des Absendestates angezeigt und Abberufung und Bestrafung des Gesanten gefordert werden. In schweren Fällen können auch dem Gesanten sofort die Pässe zugestellt und er in kurzer Frist aus dem Lande weggewiesen werden. In Nothfällen und insbesondere, wenn der Gesante an hochverrätherischen oder feindlichen Handlungen gegen das Land theilgenommen hat, bei dem er beglaubigt ist, kann er, um die Ansprüche des verletzten States auf Genugthuung zu sichern, gefangen genommen werden. Aber sogar in diesem Fall darf das einheimische Strafgericht nicht über ihn richten.

Vgl. oben § 142. Ein Beispiel ist die Gefangennahme des Prinzen von Cellamare, spanischen Gesanten in Paris, der sich an einer Verschwörung gegen die damalige französische Regierung betheiligt hatte, 1718. Manche Juristen behaupteten früher, der Gesante verwirke das Privilegium durch ein schweres Verbrechen gegen den besendeten Stat oder dessen Souverän, aber die Meinung von Grotius, dass selbst in solchen Fallen die Strafgewalt des besendeten Stats nicht zur Anwendung komme, ist die herrschende geworden. Weil hier leicht die völkerrechtlichen Beziehungen an einer empfindlichen Stelle verwundet werden, darf in solchen Fällen nicht eine untergeordnete Behörde, sondern nur die oberste Autorität das nöthige anordnen. Vgl. § 224.

211.

Wird das Vergehen von einer Person aus dem Gefolge verübt, so ist der Gesante verpflichtet, mitzuwirken, dass der Angeklagte vor Gericht gestellt und wenn schuldig erfunden, gestraft werde.

212.

Die Befreiung von der Strafgewalt des besendeten States und die Unterwerfung unter die Strafgewalt des Absendestates erstreckt sich auch auf solche Diener fremder Gesanten, welche Unterthanen des erstern sind.

Es kommt hier auf die Zeit an, in welcher die gerichtliche Verfolgung beginnt. Gegen den wirklichen Diener des Gesanten — bona fides des Dienstes wird jederzeit vorausgesetzt — wird sie aus Rücksicht auf die volkerrechtliche Exemtion vorerst gehemmt beziehungsweise abgelenkt.

213.

Diese Befreiung erstreckt sich nicht auf Personen, welche ohne Amt und ohne Dienst lediglich aus freier Neigung oder Gewinnsucht sich einer Gesantschaft anschliessen, noch auf solche, welche nur zum Scheine in ein Dienstverhältniss eintreten, in Wahrheit aber von dem Gesanten unabhängig und nicht der Gesantschaft beigeordnet sind.

Vgl. oben § 146.

214.

Wenn der Gesante in Anbetracht, dass die unabhängige Stellung der Gesantschaft und die Interessen des Absendestats nicht in Frage gesetzt werden, Personen seines Gefolgs oder seiner Dienerschaft, die wegen eines Vergehens entweder auf handhafter That ergriffen worden sind oder sonst in unverdächtiger Weise verklagt werden, der ordentlichen Landesgerichtsbarkeit zur Beurtheilung freiwillig überlässt oder überliefert, so ist das Gericht nicht durch völkerrechtliche Rücksichten gehindert, seine regelmässige Gerichtsbarkeit auszuüben.

Inwiefern hier der Gesante die Vorschriften und Instructionen des Absendestats gehörig beachtet habe, ist eine Frage des Stats- nicht des Volkerrechts, welche in den Bereich der Verantwortlichkeit fällt, die der Gesante seiner Regierung schuldet. In der Regel darf der Gesante mit Rücksicht auf seine völkerrechtliche Stellung und Aufgabe weder für sich, noch für diejenigen Personen, welche mit den öffentlichen Geschaften des Amtes betraut sind, auf die Befreiung von der einheimischen Strafgerichtsbarkeit verzichten und darf weder sich, noch solche Personen zum Schaden seiner Stellung und seiner Amtsthätigkeit dieser Gerichtsbarkeit freiwillig unterwerfen.

215.

Der einheimischen Statsgewalt ist es nicht verwehrt, Personen, welche zur Gesantschaft gehören, wenn sie auf handhafter That in Verübung eines Vergehens ergriffen werden, vorläufig in Haft zu nehmen. Nur ist sofort dem Gesanten davon Kenntniss zu geben und der Gefangene zu dessen Verfügung zu stellen.

216.

Dem Gesanten kommt wohl eine Disciplinargewalt über seine Angehörigen zu, aber in der Regel keine eigentliche Strafgerichtsbarkeit. Ausnahmen bedürfen einerseits der Ermächtigung des Absendestats, andrerseits der Zulassung des Empfangstats.

Da der Anspruch auf Exterritorialität für sich allein nur die Ausschliessung der fremden, an sich berechtigten Strafgerichtsbarkeit, nicht aber die Ausübung der eigenen Strafgewalt von Seite des Exterritorialen begründet, so kann es auch nicht von dem Ermessen des Absendestates allein abhängen, seinen Gesanten diese Gewalt zu übertragen. Der besendete Stat kann sich jede Ausübung der Strafgewalt in seinem Gebiete durch eine fremde Macht verbitten. Der

Gesante ist in der Regel nur zu denjenigen vorbereitenden Gerichtshandlungen ermächtigt, welche zur Sicherung des nachfolgenden Gerichtsverfahrens nöthig sind. Ausnahmsweise wird den fränkiscsen Gesanten und sogar den Consuln in der Turkei und hinwieder muselmännischen Gesanten in Europa eine Strafgerichtsbarkeit dort über ihre christlichen, hier über ihre muhammedanischen Landsleute zugestanden.

217.

Der Gesante kann den äussern Thatbestand des Vergehens, soweit derselbe innerhalb des exterritorialen Bezirks erkennbar ist, constatiren, seine Angehörigen einvernehmen und das einheimische Gericht auffordern, dass es auch seinerseits in seinem Bereich die Thatsachen feststelle und Zeugen einvernehme. Er kann die angeschuldigte Person seines Gefolges verhaften und für Ablieferung an das zuständige Gericht des Absendestats sorgen.

218.

Da der Gesante auch der Civilgerichtsbarkeit des Empfangsstates nicht unterworfen ist, so darf er auch nicht vor Gericht geladen werden, um eine Civilklage zu beantworten, noch darf irgend ein Gerichtszwang gegen seine Person oder seine Habe ausgeübt werden.

Vgl. oben zu § 139. 140. In England ist unter der Königin Anna am 21. April 1709 ein besonderes Gesetz zum Schutz der Gesanten erlassen worden, nachdem zuvor die Verhaftung eines russischen Gesanten wegen Schulden heftige Beschwerden des Czars Peter über Verletzung des Völkerrechts hervorgerufen hatte. Das Gesetz wurde als Genugthuung für den beleidigten russischen Hof betrachtet. Die Uebungen der Volker gehen in dieser Befreiung der Gesanten von der Civilgerichtsbarkeit vielleicht weiter, als die inneren Rechtsgründe — insbesondere die Rucksicht auf die Wurde, Sicherheit und Unabhängigkeit des repräsentirten States — es erfordern. Es ist daher oft schon arger Missbrauch von diesem Privilegium gemacht worden, indem einzelne Gesante dasselbe zu leichtfertigem Schuldenmachen ausgebeutet haben und dann die Gläubiger zu Schaden gekommen sind. Uebrigens ist der Gesante so wenig als ein souveräner Furst gehindert, eine Schuldfrage oder eine andere bürgerliche Rechtsstreitigkeit, freiwillig an ein Schiedsgericht oder selbst an das ordentliche Gericht des besendeten Landes zu bringen und dessen Urtheil anheim zu geben. Die Juristen, welche ihn daran verhindern wollen, uberspannen das Interesse des Absendestates, für dessen Wurde und Sicherheit es je nach Umstanden ganz unerheblich sein kann, derartige Civilprocesse ausschliesslich der eigenen Gerichtsbarkeit vorzubehalten. Ob der Gesante das thun dürfe oder nicht, ist eher eine Frage des Stats- als des Völkerrechts. Er ist statsrechtlich verpflichtet, die Instruction zu befolgen, die er von seiner Regierung empfängt.

219.

Da die Gefolgsleute des Gesanten nicht um ihre Person,

sondern lediglich um der Gesantschaft willen von der Civilgerichtsbarkeit des Landes befreit sind, in dem sie sich thatsächlich aufhalten, so kann der Gesante verstatten, dass dieselben vor diesem Landesgericht belangt werden und es kann unter dieser Voraussetzung das Gericht die Klage an die Hand nehmen, ohne Verletzung der völkerrechtlichen Rücksichten.

Vgl. oben zu § 149.

220.

Dem Gesanten steht in der Regel keine bürgerliche Gerichtsbarkeit in Streitsachen zu über seine Angehörigen. Eine Ausnahme wird nur durch besondere Vollmacht des Absendestats und durch Zulassung des Empfangstates begründet.

Vgl. oben § 216.

221.

Dagegen sind in der Regel die Gesanten befugt, Acte der freiwilligen Gerichtsbarkeit mit Bezug auf die Gefolgspersonen und überdem mit Bezug auf ihre Landsleute und Schutzbefohlenen vorzunehmen, soweit ein derartiges Bedürfniss vorhanden ist. Insbesondere können sie Unterschriften und Urkunden dieser Personen amtlich beglaubigen, letzte Willenserklärungen aufnehmen, bürgerliche Standesverhältnisse (Geburt, Ehe, Tod) beurkunden und im Interesse der Sicherstellung von Verlassenschaften schützende Massregeln theils ergreifen, theils veranlassen.

Die freiwillige Gerichtsbarkeit hat weniger den Charakter der Gerichtshoheit an sich, als der gewaltlosen Rechtshülfe. Sie kann daher auch unbedenklich von dem Empfangstat zugestanden werden. Aus ähnlichen Gründen kann der Gesante auch Zeugenaussagen seiner Gefolgsleute zu Protokoll nehmen.

Es ist ein Bedürfniss des internationalen Verkehrs, dass die Ehen, welche von Landsleuten des Gesanten in dessen Wohnung abgeschlossen und nach dem betreffenden Landesrechte als gultig erklärt werden, auch anderwärts als gültig anerkannt werden, wenn gleich das Privilegium der Exterritorialität sich nicht auf jene Personen bezieht. Vgl. darüber Lawrence in der Genter Revue de droit intern. 1870. S. 268 ff.

222.

Die Steuerfreiheit des Gesanten beruht nur insofern auf Rechtsnothwendigkeit, als sie eine Folge der Befreiung desselben von aller Statshoheit des besendeten States ist. Ihre Ausdehnung über dieses Mass hinaus mag in den Sitten und in der Gastfreundlichkeit begründet sein, aber ihre Beschränkung auf jenes Mass kann nicht als Verletzung des Völkerrechts betrachtet werden.

Vgl. § 138. Im Einzelnen weichen die Sitten und Verordnungen der einzelnen Staten von einander ab, und es ist nach Heffters Ausdruck (Völkerr. 217) „eine völlig gleichförmige Regel bei diesem völkerrechtlichen Privilegium nicht erweislich." Es ist z. B. keine Verletzung des Völkerrechts, wenn von dem Gesanten wie von andern Reisenden Strassen- und Brückengelder gefordert werden, obwohl das aus Höflichkeit oft unterlassen wird.

223.

Der Gesante ist verpflichtet, die Zollbefreiung, wenn ihm dieselbe für die Bedürfnisse seines Haushalts gewährt wird, in gutem Glauben zu gebrauchen und er darf dieselbe weder zu eigenen Handelszwecken ausbeuten, noch zu Gunsten dritter zollpflichtiger Personen missbrauchen. Das Völkerrecht hindert die Zollbehörden nicht, auch die Sendungen von Waaren an den Gesanten einer Prüfung zu unterwerfen, wenn nur das Hotel des Gesanten und diejenigen Räume (Statswagen, Archiv) verschont werden, für welche er den besondern Statsschutz in Anspruch nimmt und die Versicherung gibt, dass sie keine zollpflichtigen Güter in sich schliessen.

Wenn der Gesante zugleich Kaufmann ist, so sind seine Handelswaaren der gewöhnlichen Verzollung unterworfen. Die Zollbefreiung beruht im Grunde mehr auf Courtoisie als auf Recht; denn die Zölle lassen sich erheben, ohne die Immunität des Gesanten irgendwie zu gefährden, und so gut der Gesante die Lebensmittel, die Kleider, die Möbeln deren er bedarf, bezahlen muss, ebenso gut kann er die darauf gelegten Zölle bestreiten. Das deutsche Zollgesetz vom 8. Juli 1867 Art. 15 erkennt denn auch dieses Privilegium nicht als selbstverständlich an, und überlässt es den Regierungen, den Gesanten Freipässe, aber auf Rechnung der Regierungen auszustellen. In der Evening Post von New-York 14. April 1869 hat sich auch „Americanus" (Lieber) gegen dieses Privileg ausgesprochen, als nicht mehr zeitgemäss. Er wünscht aber mit Grund eine vertragsmässige Beseitigung derselben.

224.

In allen zweifelhaften Fällen, wo Conflicte über die Ausdehnung oder Beschränkung der Exterritorialität mit fremden Gesanten drohen, sollen die untern Landesbehörden es vermeiden, von sich aus dem Entscheide der obersten Regierungsautorität vorzugreifen und ist durch Verhandlung dieser mit der Gesantschaft ein freundliches Einverständniss anzustreben.

Es ist das eine zur Verhütung schädlicher Streitigkeiten wichtige Maxime. Der Amtseifer der Unterbehörden sieht leicht nur das Nachste und beurtheilt das nach dem gewöhnlichen Geschäftsgang, während die Centralregierung einen weiteren

Horizont von höherem Standpunkte aus überschaut und daher die Rucksichten von Stat zu Stat richtiger zu würdigen versteht. Der Gesante ist berechtigt, bei einem drohenden Conflicte mit einem Unterbeamten diesen darauf hinzuweisen, dass er wohl thue, an höhere Behörde zu berichten und weitere Befehle abzuwarten. Vgl. § 210.

225.

Der Gesante ist verpflichtet, die Selbständigkeit und Ehre des States, bei welchem er beglaubigt ist, sorgfältig zu achten. Er darf sich nicht in die innern Landesangelegenheiten ungebührlich einmischen, und hat sich aller autoritativen Acte zu enthalten, welche in den Bereich der Statshoheit des besendeten States eingreifen. Er soll alle Aufreizungen oder Drohungen oder Bestechungen unterlassen, durch welche die Freiheit des Volkes, die Autorität der Regierung und die Ehrbarkeit des politischen Lebens gefährdet oder verletzt würden.

Blosse Meinungsäusserung und Ertheilung von guten Räthen bezuglich der innern Politik, zumal im Privatverkehr, ist nicht als unerlaubte Einmischung zu betrachten Aber immerhin ist auch hier Massigung zu empfehlen, damit nicht der Eindruck einer versuchten Einmischung entstehe, welche der fremden Macht und ihrem Vertreter nicht zukommt. Die Grenze, welche die freie Besprechung von ungebuhrlicher Zudringlichkeit unterscheidet, kann nur durch den ausgebildeten Takt der Personen inne gehalten werden.

226.

Ohne Ermächtigung des Absendestats darf der Gesante weder Geschenke noch Orden von dem Empfangstate annehmen.

Die repräsentative Stellung des Gesanten erfordert nicht allein, dass der Gesante sich nicht durch persönliche Ehren oder Vortheile von dem besendeten State gewinnen lasse, sondern dass er auch den Schein einer solchen Gewinnung vermeide. Aber wenn der Absendestat daruber beruhigt ist und seine Zustimmung gibt, so ist der Gesante auch nicht gehindert, eine Auszeichnung von dem besendeten State anzunehmen.

---

9. Ende der diplomatischen Sendung.

227.

Wenn die diplomatische Sendung zu einem besondern Zweck geschehen ist, wie vorzüglich bei Ceremonialgesanten, so wird dieselbe durch Erfüllung des Auftrags beendigt.

228.

Ist der Gesante in fortdauernder Eigenschaft beglaubigt, so wird seine Gesantschaftsstellung gewöhnlich durch die Abberufung beendigt. Das dem besendeten State mitgetheilte Abberufungsschreiben (lettre de rappel) hebt die Geltung des Creditivs auf.

Dem Absendestat steht es jederzeit frei, seinen Gesanten abzuberufen. Die Abberufung kann aber erst für den besendeten Stat rechtsverbindlich wirken, wenn ihm dieselbe angezeigt worden ist.

229.

Der Tod oder die Abdankung des absendenden Souveräns hebt die Wirksamkeit des Creditivs nicht nothwendig auf.

Der Grund ist, weil das Statshaupt fortdauert, wenn gleich die Person des Fürsten wechselt und das Statshaupt den Gesanten ermächtigt hat, nicht das fürstliche Individuum. Uebungsgemass wird durch die Notification der Thronfolge ohne Abberufung die Fortdauer des alten Creditivs von Seite des Absendestats bestätigt.

230.

Wird dagegen der absendende Souverän durch eine Statsumwälzung entsetzt oder sonst gewaltsam entthront, so dass die Nachfolge nicht durch die regelmässige Thronfolge bestimmt wird, so wird die Fortdauer des alten Creditivs als zweifelhaft betrachtet. Uebungsgemäss wird in solchen Fällen ein neues Creditiv erwartet und gegeben.

Wenn aber der Absendestat durch eine blosse Notification das alte Creditiv bestätigt und der Empfangstat sich dabei beruhigt, so besteht kein völkerrechtliches Hemmniss seiner Gultigkeit Der Grund, wesshalb in diesen Fällen anders gehandelt wird, als in den vorigen Fällen, ist der, dass solche Umwälzungen zugleich eine Wandlung der Politik bedeuten und es daher zweifelhaft erscheint, ob der von der gestürzten Regierung ernannte Gesante auch das Vertrauen der neuen Regierung habe.

231.

Wenn der Souverän des Empfangstates stirbt, bei welchem der Gesante persönlich beglaubigt war, so wird übungsgemäss ein neues Creditiv an den Thronfolger ausgestellt. Aber es gibt kein völkerrechtliches Hinderniss, das alte Creditiv statlich fortwirken zu lassen.

Da der Stat und das Statshaupt dieselben bleiben, wenn gleich die Person des Fürsten geandert wird, so ist auch hier kein nöthigender Rechtsgrund vorhanden, um dem anerkannten Creditiv seine Wirksamkeit zu entziehen. Nur die diplomatische Sitte hat hier die Ausstellung eines neuen Creditivs eingeführt, wohl nur in der Absicht, den Gesanten und ihren Regierungen einen Anlass zu verschaffen, um den Verkehr mit dem neuen Fursten in feierlicher Weise einzuleiten. Gegenuber dem Regierungswechsel in Republiken besteht diese Uebung nicht, obwohl das Rechtsverhältniss daselbe ist.

232.

Wird der Souverän des Empfangstates gewaltsam entsetzt, so ist es zweifelhaft geworden, ob der Gesante ferner bei seiner Person oder bei der neuen Regierung beglaubigt sei. Wenn der Absendestat die letztere anerkennt, so wird eine Bestätigung des alten Creditivs oder selbst die Fortsetzung des Geschäftsverkehrs mit der neuen Regierung als genügend erachtet, um derselben gegenüber die Fortwirkung des Creditivs zu sichern.

Vgl. zu § 230. In solchen Fällen tritt oft anfangs ein Schwanken und eine Unsicherheit darüber ein, ob der Gesante noch bei dem gesturzten Souveran oder nun bei der neuen Regierung beglaubigt sei. Da beide ein Interesse haben, den Verkehr fortzusetzen, der erstere in der Hoffnung auf Wiederherstellung seiner Autorität, die letztere in der Absicht auf Sicherung ihrer neuen Stellung, so sind beide bereit, die Fortdauer des Creditivs zu gewahren und geneigt, in diesem Sinne das Verhalten der Gesanten auszulegen. Daher fordert keine von beiden Regierungen neue Creditive, sondern hält sich gerne an die ihrer Auffassung günstigen Aeusserungen oder Handlungen. Vgl. oben § 39 und unten § 237.

233.

Eine Aenderung in der Person des Ministers des Auswärtigen übt auch dann keinen Einfluss auf die Fortdauer des Creditivs aus, wenn dasselbe lediglich an das Ministerium gerichtet war.

Das ist der Fall bei den Creditiven der Geschäftsträger.

234.

Bei schweren Verletzungen der Rechte oder der Ehre seines States kann der Gesante, auch ohne seine Abberufung abzuwarten, seine Pässe fordern und den diplomatischen Verkehr abbrechen.

Seinem State gegenuber wird er freilich für eine solche Handlung verantwortlich; und diese Rucksicht wird ihn daher gewöhnlich abhalten, ohne besondern Auftrag einen derartigen Riss zu constatiren. Für die äussersten Fälle aber, insbesondere, wenn ein rascher Verkehr mit der Absenderegierung unterbrochen oder allzu schwierig ist, muss dieses Recht des Gesanten doch anerkannt werden. Dasselbe absolut verneinen, hiesse in solchen Fällen den repräsentirten Stat den grössten Gefahren und Beleidigungen vorerst preisgeben.

235.

Bei schwerer Verschuldung des Gesanten gegen den besendeten

Stat und ebenso in Folge eines ernsten Streites mit dem Absendestat, kann die besendete Regierung dem Gesanten ebenfalls einseitig seine Pässe zurückstellen und ihrerseits den diplomatischen Verkehr abbrechen.

Der Abbruch des Verkehrs und die Wegweisung des Gesanten ist nicht als ein Act der Willkür in das beliebige Ermessen der besendeten Regierung gestellt, sondern es bedarf, um diese schweren Massregeln völkerrechtlich zu rechtfertigen, eines ernsten Grundes. Ein neues Beispiel ist die von den Vereinigten Staten erwirkte Entfernung des russischen Gesanten. (Statsarch. 1871. 4606—4611.)

136.

Die Beförderung eines Gesanten zu höherer Rangclasse veranlasst übungsgemäss die Uebergabe eines neuen Creditivs. Aber inzwischen dauert das Recht der Vertretung auf Grundlage des alten Creditivs fort.

Ein Rechtsgrundsatz liegt dieser Uebung nicht zu Grunde. Würde der Absendestat die Rangerhöhung einfach notificiren, so wäre der Empfangstat nicht gehindert, das für genugend zu erachten.

237.

Eine blosse Unterbrechung der diplomatischen Sendung, welche die Fortwirkung des Creditivs zweifelhaft macht, findet Statt:

a) in Folge von Streitigkeiten, welche noch nicht zum Abbruch aber zu einstweiliger Einstellung der diplomatischen Functionen führen,

b) bei Statsumwälzungen in einem der beiden Länder, deren Ausgang noch ungewiss ist,

c) wenn der Gesante in Folge persönlicher Hindernisse vorübergehend ausser Stande ist, seine Thätigkeit fortzusetzen.

In zweifelhaften Fällen der ersten und zweiten Classe hängt es immerhin von dem Ermessen der Staten oder ihrer Gesanten ab, diesen Zweifeln eine grössere oder geringere Wirkung zu verstatten. In Fällen der dritten Art wird die Verhandlung mit Nothwendigkeit unterbrochen. Dahin gehört z. B. die Absperrung der Verbindung in Kriegszeiten, oder eine Krankheit des Gesanten, die ihn zur Vertretung unfähig macht — ohne Zwischenvertretung — u. dgl. In dieser Zwischenzeit wird die Wirksamkeit des Creditivs als suspendirt betrachtet. Wenn jedoch das Hemmniss beseitigt, oder die Ungewissheit zu Gunsten der Fortsetzung des diplomatischen Verkehrs gehoben wird, so tritt das alte Creditiv wieder in volle Kraft und wird angenommen, es habe auch in des Zwischenzeit gegolten. Wird umgekehrt diese Zwischenzeit durch den Abbruch des Verkehrs beendigt, so wird angenommen, das suspendirte Creditiv sei unwirksam geblieben.

238.

Wird die diplomatische Sendung in friedlicher Weise durch Abberufung des Gesanten beendigt und ist derselbe bei dem Souverän persönlich beglaubigt, so kann eine dem feierlichen Empfang entsprechende feierliche Verabschiedung des Gesanten stattfinden. Der Gesante erhält dann gegen das Abberufungsschreiben von dem Souverän des besendeten Stats ein Recreditivschreiben (lettres de récréance) an den Souverän des Absendestats, welches die Beendigung des bisherigen Repräsentationsverhältnisses beurkundet.

Jene Feierlichkeit und dieses Recreditiv sind aber nicht nothwendig, um das frühere Creditiv ausser Wirksamkeit zu setzen.

239.

Unter allen Umständen, selbst nach einer Kriegserklärung, hat der Empfangstat die Pflicht, dafür zu sorgen, dass der scheidende Gesante unversehrt das Statsgebiet verlassen könne. Wenn nöthig, hat er ihm bewaffnete Bedeckung zum Schutze beizugeben.

Die Unverletzbarkeit des Gesanten ist wie bei der Herreise so auch bei der Rückreise zu wahren; und es ist Pflicht des States, die Gefahren, welche ihm, namentlich von aufgeregten Parteien drohen, durch seine Schutzmittel zu entfernen. Dabei wird indessen vorausgesetzt, dass der Gesante ohne Verzug, sobald es die Natur der Verhältnisse gestatten, zurückreise. Will er dauernd in dem Lande bleiben, in dem er früher als Gesanter fungirt hat, so tritt er durchaus in die Stellung eines Privatmanns zurück und hat keinen weitern Anspruch auf einen besondern qualificirten Schutz.

240.

Stirbt der fremde Gesante innerhalb des einheimischen Statsgebiets, so pflegt übungsgemäss die eigene Kanzlei, oder wenn keine geeignete Person in derselben vorhanden ist, eine befreundete Gesantschaft die Verlassenschaft unter Siegel zu nehmen und einstweilen sicher zu stellen. Nur im Nothfall, wenn überall keine derartige Hülfe zur Stelle ist, wird die Siegelung von der einheimischen Behörde vorzunehmen sein. Unter allen Umständen aber hat sich die fremde einschreitende Behörde jeder Durchsuchung der Gesantschaftspapiere zu enthalten und sich auf Sicherstellung derselben zu beschränken. Die Leiche darf in die Heimat des Gesanten abgeführt werden.

III. Von den Agenten und Commissären.

241.

Blosse Beauftragte für nicht völkerrechtliche und nicht internationale Angelegenheiten eines auswärtigen States haben keinen völkerrechtlichen Charakter.

Dahin gehören z. B. Agenten zum Abschluss eines Darlehens mit Privatgläubigern, zum Ankauf von Lebensmitteln, zur Bestellung von Waffen in fremden Fabriken u. dgl.

242.

Die geheimen Agenten, welche zwar in der Absicht entsendet werden, die öffentlichen Interessen eines States in fremdem Lande zu wahren, aber ohne als Statsbeauftragte daselbst amtlich bezeichnet zu werden, haben auch wenn sie sich als geheime Agenten zu erkennen geben, keinen Anspruch auf einen besondern völkerrechtlichen Schutz.

Sie werden nur als Privatpersonen, nicht als Repräsentanten des Stats betrachtet, und geniessen daher nur den allgemeinen Rechtsschutz für die Fremden überhaupt. Dahin gehören auch diejenigen Personen, welche als Techniker oder Experten die Einrichtungen in einem fremden Lande studiren und darüber Bericht erstatten sollen.

243.

Dagegen stehen öffentlich ermächtigte Personen (Agenten und Commissäre), welche ohne den Charakter von Gesanten zu haben, von einem State oder von dessen Behörden an einen andern Stat oder dessen Behörden abgeschickt werden, um gewisse öffentliche Geschäfte daselbst abzumachen, unter dem besondern Schutze des Völkerrechts. Aber auf Exemtion von der Gerichtsbarkeit und auf Exterritorialität haben solche Personen keinen Anspruch, wenn nicht und so weit nicht durch besondere Vergünstigung des besendeten States ihnen solches verstattet worden ist.

Solche Sendungen kommen auch in untergeordneten Zweigen der Polizei- oder Gerichtsverwaltung, in Angelegenheiten des Strassenwesens, der Post- und Eisenbahnverbindung, der Grenzregulirung, des Uferschutzes und Wasserbaues, bei internationalen Industrieausstellungen u. s. f. vor. Weil sie entweder eine völkerrechtliche Mission haben, insofern die Beziehungen von Stat zu Stat zu ordnen sind, oder doch eine internationale und zugleich amtliche Aufgabe in einem fremden State zu lösen berufen sind, so verdienen sie eine besondere Berücksichtigung des Völkerrechts.

IV. Von den Consuln.

244.

Die Consuln sind nicht wie die Gesanten beglaubigte Vertreter fremder Staten im völkerrechtlichen Verkehr, aber sie sind anerkannte Vertreter und Schützer des internationalen Privatverkehrs der Fremden im Inland, beziehungsweise der Einheimischen im Ausland, innerhalb ihres Consularbereichs.

Das Institut der Consuln, im Mittelalter aus den städtischen Handelskörperschaften hervorgegangen, hat eher eine gesellschaftliche als politische, eher eine internationale als zwischenstatliche Bedeutung. Die Consuln dienen vorzüglich dem Privatverkehr der verschiedenen Nationen auch in der Fremde, nicht dem Verkehr der Staten.

245.

Die Consuln erhalten, wenn sie nicht zugleich Geschäftsträger und daher Gesante sind, kein Creditiv, aber ein Patent von der Regierung, welche sie beauftragt. Dieses Patent (lettre de provision) wird dem Ministerium des Auswärtigen in dem Lande mitgetheilt, wo das Consulat seinen Sitz hat.

Der Consul bedarf keines Creditivs, weil er nicht ermächtigt ist, fur den Stat als dessen Vertreter zu handeln. Aber er bedarf eines Patents, weil er genöthigt ist, in dem fremden Lande den Auftrag eines States zu documentiren.

246.

Damit der fremde Consul im Inland anerkannt und zu seiner Wirksamkeit legitimirt werde, ist das sogenannte Exequatur von Seite der einheimischen Statsgewalt nothwendig, d. h. die Anweisung an die untern Orts- und Bezirksbehörden, mit dem Consul so weit nöthig in amtlichen Verkehr zu treten.

Das Exequatur ist ein schriftlicher Auftrag der Statsregierung an die untergeordneten Behörden, den fremden Consul in solcher Eigenschaft anzuerkennen und demgemäss zu behandeln. Bevor das Exequatur ertheilt ist, darf der Consul keine amtlichen Functionen ausüben.

247.

Es hängt von der einheimischen Regierung ab, ob sie in einzelnen Städten die Errichtung von Consulaten gestatten wolle.

Auch dieser Entscheid beruht nicht auf blosser Laune und Willkür. Wo ein grosser und bedeutsamer Handelsverkehr seinen festen Sitz hat, wo insbesondere in den Seestädten, die zugleich Handelsstädte sind, da wird die Errichtung von

Consulaten im Interesse dieses Verkehrs schicklicher Weise nicht versagt werden können und würde die unmotivirte Ausschliessung der Consuln eines States, während andern Staten die Errichtung von Consulaten verstattet würde, von jenem State mit Recht als eine Beleidigung angesehen.

248.

Ebenso ist die Landesregierung berechtigt, einer bestimmten ihr missfälligen oder ungeeignet erscheinenden Person das Exequatur zu verweigern.

In dem Exequatur liegt auch die Anerkennung, dass der Consul keine ingrata persona sei. Die Weigerung, das Exequator einer bestimmten Person zu ertheilen, bedarf keiner Angabe der besonderen Gründe, aus welchen diese Person missfalle.

249.

Ob ein Consul aus seiner Heimat gesendet oder unter den Bewohnern des Consulatssitzes, und sogar unter den Unterthanen des States, wo das Consulat gelegen ist, ernannt werde, ist für den Rang, wie für die Rechte und Pflichten der Consuln nicht erheblich.

Indessen werden den Consuln, welche ausschliesslich oder doch vorzugsweise dem Consularberufe leben und nicht ein Privatgewerbe als Hauptberuf betreiben, den Berufs- und Amtsconsuln (consules missi) eher die Privilegien der diplomatischen Personen verstattet, als den Wahlconsuln (consules electi), welche das Consulat nur als Nebengeschäft verwalten.

Die Ausdehnung der Consulatsgeschafte wird manchenorts so gross, dass die Thätigkeit eines ganzen Mannes erfordert wird und die Nation hat ein so grosses Interesse, die Rechte ihrer Angehörigen im Auslande sorgfältig und unparteiisch gewahrt und umsichtig geschützt zu wissen, dass dafur die blosse Nebenverwendung eines Kaufmanns und seiner Commis nicht mehr genügt, sondern die besser geschulte Thätigkeit von ordentlichen Beamten erfordert wird. So ausgedehnte Amtspflichten werden von besoldeten Berufsconsuln erfüllt. Die Verbesserung des Consularwesens beruht zu gutem Theil darauf, dass an den wichtigsten Verkehrsknoten Berufs- und Amtsconsulate errichtet werden, an welche sich dann eine Anzahl von Nebenconsulaten der Kaufleute anschliessen. Die Englander, die Nordamerikaner und die Franzosen haben die Nothwendigkeit besoldeter Consulate viel früher begriffen, als die Deutschen (Preussen) und die Schweizer. Vgl. die Zusammenstellung bei Quehl d. preussische und deutsche Consularwesen. Berlin 1863. S. 221. Das deutsche Consulatswesen (Reichsverf. Art. 56) ist nun durch das Gesetz vom 8. Nov. 1867 geordnet worden. Die Berufsconsuln müssen Reichsangehörige sein und sich über ihre wissenschaftlichen Kenntnisse ausweisen. Sie dürfen keine Handelsgeschäfte betreiben. Für die Wohlconsuln bestehen diese Schranken nicht.

250.

Die Consuln sind insofern auch politische und diplomatische Agenten, als sie

a) beauftragt sind, über die Erfüllung der Handels- und anderer Verkehrsverträge zu wachen und wenn widerrechtlich verfahren würde, die Ortsbehörden um Abhülfe anzugehen, beziehungsweise ein höheres Einschreiten ihrer Gesanten oder Regierung anzuregen,
b) als ihnen von ihrer Regierung aufgetragen wird, über die öffentlichen Zustände auch des fremden Landes Bericht zu erstatten,
c) als sie besondere politische Vollmachten erhalten.

Ihre amtlichen Acten und ihre Correspondenz mit ihrer Regierung oder ihrer Gesantschaft oder andern Consuln stehen unter dem Schutz des Völkerrechts und dürfen von der einheimischen Statsgewalt nicht durchsucht werden.

Es besteht kein Hinderniss für den Stat, der Consuln bestellt, sich derselben auch zu politischer Berichterstattung zu bedienen. Da die Consuln gewöhnlich nicht in der Residenz, sondern in einer Provincialstadt wohnen und nicht mit der dortigen Regierung, sondern durchweg mit den Burgern verkehren, so werden ihre Wahrnehmungen einen andern Gesichtskreis und einen andern Charakter haben als die der Gesanten, aber sie können trotzdem von hohem Werthe sein für die Kenntniss der Zustände und die Beziehungen sowohl der betreffenden Staten als der Nationen. Wichtiger aber als die politischen Berichte, die doch nur ausnahmsweise den Consuln obliegen, sind die commerciellen Berichte, welche vorzugsweise in den Geschäftskreis der Consuln gehören. Die Consuln können für die Handels-, Verkehrs- und Culturinteressen ihrer Landsleute durch einfache Mittheilung statistischen Materials und ihrer eigenen Wahrnehmungen nach Umständen sehr nützlich wirken. Auch diese Seite der internationalen Wirthschafts- und Culturpflege ist noch einer fruchtbaren Entwicklung fähig.

251.

Die Consuln dürfen ihren Statsgenossen Pässe in fremde Lande ausstellen und ebenso ihren dort erscheinenden Statsfremden Pässe in das Statsgebiet, dessen Auftrag sie erhalten haben.

Der Pass ist nur eine Legitimationsurkunde, ausgestellt zu Gunsten eines Reisenden, um denselben dem Schutz der fernen Behörden zu empfehlen, und allfällige Hindernisse der freien Bewegung wegzuraumen. Da die Consuln vornehmlich die Interessen des Fremdenverkehrs zu wahren haben, so eignen sie sich zur Ausstellung solcher Pässe, die freilich in Folge des allgemeinen und leichter gewordenen Verkehrs glücklicher Weise grossentheils entbehrlich geworden sind.

Indessen hängt es von dem beauftragenden State ab, diese Vollmacht der Consuln zur Passausstellung oder selbst zum Passiva zu verweigern oder zu beschränken. Die englischen Consuln z. B. sind darin beschränkt. Verordnung von 1846 § 29.

252.

Die Consuln haben keine Gerichtsbarkeit zu üben, wenn nicht ausnahmsweise ihnen eine solche übertragen und in dem Lande ihrer Wirksamkeit anerkannt worden ist.

Vom Mittelalter her haben die europaischen (fränkischen) Consuln in der Levante und in den Muhammedanischen Staten, vorzüglich an den Küsten des Mittelländischen Meeres eine derartige Ausnahmsstellung. Auch in den Ostasiatischen Staten hat dieselbe eine neue Anwendung erhalten. Diese Consularjurisdiction hat aber grosse Uebel zur Folge. Wenn nämlich in Einer Stadt mit Bezug auf dieselben Rechtsgeschafte ganz verschiedene Gesetze und Processregeln vor den verschiedenen Consuln zur Geltung kommen, so entsteht daraus eine arge Rechtsverwirrung und Rechtsunsicherheit. Der Instanzenweg an die heimatlichen Obergerichte veranlasst grosse Kosten und vielen Zeitaufwand. Die Widerspruche der Rechte werden empfindlicher, wenn die Processparteien selber verschiedenen Ländern angehoren. Die mangelhafte Rechtsbildung der Consuln bewahrt dieselben nicht vor Missgriffen und Versehen. Unterschleife und Missbrauche aller Art sind schwer zu vermeiden. Um diesen Uebelstanden zu begegnen, hat der Khedive von Aegypten im Jahr 1875 mit Einwilligung der europaischen Mächte einen internationalen aus Aegyptiern und fremden Richtern gemischten Gerichtshof eingesetzt, der anstatt der Consulargerichte nach einem gemeinsamen internationalen Verfahren die Processe der Europäer unter sich oder mit Aegyptiern beurtheilen soll, mit Beseitigung der Consulargerichtsbarkeit.. Der Versuch setzt eine gemeinsame (internationale) Handelsgesetzgebung voraus, die ohnehin ein Bedürfniss der modernen Welt ist. Vgl. unten § 269.

253.

In Streitigkeiten ihrer Landleute können sie zu Schiedsrichtern erwählt werden.

In diesem Falle haben sie dafür zu sorgen, dass auf die Berufung gegen ihren Spruch an die Ortsgerichte verzichtet werde. Ohne diese Clausel ist Gefahr vorhanden, dass der Spruch des Consuls, der vielleicht dem Landesrecht der Parteien entspricht, von den Ortsgerichten, die ein anderes Recht befolgen, verworfen und dadurch auch die Stellung des Consuls und das von ihm beachtete Recht seines States compromittirt werden.

254.

Sie sind berechtigt und verpflichtet, die Rechte abwesender und nicht gehörig vertretener Statsgenossen in dem fremden Gebiete zu schützen, indem sie zu diesem Behuf die erforderlichen Massregeln ergreifen und einleiten.

Sie haben weder imperium noch jurisdictio, aber eine Art von Patronat und Procuratur in Nothfallen im Interesse ihrer Landsleute. Es ist durchaus grundlos und unpassend, diese internationale Rechtshulfe auf die Kaufleute und die Schiffsmannschaft zu beschränken. Die andern Reisenden haben ganz denselben Anspruch auf Schutz im Auslande, wie Handelsleute.

255.

Sie können daher Verlassenschaften ihrer Landsleute unter Siegel stellen und Gelder derselben, sowie Waaren, Schuldtitel und andere Vermögensstücke in amtliche Verwahrung nehmen.

Unter „Landsleuten" verstehen wir in diesem Zusammenhang die Bürger und Unterthanen des States, dem die Consuln dienen, im weiteren Sinne werden aber die Personen mitbegriffen, welchen der Stat im Ausland als seinen Schutzbefohlenen und Schutzverwanten dieselbe Hülfe gewährt. Wenn die anwesenden Erben sich selber helfen, so wird die Verlassenschaftspflege des Consuls entbehrlich.

256.

Wo es das Recht und die Interessen ihrer Landsleute erfordern und diese verhindert sind, für sich selber zu sorgen, können die Consuln für dieselben bei den Orts- und Landesbehörden die zur Sicherstellung derselben nöthigen Anträge stellen, Beschwerden erheben, Proteste einreichen.

Das Recht der Consuln zur Vertretung fur ihre schutzbedürftigen Landsleute ist freilich nur ein Nothrecht und beschränkt sich daher auch auf die Nothhülfe. Die Consuln sind demnach nicht berechtigt, für dieselben Speculationsgeschäfte zu machen, sondern nur berechtigt, diejenigen Vorsichtsmassregeln zu ergreifen, welche zur Erhaltung ihres Vermögens und insbesondere zur Abwendung von drohendem Schaden dienen. Dagegen bedurfen sie zu einer bloss schützenden Vertretung selbst im Process vor Gericht keiner besonderen Vollmacht. (Vgl. Kent Comment. I. S. 42.)

257.

Sie sind als ermächtigt zu betrachten, in Nothfällen diejenige Hülfe zu gewähren, welche erforderlich ist, um ihren Landsleuten die Rückkehr in ihre Heimat möglich zu machen oder hilfsbedürftigen Landsleuten in Nothfällen die unentbehrliche Unterstützung auf öffentliche Kosten zu gewähren.

Die Consuln vertreten die Statshülfe, die sonst innerhalb des Statsgebiets in Nothfällen gewährt wird, in der Fremde. Durch sie erstreckt der Stat seine rettenden Hände über den Erdboden hin. Aber keinenfalls reicht diese amtliche Sorge über die Bedingungen und den Umfang der regelmassig geübten Statshulfe hinaus; denn es ist kein Grund, die Bürger ausserhalb ihrer Heimat besser zu schutzen, als in derselben. Es darf daher die Ermächtigung zu solcher Hulfe nur unter sehr engen Bedingungen und in engem Umfang verstanden und keineswegs auf eine allgemeine Unterstützung aller Personen ausgedehnt werden, welche in dem fremden Lande sich nur schwer ernähren können und es vorziehen, auf öffentliche Kosten wieder heimzukehren.

258.

Die Consuln der Seestädte und der an Flüssen oder Binnenseen gelegenen Städte, welche mit dem Seeverkehr in Verbindung sind, üben innerhalb gewisser Schranken eine Schiffspolizei aus bezüglich der Handels- und Verkehrsschiffe ihrer Landsleute.

Sie prüfen und visiren die Schiffspapiere und ertheilen die erforderlichen Bescheinigungen zum Ein- und Auslauf.

Diese Schiffspolizei findet ihre Schranken a) in der Polizeihoheit des States, in dessen Gebiet sich die Schiffe befinden, b) in der Rücksicht auf die nationalen Interessen, welche von dem Consul im Ausland zu wahren sind, c) darin, dass dieselbe sich nur „innerhalb des Schiffsraums" geltend machen kann.

259.

Bei Streitigkeiten zwischen dem Schiffscapitän und den Schiffsleuten (Matrosen oder Passagieren) üben sie das Vermittleramt aus und sind berechtigt, erhebliche Thatsachen festzustellen und zu beurkunden, und unerlässliche Vorsichtsmassregeln zu treffen zum Behuf des Rechtsschutzes.

Diese vermittelnde Stellung wird von dem Consul auf Ansuchen einer der beiden Parteien eingenommen, die schiedsrichterliche (§ 253) nur im Einverständniss beider Parteien. Das deutsche Handelsgesetzbuch ertheilt den Consuln sogar eine provisorische Gerichtsbarkeit über die Schiffsmannschaft (Art. 537).

260.

Die Gebiets- und Gerichtshoheit über die fremden Schiffe in einheimischen Häfen kommt in der Regel dem einheimischen State zu. Aber soweit die Streitigkeiten auf das Schiff und die darauf fahrenden Personen beschränkt sind, die Ordnung des Landes oder Hafens nicht gefährdet erscheint und die einheimische Behörde nicht um ihr Einschreiten angerufen wird, kann der Consul auch eine Disciplinargewalt üben und das Nöthige im Interesse der guten Ordnung und des Friedens anordnen.

Es kann ein solches Einschreiten des Consuls wichtig werden z. B. in Fällen von Insubordination der Matrosen oder Unfugsamkeit der Passagiere auf den Schiffen oder gegenüber von Willkürlichkeit, Grausamkeit oder Sorglosigkeit eines Schiffscapitäns. Der Consul erscheint dabei immerhin als eine statlich anerkannte und ermächtigte Autorität, welche in Ermanglung der Landesautorität die statliche Ordnung und Sorge darstellt und handhabt. Die Grenze solcher Disciplinargewalt ist nicht überall dieselbe, sie verschiebt sich nach den besondern Landessitten und Umständen. In einem civilisirten Lande wird sie enger zu bemessen sein, als an einer barbarischen Küste oder unter Wilden, wo es überhaupt an einer wirksamen Statsgewalt fehlt. Vgl. unten IV. 323.

261.

Wenn Matrosen desertirten, so kann der Consul die Landesbehörden angehen, dass dieselben wieder eingefangen und auf das Schiff zurückgebracht werden.

Die Gefahren für die Schifffahrt und die daran geknüpften Interessen sind in diesem Fall so gross, dass sie einen persönlichen Zwang gegen desertirende Matrosen rechtfertigen. Der Consul ist aber wieder berufen, in diesem Nothfalle dem Schiffsführer hülfreich beizustehn.

262.

Die Consuln sind auf Begehr der Betheiligten verpflichtet, den Seeschaden sowohl der grossen (gemeinschaftlichen) als der besonderen Haverei, soweit derselbe aus dem thatsächlichen Zustande ersichtlich ist, zu constatiren, nöthigenfalls mit Zuzug von Sachverständigen und darüber Urkunde auszustellen.

Als grosse Haverei versteht man alle „Schäden, welche dem Schiff oder der Ladung oder beiden zum Zweck der Errettung beider aus einer gemeinsamen Gefahr von dem Schiffer oder auf dessen Geheiss vorsätzlich zugefügt werden, sowie auch die durch solche Massregeln ferner verursachten Schäden und die Kosten, welche zu diesem Zweck aufgewendet werden". Begriffsbestimmung des deutschen Handelsgesetzbuchs Art. 702. Die grosse Haverei wird von Schiff, Fracht und Ladung gemeinschaftlich getragen. Anderer durch einen Unfall verursachter Seeschaden wird als besondere Haverei betrachtet (Deutsches Handelsg. Art. 703) und von den Eigenthümern des Schiffs und der Ladung von jedem einzeln für sich getragen.

263.

Sie ertheilen nach Bedürfniss Ermächtigung zu den nöthigen Schiffsreparaturen und wenn das Schiff seeuntüchtig ist, selbst zum Verkaufe desselben.

Natürlich wieder unter der Voraussetzung, dass nicht der Schiffseigenthümer selber zur Stelle ist oder sein Bevollmächtigter für ihn handeln kann.

264.

Im Falle eines Schiffbruchs in dem Bereich oder in der Nähe

ihres Consulats sind sie ermächtigt, Alles zu verfügen, was nöthig ist, um die schiffbrüchigen Personen zu retten und von Schiff und Ladung möglichst viel Vermögen zu bewahren. Zu diesem Behuf können sie auch den Verkauf der geborgenen Güter vornehmen und haben im Nothfall die Liquidation zu besorgen oder zu überwachen. Sie haben darüber durch Vermittlung ihrer Regierung den Betheiligten Rechnung abzulegen, und sind denselben für getreue Geschäftsführung verantwortlich.

Bei Schiffbrüchen wird das Bedurfniss einer Nothhülfe in höchstem Masse fuhlbar. Um desswillen wird auch die Thätigkeit der Consuln hier besonders angestrengt, und ihre Vertretungsvollmacht in weitestem Umfange ausgelegt.

265.

Je nach ihrem Landesrecht sind die Consuln berechtigt, den Civilstand ihrer Landsleute zu beurkunden und ihren Landsleuten als Notare zu dienen und die Standesregister zu führen. Sie nehmen demgemäss Act von Geburten und Todesfällen ihrer Landsleute und wirken nach Umständen bei Eheschliessungen mit, an der Stelle des bürgerlichen Beamten.

Ob und in welchen Formen die Consuln auch die Functionen des Civilstandsbeamten im Auslande zu besorgen haben, hängt freilich zunächst von ihren besonderen Instructionen und der Beschaffenheit des Landesrechts ab, welches fur die Statsgenossen diese Dinge regelt. Wo die Civilstandsbücher nach der Weise des Mittelalters noch vorzugsweise oder ausschliesslich durch die Geistlichen besorgt werden, da wird jene Thätigkeit weniger in Anspruch genommen werden, als wo das System der bürgerlichen Standesbücher durchgeführt ist. Vgl. oben zu Art. 221.

266.

Nur ausnahmsweise, in Folge besonderer Ermächtigung ihrer Statsgewalt, ertheilen sie auch Volljährigkeitserklärungen.

Das ist ein Act der Statsgewalt im Sinn der jurisdictio; und diese hat der Consul in der Regel nicht zu üben. Indessen wird angenommen, wenn der ernennende Stat die Ermächtigung dazu gebe, habe der Stat des Consulatssitzes kein Interesse, einer solchen — wesentlich privatrechtlichen — Verfügung entgegen zu treten. Daher bedarf es keiner besonderen Erlaubniss desselben.

267.

Den Consuln wird das Recht der Exterritorialität nicht zugestanden. Auch sind sie in der Regel von der Ortsgerichtsbarkeit nicht befreit. Sie haben keinen besonderen Anspruch auf Steuerbefreiung.

Weil sie nicht den Stat repräsentiren, sondern, wenn auch im Namen und Auftrag eines fremden Stats hauptsächlich Privatinteressen vertreten, so kommen ihnen die Privilegien der Gesanten nicht zu.

268.

Indessen erfordert die internationale und die völkerrechtliche Bedeutung des Consulats eine schonende Rücksicht auf die Würde des Amts und die Sicherung seiner Wirksamkeit. Insbesondere ist eine Verhaftung des Consuls nur im Nothfall zulässig und sind seine Amtspapiere vor unberufener Durchsicht zu bewahren.

Oefter ist für die Consuln die Befreiung von jeder Haft gefordert worden, indessen ohne zureichenden Grund. Wenn der Consul eines Vergehens angeklagt wird, so wird auf den Stat, der ihm das Amt übertragen hat, insoweit Rücksicht zu nehmen sein, als die Interessen des Amtes und die Ehre des States es erfordern; weiter nicht. Im Uebrigen geht der Process in gewohntem Gange fort. Es wird unter Umständen rathsam sein, den Consul nur in seiner Wohnung bewachen zu lassen, statt in ein öffentliches Gefängniss abzuführen, bis auch der Auftrag gebende Stat unterrichtet sein und Vorsorge für eine andere Vertretung getroffen haben wird.

269.

Die Consuln christlicher Staten in nicht-christlichen Ländern erhalten gewöhnlich weiter gehende Vollmachten auch der Gerichtsbarkeit und haben dann Theil an einer ausgedehnteren Immunität, ähnlich den Geschäftsträgern.

Der Grund liegt in der grösseren Verschiedenheit der ganzen Stats- und Rechtsordnung. Sie lässt es als ein Bedürfniss erscheinen, dass über die Unterthanen der erstern Staten nicht eine völlig fremdartige Gerichtsbarkeit geübt, sondern ihre Rechtsverhältnisse mehr nach ihrem heimischen Recht beurtheilt werden. Zu den Consulaten in der Levante und in den Mohammedanischen Staten des Mittelmeers kommen in neuerer Zeit auch die Consulate in China und Japan und auf den Inseln des chinesischen und stillen Weltmeers hinzu. Diese Consuln repräsentiren dann als Träger der Gerichtsbarkeit auch den Stat in höherem Grade als die gewöhnlichen Consuln, wenn gleich noch in minderem Grade als die eigentlichen Gesanten. Daher rechtfertigt sich eine massige Ausdehnung der Privilegien der Gesanten auf sie. Preussisches Gesetz vom 29. Juni 1865 über die Gerichtsbarkeit der Consuln.

Die Gerichtsbarkeit der Consuln in der Levante hat indessen zu vielen und schweren Uebelstanden geführt. Durch die vielen verschiedenen Gerichte und Rechte neben einander an demselben Orte wird Rechtsverschiedenheit und Rechtsverwirrung erzeugt. Die Widersprüche der nationalen Rechte werden dann noch empfindlicher verspürt, wenn die Processparteien verschiedenen Nationen und Staten angehören. Durch die Appellationen an die heimatlichen Obergerichte werden die Kosten und Hindernisse der Justiz vergrössert. Unterschleife und Rechtschikanen werden begünstigt. Der Khedive von Aegypten versuchte daher durch die Einführung eines aus Europäern und Aegyptiern gemischten internationalen Gerichtshofes diese Uebel zu verbessern (1875) und die europäischen Mächte wirkten vorerst auf Probe zu dem Versuche mit.

270.

Es ist Sache des Stats, welcher den Consul bestellt, sei es demselben eine Besoldung auszusetzen, sei es, die Gebühren zu bestimmen, welche derselbe für seine Verrichtungen erheben darf.

Die einen Consuln sind besoldet, die andern nicht. Dass der Ernennungsstat das zu bestimmen hat, ist selbstverständlich. Aber auch das Recht, die Gebühren für die Amtsverrichtungen festzusetzen, steht diesem State zu und es wird darin nicht ein Eingriff in die ausschliessliche Finanzhoheit der Ortsregierung gesehen, weil diese Verrichtungen sich immer nur auf fremde Personen beziehen, welche die Thätigkeit des Consuls in Anspruch nehmen.

271.

Ebenso ordnet der Ernennungsstat die Rangclassen seiner Consuln. Die Errichtung eines Generalconsulats, welchem andere Consulate untergeordnet werden, bedarf der Zulassung des States, in dem dasselbe gegründet wird.

Die Unterscheidungen der Generalkonsuln, ferner der Consuln erster und zweiter Classe und der Viceconsuln haben grossen Theils ihre Bedeutung in der verschiedenen Rangstufe, weniger in der Verschiedenheit der Functionen und Aufgaben. Indessen kann ein Verhältniss der Ueber- und Unterordnung stattfinden. Insbesondere üben die Generalconsuln gewöhnlich eine Aufsicht über die andern Consulate eines bestimmten Bereiches aus; und nehmen die blossen Consularagenten überhaupt keine selbständige Stellung ein, sondern sind Hülfsarbeiter eines Consuls.

272.

Die Consuln sind berechtigt, ihre Wohnung mit dem Wappen und der Flagge ihres States zu bezeichnen und damit ihren völkerrechtlichen Charakter auch dem Publikum gegenüber darzustellen.

273.

Die Statsgewalt, welche den Consul bestellt, kann jederzeit ihren Auftrag zurückziehen. Solches ist aber der Regierung des Aufnahmestats anzuzeigen.

Damit erlöscht auch die Wirksamkeit des Exequatur von Rechtswegen.

274.

Ebenso kann die Statsgewalt des Consulatssitzes ihr Exequatur widerrufen, wenn dafür ernste Gründe vorhanden sind. Sobald dem Consul das zur Kenntniss gekommen ist, hat er seine amtlichen Verrichtungen einzustellen.

275.

Gehört der Consul nicht dem Lande des Consulatssitzes an, so ist der Aufnahmestat verpflichtet, auch für sichern Wegzug des abberufenen oder entlassenen Consuls zu sorgen.

Vgl. zu 125.

Viertes Buch.

Die Statshoheit im Verhältniss zum Land.

Gebietshoheit.

1. Bedeutung, Erwerb und Verlust der Gebietshoheit.

276.

Die Statshoheit (Souveränetät) heisst in ihrer Anwendung auf ein bestimmtes, dem State zugehöriges Gebiet (Reich, Land) Gebietshoheit.

Die Gebietshoheit, als einzelne Anwendung der nach innen gerichteten Souveränetät, ist zunächst ein Begriff des Statsrechts: aber inwiefern das Völkerrecht diese Anwendung in den Verhältnissen und Beziehungen der verschiedenen Staten anerkennt und schutzt, erhält dieselbe eine völkerrechtliche Bedeutung.

277.

In der Gebietshoheit liegt nicht das Eigenthum an dem Boden. Inwiefern aber der Boden des Privateigenthums nicht fähig ist, wie bei öffentlichen Gewässern, Wüsten, Gletschern und ähnlicher Wildniss, oder wenn der Boden zwar des Eigenthums fähig aber noch nicht in Besitz genommen und zu Eigenthum erworben worden ist, oder wenn derselbe von den Besitzern und Eigenthümern wieder verlassen worden und ins Freie zurückgefallen ist, insoweit steht dem State, welcher die Gebietshoheit hat, auch das Recht zu, über solchen Boden wirthschaftlich zu verfügen, beziehungsweise Eigenthum daran zu verleihen oder die Besitznahme zu gewähren.

1. Die Gebietshoheit gehört dem öffentlichen, wie das Eigenthum dem Privatrecht an und beide Arten der Herrschaft treffen nicht zusammen. Die

Person, welcher Gebietshoheit zukommt, ist und kann nur sein **der Stat**, weil nur der Stat die öffentlichen Hoheitsrechte und daher öffentliche Herrschaft hat. Dagegen das Eigenthum, welches nur Privatherrschaft ist, kommt umgekehrt nur den **Privatpersonen** zu, welche dasselbe als Privatgut verwerthen können. Wenn der Stat zufällig auch Privateigenthum hat, so hat er es nicht als Stat, sondern ebenso wie jede andere Privatperson und verfügt darüber in den Geschäftsformen des Privatrechts.

2. Nur insofern macht sich die öffentlich-rechtliche Statsherrschaft auch in wirthschaftlicher Richtung anstatt des Eigenthums an solchem Boden geltend, an welchem entweder Privateigenthum **nicht möglich** oder **nicht** (noch nicht oder nicht mehr) **vorhanden** ist. In der letztern Hinsicht freilich sind zwei Meinungen möglich und beide in der Rechtsbildung vertreten. Nach der einen ist der **eigenthumsfähige** aber nicht im Eigenthum befindliche Boden als **herrenlose Sache** zu betrachten, welche durch freie Besitznahme (occupatio) ins Eigenthum gelangt. Nach der andern macht sich die Gebietshoheit an dem eigenthümerlosen Boden nach allen Seiten als **ursprünglich statliche Bodenherrschaft** geltend und kann daher nicht Jedermann denselben willkürlich sich aneignen, sondern bedarf man dazu der **Ermächtigung des Stats**. War die erste Meinung wenigstens zum Theil in dem alten **römischen** Recht anerkannt, so beherrscht die letztere Meinung, welche den **germanischen** Rechtsansichten entspricht, die moderne Welt. Am grossartigsten wird dieselbe in den Colonien **Englands** und der **Vereinigten Staten** von **Nordamerika** durchgeführt. Die Interessen einer geordneten und friedlichen Besitznahme und Cultivirung des Bodens werden offenbar durch die letztere Rechtsbildung besser geschützt und gefördert als durch die erstere.

3. Der **unwirthliche**, des Eigenthums unfähige Boden kann auch nicht im Eigenthum des Stats sein, obwohl man die Hoheit des Stats darüber, insbesondere über die öffentlichen Gewässer oft Eigenthum nennt. Die Grenzen des wirthlichen Bodens werden aber durch die fortschreitende Cultur auf Kosten des unwirthlichen Gebietes beständig erweitert, und umgekehrt durch schlechte Cultur und Vernachlässigung wieder verengert. Insbesondere übt eine geordnete Bewässerung und Entwässerung einen mächtigen Einfluss aus auf die Culturfähigkeit des Bodens.

278.

An statenlosem Land wird die Gebietshoheit erworben durch die Besitznahme einer bestimmten Statsgewalt. Der blosse Wille, Besitz zu ergreifen, genügt nicht dazu, auch nicht die symbolische oder ausdrückliche Erklärung dieses Willens, noch selbst eine bloss vorübergehende Besetzung.

Zur Zeit der grossen europäischen Entdeckungen überseeischer Länder meinte man, schon die blosse **Entdeckung** unbekannter Länder sei ein genügender Rechtstitel für die behauptete Gebietshoheit. Während Jahrhunderten begründete die **englische** Krone ihre Herrschaft über den nordamerikanischen Continent damit, dass in ihrem Auftrag ein kühner Seefahrer, der Venetianer **Caboto** zuerst, im Jahre 1496, die amerikanische Küste vom 56sten bis zum 38sten Grad nordlicher Breite entdeckt habe, wenn gleich er nur der Kuste entlang gefahren war und in keiner Weise das ungeheure Land besetzt hatte. Nicht anders leiteten die Spanier und Portugiesen ihr Recht im Süden und in Centralamerika zunachst von ihrer Entdeckung her und die Vertheilung der neuen Welt unter die beiden Völker, welche der Papst Alexander VI. im Jahr 1493 vornahm, war eine Schlichtung und Ausgleichung ihrer streitigen Anspruche, und eine Bestätigung ihrer auf die Entdeckung eher als auf die Besitznahme gegründeten Ansprüche durch die vornehmste Autorität der Christenheit. Die Entdeckung ist aber nur ein Act der Wissenschaft, nicht eine Rechtshandlung und daher auch nicht geeignet, Statsgewalt zu begründen. Vielmehr besteht die öffentlich-rechtliche Besitznahme in der thatsachlichen Ausubung der ordnenden und schutzenden Statsgewalt, verbunden mit dem Willen, das statenlose Land auf die Dauer statlich zu beherrschen. Die Symbole der Herrschaft, wie Aufpflanzen einer Fahne u. dgl. können diese Absicht klar machen, aber nicht den Mangel einer realen Statsherrschaft ersetzen.

279.

Diese Besitznahme kann auch im Auftrag oder mit Vollmacht einer Statsgewalt durch Privatpersonen, insbesondere durch Colonisten vollzogen werden, aber nur, indem sie in dem bisher statenlosen Lande eine öffentliche Gewalt aufrichten oder sogar ohne vorherigen Auftrag, aber unter der Voraussetzung nachheriger Genehmigung durch die Statsgewalt.

Die Erweiterung der europäischen Statsherrschaft in den aussereuropäischen Landern ist grossentheils durch solche Vermittlung der Colonisten bewirkt worden, welche sich in unbewohnten und verlassenen Gegenden ansiedelten und ihre heimische Statsordnung dahin verpflanzten. Der vorherige Auftrag des durch solche Vermittler Besitz ergreifenden Stats kann unbedenklich durch die nachherige Genehmigung ersetzt werden. Es hindert nichts, in dieser Beziehung die Analogie der privatrechtlichen Occupation anzuwenden. Auch kann im Princip nicht bestritten werden, dass sogar ohne Statsvollmacht und ohne Statsgenehmigung eine ganz neue Statenbildung dadurch entstehen kann, dass Auswanderer auf einer unbewohnten Insel einen neuen Stat grunden, wie es z. B. die ausgewanderten Norweger auf Island während des Mittelalters gethan haben. Eine Reihe neuer Staten in Nordamerika sind in dieser Weise durch Privaten gegründet worden und erst später ist die Anerkennung, früher des europäischen Mutterstates, spater der amerikanischen Union hinzugekommen. Wenn aber neue Staten so entstehen konnen, so können noch eher vorhandene Staten in dieser Weise erweitert werden.

280.

Ist die statenlose Gegend im Besitz und Genuss von barbarischen Stämmen, so dürfen dieselben nicht willkürlich und gewaltsam von den civilisirten Colonisten verdrängt werden, sondern sind zum Behuf geregelter Ansiedlung von denselben friedlich abzufinden.

Zum Schutze der Ansiedlung und zur Ausbreitung der Cultur darf der colonisirende Stat seine Statshoheit auch über das von Wilden besessene Gebiet erstrecken.

Es ist die Bestimmung der Erdoberfläche, der menschlichen Cultur zu dienen und die Bestimmung der fortschreitenden Menschheit, die Civilisation uber die Erde zu verbreiten. Diese Bestimmung ist aber nicht anders zu erfullen, als indem die civilisirten Nationen die Erziehung und Leitung der wilden Stämme ubernehmen. Dazu ist die Ausbreitung der civilisirten Statsautorität nothwendig. Die wilden, ohne Stat lebenden Stämme kennen gewöhnlich das Grundeigenthum so wenig als den Stat, aber sie benutzen das Land zu ihren Viehweiden und Jagdgrunden. Ein Recht der höher gesitteten Nationen, sie zu vertreiben, lasst sich durch Nichts begründen, so wenig als ein Recht, sie zu tödten und auszurotten. Das natürliche Menschenrecht erkennt voraus die Existenz aller menschlichen Wesen an und schützt das Leben und die erlaubten Genüsse des Wilden so gut, wie das Eigenthum der Civilisirten. Im Mittelalter noch waren die Christen sehr geneigt, alle Nichtchristen als rechtlose Wesen zu betrachten und die Päpste haben freigebig den Königen das Recht zugestanden, alle nichtchristlichen Nationen, selbst wenn diese in Staten lebten, ihrer Herrschaft zu unterwerfen. Selbst die heutige Praxis verfährt gelegentlich, freilich nicht mehr aus religiöser Ueberhebung, noch sehr rücksichtslos gegen uncivilisirte Rassen. Das richtige Verhalten ist aber schon ziemlich fruh erkannt und auch angewendet worden, besonders von den Puritanern in Neu-England und William Penn in Pennsylvanien, welche den Indianern den Boden abkauften, den sie urbar machen und zu Grundeigenthum gewinnen wollten. Wenn erst die rechtliche Möglichkeit der Ansiedlung gewonnen ist und in Folge dessen statliche Menschen da leben können, dann ist auch die Nothwendigkeit klar, dass diese Ansiedlung sowohl des Statsschutzes als der Sicherung des Grundeigenthums bedarf und die Wege zur Erziehung auch der wilden Nachbarn sind eröffnet. Wenn Heffter (§ 70) zwar anerkennt, dass „der Stat uberhaupt seine Herrschaft über die Erde ausdehne", aber nicht zugibt, dass ein bestimmter Stat sich statenlosen Stämmen aufdringen durfe, so heisst das ein theoretisches Princip anerkennen, aber seine practische Anwendung verwerfen, denn „der Stat uberhaupt" lebt nur in der Gestalt bestimmter Staten. Wenn die deutsche Nation ihren Culturberuf erfüllen und nicht immer wie bisher ihre auswandernden Nachkommen zur Auflösung in fremde Nationen verurtheilen will, so wird auch sie dem Vorbild der civilisirten Westvolker folgen und nicht bloss „in abstracto" denken, sondern ihren Stat „in concreto" colonisirend und civilisirend ausbreiten. Vgl. Vattel I. 1. 5. 81. Phillimore I. 244 f.

281.

Kein Stat ist berechtigt, ein grösseres unbewohntes oder unstatliches Gebiet sich statlich anzueignen, als er statlich zu ordnen und zu civilisiren die Macht hat, und diese Macht thatsächlich ausübt.

Der Rechtsgrund der Occupation liegt nur in der statlichen Natur und Bestimmung des Menschengeschlechts. Indem ein Stat, wie das von England in

Nordamerika und und in Australien, von Spanien und Portugal in Südamerika und von den Niederlanden auf den Inseln des stillen Oceans geschehen ist, seine angebliche Statsherrschaft über unermessliche, unbewohnte, oder nur von Wilden bewohnte Länder erstreckt, die er in Wahrheit weder zu cultiviren noch statlich zu beherrschen die Macht hat, so wird jene statliche und Culturbestimmung nicht erfullt, sondern im Gegentheil ihrem Fortschritt ein Hemmniss entgegengestellt, indem andere Nationen verhindert werden, sich da anzusiedeln und andere Staten verhindert, sich daselbst civilisirend einzurichten. Nur die wahrhafte und dauernde Besetzung ist als wirkliche Occupation zu betrachten, die blosse scheinbare Occupation kann höchstens den Schein des Rechts, nicht wirkliches Recht gewähren. Ein Stat verletzt daher das Völkerrecht nicht, wenn er sich einer Gegend bemächtigt, welche nur angeblich und scheinbar von einem andern Stat fruher in Besitz genommen worden ist. Wenn auch daruber leicht Streit entstehen kann zwischen den beiden Staten, so ist das nur eine politische Rucksicht, die zu erwägen, nicht eine rechtliche Schranke, die zu beachten ist.

282.

Geschieht die Besitznahme von der Seeküste aus, so wird angenommen, dass das hinter der Küste liegende Binnenland insoweit mitbesetzt sei, als es durch die Natur, insbesondere durch die ins Meer einmündenden Flüsse mit derselben zu einem natürlichen Ganzen verbunden ist.

Dieser Grundsatz wurde von den Vereinigten Staten in einer Verhandlung mit Spanien uber das Gebiet von Luisiana am besten ausgesprochen. (Vgl. Phillimore I. 237.) Die europäischen Colonien gingen gewöhnlich von einem Seehafen der Küste aus, welcher dann als das eigentliche Centrum der ganzen Colonie und der Herrschaft über das Land angesehen wurde. Eine engere Beschränkung ist ebenso unpractisch, wie eine weitere Ausdehnung, jene weil die Civilisation und Statenbildung genöthigt ist, von da aus ihre Macht zu erstrecken und das Hinterland und Flussgebiet genöthigt ist, auf diesem Wege in den Verkehr mit andern Nationen einzutreten, und diese, weil je grösser die Entfernungen sind und je weiter die Länder sich im Innern erstrecken, auch der Zusammenhang mit der Küste schwächer wird und ganz neue selbständige Verhältnisse moglich sind. Der obige Grundsatz hat daher auch keine absolute, sondern nur eine relative Geltung. Wo grosse Ströme, wie der Mississippi, einen ganzen Continent durchfliessen, kann aus dem Besitz der Mündung naturlich nicht die Herrschaft über das ganze Flussgebiet abgeleitet werden. In der alten Welt sehen wir oft, dass umgekehrt von den Quellen der Flusse her allmählich das Statsgebiet sich uber deren Gebiet und bis an die Mündung ausgedehnt hat. Von den Quellen des Indus und Ganges her ist die alte indisch-arische Eroberung allmählich vorgedrungen bis ans Meer. Am Oberrhein setzten sich die alten Germanen früher fest, als an den Auslaufen des Rheins ins Meer und der österreichisch-ungarische Donaustat ist nicht im Besitz der Sulinamündungen. Die Behauptung englischer Publicisten und Statsmänner, dass England im Besitz der amerikanischen Seeküste auch eine Herrschaft habe uber den ganzen nördlichen Continent Amerikas, von Meer zu Meer, war offenbar phantastisch übertrieben und wurde von den andern colonisirenden Mächten auch nicht anerkannt.

283.

Wenn zwei Staten von zwei benachbarten Punkten aus sich colonisirend festsetzen und statlichen Besitz ergreifen und nicht durch die Rücksicht auf den natürlichen innern Zusammenhang zweier verschiedener Flussgebiete und eine Bergscheide ihre Gebiete sich naturgemäss unterscheiden, so wird eine mittlere Linie zwischen den beiden Gebieten als Grenze angenommen.

Vgl. Phillimore a. a. O. Selbstverständlich kann vertragsmässig auch eine andere Grenzlinie verabredet werden.

284.

Das Statsgebiet ist in der Regel unveräusserlich und untheilbar.

Die Veräusserlichkeit und Theilbarkeit des Statsgebiets widerstreitet der organischen Natur, der Dauerhaftigkeit und der Einheit des Stats. Weil das Statsbewusstsein im Mittelalter wenig ausgebildet war und das Statsgebiet wie ein im Eigenthum des Landesherrn befindliches Grundstück betrachtet wurde, so meinte man damals Territorien, wie Landgüter verkaufen und unter mehrere Erben vertheilen zu dürfen. Freilich schon damals suchten die Stände oft solchen Uebeln durch Verträge zu begegnen, welche sie mit den Fürsten abschlossen. Aber nur allmählich ist die richtige Regel erkannt und in das allgemeine Statsrecht der neueren Zeit aufgenommen worden.

285.

Ausnahmsweise kann ein Stat einen Theil seines Gebiets aus politischen Gründen und in öffentlich-rechtlicher Form an einen andern Stat abtreten.

Es ist das nicht eine sachliche, dem Privatverkehr entlehnte Veräusserung, sondern eine statliche, in Inhalt und Form öffentlich-rechtliche Abtretung. Am öftesten kommt dieselbe in Friedensschlüssen vor, nachdem ein Krieg die politische Nothwendigkeit derselben klar gemacht hat. Sie kann aber auch ohne Krieg aus Einsicht in die politische Zweckmässigkeit und freiwillig vollzogen werden. Eines der merkwürdigsten und rühmlichsten Beispiele dieser Art ist im Jahr 1863 die Abtretung der Jonischen Inseln an das Königreich Griechenland von Seite der englischen Krone. Andere neuere Beispiele einer friedlichen Abtretung sind die Abtretungen Savoyens an Frankreich 1860 von Seite Italiens, die des österreichischen Antheils an dem Fürstenthum Lauenburg an Preussen 1865, die Abtretung Venedigs durch Oesterreich an das Königreich Italien 1866 und die der russischen Besitzungen in Nordamerika an die Vereinigten Staten 1867.

286.

Die Rechtsgültigkeit einer derartigen Abtretung setzt voraus:

a) die zusammenstimmende politische Willenserklärung sowohl des abtretenden als des empfangenden States,

b) die thatsächliche Besitzergreifung von Seite des erwerbenden States,

c) mindestens die Anerkennung von Seite der politisch berechtigten Völkerschaft, welche das abgetretene Gebiet bewohnt und nun in einen neuen Stat übertritt,

d) die Abwesenheit eines ernsten völkerrechtlichen Hindernisses.

1. Zu a) und b). Durch den Vertrag allein der beiden Staten wird die Abtretung nicht vollzogen, sondern nur vorbereitet. Ohne Statsregierung gibt es keine Statshoheit. Die letztere muss also durch die erstere bewährt werden und das geschieht durch die dauernde Besitzergreifung.

2. Zu c). Die Anerkennung der politisch berechtigten Völkerschaft ist deshalb unerlasslich, weil dieselbe nicht ein willen- und rechtloser Gegenstand der Veräusserung ist, sondern ein lebendiger Bestandtheil des Stats, und der Widerstand der Bevölkerung eine friedliche Besitzergreifung unmoglich macht. Es genügt aber die Anerkennung der Nothwendigkeit, und es ist nicht nöthig, wenn auch wünschenswerth, die freie und freudige Zustimmung der Bevölkerung. Auch die Nothwendigkeit, der man sich widerwillig und ungern, aber aus Einsicht in das Unvermeidliche unterordnet, begründet in öffentlichen Verhaltnissen neues Recht. Diese Anerkennung liegt daher schon in dem Gehorsam, welchen man der neuen Landesregierung erweist und in dem Unterlassen des Widerstandes gegen dieselbe. Die freie Zustimmung dagegen ist zugleich eine active Billigung der Abtretung. Besser ist es unzweifelhaft, wenn die letztere gewonnen werden kann und der erwerbende Stat nicht genöthigt ist, sich vorerst mit der erstern zu begnügen. Vgl. unten § 288. 289. Verschiedene Formen der Zustimmung sind:

a) Eröffnung der Wahl zwischen der alten und der neuen Statsgenossenschaft, in dem Sinne, dass wer sich nicht für Beibehaltung der fruheren Statsgenossenschaft erklärt als übergetreten in die neue betrachtet wird. Die Personen dagegen, welche jene Erklarung abgeben, sind dann als Fremde in dem abgetretenen Lande anzusehen, und können nöthigenfalls zur Auswanderung getrieben werden. In dieser Weise wurde durch den französisch-deutschen Friedensvertrag vom 10. Mai 1871 den Bewohnern der abgetretenen Provinzen Elsass-Lothringen die Wahl bis zum 1. Oct. 1872 eröffnet zwischen der deutschen oder der französischen Volksgenossenschaft.

b) Abstimmung der Einwohner über die Abtretung in dem Sinne, dass angenommen wird, die Mehrheit spreche für das ganze abgetretene Land. Diese Form ist in neuerer Zeit besonders durch den Einfluss Napoleons III. unter den romanischen Nationen in Uebung gekommen. Vgl. Calvo Droit Intern. § 181. Sie entspricht dem demokratischen Zuge der Zeit, und befriedigt das Selbstgefühl der Massen, ist aber in hohem Grade der Gefahr des Missbrauchs und der künstlichen Stimmenwerbung ausgesetzt.

c) Abstimmung durch die Repräsentation der Landesbevölkerung. Diese Form sagt mehr der Denkweise der Engländer zu, welche die Prüfung und Entscheidung über Statsfragen eher der Repräsentation des Volks als den Massen anvertrauen.

Welche Form immer gewählt wird, der Hauptentscheid kann doch nicht in die Willkür dieser Bevölkerung gelegt werden, die immer nur ein Theil eines Ganzen, nicht dieses selber ist. Der Hauptentscheid liegt in dem Willen der Staten, beziehungsweise der Völker, die über ihre Theile verfügen.

3. Zu d). Als Spanien im Jahr 1800 die Provinz Luisiana an die französische Republik abtreten wollte, erhoben England und die Vereinigten Staten Einwendung dagegen. Die Abtretung von Luxemburg an Frankreich 1867 wurde von Preussen nicht zugestanden. Würde England die Insel Cuba von Spanien erwerben wollen, so würde ohne Zweifel die amerikanische Union darin eine schwere Verletzung der amerikanischen Sicherheit erblicken.

287.

Wird das ganze Statsgebiet abgetreten, so ist das zugleich Untergang des bisherigen Stats und Einverleibung desselben in den erwerbenden Stat.

Es ist das daher strenge genommen nicht mehr Abtretung, sondern nur Einverleibung. Den Schein der Abtretung hat dieselbe, insofern sie in Form der Abtretung der Hoheitsrechte von Seite des bisherigen Fürsten an ein anderes Statshaupt geschieht, wie z. B. in der rühmlichen Abtretung der Hohenzollerischen Fürstenthümer an die Krone Preussen. Aber dem Wesen nach ist das Einverleibung, weil im entscheidenden Augenblick des Uebergangs nur Ein Stat übrig bleibt.

288.

Ohne Uebertragung des abtretenden Stats kann ein Statsgebiet, oder ein Theil desselben von einem andern State in Besitz genommen und rechtmässig einverleibt werden:

a) in Folge der Verzichtleistung der bisherigen Statsgewalt auf die Statsherrschaft,

b) in Folge der wohlbegründeten Beseitigung der bisherigen Statsgewalt durch die Bevölkerung und des freien Anschlusses derselben an den erwerbenden Stat (Accession),

c) in Folge des nothwendigen Fortschritts in der Entwicklung eines nationalen Stats.

In allen diesen Fällen ist die Anerkennung der neuen Statsgewalt durch die politisch berechtigte Bevölkerung des erworbenen Gebiets eine Bedingung des rechtmässigen Erwerbs.

1. Diese Anerkennung (vgl. zu § 189 und zu § 286) ist nicht nöthig zu thatsächlicher Unterwerfung und Beherrschung, aber sie ist nothwendig, um dem

neuen Erwerb den Stempel des Rechts aufzudrucken. In der Anerkennung wird die dauernde Nothwendigkeit d. h. das Recht der veränderten Zustände offenbar. „Anerkennung schafft Recht."

2. Dem ausgesprochenen Verzicht steht das thatsächliche Verlassen des besessenen Gebietstheiles gleich.

Als die Römer ihre Beamten und ihre militarischen Stationen aus den germanischen Ländern hinter die Grenzwälle und den Rhein zurückzogen, war das ein thatsächlicher Verzicht auf ihre Herrschaft ausserhalb dieser Grenzen. Wenn ein moderner colonisirender Stat eine bisher besetzte Insel oder Kustengegend, ohne für den Statsschutz zu sorgen, verlässt, so kann ein anderer Stat rechtmässiger Weise sich dieses Gebiets bemachtigen.

3. Wohlbegrundet ist die Beseitigung der bisherigen Statsherrschaft, wenn dieselbe in einen ernsten und dauernden Widerspruch gerathen ist mit dem Recht oder mit der Wohlfahrt der Bevölkerung, so dass die gesicherte Existenz oder die Entwicklung derselben eine Aenderung fordert, oder wenn dieselbe nothwendig erscheint, um den Fortschritt einer grösseren (nationalen) Lebensgemeinschaft möglich zu machen, zu welcher die Bevölkerung sich verwandt und zugehorig fuhlt. Beispiele sind in neuerer Zeit die Beseitigung des souveränen Fürstenthums Neuchatel und der Eintritt dieses Cantons in den schweizerischen Bundesstat (1848), ebenso die Aufnahme von Texas in die Union der Vereinigten Staten trotz des Mexicanischen Protestes (1845), die Einverleibung der italienischen Fürstenthümer Toscana, Modena und Parma in das Königreich Italien (1860) und der Eintritt der Republik der Jonischen Inseln in das Königreich Griechenland (1864).

4. Wenn sich ein neuer Stat bildet, vielleicht aus einer grössern Zahl von verbundenen alten Staten, oder aus Stücken derselben, so entsteht immer zugleich eine neue Gebietshoheit jenes Stats und eine theilweise oder gänzliche Verdrängung der bisherigen Gebietshoheit der alten Staten. Die Grundsätze über neue Statenbildung und Anerkennung neuer Staten (§ 28 ff.) finden somit hier wieder Anwendung. Ganz wie die ursprüngliche Statenbildung, so ist auch die Statsentwicklung, sobald sie als nothwendig sich erweist, geeignet, eine bisherige Gebietshoheit zu Gunsten einer neuen Statshoheit zu beseitigen. Diese Umgestaltung kann möglicher Weise von der Bevölkerung der einverleibten Theile nicht gewünscht werden und dennoch nothwendig und deshalb gerechtfertigt sein. Die Säcularisation der geistlichen Fürstenthümer in Deutschland und die Einverleibung ihrer Gebiete in die benachbarten Staten zu Anfang dieses Jahrhunderts. die gleichzeitige Mediatisirung zahlreicher bisher reichsunmittelbarer Herrschaften, und wenigstens theilweise auch die durch Gesetz vom 20. Sept. 1866 vollzogene Einverleibung von Hannover, Kurhessen, Nassau und Frankfurt in Preussen und ebenso die Einverleibung von Scheswig-Holstein in Preussen durch Gesetz vom 22. Dec. 1866 sind aus dieser nothwendigen Entwicklung des modernen deutschen Statslebens zu erklären. Indem sich die Nation als Eins fühlt, und zum Volke wird, schafft sie sich mit Recht die Bedingungen ihres statlichen Gesammtlebens, und es steht den Theilen das Recht nicht zu, das Leben des Ganzen zu verhindern. „Es steht der gesammten Volksperson das Recht zu, verlebte politische Gewalten, welche ihre

Existenz oder ihre Entwicklung stören, zu beseitigen." Vgl. v. Treitschke Pol. Auff. B. S. 849.

289.

Obwohl die Eroberung eines statlichen Gebietstheils im Krieg zunächst in der Form kriegerischer Gewalt vollzogen wird, so begründet sie dennoch die Statshoheit über das eroberte Gebiet und wird als rechtmässige Erwerbart betrachtet, insofern durch den Friedensschluss oder auch ohne solchen durch Aufhören des Widerstandes und Anerkennung von Seite der politisch berechtigten Bevölkerung die Fortdauer des neuen Statsverbandes als nothwendig sich darstellt.

Von Alters her wird die Eroberung als Begründung einer neuen Statshoheit des Siegers über das eroberte Gebiet betrachtet, und man beruft sich dabei auf den Consensus gentium. Trotzdem sträubt sich das feiner empfindende Rechtsgefühl der heutigen Menschheit gegen diese Annahme; denn die Eroberung erscheint zunächst in der Gestalt eines Gewaltacts und nicht als Rechtsact. Die Gewalt ist aber keine natürliche Rechtsquelle, sondern umgekehrt das Recht hat die Aufgabe, der Gewalt Schranken zu setzen. Französische Verfassung von 1791 Tit. VI: „La nation française renonce à entreprendre aucune guerre dans la vue de faire des conquêtes et n'emploiera jamais ses forces contre la liberté d'aucun peuple." Vgl. Volney bei Laurent Étud. XV. 73. Leider haben die Franzosen dieses grosse Princip, das sie verkündet hatten, auch damals nicht im Leben befolgt. In der That hat die Eroberung, insofern sie nur als physische Unterwerfung mit Gewalt unter die Herrschaft des Siegers erscheint, für sich die Kraft nicht, neues Recht zu schaffen, ausser höchstens das vorübergehende Nothrecht des Kriegs. Damit die Eroberung Recht bildend wirke, muss noch ein anderes rechtliches Moment zu dem der thatsächlichen Ueberlegenheit des Siegers hinzukommen, es muss insbesondere die Nothwendigkeit der Umgestaltung offenbar geworden sein. Dann ergibt sich daraus, dass jene Gewalt selbst nicht rohe und blosse Gewalt war, sondern dass sich in ihr die Macht der natürlichen Verhältnisse und ihrer Entwicklung gezeigt habe, und in dieser Macht ist allerdings der stärkste Trieb zu statlicher Rechtsbildung zu erkennen. Das wird im Friedensschluss voraus klar gemacht; denn indem die kriegführenden Parteien Frieden schliessen, erkennen sie die dauernde Nothwendigkeit der im Frieden bekräftigten Ordnung an. Dem Friedensvertrage steht aber die Anerkennung der Bevölkerung beziehungsweise das gänzliche Erlöschen jedes Widerstands gleich. Die offenbar gewordene Unfähigkeit und Unmöglichkeit, den Kampf fortzusetzen oder zu erneuern, macht jene Recht bildende Macht ebenfalls offenbar. Die Ausdehnung schon der alten jüdischen Statshoheit über Palästina ist in grausamster und rohester Form der Eroberung vollzogen worden und dennoch in ihrem Erfolg anerkannt worden. Die Gründung der meisten germanischen Staten auf römischem Boden ist ebenso durch Eroberung geschehen und öfter durch Anerkennung der Bevölkerung als durch Friedensschlüsse bestätigt worden.

290.

Auch wenn es an einem besondern Rechtstitel für den Erwerb fehlt oder sogar erweislich die anfängliche Besitznahme gewaltsam und mit Verletzung des Rechts vollzogen worden ist, aber der Besitzstand so lange Zeit ruhig fortdauert, dass derselbe nunmehr von dem Bewusstsein des Volks als fortdauernd nothwendig anerkannt wird, so ist anzunehmen, der ursprüngliche Gewaltzustand sei von der reinigenden Macht der Zeit in den entsprechenden Rechtszustand umgewandelt worden.

Eine Verjahrung in diesem Sinne, freilich ohne dass eine bestimmte Anzahl Jahre wie in der privatrechtlichen Ersitzung fixirt werden kann, und ohne dass die privatrechtlichen Bedingungen dafür gelten, ist völkerrechtlich geradezu unentbehrlich, wenn nicht die Entwicklung der geschichtlichen Statenbildung und Statenerweiterung einer nie endenden Bestreitung Preis gegeben werden soll. Dieselbe ist denn auch in der Hauptsache schon von Hugo-Grotius II. 4, 1 als nothwendig erklärt worden. Nur indem die reinigende und Recht bildende Macht der Zeit anerkannt wird, kann das Gefühl der Rechtssicherheit unter den Völkern befestigt und der allgemeine Friede gesichert werden. Vgl. oben § 37. 38. Phillimore I. 255 ff.

Für diese stats- und völkerrechtliche Verjährung wird weder justus titulus erfordert, denn das Statsgebiet ist kein Gegenstand des Geschäftsverkehrs, noch jene bona fides des Privatrechts, welche durch die Kenntniss aufgehoben wird, dass ein Anderer darauf Rechtsanspruch habe, wohl aber bona fides in dem öffentlichen Sinne des Glaubens an die Nothwendigkeit solcher Gestaltung der Verhältnisse.

291.

Ueberhaupt ist jede neue Statenbildung zugleich Begründnng einer neuen Gebietshoheit.

Vgl. darüber oben § 28 f. Die Gebietshoheit ist nur eine einzelne Eigenschaft und Richtung der Statshoheit, und diese die folgerichtige Eigenschaft der Existenz des Stats.

292.

Die Formen des privatrechtlichen Verkehrs und der privatrechtlichen Willenserklärung in Kauf- und Tauschverträgen, Zufertigung im Grundbuch, Verpfändung, Erbeinsetzung und Vermächtniss, Erbvertrag, obwohl im Mittelalter vielfältig auch auf die Landesherrschaft angewendet, sind nicht mehr anwendbar auf den Erwerb moderner Statshoheit.

Ein Tausch ist heute noch möglich, aber nur in völkerrechtlicher und statsrechtlicher Form, z. B. in einem Friedens- oder einem andern Statsvertrag, nicht mehr in privatrechtlicher Form. Der Verkauf dagegen, durch welchen auf der einen Seite die Statshoheit veräussert und auf der andern Seite dafür eine Summe Geldes bezahlt wird, ist unsers Zeitalters unwürdig. Wohl aber lassen sich schicklicher Weise auch mit statsrechtlich und völkerrechtlich motivirten Abtretungen Geldleistungen verbinden. Weil die Gebietshoheit kein Privatrecht, kein Eigenthum ist im privatrechtlichen Sinn, sondern Statsrecht, so passen auch die von der Privatwillkür benutzten Formen des Privatrechts nicht auf die Regulirung dieser öffentlichen Verhältnisse.

293.

Das Erbrecht dynastischer Häuser kann insofern noch den rechtmässigen Erwerb einer Statshoheit begründen, als dasselbe zugleich als Thronfolgerecht eine verfassungsmässige Geltung hat oder die Anerkennung der politisch berechtigten Bevölkerung hinzutritt.

Am längsten haben sich die mittelalterlichen Ansichten eines Familienerbrechts in den dynastischen Häusern und vorzüglich noch in den Anschauungen deutscher Volksstämme erhalten. In unsern Tagen glaubte man noch, freilich zum Erstaunen fremder Völker, in Deutschland die Frage des Erbrechts in den Nordalbingischen Herzogthümern Schleswig und Holstein wesentlich aus dem verwickelten Studium des mittelalterlichen Privatfürstenrechts allein entscheiden zu können. Das Thronfolgerecht in dem modernen State aber ist nichts als ein Stück Statsverfassung und ganz denselben Umgestaltungen und Veränderungen ausgesetzt wie diese. Da Niemand einen privatrechtlichen Anspruch auf die Regierung eines Volkes hat, noch in dem entwickelten State haben kann, sondern alle Thronfolge statsrechtliche Succession ist, so legt die moderne Rechtsbildung den dynastischen Erbansprüchen nur dann Wirksamkeit bei, wenn sie auch in der Statsverfassung begründet sind oder allgemeine Anerkennung im Lande finden und keine öffentlichen Rechtsgründe entgegenstehen.

294.

Das bestehende Statsgebiet kann erweitert werden durch Zuwachs, insbesondere durch Erhebung der Seeküste, durch Anschwemmungen, oder durch künstliche neue Anlagen und Bauten auf bisher unstatlichem Boden. Es kann ebenso vermindert werden durch Versenkung der Küste, durch Wegschwemmung der Ufer und durch erneuerte Verödung und Rückzug der statlichen Cultur.

Die einen Erweiterungen und Verminderungen des Statsgebiets sind eine nothwendige Wirkung der Natur, die andern das freie Werk der Menschen. Da das Meer nicht Statsgebiet, sondern frei von jeder Statsgewalt ist, so verändert naturgemäss der Rückgang oder das Vordringen des Meers auch den Umfang des Statsgebiets. Bedeutende Aenderungen der Art sind noch in geschichtlicher Zeit, grössere freilich in vorgeschichtlicher Zeit vorgekommen und im Kleinen sind fortwährend Aenderungen wahrzunehmen. Die Veränderungen, welche der Mensch durch Uferbauten oder durch Cultivirung am Wüstenrande bewirkt, sind durchweg auf einen engen Raum beschränkt.

295.

Wenn sich neue Inseln im Strome oder Flusse bilden, so gehören sie, abgesehen von besondern Verträgen, dem zunächst gelegenen Uferstate zu. Entstehen sie in der Mitte des Flusses, so unterliegen sie der Theilung der beiden Uferstaten nach der Mitte.

1. Aehnliche Grundsätze hat das römische und deutsche Privatrecht bezüglich des Grundeigenthums auf der neuen Insel ausgesprochen (L. 7. § 3. D. de adq. rer. dom. Sachsenspiegel II. 56. § 2). Das Grundeigenthum ist freilich nicht die Grundlage der Statshoheit, und die Analogie seiner Grundsätze ist nur mit Vorsicht auf das Statsrecht anzuwenden. So muss für dieses der Satz anerkannt werden, dass die neue Landbildung innerhalb der Grenzen eines States, auch wenn sie nachweisbar durch Wegschwemmung fremden Bodens bewirkt und deshalb dem frühern Grundbesitzer zu Eigenthum verbleiben würde, aus statsrechtlichen Gründen dennoch zu dem Gebiete gehört, in dem sie entsteht; denn unmöglich kann ein Stat sich durch blosse Erdanspülung von dem Ufer wegdrängen und einen fremden Stat sich da festsetzen lassen, bloss weil das Eigenthum an den Erdstücken von einem zum andern Ufer versetzt wird. Wer Eigenthümer sei, ist für die Statshoheit ganz gleichgültig, und weder die Ausdehnung seiner Macht noch die Sicherheit seiner Grenzen ist von der Frage, wem das Grundeigenthum gehöre, abhängig zu machen. Vgl. darüber auch Oppenheim III. 7.

2. Durch Neubildung von Inseln kann überdem die Landesgrenze insofern erweitert werden, als nun von dem Ufer der Insel aus nach dem Meere hin der Stat seine Macht weiter als bisher von dem Flussufer her erstrecken kann. Ein Beispiel einer solchen Erweiterung durch Inselbildung in der Mündung des Mississippi führt Phillimore an I. 240. Der Uferstat kann, schon um seiner Sicherheit willen, nicht zugeben, dass die im Meere, d. h. auf statenlosem Boden entstandene Insel der freien Occupation, vielleicht einer rivalisirenden Macht offen stehe, sondern vielmehr begründet die Statshoheit über das Flussgebiet und über die Mündung des Flusses ein natürliches Anrecht auf die Besetzung der Inseln, die durch Anschwemmungen des Flusses in bisher freiem Meer gebildet werden.

---

2. Grenzen des Statsgebiets.

296.

Wo zwei Statsgebiete zusammenstossen, sind die Nachbarstaten verpflichtet, die Grenzlinie gemeinsam zu ordnen und möglichst klar zu bezeichnen.

Die Pflicht der Grenzbestimmung folgt aus dem friedlichen Nebeneinandersein der Staten. Jeder von beiden ist berechtigt, bis an seine Grenze zu herrschen und jeder verpflichtet, nicht darüber hinaus in das Nachbargebiet überzugreifen. Daher haben beide Recht und Pflicht, die Grenze, die sie von einander scheidet und ihnen gemeinsam ist, auch gemeinsam ins Klare zu setzen. Die Analogie des privatrechtlichen judicium finium regundorum findet hier Anwendung.

immerhin natürlich mit Berücksichtigung der Unterschiede zwischen dem Grundeigenthum der Privatspersonen und der öffentlich-rechtlichen Natur der Gebietshoheit. Als Grenzzeichen werden Marksteine oder Grenzpfähle gesetzt, Graben gezogen, eine Lichtung durch den Wald hergestellt, Wälle und Mauern gebaut, schwimmende Tonnen befestigt u. dgl.

297.

Wenn ein Gebirgszug die Grenze bildet zwischen zwei Ländern, so wird im Zweifel angenommen, dass der oberste Berggrat und die Wasserscheide die Grenze bestimmen.

Die Bergzüge sind sehr oft Völkerscheiden. Ist die Höhe des obersten Berggrats erreicht, so ist zugleich die Wasserscheide gefunden. Wie die Wasser zu Thal fliessen, und sich da zu Bach und Fluss einigen, so sammelt sich auch der Verkehr der Menschen von allen umliegenden Höhen her in dem einigenden Thal. Frühe schon haben aufgeweckte Nationen das bemerkt und daher an jener Linie die natürliche Grenze erkannt.

298.

Bildet ein Fluss die Grenze und ist derselbe nicht in den ausschliesslichen Besitz des einen Uferstates gelangt, so wird im Zweifel angenommen, die Mitte des Flusses sei die Grenze.

Bei schiffbaren Flüssen wird im Zweifel der Thalweg als Mitte angenommen.

1. Weit öfter bilden die Flusse nicht die Grenze zwischen zwei Ländern, sondern dienen zur Verbindung und zum Verkehr der beiderseitigen Uferbewohner. Gewöhnlich finden wir dieselbe Nation und denselben Stamm auf beiden Ufern angesiedelt. Daher fliessen sehr viele grosse Ströme und Flüsse innerhalb desselben Statsgebiets und gehören dann zu diesem Statsgebiet. Der Nil in Aegypten, der Indus und Ganges in Indien, der Tigris und der Euphrat in Assyrien, Medien und Persien. der Po in Norditalien, die Weser und die Elbe in Norddeutschland, aber auch der Mississippi in den Vereinigten Staten von Nordamerika u. s. f. gehörten fast in allen Zeiten meistens auf beiden Seiten derselben Nation und demselben State an. Auch der Rhein ist auf beiden Ufern von deutschen Stämmen bewohnt, und die Donau fliesst durch Bayerisches, Oesterreichisches, Ungarisches und Türkisches Gebiet. Aber zuweilen werden die Flüsse allerdings zur Grenze benutzt zwischen zwei Ländern, sei es weil verschiedene Nationen nur bis an den Fluss kamen, aber sich nicht darüber hin wagten, sei es weil hauptsächlich militärische Gründe auf diese Art der Beschränkung einwirkten. So zog sich das spätere römische Kaiserreich auf die Südseite der Donau und auf die Westseite vom Rhein zurück, um sich besser gegen die Einfälle der Germanen zu vertheidigen.

2. Die Flussgrenze ist für die Vertheidigung des Gebiets insofern nutzlich, als dem feindlichen Uebergang natürliche Hindernisse im Wege stehen, welche durch die Kriegskunst noch verstärkt werden können. Sie ist überdem insofern auch eine klare Grenze, als die Ufer, als je dem einen oder andern State angehörig, scharf bezeichnet sind. Aber im Uebrigen ist die Flussgrenze nicht

zweckmassig, weil die eigentliche Grenzlinie inmitten des Flusses beständig verwischt und auch verändert wird und wenn die Flüsse schiffbar sind, die Schifffahrt sich gerade auf der Grenzlinie bewegt, daher die Unterscheidung der Statshoheit wahrend der Fahrt entweder zweifelhaft wird, oder nach andern Erwägungen als der Grenzlinie bestimmt werden muss. Man untersucht daher gewöhnlich nicht, ob das Schiff eher diesseits oder jenseits der Mittellinie sich bewegt habe, wenn etwa die gerichtliche Competenz über ein verübtes Vergehen zu ermitteln ist, sondern nimmt im Zweifel an, dass je nachdem das Schiff dem einen oder andern Uferstat angehöre oder auch nur da stationirt sei, die Gerichtsbarkeit des betreffenden Stats im Zweifel begründet sei. Der Thalweg selbst gilt dann als gemeinsame Grenze. Mit Unrecht wird er als neutral bezeichnet. Er gehört nicht keinem der beiden, sondern eher jedem der beiden Gebiete an, soweit das überhaupt möglich ist. Er wird daher von beiden Nationen frei zur Schifffahrt benutzt, und keiner der beiden Staten darf diesen Gebrauch hemmen. Vgl. unten § 303.

3. Die Mitte des Flusses kann auch von dem festen Uferrand aus bemessen werden. Aber wenn der Fluss selber veränderlich ist, so ist es unpassend, eine bewegliche Grenze durch eine unbewegliche Linie fixiren zu wollen. In neuerer Zeit zieht man bei schiffbaren Flüssen den Thalweg vor, weil eben da der Hauptfluss sich bewegt, welcher als Grenze dient. Der Ausdruck ist sogar in den franzosisch geschriebenen Friedensvertrag von Luneville vom 9. Febr. 1801 Art. III. ubergegangen: „Le Thalweg de l'Adige servant de ligne de démarcation" und war früher für die Rheingrenze zwischen Frankreich und Deutschland anerkannt. Reichsdeputationsbeschluss von 1803 § 30.

299.

Die Flussgrenze ist insofern veränderlich, als der Fluss sein Bett und seinen Thalweg gelegentlich verändert.

Wenn aber der Fluss sein Bett ganz verlässt und eine neue Richtung einschlägt, dann bleibt das alte Flussbett die Grenze.

Die Veränderung des Thalwegs kann auch künstlich durch Wasserbauten bewirkt werden. Schon deshalb, weil dadurch die gemeinsame Grenze afficirt wird, darf kein Uferstat willkürlich solche Uferbauten vornehmen, welche jene Aenderung nach sich ziehen. Wird dagegen die Flusscorrection in wechselseitigem Einverständniss vollzogen, so wird unbedenklich auch der künstlich veränderte Thalweg als Grenze anerkannt.

Wenn der Fluss eine ganz andere Richtung nimmt und ein neues Bett gräbt, so ist das nicht mehr die unvermeidliche Wandelbarkeit der Flussgrenze, sondern ein neuer Einschnitt in das eine oder andere unzweifelhafte Statsgebiet hinein in Abweichung von der bisherigen Landesgrenze. Das darf natürlich keinen Gebietsverlust des einen und keine Gebietserweiterung des andern Stats begründen. Vgl. Hugo Grotius II. 3. § 16.

300.

Insoweit nicht die Nationalität eines Schiffes entscheidend einwirkt, steht beiden Uferstaten eine concurrirende Gebietshoheit (Polizeigewalt und Gerichtsbarkeit) über die auf der Grenzlinie hinfahrenden Schiffe zu.

Vgl. zu § 298. 316.

301.

Ebenso wird die Mitte eines Landsees als Grenze zwischen den entgegengesetzten Uferstaten vermuthet, wenn nicht durch Verträge oder Uebung eine andere Grenze bestimmt ist. Daneben wird die freie Schifffahrt auf dem See für beiderlei Uferbewohner als Regel anerkannt.

Hier muss die Mitte von beiden Ufern ausgemessen werden, da es einen Thalweg nicht gibt, oder wenigstens derselbe nicht ebenso deutlich ist, wie bei Flüssen.

302.

Bildet das freie Meer die Grenze des Statsgebiets, so wird angenommen, der nasse Küstensaum sei noch so weit der Militärhoheit unterworfen, als die Statsmacht vom Ufer her sich darüber erstreckt, also auf Kanonenschussweite.

Eine genauere oder engere Grenze, wie insbesondere die von einer geographischen Meile oder drei englischen Meilen von der Küste — zur Zeit der Ebbe — kann vertragsmässig oder statsrechtlich bestimmt werden.

Im Zweifel ist diese Grenze einer geographischen Meile für die Fischerei, und die Polizei und die nicht-militärische Statsverwaltung zu beachten.

1. Diese Ausdehnung der Gebietshoheit über das feste Land hinaus in den Bereich des seiner Natur nach statenlosen Meeres ist freilich nur eine beschränkte, keine vollständige. Vgl. darüber unten § 310. 322 ff. Das Mass der Ausdehnung ist überdem seit Erfindung der weittragenden gezogenen Geschütze erheblich grösser geworden; indessen ist diese Erweiterung nur die natürliche Wirkung der gesteigerten Statsmacht. Anfangs mochte der Hammerwurf, dann der Pfeilschuss die engere Grenze bezeichnen, dann kam die Erfindung und der grosse Fortschritt der Feuerwaffen in einer Reihe von Abstufungen von den unsichern und nur in kurzer Flugbahn wirkenden ersten Geschützen bis zu der scharf und weittreffenden gezogenen Kanone der Gegenwart. Immer ist der leitende Gedanke der: „Terrae dominum finitur, ubi finitur armorum vis" oder: „quousque e terra imperari potest."

2. Die Seegrenze von 3 (englischen) Meilen oder einer geographischen Meile ist z. B. in den Verträgen zwischen England und den Vereinigten Staten von Amerika vom 28. Oct. 1818 (Art. 1) und von Frankreich und England in dem Vertrag vom 2. Aug. 1839 (Art. 9 und 10) anerkannt. Vgl. Oppenheim Völkerrecht III. § 6. Phillimore I. 235 f.

3 Da die neuen Geschütze bis auf 5 englische Meilen wirken, so frägt sich, ob die bisherige Grenze von 3 Meilen nicht zu kurz bemessen ist. Vgl. darüber die Note des amerikanischen Ministers Seward an den englischen Geschäftsträger in Washington vom 16. Sept. 1864, worin folgende Fragen gestellt sind: 1) Soll nun die Gerichtsbarkeit des Küstenstats von 3 auf 5 Meilen erstreckt werden? 2) Wenn die Kanonenkugeln der Kriegsschiffe auch nicht den neutralen Küstensaum, so wenig als das neutrale Land erreichen dürfen, sollten jene, die Schussweite von 5 Meilen vorausgesetzt, erst in einer Entfernung von 8 Meilen von der Küste, feuern dürfen? Soll überhaupt kein bestimmtes Mass (in Meilenzahl) der Entfernung angenommen werden, sondern Alles von der Tragweite der Geschosse abhängig gemacht werden? Die Verbesserung der Geschütze hat eine Bedeutung für die Landesvertheidigung, keineswegs für die Benutzung der Küstengewässer für die Fischerei, Austernbänke u. s. f. Hier muss die angebrachte Grenze von einer geographischen Meile (3 englische Meilen) als fortwirkend angesehen werden und ist eine Ausdehnung der Statshoheit über die offene See nicht gerechtfertigt. Vgl. Calvo, Droit Intern. § 201.

303.

Wenn zwei Staten, welche an das freie Meer Grenzen, einander so nahe sind, dass der Küstensaum je des einen Stats in den Küstensaum des andern hinüberreicht, so sind sie verpflichtet, einander in dem gemeinsamen Gebiet wechselseitig den Küstenschutz zuzugestehen, oder über eine Scheidelinie sich zu vereinbaren.

Das Verhältniss der beiden Uferstaten wird hier ähnlich wie in den Fällen der Fluss- oder Seegrenze. Es tritt eine concurrirende Gebietshoheit ein.

---

3. Oeffentliche Gewässer. Die Meeresfreiheit.

304.

Das Meer ist von Natur zur Sonderherrschaft ungeeignet und dem gemeinen Gebrauch aller Nationen geöffnet. Das Meer ist frei.

An dem offenen, freien Meer ist keine Gebietshoheit eines einzelnen States oder mehrerer verbundener Staten möglich und zulässig.

Noch im siebzehnten Jahrhundert versuchten es einzelne Staten, sich eine ausschliessliche Seeherrschaft über bestimmte Meere anzumassen und andern Nationen die Schifffahrt oder Fischerei daselbst zu verbieten. So z. B. Portugal und Spanien in den Ost- und Westindischen Meeren unter Berufung auf die Verleihung des Papstes. Auch England behauptete ein besonderes Recht auf die Meere zu haben, welche die britischen Inseln umfliessen und strebte sogar eine universelle Herrschaft zur See überhaupt an. (Vgl. Bacon bei Laurent Étud. XV. S. 54.) Gegen diese Anmassung erhob sich Hugo Groot in seiner berühmten Schrift „mare liberum“ (Utrecht 1609), die einer früheren Processschrift für die Niederlande gegen Portugal (De praeda) entnommen ist, mit wissenschaftlichen Gründen. Dem heutigen Rechtsbewusstsein der Menschheit ist die Freiheit des Meeres von jeder Statsherrschaft nicht mehr zweifelhaft; und die seefahrenden Völker üben diese Freiheit in allen Richtungen unangefochten aus. In Folge dessen ist der grössere Theil der Erdoberfläche allen Völkern gemeinsam und dient so dem menschlichen Verkehr. Der Grund dieser Meeresfreiheit liegt nicht darin, dass die Bestimmung von Grenzen unmöglich wäre — die heutige Nautik besitzt die Mittel, auch über das Meer Linien zu ziehen, — sondern darin, dass ein ausschliesslich fortgesetzter Sonderbesitz gar nicht möglich ist, vielmehr die Natur das Meer dem Gebrauch und Verkehr aller Nationen eröffnet und die Sicherheit der Staten wie ihre Interessen durch eine ausschliessliche Meeresherrschaft eines States bedroht würde. Vgl. Calvo § 205.

305.

Das heutige Völkerrecht gestattet nicht mehr die Abschliessung eines Meeres von dem Weltverkehr, welches von Natur oder durch menschliche Cultur der Schifffahrt zugänglich und mit der offenen freien See verbunden ist, auch dann nicht, wenn jenes Meer von einem Statsgebiet umschlossen ist.

In alter Zeit war diese Regel noch nicht anerkannt. Die Phönizier und Karthager betrachteten das mittelländische Meer grossen Theils als ihre See, ebenso später die Römer. Dänemark machte eine Zeit lang ähnliche Ansprüche der Herrschaft über das Baltische Meer; die Republik Venedig wollte im Adriatischen Meer allein herrschen, die Republik Genua im ligurischen Meer, die Turbei behauptete, dass das Aegäische wie das Marmarameer ihr Eigenthum sei, Russland weigerte fremden Nationen die Seefahr auf dem schwarzen Meer. Alle diese Prätensionen mussten schliesslich der steigenden Anerkennung der Meeresfreiheit weichen. Durch die Pariser Congressacte von 1856 Art. II. ist der Satz ausgesprochen worden: „La mer Noire est neutralisée, ouverte à la marine marchande de toutes les nations“.

306.

Geschlossene Meere werden nur insofern anerkannt, als sie für die Schifffahrt vom offenen Meer her unzugänglich und von diesem völlig abgetrennt sind. Dieselben sind dann ähnlich, wie die Binnenseen mit süssem Wasser, der Statshoheit unterworfen.

Ein von jeher anerkanntes Beispiel ist das Todte Meer in Syrien. An dem Kaspischen Meer begegnen sich verschiedene Nationen und Staten, aber eine Verbindung mit dem Weltmeer ist nicht da. Die Möglichkeit, daraus ein Russisches Meer zu machen, liegt daher nicht sehr ferne.

307.

Auf offenen Meere ist sowohl die Schifffahrt als die Fischerei für alle Nationen und für Jedermann völlig frei.

Die Schifffahrt ist zunächst als Handels- und Verkehrsschifffahrt frei. Eben für den Weltverkehr ist das Meer offen. Neben der Schifffahrt zum Verkehr kommt als zweite Hauptnutzung des Meeres die Fischerei in Betracht. Auch in dieser Hinsicht hat kein Stat ein Recht, für seine Fischer ein Privilegium anzusprechen und die fremden Fischer davon auszuschliessen. Die reichen Schätze des Meeres sind der ganzen Menschheit offen. Noch im achtzehnten Jahrhundert masste sich die Krone Dänemark das ausschliessliche Recht der Fischerei an in den Gewässern der Nordsee in der Nähe von Island und Grönland und gerieth darüber mit den Vereinigten Staten der Niederlande in Streit. Auch die Beschränkung dieses Rechts auf 15 Seemeilen von der Küste weg, welche die dänische Regierung schliesslich zugestand, ist durchaus ungenügend und wurde von den andern Staten nicht anerkannt. In unserm Jahrhundert entstand wiederholt Streit zwischen England und den Vereinigten Staten von Nordamerika über die ergiebige Fischerei in den Gewässern von Neufundland. Ein Vertrag vom 2. August 1839 gestand den Amerikanischen Fischern die Fischerei zu bis auf drei Meilen von der Küste. Vgl. darüber Phillimore I. 189 ff. Ueber die Fischerei an den französisch-englischen Küsten ist im Nov. 1867 ein neuer Vertrag abgeschlossen worden, welcher in dem gemeinen Meer die absolute Freiheit sichert, in den Eigengewässern dagegen die nationale Fischerei vorbehält.

308.

Das Recht der freien Schifffahrt auf offenem Meere wird nicht verletzt, sondern nach Umständen geschützt durch völkerrechtliche Beschränkung der Kriegsmarine in bestimmten Meeren.

Ein Beispiel ist die Beschränkung der Zahl der Russischen Kriegsschiffe im schwarzen Meer, welche der Pariser Friede von 1856 angeordnet und die Londoner Conferenz von 1871 wieder aufgegeben hat, ein anderes ist das Verbot der Durchfahrt fremder Kriegsschiffe durch die Dardanellen und den Bosporus von Seite der hohen Pforte. Verträge von London 13. Juli 1841 und Paris 30. März 1856.

309.

Einer beschränkten Gebietshoheit unterworfen sind:

a) der das Land bespülende Küstensaum (§ 302),
b) die Seehäfen und Rheden,
c) die Meereseinbrüche,
d) kleinere zwischen zwei Vorsprüngen des Landes gelegene Buchten.

Die nahe Beziehung solcher Theile des Meeres zum Lande und zum Stat rechtfertigt eine relative Ausdehnung der Gebietshoheit. Dieselben werden als Zugehörigkeit des Landes betrachtet, dessen Macht und Schutz sich darüber erstreckt. Die Sicherheit des States und seiner Rechtsordnung ist dabei so offenbar interessirt, dass der gewohnte Masstab der Kanonenschussweite bei Buchten nicht immer als genügend erachtet wird. Indessen ist diese Ausdehnung doch nur da zuzugestehn, wo ihre Gründe wirksam sind und nicht wo der Umfang der Bucht sich weiter erstreckt, und lediglich als Theil des offenen Meeres erscheint, wie z. B. in der Hudsons-Bai, und in dem Meerbusen von Mexico. Unbestritten ist die Seeherrschaft Englands zwischen der Insel Wight und der Englischen Küste, aber keineswegs gutzuheissen in dem ganzen Kanal oder in dem Meer zwischen England und Irland, wenn gleich der englische Admiralitätshof die Lehre von den „Engen Meeren" (Narrow Seas) oft mit Erfolg über Gebühr ausdehnte und grosse Stücke des offenen Meeres als sogenannte „Königskammern" (King's chambers) in Beschlag zu nehmen versuchte. Der Vertrag zwischen England und Frankreich vom 2. Aug. 1839 über die Canalfischerei bestimmt in Art. 5, dass die Baien von weniger als zehn Seemeilen weiter Oeffnung noch von dem zum Land gehörigen Küstensaum umfasst werden. Ebenso kann die Herrschaft der Türkei über die Meerengen der Dardanellen und des Bosphorus nicht bezweifelt werden, wenn gleich das neuere Völkerrecht für die freie Schifffahrt auch durch diese Meerengen ins schwarze Meer sorgt. Pariser Vertrag vom 30. März 1856. Fremden Kriegsschiffen wird die Durchfahrt untersagt, ausser zu Ehren eines Statshauptes an Bord. Erklärung der h. Pforte v. 28. Sept. 1868. (Statsarch. Nr. 3558.) Vgl. Calvo D. I. § 189. 191. 192.

310.

In Folge dieser beschränkten Gebietshoheit ist der Stat berechtigt, alle zum Schutze seines Gebietes und seiner Rechtsordnung nöthigen Massregeln auch über diese Theile des Meeres auszudehnen, polizeiliche Anordnungen zu treffen bezüglich der Schifffahrt und der Fischerei, aber er ist nicht berechtigt, im Frieden die Durchfahrt oder die Benutzung dieser Gewässer für die Schifffahrt willkürlich zu untersagen oder mit Steuern zu beschweren.

1. So kann der Uferstat im Interesse seines Zollsystems die fremden Schiffe anweisen, nur an bestimmten Stellen zu landen und sich des Verkehrs mit den Küstenbewohnern zu enthalten, im Interesse der Sicherheit die Annäherung von bewaffneten Schiffen verhindern u. s. f. Selbst Verbote der fremden Fischerei kommen hier noch vor und werden anerkannt. Die Regulirung der Fischerei in diesen Gewässern ist ganz unbedenklich. Insbesondere wird die heimische Angelfischerei, welche durch schwimmende Bojen erkennbar gemacht wird, gegen die Grundfischerei oft durch Polizeiverordnungen geschützt.

2. Eine sehr starke und im Grunde ungerechte Benutzung der Seeherrschaft geschah durch Dänemark, indem es während Jahrhunderten im Besitz der beiden Erdzungen, welche den Sundpass einengen, auf der einzigen Fahrstrasse aus dem baltischen Meere in die Nordsee den sogenannten Sundzoll erhob. Den mittelalterlichen Rechtsansichten war diese Zollerhebung nicht ebenso anstössig, wie dem modernen Rechtsbewusstsein. Die europäischen Staten liessen sich daher diese Belästigung gefallen und suchten nur durch Verträge eine weitere Erschwerung zu verhüten. Erst der offene und entschiedene Wiederspruch der Vereinigten Staten von Amerika nöthigte Dänemark über Ablösung des Sundzolls zu verhandeln. Seit dem Jahr 1857 ist nun diese Beschwerde der Schifffahrt von den übrigen Staten vertragsmässig losgekauft und die freie Schifffahrt am 1. April 1857 hergestellt worden.

311.

Die Ströme und Flüsse gehören, wenn sie innerhalb eines

Landes fliessen, zu dem Statsgebiet des Landes, wenn sie zwischen zwei Staten die Grenze bilden, im Zweifel je zur Hälfte bis in die Mitte den beiderseitigen Uferstaten zu.

Vgl. oben zu Art. 298.

312.

Schiffbare Ströme und Flüsse, welche das Gebiet mehrerer Staten durchfliessen, begründen ein gemeinsames Recht und Interesse aller dieser Staten an der geordneten und freien Benutzung derselben zur Schifffahrt.

Jeder der betheiligten Staten ist verpflichtet, auf seinem Gebiet sowohl für die Offenhaltung des Fahrwegs für die Schiffe als für den Unterhalt der Leinpfade zu sorgen.

Es ist das einer der wenigen Fortschritte, welche die Entwicklung des Völkerrechts hauptsachlich auf Betrieb des Preussischen Gesanten Wilh v. Humboldt den Verhandlungen des Wiener Congresses verdankt. Die Wiener Congressacte von 1815 Art. 108 lautet: „Les Puissances, dont les états sont séparés ou traversés par une même rivière navigable, s'engagent à regler d'un commun accord tout ce qui a rapport à la navigation de cette rivière. Art. 113: Chaque état riverain se chargera de l'entretien des chemins de halage qui passent par son territoire et des travaux nécessaires pour la même étendue dans le lit de la rivière, pour ne faire éprouver aucun obstacle à la navigation." Der Fluss bildet ein natürliches Band, welches die Länder verbindet, die er durchfliesst. Sein Gewässer ergibt sich nicht vollig der Sonderherrschaft eines States, es fliesst weiter, unbekümmert um die statliche Grenze. Es dient daher auch der gemeinsamen Schifffahrt, soweit der Fluss schiffbar ist. Es ist nur eine Anerkennung dieser naturlichen Verhältnisse, wenn die Rechtsordnung diesen Zusammenhang und diese Gemeinschaft schützt, und nicht gestattet, dass einer der Uferstaten einseitige Hemmnisse bereite, sondern vielmehr alle Uferstaten verpflichtet, zur Erhaltung der Schifffahrt die nöthigen Massregeln (z. B. Reinigung des Flussbetts, Herstellung der Reckwege und Leinpfade) anzuordnen.

313.

Die Fluss- und Schifffahrtspolizei soll, soweit sie gemeinsame Interessen betrifft, auch gemeinsam nach denselben Rechtsgrundsätzen geordnet werden. Ausnahmen erfordern eine besondere Begründung.

„Règlement pour la libre navigation des rivières. Art. II: La navigation dans tout le cours des rivières indiquées —; du point où chacune d'elle devient navigable jusqu'à son embouchure, sera entièrement libre et ne pourra, sous le rapport du commerce, être interdite à personne, en se conformant toutefois aux règlements qui seront arrêtés pour sa police d'une manière uniforme pour tous, et aussi favorable que possible au commerce de toutes les nations. Art. III: Le système qui sera établi, tant pour la perception des droits que pour le maintien de la police, sera, autant que faire so pourra, le même pour tout le cours de la rivière, et s'étendra aussi, à moins que des circonstances particulières ne s'y opposent, sur ceux de ces embranchemens et confluens qui dans leur cours navigable séparent ou traversent différens états."

314.

Wenn die schiffbaren Ströme oder Flüsse mit dem offenen Meer in Verbindung stehen, so sind dieselben den Schiffen aller Nationen im Frieden offen zu halten. Die freie Schifffahrt darf nicht zum Nachtheil einzelner Nationen gehemmt, noch ungebührlich belästigt werden.

1. Die Wiener Congressacte sprach diesen Grundsatz zunächst nur für die europäischen Flüsse und nur unter der Voraussetzung aus, dass ein Fluss durch zwei oder mehrere Statsgebiete fliesst. Art. 109: „La navigation dans tout le cours des rivières indiquées dans l'article précédent sera entièrement libre" Aber ganz dieselben Gründe, welche die freie Flussschifffahrt in Europa als völkerrechtliche Forderung rechtfertigen, finden auch auf die amerikanischen Ströme und in allen Welttheilen Anwendung. Das neue völkerrechtliche Princip muss also allmählich überall zur Geltung gebracht werden. Sodann ist die Beschrankung des Grundsatzes auf die sogenannten Gemeinflusse deshalb unhaltbar, weil die Schifffahrt auf diesen nicht bloss fur die Schiffe der Uferstaten, sondern fur den Weltverkehr frei ist und nicht einzusehen ist, wesshalb die zwei oder mehreren Uferstaten verpflichtet sein sollen, fremde Schiffe zuzulassen, während ein einzelner Flussstat dieselben an der Einfahrt verhindern könnte. Der Eine Stat, dessen Gebiet der Fluss allein durchfliesst, kann nicht mehr Rechte und keine grössere Herrschaft haben, als die mehreren Uferstaten an einem Gemeinflusse zusammen. Es gibt keinen innern Grund, wesshalb für fremde Nationen die Schifffahrt auf dem Rhein freier sein sollte als auf der Themse, sonst müsste man zu der unsinnigen Schlussfolgerung kommen, dass die Einigung eines ganzen Flussgebietes, das früher unter mehrere Staten getheilt war, in Einem Statsgebiete die Aufhebung der freien Schifffahrt für fremde Nationen nach sich zöge, die zur Zeit der Vielstaterei als Völkerrecht gegolten hatte. So war z. B. der Mississippi früher ein Gemeinstrom und ist jezt ganz in dem Gebiet der Vereinigten Staten. Ebenso ist nun der Po ein italienischer Fluss, der fruher ein Gemeinfluss gewesen war. Die Freiheit der Weltschifffahrt auf diesen Flüssen grundet sich nicht auf die Betheiligung mehrerer bestimmter Staten an dem Flussufer und der Flusshoheit, sondern auf den Zusammenhang des Flusses mit dem freien Meer und auf die Verbindung der Gewässer, welche den Verkehr der Menschen vermitteln. Die ins Meer mündenden Ströme sammt ihren Nebenflüssen, welche sie wahrend ihres Laufes aufnehmen, gehören, soweit der Weltverkehr sich darauf bewegt, zum Meer und es wirkt dessen Freiheit auf ihre Freiheit zurück.

2. Beachtenswerth sind die Verhandlungen der Rheinuferstaten mit dem Königreich der Niederlande, welches eine Sonderherrschaft über die Rheinmündungen behauptete, weil es in den Verträgen nicht heisse: „jusque dans la mer", sondern nur: „jusqu'à la mer" 1816—1831. Endlich musste doch zugestanden werden, dass der letztere Ausdruck ebenfalls den Zusammenhang des Flusses mit dem Meer

bedeute. Aber wiederum weigerten sich die Niederlande später für die Schiffbarhaltung der Rheinmündungen zu sorgen. Endlich aber bestimmte der neue Schifffahrtsvertrag vom 17. Oct. 1868 in Art. 1: „Die Schifffahrt auf dem Rhein und seinen Ausflüssen von Basel bis in das offene Meer soll sowohl aufwärts als abwärts den Fahrzeugen aller Nationen zum Transport von Waaren und Personen gestattet sein. Art. 2: Die zur Rheinschifffahrt gehörigen Schiffe (d. h. welche die Flagge eines der Rheinuferstaten führen dürfen) können auf jedem beliebigen Wege durch das niederländische Gebiet vom Rhein in das offene Meer fahren (also auch auf der Schelde). Sollte einer der Wasserwege unbrauchbar werden, so soll die zu dessen Ersatz der niederlandischen Schifffahrt angewiesene Wasserstrasse auch der Schifffahrt der übrigen Uferstaten offen bleiben."

3. Aehnliche Streitigkeiten wurden zwischen Belgien und den Niederlanden über die Freihaltung der Schelde, vorzuglich der Osterschelde geführt 1846. 1849. 1859—1866.

4. Der Vertrag zwischen England und den Vereinigten Staten von Amerika über den Lawrencestrom vom 5. Juni 1856 sichert den Angehörigen der beiden Staten die freie Schifffahrt zu.

315.

Es dürfen nur solche Gebühren der Benutzung der dem Weltverkehr offenen Gewässer auferlegt werden, welche als Gegenleistung für die Anstalten, Werke und Arbeiten zu rechtfertigen sind, für welche der Stat im Interesse der Schifffahrt und eines geordneten Zustandes sorgt. Ebenso dürfen die Vorschriften über Stapel- und Landungsplätze nicht dazu missbraucht werden, durch Nöthigung zum Anlanden und Umladen die Schifffahrt zu erschweren.

Nur allmählich gelingt es, diese Folge des Princips der freien Schifffahrt zur Geltung zu bringen und die zahlreichen Lasten, womit die mittelalterliche Landeshoheit den Verkehr beschwert hat, abzuschütteln. Einzelne Bestimmungen bezüglich der Gemeinflüsse hat wieder die Wiener Congressacte. Art. III „Les droits sur la navigation seront fixés d'une manière uniforme, invariable et assez indépendante de la qualité différente des marchandises pour ne pas rendre nécessaire un examen détaillé de la cargaison autrement que pour cause de fraude et de contravention. — Le tarif une fois réglé, il ne pourra plus être augmenté que par un arrangement commun des états riverains ni la navigation grévée d'autres droits quelconques, outre ceux fixés, dans le règlement." Art. 114: „On n'établira nulle part des droits d'étappe, d'échelle ou de relâche forcée." Selbstverständlich ist die Erhebung von Waarenzöllen eine ganz andere Angelegenheit und hat grundsätzlich mit der finanziellen Belastung der Schifffahrt nichts zu schaffen.

316.

Die Binnenseen gehören ebenso dem Statsgebiete zu, von dem sie umschlossen werden. Liegen dieselben zwischen mehreren Staten, so werden sie analog den Strömen behandelt. Abgesehen von besondern Verträgen und Verhältnissen breitet jeder Uferstat seine Statshoheit vom Ufer aus bis in die Mitte des Sees. Die Benutzung des Sees ist jedoch gemeinsam für die Schifffahrt aller Uferbewohner und wenn der See mit dem Meere in schiffbarer Verbindung steht, auch für die Schifffahrt aller Nationen.

Die Binnenseen sind gewöhnlich nur ausgebreitete und in Folge der Ausbreitung ruhig gewordene Flussbecken. Daher ist das Flussrecht auf diese Seen analog auszudehnen, und der Zusammenhang mit Fluss und Meer wohl zu beachten. Eine Abgrenzung der Mittellinie ist freilich hier noch schwieriger als auf Flüssen und man ist aus practischen Gründen genöthigt, eine concurrirende Gewalt leichter zuzugestehen oder die Nationalität der Schiffe zu berücksichtigen. Vgl. oben zu § 300.

---

4. Schiffsrecht.

317.

Die Schiffe werden als schwimmende Gebietstheile des Landes betrachtet, dem sie nach ihrer Nationalität angehören und dessen Flagge sie zu führen berechtigt sind.

Die völkerrechtliche Annahme, dass die Schiffe, welche von dem Lande her, welchem sie angehören, auf die offene See hinausfahren, gleichsam wandernde oder schwimmende Theile des Territoriums seien, — Vattel nennt das Schiff „portion du territoire" I, 19 — ist schon ziemlich alt, und hat einen natürlichen Grund in dem fortwirkenden nationalen Zusammenhang des Schiffs mit dem Land, der in der Flagge symbolisch dargestellt wird, in dem Schutzbedürfniss des Schiffs gegen feindliche Angriffe und in der Ausdehnung der nationalen Macht und des nationalen Verkehrs durch die Kriegs- und Handelsmarine. Daher ist es auch sehr wichtig, die Nationalität der Schiffe klar zu stellen. Die englischen Juristen sträubten sich einige Zeit gegen die Anerkennung jenes Satzes bezüglich der Handelsschiffe. Für Kriegsschiffe war dieselbe unvermeidlich, weil in dem Kriegsschiff die bestimmte Statsmacht handgreiflich fuhlbar war. Aber die Angehörigkeit der Handelsschiffe an den Stat, dessen Flagge sie führen, ist ebenso unzweifelhaft.

318.

Wenn die Schiffe auf offener See fahren, so erstreckt sich die Gebietshoheit ihres States ungehemmt auf den Bereich der Schiffe und den Theil des Meeres, in welchem das Schiff sich gerade befindet.

Eine blosse Folge dieses Satzes ist die Begründung der statlichen Gerichtsbarkeit in allen Vergehensfällen, welche sich während der Seefahrt ereignen, und die Ausschliessung einer fremden Gerichtsbarkeit. Das gilt aber nicht bloss von Vergehen, die innerhalb des Schiffes, sondern auch von solchen, welche etwa von schwimmenden Schiffsgenossen um dasselbe her verübt worden sind.

319.

Wenn aber die Schiffe in ein fremdes Statsgebiet einfahren, indem sie in einem fremden Seehafen Anker werfen oder einen Strom oder Fluss befahren u. dgl., so werden sie der fremden Statshoheit so lange untergeordnet, als sie sich in deren Bereich aufhalten.

Die fremden Schiffe können sich so wenig als fremde Reisende der Statshoheit entziehen, in deren Herrschaftsbereich sie gekommen sind. Es gibt keinen Grund, diese Statshoheit innerhalb ihres Gebiets zu hemmen, und fremden Schiffen Immunitätsrechte zuzugestehen. Die Polizei des Hafenstats erstreckt sich daher über alle fremde Schiffe im Hafen und die Gerichte desselben sind competent zur Verwaltung der Rechtspflege, auch wenn die Schiffsleute Streit unter einander haben oder ein Vergehen verüben, weil dieselben sich innerhalb dieses Statsgebiets befinden.

320.

Indessen wirkt die Unterordnung der Schiffe und ihrer Mannschaft unter ihre nationale Statsgewalt insoweit fort, als entweder das Völkerrecht dieselbe verlangt oder die Statsgewalt des Aufenthaltsorts dieselbe gewähren lässt. Die Consuln vermitteln jene Unterordnung unter die nationale Statshoheit.

Vgl. oben § 260. Die französische Jurisprudenz erkennt die fremde Gerichtsbarkeit in den Fällen an, wo lediglich unter den fremden Schiffsleuten Streit ist, ohne dass derselbe die gemeine Ordnung und den Frieden gefährdet, und ebenso in Disciplinarfällen der Schiffsmannschaft. Sogar als ein Matrose des amerikanischen Schiffs The Sally im Hafen von Marseille von einem Schiffsofficier verwundet wurde, weil er den Befehlen desselben nicht folgen wollte, überliess der Statsrath (1806) die Beurtheilung dem amerikanischen Consul. Phillimore I. 349. Das Gutachten des Statsraths vom 20. Nov. 1806 spricht darüber folgende Grundsätze aus: „Considérant qu'un vaisseau neutre ne peut être indéfiniment considéré comme lieu neutre et que la protection qui lui est accordée dans les ports français ne saurait dessaisir à la juridiction territoriale, pour tout ce qui touche aux intérêts de l'état. — Qu'ainsi, le vaisseau neutre admis dans un port de l'état est de plein droit soumis aux lois de police qui régissent le lieu où il est reçu — Que les gens de son équipage sont également justiciables des tribunaux du pays pour les délits qu'ils y commettraient, même à bord, envers des personnes étrangères à l'équipage, ainsi que pour les Conventions civiles qu'ils pourraient faire avec elles; — Mais, que si jusque-là, la juridiction territoriale est hors de doute, il n'en est pas ainsi à l'égard des délits qui se commettent à bord du vaissau neutre de la part d'un homme de l'équipage. — Qu'en ce cas, les droits de la puissance neutre doivent être respectés, comme s'agissant de la discipline intérieure du vaisseau, dans la quelle l'autorité locale ne doit pas s'ingérer, toutes les fois que son secours n'est pas réclamé ou que la tranquillité du port n'est pas compromise.“

321.

Ausnahmsweise gelten als exterritorial und von der einheimischen Statsgewalt befreit

a) fremde Schiffe, welche souveräne Personen oder fremde Gesante an Bord haben und zu deren ausschliesslicher Verfügung sind (§ 150. 152),

b) fremde Kriegsschiffe, insofern sie mit Erlaubniss des States in dessen Eigengewässer eingelaufen sind.

1. Die erste Ausnahme ist nur eine Anwendung der regelmässigen Exterritorialität der Souveräne und Gesanten und reicht eben desshalb nicht über die sonstigen Grenzen derselben hinaus. Wenn z. B. ein Souverain oder Gesanter nur ein Postschiff benutzt neben andern Passagieren, so beschränkt sich seine Immunität und Exterritorialität nur auf die Räume, die er mit seinem Gefolge und seinen Effekten in Beschlag genommen hat.

2. Die Exterritorialität der Kriegsschiffe beruht noch weniger auf einer naturrechtlichen Nöthigung als die Exterritorialität der Souveräne, sondern ist ein Zugeständniss, welches die Seestaten einander wechselseitig und der Völkersitte gemäss gewähren, und hat seinen Grund nicht blos in der gegenseitigen Freundlichkeit, sondern vielmehr in der Schwierigkeit und Gefahr, die örtliche Polizei- und Statsgewalt gegenüber der wohlbewaffneten fremden Schiffsmannschaft thatsächlich geltend zu machen. Die Grundbedingung dieses Zugeständnisses ist aber immer die, dass dem fremden Kriegsschiff der Einlauf in das Eigengewässer erlaubt worden ist, ebenso wie die Privilegien fremder Souveräne im Inland die freiwillige Aufnahme derselben voraussetzen. Diese Befreiung von der Ortsgerichtsbarkeit und Ortspolizei bezieht sich aber nur auf die Ordnung im Schiff und findet wieder ihre natürliche Grenze, wenn etwa von dem Schiffe aus rechts- oder ordnungswidrige Handlungen gegen die übrigen Schiffe oder die einheimische Bevölkerung verübt würden. In diesem Falle ist die Ortsbehörde vollkommen berechtigt, die zum Schutze des Hafens nöthigen Massregeln zu ergreifen, nöthigenfalls auch das fremde Kriegsschiff aus dem Hafen wegzuweisen. Ebenso wenn die Mannschaft des Kriegsschiffs auf dem Lande Vergehen verübt, kann dieselbe der einheimischen Gerichtsgewalt unterworfen werden. Indessen ist in solchen Fällen dem Commandanten des fremden Kriegsschiffs ohne Verzug Anzeige zu machen und ein Einverständniss über die weitere Verfolgung und Bestrafung der Schuldigen, sei es durch die Ortsgerichte, sei es durch die Justiz des fremden Kriegsschiffs zu versuchen. Die strenge Consequenz des Rechts spricht für die Anwendung der Landesgerichtsbarkeit, aber die Rücksicht auf die Völkersitte und die freundlichen Beziehungen zu den auswärtigen Staten empfiehlt öfter eine Ausdehnung der fremden Marinegerichtsbarkeit.

322.

Schiffe, welche bloss durch den Küstensaum eines fremden States hindurch fahren, werden der Statshoheit des Küstenstates nur in so weit vorübergehend unterworfen, als sie die militärischen und polizeilichen Ordnungen beachten müssen, welche derselbe zum Schutz seines Gebietes und der Küstenbewohner für nöthig erklärt hat.

Vgl. oben § 302. 310. Die Gerichtsbarkeit des Küstenstats erstreckt sich in der Regel nicht anders auf diesen Küstensaum, als soweit die Handhabung der Militär- und Polizeihoheit das nöthig macht. In allen übrigen Beziehungen wird das Schiff betrachtet, als wäre es auf offener See, d. h. als ein schwimmender Theil seines nationalen Stats.

323.

Die fremden Schiffe haben sich der Hafenordnung und insbesondere den polizeilichen Vorschriften über Lootsen, Remorqueurs, und den gesundheitspolizeilichen Anordnungen der Hafenobrigkeit zu fügen.

Bei diesen Verordnungen sind jedoch die verschiedenen seefahrenden Nationen nach denselben Rechtsgrundsätzen zu behandeln.

1. Der erste Satz ist eine Folge des in § 319 ausgesprochenen Princips. Dahin gehören die Vorschriften über die Signale der Annäherung, über das Anlegen der Schiffe, Festmachen derselben, Feuer an Bord, die Laternen, die Benutzung der Hafenanstalten, aber auch die Verordnungen der Sanitätspolizei zur Abwehr von ansteckenden Krankheiten, je nach Umständen die Nöthigung zu den Contumazanstalten.

2. Der zweite Satz schützt das allgemeine Recht des Weltverkehrs gegen den Missbrauch der Polizeigewalt zum Ausschluss einzelner Nationen.

324.

Zunächst ist es das Recht eines jeden States, die Bedingungen festzusetzen, unter denen er die Angehörigkeit (Nationalität) seiner Schiffe anerkennt, dieselben ermächtigt, seine Flagge zu führen und sie unter seinen Schutz nimmt.

1. Wie es offenbar die Sache des Statsrechts ist, die Bedingungen festzusetzen, unter denen ein Stat einzelne Personen und Familien in seine Statsgenossenschaft aufnimmt, so fällt ebenso in den Bereich des Statsrechts auch die Festsetzung der Bedingungen, unter denen ein Stat die Schiffe als statsgenössig anerkennt. Die Flagge ist das Symbol und Kennzeichen dieser Angehörigkeit zu einem bestimmten State. Indessen so einleuchtend jener Rechtssatz ist, so wird er doch noch nicht vollständig anerkannt.

2. Auch die Wahl der Flagge in Farben und Bildern ist zunächst Sache des betreffenden Stats und nur insofern völkerrechtlich beschränkt, als nicht eine bereits vorhandene Flagge gewählt werden darf. Die Flagge soll die verschiedenen Staten darstellen und unterscheiden. Vgl. oben § 82.

325.

Auch den Binnenstaten, nicht bloss den Küstenstaten steht das Recht zu, nationale Schiffe zu haben und eine nationale Flagge zu führen. Dagegen wird das Recht der freien Schifffahrt und der nationalen Flagge nur denjenigen Völkern zugestanden, welche ihrerseits die völkerrechtlichen Pflichten anerkennen.

1. Wie alle Nationen an dem Welthandel Theil haben, so haben auch alle an der freien Weltschifffahrt Theil. Es besteht kein Rechtsgrund, um irgend eine Nation zu nöthigen, sich für ihren Handel fremder Schiffe zu bedienen, statt eigene dazu zu verwenden. Wenn in neuester Zeit in der Schweiz der Vorschlag einer nationalen Flagge gemacht wurde, so können keinenfalls Rechtsgründe der Annahme dieses Vorschlags im Wege stehen. Nur die Zweckmässigkeit einer derartigen Neuerung kann in Frage kommen, und je nach politischen Erwägungen kann sie verschieden beurtheilt werden.

2. Dagegen wird den Schiffen barbarischer Stämme, welche die Sicherheit des Welthandels und der civilisirten Schifffahrt gefährden, kein Recht der freien Schifffahrt zugestanden und werden dieselben auch auf offener See nicht geduldet.

3. Zuweilen wird die Flagge nur von einzelnen Städten geübt, sogar zum Unterschiede von der Landesflagge, wie z. B. die Flagge von Rostock sich von der Mecklenburgischen unterschieden hatte. Indessen ist das eher ein Ueberrest mittelalterlicher Zustände, als eine Erscheinung des modernen Lebens und jedenfalls bedarf der besondere Gebrauch einer städtischen Flagge der Erlaubniss und Anerkennung des States, welchem die Stadt zugehört. Auch die deutsche Handelsmarine hat nun eine gemeinsame Flagge erhalten. Volkerrechtlich stehen nur die Staten mit einander in unmittelbarer Verbindung und Flagge bedeutet Stat.

326.

Zum Beweise der Nationalität dienen die öffentlich beurkundeten Schiffspapiere, welche von dem Schiffscapitän nöthigenfalls vorzuweisen sind.

Als solche Schiffspapiere sind in Uebung:

a) der Beilbrief, ein Zeugniss über den Bau und das Signalement des Schiffs. Er gibt Aufschluss über die Herkunft, die Bauart, das Baumaterial, die Grösse und den Namen des Schiffs, und dient auch dazu, die Identität des Schiffs erkennbar zu machen;

b) der Seebrief oder Seepass, eine Legitimation zur Seefahrt unter nationaler Flagge. Derselbe ist meistens auf den Namen des Schiffsführers (Capitäns) ausgestellt;

c) ein Eigenthumscertificat des Rheders;

d) die Musterrolle (rolle d'équipage), Verzeichniss über die Schiffsmannschaft und deren Nationalität.

Es können auch in einer Urkunde die meisten oder alle vorgenannte Zwecke zusammen berücksichtigt werden. Das Einzelne gehört nicht der völkerrechtlichen, sondern der statsrechtlichen Bestimmung zu. Nur die Nothwendigkeit einer authentischen Beurkundung der Nationalität ist volkerrechtlich nothwendig.

327.

Nach bisheriger Uebung setzen auch die Seemächte ihrerseits die Bedingungen fest, unter welchen sie die Nationalität fremder Schiffe innerhalb ihres Gebietes (in Seehäfen und Flüssen) anerkennen. Es darf das aber nicht in so beschränkender Weise geschehen, dass dadurch der freie Schifffahrtsverkehr einer fremden Nation unmöglich gemacht oder ungebürlich erschwert sind.

Die gegenwartigen Hafenordnungen gerade der grossen Seemächte sind noch nicht ganz von dem engherzigen Geiste der früheren Ausschliessung der fremden Schiffe und der Begünstigung der eigenen Schiffe befreit. Man wollte jenen doch noch den Verkehr erschweren, wenn gleich man denselben nicht mehr verhindern wollte. Die englische zur Zeit der Republik unter Cromwell erlassene Navigationsacte von 1651, damals für die Entwicklung der englischen Marine nützlich, war ausschliesslich in dem Sonderinteresse der englischen Rhederei und Schifffahrt erlassen. Es wurde nicht blos Nationalität von dem Eigenthümer des Schiffs gefordert, sondern auch für den Capitän und $^3/_4$ der Matrosen, und ebenso Bestimmung getroffen über den Bau des Schiffes. Andere Staten ahmten dieselbe nach und so hinderte jeder hinwieder den andern in der freien Thätigkeit. Die neuere englische Acte fur Handelsschifffahrt vom 16. November 1854 beseitigt grossentheils die alten Schranken. Nach englischem Rechte genügt nun, dass der Eigenthümer des Schiffes ein Engländer sei oder den Treueid der Krone geleistet habe und dass das Schiff in den öffentlichen Registern eingetragen sei. Es ist nicht einzusehen, wesshalb ein nationaler Rheder nicht auch einen Fremden als Capitän oder fremde Matrosen anstellen dürfte, indem die Nationalität einer Fabrik oder einer Handelsfirma auch keinen Abbruch erleidet, wenn fremde Techniker, Commis und Arbeiter von derselben beschäftigt werden. Die französische Gesetzgebung steht theilweise noch auf der früheren Stufe. Gesetz vom 21. Sept. 1793, 9. Juni 1845 und 5. Mai 1866. Sie fordert noch Nationalität des Capitäns und von $^3/_4$ der Mannschaft. Die Vereinigten Staten von Nordamerika fordern die Nationalität von $^2/_3$ der Mannschaft, ebenso Italien, Russland dagegen nur $^1/_4$, und Preussen sah ganz ab von diesem Erforderniss. Schon diese Vergleichung zeigt, wie willkürlich diese Beschränkung ist. (Vgl. Calvo, Int. Law. § 340—369). Das norddeutsche, nunmehr deutsche Seerecht, macht das Recht die Flagge zu führen lediglich von der Reichsangehörigkeit des Schiffseigenthümers abhängig, fordert aber Eintragung in das öffentliche Schiffsregister. Gesetz v. 25. Oct. 1867.

328.

Es besteht kein völkerrechtliches Hinderniss für die einzelnen Staten, auch ursprünglich fremden Schiffen Aufnahme in die eigene Nationalität zu gewähren oder dieselben vorübergehend unter den Schutz der eigenen Flagge zu stellen. Nur darf das nicht in betrügerischer Absicht geschehen, noch zur Schädigung bestehender Rechtsverhältnisse damit Missbrauch getrieben werden.

1. Wie der Uebergang der Person aus einem Statsverband in einen andern möglich ist, so auch der Uebergang eines Schiffes in eine andere Nationalität. Dem State kommt das Recht zu, die Bedingungen festzusetzen, unter denen er die Aufnahme eines bisher fremden Schiffes in seinen Verband gestattet. Aber auch hier wie überhaupt im Staten- und Völkerverkehr ist die bona fides zu beachten. Würde ein Stat fremden Schiffen nur in der Absicht vorübergehend seine Flagge gestatten und dieselben als seine Schiffe bezeichnen, um die Zollgesetze des befahrenen States zu umgehen und diesen Schiffen Zollbefreiungen zuzuwenden, an denen sie ihrer wahren Nationalität nach keinen Antheil haben, so würde sich der letztere Stat das nicht gefallen lassen müssen.

2. In früherer Zeit wurden im mittelländischen Meer oft die Schiffe der norddeutschen Seestädte unter den Schutz der dänischen Flagge gestellt, um dieselben gegen die Piratenschiffe der mohammedanischen Küstenstaten zu sichern, mit welchen Dänemark, aber nicht die Hansestädte Verträge hatten. Diese Leihe des Schutzes hat nun für Deutschland ihr Ende gefunden. Aber für Staten mit Handelsmarine ohne Kriegsmarine können auch heute ähnliche Bedürfnisse sich zeigen. Würde z. B. die Schweiz eine eigene Flagge zur See gestatten, so wäre sie genöthigt, den Schutz eines fremden Seestates dafür anzugehen.

329.

Der Gebrauch einer fremden Flagge ohne Erlaubniss des betreffenden Stats ist untersagt und wird insofern als Vergehen bestraft, als darin sei es eine betrügerische, sei es eine die Ehre des States gefährdende Handlung zu erkennen ist.

Sowohl der Stat, dessen Flagge missbraucht wird, als der Stat, welchem gegenüber der Missbrauch geübt wird, haben ein Recht und Interesse sei es Bestrafung zu fordern, sei es, soweit die Umstände es verstatten, selber die Strafgerichtsbarkeit anzuwenden. Zuweilen werden aber fremde Flaggen ohne strafbare Absicht aufgezogen, und dann ist auch kein Grund, eine Strafe zu verhängen.

330.

Auf offener See sollen sich die begegnenden Schiffe in der Regel rechts ausweichen. Jedoch sind die Dampfschiffe vorzugsweise verpflichtet, den Segelschiffen und vor dem Winde segelnde Schiffe den bei dem Winde liegenden auszuweichen.

Alle diese Regeln haben nur einen relativen Werth und wird natürlich vorausgesetzt, dass das Ausweichen möglich sei. Dann aber ist es billig, dass das Schiff, dessen Bewegung leichter zu leiten und grösser ist, auch vorzugsweise ausweiche. Die englische Schifffahrtsacte von 1854 (17. u. 18. Vict. c. 104) enthält darüber in § 296 die Regel: „the helms of both ships shall be put to pod so as to pass on the portside of each other".

331.

In engem Fahrwasser sollen die Dampfschiffe, soweit es sicher und thunlich ist, die Seite des Fahrwassers oder diejenige Mitte des Fahrwegs halten, welche auf der Steuerbordseite liegt.

Engl. Schifffahrtsacte von 1854 · § 296.

332.

Bei Nachtzeit, d. h. in der Zeit zwischen Sonnenuntergang und Sonnenaufgang, sollen die Segelschiffe auf der Fahrt und wenn sie an Stellen ankern, wo eine Begegnung mit andern Schiffen stattfinden kann, ein helles weisses Licht aufstecken, Dampfschiffe aber ausser dem hellen weissen Licht auf dem Fockmast ein grünes Licht auf der Steuerbordseite und ein rothes Licht auf der Backbordseite haben.

Das weisse Licht an der Mastspitze soll in dunkler Nacht und bei klarer Luft wenigstens auf 5 Seemeilen hin sichtbar sein.

Auch hier hat eine Verordnung der britischen Admiralitat Grundsätze ausgesprochen, welche im Verfolg von den andern Seestaten gutgeheissen und von der Uebung angenommen worden sind. Es dient die Beachtung derselben wieder zur Vermeidung eines gefahrlichen Zusammenstosses der Schiffe. Nach englischem Recht kann der Eigenthümer eines durch den Zusammenstoss verletzten oder in den Grund gebohrten Schiffs dann auf Schadloshaltung mit Erfolg gegen den Vertreter des andern Schiffs klagen, wenn das zweite Schiff jene Vorschriften missachtet und den Zusammenstoss verschuldet hat und zugleich die Mannschaft des ersten Schiffs den nöthigen Fleiss vergeblich aufgewendet hat, um der Gefahr zu entgehen. Vgl. Abbot (Lord Tenterden.) Treatise of the law relative to Merchant Ships and Seamen. Ed. 10 bei W. Shee. London 1856. Ueber das deutsche Recht vgl. das deutsche Handelsgesetzbuch Art. 736 ff.

333.

Niemals darf einem in Seegefahr befindlichen Schiffe und dessen Mannschaft der Weg zur Rettung nach dem Lande verschlossen nach die Benutzung der zur Rettung vorhandenen öffentlichen Anstalten versagt werden.

Heffter, Völkerrecht § 79. 1. Es ist das ein Gebot der Menschlichkeit. welches die civilisirten Staten als verpflichtend in neuerer Zeit wechselseitig anerkennen und dessen Missachtung zu gegründeten Reclamationen berechtigt Auch den barbarischen Stämmen gegenüber, welche diese Menschenpflicht verletzen, sind die civilisirten Staten berechtigt, diese Forderung mit Zwang durchzusetzen. Ausführliche Bestimmungen über diese Pflicht enthält das englische Schifffahrtsgesetz von 1854 § 439 f.

334.

Niemand darf sich an den Personen oder an den Gütern der

Schiffbrüchigen vergreifen. Das sogenannte Strandrecht wird als ein barbarischer und völkerrechtswidriger Missbrauch nicht mehr geduldet.

Im Mittelalter noch waren die Schiffbruchigen und ihre Güter der Gefahr ausgesetzt, von den Küstenbewohnern als Beute behandelt zu werden. Die Personen wurden oft zu Sclaven gemacht oder ihnen ein Lösegeld aufgezwungen, die Güter wurden weggenommen. Man suchte dieses Raubrecht damit zu vertheidigen, dass die hülflosen Fremden Feinde und als solche rechtlos und ihre Güter herrenlos geworden seien. Die humanere Rechtsbildung der neuen Zeit verwirft diese Barbarei und achtet auch in dem Fremden sowohl das Recht der Person als des Eigenthums.

335.

Die Schiffstrümmer (Wrack) und die gestrandeten Waaren sind kein Gegenstand der freien Occupation, ausser wenn die Eigenthümer in unzweideutiger Weise auf ihr Eigenthum verzichtet haben. Sie können von den Eigenthümern jederzeit so lange angesprochen werden, als nicht die Eigenthumsklage verjährt ist.

Dasselbe Recht steht auch den Personen zu, welche auf diese Güter versichert sind. Das englische Schifffahrtsgesetz von 1854 § 477 verpflichtet die ganze Ufergemeinde für den Schaden einzustehn, welcher von den Uferbewohnern an dem Wrackgute verübt worden ist, und bedroht überdem alle, welche sich an dieser unerlaubten Wegnahme betheiligt haben, auch wenn kein anderes Vergehen darin liegt, mit einer Geldbusse.

336.

Dagegen ist ein mässiger Anspruch auf Rettungs- und Bergelohn von Seite der rettenden und bergenden Uferbewohner wohl begründet.

Der eigentliche Bergelohn (Salvage) setzt einen Schiffbruch oder doch das Verlassen des Schiffs in Seenoth durch die Schiffsmannschaft voraus. In andern, beziehungsweise mindern Fällen, in denen der Schiffsmannschaft nur dritte Personen zu Hülfe kommen, ist nur von Hülfslohn die Rede. Vgl. über diesen Unterschied das deutsche Handelsgesetzbuch Art. 742. Der Ausdruck Rettungslohn bezieht sich vorzüglich auf die Rettung von Menschenleben. In allen diesen Fällen sind die Personen, welche gewöhnlich mit eigener Gefahr und schwerer Arbeit hülfreiche Dienste leisten, berechtigt, einen Lohn zu fordern. Aber es darf diese Forderung nicht so weit gespannt werden, dass dieselbe in der Praxis wieder zu einem verdeckten Raubrecht wird. Es darf nicht auf das Unglück und die Noth der Seefahrer speculirt, sondern nur Ersatz für nützliche Dienste verlangt werden. Das deutsche Handelsgesetzbuch setzt für Berglohn als äusserstes Mass den dritten Theil des Werthes der geborgenen Güter fest, welches nur in einzelnen Ausnahmen bis auf die Hälfte des Werthes erhöht werden darf, Art. 748, 749. Im Einzelnen entscheidet, wenn über das richtige Mass Streit entsteht, das richterliche Ermessen mit billiger Erwägung aller Umstände. Ebenda 744. Von einem Rettungslohn für Menschen ist in dem Gesetz nicht die Rede.

Indessen, wenn auch das Leben ein unschätzbares Gut ist, so ist doch die Arbeit für Erhaltung des Lebens wohl zu schatzen und es ist zweckmässiger, im Interesse der Lebensrettung, von Rechts wegen für diesen Lohn zu sorgen, der aus dem geretteten Gut zu bezahlen ist, als Alles von dem guten Willen der Betheiligten abhängig zu machen. Die Bestimmungen der englischen Schifffahrtsacte von 1854 finden sich Art. 458 f. Vgl. von Kaltenborn, Seerecht II. § 147. 148.

337.

Die Uferstaten sind völkerrechtlich verpflichtet, nicht bloss die zur Rettung in Seenoth befindlicher Schiffe vorhandenen öffentlichen Anstalten auch im Dienste der gefährdeten fremden Schiffe, ohne Unterschied der Nationalität oder Religion zu verwenden als überdem die schiffbrüchigen Personen .und Güter möglichst zu schützen und zu bewahren.

In England werden die Beamten, welche den Auftrag haben, die zur Rettung und zum Schutze der gefährdeten Schiffe und ihrer Bemannung nöthigen Massregeln anzuordnen, receivers (Aufnehmer) genannt. Sie sind berechtigt, die allgemeine Beihulfe der Kustenbewohner und der in der Nähe befindlichen Boote aufzurufen. Schifffahrtsacte von 1854 § 439 f.

338.

Jeder Stat ist berechtigt, für die Ausgaben, welche er zur Rettung und zum Unterhalt des Lebens fremder Schiffbrüchiger gemacht hat, nöthigenfalls von deren Heimatstate Ersatz zu fordern, wenn dieselben nicht in der Lage sind, diese Kosten selber ohne Verzug zu ersetzen. Vorbehalten bleibt dem Heimatstate der Regress auf die betheiligten Privatpersonen. Die allgemeinen Anstalten dagegen für Rettung Schiffbrüchiger, welche der Stat getroffen hat, fallen auf seine Kosten, und es ist dafür der andere Stat nicht zum Ersatze verbunden.

Diese Ersatzforderung des States an den Stat hat ihren Grund in der subsidiären Pflicht des States, das Leben seiner Angehörigen im Nothfall zu schützen, eine Pflicht, welche freilich noch immer nicht in dem Umfang anerkannt ist, wie sie es verdiente. Indem der eine Stat fur die Fremden in ihrer Noth sorgt, leistet er daher auch dem Heimatstate derselben einen Dienst und leistet das, was dieser nach natürlichem Recht in der Noth seiner Angehörigen für dieselben zu leisten hätte. Wird dieses Recht anerkannt, so wird eher und besser für Hülfe gesorgt, und zugleich das richtige Verhältniss der Küstenländer gegenüber den Binnenländern gewahrt. Natürlich ist der Küstenstat nicht genöthigt, jene Forderung geltend zu machen und es sprechen auch manche Gründe der Zweckmässigkeit, freilich nur unter der Voraussetzung einer hohen Civilisationsstufe dafür, dass ein Küstenstat alle diese im Interesse der Humanität auch für Fremde gemachten Verwendungen auf seine eigenen Kosten übernimmt.

Wird diese Sorge wechselseitig von den Uferstaten geübt, so liegt darin im Grossen auch wieder die Ausgleichung der Kosten. Jedenfalls aber gehören die Rettungsanstalten zu den polizeilichen Einrichtungen eines States, welche zunächst dem eigenen Statszwecke dienen und sind daher nicht in Anrechnung zu bringen.

339.

Keinem State kommt im Zustande des Friedens eine öffentliche Gewalt über fremde Schiffe auf offener See zu. Die Flagge deckt das Schiff.

Es ist das die Consequenz der beiden Sätze a) dass das offene Meer von jeder besonderen Statsgewalt frei ist und b) dass die Schiffe schwimmende Theile ihres nationalen Statsgebiets sind (§ 317). Auf jedem Schiff dauert also das einheimische Recht und die einheimische Statsgewalt fort, wenn es auf offener See ist und von jedem Schiff ist alle fremde Statsgewalt ausgeschlossen.

340.

Dagegen ist jeder Stat verpflichtet, für Beschädigungen oder Beleidigungen, welche durch die Mannschaft seiner Schiffe gegen fremde Schiffe oder deren Mannschaft auf offener See verübt werden, den Klägern gutes Recht zu halten. Auch auf offener See ist die friedliche Rechtsordnung wechselseitig zu achten und die gewaltsame Selbsthülfe nur in Nothfällen gestattet.

Die Statenlosigkeit des Meeres bedeutet nicht Rechtlosigkeit, sondern im Gegentheil friedliche Rechtsgemeinschaft aller Nationen. Als Nothfälle, welche die Selbsthülfe im Gegensatze zu der regelmassigen Gerichtshülfe rechtfertigen, gelten a) alle Falle der Nothwehr (vgl. unten § 348 gegen böswilligen Angriff, b) die Fälle, in denen zur eigenen Rettung gegen die Gefährdung von Seite eines andern Schiffes, auch wenn dieselbe nicht beabsichtigt und nicht als Vergehen zu betrachten ist, durchgreifende Massregeln nothwendig erscheinen, c) die Fälle der vorherigen Rechtsverweigerung von Seite des fremden Stats.

341.

In Friedenszeiten ist kein Stat berechtigt, fremde Schiffe in ihrer Fahrt auf offener See aufzuhalten, noch sie durch seine Offiziere zu besuchen und Vorzeigung ihrer Papiere zu fordern oder gar ihre Schiffsräume durchsuchen zu lassen.

Da kein Stat eine Polizeigewalt über fremde Schiffe auf offener See hat, so darf er auch keine Handlungen vornehmen, welche sich nur aus einem Rechte der Polizeiaufsicht erklären und begründen liessen. Die fremden Schiffe sind durchaus nicht schuldig, anzuhalten, sondern berechtigt, ohne Rucksicht auf die Zumuthungen eines andern Schiffs ihre Reise fortzusetzen. Zuweilen haben wohl seemächtige Staten weiter gehende Ansprüche gemacht und gelegentlich eine Art von Seepolizei auch über fremde Schiffe üben wollen. Aber es wird das heute nicht mehr zugestanden und diese Anmassung ist wenigstens thatsächlich selbst von England aufgegeben.

342.

Wenn jedoch die Mannschaft eines fremden Schiffes in den Eigengewässern eines States oder auf dem Lande ein Vergehen verübt hat und deshalb von der einheimischen Strafgerichtsbarkeit verfolgt wird, so darf die Verfolgung gegen das fliehende Schiff über die Eigengewässer hinaus in die offene See fortgesetzt werden.

Ist aber einmal das Schiff dieser Verfolgung entgangen, so darf es später nicht mehr auf offener See von den Schiffen des verletzten States angegriffen werden.

Die Verfolgung auf die offene See hinein gilt dann nur als Fortsetzung der in den Eigengewässern begonnenen Verfolgung und die Rechtfertigung dieser wird auf jene ausgedehnt. Diese Ausdehnung ist aber nöthig, um die Wirksamkeit des Strafrechts zu sichern. Dieselbe findet ihre nothwendige Grenze, wenn die Verfolgung abgebrochen werden muss.

343.

Die Piratenschiffe werden wegen ihrer Gemeingefährlichkeit nicht geduldet. Sie haben keinen Anspruch auf den Schutz der Flagge und können jeder Zeit auch auf offener See angegriffen und weggenommen werden.

Als Piraten-, Räuber-, Seeräuberschiffe werden die Schiffe betrachtet, welche ohne Ermächtigung eines kriegführenden States auf Beute fahren, sei es auf Menschenraub, sei es auf Raub von Gütern (Schiffen oder Waaren) oder auch auf böswillige Zerstörung von fremden Gütern ausgehen.

1. Schon Cicero erklärt den „pirata" einen „communis hostis omnium" (de offic. I. 3, 89). Die Seeräuber gelten als Feinde des Menschengeschlechts und ihre Unterdrückung wird als ein Recht und eine Pflicht aller civilisirten Staten betrachtet. Desshalb wird auch gegen Seeräuber das Recht der freien Schifffahrt und der besonderen Nationalität nicht gewahrt. Das Interesse der allgemeinen Verkehrssicherheit rechtfertigt die Beschränkung der allgemeinen Schifffahrtsfreiheit. Die Seerauber, welche jene fortwährend als Feinde bedrohen, dürfen sich nicht auf diese berufen.

2. In den meisten Erklärungen des Begriffs wird die gewinnsüchtige Absicht der Seeräuber, der animus furandi, als Hauptmerkmal hervorgehoben. Die meisten Fälle des Seeraubes haben auch unzweifelhaft diesen Charakter. Aber wenn ein Schiff in der Absicht ausfährt, fremde Schiffe, vielleicht einer verhassten Nation zu zerstören und ihre Güter zu versenken oder an dem Ufer Verheerungen anzurichten, die Häuser in Brand zu stecken, und das Alles nicht aus Gewinnsucht, sondern aus Hass oder Rache, so wird auch ein solches Schiff

als Piratenschiff zu betrachten sein, weil die Gemeingefährlichkeit dieselbe und das Verbrecherische solcher Unternehmungen ebenso offenbar ist. Der Richter Jenkens erklärte folgende drei Merkmale für nöthig zum Begriff des Seeraubs: a) gewaltsamer Angriff, b) Wegnahme fremden Guts, c) Erregung von Furcht des Beraubten. Phillimore I. § 335. Dem zweiten Merkmale fugen Andere mit Recht zu oder Mord oder Menschenraub. Dass das dritte nothwendig sei, darf billig verneint werden, denn die Seelenstimmung des Verletzten ist für das Verbrechen ohne Bedeutung. Auch wenn die Angegriffenen sich nicht fürchten und den Kampf mit den Seeräubern siegreich durchfechten, sind diese dennoch als Seeräuber zu bestrafen.

344.

Wenn ein ernster Verdacht besteht, dass ein Schiff ein Räuberschiff sei, so ist jedes Kriegsschiff eines jeden Stats als ermächtigt zu betrachten, dasselbe anzuhalten und zu untersuchen, ob jener Verdacht begründet sei.

Wenn einige Schriftsteller auch in diesem Falle den Kriegsschiffen das Recht absprechen, Seepolizei zu üben und ein verdachtiges Piratenschiff anzuhalten, so verkennen sie das dringende Bedurfniss aller Nationen, von der Seeräuberei befreit zu werden. Würde die sonstige Regel, dass kein Stat auf offener See über fremde Schiffe eine Macht üben durfe, absolut festgehalten, so wäre damit die Verfolgung der Seeräuber in den meisten Fällen unmöglich gemacht. Jene Regel aber wird anerkannt im Interesse der Sicherheit und Freiheit der friedlichen Seefahrer. In demselben Interesse wird derselben die ergänzende Ausnahme hinzugefugt, dass alle Staten gleichmassig berechtigt sind, die Raubschiffe als Feinde zu verfolgen. Zu diesem Behuf mussen sie dieselben auch ihrerseits angreifen können, wenn sie sich zeigen.

345.

Ergibt sich bei der Prüfung, dass der Verdacht unbegründet sei, so ist das angehaltene Schiff berechtigt, Genugthung und je nach Umständen Schadensersatz zu fordern.

Es ist das die Garantie gegen Missbrauch jenes Verfolgungsrechts zum Nachtheil der rechtmässigen Schifffahrt.

346.

Erscheint der Verdacht begründet, so wird das Räuberschiff als Prise genommen. Dasselbe kann in jeden Hafen eines civilisirten States, nicht nothwendig des Nehmestates, gebracht und daselbst die Mannschaft vor Gericht gestellt und bestraft werden. Das betreffende Prisengericht entscheidet auch über Schiff und Gut.

Dem Recht der Verfolgung, woran alle civilisirten Staten gleichmässig Theil haben, entspricht das Recht der Bestrafung, worin wieder alle Staten concurriren. Aber das gilt nur von der völkerrechtlich erkannten Seeräuberei und ist keineswegs auf die Fälle auszudehnen, welche nur nach besonderem Landesgesetz als Piraterie behandelt werden. Für solche Fälle gelten die gewöhnlichen Grundsätze der Gerichtsbarkeit. Vgl. Wheaton, Intern. Law. édit. 8. by H Dana. Boston 1866. § 124.

347.

Insoweit keine Eigenthumsrechte Dritter in Betracht kommen, wird das genommene Räuberschiff sammt der Bewaffnung und Ladung als gute Seebeute dem State zugesprochen, dessen Schiff das Räuberschiff genommen hat. Es hängt von diesem State ab, die Mannschaft des Kriegsschiffes dafür zu belohnen.

Es ist das eine analoge Anwendung des Kriegsrechts auf Seebeute, welche wieder damit erklärt wird, dass die Seeräuber Feinde aller Staten sind.

348.

Wird ein Privatschiff von einem Seeräuberschiff angegriffen, aber dieses von jenem überwunden und ist der Sieger auser Stande, die gefangenen Räuber sicher zu verwahren und nach einem geeigneten Seehafen, der in seiner Richtung liegt, abzuliefern, so ist derselbe berechtigt, standrechtlich über die Räuber zu richten und ein Todesurtheil sofort zu vollziehen. Es ist jedoch in solchen Fällen ein sorgfältiges Protokoll über die Zusammensetzung und die Verhandlung des Gerichts, die Aussagen der Zeugen und die Vertheidigung der Angeklagten aufzunehmen.

Die Vertheidigung der Handelsschiffe gegen die Seerauber ist, wenn irgend eine Aussicht auf Erfolg vorhanden ist, nicht bloss ein Recht, sondern eine Pflicht der Mannschaft. (Vgl. Kaltenborn, Seerecht I. S. 181.) Es ist das ein Fall berechtigter Selbsthülfe (oben § 243), in welchem die Gewalt des Capitäns sich bis zur Gerichtsgewalt steigert. „Es geht den Räubern an die Raa", ist die alte Seemannsdrohung. Aber wenn hier der Selbsthülfe eine so eingreifende Wirksamkeit verstattet wird, so ist es auch eine Rechtspflicht derer, welche sie üben, den Ausnahmefall genau und sorgfältig zu constatiren, und zugleich eine Garantie gegen den möglichen Missbrauch jenes Nothrechts zu ungerechter Gewaltthat.

349.

Da kein Stat im Frieden berechtigt ist, Seebeute zu machen, so darf auch kein Stat im Frieden Schiffe ermächtigen, auf Beute auszufahren. Geschieht es dennoch, so macht sich der Stat der Piraterie schuldig. Alle civilisirten Staten sind in diesem Falle berechtigt, den Piratenstat als einen gemeinsamen Feind zu bekämpfen, und denselben zu zwingen, dass er für den verübten Schaden Ersatz leiste, Genugthuung und Garantien für künftige Beachtung des Völkerrechts gebe.

1. Während langer Zeit erniedrigten sich die europaischen Staten dazu, an die Piratenstaten der nordafrikanischen Seeküste Tribut zu bezahlen, um dadurch für ihre Handelsschiffe Sicherheit gegen den Seeraub zu erkaufen. Erst in unserer Zeit ist endlich das mittelländische Meer von dieser Gefahr befreit und hat die unwürdige Duldung von Piratenstaten nun aufgehört.

2. Auch in diesen Fällen sind die Kriegsschiffe aller Staten veranlasst und ermächtigt, solche Piratenschiffe auf offener See anzugreifen und wegzunehmen. Die Mannschaft derselben kann aber, weil sie die Erlaubniss ihres States für sich hat, nicht wegen Piraterie gerichtet werden, sondern ist in der Regel als kriegsgefangen zu behandeln. So wurde von dem englischen Admiralitätsgerichtshof (Richter Sir Jenkins) im Jahr 1668 entschieden, als Algierische Piraten an der Irischen Kuste gefangen wurden. Phillimore I. 355. Wildman I. S. 202.

3. In dem grossen amerikanischen Bürgerkriege erklärte der Präsident Lincoln (19. April 1861) alle südstatliche Kaperschiffe als Piratenschiffe und bedrohte dieselben mit der Strafe der Seeräuber. Indessen erklärte sich das englische Oberhaus gegen diese Ausdehnung des Begriffs als nicht im Volkerrecht begrundet; und thatsächlich wurden auch in den Nordstaten gefangene Seeleute solcher Kaperschiffe als Kriegsgefangene behandelt. Wheaton Intern. Law. § 125. Anm. Dana.

3. Im Juli 1873 wurde von der deutschen Panzerkorvette „Friedrich Carl" ein spanisches Schiff, das unter rother Flagge fuhr und von der spanischen Regierung als Piratenschiff geächtet war, weggenommen.

350.

Wenn von Schiffsleuten eines nationalen Schiffes, d. h. eines Schiffes, welches sich nicht dem Verbande mit einem geordneten State entzogen hat, auf offener See Raub oder Mord oder andere Verbrechen verübt werden, so ist die völkerrechtliche Gerichtsbarkeit über Seeräuber nicht begründet, sondern nur die statsrechtliche des States, welchem das Schiff zugehört.

Anders ist es, wenn die aufrührerische Schiffsmannschaft eines unter nationaler Flagge fahrenden Schiffs nun sich von der Statsordnung losgesagt hat, und eigenwillig Räuberei betreibt. Dadurch wird das Schiff zum Piratenschiff. Ueber einen Fall der Art aus den Chilesischen Gewässern berichtet Phillimore I. 357. Wenn gleich die von einem englischen Kriegsschiff gefangene Mannschaft an die Gerichte von Chili zur Bestrafung uberliefert wurde, so erachtete sich doch der englische Admiralitätshof ebenfalls fur zuständig. Dagegen gilt für alle andern Verbrechen, die nicht völkerrechtlich als Seeräuberei betrachtet werden, die ordentliche Gerichtsbarkeit.

351.

Das freie Meer darf nicht zur Zufuhr von Sclaven über See missbraucht werden.

Die Schiffe, welche gegen das völkerrechtliche Verbot Sclaven führen, unterliegen aber zunächst der Gerichtsbarkeit des States, welchem sie angehören.

1. Das heutige Völkerrecht verwirft die Institutionen der Sclaverei als einen Widerspruch gegen das natürliche Menschenrecht. Vgl. darüber Buch V. Art. 360. Früher galt der Handel insbesondere mit farbigen Sclaven als erlaubt, und noch in dem Frieden von Utrecht von 1713 liess sich England von Spanien ausdrücklich das Recht zusichern, eine bestimmte Anzahl Negersclaven alljährlich in die Spanischen Colonien einzuführen. Seither hat das moderne Rechtsgefühl diesen Handel als ein Verbrechen gegen die Menschlichkeit gebrandmarkt. Auf dem Wiener Congress erklärten am 8. Febr. 1815 im Anschluss an den Zusatz des Pariser Friedens zwischen England und Frankreich vom 30. Mai 1814 die versammelten Mächte ihr Verlangen „de mettre un terme au fléau qui avait si longtemps désolé l'Afrique, dégradé l'Europe et affligé l'humanité" und versprachen einander beizustehen in der möglichst baldigen „abolition universelle de la traite des négres" (Wheaton histoire I. 183). Auf den Congressen von Aachen 1818 und Verona 1822 wurde die Abschaffung des Negerhandels neuerdings im Princip ausgesprochen. Vor allen andern Staten war England bemüht, diesen schändlichen Seehandel zu unterdrücken und schloss mit einer grossen Anzahl von Staten darüber besondere Verträge ab. Das Verzeichniss dieser Verträge gibt Phillimore I. § 307. Von grösster Bedeutung waren insbesondere die Verträge mit Frankreich (Verträge von 1831. 1833. 1845), mit Spanien (1817. 1822. 1835), mit Portugal (1826), mit den europäischen Nord- und Ostmächten Oesterreich, Preussen und Russland (1845), mit den Vereinigten Staten von Nordamerika (1842).

2. In vielen Verträgen und Gesetzen wird dieser verbotene Handel der Seeräuberei gleichgestellt und werden die Sclavenschiffe wie Piratenschiffe bedroht. Indessen ist diese Gleichstellung durchaus nicht selbstverständlich und es lässt sich der völkerrechtliche Begriff der Piraterie nicht ohne weiters auf ganz andere Handlungen übertragen. Die Piraterie gefährdet die Sicherheit des gesammten Seeverkehrs, der Sclavenhandel bedroht den Seeverkehr gar nicht, sondern bedroht nur das Menschenrecht in seiner eigenen Ladung. Die Piratenschiffe erkennen keine geordnete Statsgewalt über sich an, die Sclavenschiffe fahren unter nationaler Flagge. Die Unterdrückung des Sclavenhandels hat daher auch nicht denselben internationalen Charakter wie die Verfolgung der Seeräuber. Deshalb besteht auch keine allgemeine Concurrenz aller Staten in der Gerichtsbarkeit über das weggenommene Sclavenschiff, sondern ist zunächst die nationale Gerichtsbarkeit begründet.

352.

Soweit durch Statenverträge ein Besuchs- oder Durchsuchungsrecht gegen die eigenen Schiffe fremden Kriegsschiffen zu dem Behuf gestattet worden ist, um verdächtige Sclavenschiffe anzuhalten und je nach Umständen zur Verantwortung zu ziehen, ist dieselbe auszuüben.

Aber es versteht sich ein solches Recht nicht von selbst, auch nicht gegen Schiffe eines States, welcher die Zufuhr von Negersclaven mit den Strafen gegen Seeraub bedroht.

Die Schwierigkeit, das Verbot des Sclavenhandels auf offener See durchzuführen, ohne zugleich die völkerrechtliche Selbständigkeit der Flagge und die freie Schifffahrt zu gefährden, ist bei den diplomatischen Verhandlungen sehr entscheidend hervorgetreten. Als eine englische Parlamentsacte vom Jahr 1839 die englischen Kreuzer ermächtigte, auf verdächtige Portugiesische Sclavenschiffe zu fahnden, wurde dieselbe vielseitig als eine völkerrechtswidrige Anmassung Englands getadelt. Durch den Vertrag Englands mit Portugal von 1842 wurde ein wechselseitiges Untersuchungsrecht (right of search) zugestanden. In dem Vertrag der funf europäischen Grossmächte von 1841 war erklärt, dass die Sclavenschiffe „den Schutz der Flagge" einbüssen und dass die Mächte ihren bevollmächtigten Kreuzern das Recht wechselseitig zugestehn, jedes Schiff, das einer der betreffenden Nationen angehört, aus verständigen Verdachtsgründen zu untersuchen. Auch soll dieses Recht „droit de visite" genannt, nicht im Mittelländischen Meer und nur bis zum 32. Grad nördlicher und zum 45. Grad südlicher Breite in dem Atlantischen Meere geubt werden. Indessen wurde dieser Vertrag von dem französischen Könige nicht ratificirt, eben weil gegen dieses Untersuchungsrecht sich ernste Bedenken erhoben. Die Diplomatie fing nun an, genauer zwischen einem Besuchsrecht, droit de visite, im engern Sinn und einem Durchsuchsrecht, droit de perquisition, zu unterscheiden. Endlich kam im Jahr 1845 ein Vertrag zwischen England und Frankreich zu Stande, in welchem zwar das alte Droit de visite (im weitern Sinn) aufgegeben, aber doch in Art. 7 bestimmt wurde, dass die beiderseitigen Kreuzer an der afrikanischen Küste ermächtigt seien, die wirkliche Nationalität der Schiffe zu prüfen, welche unter englischer oder französischer Flagge fahren, und vielleicht nur unter dieser Flagge ihren Sclavenhandel oder andere Verbrechen zu verbergen suchen. Zu diesem Behuf muss aber natürlich das fremde Schiff doch besucht und seine Papiere müssen eingesehen werden. Ergibt sich dabei, dass das Schiff wirklich einer Nation zugehört, deren Regierung das Untersuchungsrecht nicht anerkennt, so muss dasselbe ohne Verzug verlassen und jedenfalls uber das ganze Verfahren genaues Protokoll geführt werden. Die Instructionen der beiden Staten an ihre Kreuzer sind genau und werden wechselseitig mitgetheilt. Die lebhafteste Einsprache machten die Vereinigten Staten von Nordamerika gegen das Durchsuchungsrecht, indem sie die Gefahr für die freie Schifffahrt betonten, welche eine derartige Seepolizei vorzüglich Englands zur Folge haben würde. Der Statssekretär Webster behauptete, dass das Droit de visite und das rhigt of search bisher immer als dasselbe Recht betrachtet und nur als Kriegsrecht, nicht im Frieden anerkannt worden sei. Die Vereinigten Staten erklärten daher, ein derartiges Recht keiner Seemacht zuzugestehen. Dagegen verstanden sich die Vereinigten Staten dazu, an der afrikanischen Küste gemeinsam mit England Kreuzer zu halten, um den Sclavenhandel möglichst zu verhindern. Man sieht, der Widerspruch der Vereinigten Staten war von Einfluss auch auf das Verhalten von Frankreich. Auch mit Brasilien gerieth England über diese Seepolizei im Jahr 1845 in Streit. Seither hat sich die Gefahr einer ungebührlichen Seeherrschaft Englands erheblich vermindert, indem auch andere Staten eine ansehnliche Kriegsmarine inzwischen geschaffen haben und England die Freiheit des Meers im Princip und in dessen Consequenzen umfassender als fruher anerkennt. Mir scheint, dass ein wechselseitiges Besuchsrecht gegenüber von Schiffen, welche verdächtig sind, eine falsche Flagge zu führen und zugleich als Sclavenschiffe benutzt zu werden, wenn dieses Recht in wohlgeordneten Formen und mit den nöthigen Garantien gegen Missbrauch ausgeübt wird, gefahrlos für den redlichen Schifffahrtsverkehr und dennoch ein nothwendiges Mittel sei, das Verbot der Negerzufuhr wirksam zu machen. Das andere Mittel, eigene Kreuzer zu halten, welche fortwährend eine Küste beaufsichtigen, ist zu kostbar und in der Praxis ohne Anhalten der verdächtigen Schiffe doch nicht durchzuführen. Der Besuch des vermeintlichen Sclavenschiffs hat sich jedoch fürs erste auf die Prüfung der Nationalität des Schiffs zu beschränken und darf nur, wenn weitere Verdachtsgründe sich ergeben, zu einer Durchsuchung führen. Der Vertrag zwischen England und den Vereinigten Staten vom 7. April 1862 geht von diesen Grundsätzen aus. Die beiderseitigen eigens dazu ermächtigten Kreuzer dürfen verdachtige Sclavenschiffe unter gewissen Bedingungen an der afrikanischen Küste und in der Nähe von Cuba anhalten und durchsuchen.

---

5. Von den Statsdienstbarkeiten.

353.

Wenn die Gebietshoheit eines States zu Gunsten eines andern States — oder ausnahmsweise auch zu Gunsten einer unter völkerrechtlichen Schutze stehenden Körperschaft oder Familie — vertragsmässig und dauernd beschränkt wird, so wird diese Beschränkung Statsdienstbarkeit genannt.

1. Wir nennen diejenigen Beschränkungen der Gebietshoheit, welche aus dem völkerrechtlichen Zusammenhang der Staten und aus der allgemeinen Natur der Verhältnisse mit Rechtsnothwendigkeit sich ergeben, wie die Pflicht zum Gesantenverkehr und Fremdenschutz, die Gewährung der freien Schifffahrt auf den grossen Strömen und am Küstensaum u. dgl. nicht Dienstbarkeiten, weil sie zu der regelmässigen Rechtsordnung gehören, weil hier die Statshoheit selbst als ein dadurch nothwendig beschränktes Recht erscheint. Die eigentlichen Statsdienstbarkeiten verstehen sich nicht von selber, sondern bedürfen einer besondern Begründung im einzelnen Fall. Sie sind ein jus singulare, für welches keine Vermuthung spricht.

2. Die Analogie der privatrechtlichen Grundsätze über die sogenannten Prädialservituten darf nur mit Vorsicht angewendet werden, weil es sich hier nicht um Verhältnisse handelt, welche der Willkür von Privatpersonen anheimfallen, sondern um Zustände, bei welchen das Wohl der Völker betheiligt ist. Die Sicherheit und Unabhangigkeit der Staten ist doch ein ganz anderes Ding als das Grundeigenthum und daher eine Beschränkung derselben von ganz anderer Wirkung als eine Privatservitut.

354.

Der Begründung einer Statsdienstbarkeit durch Vertrag steht die Berufung auf unvordenklichen Besitz gleich, insofern aus der fortdauernden Ausübung solcher Beschränkung ohne Widerspruch des beschränkten States auf die Anerkennung der Dienstbarkeit durch diesen geschlossen werden kann.

Es ist unmöglich die herkömmlichen Statsdienstbarkeiten zu ignoriren, aber man darf doch nicht leichthin derartige Beschränkungen als ursprünglich gewillkürte annehmen. Vielmehr bedarf es eines strengen Beweises dafür, dass nicht etwa der beschränkte Stat bloss gutwillig und aus Freundlichkeit für den Nachbarn, aber ohne Rechtsverbindlichkeit sich die thatsächliche Beschränkung habe gefallen lassen, sondern dieselbe als nothwendig und bindend anerkannt habe.

355.

Die Statsdienstbarkeiten bestehen entweder darin, dass der dienende Stat um derselben willen verhindert wird, seine Statshoheit in einer bestimmten Richtung vollständig auszuüben oder darin, dass derselbe genöthigt wird, eine statliche Action des fremden berechtigten States innerhalb seines Gebietes zu dulden, die er ohne die Dienstbarkeit verwehren dürfte.

Die erstern Dienstbarkeiten bestehen im Nichtthun (in non faciendo) und sind von negativer Wirkung, die letztern dagegen sind positiv und bestehn im Dulden eines Thuns (in patiendo) von Seite des berechtigten Stats.

356.

Negative Dienstbarkeiten sind:

a) die Beschränkung eines States in der Grösse seines Heeres oder in der Anlage und Zahl seiner Kriegsschiffe oder in der von Festungen u. s. f.,

b) die Verpflichtung eines Stats, sich jeder an sich begründeten Gerichtsbarkeit über die Angehörigen des berechtigten States zu enthalten,

c) die Schranken, welche der Ausübung der Kirchenhoheit aus Rücksicht auf den berechtigten Stat gesetzt werden,

d) die theilweise Befreiung gewisser Körperschaften, Stiftungen oder Stände von der Steuerpflicht in dem dienenden State, wenn dieselbe mit Rücksicht auf einen berechtigten Nachbarstat zugestanden worden ist,

e) die Verhinderung von Zollstationen zu Gunsten des freien Grenzverkehrs der Nachbarn.

Es sind das nur einzelne Beispiele, welche öfter vorkommen und meistens in Friedensvertragen näher bestimmt oder bei Gebietsabtretungen vorbehalten worden sind.

357.

Beispiele von positiven Dienstbarkeiten sind:

a) das Recht eines fremden Stats, die inländischen Strassen zu seinen Truppenmärschen zu benutzen (Etappenstrassen),

b) das Recht eines fremden Stats, einen inländischen Gebietstheil unter Umständen mit seinen Truppen zu besetzen,

c) das Recht eines fremden Stats, seine Gerichtsbarkeit oder Polizeigewalt oder Steuerhoheit auf einen inländischen Gebietstheil auszudehnen,

d) das Recht, Zollstationen daselbst anzulegen und zu unterhalten, Durchsuchungen dort vorzunehmen,

e) das Recht, Postanstalten daselbst zu errichten und das Postregal auszuüben.

358.

Im Zweifel ist allezeit zu Gunsten der dienstfreien Statshoheit und die anerkannte Dienstbarkeit als ein Ausnahmerecht in beschränkendem Sinne zu interpretiren.

Je grösser der Werth ist, welchen die moderne Statsentwicklung der Einheit und Freiheit des Stats zuschreibt, um so weniger günstig werden diese Dienstbarkeiten betrachtet, welche immer jener Einheit Abbruch thun, indem sie die wenn auch beschränkte Herrschaft eines fremden States begründen, und immer diese Freiheit hemmen, indem sie den einheimischen Stat verhindern, seine Souveränetät vollstandig auszuüben. Sie sind daher weit hinfälliger als die privatrechtlichen Servituten, indem sie unter Umständen von einer neuen Statsentwicklung verdrängt und beseitigt werden. Vgl. § 359.

359.

Eine Statsdienstbarkeit geht unter

a) durch einen Befreiungsvertrag des pflichtigen mit dem berechtigten Stat,

b) durch Verzicht des berechtigten Stats. Als Verzicht ist auch ein über ein Menschenalter fortgesetzter Nichtgebrauch anzusehen, wenn die Veranlassung zum Gebrauch wiederholt gegegeben war,

c) wenn dieselbe aufgehört hat, mit der Entwicklung des Völkerrechts verträglich zu sein,

d) wenn dieselbe mit der naturgemässen Fortbildung der Statsverfassung oder mit den öffentlichen Zuständen und Bedürfnissen des pflichtigen Landes unverträglich und deshalb unleidlich und unausführbar geworden ist.

Da das Statsrecht und ebenso das Völkerrecht nur um der gemeinsamen öffentlichen Bedürfnisse willen als nothwendige Ordnung der öffentlichen Zustände besteht, so kann es auch im Einzelnen nicht aufrecht erhalten werden, insofern es mit der allgemeinen Entwicklung nicht zugleich fortdauern kann. Diese Entwicklung kann und darf nicht durch Verträge, welche einer andern vergangenen Zeit angehören und damals einen Sinn hatten, der inzwischen verloren gegangen ist, verhindert werden. Denn das hiesse die Staten und die Menschheit an der Erfüllung ihrer Bestimmung verhindern und das Wesen des Rechts selber verderben. In dieser Weise sind unzählige Statsdienstbarkeiten, welche im Mittelalter entstanden waren und damals zu der herrschenden Lehensverfassung passten, seit der Ausbildung des modernen States mit dem Lehensrechte untergegangen. Wenn ein Stat in seinem Innern Einheit und Gleichheit der Rechtspflege einführte und in Folge dessen die patrimoniale Gerichtsbarkeit der Grundherrn abschaffte, so liess er sich auch nicht abhalten, aus denselben Gründen und einfach durch seine Verfassungs- und Gesetzesreform die patrimoniale Gerichtsbarkeit eines fremden Landesherrn in seinem Lande abzuschaffen, welche mit jener grundherrlichen Gerichtsbarkeit des einheimischen Adels wesentlich identisch und ganz eben so wenig mit den modernen Grundsätzen der Rechtspflege verträglich ist. In ähnlicher Weise ist besonders seit der französischen Revolution die vom Mittelalter überlieferte Verflechtung verschiedener Landeshoheiten auf demselben Gebiete gelöst und ein einfacheres und gleichmässigeres Rechtsverhältniss hergestellt worden.

Fünftes Buch.

Die Statshoheit im Verhältniss zu den Personen.

1. Schutz der persönlichen Freiheit.

360.

Es gibt kein Eigenthum des Menschen am Menschen. Jeder Mensch ist Person, d. h. ein rechtsfähiges und mit Recht begabtes Wesen.

Dieser natürliche Rechtssatz, der schon von den römischen Juristen erkannt wurde, ist während Jahrtausenden von den meisten Völkern gegen ihr besseres Gewissen missachtet und verdunkelt worden. Im Alterthum hat man sich, um die unnatürliche Sclaverei zu rechtfertigen, auf die gemeine Rechtsübung der Völker, das jus gentium berufen. Nur ganz allmählich und langsam hat die europäische Civilisation jenen schändlichen Missbrauch der Gewalt des herrschenden über den dienenden Menschen, den man Eigenthum nannte und mit dem Eigenthum an Hausthieren auf eine Linie stellte, gemildert und endlich abgeschafft und das natürliche Menschenrecht der Person anerkannt. Als bereits in Italien, in England und in Frankreich die Eigenschaft aufgehoben war, bestand dieselbe noch in einigen deutschen Ländern fort, und später als in Deutschland, erst in unsern Tagen wurde sie in Russland beseitigt. So bildete sich nach und nach das europäische Recht aus, welches die Sclaverei nicht mehr als wirkliches Recht in Europa gelten lässt, sondern die persönliche Freiheit als Menschenrecht ehrt. Nachdem die Vereinigten Staten von Nordamerika sich ebenfalls gegen die Sclaverei der Schwarzen erklärt und innerhalb ihres Machtbereichs die widerstrebenden Staten genöthigt haben (1865), die persönliche Freiheit und die bürgerlichen Rechte auch der dunkeln Rassen anzuerkennen, und nachdem nun auch im Süden des amerikanischen Continents Brasilien die Befreiung der Sclaven gesetzlich eingeführt hat (1871), ist jenes Menschenrecht auch in Amerika durchgedrungen und nunmehr zu allgemeiner Anerkennung in dem Rechtsbewusstsein der christlichen Welt gelangt. Die chinesische Cultur in Ostasien hatte schon lange vorher denselben natürlichen Rechtssatz anerkannt Man darf daher in Zukunft nicht mehr wie bisher die Berufung auf die Souveränetät einzelner Staten gelten lassen, welcher es nicht verwehrt werden durfe, bei sich die Sclaverei festzuhalten oder einzuführen. Höchstens dürfen Uebergangsbestimmungen, welche aus der herkömmlichen Sclaverei schrittweise zur persönlichen Freiheit hinuberleiten, geachtet werden. Die Souveränetät der Staten darf nicht mehr so ausgeubt werden, dass dadurch das höhere und allgemeinere Recht der Menschheit vernichtet wird, denn die Staten sind menschliche Organismen und pflichtig, das allgemein erkannte Menschenrecht zu respectiren.

361.

Das Völkerrecht erkennt kein Recht der Sclaverei an, weder wenn Einzelne noch wenn Staten sie behaupten.

Es ist das nur der negative Ausdruck des obigen Princips der persönlichen Freiheit, welche das Völkerrecht anerkennt.

362.

Wenn fremde Sclaven den Boden eines freien States betreten, so werden sie sofort von Rechts wegen als Freie betrachtet und ohne dass es einer Freilassung des Herrn bedarf, auch gegen diesen in ihrer Freiheit geschützt.

Die Luft des freien Stats macht noch schneller und entschiedener frei, als im Mittelalter die Luft der freien Stadt. Damals bedurften die eigenen Leute, welche in die Stadt geflüchtet waren, einer Ersitzung der Freiheit von Jahr und Tag und waren meistens vor Ablauf derselben der Vindication der nachjagenden Herrn ausgesetzt. Wenn heute ein fremder Herr mit seinen Sclaven als Dienern in ein freies Land kommt, wohin auch die Fahrt in freiem Schiffe auf offener See gehört, so sind die letztern berechtigt, gegen jede Gewalt des Herrn den Schutz der Gerichte und je nach Umstanden der Polizei anzurufen. Dieser Schutz wird unbedenklich gewährt, ohne dass der betreffende Sclavenstat sich deshalb als über die Missachtung seines nationalen Rechts beschweren kann, denn das Völkerrecht hält die Sclaverei nirgends mehr fur Recht.

363.

Es wird weder überseeischer Handel mit Sclaven, noch werden Sclavenmärkte geduldet.

Vielmehr ist es das Recht und die Pflicht der civilisirten Staten, wo solche Missbräuche noch geübt werden, deren Abstellung zu fördern.

England gebührt der Ruhm, die Barbareskenstaten zuerst theils durch diplomatischen Einfluss, theils durch kriegerischen Zwang (Beschiessung von Algier im August 1816) dahin gebracht zu haben, dass sie auf die Christensclaven Verzicht leisteten, fur Gegenwart und Zukunft. Auch Frankreich wirkte in derselben Richtung. Die europäische Diplomatie erreichte auch in Constantinopel ähnliche

Zugeständnisse. Aber noch ist die Sclaverei. und sind selbst die Sclavenmärkte abgesehen von Sudamerika, wo sie nun im Erloschen begriffen sind, bei den rohen Nationen von Mittelasien und im Innern von Afrika, welche von der Bewegung der christlich-arischen Civilisation bisher wenig berührt sind und der Ausbreitung der Humanitat noch viele Hindernisse entgegensetzen, in voller Uebung. Zuletzt werden aber auch diese barbarischen Rassen oder halbbarbarischen Nationen der wachsenden Macht des humaner gewordenen modernen Völkerrechts sich nicht entziehen können.

---

2. Von der Statsgenossenschaft.

364.

Jedem Stat steht das Recht zu, selbständig festzusetzen, unter welchen Bedingungen seine Statsgenossenschaft (Statsangehörigkeit) erworben und verloren werde.

1 Es ist das zunächst eine innere Angelegenheit des States und daher eine statsrechtliche, nicht eine völkerrechtliche Frage. Aber insofern als die Angehorigkeit eines Individuums zu einem bestimmten State auch von fremden Staten zu beachten ist, schliessen sich internationale Wirkungen an den statsrechtlichen Entscheid an und hat sich das Völkerrecht damit zu befassen.

2. Allmählich nahern sich die Rechte der verschiedenen Staten in dieser Hinsicht und es bilden sich daher Vermuthungen fur ein gemeinsames Recht. Vgl. Bluntschli De la qualité de citoyen d'un État au point de vue des relations internationales in der Genter Revue de Droit Intern. 1870. § 187 ff.

365.

Im Zweifel wird angenommen, dass die Ehefrau durch die Heirat in die Statsgenossenschaft ihres Ehemannes eintrete.

Der Ehemann und der Vater als Haupt des Hauses verbindet auch die Glieder des Hauses, die Frau und die Kinder mit dem State, zu dem er gehort Dabei wird jedoch vorausgesetzt, dass die Ehe in diesem State als rechtsgultig anerkannt werde. Das englische Recht wollte früher den Grundsatz nur im Verhältniss zu fremden Frauen anerkennen, welche Engländer heirathen, dagegen die Engländerinnen, welche fremde Männer heirathen, noch immer als Engländerinnen betrachten. Diese unhaltbare Ungleichheit ist durch die Naturalisationsacte von 1870 aufgehoben.

365 a.

Ebenso erhalten die ehelichen Kinder in der Regel durch die Geburt die Statsgenossenschaft ihres Vaters, ohne Unterschied ob sie im Lande oder ausserhalb desselben geboren worden sind.

Wenn später der Vater eine andere Statsgenossenschaft erwirbt, so folgen ihm die minderjährigen Kinder nach, welche in seiner Haushaltung leben.

Diese Grundsatze werden in neuerer Zeit von den meisten Staten anerkannt. In England hatte sich die mittelalterliche Ansicht bis auf die neueste Zeit erhalten, wonach die von fremden Eltern gezeugten aber in England geborenen Kinder im Zweifel das englische Bürgerrecht erhielten. Die Naturalisationsacte von 1870 hat zwar die strenge Durchführung dieses Grundsatzes aber den Grundsatz selber nicht vollständig aufgegeben.

366.

Die unehelichen Kinder erhalten, wenn sie nicht von dem State des geständigen oder ermittelten Vaters aufgenommen werden, das Heimatsrecht in dem State der Mutter, aber folgen dieser nicht in einen andern Statsverband nach, wenn sie später durch Heirat eine neue Statsgenossenschaft erwirbt.

1. Der erste Satz folgt aus der sichern Abstammung des Kindes von der Mutter. Nur in der Ehe gilt die Abstammung vom Vater als ebenso sicher und entscheidet überdem die Rucksicht auf die leitende Stellung des Vaters im Hause und die bedeutsam hervortretende Beziehung desselben zum State. Ausser der Ehe und ausserhalb des Hauses kann zunächst nur die Abstammung von der Mutter über die Angehörigkeit entscheiden. Indessen nehmen manche Rechte der Einzelstaten auch die unehelichen Kinder in das Heimatsrecht auf, das der Vater besitzt, wenn er dieselben als seine Kinder anerkennt oder sogar, wenn er als Vater gerichtlich erwiesen und erklärt worden ist.

2. Der zweite Satz hat seinen Grund darin, dass die Mutter nicht als Haupt sondern als Glied der Familie in die Ehe kommt und damit in einen neuen Statsverband eintritt, daher auch ihre Kinder nicht selbständig nachziehen kann.

366 a.

Findelkinder, deren Eltern unbekannnt sind, erwerben die Statsgenossenschaft des Landes, in dem sie gefunden werden.

367.

Es ist möglich, dass Jemand einen festen Wohnort in einem Lande besitzt und daselbst niedergelassen ist, ohne in den Statsverband dieses Landes einzutreten und ebenso, dass Jemand Grundeigenthum in einem Lande erwirbt und bewirthschaftet, ohne Statsgenosse daselbst zu werden.

Wenn Heffter § 59 alle „in einem Lande Domicilirten“ d. h. jeden, der darin eine feste häusliche Einrichtung für sich getroffen hat (Landsassen im weitesten Sinne des Wortes) als Statsangehörige nach völkerrechtlichen Grundsätzen bezeichnet, so geht er meines Erachtens zu weit. Es gibt in vielen civilisirten Staten eine grosse Anzahl ansassiger fremder Kaufleute, Fabrikanten u. s. f., welche nicht in den Statsverband ihres Wohnorts aufgenommen sind, sondern in dem nationalen Statsverband verbleiben, dem sie vor ihrer Niederlassung in fremdem Lande angehört haben. Die Niederlassung und der Gewerbsbetrieb geschieht zunächst aus privatrechtlichen Motiven, und es ist keineswegs nothwendig, dass damit die statsrechtliche Absicht, aus einem Statsverband in einen andern überzugehen, verbunden wird. Der Code civil (§ 17) erklärt ausdrucklich, dass die kaufmannische Etablirung in einem fremden Lande im Zweifel nicht als Auswanderung anzusehen sei. Sie geschieht nicht „sans esprit de retour".

368.

Jeder Stat ist verpflichtet, seine Angehörigen wieder in seinem Lande aufzunehmen, wenn sie von andern Staten aus öffentlichrechtlichen Gründen heimgewiesen oder zugeschoben werden und kein Stat berechtigt, seine Sträflinge einem unbetheiligten State, ohne dessen Erlaubniss, zuzuschieben.

Die Heimweisung und der Zuschub findet hauptsächlich aus zwei Grunden statt, a) wenn die Individuen ausser Stande sind, sich selber zu ernähren und der Hulfe bedurfen, b) wenn dieselben die Rechtssicherheit in dem fremden Lande bedrohen. Der Heimatstat kann sich in beiden und in ähnlichen Fällen überhaupt nicht weigern, seine Landsleute aufzunehmen, da sie zu seinem Lande gehören. Eben darum ist auch die Strafe der Verbannung nur unter der Voraussetzung durchzufuhren, dass die verbannten Personen sich in der Fremde zu erhalten im Stande sind und nicht überall zurückgewiesen werden. In neuerer Zeit beklagen sich die Vereinigten Staten von Nordamerika und wohl noch andere aussereuropäische Colonialstaten daruber, dass die europaischen Staten ihre Gefängnisse dadurch entleeren, dass sie Verbrecher und liederliches Gesindel dorthin auswandern lassen und ihre Uebersiedlung unterstutzen. Diese Beschwerde ist nicht ohne Grund und es entstehen aus einer solchen Praxis fur die Colonien ernstliche Gefahren. Die überseeischen Staten können sich gegen solchen Missbrauch ihres Gebiets dadurch wahren, dass sie ihren Entschluss ankundigen, sie werden solche Verbrechercolonisten wieder in den absendenden Heimatstat zurückbringen lassen. Dazu sind sie ohne Zweifel berechtigt, und der Heimatstat, der seine Angehörigen aufnehmen muss, wird in Zukunft nicht mehr das fremde Land als einen bequemen Ort fur Verbrechercolonisten betrachten. Fr. Lieber (Brief an den Statssecretar Fish, vom 24. Sept. 1869) schlagt vor, dass dieser Unsitte sowohl durch Verträge als durch Strafgesetze entgegen gewirkt werde, und im Nothfall die Vereinigten Staten Genugthuung von den Staten fordern, welche den freundlichen Verkehr missachten. Ebenso war England im Rechte, als es sich über die Zusendung von Communisten aus Frankreich beschwerte (1872).

369.

Zur Vermeidung der Heimatlosigkeit ist die Annahme begründet, dass aus dem Wohnort in einem bestimmten State oder selbst aus lange fortgesetztem Aufenthalt in einem Lande, in Ermangelung anderer Gründe für einen andern Statsverband, auf Statsangehörigkeit geschlossen werde.

Heimatlose werden die Personen genannt, deren Statsangehörigkeit unsicher ist. In der civilisirten Statenwelt besteht ein allgemeines Interesse, dass es keine Heimatlosen gebe. Sie sind eine Ausnahme von der wichtigen Regel, dass die Individuen im Statsverbande leben und meistens auch eine Gefahr für die Sicherheit der Gesellschaft. Daher die Versuche, die Fälle der Heimatlosigkeit möglichst zu beschränken. Die Convention der deutschen Staten vom 15. Juni 1851 bestimmt, dass jeder Stat Personen, welche keinem der Staten erweislich zugehören, dann als Angehörige bei sich aufnehmen müsse, wenn dieselben fünf Jahre lang als Volljährige sich in seinem Gebiete aufgehalten oder als Eheleute daselbst auch nur sechs Wochen lang gewohnt oder daselbst ihre Ehe geschlossen haben, eventuel, wenn sie in diesem Lande geboren sind. Der wechselseitige Zuschub von heimatlosen Personen von einem State zum andern ist nicht bloss inhuman, sondern auch mit Gefahren für die Sittlichkeit und die Sicherheit verbunden und eine Quelle von unnützen Streitigkeiten zwischen den Nachbarstaten.

370.

Wie der freie Mensch nicht an die Scholle gebunden ist, so ist auch der freie Statsbürger nicht an das Land seiner Heimat gebunden.

Die Verhältnisse in beiden Fällen sind allerdings nicht gleich, denn im ersten Fall wird nur das Verhältniss einer Person zu einer Sache, dem Grundstück gelöst und es ist selbstverständlich, dass der Sache kein Recht zukommt, die Person an sich zu fesseln. Im zweiten Fall dagegen wird der Verband zwischen dem einzelnen Statsgenossen und dem ganzen Stat gelöst, also der Verband zwischen zwei Personen, von denen überdem die letztere der erstern übergeordnet ist. Indem die frühere Rechtsbildung diese Abhängigkeit betonte, sprach sie den entgegengesetzten Grundsatz aus, dass kein Statsgenosse willkürlich auf seine Statsangehörigkeit verzichten, beziehungsweise aus seinem Unterthanenverband austreten dürfe. — „Nemo potest exuere patriam." — Die Auswanderungsfreiheit ist von vielen europäischen Staten schon seit Menschenalters, von England erst 1870, anerkannt worden. Das türkische Gesetz vom 19. Jan. 1869 fordert eine Erlaubniss des Sultans für die Ottomanischen Statsangehörigen, wenn sie in einen andern Statsverband übertreten wollen. Vgl. Statsarch. Nr. 3935—3943 Verhandlungen darüber. Einige Statsrechte legen noch auf die Form der „Entlassung" aus dem Statsverband einen Werth Aber allmählich hat doch die Ansicht Geltung erlangt, dass es des States unwürdig sei, seine Angehörigen wider Willen fest zu halten, als wären sie Statshörige, und dass es für die heutige Civilisation und den reicheren Wechselverkehr der Nationen weit erspriesslicher sei, die volle Auswanderungsfreiheit anzuerkennen.

371.

Durch die vollzogene Auswanderung wird das Band gelöst,

durch welches der Auswanderer bisher mit seinem frühern Heimatlande verbunden war.

Die Auswanderung wird dadurch vollzogen, dass der bisherige Statsgenosse sein Heimatland in der Absicht verlässt, die Statsgenossenschaft mit demselben aufzugeben und von einem andern State in dessen Statsverband aufgenommen wird.

Es kann Jemand sein Vaterland in der Absicht verlassen, anderwärts ein Etablissement zu gründen oder irgend einen Beruf zu treiben, ohne dass er die Absicht hat, sein Statsbürgerrecht aufzugeben. Das ist nicht Auswanderung. Aber auch die Absicht allein genügt nicht zur Lösung des Bandes. Abgesehen von der in manchen Staten geforderten Entlassung aus dem Statsverband, ist als entscheidend die Aufnahme in eine neue Statsgenossenschaft anzusehen. Denn es besteht ein allgemeines völkerrechtliches Interesse, keine neue Heimatlosigkeit aufkommen zu lassen. Daher dauert die alte Statsgenossenschaft in völkerrechtlichem Sinne vollständig fort, bis die neue an ihre Stelle getreten ist.

372.

Wenn ein Auswanderer von dem State, in dessen Gebiet er einwandert, als Statsangehöriger aufgenommen (naturalisirt) wird, und längere Zeit (mindestens fünf Jahre lang) in dem letzteren Lande gelebt hat, so ist diese Aenderung der Statsangehörigkeit auch von dem State, aus dem die Auswanderung Statt gefunden hat, in ihren Wirkungen selbt dann anzuerkennen, wenn der Auswanderer nicht in gehöriger Form entlassen worden war.

Der Conflict zweier Staten und ihrer Gesetzgebungen, deren jede eine Person als ihren ausschliesslichen Statsgenossen betrachtet, bedarf schliesslich einer Lösung, welche durch die Zeit herbeigeführt wird. So waren zwischen Preussen, wo die allgemeine Wehrpflicht gesetzlich bestand, und daher dem Wehrpflichtigen während einiger Jahre die Auswanderung nicht gestattet war, und den Vereinigten Staten oft Conflicte entstanden, indem diese junge Preussen als Bürger aufnahmen, während Preussen sie als Uebertreter des preussischen Gesetzes zur Rechenschaft zog. Endlich kam am 22. Febr. 1868 zwischen dem Norddeutschen Bunde und den Vereinigten Staten von Amerika der Naturalisationsvertrag zu Stande, der für die Ausgleichung der verschiedenen Statssysteme Bahn brechend geworden ist. Art. 1 bestimmt: „Angehörige des Norddeutschen Bundes, welche naturalisirte Statsangehörige der Vereinigten Staten von Amerika geworden sind und fünf Jahre lang ununterbrochen in den Vereinigten Staten zugebracht haben, sollen von dem Norddeutschen Bunde als Amerikanische Angehörige betrachtet und als solche behandelt werden.“ Ebenso im umgekehrten Fall. Auch England verständigte sich mit der Union auf derselben Grundlage.

373.

In der Regel ist jedes Individuum nur mit Einem State verbunden und ist die Statsgenossenschaft wie das Statsbürgerrecht auf Ein Land beschränkt.

1. Die Natur der Statsgenossenschaft, welche hinwieder eine Vorbedingung ist des Statsburgerrechts, ist so entscheidend fur das ganze personliche Rechtsverhaltniss und der Verband des Einzelnen mit dem State ist ein so enger, dass eine Spaltung der Einen Person nach zwei Staten hin oder eine zwiefache Verbindung derselben erhebliche Schwierigkeiten und ernste Bedenken gegen sich hat. Man kann ohne Bedenken zugleich Mitglied verschiedener Actiengesellschaften, aber nicht ebenso leicht Bürger in zwei Staten sein. Daher ist in manchen Ländern die gesetzliche Bestimmung vorgeschrieben, dass Niemand neu als Statsgenosse aufgenommen (naturalisirt) werde, wenn er nicht aus seinem bisherigen Statsverbande entlassen worden sei. Man will dadurch den möglichen Conflicten einer zwiefachen Statsgenossenschaft entgehen. Aber es lässt sich in dieser Form nicht immer helfen, weil möglicher Weise der eine Stat die Entlassung verweigert, während der andere die Naturalisation für gerechtfertigt und zweckmässig hält. Die französische Gesetzgebung (Code civil § 17) bestimmt ebenso, dass ein Franzose, der sich in einem andern State naturalisiren lasst, von Rechts wegen aufhört, Franzose zu sein.

2. In zusammengesetzen Staten (Bundesstaten und Statenreichen) kommt regelmässig eine doppelte Beziehung der Statsangehorigkeit und des Statsbürgerrechts vor, einmal gegenüber dem Gesammtstate und sodann gegenüber dem Einzelstate. Diese beiden Verbände widerstreiten sich nicht, weil der zusammengesetzte Stat in sich selber denselben Gegensatz zwischen Einem Gesammtstat und mehreren Einzelstaten friedlich zu einigen weiss. Aber die Verbindung beider Bürgerrechte ist nöthig, um das Verhaltniss zu fremden Staten zu klaren. Wer Bürger des Einzelstates ist, muss auch Bürger des Gesammtstates sein.

374.

Ausnahmsweise können ein Einzelner und dessen Familie mit zwei oder mehreren einander fremden Staten als Statsgenossen verbunden sein.

Wenn aus dieser Doppelbeziehung sich ein Conflict der Statsrechte und der Bürgerpflichten ergeben sollte, so wird angenommen, dass der Statsverband vorzugsweise wirksam sei, in dessen Lande der Doppelbürger gegenwärtig wohnt und dass die Wirksamkeit des Statsverbands suspendirt sei, in dessen Lande der Doppelbürger zur Zeit nicht wohnt.

Die Ausnahme ist der persönlichen Freiheit günstig, indem sie es möglich macht, das angeborene Heimatsrecht zu bewahren und doch in einen neuen Adoptivstat uberzugehen. Die deutsche Reichsgesetzgebung vom 1. Juni 1870 gestattet den Deutschen eine mehrfache Statsgenossenschaft. Vgl. die ähnliche Entscheidung in § 371. Derartige Ausnahmen kommen unleugbar vor. Die standesherrlichen Familien in Deutschland gehören öfter gleichzeitig dem Statsverbande zweier oder mehrerer deutscher Staten an und ihre Häupter haben dann Stimmrecht in den ersten Kammern verschiedener Staten. Ebenso finden sich manche andere Beispiele, dass Angehörige eines Stats, ohne den Verband mit ihrem alten Vaterland abzulösen, in einen fremden Statsdienst eingetreten und in Folge dessen auch Statsgenossen eines andern Stats geworden sind. Ich hatte früher angenommen, dass in dem Conflictfall das ältere Recht vorgehe. Aber ich habe mich seither überzeugt, dass der Grundsatz der Auswanderungsfreiheit und zugleich der thatsächlich nähere Verband mit dem State des Wohnorts als entscheidend anerkannt werden muss. Vgl. v. Bar, Intern. Privat- und Strafrecht S. 88.

---

3. Hoheitsrecht und Schutzpflicht des States gegenüber seinen Statsgenossen im Ausland.

375.

Der Stat ist berechtigt, aus öffentlich-rechtlichen Gründen, insbesondere zur Erfüllung der Kriegspflicht, seine Angehörigen aus einem fremden Lande weg- und heimzurufen.

Der fremde Stat ist aber nicht verpflichtet, demselben bei dem Vollzug dieses Befehls beizustehen und solche Fremde aus seinem Gebiete wegzuweisen.

Man nennt dieses Recht jus avocandi. Es ist eine Folge der Herrschaft des Stats über seine Angehörigen, aber diese Herrschaft ist nicht eine absolute, sondern eine verfassungsmassig beschrankte. Es darf daher der Rückruf nicht aus blosser Laune geschehen. Aber auch den wohl begründeten Rückruf braucht der Aufenthaltsstat nicht zu unterstutzen, da das ganze Verhältniss nur der Beziehung des Statsgenossen zu seinem Heimatstat angehört, der Aufenthaltsstat aber kein Interesse daran und daher keinen Grund hat, die persönliche Freiheit der fremden Reisenden oder derer, die sich in seinem Gebiete aufhalten wollen, zu beschränken.

376.

Die Steuerpflicht gegen den Stat, wird in der heutigen Rechtsbildung regelmässig von dem Wohnort, und nicht von dem Statsverband abhängig gemacht.

Ausnahmsweise aber kann der Heimatstat von seinen im Ausland lebenden Bürgern oder Angehörigen gewisse Steuern (z. B. Armensteuern) fordern. Wenn aber das geschieht, so ist der Stat des Wohnorts oder Aufenthaltsorts in keiner Weise verbunden, bei der Steuererhebung mitzuwirken.

Der Wohnort ist der Centralort des persönlichen Lebens, Wirkens, Geniessens der Steuerpflichtigen und ihres Haushalts. Um desswillen hält sich der Stat, wenn er Steuern fordert, vorzugsweise an diesen Ort.

Die Beitreibung von Steuern im Auslande ist überdem thatsächlich schwer durchzuführen, weil der Stat dort keine Steuererheber hat und keine Zwangsmittel anwenden kann, und der fremde Stat seine Anstalten und seine Zwangsmittel ihm für solche Zwecke nicht zur Verfugung stellt.

377.

Grundstücke und Gewerbe werden in der Regel nur da versteuert, wo jene liegen und diese betrieben werden.

Der Stat, in dem dieselben sich befinden, hat ein Interesse, sich einer Besteuerung durch den fremden Stat zu widersetzen, auch dann, wenn der Eigenthumer des Grundstücks oder des industriellen oder Handelsetablissements ein Statsgenosse dieses letzteren States ist. Denn doppelte Besteuerung von demselben Steuerobject ist Ueberbürdung desselben mit Steuern, und wirkt in nationalwirthschaftlicher Hinsicht schädlich.

378.

Der Stat kann über die Statsgenossen in fremden Lande seine Gerichtsbarkeit nicht üben, wenn nicht ausnahmsweise der fremde Stat das zugesteht.

Beispiele solcher Annahmen siehe oben § 216. 220.

379.

Es hängt von der Landesgesetzgebung ab zu bestimmen, inwiefern die Privatgesetze für die Statsgenossen auch im Auslande rechtsverbindlich seien.

In der Regel wirkt auch die Civilgesetzgebung nur innerhalb des Landes; d. h. das sogenannte Territorialprincip ist entscheidend. Das entgegengesetzte Personalprincip wirkt am ehesten in den persönlichen und Familienverhältnissen, wie z. B. den Bedingungen der Ehe, dem Vormundschaftsrecht, dem gesetzlichen Erbverband u. dgl.

380.

Der Heimatstat ist berechtigt und im Verhältniss zu seiner Macht auch verpflichtet, seinen Angehörigen im Ausland den den Umständen angemessenen Schutz durch völkerrechtliche Mittel zu gewähren:

a) wenn der fremde Stat selber in völkerrechtswidriger Weise wider sie verfahren hat,

b) wenn die Misshandlung oder Verletzung jener Personen zwar nicht unmittelbar dem fremden State zur Last fällt, aber dieser keinen Rechtsschutz dagegen gewährt.

Der Heimatstat ist in solchen Fällen berechtigt, von dem fremden State Beseitigung des Unrechts, Genugthuung und Entschädigung nach Umständen auch Garantien gegen ähnliche Verletzungen zu fordern.

1. Fälle der Art sind z. B.: Der fremde Stat nimmt die Reisenden ohne Grund gefangen, macht sie zu Sclaven, nöthigt sie zu einem andern Religionsbekenntniss, beraubt sie ihres Vermögens, behandelt sie sonst in grausamer Weise, verletzt an ihnen die zum Schutz des Handels- und Fremdenverkehrs abgeschlossenen Verträge oder die gute Sitte des internationalen Verkehrs. Nur die Staten, nicht die Privatpersonen sind völkerrechtliche Personen im eigentlichen Sinne, aber auch diese haben durch Vermittlung jener einen Anspruch auf völkerrechtlichen Schutz. Im Jahr 1867 hat Grossbrittanien dem Beherrscher von Abysinien den Krieg erklärt, weil derselbe englische Unterthanen widerrechtlich gefangen hielt und die Regierung desselben gestürzt.

2. Wird der Inländer im Auslande zunächst nicht durch den fremden Stat d. h. durch dessen Organe (Behörden, Angestellte, Truppen, Polizeidiener u. s. f.) in seiner Person oder seinem Vermögen verletzt, sondern durch Privatpersonen, denen allein die Rechtsverletzung als Schuld an gerechnet werden kann, z B. durch Räuber, Diebe, Raufer u. s. f., so tritt keineswegs in erster Linie der heimatliche Statsschutz ein, sondern es hat zunächst der Stat, in dessen Gebiet die Rechtsverletzung geschehen ist, durch seine Rechtspflege für Beseitigung des Unrechts und je nach Umständen Bestrafung der Verbrecher zu sorgen. Mit gutem Grunde wurde dieser Stat, dem allein die Gerichtsbarkeit in seinem Lande zukommt, eine unzeitige Einmengung eines fremden Stats in die Verwaltung seiner Rechtspflege sich verbitten. Der beleidigte oder verletzte Angehörige eines andern States muss sich demnach zunächst an die Behörden des States um Rechtshülfe wenden, in dem er wohnt. Nur wenn ihm der Rechtsweg abgeschnitten und der Rechtsschutz verweigert wird, vorher nicht, ist Grund zu einer Intervention seines Heimatstates vorhanden. Man hat sich hier vor zwei Extremen zu hüten, dem einen, welches die Statsangehörigen im Ausland schutzlos der Bedrängniss und Misshandlung Preis gibt, — es war das bis auf die neuere Zeit die wohl begründete Klage der Angehörigen deutscher Klein- und Mittelstaten — und dem andern, einer ungebührlichen Einmischung in die fremde Rechtspflege und Verwaltung zu Gunsten von Statsangehörigen, welche die diplomatische Unterstützung da anrufen, wo sie gleich andern Privatpersonen nur berechtigt sind, ordentliche Rechtsmittel anzuwenden — eine Ueberspannung des Statsschutzes, die man nicht ohne Grund zuweilen England vorgeworfen hat. Im ersten Fall wird die Sicherheit der Privatpersonen im Ausland gefährdet, im zweiten die Rechtsgleichheit der Staten und die Selbständigkeit der Rechtspflege bedroht.

3. In allen diesen Verhältnissen wird übrigens bona fides vorausgesetzt. Wenn unter dem Schein der geordneten Rechtspflege die fremden Landesgerichte unsern Statsangehörigen offenbar als rechtlos behandeln oder seiner Nationalität wegen bedrücken, wenn sie ihm nur scheinbar Rechtsschutz gewähren, in Wahrheit aber ihn der Verfolgung Preis geben, so ist auch in solchen Fällen der Heimatstat berechtigt, sich seines Statsgenossen diplomatisch anzunehmen. Nicht weil er einen Process verliert, den er gewinnen zu müssen meinte, auch nicht, weil vielleicht nach der Meinung der einheimischen Juristen das fremde Urtheil unrichtig ist, hat

er Anspruch auf Schutz des Heimatstats, sondern nur, weil der fremde Stat in ihm das Völkerrecht missachtet.

380 a.

Dagegen sind die Staten nicht verpflichtet, für Verluste und Schäden einzustehen, welche Fremde zur Zeit von innern Unruhen und Bürgerkrieg ebenso wie Einheimische erlitten haben.

Vgl. Torres Caicedo importante quaestion de Derecho de Gentes 1860, abgedruckt in Mis ideos mis principios, Paris 1875 Bd. I. C. Calvo in der Revue Intern. von Rolin-Jacquemyns 1869 S. 417 f. Es werden dafür Aeusserungen von Baron Gros und Lord Stanley angeführt von 1849 bei Gelegenheit des Pacificohandels. Ferner wurde einer englischen Reclamation zu Gunsten von Engländern, welche bei Gelegenheit der Revolutionen von Neapel und Florenz geschädigt wurden, von den Cabinetten von Oesterreich und Russland widersprochen. Note des Fürsten Schwarzenberg vom 24. April 1850 und des Fürsten Nesselrode vom 2. Mai 1850: „On ne peut pas admettre, qu' un souverain, forcé par la rébellion de ses sujets de reconquérir une vile occupée par les insurgés, soit obligé d'indemniser les étrangers, qui au milieu de pareilles circonstances, ont pû être victimes de pertes ou préjudices quelconques.“ England liess darauf seine Reclamation fallen. Ebenso verweigerten die Vereinigten Staten von Amerika jede Entschädigung fur Verluste, welche Spanische Unterthanen 1851 in New-Orleans erlitten hatten. Ebenso in dem amerikanischen Bürgerkrieg von 1861—65. Ein neueres Beispiel enthält der Conferenzbeschluss der Grossmächte vom 15. Jan. 1869 zu Paris in der Türkisch-Griechischen Sache. Die griechische Regierung bestritt nicht das Recht der geschädigten Turken auf Entschädigung zu klagen und die Türkei erkannte das Recht der griechischen Gerichte an, daruber zu urtheilen. Sie verlangte nur und mit Recht, dass ein ordnungsgemässes Recht fortan beachtet werde.

Wenn zuweilen einzelne Seemächte anders gehandelt und kleine Staten zur Entschädigung gezwungen haben, so war das Missbrauch der überlegenen Macht.

380 b.

Insofern das Stimmrecht und die Wählbarkeit nicht von dem Wohnorte bedingt ist, sind die im Auslande befindlichen Stats- und Gemeindegenossen nicht rechtlich gehindert, dasselbe auszuüben.

Diese Rechte haben wesentlich einen persönlichen, nicht einen territorialen Charakter. Die Entfernung ist dann nur ein thatsächliches, nicht ein rechtliches Hinderniss. Der Statsgenosse kann in die Heimat reisen und da sein Recht ausüben.

4. Hoheitsrecht und Rechtsschutz gegenüber den Ausländern im Inland.

381.

Kein Stat ist berechtigt, den Fremden überhaupt die Betretung seines Gebiets zu untersagen und sein Land von dem allgemeinen Verkehr abzusperren.

Der Schutz des friedlichen Verkehrs innerhalb der Menschheit ist eine Pflicht des civilisirten Völkerrechts. Die ältere Lehre, von der Souveränetät des States ausgehend, folgerte daraus die Berechtigung der Statsgewalt, alle Fremden auszuschliessen Aber die Staten sind Glieder der Menschheit und desshalb verpflichtet, die Verbindung der Menschen zu achten, und ihre Souveränetät ist kein absolutes Recht, sondern ein durch das Völkerrecht beschranktes Recht. Die allgemeine Abschliessung von jedem Fremdenverkehr ist in den verschiedenen Zeitaltern von einzelnen Staten versucht worden, und nicht bloss von barbarischen Stämmen, welche alle Fremde als Feinde hassen, sondern von Culturvölkern, wie im Alterthum von Aegypten, und in neuerer Zeit von Paraguay und Japan. Das heutige Völkerrecht duldet aber diese Abschliessung nicht mehr. Freilich gelingt es nur allmählich, die völkerrechtliche Verkehrs- und Reisefreiheit zur Anerkennung zu bringen. Ebenso wenig ist die Ausschliessung der andersgläubigen Fremden, wie z. B. in Marokko und Bochara der Christen zu dulden. Vgl. oben § 163.

382.

Jeder Stat ist berechtigt, einzelnen Fremden aus Gründen sowohl des Rechts als der Politik den Eintritt in sein Land zu untersagen.

Die Ausschliessung bedarf der Motivirung mit Gründen der statlichen Ordnung und Sicherheit oder des öffentlichen Wohls Sonst wäre sie im Widerspruch mit dem völkerrechtlichen Grundsatz des freien Verkehrs. Die Beurtheilung der Gründe steht aber bei dem State, der innerhalb seines Gebiets die Statshoheit auszuüben berufen ist.

383.

Ebenso ist der inländische Stat berechtigt, aus öffentlichen Gründen einzelne Fremde, welche sich nur vorübergehend in seinem Lande aufhalten, aus seinem Gebiete wegzuweisen. Haben sie aber einen festen Wohnsitz daselbst erworben, so geniessen sie auch den damit verbundenen erhöhten Rechtsschutz.

Das sogenannte Droit du renvoi darf wieder nicht als ein absolutes Recht des States betrachtet werden, sonst wäre das Recht des allgemeinen Weltverkehrs neuerdings bedroht. Der Stat ist kein absoluter Herr weder über das Land noch über die Menschen im Lande. Auch in dieser Hinsicht ist die ältere Lehre zu sehr von der mittelalterlichen Vorstellung des Eigenthums am Land und von der absolutistischen Idee einer unbeschränkten Souveränetät missleitet worden. Meistens wird noch der Statsgewalt die Macht zugestanden, nach eigenem Ermessen durch blosse Verwaltungs- und Regierungsacte über die Wegweisung von Fremden zu entscheiden, ohne dass die davon Betroffenen einen genügenden Rechtsschutz bei den Gerichten finden.

384.

Wird ein gehörig legitimirter Fremder ohne Grund verhindert, das Land zu betreten oder grundlos oder in ungebührlicher Form weggewiesen, so ist sein Heimatstat veranlasst, wegen Verletzung des völkerrechtlichen Verkehrs Beschwerde zu führen und je nach Umständen Genugthuung zu fordern.

In seinen Angehörigen kann auch der Stat verletzt werden, der berufen ist, sie zu schützen. Die bloss willkürliche und gehässige Wegweisung kann daher zu diplomatischen Erörterungen führen, und der Fremde, der davon betroffen wird, ist jedenfalls veranlasst, die Beihülfe seines Consuls oder die Dazwischenkunft seines Gesanten anzurufen.

385.

Es ist Sache der Landesgesetzgebung, zu bestimmen, ob und unter welchen Bedingungen Landesfremde Grundeigenthum erwerben und Handel oder Gewerbe in dem Lande selbständig betreiben dürfen.

Das Völkerrecht entscheidet darüber nicht, sondern das Statsrecht, ausser wenn durch Statenverträge nähere auch dem andern Stat gegenüber bindende Bestimmungen getroffen sind. In Europa und Amerika sind in unserm Jahrhundert die Fremden in dieser Hinsicht den Einheimischen wesentlich gleich gestellt worden. Auch die Türkei hat durch Gesetz vom 15. Juni 1867 und England durch Gesetz von 1870 endlich das Recht der Fremden zum Erwerb von Grundeigenthum im Lande anerkannt.

386.

Die Fremden haben einen rechtmässigen Anspruch auf den gesetzlichen und landesüblichen Rechtsschutz ihrer Persönlichkeit, ihrer Familien- und Vermögensrechte.

Im Alterthum und im Mittelalter verstand sich dieses Recht der Fremden keineswegs. Vielmehr wurden sie als rechtlose Leute betrachtet, wenn sie nicht unter den besondern Schutz eines Gastfreundes oder Patrones oder eines Grundherrn oder angesehenen Bürgers gestellt waren. Die Fremden von heute dagegen stehen unter dem Schutze des humaner gewordenen Rechtes der civilisirten Völker. Auch der früher beliebte Vorzug der Einheimischen vor den Ausländern in der Geltendmachung von Forderungen und insbesondere im Concurs wird immer mehr als ungerecht und der heutigen auf Gleichheit gegründeten Rechtsbildung zuwiderlaufend allmählich überall beseitigt. Zunächst freilich entscheidet die Landesgesetzgebung über die Bedingungen und die Ausdehnung des den Fremden zukommenden Rechtsschutzes. Aber offenbare Unbill, welche der Stat gegen die

Fremden üben wollte, würde Reclamationen der Staten rechtfertigen, welchen dieselben angehören.

387.

Kein Stat ist verpflichtet, fremden Personen Privilegien oder solche persönliche und Standesrechte zuzugestehen, welche mit der Verfassung und den Grundrechten desselben nicht vereinbar sind. Vorbehalten bleiben die Rechte souveräner Personen und ihrer Vertreter.

Ein Stat, dessen Verfassung keinen Adel duldet, wie z. B. die Vereinigten Staten von Nordamerika, kann daher auch fremden Adlichen keine besondern Adelsrechte zugestehen. Strenge genommen braucht aber auch ein Stat, in dem es noch Adelsprivilegien gibt, dieselben fremden Adelichen desshalb nicht einzuräumen, weil die Institution des Adels von wesentlich öffentlich-rechtlichem Ursprung und ein Theil der besondern Statsverfassung ist, welche als solche nicht auf ein anderes Land übertragbar ist. Indessen werden die Ehrenvorzüge, welche dem eigenen Adel zukommen, der Sitte gemäss gewöhnlich auch den Fremden von ähnlicher Rangstellung eingeräumt, und auch insofern eine möglichst gleichmässige Behandlung der Einheimischen und der Fremden angestrebt.

387 a.

Kein Stat ist berechtigt, den Abgeordneten der Bewohner und Angehörigen eines fremden States in seiner Volksvertretung Sitz und Stimme zu gewähren.

Es würde daraus eine Verwirrung der Völker und eine Missachtung der statlichen Selbständigkeit und Besonderheit entstehen. Die Frage kam wiederholt zur Sprache, als in dem Königreich Griechenland der Gedanke entstand, den Griechen in der Turkei eine Vertretung in dem hellenischen Abgeordnetenhaus zu verschaffen. Die englische Regierung erklärte sich mit Recht im Jahre 1862 und wieder 1868 dagegen. (Aegidi und Klauhold Statsarchiv Nr. 530 3361.)

388.

Die Fremden sind verpflichtet, die Verfassung und Rechtsordnung des Landes zu beachten und dürfen dieselben nicht verletzen. Sie sind der einheimischen Statsgewalt zwar nicht in Folge des Statsverbands aber insofern unterworfen, als dieselbe allein in dem Lande Autorität und Macht hat.

Die Exterritorialität, von der oben § 135 die Rede war, ist eine Ausnahme von der Regel, dass sich die Gerichtsbarkeit und Polizeigewalt über Einheimische und Fremde erstreckt. Andere Ausnahmen gründen sich zuweilen auf besondere Verträge oder auf Herkommen. Immerhin aber wirkt die Rücksicht darauf, dass die Fremden nicht persönlich dem State verbunden sind, wo sie gerade sich aufhalten, sondern einem andern State angehören, sehr bedeutend ein und vermindert und ermässigt die Ausübung der einheimischen Statsgewalt gegen Fremde.

Selbst bei Verwaltung der Strafrechtspflege und der Polizeigerichtsbarkeit verdient das vielleicht mangelhafte Verstandniss der einheimischen Vorschriften und Sitten von Seite der Fremden eine billige und schonende Rücksicht.

389.

Die Fremden, welche nur vorübergehend ihren Aufenthalt im Lande nehmen, dürfen nicht zu den Landessteuern beigezogen werden. Wohl aber sind sie schuldig, die Gebühren für öffentliche Leistungen wie die Einheimischen zu bezahlen und es kann ihnen auch eine mässige Gebühr für den Aufenthalt auferlegt werden.

Die regelmässige Steuerpflicht setzt entweder Statsangehörigkeit der Steuerpflichtigen oder Landesangehörigkeit der besteuerten Güter (inländische Grundstücke und Etablissements) voraus. In diesen beiden Beziehungen sind die durchreisenden Fremden nicht steuerpflichtig. Inwiefern dagegen von der Verzehrung von Gütern mittelbar eine Steuer erhoben wird (Consumsteuer, Verbrauchssteuer) oder von der Bewegung der Handelsgüter Zölle bezogen werden, so treffen natürlich diese Abgaben die Fremden, welche jene Guter consumiren und zollbare Waaren ein- oder ausführen, ganz ebenso wie die Einheimischen.

390.

Fremde, welche im Lande ansässig sind, oder Grundbesitz im Lande haben, sind im Zweifel gleich Einheimischen den Landessteuern und der Grundsteuer unterworfen.

Vgl. oben § 280.

391.

Landesfremde sind im Inland nicht militärpflichtig. Vorbehalten bleiben Nothfälle zur Vertheidigung eines Ortes wider Räuber oder Wilde.

1. Die Militärpflicht ist wesentlich politische Pflicht und daher von der Statsgenossenschaft nicht zu trennen. Wie den Fremden in der Regel nicht politische Rechte eingeräumt werden, so dürfen ihnen auch nicht so schwere politische Pflichten auferlegt werden. Würden die Fremden genöthigt, Militärdienste in fremdem Lande zu thun, so würden sie unter Umständen genöthigt, für ihnen fremde Statsinteressen und gegen die politischen Interessen ihres Vaterlandes ihr Leben einzusetzen, was offenbar unnatürlich wäre. Selbst wenn die Fremden ansässig im Lande sind, so dürfen sie höchstens zu solchen Militärdiensten herbeigezogen werden, welche den Zweck haben, Personen und Eigenthum durch locale Kraftentwicklung zu schützen, also zur Vertheidigung des Orts, aber nicht zu politischer Kriegsführung.

2. Als in dem State Wisconsin englische Unterthanen während des amerikanischen Bürgerkrieges mit Rücksicht darauf zu den Milizen berufen wurden, dass sie daselbst Stimmrecht ausgeubt hatten, erhob England Einsprache dagegen, weil sie dadurch keineswegs amerikanische Burger geworden und als Fremde nicht

militärpflichtig seien. Dep. von Lord Lyons vom 29. Nov. 1862 (vgl. Statsarchiv v. Aegidi und Klauhold 1941). Die Beschwerde wurde im Princip als begründet erachtet.

392.

Den Fremden muss der freie Wegzug jederzeit offen stehen.

Im Mittelalter war dieses Recht auch in den europäischen Staten keineswegs anerkannt. Heute wird es nur in barbarischen Ländern noch bestritten. Es folgt aus dem natürlichen Recht des menschlich-freien Verkehrs.

393.

Auch der Wegzug des Vermögens oder der Verlassenschaft von Fremden darf in der Regel nicht verwehrt, noch mit besondern Steuern oder Abzügen belästigt werden.

Bis in unser Jahrhundert hinein galten in den meisten europäischen Ländern noch andere Grundsätze. Der Wegzug insbesondere von Kapitalvermögen wurde noch vielfältig mit Abzugssteuern beschwert und noch mehr der Wegzug von Verlassenschaften. Die mittelalterlichen Landesherrn behaupteten öfter ein ausschliessliches Recht auf die Verlassenschaft der Fremden zu haben, welche sich in ihrem Territorium vorfand, selbst mit Ausschluss der ausländischen Erben. Man nannte das jus albinagii, droit d'aubaine. War es nicht mehr möglich, den Fremden selbst als ein rechtloses Wesen zu behandeln, so behandelte man doch seine Verlassenschaft als ein herrenloses Gut. Unsere heutige Rechtsbildung erkennt darin eine widerrechtliche Barbarei und gibt auch die ermässigte Form der Abzugssteuern nicht mehr zu. In einer sehr grossen Anzahl von Statenverträgen sind diese Abzugsgelder vertragsmässig während unseres Jahrhunderts abgeschafft worden. Allmählich ist aber aus diesem Vertrags- und Gesetzesrecht allgemeines internationales Recht geworden, so dass heute die Einführung solcher Abgaben als Verletzung des internationalen Verkehrs empfunden und zu völkerrechtlichen Beschwerden der Staten Anlass geben würde.

---

5. Auslieferungspflicht und Asylrecht.

394.

Jeder Stat ist kraft seiner Selbständigkeit berechtigt, Fremden den Aufenthalt in seinem Lande zu gestatten.

Dieses Recht des States, Fremde aufzunehmen und zu schützen, kann ausgeübt werden, ungeachtet der Heimatstat derselben seine Statsangehörigen zurückruft oder deren Auslieferung begehrt.

Vgl. oben § 375. Freilich läuft der Stat, welcher längere Zeit Fremden gegen den Willen ihres Heimatstates in seinem Lande Aufenthalt gewährt, die Gefahr, dass der Heimatstat dieselben ihrer Statsgenössigkeit für verlustig erklärt und er genöthigt wird, dieselben nun zu behalten, beziehungsweise in seine Angehörigkeit aufzunehmen.

395.

Eine Pflicht, flüchtige fremde Verbrecher oder eines Verbrechens angeklagte Flüchtlinge dem verfolgenden Gerichte auszuliefern, wird nur insofern anerkannt, als dieselbe entweder durch besondere Statenverträge (Auslieferungsverträge) begründet oder zur Sicherung eines allgemeinen Rechtszustandes als nothwendig erscheint.

Im letztern Fall ist die Auslieferungspflicht jedenfalls auf schwere und gemeine Verbrechen beschränkt und setzt voraus, dass die Rechtspflege des verfolgenden Stats hinreichende Garantien gebe für eine civilisirte Verwaltung der Gerechtigkeit.

Die Meinungen über die Auslieferungspflicht und das Asylrecht sind noch sehr getheilt sowohl in der Statenpraxis als in der Wissenschaft. Noch machen sich extreme Meinungen geltend. Zuweilen wird ein unbeschränktes Asylrecht der Staten behauptet, welches nur durch Auslieferungsverträge beschränkt werde. Die Vertheidiger dieser Ansicht — Puffendorf, Martens, Story und andere — fuhren dafur an, dass diese Flüchtlinge nicht die Rechtsordnung des Asylstats verletzt haben, und daher auch nicht von diesem zu verfolgen seien, dass die Strafgewalt ihrem Wesen nach territorial und nicht international sei, dass jedenfalls geringe Sicherheit für eine im Sinne des Asylstates geubte Justiz vorhanden sei und dass daher der Asylstat keine Veranlassung habe, einer fremden Gerichtsbarkeit zu dienen und keine Verpflichtung, seine Schutzhoheit zu beschränken.

Aber auch für die entgegengesetzte Meinung haben sich jederzeit gewichtige Stimmen erhoben, wie die von Grotius, Vattel, Kent u. s. f., welche auf das allgemeine Interesse an der Handhabung der Gerechtigkeit und die Nothwendigkeit der Bestrafung der Verbrecher hinweisen, auf die Gefahren aufmerksam machen, welche daraus fur die Gesellschaft entstehen, wenn Verbrecher leicht einen Zufluchtsort finden, in dem sie sich sicher fuhlen und von wo aus sie ihre Angriffe auf die Rechtsordnung erneuern, und daraus die Pflicht der Staten ableiten, einander in der wirksamen Handhabung der Strafrechtspflege zu unterstützen.

Meines Erachtens wurde ein unbeschranktes Asyl die allgemeine menschliche Rechtsordnung und Rechtssicherheit bedrohen, zumal bei der Beweglichkeit der heutigen Verkehrsmittel. Es ist ein allgemeines Interesse, nicht ein blosses Landesinteresse, dass Mörder, Rauber, grobe Betruger und grosse Diebe bestraft werden. Vortrefflich hat der französische Minister Rouher (Rede vom 4. März 1866) die Gründe für die Auslieferungspflicht mit wenigen Worten ausgesprochen: „Der Grundsatz der Auslieferung ist der Grundsatz der Solidaritat, der wechselseitigen Versicherung unter Regierungen und Völkern gegen ein überall drohendes Uebel (contre l'ubiquité du mal)“.

Aber auch eine absolute Auslieferungspflicht wurde in manchen

Fällen die Interessen der Humanitat und der Freiheit ernstlich gefährden, und man darf nicht vergessen, dass manche Verbrechen ausschliesslich den davon betroffenen Stat und nicht die menschliche Gesellschaft verletzen und dass auch die Vertheidiger des Asyls gute Gründe anfuhren, auf welche innerhalb der nöthigen Schranken billige Rucksicht zu nehmen ist.

Wo die Statenverträge die Auslieferung im Einzelnen näher ordnen, und das ist in neuerer Zeit sehr oft geschehen, da kommen naturlich die vertragsmässigen Bestimmmungen zur Anwendung. Wenn keine Vertrage binden, so muss man sich an die allgemeinen Rechtsgrundsätze halten. Da aber diese heute noch nicht gleichmässig und nicht allgemein anerkannt sind, so hängt es thatsächlich noch von dem Ermessen des Asylstates ab, zu bestimmen, in wie weit er sich durch die allgemeine Rechtsordnung fur gebunden erachte. Es ist aber möglich und sogar wahrscheinlich, dass allmählich einige Hauptgrundsätze in der civilisirten Welt sich allgemeine Billigung erringen und so weit das geschieht, wird dann die Willkür der einzelnen Staten beschrankt.

Vgl. R. v. Mohl, die volkerrechtliche Lehre vom Asyle in den Schriften über Statsrecht, Völkerrecht und Politik I. S. 637 ff. I. O. de Vigne in der Genter Revue de Droit Intern. 1870. S. 191 ff. Dieser verlangt als Bedingungen der Auslieferung: 1) ein schweres Vergehen, 2) das in beiden Ländern als strafwurdig betrachtet wird.

396.

Den politischen Flüchtlingen darf jeder Stat freies Asyl gewähren. Der Asyl gebende Stat ist nicht verpflichtet, auf Begehren des verfolgenden Stats dieselben auszuliefern oder wegzuweisen. Aber der Asylstat ist verpflichtet, nicht zu gestatten, dass das Asyl dazu missbraucht werde, um die Rechtsordnung und den Frieden der andern Staten zu gefährden, und völkerrechtlich verbunden, diejenigen Massregeln zu treffen, welche nöthig sind, um solchen Missbräuchen zu wehren.

1. Der von vielen Criminalisten bestrittene Gegensatz der politischen und der gemeinen Verbrechen wird in den neueren Statenvertragen und noch mehr in der gegenwärtigen Statenpraxis anerkannt, und sogar von solchen Staten, welche eine allgemeine Auslieferungspflicht selbst von politischen Verbrechern im Princip für nothwendig erklären, thatsachlich dann gemacht, wenn ihre politischen Sympathien den fremden Fluchtling decken. Die politischen Verbrechen beziehen sich nothwendig auf die Verfassung und die politischen Zustande eines bestimmten Stats und sind desshalb fur andere Staten kein Gegenstand der Sorge. Eine Solidaritat der politischen Interessen besteht nicht nothwendig und es ist ebenso möglich, dass die politischen Grundsatze und Richtungen des verfolgenden und des Asylstates einander widerstreiten. Der verfolgte politische Verbrecher in einem Land wird in einem andern Lande vielleicht als ein Märtyrer der Freiheit verehrt; und die im Namen des Rechts verfolgenden Gewalthaber des einzelnen Stats werden vielleicht in dem andern State als Unterdrucker des Rechts gehasst. Selbst wo die Gegensätze der Beurtheilung nicht so schroff auftreten,

erinnert man sich doch, dass die Verwaltung der Rechtspflege in politischen Strafprozessen nach dem Zeugniss der Geschichte leichter von den Leidenschaften bald der Machthaber bald einflussreicher Parteien missleitet wird als die Strafgerichtsbarkeit uber gemeine Vergehen und man nimmt Rücksicht darauf, dass zuweilen ehrbare und edle Menschen aus Vaterlandsliebe die politische Rechtsordnung ihres Heimatstates verletzt haben. Die Interessen der Politik, der Gerechtigkeit und der Humanität vereinigen sich daher, um über die politischen Flüchtlinge den Schutz des Asyls auszubreiten. Vgl. die französische Erklärung von 1841, bei Calvo, D. I. § 379. S. 485.

Eine Hauptschwierigkeit zeigt sich dann wenn das politische Vergehen oder Verbrechen mit einem gemeinen Vergehen oder Verbrechen verbunden erscheint, wie Todschlag, Körperverletzung, Eigenthumsbeschädigung. Zu beachten ist der Vorschlag einer Niederländer Commission, dass eine Clausel folgenden Inhalts in die Verträge aufgenommen werde: „Die Auslieferung findet nicht Statt für Handlungen, welche in einer politischen Aufregung oder in einem politischen Kampfe begangen worden sind, wenn diese Handlungen, wären sie im Kriege begangen worden, durch das Völkerrecht entschuldigt würden."

2. Aber indem der Stat den fremden politischen Flüchtlingen ein Asyl gewährt, ist er nicht von der Pflicht entbunden, den Missbrauch des Asyls zu verhüten. Das Asyl schutzt den Flüchtigen vor Verfolgung, aber es darf nicht zu einer sichern Stätte für die Fortsetzung des politischen Verbrechens werden. Der Flüchtling findet hier Ruhe und einen Ort der Zuflucht in seiner Gefahr, aber er darf nicht die Angriffe auf die Verfassung und das Recht seines States von da aus ungestraft erneuern. Der Asylstat hat auch gegenüber dem Stat, in dessen Gebiet das Verbrechen verübt worden ist, Rücksichten des Friedens und der Freundschaft zu nehmen. Ein Stat, welcher den fremden Räubern Schlupfwinkel eröffnet, aus denen sie ihr verbrecherisches Handwerk mit besserem Erfolg und mit geringerer eigener Gefahr betreiben, macht sich sicherlich einer schweren Verletzung der Nachbarpflichten schuldig; und nicht weniger wird ein Stat, welcher auf seinem Gebiet feindliche Unternehmungen von fremden Flüchtlingen gegen einen benachbarten Stat begünstigt, dafür verantwortlich gemacht von dem bedrohten State. Das belgische Gesetz vom 30. Mai 1868 gestattet die Wegweisung des Flüchtlings, „qui par sa conduite, compromet la tranquillité publique." Die freie Erwägung der einzelnen Fälle ist nicht zu entbehren und die Gefahr der Willkür auf Seite der erkennenden Behörde ist geringer als die Gefahr für den Frieden der Staten, wenn die nöthigen Rücksichten missachtet werden.

397.

Es steht jedem State zu, die Bedingungen festzusetzen, unter welchen er fremden Flüchtlingen ein Asyl gewährt. Die Flüchtlinge selber haben keinen Rechtsanspruch auf Gewährung des Asyls gegen den fremden Stat.

Der Flüchtling kann sich nicht wie ein anderer Reisender auf das Recht des freien Verkehrs berufen, denn eine Grundbedingung dieses Rechts ist Unbescholtenheit der Reisenden. Kein Stat ist verpflichtet, Verbrecher oder eines Verbrechens Angeklagte bei sich aufzunehmen und zu dulden, weil solche

Fremde auch die Sicherheit seiner Bewohner oder unter Umständen des Stats selbst gefährden. Es gilt das auch von politischen Verbrechern. Aber wohl hat der Stat die moralische Pflicht, dabei nicht inhuman zu verfahren. Die Zurückweisung insbesondere von politischen Flüchtlingen oder gar ihre Auslieferung kann, selbst wenn sie keine Rechtsverletzuung ist, doch eine tadelnswerthe Grausamkeit sein. Da hilft in bedenklichen Fallen die Gestattung der Durchreise in ein fernes Land, welches den Flüchtling aufnimmt.

398.

Der Schutz, welcher das Asyl gewährt hat, ist auch, wenn dasselbe missbraucht wird, berechtigt, und bei fortdauernder Gefahr für den befreundeten Heimatstat des Flüchtlings verpflichtet, das Asyl zu entziehen oder insoweit zu beschränken, dass jene Gefahr beseitigt wird.

In minderen Fällen wird eine schärfere Aufsicht über den Flüchtling oder die Internirung desselben von der Grenze weg, ins Innere des Landes genügen, in schweren Fällen die Wegweisung in vorgeschriebener Richtung nöthig sein.

399.

Zur Auslieferung von Einheimischen an einen fremden Stat, in dessen Gebiet dieselben ein Verbrechen verübt haben, ist der Heimatstat niemals verpflichtet.

Diese gegenwärtig auch von solchen Staten anerkannte Regel, welche eine Auslieferungspflicht bei gemeinen Verbrechen annehmen, macht freilich dann eine bedenkliche Lucke in das Strafrecht, wenn dieselben im Inlande nicht für ein auswärts begangenes Verbrechen zur Verantwortung gezogen werden können. Sie bleiben in diesem Falle straflos, obwohl die allgemeinen Rechtsgrundsätze eine Bestrafung erfordern. Aber man zieht es vor, dem Individuum diesen Glücksfall zuzugestehen, als die Statsgenossen einer fremden Strafgerichtsbarkeit zu überliefern.

400.

Die Auslieferung geschieht in der Regel auf Kosten des States, welcher dieselbe begehrt. Die Gestattung des Asyls dagegen fällt dem Schutzstate allein zur Last.

Selbstverständlich ist nur von den nöthigen Kosten hier die Rede, welchen sich die Staten nicht entziehen können. Soweit die Flüchtlinge für sich selber zu sorgen im Stande sind, ist von keiner Statspflicht die Rede.

401.

Die Auslieferung eines fremden Verbrechers kann auch in bedingter Weise gewährt werden.

1. Z. B. der ausliefernde Stat verlangt, dass der Ausgelieferte nur wegen

eines gemeinen, nicht auch wegen eines politischen Verbrechens gestraft werde, oder er liefert nur aus, wenn ihm die Zusicherung ertheilt wird, dass keine Todesstrafe verhängt werde. Der Stat, welcher auf solche Bedingungen hin den Ausgelieferten empfängt, ist dann dem Auslieferungsstat gegenüber verpflichtet, demgemäss zu verfahren.

2. In der Regel wird die Auslieferung von dem verfolgenden State begehrt, von dem Zufluchtsstat gewährt. Es ist aber auch moglich, dass dieselbe von diesem angeboten wird, ja sogar, dass der Stat, dem diess Anerbieten gemacht wird, die Uebernahme des Flüchtlings als eine Verlegenheit zu vermeiden wünscht. In solchen Fällen kann sich der Heimatstat zwar nicht der Aufnahme seines Statsgenossen in seinem Lande entziehen (oben § 368), aber wenn er dieselben nicht weiter verfolgt, so geht das den ausliefernden Staten nichts an.

Sechstes Buch.

Völkerrechtliche Verträge.

1. Erfordernisse und Wirkungen der völkerrechtlichen Verträge.

402.

Die Staten können als selbständige Personen ihre besondern Rechtsverhältnisse durch Verträge unter einander ordnen, so dass daraus eigentliches Vertragsrecht entsteht.

Verschieden von diesen Verträgen, welche besonderes Vertragsrecht unter den Vertragsparteien begründen, ist eine völkerrechtliche Uebereinkunft mehrer Staten, welche eine allgemeine Rechtsregel ausspricht. Im letztern Fall ist das pactum instar legis, und es entsteht dem Inhalte nach Gesetzesrecht, wenn auch in der vielköpfigen Form der Vereinbarung. Sehr viele Bestimmungen der völkerrechtlichen Congresse haben diesen letztern und nicht den ersteren Charakter und begründen daher nicht conventionelles, sondern nothwendiges Recht. Vgl. oben § 12. 13. In diesem Buch ist nur die Rede von dem eigentlichen Vertragsrecht.

403.

Jeder Stat kann als Person auch Vertragspartei werden, und jede unabhängige Macht gilt im Völkerverkehr im Zweifel als vertragsfähig. Wenn aber ein Stat in der Ausübung des Vertragsrechts verfassungsmässig beschränkt erscheint, so ist solche Beschränkung auch im Verkehr der Staten zu beachten.

Wenn ein Stat der Schutzhoheit eines andern Stats unterworfen ist, so kann ihm das Recht, selbständig mit andern Staten Verträge abzuschliessen, gänzlich oder theilweise entzogen sein. Ebenso sind in den zusammengesetzten Staten regelmassig die Einzelstaten sehr erheblich in der Vertragsbefugniss beschränkt, sei es indem ihnen untersagt ist, gewisse Verträge abzuschliessen, die ausschliesslich dem Gesammtstate vorbehalten sind, z. B. Allianzen, Handels- und Zollverträge, sei es indem sie genöthigt sind, sich der diplomatischen Organe des Gesammtstates zu bedienen und der Zustimmung des Gesammtstates bedürfen. Verträge, welche im Widerspruch mit diesen Schranken abgeschlossen werden, sind nicht verbindlich.

404.

Damit der Vertrag den Stat verbinde, müssen die Personen, welche denselben im Namen des States abschliessen, zur Vertretung des States ermächtigt sein.

Es gilt das sowohl von der Repräsentationsbefugniss des jeweiligen Inhabers der Statsgewalt (oben § 116), als von der Vollmacht der Gesanten, welche den Vertrag unterhandeln und unterzeichnen (oben § 159 f.).

404 a.

Das Statshaupt, welches verfassungsmässig an die Mitwirkung und Zustimmung der repräsentativen Körper (Senat, Parlament, Bundesrath, Reichstag) gebunden ist, gilt auch völkerrechtlich nicht für ermächtigt, durch einen ohne diese Mitwirkung und Zustimmung von ihm abgeschlossenen Vertrag den Stat zu verbinden.

Vgl. besonders die gründliche Untersuchung von Ernst Meyer über den Abschluss von Rechtsverträgen, Leipzig 1874. Die entgegengesetzte Meinung mancher insbesondere englischer Schriftsteller, dass der König für sich allein völkerrechtlich den Stat Grossbrittanien verpflichte, und nur der Vollzug vieler Verträge ohne Gutheissung des Parlaments unmöglich sei, bewirkt einen unnaturlichen Conflict zwischen Völkerrecht und Statsrecht, ohne denselben lösen zu können. Der König, welcher der Zustimmung der Volksvertretung bedarf, kann den Stat gerade so wenig ohne diese Zustimmung verpflichten, wie ein Fuhrer, der ohne König zu sein, den König spielt. Die deutsche Reichsverfassung unterscheidet zwischen der gewöhnlich vorausgehenden Zustimmung des Bundesrathes und der nachfolgenden Genehmigung des Reichstags, erklärt aber beide für nothwendig, damit der von dem Kaiser abgeschlossene Vertrag das Reich verbinde, wenn der Inhalt des Vertrags in den Bereich der Reichsgesetzgebung gehört. Reichsverf. Art. 11.

405.

Wird für einen Stat ein Vertrag von einer Person unterhandelt und abgeschlossen, welche nicht dazu ermächtigt ist, so wird der Stat so lange nicht verpflichtet, als er nicht durch nachträgliche Gutheissung jenen Mangel der Vollmacht hebt. Bis dahin steht auch der andern Vertragspartei der Rücktritt frei, wenn sie nicht darauf verzichtet hat.

Man heisst Verträge, welche von nichtbevollmächtigten Vertretern, gewöhnlich in der Hoffnung auf spätere Ratihabition abgeschlossen werden, Sponsiones; in Erinnerung an die persönliche sponsio der alten Römer. Der Ausdruck, welcher in Rom eine strenge und formelle Vertragspflicht bedeutete, ist freilich nicht geeignet, derartige in ihrer Wirksamkeit höchst zweifelhafte Verträge zu bezeichnen, während wir im Gegensatze zu den Römern die rechtsverbindlichen Verträge der Staten pacta heissen.

406.

Wird der von einem nicht ermächtigten Vertreter abgeschlossene Vertrag von dem State nicht genehmigt, so ist überall kein Vertrag zu Stande gekommen.

Der Stat wird nicht verpflichtet, weil er nicht wirklich vertreten war, und der Geschäftsführer (sponsor) nicht, weil er kein Stat ist und als Privatperson nicht über öffentliche Rechte und Verbindlichkeiten verfügen kann. Wenn er den andern Stat betrogen hatte, indem er sich für ermächtigt ausgab, ohne ermächtigt zu sein, so mag er dieses Betrugs wegen verantwortlich gemacht und bestraft werden. Das hat mit der Gültigkeit des Vertrags nichts zu thun. — Das altrömische Fecialrecht befolgte andere Grundsätze. Der Sponsor haftete mit seiner Person fur die Erfullung des von ihm eingegangenen Vertrages und wurde daher von dem nicht genehmigenden State zur Sühne an den andern Stat ausgeliefert. Die moderne Rechtsbildung ist insofern consequenter, als sie die öffentlich-rechtliche Natur der Statenverträge vollständiger beachtet. Würde ein dritter Stat ohne Ermächtigung für einen andern Stat einen Vertrag abschliessen, so würde er sich allerdings als Stat verpflichten können, für die Genehmigung zu sorgen.

407.

Hat der Stat Vortheil von dem Vertragsgeschäft gezogen, das für ihn, aber ohne seine Vollmacht abgeschlossen worden ist, so ist er im Fall der Nichtgenehmigung des Vertrags verpflichtet, den ohne Grund empfangenen Vortheil, so weit das nach der Lage der Dinge möglich ist, wieder aufzugeben, beziehungsweise eine empfangene Bereicherung zurück zu erstatten.

Z. B. Der Unterhändler hat den Loskauf von Gefangenen vermittelt und vorläufig eine Summe bezahlt. Wird der Vertrag nicht genehmigt, und werden die Gefangenen zurückbehalten, so muss auch diese Summe wieder herausgegeben werden. Oder ein Gouverneur einer Colonie gestattet gegen zugesicherte Handelsvortheile einem andern State die Gründung eines Marineetablissements innerhalb der Colonie. Wird der Vertrag nicht genehmigt, so ist auch dieses Etablissement wieder zu räumen. Hat aber ein Stat im Vertrauen auf die nachfolgende Genehmigung durch den andern Stat einen momentanen Vortheil seiner Machtstellung aus der Hand gegeben, und wird der Vertrag nicht ratificirt, so ist er selten in der Lage, jenen Vortheil wieder zu gewinnen und muss die Folgen seiner unvorsichtigen Handlungsweise tragen. Das Beispiel der Samniter, welche das romische Heer in den Caudinischen Pässen gefangen hatten und nachdem Rom den Frieden nicht ratificirte, ihr Uebergewicht nicht mehr herstellen konnte, bleibt eine Warnung der Geschichte.

408.

Es wird angenommen, die Willensfreiheit des States sei nicht aufgehoben, wenn gleich der Stat in seiner Noth und Schwäche genöthigt ist, den Vertrag einzugehen, wie ihn ein übermächtiger anderer Stat ihm vorschreibt.

Im Privatrecht hindert eine ernste Drohung und die gewaltsame Nöthigung die Gültigkeit des Vertrags. Im Völkerrrecht aber wird angenommen, der Stat selbst sei alle Zeit frei und willensfähig, wenn nur seine Vertreter persönlich frei sind. Das Statsrecht erkennt auch sonst die Nothwendigkeit der Verhältnisse als entscheidend an; es ist seinem Wesen nach die als nothwendig erkannte Ordnung der öffentlichen Verhältnisse. Daher hindern zwingende Einwirkungen, in denen sich jene Nothwendigkeit offenbart, die Gültigkeit des Statswillens nicht, wenn er denselben Rechnung trägt. Es gilt das insbesondere auch von Friedensschlüssen. Vgl. unten Buch VIII. Cap. 10. Würde man die Verträge der Staten aus dem Grunde als ungültig anfechten können, dass der eine Stat aus Furcht vor dem andern und durch dessen Drohungen geschreckt ohne freien Vertragswillen den Vertrag abgeschlossen habe, so gebe es kein Ende des Völkerstreits und wäre niemals ein gesicherter Friedensstand zu erwarten.

409.

Wenn jedoch die individuelle Willensfreiheit derjenigen Personen, welche den Stat bei dem Vertragsschluss vertreten, durch Geistesstörung aufgehoben oder durch Besinnungslosigkeit verwirrt oder durch Gewalt oder ernste und nahe Bedrohung gebunden ist, dann sind dieselben nicht fähig, für den Stat verbindliche Erklärungen abzugeben.

Wenn z. B. der Gesante, der zum Vertragsabschluss ermächtigt ist, wahnsinnig wird, oder wenn er so berauscht ist, dass er nicht mehr weiss, was er thut, so ist seine Unterschrift nicht bindend. Ebenso wurde auch die Unterschrift eines Souveräns nicht den Stat verpflichten, wenn demselben gewaltsam die Hand zum Unterzeichnen geführt oder er mit Todesdrohung zur Unterschrift genöthigt würde. Oder wenn, wie das dem polnischen Reichstag widerfahren ist, die nothwendige Zustimmung zu einem Vertrag damit erzwungen wird, dass die Rathsversammlung mit Truppen umstellt und die Stimmenden mit dem Tode oder dem Gefängniss bedroht werden, so ist auch ein solcher Vertrag ungültig, nicht weil der Stat keinen freien Willen hat, sondern weil es den Vertretern des Stats an der nöthigen Willensfreiheit fehlt.

410.

Die Rechtsverbindlichkeit der Statenverträge beruht auf dem Rechtsbewusstsein der Menschheit, und ist ein nothwendiger Bestandtheil der völkerrechtlichen Weltordnung.

Verträge, deren Inhalt das allgemein anerkannte Menschenrecht oder die bindenden Gesetze des Völkerrechts verletzen, sind deshalb ungültig.

Der alte Streit über den Rechtsgrund der Verbindlichkeit der Verträge dauert noch fort. Das Völkerrecht kann der Frage nicht damit entgehen, dass es auf die Autorität eines Gesetzes hinweist, wie das wohl im Privatrecht oft genügt. Meines Erachtens lasst sie sich nicht auf den freien Willen der Staten gründen. Der Satz, dass die Willensfreiheit auch in der Freiheit sich zu binden, zeigen und bewähren musse, ist offenbar nicht richtig; denn die Willensfreiheit für sich allein bindet nur, weil sie will und daher nur auf so lange sie will. Sie erklärt die Wirksamkeit des Willensacts, während der wirkende Wille fortdauert, aber nicht mehr, wenn der Wille wechselt. Der freie Mensch kann und darf seine Willensfreiheit nicht aufgeben, sie begleitet ihn fort durch sein ganzes Leben, sie ist ein Theil seiner Existenz, seiner Person. Er kann und darf sich nicht durch freien Willen um den freien Willen bringen, sich nicht selber zum Sclaven machen. Der individuelle Wille ist überdem für sich allein nicht rechtsbildend, nicht die erste Ursache des Rechts. Wäre er es, so musste alles Gewollte Recht sein. Es müsste z. B. im Privatrecht möglich sein, eine Ehe auf ein Jahr zu schliessen, Grundeigenthum ohne die Grundbücher zu übertragen, Wechselverbindlichkeiten ohne die Wechselform einzugehen Das ist aber so wenig im Privatrecht wie im Völkerrecht der Fall.

Die Rechtsverbindlichkeit der Vertrage ist also nicht die nothwendige Wirkung der Willensfreiheit, sondern setzt die Existenz einer nothwendigen, nicht von der Willkür geschaffenen Rechtsordnung der Gemeinschaft voraus. Der Willensact der einzelnen Personen, selbst der Staten im Völkerrecht, ist demnach nicht die primäre, sondern erst eine secundäre Ursache der Rechtsbildung. Der Einzelwille bewirkt Recht, nur gemäss und nur innerhalb der gemeinsamen Rechtsordnung. Die Verbindlichkeit der Vertrage ist selber ein nothwendiger Rechtssatz. Sie ist nothwendig, weil ohne sie kein gesicherter Rechtsverkehr und kein friedlicher Rechtszustand der Völker möglich wäre. In ihr äussert sich die nachhaltige fortdauernde Wirkung der Rechtsordnung. Man nehme den guten Glauben weg in die Wahrhaftigkeit der völkerrechtlichen Erklärung und die Wirksamkeit der ertheilten Zusage und alle Rechtssicherheit sturzt in dem Widerstreit der wechselnden Meinungen und Interessen rettungslos zusammen. Die Willenserklarung noch ist eine Aeusserung der Freiheit, das Halten des Worts aber ist eine Forderung der Treue, welche bewahrt, was die rechtmässige Freiheit schafft.

411.

Dem anerkannten Menschenrecht zuwider und daher ungültig sind insbesondere Verträge, welche

a) die Sclaverei einführen oder verbreiten und schützen (§ 360 f.),

b) die Fremden als rechtlos erklären (§ 381 f.),

c) die freie Schifffahrt auf offener See verhindern (§ 307 f.),

d) Verfolgungen des Glaubens wegen anordnen.

Von den Fällen a—c war oben schon die Rede. Der vierte gehört erst der modernen Rechtsbildung an. Die gereifte Menschheit legt mit Recht auf die religiöse Freiheit einen so hohen Werth, dass die allgemeine Glaubensverfolgung nicht mehr als rechtsverbindlich betrachtet wird, selbst wenn sie durch Statsverträge verabredet wäre. Die Zeit der Kreuzzüge ist vorbei. Anders freilich ist's, wenn eine Sekte, wie z. B. die Mormonen, die bürgerliche Rechtsordnung, wenn auch aus scheinbaren oder wirklichen religiösen Motiven ernstlich verletzt. Die Verwendung der europäischen Mächte zu Gunsten der Christen in der Türkei wird aus diesem Princip gerechtfertigt.

412.

Völkerrechtswidrig und desshalb ungültig sind z. B. Verträge

a) welche die Universalherrschaft eines Einzelstats über die Welt oder

b) die gewaltsame Unterdrückung eines friedlichen und lebensfähigen States bezwecken.

Vgl. oben § 98 f.

413.

Statenverträge, deren Inhalt das bestehende Verfassungs- und Gesetzesrecht eines States ausser Wirksamkeit setzt oder abändert, sind, wenn sie von der repräsentativen Statsautorität abgeschlossen worden sind, nicht von Anfang an als völkerrechtlich ungültig zu betrachten, aber sie sind nach Umständen nicht vollziehbar und insofern wird ihre Wirkung gehemmt.

Die Schwierigkeit ist in diesen Fällen nicht eine völkerrechtliche, denn das Völkerrecht behaftet den Stat, dessen Vertreter den Vertrag abschliesst und nimmt an, es sei Aufgabe der Statsgewalt, durch die nöthigen Aenderungen des Statsrechts die völkerrechtlichen Zusagen zu verwirklichen. Aber es ist denkbar, dass innerhalb des Landes eine solche Bestimmung Widerstand findet und da gilt keineswegs ein absolutes Vorzugsrecht des Vökerrechts vor dem Statsrecht in jedem Conflictfall. Sonst könnte in der Form völkerrechtlicher Verträge alles Verfassungsrecht des Landes entkräftet, und könnten alle gesetzlichen Freiheiten der Bürger beseitigt werden. Der statsrechtlich begründete Widerspruch gegen die Ausführung solcher verfassungswidriger Vertragsbestimmungen muss also als ein rechtliches Hinderniss ihrer Ausführung anerkannt und kann nicht durch blosse Gewalt durchbrochen, sondern muss in Rechtsform gelöst werden. Eine Ausnahme machen die Friedensverträge, mit Rücksicht auf die zwingende Nothwendigkeit, welche in ihnen zur Anerkennung gelangt. Vgl. unten § 706.

414.

Verträge, deren Inhalt älteren Verträgen mit andern Staten widerstreitet, sind insofern unwirksam, als der früher berechtigte Stat ihrer Ausführung entgegen tritt.

Solche Verträge sind nicht absolut sondern relativ ungültig. Wenn der Stat, dessen ältere Vertragsrechte durch Ausfuhrung des neuen Vertrags verletzt werden, sich diese Aenderung gefallen lässt, so sind dieselben vollwirksam. Aber im Widerstreit geht das bestehende (ältere) Vertragsrecht dem jüngeren vor.

415.

Auch ungünstige Vertragsbestimmungen und lästige Versprechen sollen gehalten werden. Vorbehalten bleibt das Recht eines States, sich von Verträgen loszusagen, welche mit seiner Existenz oder seiner nothwendigen Entwicklung unverträglich sind.

Die blosse Gefährlichkeit oder Schädlichkeit eines Vertrags hindert seine Verbindlichkeit nicht. Wurde man jedem Contrahenten gestatten, sich einer Vertragspflicht zu entledigen, sobald ihm dieselbe lastig erschiene, so würde die Sicherheit des Vertragsrechts ganzlich zerfallen, und damit die Fortdauer der Weltordnung aufs höchste gefahrdet. Aber die Verbindlichkeit des Vertrags hat doch ihre natürliche Grenze in den Grundrechten des Stats auf seine Existenz und seine nothwendige Entwicklung. Im Conflict mit diesen ursprünglichsten und unveräusserlichen Rechten muss das secundäre Vertragsrecht zurückstehen. Vgl. zu § 460.

416.

Die Gültigkeit der Statenverträge ist von der Regierungsform der contrahirenden Staten sowie von der Religion der Staten oder ihrer Vertreter unabhängig.

1. Im Mittelalter nahm man an, Verträge mit Nichtchristen (Ungläubigen) binden nicht. Sogar im siebzehnten Jahrhundert noch wurde von der römischen Curie und von katholischen Bischöfen behauptet, dass die katholischen Fürsten nicht verpflichtet seien, die den ketzerischen (protestantischen) Fürsten gegebenen Zusagen zu halten. Dem heutigen Volkerrecht ist es nicht mehr zweifelhaft, dass die Vertragspflicht eine allgemein-menschliche Rechtspflicht sei, welche Christen und Muhammedaner, Juden und Budhisten gleichmässig verbinde.

2. Ebenso ist der Unterschied der Stats- und Verfassungsformen zwar erheblich für die Frage der Stellvertretung, aber nicht erheblich fur die Gültigkeit der Verträge. Monarchien und Republiken, absolute und constitutionelle Monarchien, Aristokratien und Demokratien können ihre Verhältnisse vertragsmässig ordnen.

---

2. Form der Verträge.

417.

Die blosse einseitige Willenserklärung eines States, auch wenn sie einem andern State gegenüber geschieht, wirkt nur insofern als Vertragserklärung, wenn

a) die Absicht des erklärenden States, sich durch die Erklärung zu binden, offenbar geworden und

b) jener Erklärung die Annahme des Versprechens von Seite des andern States gefolgt ist.

Wenn ein Stat in seinen diplomatischen Aeusserungen lediglich die freien Entschlusse mittheilt, die er auszuführen die Absicht hat. so entsteht kein Vertragsrecht, so wenig als durch die Mittheilung einer Privatperson über ihre freien Vorsätze. Es muss die Absicht, sich zu binden, ausgesprochen sein.

418.

Die sogenannten Tractate, d. h. die Aufzeichnung dessen, worüber sich die unterhandelnden Staten vorläufig verständigt haben, werden nur als Entwurf zu einem Vertrage betrachtet und sind daher noch nicht verpflichtend.

Solche Punctationen und Tractate sind nur ausnahmsweise verbindlich, wenn die unterhandelnden Vertreter diese Verbindlichkeit ausdrücklich gewollt und zugestanden haben.

419.

Die Unterzeichnung des bereinigten Vertragsprotokolls oder der fertigen Vertragsurkunde durch die bevollmächtigten Gesanten oder Agenten der contrahirenden Staten wirkt für die vertretenen Staten verbindlich, wenn dieselbe ohne Vorbehalt und ohne Bedingung geschehen ist. Der Vorbehalt der nachfolgenden Ratification der Statsgewalt wird aber unter Umständen als selbstverständlich vorausgesetzt.

1. Wenn die Vertreter der unterhandelnden Staten ermächtigt sind, die definitive verbindliche Willenserklärung derselben abzugeben, so muss auch ihre Erklärung binden und die Unterzeichnung des Vertragsprotokolls oder der Vertragsurkunde wird als eine solche Vertragserklärung angesehen. Das schliesst freilich die Möglichkeit mündlicher Verträge nicht aus; aber man wird, der Sitte gemäss, nicht geneigt sein dürfen, mündliche Verabredungen als bindende Verträge anzuerkennen und auszulegen. Die schriftliche Vertragsform ist gegenwärtig so allgemeine Uebung, dass eine Abweichung davon und die Ausnahme eines mündlich abgeschlossenen Vertrags nur schwer Glauben findet und daher die vollständige Beweisführung schwierig wird.

2. Der Vorbehalt der nachfolgenden Ratification wird oft ausdrücklich gemacht und dann ist es klar, dass die Unterzeichnung noch nicht definitiv bindet. Aber derselbe kann auch aus den Umständen als wirkliche Meinung der unterzeichnenden Vertreter geschlossen werden und wirkt dann ebenso. Früher wurde darüber viel gestritten. Die heutige Praxis ist geneigt, den Vorbehalt der Ratification zu vermuthen: es entspricht das der grossen Bedeutung der Verträge fur das Völkerleben. Vgl. Holtzendorf Encycl. I. S. 793. Die vorbehaltene Auswechslung der Vertragsurkunden bedeutet gewöhnlich wieder den

Vorbehalt der Ratification, welche durch die Auswechslung der Urkunden erwiesen und vollzogen wird.

420.

Die grundlose Verweigerung der Ratification kann zwar je nach Umständen als eine Verletzung der schicklichen Rücksichten betrachtet werden, das Vertrauen zu dem verweigernden State ernstlich erschüttern und die freundlichen Beziehungen gefährden, aber sie darf selbst dann nicht als ein Rechtsbruch erklärt werden, wenn der unterhandelnde Gesante innerhalb seiner Vollmacht gehandelt und gemäss seinen Instructionen unterzeichnet hat.

Einige ältere Publicisten behaupteten, die Ratification d ü r f e n i c h t versagt werden, wenn der Gesante seine Vollmacht gezeigt und seine Instructionen nicht überschritten habe. Sie beriefen sich dabei auf die Analogie des Privatrechts. Aber bei der grossen Wichtigkeit dieser Statenverhältnisse und bei der thatsächlichen Nöthigung, den Gesanten allgemeine Vollmachten mitzugeben, damit sie zweckmässig unterhandeln können, hat der Ratificationsvorbehalt doch den Sinn einer n o c h m a l i g e n P r ü f u n g. Die Ratification sei es ausdrücklich oder nach der Uebung stillschweigend als selbstverstandlich vorbehalten, bedeutet, der obersten Statsregierung vor dem entscheidenden Abschluss Gelegenheit geben, nochmals zu überlegen, ob sie der Stat schliesslich verpflichten wolle. Von Neuern spricht sich A m a r i Diritto Intern. § 761 ff. in demselben Sinne aus. Er erinnert an die Weigerung des Königs der Niederlande den Zollvertrag mit Preussen zu ratificiren und ebenso die von Frankreich, den Durchsuchungsvertrag mit England zu ratificiren, beides 1841, und ist der Meinung, es erklare sich dieses Recht des States hauptsächlich daraus, dass der Abschluss eines Statsvertrags ein souveräner Act sei.

421.

Wird die vorbehaltene Ratification ertheilt, so wird, abgesehen von andern Verabredungen, die Gültigkeit des Vertrags auf den Zeitpunkt der vorherigen Unterzeichnung des Schlussprotokolls durch die Gesanten oder Agenten der contrahirenden Staten zurückgeführt.

1. Diese Regel entspricht der Völkersitte. Sie hat aber auch einen natürlichen Grund darin, dass durch die erste Unterzeichnung alle Verhältnisse gleichzeitig geordnet werden, und die spätere, an verschiedenen Tagen nachfolgende Ratification nur den Mangel der vollständigen Autorisation hebt, welcher der sofortigen Wirkung noch im Wege war. Die Ratification wird daher in der Regel nach dem Willen der Ratificanten auf den Zeitpunkt des fruheren Abschlusses zurückbezogen.

2. Auch in neuerer Zeit kommen jedoch Ausnahmen vor. So wurden die Pariser Vertrage von 1856 von der Auswechslung der Ratificationen datirt.

3. Auch ohne förmliche Ratificationserklärung und ohne Auswechslung der Vertragsurkunden ist a u s d e m V o l l z u g des Vertrags oder aus andern c o n c l u d e n t e n H a n d l u n g e n auf Ratification zu schliessen.

422.

Völkerrechtliche Verträge können in jeder Form gültig abgeschlossen werden, welche den Vertragswillen der contrahirenden Staten offenbar macht.

Die schriftliche Form entspricht der heutigen Uebung am besten. Es können aber unter Umständen auch mündliche Verträge, ja sogar, wie insbesondere im Krieg durch Zeichen (z. B. Aufhissen von Flaggen oder Fahnen) Verträge geschlossen werden. Vgl. oben zu 419.

423.

Die schriftliche Form kann durch gemeinsame Unterzeichnung eines Protokolls oder durch Eine Vertragsurkunde, welche in mehreren Originalexemplaren von den Bevollmächtigten oder den Häuptern der Staten gemeinsam unterzeichnet wird, oder durch einseitig unterzeichnete Erklärungen der sich verpflichtenden Staten an den berechtigten Stat vollzogen werden.

Im letztern Falle muss die Absicht sich zu binden, klar gemacht sein, sonst ist zu vermuthen, dass nur ein Act der freien Autorität zur Mittheilung gelangt sei. Vgl. § 178.

424.

Die Veröffentlichung der Verträge ist keine Bedingung ihrer Gültigkeit und Wirksamkeit, wenn gleich die Beachtung öffentlicher Verträge besser gesichert ist.

Geheime Verträge sind noch immer unter gewissen Umständen unvermeidlich, ebenso geheime Bestimmungen in Verträgen, die im übrigen veröffentlicht sind. Für die Bevölkerung freilich ist der geheime Vertrag nicht verbindlich, da sie ihn nicht kennt, so wenig als ein geheimes Gesetz. Aber der Stat, welcher den geheimen Vertrag kennt und sich verpflichtet hat, dessen Inhalt zu vollziehen, ist dem andern State gegenüber ebenso gebunden, wie durch einen offenen Vertrag.

3. Verstärkung der Verträge. Garantieverträge.

425.

Der Eid fügt dem beschworenen Vertrage nur eine religiöse nicht auch eine rechtliche Verstärkung bei. Ebenso hat die Bekräftigung mit dem Ehrenwort nur eine moralische keine rechtliche Bedeutung.

Der Eid war noch im siebzehnten Jahrhundert im Gebrauch, kommt aber heute fast nur noch gegen barbarische Völker vor, deren Rechtsversprechen man nicht vertraut, wenn es nicht durch die Furcht vor den angerufenen Göttern verstärkt wird. Da die Papste öfter die contrahirenden Statshäupter ihrer eidlichen Verpflichtung entbanden, so wurde zuweilen in den europäischen beschwornen Verträgen die Clausel beigefugt, dass keine Eidesentbindung begehrt, oder dass dieselbe, wenn gewahrt, ungultig sein solle. Ein Beispiel der Spanische Cessionsvertrag vom Jahre 1703. Ein merkwurdiges Beispiel eines mit Königlichem Ehrenwort bekräftigten Vertrags zwischen Frankreich und Spanien von 1659, der nicht gehalten wurde, findet sich bei Laurent „Études sur l'histoire de l'humanité. XI. 424. 434.

426.

Werden zur Verstärkung eines Vertrags Geiseln gegeben, so kann der berechtigte Stat die Geiseln zurückhalten, bis der Vertrag vollzogen oder der Vollzug hinreichend gesichert ist. Wenn aber diess geschehen ist, so dürfen die Geiseln nicht um anderer Forderungen willen an der Heimkehr verhindert werden. Auch wenn der Vertrag nicht erfüllt wird, so darf den Geiseln kein anderes Uebel zugefügt werden, als dass ihnen die Freiheit der Heimkehr entzogen bleibt.

Wenn fruher die Geiseln sogar am Leben bedroht wurden, insofern der Vertrag nicht erfullt ward, so wird das schon lange nicht mehr als Rechtsubung, sondern als widerrechtliche Barbarei angesehen.

427.

Werden Geiseln genommen, nicht gegeben, so ist der Nehmer verpflichtet, auf seine Kosten für angemessenen Lebensunterhalt der Geiseln zu sorgen.

428.

Wird zur Verstärkung einer Vertragsverbindlichkeit ein öffentlich-rechtliches Unterpfand gegeben, indem dem berechtigten Stat die Besitznahme eines Platzes oder andern Gebietstheiles zur Sicherung eingeräumt wird, so dauert das Recht dieses Besitzes so lange fort, bis der Vertrag vollzogen oder in anderer befriedigender Weise für den Vollzug gesorgt ist. Geht die Aussicht auf Vertragserfüllung gänzlich unter, so wird angenommen, die ursprünlich bloss pfandweise übertragene Gebietshoheit werde zu dauerndem und nun eigenem Rechte der Statsgewalt, welche das Gebiet thatsächlich besitzt.

Nur von der öffentlich-rechtlichen Verpfändung der Gebietshoheit ist hier die Rede. Auch sie kam früher ofter vor, als heute; im Mittelalter freilich nach Analogie der privatrechtlichen Verpfändung des Grundeigenthums, in Form der Satzung und nicht selten zur Sicherung fur Geldschulden des verpfändenden Stats. Manche Gebietserweiterungen, besonders der Städtestaten des Mittelalters sind so begründet und erreicht worden, dass denselben benachbarte Herrschaften verpfändet und nicht wieder gelöst wurden. Das heutige Recht unterscheidet schärfer zwischen der statlichen Verpfändung eines Gebiets und der privatrechtlichen Hypothek. Die Entstehungsform — dort Statenvertrag, hier Fertigung im Grundbuch —, der Inhalt — dort Besitz der Gebietshoheit, hier Sachenbesitz — und die Wirkungen — dort im Nothfall Aneignung, hier gerichtliche Versteigerung oder Zusprechung — sind verschieden.

Das neueste Beispiel einer Besetzung von Gebietstheilen zum Zweck der Sicherung der Vertragserfullung liefert der Friedensvertrag zwischen Deutschland und Frankreich von 1871.

429.

Die gewaltsame Pfandnahme fremden Statsgebietes, zur Sicherung für völkerrechtliche Forderungen an den Stat, dem dieses Gebiet zugehört, ist nur unter denselben Voraussetzungen gestattet, unter denen der Krieg gerechtfertigt ist, es wäre denn, dass dem Pfand nehmenden State die Oberhoheit zustände über den bepfändeten Stat.

Wenn sich der bepfandete Stat widersetzt, so ist der Krieg offenbar; wenn nicht, so kann die Pfandnahme immer noch als Selbsthülfe im Frieden betrachtet werden. Aber sie erscheint so sehr in Form der Gewalt uber fremdes Gebiet, dass das Völkerrecht dieselbe nicht als regelmässiges Executionsmittel billigen kann, sondern nur dann, wenn es auch die gewaltsame Selbsthülfe im Krieg zulassen musste.

430.

Die Erfüllung eines Vertrags kann auch im Ganzen oder in einzelnen Artikeln unter die Garantie (Gewährschaft) einer dritten Macht gestellt und dadurch gesichert werden.

Dieser Garantievertrag ist ein accessorischer Nebenvertrag, durch welchen der Hauptvertrag verstärkt wird. Der Garant (Gewähre) erscheint als ein accessorischer Paciscent. Zur Entstehung dieses Garantievertrags genugt daher nicht nur die Willenserklarung des Garanten, sondern es ist auch die Zustimmung der Staten erforderlich, deren Vertrag gewährleistet werden soll. Diese Art der Garantie kann nicht aufgenöthigt werden, weil dadurch die Selbständigkeit des States gefährdet würde, über den die Garantie sich schützend erstreckt.

431.

Wenn die Garantie eines dritten States nur zur Verstärkung des Hauptvertrags dient, so darf und soll der Garant nur dann einschreiten und seinerseits auf Vertragserfüllung dringen, wenn

a) der vorgesehene Fall des Bedürfnisses einer Hülfe eingetreten ist und
b) der Garant von der berechtigten Vertragspartei um Hülfe angerufen worden ist.

Es sind das die Folgen des Grundcharacters dieses Garantievertrags als eines blossen Nebenvertrages, verbunden mit dem allgemeinen völkerrechtlichen Interesse, gegen die Einmischung dritter Mächte und für die Selbsthülfe der betheiligten Hauptparteien. Der Garant darf daher nicht willkürlich interveniren, wenn kein Bedürfnissfall vorliegt, also keine widerrechtliche Zögerung oder Weigerung der Erfüllung vorhanden ist, aber er darf es auch noch nicht, wenn zwar ein äusserer Grund zum Einschreiten sich zeigt, aber die zunächst berechtigte Hauptpartei der Hülfe des Garanten nicht bedarf oder sie nicht will, sondern es vorzieht, sich selber zu helfen.

432.

Nur wenn der Garantievertrag als selbständiger Vertrag zum Schutz einer allgemeinen völkerrechtlichen oder statsrechtlichen Anordnung abgeschlossen worden ist, sind die Garanten berechtigt, je nach Umständen auch von sich aus einzuschreiten, wenn ihr eigenes Interesse an jener Anordnung verletzt oder bedroht erscheint.

Es sind offenbar zwei verschiedene Rechtsverhältnisse, welche unter dem Einen Namen der Garantie zusammengefasst werden: a) der Nebenvertrag, durch welchen der dritte Garant einer Vertragspartei Hülfe verspricht (Burgschaftsgarantie), und b) der Hauptvertrag, durch welchen eine Anzahl Mächte einen völkerrechtlichen Rechtszustand unter ihren selbständigen Schutz nehmen (Garantiebeschluss). Im ersten Fall erscheint die Pflicht und das Recht abhängig von dem Recht des States, zu dessen Gunsten die Garantie übernommen worden ist. Im zweiten Fall ist sie davon unabhängig, weil sie überhaupt nicht bloss oder nicht hauptsächlich für eine andere Hauptpartei, sondern wesentlich aus Gründen und Interessen der Garanten selber und von diesen in selbständiger Weise verabredet wird. Wenn z. B. ein Gesammtstat den Bestand und die Verfassung der Einzelstaten gewährleistet (garantirt), so ist unter Umständen eine Intervention desselben gerechtfertigt, wenn gleich dieselbe nicht angerufen worden ist. Oder wenn die europäischen Mächte die Neutralität Belgiens aus Gründen des allgemeinen europäischen Interesses (Vertrag von 1839) oder die relative Selbständigkeit der Donaufürstenthümer (1856) garantirt haben, so waren die Garantiemächte unzweifelhaft zum Einschreiten gegen eine einzelne Macht berechtigt, welche jene Neutralität oder diese Selbständigkeit ernstlich missachtete, auch wenn sie von diesen bedrohten Ländern nicht um Hülfe angerufen wurden.

433.

Erstreckt sich die Garantie auf den Rechtsschutz der Unterthanen eines Stats, wie z. B. zur Erhaltung von besondern Stiftungen und Anstalten, oder im Interesse der ungehemmten Religionsübung oder bestimmter hergebrachter Freiheiten, so können auch diese betheiligten Privatpersonen die Hülfe der Garanten anrufen, aber nur, wenn zuvor ihre gerechten Beschwerden oder Begehren bei der eigenen Statsgewalt in dem ordentlichen Rechtsverfahren angebracht, aber kein Rechtsschutz gewährt worden ist.

So weit die regelmässigen statsrechtlichen Mittel ausreichen, um die Rechtsansprüche der Statsangehörigen zu sichern, darf nicht die völkerrechtliche Intervention der fremden Garantiemacht angerufen werden, theils weil Handhabung des Rechtsschutzes zunächst Sache des eigenen und nicht eines fremden States ist, theils weil jede Einmischung eines fremden Stats für die Selbständigkeit und Freiheit des eigenen States gefährlich ist, theils weil die Garantie des fremden States ihrem Wesen nach nur eine subsidiäre Rechtshülfe ist. Aber im Nothfall darf diese Hülfe auch von denen angerufen werden, zu deren Gunsten dieses völkerrechtliche Hülfsmittel verabredet worden ist.

Der Garant ist nicht verpflichtet, Hülfe zu leisten, so lange der Hülfe Begehrende der Hülfe nicht bedarf, und er bedarf ihrer nicht, so lange er im Stande ist, sich selber zu helfen.

434.

Bei der Leistung der Hülfe darf der Garant nur völkerrechtlich erlaubte und nur verhältnissmässige Mittel anwenden.

Die Waffengewalt ist nur als äusserstes Mittel und nur dann zu rechtfertigen, wenn die friedlichen Mittel nicht ausreichen.

435.

Keinenfalls darf der Garant mehr fordern, als die Hauptpartei verlangt, deren Anspruch er nur unterstützt. Aber er darf und soll die Forderungen der Hauptpartei in dem beschränkten Masse unterstützen, in welchem er dieselben als berechtigt anerkennen muss.

Niemand ist verpflichtet, mehr zu leisten,. als er versprochen hat. Wenn daher der Hülfe begehrende Stat übertriebene Ansprüche erhebt und unzeitgemässe Forderungen stellt, so kann dem Garanten nicht zugemuthet werden, dafür seine Kräfte anzustrengen. Die Auslegung freilich darf auch nicht in die Willkür des Garanten gegeben werden, sondern soll bona fide geschehen.

436.

Wird der Garant von beiden Hauptparteien angerufen, so hat er seine Hülfe jeder Partei in so weit zu leisten, als er sich von ihrem Rechte überzeugt.

437.

Wenn die garantirte Bestimmung widerrechtlich ist oder unausführbar erscheint, so ist der Garant auch nicht verbunden, seine Beihülfe zu ihrer Durchführung zu gewähren.

Da die Vertragsverbindlichkeiten überhaupt nur innerhalb der völkerrechtlich anerkannten und zu schützenden Rechtsordnung gelten, so ermässigt sich auch die Hülfspflicht der Garanten. Fälle der Art sind:

a) die garantirte Bestimmung steht mit den Rechten eines dritten States, vielleicht aus einem älteren Vertrage, im Widerspruch, und dieser Stat widerspricht der Ausführung jener;
b) sie verletzt anerkannte Menschenrechte, z. B. der persönlichen Freiheit oder des freien Verkehrs;
c) sie lässt sich nicht mehr mit den Fortschritten des Völkerrechts vereinigen, wie z. B. sie will den Schifffahrtsverkehr auf Strömen verhindern, welche dem Weltverkehr neu eröffnet worden sind;
d) die nothwendige Entwicklung und Wandlung der öffentlichen Rechts- und Statszustände lässt das Festhalten an der älteren Vertragsbestimmung als unnatürlich und nicht mehr zeitgemäss erscheinen.

438.

Den Hauptparteien, in deren Interesse der Garantievertrag als blosser Nebenvertrag abgeschlossen worden ist, steht es allezeit frei, die Garanten ihrer Währschaftspflicht zu entbinden und damit den Garantievertrag aufzulösen.

Das gilt natürlich nicht von solchen Garantieverträgen, welche nicht als blosse untergeordnete Nebenverträge zur Verstärkung des Hauptvertrages eingegangen worden sind, sondern eine selbständige Bedeutung auch im Interesse des Garanten haben. Vgl. zu § 432.

439.

Haben zwei oder mehrere Garanten einen Vertrag gewährleistet, so kann zunächst jeder derselben von den Betheiligten um Hülfe angerufen werden. Aber der angerufene Garant ist seinerseits berechtigt, bevor er einseitige Hülfe leistet, ein Einverständniss mit den übrigen Garanten zu versuchen.

Sobald mehrere Garanten desselben Vertrags vorhanden sind, so besteht mindestens eine objective Verbindung derselben, insofern sie denselben statlichen Zweck durch ihre Beihülfe erreichen sollen, also im Ziel zusammentreffen und demnach auch in den Mitteln, mit denen das Ziel zu erreichen ist, einander ergänzen und unterstützen. Deshalb ist alle Zeit ein vorheriges Einverständniss zu versuchen, so weit die Umstände einen Aufschub erlauben. Die Verbindung kann aber auch von Anfang als persönliche Gemeinschaft der Garanten gewollt sein und dann darf nicht einseitige Hülfe gefordert werden, so lange die Möglichkeit der Gemeinhülfe offen bleibt. Vgl. darüber § 440.

440.

Ist die Garantie zweier oder mehrerer Staten ausdrücklich als eine gemeinsame nicht als eine mehrfache Einzelgarantie verabredet worden (Collectivgarantie), so sind die garantirenden Staten zugleich um Beistand anzugehen oder zur Vertheidigung des garantirten Zustandes aufzurufen. Der Garantiefall ist gemeinsam von denselben zu prüfen und so weit es nöthig und thunlich erscheint, gemeinsame Hülfe oder Abhülfe zu gewähren. Können sich die Garanten nicht unter einander verständigen, so ist jeder Einzelne berechtigt und bona fide verpflichtet, nach seinem Ermessen dem Vertrag Folge zu geben.

Die Collectivgarantie findet sich öfter, sowohl wenn ein völkerrechtlicher Zustand durch dieselbe geschützt werden soll, z. B. zum Schutz der Neutralisirung eines Gebiets (Garantiebeschluss) als zur Verstarkung einer andern Hauptverpflichtung (Burgschaftsgarantie); es widerstreitet aber der bona fides, derselben nur eine moralische Bedeutung desshalb beizulegen, weil es schwierig sei, die Einstimmigkeit zu erzielen, und jeder einzelne Garant, zufolge seiner Souveranetät, die Macht habe, durch seinen Widerspruch eine gemeinsame Action zu verhindern. So unsicher die völkerrechtlichen Verpflichtungen sind, so darf ihre rechtliche Verbindlichkeit doch nicht verkannt werden. Die Garanten, welche den garantirten Zustand, z. B. die angefochtene Neutralität von Belgien nicht wider den Angreifer vertheidigen, obwohl sie das sollen und können, erfullen ihr Versprechen nicht und handeln insofern rechtswidrig. Insoweit ein gemeinsames Interesse der Collectivgarantie zu Grunde liegt, haben auch alle Betheiligten ein Recht, die andern Theilnehmer zur Ausübung ihres Rechts und zur Erfüllung ihrer Pflicht zu mahnen. Vgl. die Erörterungen über den Garantiebeschluss der Londoner Conferenz von 1867 uber die Neutralitat des Grossherzogthums Luxemburg.

441.

Wenn ein Stat für die Verbindlichkeiten eines andern States als Bürge eintritt, so verpflichtet er sich, selber für den andern Stat die Leistung zu erfüllen, wenn dieser in der Erfüllung seiner Vertragspflicht sich säumig erweist.

Der Garant ist von dem eigentlichen Bürgen zu unterscheiden. Jener verbindet sich, die verpflichtete Hauptpartei zur Erfüllung anzuhalten, beziehungsweise den Berechtigten in der Durchfuhrung seiner Forderung zu unterstützen. Dieser dagegen ist verpflichtet, selber subsidiär oder unter Umstanden sogar gleichzeitig neben dem Hauptverpflichteten anstatt desselben die Leistung zu erfullen. Die Bürgschaft kann eine privatrechtliche sein, wenn sie sich auf Bezahlung einer Geldschuld bezieht, sie kann aber auch öffentlich-rechtlich sein, indem sie sich auf einen öffentlich-rechtlichen Inhalt bezieht.

4. Arten der völkerrechtlichen Verträge.

442.

Als völkerrechtliche Verträge im eigentlichen Sinne gelten

a) voraus die sogenannten Statenverträge, d. h. die Verträge zwischen zwei oder mehreren Staten von öffentlich-rechtlichem Inhalt;

b) sodann die zwischen untergeordneten Aemtern oder Gliedern verschiedener Staten innerhalb ihrer Amts- oder Rechtssphäre abgeschlossenen Verträge über öffentliche Verhältnisse.

1. In der ersten Classe erscheinen die Staten selber als handelnde Vertragspersonen, in der zweiten Classe untergeordnete Gewalten oder Körperschaften im State, aber mit statlicher Ermachtigung. Beiderlei Verträge haben einen öffentlich-rechtlichen Inhalt. Es ist das selbst dann der Fall, wenn etwa ein Statenvertrag für die privatrechtlichen Verhaltnisse der eigenen Landesangehörigen in fremdem Lande sorgt, denn er ordnet und schutzt hier das Privatrecht mit statlicher Autorität, ähnlich wie in der Landesgesetzgebung oder durch die ordentliche Rechtspflege. Dagegen sind Verträge von bloss privatrechtlichem Inhalt, wenn gleich von zwei Staten abgeschlossen, nicht völkerrechtlich, weil insofern die Staten nicht als Staten, sondern gleich Privatpersonen contrahiren. Von der Art sind z. B. Darlehens-, Kauf- und Miethverträge, wobei es ganz gleichgiltig erscheint, ob Staten oder ob Privaten dieselben contrahiren. — Aus solchen privatrechtlichen Verträgen entsteht nur eine privatrechtliche Forderung oder Schuld, welche dem Fiscus, als dem personificirten Privatvermögen des States zugehört. Nur wenn ausnahmsweise solche Verträge unter den Schutz des Völkerrechts gestellt worden sind, so dass sie einen Bestandtheil wirklicher Statenverträge bilden, oder eine statliche Garantie erhalten haben, dann fallen sie insofern in das Gebiet des Völkerrechts.

2. Bloss partielle völkerrechtliche Verträge der zweiten Classe sind z. B. Verträge uber Grenzregulirung, welche den Provinzialregierungen uberlassen sind, gerichtliche Requisitionen, denen Folge gegeben wird, ohne die Intervention der höchsten Statsautoritäten, provinzielle Flussregulirung, Verträge mit einzelnen Truppencommando's uber die Einquartierung, den Durchmarsch, die Ernahrung der Truppen, Verträge zwischen Nachbargemeinden verschiedener Staten uber Gemeindeverhältnisse u. dgl.

443.

Als uneigentliche völkerrechtliche Verträge, weil nicht beiderseits durch Staten geschützt, gelten:

a) Verträge zwischen souveränen Personen oder Dynastien unter sich oder mit fremden Staten über persönliche oder dynastische Ansprüche auf Landesregierung oder Thronfolge;

b) Verträge des States mit fremden Privatpersonen über öffentliche Rechtsverhältnisse, wenn dieselben ausnahmsweise unter den Schutz des Völkerrechts gestellt sind;

c) Verträge des States mit der Kirche über stats- und kirchenrechtliche Verhältnisse, insbesondere die Concordate der Staten mit dem päpstlichen Stuhl.

1. Zu a. Hieher gehören z. B. Verträge eines States mit einem entthronten fremden Fürsten über Wiedereinsetzung desselben in die Herrschaft, Verträge zum Schutz einer bestimmten Dynastie in dem Besitz des Throns, oder mit einem auf Herrschaft verzichtenden Fürsten, oder Erbvertrage zwischen zwei Linien einer Dynastie oder zwei Dynastien, wenn dieselben verschiedenen Staten angehören. Ein dynastisches Hausgesetz oder eine dynastische Erbverbrüderung innerhalb desselben States hat nur eine statsrechtliche, keine völkerrechtliche Bedeutung.

2. Zu b. Z. B. Die Verträge der deutschen Staten mit der Familie Thurn und Taxis über das Postregal, so lange dieselben unter den Schutz des deutschen Bundes gestellt waren. Abgesehen von solchem Schutz, der über die Hoheit und Macht eines States hinaus wirkt, haben solche Verträge nur einen privatrechtlichen, höchstens einen statsrechtlichen Charakter.

3. Zu c. Die kirchlichen Concordate zwischen einzelnen Staten und dem römischen Papstthum als Haupt und Repräsentanten der römisch-katholischen Kirche sind keine völkerrechtlichen Verträge im eigentlichen Sinn, weil der Papst nicht als Landesfürst, sondern als Kirchenhaupt dieselben eingeht, also nur auf der einen Seite ein Stat Vertragsperson ist, auf der andern die Kirche. Aber die Analogie der völkerrechtlichen Verträge kommt insofern zur Anwendung, als zwei wesentlich selbständige Mächte als öffentliche Personen mit einander über öffentlich-rechtliche Dinge sich vereinbaren. Der völkerrechtliche Schutz ist bei diesen Verträgen ein unvollständiger, weil wohl der contrahirende Stat die Macht hat, zum Schutz seines Rechts die völkerrechtlichen Mittel, nöthigenfalls die Gewalt, zu gebrauchen, die Kirche dagegen diese Mittel nicht besitzt und statt derselben andere der religiösen Autorität benutzen kann, welche nicht durch das Völkerrecht geordnet werden. Sie bilden demnach eine eigenthümliche Gattung für sich, auf welche die Grundsätze der völkerrechtlichen Verträge nur mit Vorsicht zu übertragen sind.

Zunächst sind auch diese Concordate als rechtsverbindlich zu betrachten, sowohl für den Stat als für die Kirche. Aber diese Verbindlichkeit bleibt beschränkt, mehr noch sogar als die Verbindlichkeit der eigentlichen Statenverträge, sowohl durch das Wesen und die Entwicklung des States als durch die Natur der Kirche. Die Concordate sind in der Regel nur einstweilige in wechselseitigem Einverständnisse gemachte Festsetzungen der statlichen und der kirchlichen Ordnung auf dem Grenzgebiete, wo sich beide berühren und leicht in Streit gerathen. Dabei ist der Stat ebenso principiell allein befugt ohne Mitwirkung der Kirche, das Recht zu ordnen, als die Kirche befugt ist, religiöse Vorschriften zu geben. Diese beiderseitige Befugniss wird durch das Concordat nicht aufgegeben. Von den Vertheidigern des kirchlichen Standpunktes wird der Kirche das Recht vindicirt, jeder Zeit aus religiosen Gründen kraft ihrer Gewissenspflicht von früheren Verträgen sich loszusagen. Wenn das als ein selbstverständliches Recht der religiosen Lebensgemeinschaft behauptet wird, weil die religiöse Gewissenspflicht sich nicht durch äussere Rechtsformen dauernd binden lässt, so entspricht dem in derselben Weise ein einseitiges Rucktritts- und Kündigungsrecht des Stats aus politischen Grunden und kraft seiner Pflicht, fur das Volkswohl zu sorgen. Muss der Stat der Kirche jene Freiheit gewahren, so kann die Kirche dem State nicht dieselbe Freiheit versagen; und es ist nur auf beiden Seiten bona fides zu verlangen. Insbesondere konnen Dinge wohl dauernd und fest rechtlich geordnet werden, welche der religiosen Betrachtung als indifferent, oder doch als nicht durch die religiosen Pflichten mit Nothwendigkeit bestimmt erscheinen, oder fur die Existenz und Fortentwicklung des Stats nicht verderblich sind. Aber immer erscheint um solcher Rucksichten willen die Rechtsverbindlichkeit solcher Concordate nur als eine einstweilige gemeinsame Regulirung, welche zu wirken und zu binden aufhört, wenn eine der beiden Vertragspersonen kündigt. Vgl. Herrmanns Artikel Konkordate im Statsworterbuch von Bluntschli und Brater.

Die ultramontane Theorie über die Concordate ist in der Civilta Cattolica, dem Organ des Papstes Pius IX. und der Jesuiten, mit einer unglaublichen Offenherzigkeit und Keckheit während des Jahres 1872 folgendermassen verkündet worden: „Der Papst ist jeder Zeit berechtigt, wenn das Heil der Kirche es erfordert, die Bewilligungen, die er im Concordate gemacht hat und die nur privilegirte Indulten sind, zurück zu nehmen Der weltliche Furst dagegen bleibt an seine übernommenen Verpflichtungen auch dann noch gebunden; denn der Papst ist der souveräne Gesetzgeber der Kirche, der Fürst ist sein Unterthan.“ Diese Theorie beruht auf der geträumten Weltherrschaft des Papstes, wie sie Gregor VII. und Innocenz III. anstrebten. Sie schliesst absichtlich die Augen zu vor der weltgeschichtlichen Entwicklung der Staten, denen allein oberste Rechtsautorität und politische Hoheit zukommen. Sie mag in Klöstern und bei Monchen Beifall finden. Die heutigen europäischen Volker verwerfen sie als das Product pfaffischen Dunkels und unerlaubter Unkenntniss der wirklichen Welt.

444.

Weder die ungleiche Macht und Stellung der paciscirenden Staten, noch die ungleiche Belastung eines States zum Vortheil des andern ist ein Hinderniss für die Gültigkeit der völkerrechtlichen Verträge.

1. Es können fur's erste gültige Statenvertrage auch zwischen einer Schutzmacht und einem schutzbedürftigen State, zwischen einem oberherrlichen und einem Vasallenstate, zwischen einem Gesammt- und einem Einzelstate geschlossen werden. Es wird zu völkerrechtlichem Vertragsrecht nicht Gleichheit noch auch nur gleiche Unabhangigkeit der Staten vorausgesetzt.

2. Für's zweite ist das Gleichgewicht der wechselseitigen Leistungen kein nothwendiges Erforderniss der Statenverträge. Es ist möglich, dass der mächtigere Stat schwerere Pflichten ubernehme, als der schwächere, z. B. die militärische Schutzpflicht. Bedenklicher freilich ist es, wenn einem kleinen State von dem

grossen schwere Leistungen zugemuthet werden, denen keine vertragsmässige Gegenleistung entspricht. Indessen auch das foedus iniquum ist ein rechtsgültiger Vertrag. Es kann darin die Nothwendigkeit der Lage sich richtig darstellen.

445.

Dem Gegenstande nach sind die völkerrechtlichen Verträge so mannichfaltig, als die Rechtsverhältnisse sind, in denen Staten mit Staten sich befinden können.

Nur einzelne Anwendungen sind z. B. a) Grenzverträge, b) Verträge über Abtretung von Statsgebiet, c) Successionsverträge über die Regierungsfolge, d) Verträge über Statsdienstbarkeiten, e) Handelsverträge, f) Zollverträge, g) Verträge über Post-, Eisenbahn- u. Telegraphenwesen, h) Verträge über gemeinsame Statsinstitutionen, i) Verträge über die Freizügigkeit und das Passwesen, über die Niederlassung, k) Auslieferungsverträge, l) Bündniss- und Bundesverträge, m) Verträge während des Kriegs über Truppenaufnahme, Capitulationen, Auswechslung von Gefangenen, Waffenruhe und Waffenstillstand u. dgl., n) Friedensverträge.

---

5. Von den Allianzen insbesondere.

446.

Als Allianz wird ein Statenvertrag bezeichnet, durch welchen ein Stat einem andern Stat für gemeinsame politische Zwecke seine Mitwirkung und seinen Beistand verspricht.

Oft sind die Allianzen auf den Kriegszustand berechnet und dann entweder Defensivallianzen, insofern ausschliesslich die Vertheidigung des gegenwärtigen Rechts- oder Besitzstandes beabsichtigt wird, oder Offensivallianzen, wenn auch ein Angriffskrieg vorgesehen wird, oder beides zugleich, Defensiv- und Offensivallianzen, Bündnisse zu Schutz und Trutz. Eine Allianz kann sich aber auch auf politische Zwecke beziehen, die im Frieden zu erreichen sind, ohne Rücksicht auf einen Krieg. Von der Art sind politische Allianzen zu gemeinsamer Haltung und Einwirkung auf einem bevorstehenden Congress oder auch ohne solchen in der diplomatischen Verhandlung und Richtung überhaupt. Immer aber hat die Friedensallianz eine gemeinsame Politik und nicht etwa bloss einzelne gemeinsame Einrichtungen oder Unternehmungen zum Zweck. In den letztern Fällen spricht man wohl von Verbindungen zweier Staten, aber nicht von Allianzen im eigentlichen Sinne. Die sogenannte heilige Allianz von 1815 (oben § 101) ist ein Beispiel einer umfassenden Friedensallianz.

447.

Die nothwendige Voraussetzung der kriegerischen Allianzen ist ein gerechter Krieg. Verträge zu gemeinsamem Kriegsangriff, ohne rechtmässige Kriegsursache, sind völkerrechtswidrig und daher nicht verbindlich. Es besteht keine Pflicht für den Alliirten in einem offenbar ungerechten Kriege Hülfe zu leisten.

1 Die Defensivallianz wird abgeschlossen zur Vertheidigung entweder des bestehenden Rechts oder doch des Besitzstandes wider feindliche Gewalt. Es ist nicht erforderlich, dass dabei wenigstens einer der Alliirten als künftige Kriegspartei gedacht wird Es kann auch eine bewaffnete Allianz der neutralen Staten vereinbart werden, zur Behauptung der Neutralität während eines Krieges zwischen dritten Mächten und zum Schutz der Rechte der Neutralen. Von der Art war die bewaffnete Neutralität der nordischen Seemächte von 1780.

2. Aber auch die Offensivallianz darf wie der Krieg selbst nur völkerrechtlich erlaubte Ziele anstreben. Sie hat die Verfolgung gerechter Ansprüche entweder im Sinne der bestehenden Rechtsordnung oder im Sinne der nothwendigen Entwicklung zum Zweck. Wurde sie abgeschlossen, lediglich um auf Eroberung auszugehen oder um mit vereinter Gewalt andere Staten zu unterdrücken, so wäre sie völkerrechtswidrig. (Vgl. oben § 98, 412.)

3. Insofern ist die stillschweigende Voraussetzung (clause tacite) einer jeden Allianz auf den Kriegsfall, dass die kriegerische Hülfe völkerrechtlich erlaubt sei, d. h. dass die Partei, welche die Hülfe des Alliirten begehrt, berechtigt erscheine, entweder sich zu vertheidigen oder anzugreifen. Niemals ist der Alliirte schuldig, auch dann Hülfe zu leisten, wenn es ihm offenbar ist, dass der Hülfe fordernde Stat Unrecht verübt, sei es indem dieser rechtmässige Forderungen zu erfüllen ohne Grund verweigert, sei es indem derselbe ohne Grund einen andern Stat mit Gewalt mit Krieg überzieht. In einem offenbar ungerechten Kriege die Hülfe verweigern, das heisst nicht die Allianz brechen, sondern die völkerrechtliche Pflicht üben.

448.

Die Pflicht der Alliirten, Hülfe zu gewähren, wird ermässigt und beschränkt durch die nähere Pflicht der nothwendigen Selbstvertheidigung. Der Alliirte muss nur Hülfe leisten, soweit er im Stande ist, über Hülfskräfte zu verfügen.

Es ist das eine stillschweigende Voraussetzung der Allianzen. Einem Stat, welcher alle seine Kräfte zusammenhalten muss, um sein eigenes Gebiet gegen feindlichen Angriff zu vertheidigen, kann man nicht zumuthen, dass er sich selber Preis gebe, um einem andern Stat Hülfe zu leisten. Die Existenz des eigenen States zu bewahren ist die erste und höchste Pflicht jeder Statsgewalt. Nur wenn es damit verträglich ist, dürfen die Statskräfte für einen befreundeten Stat eingesetzt werden. Wenn das eigene Haus brennt, so gebietet die Pflicht der Selbsterhaltung vorerst da und nicht bei dem Nachbar zu löschen. Es kann freilich dieser Satz missbraucht und die Nothwendigkeit der Selbsthülfe als Vorwand benutzt werden, um sich der Pflicht zur Bundeshulfe zu entziehen. Das ist oft schon geschehen und wird wieder geschehen. Aber so tadelnswerth der Missbrauch ist, so unentbehrlich und unbestreitbar ist jener Rechtssatz selber, wenn er bona fide verstanden und angewendet wird. Wenn militarische Grunde einer wirksamen Kriegsführung verlangen, dass die Truppen aller Bundesgenossen zusammengezogen und einstweilen das Gebiet eines States Preis gegeben werde, so widerstreitet diese Forderung nicht der obigen Regel, denn diese Massregel gibt nicht der Bundeshulfe den Vorzug vor der Selbsthulfe, sondern schliesst die Selbsthülfe in sich. Wenn die Bundesgenossen in Folge der Concentrirung aller ihrer Kräfte siegen, so wird auch jedem verbundeten State am sichersten geholfen und das vorübergehende Leiden feindlicher Besitznahme am sichersten geheilt. Im Uebrigen gilt das Ultra posse nemo tenetur ganz vorzüglich, wenn Verbindlichkeiten der Staten in Frage sind.

449.

Bei der Auslegung und Anwendung der Allianzverträge ist beiderseits mit ehrlicher Treue, in gutem Glauben und aufrichtiger Freundschaft zu verfahren.

1 Diese moralischen Rucksichten dürfen überhaupt bei der Interpretation der Statenverträge nicht ubersehen werden. Bei den Allianzen, die ein Freundschaftsverhaltniss unter den Alliirten begründen, ist es im höchsten Grade nöthig, dass dieselben sorgfältig beachtet werden. Wird der Glaube und das Vertrauen der Alliirten auf aufrichtige Unterstützung zerstört, so ist die Allianz eine todte Form, aus der das Leben gewichen ist, und muss zerfallen. Die Frage, ob wirklich der vorgesehene Fall eingetreten sei, in welchem die Hülfe der Alliirten begehrt werden darf und geleistet werden muss (der sogenannte casus foederis), kann selten anders als nach Erwägung aller Umstände durch freies Ermessen entschieden werden und dafur ist die bona fides unentbehrlich. Ebenso sind die Art, die Grösse und die Dauer der Hulfe in den Vertragen nicht leicht zum voraus genau zu fixiren und muss man wieder mit bona fides das Bedurfniss und die verfügbaren Mittel bestimmen.

2. Auch die Frage, inwiefern es gegen den guten Glauben und die Treue verstosse, wenn ein Alliirter durch Unterhandlungen mit einem dritten State die Interessen des andern Alliirten gefährdet oder verletzt, lasst sich nicht durch eine formelle Rechtsregel ohne moralische Erwägung richtig entscheiden. Die Treue der Alliirten ist jedenfalls nur als wechselseitiges Recht und gegenseitige Pflicht aufrecht zu erhalten.

6. Aufhören der Vertragsverbindlichkeit.

450.

Die Vertragsverbindlichkeit hört von Rechts wegen auf

a) wenn die verabredete Leistung abschliessend erfüllt ist,

b) insofern der Vertrag unter einer auflösenden Bedingung geschlossen worden ist, durch Eintritt der Bedingung,

c) insofern der Vertrag auf eine bestimmte Zeitfrist eingegangen worden ist, mit Ablauf dieser Zeitfrist.

Diese Satze entsprechen dem gewohnten Vertragsrecht, wie es auch in Privatverhältnissen angewendet wird.

451.

Ist ein Vertragsverhältniss zunächst nur auf eine bestimmte Zeitdauer abgeschlossen, so wird auch ohne ausdrückliche Erklärung die einstweilige Fortsetzung dieses Verhältnisses über jene Zeitgrenze hinaus vermuthet, wenn thatsächlich demselben weitere Wirkung gegeben wird.

Es ist das eine stillschweigende Vertragserneuerung, welche als Fortsetzung des alten Rechtsverhaltnisses gilt. Sie wirkt aber nur unter der Voraussetzung des beiderseitigen Einverstandnisses und ist immerhin der freien Kündigung ausgesetzt.

452.

Ueberdem wird das Vertragsverhältniss durch eine auflösende Willensübereinkunft beendigt.

Das Ende entspricht dem Anfang. Wie durch Willensubereinkunft ein Vertragsverhältniss geknupft wird, so kann es durch eine solche auch wieder gelöst werden. Der mutuus dissensus ist die Negation des früheren mutuus consensus. Unter Umständen kann auch aus dem beiderseitigen thatsächlichen Verhalten auf den Willen der Vertragspersonen geschlossen werden, auseinander zu gehen und den Vertrag aufzulösen.

453.

Ebenso hört eine Vertragsverbindlichkeit auf, wenn der Berechtigte darauf Verzicht leistet.

454.

Durch einseitige Kündigung einer Vertragspartei wird der Vertrag nur dann beendigt, wenn entweder das Recht freier Kündigung vorbehalten worden ist, oder wenn sich aus den Umständen ein Recht zur Kündigung ergibt.

Die Natur des öffentlichen Rechts nöthigt dazu, in manchen Fällen ein Recht zur Kündigung anzunehmen, wo ein solches nicht vorbehalten worden ist. Bei den Statenvertragen ist die Wohlfahrt der langlebigen Volker betheiligt, und es darf nicht ein Geschlecht die folgenden Geschlechter für alle Zukunft binden. Wenn gleich die jeweiligen Repräsentanten eines States diesen selbst und auf die Dauer durch ihre Erklärungen verpflichten können, so muss man sich doch daran erinnern, dass dieses Repräsentativrecht kein absolutes ist, und dass die Repräsentanten von heute weder die Einsicht noch die Macht haben, die öffentlichen Zustände für die Ewigkeit zu ordnen. Die „Ewigkeit der Verträge" ist so unsinnig wie die „Ewigkeit der Verfassungen". Sie sind beide unvereinbar mit der naturgemassen Entwicklung, d. h. Veränderung der Menschheit und der Völker und desshalb im Widerspruch mit dem richtigen Rechtsbegriff. Ein Beispiel eines solchen selbstverständlichen Kündigungsrechts siehe oben § 443, andere in den folgenden Artikeln.

Stuart Mill. (Fortnightly Review v. 1. Dec. 1870) spricht den Satz aus: Verträge, welche Volker in einem vom gemeinen Recht ausnahmsweise abweichenden Sinne binden, dürfen nur auf unbestimmte Zeit abgeschlossen werden und haben höchstens die Dauer einer Generation.

455.

Wenn eine Vertragspartei ihre Verbindlichkeit nicht erfüllt, oder die Vertragstreue bricht, so ist die verletzte Partei zum Rücktritt von dem Vertrage berechtigt.

In dem gewohnten Vertragsrechte der Privatverträge findet sich diese Regel nur ausnahmsweise. Die Nichterfullung begrundet dort zunächst eine Klage des Verletzten auf Erfüllung, aber nur in wenigen Vertragsarten den freien Rücktritt oder die Kundigung desselben. Aber im Völkerrecht muss jene Regel anerkannt werden, schon weil es da an einem Richter fehlt, welcher den säumigen Theil zur Erfullung nöthigt, und die Selbsthülfe durch Krieg in allen Fallen bedenklich, in vielen unthunlich und unwirksam ist.

456.

Wenn die thatsächlichen Zustände, welche die ausdrückliche oder stillschweigende Voraussetzung und Grundlage der übernommenen Vertragspflicht gewesen sind, sich im Laufe der Zeit in dem Masse ändern, dass die Erfüllung der Vertragsverbindlichkeit unnatürlich oder sinnlos geworden ist, so erlischt solche Verbindlichkeit.

Zu weit gehen einzelne Völkerrechtslehrer, wenn sie behaupten, dass die Clausel: „rebus sic stantibus" stillschweigend allen Verträgen der Staten beigefügt sei, und dass demgemäss „rebus mutatis" die Gebundenheit aufhöre. So weit gefasst würde der Satz alles Vertragsrecht ganz unsicher machen, da alle öffentlichen Zustände sich fort und fort mit der Zeit ändern. Aber auch das entgegengesetzte System ist zu verwerfen, wonach die Vertragspflicht unverändert fortdauert, wie immer inzwischen die Zustände sich ändern. Nicht jede Aenderung der Zustände wirkt auf die Fortwirkung des Vertrags ändernd ein, aber gewisse Aenderungen müssen auch für diese Folgen haben. Dahin ist voraus der Fall zu rechnen, wenn ein bestimmter öffentlicher Zustand die Voraussetzung und Grundlage eines Vertrages war, und nun so erhebliche Aenderungen erfährt, dass er nicht mehr als Grundlage des späteren Rechtsverhältnisses betrachtet werden kann; dann stürzt mit der Basis des Vertrags auch dessen Wirksamkeit zusammen. Z. B. Ein Vertrag, welcher die katholische oder protestantische Confession der Bevölkerung voraussetzt, verliert seine Kraft, wenn die Bevölkerung zu einer andern Confession übergeht. Oder ein Vertrag, welcher die republikanische oder monarchische Verfassung eines Landes als Grundlage seiner Bestimmungen voraussetzt, wird unwirksam, wenn das Land diese Verfassungsform mit einer andern entgegengesetzten vertauscht. Als Preussen den Londonervertrag über die Thronfolge der Dänischen Monarchie kündigte (Depesche von Bismarck vom 15 Mai 1854), bezog es sich zur Begründung theils auf die Nichterfüllung der Dänischen Pflichten theils auf die Veränderung der Umstände. Als im Oct. 1870 Russland die Verträge von 1856 über die Neutralität des schwarzen Meeres und die Beschränkung der russischen Kriegsmarine daselbst kündigte, weil die Zustände sich seither verändert haben, wurde zwar von den übrigen Mächten die Zulässigkeit dieser Kündigung bestritten, aber schliesslich den Wünschen Russlands durch den neuen Vertrag von London entsprochen. (Statsarchiv 4222—4286.) Lord Granville bemerkte in der Note vom 10. Nov. 1870 gegen ein einseitiges Kündigungsrecht unter anderm: „Wie es das Wesen der Verträge ist, dass eine Macht die andere bindet, und desshalb einen Theil ihrer eigenen Freiheit zu handeln aufgibt, so würde nach jener Lehre und jenem Verhalten dem individuellen Sonderermessen einer jeden Vertragspartei anheimgegeben sein, den ganzen Inhalt des Vertrags wieder ihrer Controle zu unterwerfen und nur so lange gebunden zu sein, als es ihr beliebt.“ Leider begnügte sich der Londner Congress mit einem diplomatischen Auskunftsmittel, ohne die Rechtsfrage zu entscheiden, ob Russland mit Recht oder mit Unrecht den Vertrag als nicht mehr bindend erklärt habe und ohne für die Zukunft einen Rechtsgrundsatz über die beschränkte Wirksamkeit völkerrechtlicher Verträge auszusprechen. Vgl. Asser in den Archives de D. I. Brusalles 1874 I. S. XIII ff.

457.

Ebenso verlieren die Vertragsverbindlichkeiten ihre bindende Kraft, wenn dieselben mit der Entwicklung des anerkannten Menschen- und Völkerrechts in Widerstreit gerathen.

Vertragsbestimmungen, welche zur Zeit des Vertragsabschlusses als erlaubt und rechtmässig galten, z. B. der Ausbreitung der Sclaverei oder der Behinderung der freien Schifffahrt, oder über Kaperschiffe können unrechtmässig werden, wenn im Verlauf der Zeit humanere und freiere Rechtsgrundsätze zu allgemeiner Anerkennung in der civilisirten Welt gelangen.

458.

Ferner können Verträge, deren Bestimmungen mit der als nothwendig erkannten Fortbildung der Verfassung eines States oder mit der nothwendigen Wandlung des Privatrechts unverträglich geworden sind, von diesem State gekündigt werden.

Das Vertragsrecht darf nicht zum bleibenden Hinderniss werden der Entwicklung der Statsverfassung und Rechtsordnung eines Volkes. Um sein Leben zu bewahren und seine nothwendige Entwicklung zu sichern, muss der Stat sich von Beziehungen zu andern Staten lösen können, welche er unter ganz andern Rechtsgrundlagen eingegangen ist. Das bestreiten, würde heissen, das Wesen der Form opfern und die Vertragstreue bis zum Selbstmord treiben, was der Natur und der Bestimmung der ganzen öffentlichen Rechtsordnung widerspricht. So weit dürfen sich die folgenden Geschlechter von den früheren nicht binden lassen, und so weit können diese auch nicht vernünftiger Weise jene binden wollen. Preussisches Manifest vom 9. October 1806: „Vor allen Tractaten haben die Nationen ihre Rechte".

459.

Ist die Erfüllung einer Vertragsverbindlichkeit dauernd unmöglich oder unausführbar geworden, so wird der Verpflichtete von derselben frei.

Das „ultra posse nemo tenetur" kommt dem State hier zu Gute und zwar nicht bloss dann, wenn die Erfüllung absolut unmöglich geworden ist, sondern auch dann, wenn ihre Erfüllung einen unverhältnissmässigen Kraftverbrauch erfordern sollte, oder an rechtlichen Hindernissen scheitern müsste. Vgl. oben § 411 f.

460.

Der verpflichtete Stat kann angehalten werden, auch eine ihm lästige und nachtheilige Verbindlichkeit zu erfüllen, aber niemals darf ihm zugemuthet werden, dass er seine Existenz oder seine nothwendige Entwicklung der Vertragstreue zum Opfer bringe.

Würde die bindende Kraft der Verträge nur für vortheilhafte, nicht auch für lästige und nachtheilige Bestimmungen anerkannt, so würde alles Vertragsrecht überhaupt schwankend und unsicher. Aber die Last muss erträglich sein und die Nachtheile dürfen nicht bis zum Verderben des States selber gesteigert werden. Die Verbindlichkeit der Verträge hat ihre Grenzen. Das gewillkürte Recht ist immer nur secundär, es setzt das nothwendige und ursprüngliche Recht des Lebens voraus und darf daher nicht das Leben des States selber zerstören. Es kann nur gelten, soweit es mit dem Leben sich vereinbaren lässt. Da alles Recht nur als Ordnung und Bedingung des Gesammtlebens Werth und Sinn hat, so gibt es kein Recht, das Gesammtleben zu verderben. Desshalb sind statsverderbliche Verträge nicht verbindlich und es hört ihre Wirksamkeit in dem Augenblick auf, in welchem diese Verderblichkeit offenbar geworden ist. Vgl. oben § 415.

461.

Die Gültigkeit der Verträge ist nicht an die Fortdauer des Friedensstandes gebunden und hört nicht von Rechts wegen auf, wenn es unter den Vertragsparteien zum Kriege kommt.

Die früher oft vertheidigte Meinung, dass der Krieg alle Verträge aufhebe zwischen den Kriegsparteien, beruhte auf der willkürlichen und unrichtigen Voraussetzung, dass die Rechtsordnung überhaupt nur im Frieden gelte, und im Krieg der angebliche Naturzustand der Rechtlosigkeit eintrete. Das Recht wirkt aber auch im Kriege fort und daher gibt es keinen Rechtsgrund, aus welchem die Kraft der Verträge von selber mit dem Krieg erlösche. Die Ausführbarkeit der Verträge wird durch den Krieg grossentheils unterbrochen und gehemmt und einzelne Verträge gehen im Kriege unter, wenn ihre Grundlagen durch den Krieg zerstört werden; aber nicht die Verträge überhaupt. Davon wird später in Buch VIII. § 538. 718 die Rede sein.

Siebentes Buch.

Verletzungen des Völkerrechts und Verfahren zur Herstellung desselben.

1. Im Allgemeinen.

462.

Wenn ein Stat seine völkerrechtliche Verbindlichkeit gegen einen andern Stat lediglich nicht erfüllt, so hat der berechtigte Stat die Wahl, entweder die Erfüllung, beziehungsweise Schadensersatz wegen Nichterfüllung zu verlangen, oder von dem Vertragsverhältniss zurückzutreten, dessen Bestimmungen nicht erfüllt worden sind.

Auch im Völkerrechte bewahrt sich die Macht der Rechtsordnung dadurch, dass aus der Verletzung derselben neues Recht entspringt. Das verübte Unrecht wird zum Recht des Verletzten, je nach Umständen von dem Verletzer Wiederherstellung, Entschädigung, Genugthuung oder Sühne oder Strafe zu verlangen. Wenn das Unrecht nur in der Nichterfullung einer ubernommenen Verbindlichkeit besteht, ohne Beleidigung und ohne Friedensbruch, so ist das dem Civilunrecht vergleichbar, welches die verletzte Privatperson zur Civilklage berechtigt, womit sie Wiederherstellung des Rechtszustandes (z. B. Herausgabe der Sache, Bezahlung der Schuld oder Schadensersatz) begehrt. Auch das Völkerrecht begnügt sich in diesen Fällen nur mit der Beseitigung des Unrechts und der Herstellung des Rechts. Die Alternative zwischen der Erfullungs- oder Ersatzforderung auf der einen und dem Rucktritt von dem Vertragsverhältniss auf der andern Seite ist durch die Schwierigkeit erklart, jene erste Forderung durchzusetzen. Vgl. oben § 455.

463.

Wird die Ehre eines andern Stats verletzt oder seine Würde missachtet, so ist der beleidigte oder gekränkte Stat berechtigt, entsprechende Genugthuung zu fordern.

Es unterscheidet sich diese Art der Rechtsverletzung von der vorhergehenden durch den idealen Charakter des gekränkten Rechts und durch die tiefere Empfindung des beleidigten Statsbewusstseins. Die Genugthuung geht daher auch einen Schritt uber die blosse Wiederherstellung hinaus. Sie kann nach Umstanden in der Bestrafung derjenigen Personen bestehen, welche jene Beleidigung begangen und die Wurde des verletzten States missachtet haben. Die Genugthuung kann nicht bloss gewährt, sie kann unter Umstanden auch genommen werden. Die Art derselben wird oft durch die Sitte bestimmt. Unsittliches darf man nicht verlangen

464.

Besteht die Verletzung in dem thatsächlichen Eingriff in das Rechtsgebiet (Rechtsbruch) oder in widerrechtlicher Besitzstörung eines andern States, so ist der verletzte Stat berechtigt, nicht bloss Aufhebung des Unrechts und Wiederherstellung des gestörten Rechts- oder Besitzstandes beziehungsweise Schadensersatz zu begehren, sondern überdem Genugthuung und Sühne und je nach Umständen weitere Garantien gegen Erneuerung des Rechtsbruchs zu fordern.

Der Rechtsbruch ist eine schwerere Verletzung, als die blosse Nichterfüllung und daher eher dem strafbaren Unrecht der Privatpersonen zu vergleichen. Da es aber im Volkerrechte keine eigentliche Strafgerichtsbarkeit gibt, sondern die Selbsthulfe des Volkerrechts noch auf derselben Stufe sich befindet, wie die alte Rache der in ihrem Frieden verletzten Barbaren, so muss die Bestimmung der Sühne grossentheils dem Ermessen des verletzten States und den Verhandlungen mit dem Verletzer uberlassen werden.

465.

Wird der Rechtsbruch bis zu gewaltsamem Friedensbruch gesteigert, so wird auch das Recht des verletzten States auf Züchtigung des Friedebrechers erweitert.

Zwischen Rechtsbruch und Friedensbruch besteht ein ähnlicher Unterschied, wie zwischen Vergehen und Verbrechen im Strafrecht, der schwer zu definiren ist und doch uberall hervortritt und sich bemerkbar macht, ein Unterschied eher des Grades, als der Art. Der gewaltsame Friedensbruch ist um seiner Form willen gefahrlicher als anderer Rechtsbruch und verlangt daher auch eine energischere Gegenwirkung. Der Satz des Strafrechts, dass ideale Personen (Körperschaften, universitates) nicht gestraft werden können, findet im Völkerrecht keine Anerkennung. Ein Stat, der einen Friedensbruch verübt, kann dadurch seine Existenz in Gefahr bringen und durch den Krieg, den er hervorruft, verschlungen werden. Das aber ist die Strafe des Völkergerichts, das in der Weltgeschichte seine Macht kund gibt.

466.

Wird die Verletzung ohne Ermächtigung oder Auftrag der Statsgewalt von Statsbeamten oder Privatpersonen verübt, so kann der verletzte Stat nur fordern, dass der Stat, dem diese Personen angehören, sie dafür zur Rechenschaft ziehe, und für Abstellung des Unrechts, beziehungsweise Bestrafung der Schuldigen sorge.

1. Es wäre offenbar ungerecht, die Missethat des Einzelnen, welche der Stat weder veranlasst, noch erlaubt, dem nichtschuldigen State als Schuld anzurechnen Aber dieser Stat ist doch verpflichtet, insofern für seine Angehörigen einzustehen, als er zu sorgen hat. dass die völkerrechtlichen Beziehungen zu andern Staten nicht durch seine Angehörigen missachtet und verletzt werden. Er darf das Unrecht auch nicht durch sein Nichtsthun schützen und begünstigen. Jede Connivenz, welche er in dieser Hinsicht übt, wird ihm selber zum Vorwurf und macht ihn verantwortlich.

2. Das Alterthum ging darin weiter als das heutige Völkerrecht, dass jenes die Forderung der Auslieferung schuldiger Personen an den verletzten Stat gut hiess, damit dieser dieselben bestrafe, während dieses keine solche Pflicht der Auslieferung mehr anerkennt. Wohl aber kann auch heute noch ein Stat sich von aller weiteren Verantwortlichkeit für die Vergehen seiner Angehörigen dadurch entlasten, dass er die Schuldigen freiwillig dem verletzten State zur Bestrafung übergibt.

467.

Wenn sich die Rechtspflege eines States unzureichend erweist, um andere Staten gegen Verletzungen des Völkerrechts wirksam zu schützen, so wird der Stat selber dem verletzten State verantwortlich.

. Die Bestrafung eines Vergehens oder Verbrechens geschieht im einzelnen Fall nach Vorschrift der im Lande geltenden Strafgesetzgebung und Strafprocessordnung. Die repräsentative Statsgewalt darf sich in der Regel in die Verwaltung der Strafrechtspflege nicht einmischen. Daher wird, wenn nicht für völkerrechtliche Vergehen ein anderes Verfahren vorgeschrieben ist, der ordentlichen Strafjustiz auch in solchen Fällen die Beurtheilung überlassen werden müssen. Der verletzte Stat ist zunächst nicht berechtigt, eine Abweichung von dem ordentlichen Gang der Rechtspflege zu fordern und er muss sich's gefallen lassen, wenn der Angeklagte freigesprochen oder in eine geringere Strafe verurtheilt wird. als er für gerecht hält. Dabei werden aber zwei Dinge immer vorausgesetzt:

1) Dass das Landesrecht in Harmonie sei mit dem Völkerrecht und auch den völkerrechtlichen Rechts- und Friedensbruch, wenn er von Privaten verübt wird, mit Strafe bedrohe. Würde die Strafgesetzgebung des Landes nicht dafür sorgen, d. h. das Völkerrecht nicht anerkennen und nicht beachten. so wäre das unzweifelhaft dem State zum Vorwurf zu machen, für welchen das Völkerrecht verbindlich ist, und die andern Staten wären in ihrem vollen Recht, wenn sie die Ergänzung und Verbesserung der Landesgesetzgebung forderten. Franz. Note (Moustier) in der Griechischen Frage vom 10. Dec. 1868 (Statsarch. 3646): „Un État ne saurait s'affranchir d'une obligation de Droit des gens, par ce motif, qu'elle n'aura pas été prévue dans sa législation intérieure. En parail cas, la voie est toute tracée, le moyen de remédier au mal, c'est de combler la lacune en décrétant les mesures législatives nécessaires." Dieses Mittel hilft aber nur für die Zukunft, nicht für die Vergangenheit.

2) Der Stat ist auch dafür verantwortlich, dass die Strafrechtspflege, soweit sie zum Schutz des Völkerrechts dient, bona fide gehandhabt werde. Die bloss formelle Berufung auf ein rechtskräftiges Urtheil sichert zwar immer den freigesprochenen oder milde bestraften Angeschuldigten vor weiterer Strafe, aber nicht immer auch den Stat vor jeder weiteren Forderung. Sollte sich zeigen, dass die Richter oder Geschwornen ihre Pflicht, das Völkerrecht zu schutzen, nicht geubt, sondern vielleicht ihren Landsmann oder die politische Partei in ungehöriger Weise begünstigt haben, so ist das statliche Connivenz; denn die Verwaltung der Rechtspflege ist eine statliche Function, fur welche der Stat selber volkerrechtlich einzustehen hat. Keine Rechtspflege uben oder sie schlecht uben, das ist beides Missachtung der volkerrechtlichen Pflicht, welche die Staten verbindet. Dafur wird wieder der Stat verantwortlich gemacht. Eben desshalb erfordert die Rechtspflege bei völkerrechtlichen Beschwerden eine ganz besondere Sorgfalt und Gewissenhaftigkeit und ist es ganz zweckmassig, entweder durch die Gerichtsorganisation selber dafur zu sorgen, dass nur solche Behörden urtheilen, fur deren Kenntniss des Volkerrechts und fur deren redlichen Willen, dasselbe zu beachten, besondere Garantien vorhanden sind, oder doch die ordentlichen Gerichte auf diese schwere Pflichtubung und die eigenthumliche Gefahr der statlichen Verantwortlichkeit besonders aufmerksam zu machen, beziehungsweise sie anzuweisen, sich mit der Repräsentativgewalt des States ins Einvernehmen zu setzen. Als die franz. Schwurgerichte die Mörder deutscher Soldaten freisprachen, erliess der Reichskanzler (Furst Bismarck) am 7. Dec. 1871 eine Verwarnung folgenden Inhalts: „Wenn Verbrechen, wie vorbedachter Mord, ungesuhnt bleiben, liegt es dem verletzten offentlichen Gefuhle nahe, weil Gerechtigkeit nicht zu erlangen ist, nach Repressalien zu verlangen. Ware es für uns moglich, uns auf den Standpunkt der Rechtsflege von Paris und Melun zu stellen, so würde das jus talionis dahin führen, dass auch unsrerseits die Todtung von Franzosen, wenn sie in dem Bereiche unserer Gerichtsbarkeit vorkommt, eine Strafe nicht mehr nach sich zöge. Der Grad der sittlichen Bildung und das ehrliebende Rechtsgefuhl, welche dem deutschen Volke eigen sind, schliessen eine solche Moglichkeit aus. Wohl aber wird es nach jenen Vorkommnissen schwierig sein, die offentliche Meinung in Deutschland, wenn ahnliche Verbrechen wieder verubt werden sollten, mit dem Hinweise auf die franzosische Rechtspflege zu befriedigen. Als Massregel unmittelbarer Abwehr haben desshalb unsere Truppen-Befehlshaber im Bezirke der Occupation durch Erklarung des Belagerungszustandes die Militargerichtsbarkeit für Verbrechen gegen die Truppen sichern mussen. Die Falle, in welchen die sofortige Verhaftung des Thaters thunlich ist, werden desshalb zu internationalen Schwierigkeiten keinen Anlass mehr geben. Aber jedes Verlangen nach Auslieferung, welches wir zu stellen genöthigt sein könnten, wird die offentliche Meinung in Frankreich erregen und verstimmen Wir haben desshalb, nachdem die durch uns verlangte Auslieferung Tonnelet's und Bertin's abgelehnt worden war, im Vertrauen auf die Rechtspflege Frankreichs damals nicht auf unserer Forderung bestanden. In Zukunft aber wurden wir der Entrüstung der deutschen Bevölkerung gegenuber eine ahnliche Zurückhaltung nicht beobachten können, sondern wir wurden bei Verweigerung einer derartigen Auslieferung genöthigt sein, durch Ergreifung und Wegfuhrung französischer Geiseln, äusserstenfalls auch durch weitergehende Massregeln auf Erfullung unseres Verlangens hinzuwirken, eine Eventualitat, der uberhoben zu sein, wir auf das lebhafteste wünschen."

468.

Eine völkerrechtliche Verletzung kann auch dadurch verübt werden, dass zwar nicht ein anderer Stat unmittelbar in seinem Recht gekränkt, sondern dessen Angehörige oder Schutzbefohlene völkerrechtswidrig behandelt werden.

Vgl. oben § 380.

469.

Art und Mass der Entschädigung, der Genugthuung, der Sühne richten sich nach der Art und dem Umfang der Verletzung. Je grösser die Schuld, um so schwerer ihre Folgen. Zwischen beiden ist der Grundsatz der Verhältnissmässigkeit zu beachten. Uebertriebene Forderungen sind widerrechtlich.

Im Privat- und Strafrecht werden die Folgen des Unrechts zum voraus gesetzlich geregelt Im Volkerrecht fehlt es daran. Vielmehr ist das Einzelne dem Einverständniss oder dem Kampf der Parteien überlassen, die keinen Richter über sich haben. Man kann daher nur den allgemeinen Grundsatz der Verhältnissmässigkeit aussprechen, welcher dem natürlichen Rechtsbewusstsein als nothwendig erscheint. Bei Entschädigungsforderungen ist das selbstverstandlich und doch haben auch da einzelne machtige Staten zuweilen unverhaltnissmässige Summen gefordert und die Forderung durchgesetzt. Schwieriger ist es, bei politischen Verlangen das richtige Mass zu bestimmen. Insbesondere steigern sich im Krieg die Anspruche so sehr, dass der ursprüngliche Streitgegenstand nicht mehr als massgebend zu betrachten ist. Vgl. unten § 536.

469 a.

Insbesondere ist die Ersatzforderung für den indirecten Schaden, welcher durch die widerrechtliche Handlung Einzelner veranlasst worden ist, gegenüber dem State, welcher diese Personen nicht pflichtgemäss hinderte, eine widerrechtliche Handlung zu begehen, zu verwerfen.

Bei Gelegenheit der Alabama-Streitigkeit zwischen England und den Vereinigten Staten hat sich das Genfer Schiedsgericht (Juni 1872) in diesem Sinne ausgesprochen, und die amerikanische Forderung soweit sie sich auf indirecten Schaden bezog, fur unzulassig erklärt In der That ist schon der Ersatz des directen Schadens. den doch nicht der Stat selber, sondern Einzelne (wie dort die Mannschaft der conföderirten Kreuzer) verubten, fur den Stat, dem eine Versaumniss seiner Aufsicht zur Last fallt, in gewissem Sinne der Ersatz eines mittelbaren Schadens. Indessen ist da der Causalzusammenhang zwischen Verschuldung und Schaden so klar, dass sich eine solche Ersatzforderung wohl rechtfertigen lässt. Aber wenn auch die schuldigen Einzelnen, fur welche der Stat unter Umständen einstehen muss, den weitern Schaden nicht direct verursacht haben, dann ist der Causalzusammenhang zwischen der Verschuldung des States und dem eingetretenen indirecten Schaden so unsicher und so entfernt, dass eine Ersatzforderung dafür keine natürliche und keine logische Begründung mehr hat.

470.

Wenn für Ehrenkränkungen und Verletzungen der Statswürde Genugthuung gefordert wird, so darf doch dem dafür verantwortlichen State keine mit der Fortdauer und Würde eines selbständigen States unverträgliche Demüthigung zugemuthet werden.

Je feiner das ausgebildete Ehrgefühl der civilisirten Welt ist, um so sorgfältiger ist diese Regel zu beachten. Im Verhältniss der starken Staten wird dieselbe schon aus Klugheit eher beachtet; schwachen Staten wird leichter Ungebührliches aufgenöthigt. Indessen kann ein Stat, der die personificirte Rechtsordnung und Ehre eines Volkes ist, eine offenbare Schmach nicht ertragen, ohne in seiner Existenz gefährdet zu werden. Daher muss das Völkerrecht, welches für den gesicherten Fortbestand der Staten sorgt, eine derartige Demüthigung eines Stats untersagen. Verdient ein Stat nicht mehr als eine ehrenhafte Person behandelt zu werden, so ist es besser, ihm überhaupt nicht mehr eine statliche Selbständigkeit zuzugestehen.

471.

Wenn die Verletzung des Völkerrechts gemeingefährlich ist, so ist nicht allein der verletzte Stat, sondern es sind die übrigen Staten, welche das Völkerrecht zu schützen die Macht haben, veranlasst, dagegen zu wirken und für Herstellung und Sicherung der Rechtsordnung einzustehn.

Gemeingefährliche Verletzungen bedrohen die allgemeine Weltordnung und regen in Folge dessen alle Staten auf. Wie im Strafrecht die Popularklage die Klage des Verletzten ergänzt und ersetzt hat, so hat aus einem ähnlichen Bedürfniss, den Weltfrieden und die Weltordnung besser zu sichern, das Völkerrecht diese erweiterte Rechtshülfe gebilligt. Zunächst sind alle Staten in gleicher Weise berechtigt, aber man kann doch eine wirksame Hülfe nur von den Staten erwarten, deren Macht zu activer Politik ausreicht, in der Regel also nur von den Grossmachten. Wenn in Europa eine Zeit lang die sogenannte Pentarchie der fünf europäischen Grossmächte sich vorzugsweise als Protectorat des Völkerrechts gerirt hat, so findet das in dieser Rücksicht eine relative Begründung.

472.

Von der Art sind insbesondere:

a) die Seeräuberei (Piraterie) (§ 343 f.),
b) die Beraubung und Rechtloserklärung der Fremden überhaupt (§ 381 f.),
c) die Zerstörung der Weltverkehrswege (§ 307),
d) die Anmassung einer ausschliesslichen Meeresherrschaft (§ 100. 305),

e) die drohende Universalherrschaft Eines States über die andern Staten und die Störung des allgemeinen Gleichgewichts (§ 98. 99. 412),
f) der Bruch des Gesantenrechts (§ 191 f.),
g) der gewaltsame Ueberfall fremder Statsgebiete ohne Kriegsursache (§ 481),
h) die Unterdrückung fremder und selbständiger Völker durch rohe Uebermacht (§ 81. 412.),
i) die Einführung der Sclaverei (§ 361 f.),
k) die offenbare und grausame Tyrannei wider Andersgläubige (§ 411),
l) die Gefahr einer Epidemie (§ 473 a).

Ueberhaupt kann jeder schwere und unzweifelhafte Bruch und jede offenbare Verhöhnung des Völkerrechts das Einschreiten auch der übrigen nicht unmittelbar betroffenen Staten veranlassen und rechtfertigen.

473.

Die übrigen Staten können in solchen Fällen ihre diplomatische Verwendung eintreten lassen und auf Beseitigung des Unrechts dringen und sie können nöthigenfalls sich verbünden und mit gemeinsamer Macht vorgehen, um dem anerkannten Völker- und Menschenrecht Achtung und Geltung zu verschaffen.

In manchen Fällen schon hat die Verwendung des diplomatischen Körpers ausgereicht, um eine Verletzung des Völkerrechts zu beseitigen. Zuweilen hat die Intercession einer Macht den Anstoss beseitigt. Aber zuweilen sind auch ernstere Massregeln nöthig, wie die gemeinsamen Massregeln, um die Seeräuberei zu bestrafen und zu verhindern, die Sclavenzufuhr zu hemmen, die Rechte der neutralen Staten zu behaupten, unmenschliche Grausamkeiten zu zügeln. Wiederholt haben die europäischen Mächte in der Türkei intervenirt zum Schutz vorzüglich der christlichen Bevölkerung, ebenso Oesterreich in Rumänien gegen die Judenhetzen 1867.

473 a.

Wenn von einem Statsgebiete her die Bewohner anderer Statsgebiete durch eine Epidemie bedroht werden, so sind die übrigen Staten berechtigt, von dem State, in dessen Gebiet die Quelle der Krankheit sich findet, die nöthigen Massregeln und Einrichtungen zu fordern, durch welche das allgemeine Uebel gehoben oder ermässigt wird.

In diesem Sinne schlug die französische Regierung am 15. Oct. 1865 eine Conferenz in Constantinopel vor, um in Verbindung mit der hohen Pforte dahin zu wirken, dass der Erzeugung der Cholera auf türkischem Gebiete gewehrt werde.

2. Bruch der inneren Statsordnung. Intervention.

474.

Die fremden Staten werden durch das Völkerrecht in der Regel nicht ermächtigt, in die Verfassungsstreitigkeiten eines unabhängigen States sich einzumischen und gegen Statsumwälzungen zu interveniren.

1. Der Schutz der Verfassung eines States und seiner inneren Rechtsordnung ist eine innere Angelegenheit dieses States und nicht Aufgabe des Völkerrechts. Der Sturz einer Regierung, die Entthronung eines Fürsten, die Erhebung eines Usurpators, die Missachtung verfassungsmässiger Volksrechte ist ein Bruch des bestehenden Statsrechts, aber an sich nicht eine Verletzung des Völkerrechts, d. h. der Beziehungen eines States zu andern Staten. Deshalb ist auch in der Regel die Intervention fremder Staten in derartige Verfassungskämpfe und Umgestaltungen ein ungerechtfertigter Eingriff in die statliche Selbständigkeit und eine Gefährdung des allgemeinen Friedens und von dem Völkerrecht gemissbilligt. Die blosse Verwantschaft der Dynastien oder die Gleichartigkeit der Interessen und Stimmungen rechtfertigt diesen Eingriff in ein fremdes Rechtsgebiet ebensowenig, als die politische Antipathie gegen die Partei, welche durch die Umwälzung zur Herrschaft kommt. Die Solidarität der Interessen muss sich innerhalb des Völkerrechts bewegen, sie darf nicht die völkerrechtliche Selbständigkeit der Staten angreifen und verletzen. (Vgl. oben § 39 f.)

2. Die Praxis der europäischen Staten ist freilich noch nicht in voller Uebereinstimmung mit diesen natürlichen Rechtsgrundsätzen. Man hat seit hundert Jahren sehr oft dagegen gefehlt. Indessen gerade die Geschichte der zahlreichen Interventionen, welche im Widerspruch mit dem von Zeit zu Zeit dennoch anerkannten Princip vollzogen worden sind, ist geeignet, dessen Richtigkeit ins Licht zu stellen. Die Folgen dieser Interventionen waren freilich sehr verschieden. Wenn die Intervention, wie im Jahr 1791 der Alliirten gegen die Revolution in Frankreich auf einen Widerstand stiess, den sie nicht zu bewältigen vermochte, so wurden die Leidenschaften der siegreichen Partei durch dieselbe nicht gebändigt, sondern nur heftiger gereizt. In den meisten Fällen aber siegte die überlegene Macht der intervenirenden Staten und richtete die öffentlichen Zustände so ein, wie die Sieger es für zweckmässig erachteten. In den Zeiten der französischen Republik wurden so um Frankreich her durch Interventionen Republiken geschaffen, in der Periode des ersten Napoleonischen Kaiserthums Napoleonische Vasallenstaten. Die Interventionen der absoluten Mächte Oesterreichs in den Italienischen Staten, Frankreichs in Spanien stellten die absolute Monarchie her und beseitigten die constitutionellen Schranken. Was hat all diese gewaltsame Einmischung aber schliesslich erreicht? War der Stat zu schwach, um sich dieser fremden Einwirkung wieder zu entziehen, so wurde er nach und nach das Opfer der Interventionen und verlor zuletzt seine ganze Selbständigkeit. Der Untergang Polens ist ein furchtbares Beispiel einer solchen Zerreissung und Tödtung eines Stats. War das Volk, das sich vorübergehend vor der Uebermacht beugen musste, lebenskräftig, so entzog es sich, sobald jener Druck aufhörte, wieder dieser äussern Beherrschung. Die Directorialrepubliken nach französischem Muster hörten auf, solche

Republiken zu sein, als das französische Directorium gestürzt ward, die Napoleonischen Vasallenstaten erhielten sich nicht in dieser Gestalt, als der Kaiser Napoleon der europäischen Coalition erlag. Die absoluten Monarchien in Italien und Spanien wurden durch eine erneuerte Constitution beschränkt, als die absoluten Ostmachte ausser Stande waren, ihnen zu Hulfe zu kommen. Nicht einmal die europäische Wiedereinsetzung der Bourbonen in Frankreich und die in völkerrechtlicher Form beschlossene Ausschliessung der Napoleoniden von dem französischen Thron hatten Bestand. Die Freiheit der Völker, sich selber die Form ihrer Verfassung zu geben, konnte durch diese Interventionen eine Zeit lang gehemmt, aber nicht auf die Dauer gebunden werden. Die naturliche Entwicklung wurde vorübergehend gestort und verschoben, aber sie machte sich uberall wieder geltend, sobald der künstliche Druck nachliess, und so musste es sein, weil die naturliche Entwicklung das grosse Gesetz des Statenlebens wie des Einzellebens ist.

3. Auf den Congressen von Laibach 1821 und Verona 1822 wurde geradezu das Princip der Intervention im Interesse der legitimen Furstengewalt als ein neues Princip der europaischen Weltordnung proclamirt. So in der Circularnote des Fursten Metternich, Laibach 12. Mai 1821: „Les changemens utiles ou nécessaires dans la législation et dans l'administration des États ne doivent émaner que de la volonté libre, de l'impulsion réfléchie et éclairée de ceux que Dieu a rendus responsables du pouvoir. Tout ce qui sort de cette ligne, conduit nécessairement au désordre, aux bouleversemens, à des maux bien plus insupportables que ceux que l'on prétend guérir. Pénétrés de cette vérité éternelle les Souverains n'ont pas hésité à la proclamer avec franchise et vigueur, ils ont déclaré qu'en respectant les droits et l'indépendance de tout pouvoir légitime, ils regardaient comme légalement nulle et désavouée par les principes qui constituent le droit public de l'Europe, toute prétendue réforme opérée par la revolte et la force ouverte Ils ont agi, en conséquence de cette déclaration, dans les évènemens de Naples, dans ceux du Piémont." Nur England protestirte damals öffentlich gegen diese ungeheuerliche Theorie und Praxis, welche die Sicherheit aller Staten und die Freiheit aller Volker bedrohe. Als die absolutistischen Machte den Versuch machten, dasselbe Princip auch nach Amerika überzupflanzen und die Spanischen Colonien mit Gewalt in dem Gehorsam gegen die europaischen Dynastien festzuhalten, trat England durch seine Anerkennung der sudamerikanischen Republiken dieser Politik entschlossen entgegen und schutzte in Gemeinschaft mit der von den Vereinigten Staten proclamirten Monroedoctrin die Regel der Nichtintervention. Vgl. Calvo D. I. § 22, I. 208.

4. Aber auch die europaischen Ostmachte wurden bald inne, dass der vermeintliche neue Grundsatz der legitimen Intervention auch in Europa nicht durchzufuhren sei. Vergeblich drang Oesterreich auf Intervention gegen die aufstandischen Hellenen zu Gunsten der legitimen Herrschaft der hohen Pforte. Russland fand es nicht mehr in seinem politischen Interesse, den Don Quixotte der Legitimitat zu spielen. Als dann in Frankreich 1830 der legitime Konig Karl X. durch eine Revolution vertrieben wurde, da wagten es die Ostmachte nicht mehr, ihr Interventionsprincip anzuwenden. Sie traten nicht einmal der entgegengesetzten Intervention Frankreichs entgegen, welches die belgische Revolution gegen die legitime Gewalt des Königs der Niederlande in Schutz nahm. Von da an war das Princip

als ein europäisches aufgegeben und die spätern Interventionen in Italien, bald von Oesterreich bald von Frankreich vollzogen, wurden nicht mehr aus einem allgemeinen Interventionsrecht abgeleitet, sondern nur mit concreten Ursachen begründet. Die Nichtintervention wurde allmählich als die Regel anerkannt. Die Thronrede der Königin von England vom 5. Febr 1861 spricht bezüglich Italiens das richtige Princip aus: „Da ich glaube, dass man den Italienern die Ordnung ihrer eigenen Angelegenheiten überlassen sollte, so habe ich es nicht für Recht gehalten, in jene Dinge thätig einzugreifen.“ Wie Recht die englische Regierung hatte, die französische vor der Intervention in Mexico zu warnen (1861), hat der tragische Ausgang des importirten neuen Kaiserthums in Mexico (1867) gezeigt.

5. Intervention im strengen Sinn des Worts heisst autoritative Einmischung eines fremden States in die Angelegenheiten eines andern unabhängigen Stats. Hält man diese Begriffsbestimmung fest, so ist die Nöthigung eines andern Stats, seine völkerrechtlichen Pflichten zu erfüllen, nicht Intervention. Neuere Untersuchungen über Intervention sind: Car. Amari in der Revue de Droit Intern. 1873 Bd V. S 532 und von Graf Kamarowsky, Moskau. 1876.

475.

Wenn ein Stat freiwillig die Intervention einer befreundeten Macht anruft, oder mit der angebotenen Intervention derselben einverstanden ist, so ist dieselbe gerechtfertigt.

Wenn der Stat selber einwilligt, so besteht kein Grund mehr, dieses Einschreiten als unerlaubt zu betrachten, denn in diesen Fällen wird die Selbständigkeit des States nicht missachtet In diesem Sinne hat England zuweilen in Portugal und haben die Schutzmächte Griechenlands in den hellenischen Angelegenheiten intervenirt. Im Grunde ist das eher Freundeshülfe als Intervention, indem der einschreitende Stat keine Autorität anspricht und ausübt gegen den Stat, dem er beisteht. Von der Art war die Hülfe, welche Russland dem Kaiser von Oesterreich 1849 wider die ungarische Revolution leistete.

476.

Wird die Intervention einer fremden Macht von der bedrohten Statsregierung angerufen, so hängt die Rechtmässigkeit dieses Begehrens davon ab, dass die Statsregierung noch als vollberechtigtes Organ des Statswillens und als wirklicher Repräsentant des States zu betrachten ist.

Ist die Regierung bereits ohnmächtig geworden im Lande, und lässt sich ihre gelähmte Macht nicht durch die eigenen Volkskräfte wiederherstellen, so ist dieselbe auch nicht mehr für ermächtigt zu halten, die bewaffnete Intervention eines andern States herbeizuziehen und dadurch die Selbständigkeit des Stats und die Freiheit der Bürger der Heeresgewalt einer fremden Macht Preis zu geben. Vgl. darüber die Thronrede der Königin von England vom 24. Jan. 1860 und oben § 116 f. Ein aus dem Besitz vertriebener Fürst ist jedenfalls nicht mehr zu solcher Statsrepräsentation legitimirt und daher sein Interventionsgesuch nicht als Statsact zu betrachten.

477.

Noch weniger ist eine Oppositions- oder eine aufständische Partei als ermächtigt anzusehen, die gewaltsame Intervention einer fremden Macht Namens ihres States anzurufen.

Sind die beiden streitenden Parteien darin einig, die Intervention einer befreundeten Macht als Vermittler zu begehren oder gut zu heissen, dann freilich ist das als Meinung des ganzen States anzusehen, und die Intervention gerechtfertigt. Aber die Oppositionspartei für sich allein repräsentirt niemals den Stat und kann daher auch nicht einen so schweren Eingriff von aussen in die innern Statsangelegenheiten rechtfertigen.

478.

Werden in Folge der Verfassungskämpfe das allgemein als nothwendig anerkannte Menschenrecht oder das Völkerrecht verletzt, dann wird auch eine Intervention zum Schutze desselben aus denselben Gründen gerechtfertigt, wie das Einschreiten der civilisirten Staten überhaupt bei gemeingefährlichen Rechtsverletzungen.

Vgl. darüber oben § 471. In solchen Fällen mag auch eine unterdrückte Partei die Intervention anrufen, nicht im Namen des States, sondern nach Massgabe des Völkerrechts. Die Christen in der Türkei haben das wiederholt mit Erfolg gethan. Zuletzt hat Russland 1877/78 zum Schutz derselben, zunächst der Bulgaren, den Krieg gegen die Türkei durchgeführt. Schwächlich war die Intervention der europäischen Grossmächte 1815 in Spanien wider die grausame Verfolgung der Liberalen von Ferdinand VII. Baumgart, Span. Gesch. II. 112 ff.

479.

Wenn eine fremde Macht in unberechtigter Weise in einem Lande intervenirt, so sind die andern Staten berechtigt, dafür zu sorgen, dass diese Intervention wieder aufhöre und nicht zur Verletzung der Weltordnung missbraucht werde und darüber zu wachen, dass dieselbe nicht zu ihrem Schaden ausgebeutet werde.

1. Die von Spanien her drohende Intervention in Portugal hat 1826 die Engländer zur Intervention bewogen, um die portugiesische Constitution zu schützen. Die Intervention Oesterreichs im Kirchenstat im Jahr 1831 hat Frankreich veranlasst, durch Besetzung von Ancona eine Stellung dagegen zu nehmen. Gegen die Russische Intervention in der Türkei 1855 haben sich die Westmächte verbündet und den orientalischen Krieg unternommen. Der französischen Intervention in Mexiko traten die Vereinigten Staten 1866 entgegen.

2. Es ist möglich, dass ein Stat seine Vertragsrechte zu wahren unternimmt, indem er gegen Verfassungsänderungen intervenirt, welche jene verletzen. Dazu

ist er berechtigt, aber das nur soweit, als er in den Schranken des Völkerrechts seine Rechte zu vertheidigen das Recht hat. Insbesondere hat die Beseitigung von dynastischen Thronfolgerechten durch eine Statsumwalzung zunachst nur eine statsrechtliche und keine völkerrechtliche Bedeutung.

480.

In zusammengesetzten Staten bestimmt die Unions- oder Bundesverfassung, inwiefern die Intervention der Central- oder Bundesgewalt in die Verfassungsstreitigkeiten der Einzelstaten zulässig sei.

Beispiele die zahlreichen Interventionen im deutschen Bund, in den Vereinigten Staten von Amerika, in der schweizerischen Eidgenossenschaft.

---

3. Minneverfahren.

481.

Wenn zwischen zwei Staten völkerrechtliche Conflicte oder Differenzen entstehen, die sich auf friedlichem Wege schlichten lassen, so ist von Anfang an nicht der Weg der Gewalt, sondern der Weg der Minne einzuschlagen.

Die Gewaltübung ist nur in Fallen der Nothwendigkeit gerechtfertigt, weil sie für sich ein Uebel und eine Gefahr fur die friedliche Rechtsordnung selber ist.

482.

Als Mittel des Minneverfahrens unter den Parteien sind hervorzuheben:

a) diplomatische Verhandlungen,
b) Verzicht auf die Durchführung eines behaupteten Rechts mit oder ohne Protest und Rechtsverwahrung für die Zukunft,
c) die freiwillige, wenn auch nur thatsächliche Berücksichtigung der Forderungen der Gegenpartei,
d) der Vergleich unter den Parteien.

1. Zu a. Zuweilen genugt schon die Mittheilung von Acten zur Aufklärung, oder eine gründliche Rechtsausfuhrung, oder eine einfache Vorstellung oder Beschwerde, die Aeusserung eines freundlichen Wunsches u. dergl.

2. Zu b. u. c. Der Verzicht ist ein einseitiger Act, aber mit Rucksicht auf das Verhältniss zur Gegenpartei. Insofern gehören b) und c) zusammen. Der Verzicht b) bedeutet Fallenlassen eines Rechtsanspruchs, wenn auch vielleicht nur thatsächlich dadurch, dass demselben gegenwartig keine Folge ge-

geben wird. Dem entspricht die vielleicht ebenfalls nur thatsächliche, nicht principielle Gewahrung der Forderungen c) auf Seite des vermeintlich oder wirklich Verpflichteten. Die Rechtsverwahrung und der Protest haben den Zweck, die Verzichtleistung oder Erfüllung gegen eine Auslegung sicher zu stellen, welche der Handelnde vermeiden will und seine durch seine Handlung zweifelhaft gewordenen Rechte möglichst vollständig zu bewahren.

3. Zu d. Der Vergleich der Parteien setzt an die Stelle des streitigen Rechts nunmehr ein sicheres Vertragsrecht. Zu der Vergleichsverhandlung können natürlich auch von beiden Seiten Commissäre ernannt und ermächtigt werden.

483.

Das Minneverfahren kann auch durch die guten Dienste (bons offices) einer dritten befreundeten Macht unterstützt werden.

Die dritte Macht kann entweder von den beiden Parteien oder mindestens von einer Partei um ihre guten Dienste angerufen worden sein, oder sie kann aus eigenem Antrieb dieselben anbieten. Immer verwendet sie nur ihren moralischen Einfluss in der Absicht, den Zwist freundlich auszugleichen. Sie gibt gute Rathe, macht Vergleichsvorschlage, empfiehlt bestimmte Handlungen. Aber sie darf nicht drohen, so lange die Grenze des eigentlichen Minneverfahrens zu wahren ist.

484.

Selbst bei ernsten Streitigkeiten zwischen verschiedenen Staten, welche zum Kriege zu führen drohen, erkennt das heutige Völkerrecht es als wünschenswerth, noch nicht als völkerrechtliche Pflicht dieser Staten an, bevor sie zu den Mitteln des Krieges greifen, vorerst die guten Dienste einer befreundeten Macht anzusprechen.

1. Die noch schwache, nur empfehlende, nicht verpflichtende Vorschrift hat auf dem Pariser Congress eine formelle Anerkennung der europäischen Grossmachte erlangt. Protokoll v. 14. April 1856: „Messieurs les Plénipotentiaires n'hésitent pas à exprimer au nom de leurs gouvernemens le voeu que les états entre lesquels s'élèverait un dissentiment sérieux, avant d'en appeler aux armes, eussent recours, tant que les circonstances l'admettraient, aux bons offices d'une puissance amicale."

2. Die Declaration, welche die Pariser Conferenz am 20. Jan. 1869 erliess, um den Streit zwischen der Turkei und Griechenland friedlich auszugleichen und Griechenland zur Beachtung seiner völkerrechtlichen Pflicht zu mahnen, hatte den gewunschten Erfolg. Die ungleiche Behandlung der beiden Parteien durch die Conferenz freilich darf nicht als Vorbild für andere Falle betrachtet werden. Vgl. Rolin-Jaequemyns in der Revue de Droit Intern. I. S. 442 f.

485.

Die guten Dienste werden zur Vermittlung gesteigert, wenn eine dritte unbetheiligte Macht im Einverständniss der Parteien die

Minneverhandlung leitet und eine Verständigung herbeizuführen unternimmt. Der Vermittler soll eine unparteiische Stellung behaupten.

Es ist möglich, dass eine Partei die „guten Dienste“ einer neutralen Macht annimmt, aber die „Vermittlung“ derselben verwirft. Dem Vermittler kommt es zu, billige Ausgleichungsvorschläge zu machen. Er kann aber auch sich für die Vorschläge einer Partei erklären, insoweit er sie für billig erachtet Aber es widerstreitet der unparteiischen Natur des Vermittleramts, dass der Vermittler vorzugsweise die Interessen einer Partei vertrete und gar Vortheile für sich selber ausbedinge, obwohl auch das zuweilen geschehen ist. Ein Beispiel bei Laurent Études sur l'hist. de l'humanité XI. 380.

486.

Daraus, dass die Parteien die Vorschläge des Vermittlers annehmen, folgt nicht seine Gewährleistung der Uebereinkunft.

Die Gewährleistung des Vermittlers setzt einen besondern Garantievertrag voraus. Vgl. § 430 f.

487.

Auch wenn eine Vermittlung angenommen worden ist, besteht kein rechtliches Hinderniss für die Parteien, unmittelbar zu verhandeln und sich unter einander zu vereinbaren.

Die Vermittlung tritt nur hinzu, um die Verständigung der Parteien zu befördern. Sie darf nicht zum Hinderniss dieser werden. Der Vermittler kann sich nur dann über Missachtung seiner Vermittlung beschweren, wenn er durch die Parteien getäuscht wird oder ihm die Erfolge der unmittelbaren Verständigung verheimlicht werden. Denn als anerkannter Vermittler hat er einen berechtigten Anspruch auf das Vertrauen der Parteien, so lange er sein übernommenes Amt unparteiisch und mit Um- und Einsicht verwaltet.

---

4. Schiedsrichterliches Verfahren.

488.

Die streitenden Parteien können auch die Erledigung ihres Streites einem Schiedsgericht übertragen.

1. Ist der Rechtsgrundsatz nicht streitig, aber eine Thatfrage bestritten, auf welche jener Grundsatz Anwendung findet, so nennt man das arbitratio. Z. B. Die Entschädigungspflicht wird anerkannt, aber das Mass des wirklich eingetretenen Schadens und daher das Mass der Entschädigung ist streitig. Zu derartigen Schiedsgerichten eignen sich dann gewöhnlich sachverständige Schätzer. Das Verfahren wird daher zum Schätzungsverfahren.

2. Wenn dagegen das Recht selber streitig ist, also z. B. die Entschädigungspflicht, so wird das eigentliches arbitrium genannt. Es bedarf dann einer Rechtsentscheidung.

3. Seitdem das englische Parlament die Motion Henry Richards (Juli 1873) günstig aufgenommen hat, dass die Krone gebeten werde, bei den andern Mächten die völkerrechtliche Anordnung des schiedsrichterlichen Verfahrens in Antrag zu bringen, haben auch andere Parlamente sich für den Gedanken ausgesprochen. (Vgl. Einleitung S. 33). Die Literatur hat sich mit demselben ebenfalls sehr beschäftigt. Nachweisungen darüber sind in dem Annuaire de l'Institut de Droit Intern. Gand 1877. S. 370 und 374. Ich füge bei: Aug. Pierantoni Gli arbitrati internazionali Napoli 1872. C Barbault Du tribunal internat. Genève 1872 Fr. Seebohm de la réforme du Droit d. G. fred. par Farjasse, Paris 1873 A. Bulmerincq Art. Schiedsspruch in Holtzendorffs Encyclopaedie. 1874.

489.

In der Regel steht es den Parteien, welche ein Schiedsgericht berufen, frei, zu bestimmen, wem das Schiedsrichteramt übertragen werde.

1. Möglich ist's, dass schon zum voraus durch einen Statenvertrag das schiedsrichterliche Verfahren angeordnet und selbst die Personen der Schiedsrichter bezeichnet oder doch die Art der Wahl regulirt ist. Wenn das nicht geschehen ist, dann müssen im einzelnen Bedurfnissfall sich die Parteien auch darüber vertragen. Das Königreich Italien hat zuerst 1877 fur Handels- und Schifffahrtsverträge eine allgemeine clausula compromissoria in Antrag gebracht, dass für Streitigkeiten unter den Contrahenten das schiedsrichterliche Verfahren einzuleiten sei. Dieser allgemeine Vorbehalt genügt aber nur, wenn zugleich ein völkerrechtliches Statut über die Bedingungen des Verfahrens anerkannt wurde. Das Institut fur Völkerrecht hat zu diesem Zwecke einen Entwurf ausgearbeitet 1874 und 1875, der vorläufig geeignet ist, die mancherlei Zweifel zu lösen, auf welchen daher die Staten, bis ein völkerrechtliches Gesetz oder ein Vertrag zu Stande kommt, als eine unparteiische Norm sich beziehen können. (Annuaire de l'Inst. de D. d. G. 1876. S. 126.) Dieser Entwurf ist in Beilage III abgedruckt.

2. Es können zu Schiedsrichtern je nach dem Belieben der Parteien, ernannt werden Statshäupter, oder bestehende Gerichtshöfe, oder Privatpersonen (Rechtsgelehrte), Juristenfacultaten, kirchliche Autoritäten, Ordenskapitel u. s. f. Werden Statshäupter gewählt, so nimmt man als selbstverständlich an, dass dieselben die Verhandlungen durch delegirte Zwischenpersonen leiten und den Schiedsspruch ausarbeiten lassen können, aber der Schiedsspruch wird in ihrem Namen und unter ihrer Autorität verkündet. In manchen Fällen wird es daher nicht zweckmässig sein, souveräne Personen zu Schiedsrichtern zu machen. Hat der Streit eine politische Seite, oder sind die politischen Interessen des schiedsrichterlichen States mit der Stimmung und Haltung in einem der beiden Parteistaten verflochten, so ist die Gefahr zu besorgen, dass der souveräne Schiedsrichter die eigenen politischen Motive einwirken lasse auf seine Amtsführung. Sind dagegen keine politischen Interessen mit in Frage, und ist daher für die Unpartei-

lichkeit des zum Schiedsrichter gewählten Souveräns nichts zu furchten, so haben die Parteien hinwieder keine Garantie in den vielleicht unbekannten Personen, welche als geheime Räthe des Schiedsrichters die eigentlichen Geschäfte besorgen und den Spruch vorbereiten. Sehr beachtenswerth scheint mir der im Jahr 1866 in Nordamerika gemachte Vorschlag, dass vorzugsweise angesehene Publicisten und Rechtsgelehrte aus den neutralen Staten zu Schiedsrichtern gewahlt werden sollten, welche ihre wissenschaftliche Ehre für eine richtige und unparteiische Entscheidung einzusetzen haben. Wenigstens wird eine derartige Auswahl vorzüglich da passen, wo der Streit eine wesentlich vermögensrechtliche Seite hat, wie bei Entschadigungsfragen. Es wäre ein grosser Fortschritt, wenn zum voraus eine Liste von angesehenen Vertretern der völkerrechtlichen Wissenschaft und Kennern der völkerrechtlichen Praxis gebildet würde, aus welcher dann in späteren Streitfällen die Schiedsrichter ernannt würden. Jedem anerkannten State müsste das Recht zustehen, je nach seiner Bevölkerung eine Anzahl solcher Männer auf das allgemeine völkerrechtliche Verzeichniss zu setzen.

3. Beachtenswerth ist der Vertrag zwischen der Union der Vereinigten Staten und Grossbrittanien, Washington 8. Mai 1871, durch welchen für die sogenannten Alabamastreitigkeiten (Entschadigungsforderung wegen Missachtung der Neutralitatspflichten) ein Schiedsgericht in Genf bestellt wurde, von 5 Mitgliedern. Der Präsident der Union, die Königin von England, der König von Italien, der Präsident der schweizerischen Eidgenossenschaft und der Kaiser von Brasilien (d. h. die beiden Parteien und 3 unparteiische Personen) sollten je ein Mitglied ernennen. (Art. 1.)

490.

Vertragen sich die Parteien nicht über gemeinsam zu ernennende Schiedsrichter, so ist anzunehmen, jede Partei wähle ihre Schiedsmänner frei, aber in gleicher Anzahl, wie die Gegenpartei. Ist nicht verabredet, wie der Obmann zu bezeichnen sei, so steht es den beiderseitigen Schiedsrichtern zu, entweder den Obmann gemeinsam zu wählen oder einem unparteiischen Dritten die Wahl desselben anheim zu geben.

Zunächst sind die Parteien berechtigt, wie ein schiedsgerichtliches Verfahren, so auch die einzelnen Schiedsrichter zu wahlen. Das Völkerrecht kann nur einige Regeln aussprechen, die im Zweifel, wenn nicht von den Parteien anders bestimmt worden, als selbstverständliche Meinung der Parteien betrachtet werden sollen, weil sie der Natur der Dinge und der Völkersitte entsprechen. Die Ernennung eines Obmanns wird mindestens dann nothwendig, wenn die Schiedsrichter in gleichen Hälften sich spalten damit eine Mehrheit zu Stande komme. Sie ist aber von Anfang an zweckmässig, um die Einheit des ganzen Verfahrens zu sichern und für eine unparteiische Leitung zu sorgen. Wenn die Parteien nicht unter sich, oder wenn die Schiedsrichter nicht einig werden über die Wahl des Obmanns, so bleibt nur die Ernennung durch einen Dritten übrig, z. B. eine neutrale Regierung oder einen Gerichtshof. Da aber auch darüber, wer als Dritter zu erbitten sei, die Ernennung des Obmanns vorzunehmen, die Parteien oder ihre Schiedsrichter sich verständigen müssen, so kann auch daran das ganze schiedsrichterliche Verfahren scheitern, dass es zu jenem vorbereitenden Einverständniss nicht kommt.

491.

Das aus mehreren Personen bestehende Schiedsgericht handelt gemeinsam als Ein Körper. Es vernimmt die Parteien und je nach Umständen auch Zeugen und Sachverständige, prüft die erheblichen Thatsachen und erhebt die erforderlichen Beweise.

Die Thätigkeit des Schiedsgerichts ist, obwohl es seine Vollmacht nur von den Parteien ableitet, dennoch eine richterliche und insofern den Parteien selbst übergeordnete beziehungsweise für die Parteien verpflichtende. Die Processleitung ist bei dem Schiedsgerichte.

492.

Das Schiedsgericht gilt im Zweifel als ermächtigt, den Parteien billige Vergleichsvorschläge zu machen.

Ob das zweckmässig sei oder nicht, muss dem Schiedsgerichte zu erwägen vorbehalten bleiben. Immerhin aber wird das Schiedsgericht sich davor zu hüten haben, dass es nicht durch den Vergleichsvorschlag das Vertrauen in seine rechtliche Beurtheilung oder in seine Unparteilichkeit untergräbt. Der Vergleichsvorschlag gehört dem Minneverfahren an, nicht dem Rechtsverfahren, für welches hauptsächlich das Schiedsgericht ernannt ist. Aber es kann dieses entbehrlich machen.

492 a.

Das Schiedsgericht urtheilt über die Auslegung des Compromisses der Parteien und demgemäss über seine Competenz.

Die Frage ist bei Gelegenheit des Genfer Schiedsgerichts zwischen der Union der Vereinigten Staten und England ernstlich zur Sprache gekommen. Vgl. darüber besonders den Aufsatz von Rolin-Jaequemyns in der Revue du Droit Intern. IV. § 127 f.

493.

Der Spruch der Mehrheit gilt als Spruch des ganzen Schiedsgerichts.

Bildet sich keine Mehrheit, sei es weil es an einem Obmann fehlt, dessen Beitritt zu einer der beiden Meinungen der in gleicher Zahl gespaltenen Schiedsrichter den Ausschlag gibt, oder der für seine eigenthümliche Meinung die Zustimmung der einen Hälfte der Schiedsrichter gewinnt, sei es weil die individuellen Meinungen aus einander gehen und die Schiedsrichter jeder auf seiner Minderheitsmeinung verharrt, und wird nicht etwa dadurch geholfen, dass die Meinung des

Obmanns für sich allein entscheide, so fehlt es an einem gültigen Rechtsspruch und das schiedsrichterliche Verfahren ist erfolglos geblieben.

494.

Der Spruch des Schiedsgerichts wirkt für die Parteien, wie ein Vergleich.

Es wird angenommen, dass die Parteien, welche die Entscheidung ihres Streits vertragsmässig einem Schiedsgericht anvertraut haben, damit auch ihr eventuelles Einverstandniss mit dem Spruch des Schiedsgerichts erklärt haben In vielen Fallen wird daher aus dem Spruch ein Vertragsrecht unter den Parteien entstehen; in andern, wenn etwa einer Partei ein behauptetes Recht einfach abgesprochen worden ist, wird das wirken, wie ein Verzicht derselben.

495.

Der Spruch des Schiedsgerichts kann von einer Partei als ungültig angefochten werden:

a) wenn und soweit das Schiedsgericht dabei seine Vollmachten überschritten hat,
b) wegen unredlichen Verfahrens der Schiedsrichter,
c) wenn das Schiedsgericht den Parteien das Gehör verweigert oder sonst die Fundamentalgrundsätze alles Rechtsverfahrens offenbar verletzt hat,
d) wenn der Inhalt des Spruchs mit den Geboten des Völker- und Menschenrechts unverträglich ist.

Aber der Schiedsspruch darf nicht aus dem Grunde angefochten werden, dass er unrichtig oder für eine Partei unbillig sei. Vorbehalten bleibt die Berichtigung blosser Rechnungsfehler.

1. Zu a. Wenn das Schiedsgericht über Rechtsverhältnisse entscheidet, welche ausserhalb der ihm ertheilten Vollmacht liegen, so ist dieser Entscheid ungultig.

2. Zu b. Wurde z. B. nachgewiesen werden können, dass die Schiedsrichter von einer Partei sich haben bestechen lassen, damit sie einen ihr günstigen Spruch thun, so wäre derselbe anfechtbar.

3. Zu c. Das schiedsrichterliche Verfahren ist Processverfahren und daher zwar nicht einer bestimmten Processordnung, aber den selbstverständlichen Hauptgrundsatzen aller Processordnungen unterworfen. Der Schiedsspruch kann daher nicht wegen blosser Formfehler angefochten und für ungultig erklart werden, aber wenn in auffälliger und unzweifelhafter Weise jene Hauptgrundsätze verletzt worden sind, wenn z. B. den Parteien keine Gelegenheit gegeben worden ist, ihre Behauptungen zu vertreten und die des Gegners zu widerlegen, dann brauchen sie sich auch nicht einen so willkürlichen Machtspruch gefallen zu lassen. Pierantoni a. a. O. S. 94 hält diese Bedingung für nicht selbstverständlich.

4. Zu d. Was nicht vertragsmässig vereinbart werden darf, das darf auch nicht durch einen Schiedsspruch auferlegt werden.

5. Würde man dagegen verstatten, einen Schiedsspruch deshalb anzufechten, weil er die Interessen einer Partei schädige oder unbillig sei, oder auf einer irrthumlichen Rechtsansicht beruhe, so käme es fast niemals zu einer endgultigen Erledigung des Streits und der ganze Zweck des schiedsrichterlichen Verfahrens ware vereitelt.

496.

In zusammengesetzten Staten (Statenbünden, Bundesstaten, Statenreichen, Bundesreichen) werden die Streitigkeiten der Einzelstaten unter sich oder mit der Bundes- oder Central- oder Reichsgewalt je nach Umständen an verfassungsmässige Schiedsgerichte oder an festgeordnete Bundes- oder Reichsgerichte zur Verhandlung und Entscheidung verwiesen. Im erstern Fall übt das Schiedsgericht eine Gerichtsbarkeit aus, welche nicht bloss auf dem Compromiss der Parteien, sondern zugleich auf der Verfassung beruht.

In Deutschland pflegt man diese Schiedsrichter Austrage zu nennen und das Austrägeverfahren von dem gewohnten schiedsrichterlichen zu unterscheiden. In der That besteht der Gegensatz der Autorität. Die Austräge haben eine wahre Gerichtsgewalt, kraft des Verfassungsrechts, die andern Schiedsrichter dagegen nur eine von dem Vertrage der Parteien abgeleitete Befugniss, fur dieselben zu urtheilen. Auch die Austrage konnen gewillkurt sein, d. h. durch freie Uebereinkunft der Parteien gemeinsam bezeichnet, oder von den beiden Parteien je zur Hälfte freigewahlt sein. Aber da die Parteien durch die Verfassung verpflichtet sind, ihren Streit an das Schiedsgericht zu bringen, so wählen sie diese Austrage im Gedanken an jene Rechtsnothwendigkeit und nicht aus völlig freier Willkür. Zur Wahl überhaupt sind sie verpflichtet, nur die Personen können sie frei wahlen. Es ist aber ebenso möglich, dass die Verfassung auch die Art der Wahl naher begrenzt, z. B. aus einem bestimmten Gerichtshof, aus einer zum voraus festgestellten Liste von geeigneten Personen oder geradezu einer bestimmten Behörde den Vorschlag der Schiedsrichter oder die Ernennung des Obmanns anheimgibt, z. B. einem bestimmten Gerichtshof oder der Bundes- oder Reichsregierung oder Repräsentation u. dgl. Es ist das dann ein Bestandtheil des Bundes- oder Reichsstatsrechts, aber von zwischenstatlicher und insofern volkerrechtlicher Bedeutung. Vgl. darüber Aegidi Artikel Austräge in Bluntschli und Brater Deutschem Statswörterbuch.

497.

Durch Statenverträge können ebenso für vorgesehene Streitigkeiten, welche unter den von einander unabhängigen Staten entstehen würden, zum voraus nähere Vorschriften über ein schiedsrichterliches Verfahren festgesetzt und das Schiedsgericht mit einer wirklichen Gerichtsbarkeit ausgerüstet werden.

Beispiele der Art waren schon im Mittelalter sehr häufig. Sie kommen auch in neuerer Zeit vor, z. B. bei Handelsverträgen. Durch solche Anordnung wird passend für eine friedliche Erörterung und Bereinigung von Streitigkeiten gesorgt, für die es keine ordentlichen Gerichte gibt. Vgl. oben zu § 469 Anm. 1.

498.

Der Fortbildung eines gesicherten Völkerrechts bleibt es vorbehalten, auch durch völkerrechtliche Vereinbarungen überhaupt für ein geordnetes schiedsrichterliches Verfahren zu sorgen, insbesondere bei Streitigkeiten über Entschädigungsforderungen, ceremonielle Ansprüche und andere Dinge, welche nicht die Existenz und Entwicklung des States selbst betreffen.

Die Bestimmung des Pariser Congresses von 1856, dass vor Beginn des Kriegs die guten Dienste einer befreundeten Macht angerufen werden möchten (oben § 484), kann als ein erster Versuch betrachtet werden, die friedliche Erledigung der völkerrechtlichen Streitigkeiten zu begünstigen. Die Zukunft wird in derselben Richtung hoffentlich noch entschiedenere Fortschritte machen. Bei einer Menge von Streitigkeiten ist es für Jedermann klar, dass der Krieg ein ganz unverhältnissmässiges Mittel ist, sich Recht zu verschaffen. Ein Stat, der um eine blosse Geldforderung durchzusetzen, zum Kriege greift, gleicht jenem Bären der Fabel, welcher schwere Steine nach der Fliege wirft, die auf der Stirne des schlafenden Freundes spaziert und in der Absicht die Fliege zu vertreiben, den Freund damit tödtet. Es wäre nicht mehr zu früh für das humaner gewordene Rechtsbewusstsein der civilisirten Welt, wenn endlich von einem Congress der Staten für derartige Fälle der Krieg untersagt und ein schiedsrichterliches Verfahren zum voraus angeordnet würde, durch welches solche kleine Händel billig geschlichtet werden sollen.

---

5. Zwangsmittel ohne Krieg: Selbsthülfe durch Repressalien, Retorsion, Sperre.

499.

Wenn das Minneverfahren oder das schiedsrichterliche Verfahren den Streit zweier Staten nicht erledigt oder unthunlich erscheint, so ist der verletzte Stat zur Selbsthülfe berechtigt.

Wenn ein Stat, der sich in seinem Recht verletzt fühlt, keine Beseitigung des Unrechts und keine Genugthuung erreichen kann durch Unterhandlungen oder in Folge eines geordneten Rechtsverfahrens, so bleibt nur der Weg der Selbsthülfe übrig, wenn er es nicht vorzieht, sich das Unrecht gefallen zu lassen und auf Genugthuung zu verzichten. Die Mittel der Selbsthülfe sind wieder sehr verschieden, wenn gleich sie nun alle den Zwang und insofern die Anwendung der statlichen Gewalt in sich schliessen.

500.

Als völkerrechtlich zulässige Repressalien, ohne Krieg gelten:

a) die Beschlagnahme und nach Umständen Pfändung und Versilberung von gegnerischem Statsvermögen innerhalb des eigenen Statsgebiets;

b) die Beschlagnahme von Privatvermögen der Angehörigen des gegnerischen Stats innerhalb des eigenen Gebiets, insofern derselbe sich zuvor in widerrechtlicher Weise an dem Privatvermögen der Statsangehörigen des Beschlagnehmenden vergriffen hat;

c) die Hemmung des Handels- und Postverkehrs, der Eisenbahn- und Telegraphenverbindung, der Schifffahrt;

d) die Zurückweisung oder Ausweisung der Angehörigen des verletzenden Stats aus dem Gebiete des verletzten Stats;

e) die Zurückhaltung von Personen, welche den gegnerischen Stat repräsentiren oder doch demselben angehören, als Geiseln;

f) die Gefangennahme von Personen, welche im Dienste des Unrecht übenden Stats sind oder selbst von Privatpersonen, welche demselben angehören, wenn die eigenen Angehörigen zuvor von dem beleidigenden State widerrechtlich gefangen gehalten worden sind;

g) die Weigerung, vertragsmässige Leistungen ferner zu erfüllen und die Lossagung von bestehenden Verträgen;

h) der Entzug der Privilegien oder selbst des privatrechtlichen Rechtsschutzes gegenüber den Angehörigen des gegnerischen Stats.

1. Die Mittel der Selbsthülfe werden Repressalien (von reprehendere, nicht von reprimere abgeleitet) genannt, wenn dieselben bezwecken, dem Recht verletzenden Stat das Bewusstsein seines Unrechts dadurch klar zu machen, dass auch ihm ein Uebel zugefugt wird, das er ebenfalls als Unrecht empfindet, und denselben durch dieses Mittel zur Herstellung des Rechts und zur Genugthuung zu bewegen. Naturgemass haben daher die Repressalien den Charakter der Wiedervergeltung zum Zweck der Rechtshülfe und Rechtsnöthigung. Die Mittel im Einzelnen sind höchst mannigfaltig und nicht vollständig zum voraus aufzuzählen. Sie andern ihre Gestalt mit dem Wechsel des Lebens und der mannigfaltigen Erscheinung des vorausgehenden Unrechts.

2. Zu a. Die Beschlagnahme von gegnerischem Statsvermögen ist eher anwendbar und zu rechtfertigen, als die von gegnerischem Privatgut, weil nur

die Staten, nicht die Privaten mit einander streiten, daher zunächst die Selbsthülfe nur gegen den Stat und nicht gegen die Privaten sich zu wenden hat. Das ältere Privatrecht der germanischen Völker gestattete in ähnlicher Weise, zur Zeit einer noch wenig ausgebildeten Gerichtshülfe, dem Privatgläubiger für eine geständige (gichtige) oder erwiesene Schuld die Pfändung als Selbsthülfe gegen den Schuldner anzuwenden. Das heutige Völkerrecht ist bezüglich der Gerichtshülfe noch ebenso wenig gesichert, als das halbbarbarische Privatrecht im Mittelalter; daher ist diese Art der Selbsthülfe, die in dem modernen Privatrechte in der Regel untersagt ist, im Völkerrecht noch nicht zu entbehren.

3. Zu b. Die Beschlagnahme von Privatgut in der Absicht dadurch den Stat zu nöthigen, dass er von seinem Unrecht ablasse, ist unter allen Umständen ein höchst bedenkliches Mittel der Selbsthülfe, denn es trifft weder die schuldigen noch die verantwortlichen Personen, und übt auf den nicht betroffenen Stat, den man nöthigen will, eine höchst zweifelhafte, nur sehr mittelbare Einwirkung aus. Gerechtfertigt wird sie daher höchstens als Gegenrecht, wenn zuvor der gegnerische Stat ähnliches Unrecht gegen Private verübt hat, welche auf den Schutz des eigenen Stats angewiesen sind, und selbst da erheben sich gewöhnlich laute Klagen über ungerechte Gewaltthat.

Cromwell hatte, nachdem ein englisches Handelsschiff an der französischen Küste von den französischen Behörden seines Erachtens in völkerrechtswidriger Weise weggenommen und confiscirt worden war, zur Repressalie sofort zwei französische Handelsschiffe im Canal als Prise wegnehmen lassen. Die französische Regierung liess sich diese trotzige, die diplomatischen Verhandlungen rücksichtslos zur Seite schiebende Eigenmacht gefallen, welche an das Sprichwort erinnert: Schlagst du meinen Juden, so schlage ich deinen Juden. Das Unrecht der Staten wurde auf keiner Seite gut gemacht, aber auf beiden Seiten hatten es nichtschuldige Privaten zu büssen.

Zu entschiedenen Reclamationen gab das Verfahren des Königs Friedrich II. von Preussen Veranlassung, welcher die Zahlungen der schlesischen Landesschuld an die englischen Gläubiger aus dem Grunde hemmte, weil England seines Erachtens mit Unrecht preussisches Handelsgut als Prise behandle. Die Denkschrift der englischen Kronjuristen gegen diese Repressalie ist berühmt geworden. Indessen standen sich auch da englisches und preussisches Unrecht gegen Privaten gegenüber; und wenn die englischen Juristen sich für jenes auf hergebrachte Völkersitte und überkommene Theorien berufen konnten, so konnte sich König Friedrich darauf stützen, dass trotzdem jenes vermeintliche Prisenrecht offenbares Unrecht sei und seine Massregel nur als Repressalie demselben die Wage halte und insofern gerechtfertigt sei.

Auch die Repressalien Englands gegen Griechenland in der sogenannten Pacifico-Angelegenheit (1850), indem zu Gunsten einer unberücksichtigt gebliebenen Entschädigungsforderung Pacifico's griechische Kaufschiffe mit Wegnahme bedroht wurden, erregte damals in ganz Europa grosses Aufsehen und vielfältige Missbilligung selbst im englischen Oberhaus.

4. Zu c. Die Hemmung des Handelsverkehrs als Repressalie geübt, hat wieder ihre grossen Bedenken, indem regelmässig die Hemmung nach beiden Seiten hin nachtheilig wirkt, also den zur Selbsthülfe schreitenden Stat, oder seine

Bevölkerung ebenso schädigt. wie den gegnerischen Stat und seine Unterthanen. Von der eigentlichen Sperre wird weiter unten (506) naher die Rede sein.

5. Zu d. Auch die Zurückweisung der Angehörigen eines verletzenden Stats und noch mehr die Ausweisung derselben ist eine äusserst harte, selten gerechtfertigte Massregel der Selbsthülfe. Mit gutem Grund wurde gegen die Anwendung derselben durch die Oesterreichisch-Lombardische Regierung (1856), welche alle Tessiner plötzlich aus Mailand auswies, protestirt, zumal diese Repressalie, welche eine Menge schuldloser Privaten in ihrem Erwerb und in ihrer Wirthschaft empfindlich schadigte. durch kein Unrecht des Cantons Tessin wider mailandische Privaten, sondern nur durch politische Beschwerden motivirt war.

6. Zu e u. f. Auch der Angriff auf die Freiheit nicht schuldiger Personen kann nur zur Noth und nur unter der Voraussetzung der Wiedervergeltung und des Gegenrechts vertheidigt werden. Wenn ein fremder Stat zuvor unsere Gesanten oder Statsgenossen widerrechtlich gefangen hält, so mag die einstweilige Gefangennahme seiner Gesanten und Unterthanen dazu dienen, ihm sein Unrecht zum Bewusstsein zu bringen und Abhulfe zu erreichen. Aber immer müssen wir uns daran erinnern, dass unsere Gefangenen nicht an jenem Unrecht schuld und überhaupt keine Strafgefangenen sind. Eher tritt die Analogie der Kriegsgefangenschaft ein.

Zu g. Vgl. oben § 455.

501.

Die civilisirte moderne Völkersitte missbilligt als barbarisch:

a) jede Grausamkeit gegen einzelne, zumal schuldlose Personen,

b) die statliche Ermächtigung von Privatpersonen, Angehörige des gegnerischen Stats zu fangen oder zu tödten oder das Vermögen derselben zu zerstören oder wegzunehmen.

1. Zu a. Auch wenn wilde Stämme unsere Statsgenossen grausam misshandeln, verstümmeln, tödten, so ist es dennoch der civilisirten Staten unwürdig, ebenso barbarisch gegen Angehörige jener Stämme zu verfahren, welche in unsre Gewalt gerathen. Das Gesetz der Talion darf nicht bis zur Barbarei geübt werden. Als solche ist auch die Hinrichtung nichtschuldiger Personen angesehen. In dem Befreiungskriege der nordamerikanischen Colonien gegen England kam noch ein solcher Fall vor. Der englische Hauptmann Lippencott liess einen gefangenen nordamerikanischen Offizier hängen. Der englische General Clinton missbilligte das Verfahren und stellte seinen Untergebenen vor ein Kriegsgericht. Der General Washington verlangte aber Auslieferung des Schuldigen und liess, als diese verweigert ward, zur Wiedervergeltung einen gefangenen englischen Offizier, Namens Argill, vor ein Kriegsgericht stellen und ebenfalls zum Tode verurtheilen. Indessen gelang es den Bemühungen, vorzüglich der Königin von Frankreich, denselben zu retten und eine Begnadigung des Congresses zu erwirken. Vgl. Phillimore III. 150 f.

2. Zu b. Im Mittelalter kamen solche Ermächtigungen öfter vor und wurden fur erlaubt gehalten. Eine Form derselben, die Kaperschiffe in Kriegs-

zeiten, wurde sogar bis in die neueste Zeit geubt. Siehe unten § 670. Mit Recht aber verwirft das heutige Völkerrecht alle solchen Privatacte der Gewalt. Es fehlt dabei an jeder Garantie. dass die Selbsthülfe mit Mass geübt werde.

502.

Die Wahl und der Umfang der Repressalien richtet sich nach dem gerügten Unrecht. Unverhältnissmässige Repressalien sind widerrechtlich.

Die Repressalien lassen sich nur als eine Art Nothwehr vertheidigen, in Ermanglung besserer Rechtshulfe. Eben desshalb sind sie nach dem Grundsatz einer gerechten Wiedervergeltung zu bestimmen und zu bemessen. Der Natur der Dinge nach ist freilich eine genaue Massbestimmung nicht wohl einzuhalten, aber das Grundprincip der Verhaltnissmässigkeit darf doch niemals unbeachtet bleiben. In dem obigen Pacificohandel § 500 Anm. 3 wurde vornehmlich darüber Klage geführt, dass die angedrohten Repressalien ganz unverhältnissmässig seien.

503.

Zu Repressalien ist nur der verletzte Stat, nicht aber die von der Verletzung betroffene Privatperson berechtigt.

Im Mittelalter nahm man an Privatrepressalien geringen Anstoss, wie man ja damals auch die Privatfehde für eine erlaubte Rechtshülfe ansah. Das moderne Stats- und Volkerrecht gestattet nur der geordneten Statsmacht öffentliche Rechtsgewalt auszuuben. Nicht verletzte Staten dürfen nur dann zu Repressalien greifen, wenn es eine gemeingefahrliche Verletzung des Völker- und Menschenrechts zu rugen gilt.

504.

Die Repressalien dürfen nicht länger dauern, als bis das Unrecht, welches dieselben veranlasst hat, wieder gutgemacht und gesühnt ist.

Das folgt aus der Natur der Repressalien als einer ausnahmsweisen Selbsthulfe gegen Unrecht. Der befriedete Rechtszustand ertragt daher die Fortdauer der Repressalien nicht.

505.

Die Retorsion bezweckt nicht, Unrecht zu rügen, sondern ist ein politisches Mittel, einer nachtheiligen Rechtsübung eines andern Stats entgegen wirken.

1. Die Retorsion ist nicht gegen Unrecht, aber gegen eine unbillige Ausubung fremden Rechtes gewendet. Z. B. Der Stat A gibt in seiner Gesetzgebung den einheimischen Gläubigern einen Vorzug vor den Fremden. Oder: In dem State A besteht eine strenge Zunftordnung, welche den Gewerbe-

betrieb der Ausländer erschwert. Oder das Zollsystem des States A erschwert den Angehörigen des States B den Handel mit den Angehörigen des States A. In allen diesen und ähnlichen Fällen ist der Stat A. in seinem formellen Recht. Er kann diese Verhältnisse nach seinem Ermessen ordnen. Aber seine Gesetze wirken ungünstig auf den Nachbarstat B und dessen Angehörige und werden zugleich von diesem als unbillig empfunden. Da hat die Retorsion des States B, welcher ähnliche für den Stat A und dessen Bürger ungünstig wirkende Einwirkungen trifft, den Zweck, den Stat A seine Unbill empfinden zu lassen und ihn dadurch zu einer Besserung zu bewegen. Der Stat A kann sich nicht beklagen, wenn gegen ihn dasselbe Princip angewendet wird, nach welchem er den Stat B behandelt.

2. Eine blosse Rechtsverschiedenheit, auch wenn sie in einzelnen Fällen dem einen oder andern Stat oder dessen Bewohnern nutzt oder schadet, begründet keine Retorsion. Z. B. Im State A besteht als Güterrecht der Ehegatten die Fahrhabegemeinschaft, und im State B das System der gesonderten Güter. Oder im State A haben die Söhne ein besseres Erbrecht als die Töchter in der Erbschaft des Vaters, im State B stehen sich die Kinder gleich u. dgl. Diese Verschiedenheit hat nicht den Charakter der Unbill eines States gegen den andern Stat, sondern erklärt sich aus verschiedenen Rechtsansichten und Rechtsübungen und wirkt nur zufällig, nicht principiell, nur wechselnd, nicht dauernd für den Nachbarstat, bald ungünstig, bald günstig.

3. Die moderne Rechtsbildung liebt übrigens die Retorsion nicht. Als diplomatisches Mittel der Verhandlung und Drohung lässt sie sich wohl gebrauchen, aber ihre Ausführung gereicht oft dem Retorsion übenden State ebenso zum Schaden wie dem Retorsion leidenden. Ueberdem entstellt der erstere Stat seine Gesetzgebung durch Retorsionsbestimmungen, deren Unbilligkeit und Unzweckmässigkeit an sich er vollständig einsieht und die er meist in der sehr unsichern Hoffnung einführt, den Nachbarstat dadurch zu bessern.

506.

In Folge schwerer Rechtsverletzungen kann auch ohne Krieg eine Verkehrssperre (blocus) von der Statsgewalt gegen den verletzenden Stat verhängt werden.

1. Die Verkehrssperre untersagt den Angehörigen des betroffenen Stats den Eintritt in das Gebiet des sperrenden Stats oder verhindert den Uebergang aus diesem Gebiet in jenes, oder sie hemmt den Waarenverkehr von einem Gebiet zum andern, oder die Ein- und Ausfahrt der Schiffe. Das Uebel ist insofern geringer als das des Kriegs, als kein Blut vergossen wird; aber es unterbindet den freien Umlauf der wirthschaftlichen Güter und hemmt die Berührung der Menschen. Es wirkt in der Regel ebenso schädlich für den sperrenden Stat wie für das gesperrte Land, denn aller Verkehr ist zweiseitig und wechselnd.

2. Die Sperre kann zu Land und zur See angeordnet werden, Landsperre und Seeblocade. Gewöhnlich werden beide nur im Kriegszustande geübt. Von der Kriegsblocade wird weiter unten die Rede sein IX. Cap. 5. Beispiele von friedlichen Blocaden sind die Blocade von England, Frankreich und Russland gegen

die Türkisch-Griechische Küste 1827, die Blocade von Frankreich gegen Portugal 1831, die von dem Ministerium Thiers gegen die Schweiz angedrohte Landblocade (blocus hermétique) 1836, die französische Blocade in Mexico 1838.

507.

Die neutralen Staten erkennen kein Prisenrecht an, wenn die Seeblocade nicht zugleich Kriegsblocade ist, und sind berechtigt, für die neutralen Schiffe freie Ein- und Ausfahrt zu fordern.

Die Friedensblocade zur See gefährdet bei allgemeiner Durchführung auch den Handel der Neutralen mit der blokirten Küste, wofür kein Rechtsgrund vorliegt. Die neutralen Staten haben daher guten Grund, diese Friedensblocade in die engsten Schranken zu bannen. Wenn dieselbe nur ein Zwangsmittel gegen den Unrecht übenden Stat sein soll, so darf dieser Zwang nicht auch gegen die Neutralen geübt werden. Nur der Krieg als Nothstand rechtfertigt die strengeren Grundsätze, welche in dem Völkerrecht über die Blocade und das Prisenverfahren aufgekommen sind, der Friedenszustand nicht. Jm Jahre 1838 erhoben so die deutschen Hansestädte Einsprache gegen die französische Friedensblocade in Mexico, und im Jahr 1848 (1. März) erklärte sich der französische Statsrath gegen die Confiscation der Schiffe bei der Friedensblocade.

508.

Die gesundheitspolizeiliche Verkehrssperre zur Abwendung von Epidemien wird durch das Bedürfniss und durch ihren Zweck sowohl näher bestimmt als beschränkt.

Sie kann als Vorbeugungsmassregel gegen die Einschleppung und Verbreitung menschlicher oder thierischer Krankheiten nöthig werden, und je nach Umständen zur Einrichtung von Contumazanstalten führen. Soweit irgend die Interessen der Gesundheitspflege es erfordern, müssen alle diese Anstalten und Massregeln von den verschiedenen Nationen geachtet werden, welche diese Grenze berühren. Vgl. § 472 1).

509.

Das gewaltsame Embargo, wodurch fremde Schiffe einstweilen in Voraussicht einer nahen Kriegseröffnung am Auslaufen verhindert werden, ist nur als Nothmassregel und nur so weit gerechtfertigt, als das Kriegsrecht sie nachträglich gut heisst.

Man unterscheidet das civile Embargo als eine Massregel der hohen Statspolizei ohne völkerrechtliche Bedeutung von dem Embargo als völkerrechtliche Vorbereitungsmassregel für den erwarteten Krieg, welches daher als eventuelle Kriegsmassregel zu betrachten ist. Der Zustand der zurückgehaltenen Schiffe (von embargar, anhalten) ist einstweilen zweifelhaft. Kommt es nicht zum Krieg, so müssen sie wieder frei gegeben werden und in diesem Fall wird auch Entschädigung zu gewähren sein. Bricht der Krieg aus, so tritt bezüglich der vorläufig in Beschlag genommenen Schiffe das Kriegsrecht ein. Dann dient das Embargo insbesondere dazu, um für den Fall, dass der Feind ein übermässiges Prisenrecht in Anspruch nimmt, ein Mittel zur Repressalie in der Hand zu haben. Das Embargo wurde übrigens vielfach zu Gewalthandlungen missbraucht, und insbesondere wurde oft das Privateigenthum in völlig ungerechter Weise dadurch verletzt. Zuweilen ist durch Statenverträge das Embargo im Verhaltniss der Vertragsstaten ausgeschlossen worden. Handelsvertrag von Preussen mit den Vereinigten Staten von Nordamerika vom 11. Juli 1799 Art. 16. Vgl. über eine Anwendung des feindlichen Embargo durch England gegen Holland in nicht englischem Gewasser, am Cap der guten Hoffnung, die Ausfuhrung des Lord Stowell bei Phillimore III. § 38.

Achtes Buch.

Das Kriegsrecht.

1. Begriff des Kriegs, Kriegsparteien, Kriegsursachen und Kriegserklärung.

510.

Krieg ist bewaffnete Selbsthülfe einer statlichen Macht im Widerstreit mit einer andern statlichen Macht.

1. Zunächst erscheint der Krieg nicht, wie der gerichtliche Process in der Form eines Rechtsmittels, sondern in der furchtbaren Gestalt eines physischen Kampfes widerstreitender Gewalten Diese Erscheinung des Kriegs hat, ohne Rücksicht darauf, aus welchem Rechtsgrund der Krieg unternommen und was für Kriegsziele verfolgt werden, eine Menge auch von rechtlichen Wirkungen. Der Krieg ist immer eine gewaltsame Unterbrechung des friedlichen Zustands und des Friedensrechts und nur nothdürftig gelingt es dem Völkerrecht, ihn in bestimmten Schranken zu halten. Auch der ungerechtfertigte Eroberungskrieg oder ein Krieg aus blossem dynastischen Ehrgeiz oder aus nationaler Eifersucht oder Rache hat diese tief in die öffentliche Rechtsordnung eingreifenden Folgen. Zunachst ist also der Krieg ein thatsächlicher Process im Völkerleben, dessen rechtliche Natur zweifelhaft ist, dessen rechtliche Wirkungen aber nothwendig sind.

2. Dennoch besteht ein grosses humanes Interesse, den Krieg möglichst als Rechthülfe aufzufassen und darzustellen, damit seine Anwendung beschrankter und die in ihm zu Tage tretende Gewaltthat geordneter werde. Vgl. §§ 511. 516 ff. Der wahre, dem Ideal entsprechende Rechtszustand ist der Friede, nicht der Krieg. Wenn auch der ewige Friede ein unerreichbares Ideal sein mag, so ist das doch ein Ideal, welches die Entwicklung der Menschheit anstrebt, und dem sie sich annähern kann und soll. Parieu Cours de Pol. S. 371: „La paix éternelle impracticable, mais indéfiniment approximable."

511.

In der Regel ist der Krieg ein Rechtsstreit zwischen Staten als Kriegsparteien über öffentliches Recht.

Es widerstreitet den civilisirten Statszuständen, in denen für eine privatrechtliche Gerichtsbarkeit gesorgt ist, dass über streitiges Privatrecht Krieg geführt werde. Im Mittelalter noch war es anders. Das Fehderecht war in der That das Recht der bewaffneten Selbsthülfe auch bei Streitigkeiten zwischen Privatpersonen über ihr Eigenthum. Es ist durch die Durchführung der statlichen Gerichtsbarkeit verdrängt worden. Aber heute noch stehen die Völker, wenn sie mit einander über ihr öffentliches Recht streiten, auf demselben barbarischen Standpunkt, wie im Mittelalter die Ritter und die Städte. Sie greifen zu den Waffen und schlagen zu, um sich ihr Recht zu verschaffen. Das Völkerrecht hat noch einen weiten Weg zu machen, bis es ihm gelingen wird, den Streit der Gewalt in einen wahren Rechtsstreit umzubilden.

512.

Eine bewaffnete Partei, welche nicht von einer bestehenden Statsgewalt zur Gewaltübung ermächtigt worden ist, wird dennoch insofern als Kriegspartei betrachtet, als sie als selbständige Kriegsmacht organisirt ist und an States statt in gutem Glauben für öffentliches Recht streitet.

1. Es ist das zwar eine Ausnahme von der Regel, dass nur Staten Krieg führen, aber wenn die politische Partei statliche Zwecke verfolgt und wie eine Statsmacht organisirt ist, so stellt sie gewissermassen den Stat dar. Das Interesse der Humanität fordert, dass im Zweifel eine solche Partei eher als Kriegspartei, nicht als eine Masse von Verbrechern behandelt werde. Indem sie stark genug ist, sich als öffentliche Macht, analog der Statsmacht zu behaupten, durch ihre kriegsmässige Organisation auch Garantien der Ordnung gewährt, und durch ihre politischen Ziele ihr statliches Streben kund gibt, hat sie auch einen natürlichen Anspruch darauf, einem statlichen Heere ähnlich behandelt zu werden. . Die Gefahren der Gewaltübung werden dann nicht bloss für sie selber, sondern ebenso für ihre Gegner ermässigt. Wird sie dagegen nur strafrechtlich verfolgt, so wird dadurch der thatsächliche Kampf verwildert und es ist Gefahr, dass die beiden streitenden Parteien in die Barbarei versinken und einander mit grausamen Repressalien zu überbieten suchen.

2. Von der Art sind manche Unternehmungen von Freischaaren, um eine politische Umgestaltung zu erzwingen. Wenn dieselben wie ein wohlgeordnetes Kriegsheer operiren, wie z. B. die deutschen Freischaren unter Major Schill oder die italienischen Freischaren, die mit Garibaldi nach Sicilien und Neapel zogen, so ist es angezeigt, sie als Kriegspartei zu behandeln. Vgl. unten 570 ff.

3. Am nothigsten ist es, den obigen Grundsatz bei Bürgerkriegen zur Anwendung zu bringen, obwohl gerade da die Leidenschaften am liebsten unter der ernsten Maske der Gerechtigkeit ihren Hass und ihre Rachsucht besser verbergen und ungehemmter wirksam zu machen suchen. Die Partei, welche die

obrigkeitliche Autorität für sich hat, erklärt dann gern die Partei, welche sich der Statsgewalt widersetzt, als Hochverräther und Aufrührer. Aber auch die aufständische Partei sieht sich meistens nach Rechtstiteln um, in der Absicht, die Regierungspartei des Landesverraths und des Verfassungsbruchs zu beschuldigen Wenn einmal die Strafgerichtsbarkeit ihre Macht verloren hat und thatsächlicher Krieg um politische Ziele geführt werden muss, dann ist es richtiger, auch das Strafrecht in Beurtheilung der Kriegsparteien ruhen zu lassen und diese politisch und militärisch als Feinde zu betrachten und zu behandeln. Es ist daher als ein Fortschritt des heutigen Völkerrechts zu betrachten, dass es geneigt ist, sowohl eine aufständische Partei wie geordnete Freischaren als Kriegspartei zu behandeln, obwohl es an statlicher Ermächtigung fehlt, wenn dieselben a) als Kriegsheer wohl geordnet sind, b) selber die Rechte des civilisirten Kriegsrechts beachten und c) in gutem Glauben für politische Ziele kämpfen. Vgl. Lawrence Comm. sur les Él. Int. de Wheaton I. S. 182 ff.

4. Am unbedenklichsten wird die Behandlung eines Kriegsheers, ohne Stat, als Kriegspartei dann zugestanden, wenn ein Volk seine Heimat verlässt und während es eine neue sich zu verschaffen sucht, in Krieg verwickelt wird. Die Römer haben so alle Zeit die auf der Wanderung begriffenen germanischen Völker als Kriegsparteien betrachtet.

513.

Blosse Piraten und Räuber sind niemals Kriegsparteien, wenn gleich sie als Kriegsmacht organisirt sind.

1. Gegen dieselben wird nicht Krieg geführt, sondern Strafgerichtsbarkeit geübt, wenn gleich mit kriegerischen Mitteln. Weil dieselben offenbar gemeine Verbrechen begehen, und es ihnen augenscheinlich an gutem Glauben fehlt, so verlangt das beleidigte allgemeine Rechtsgefühl die Bestrafung, und gibt sich nicht mit dem Siege zufrieden. Die italienischen Briganti sind keine Kriegspartei, so wenig als die alten Flibustier.

2. Dagegen wird ein Stat, welcher seinen Einwohnern Seeräuberei verstattet, wie im Alterthum viele Seestädte im Mittelmeer, und bis in unser Jahrhundert hinein noch die afrikanischen Raubstaten, trotzdem zur Kriegspartei, wenn er Krieg führt. Die einzelne völkerrechtswidrige Handlungsweise zerstört nicht den Rechtscharakter eines Stats, wenn sie gleich seine Ehre befleckt.

514.

In zusammengesetzten Staten ist der Krieg zwischen der bestehenden Statsgewalt des Gesammtstats (Reichs- oder Bundesgewalt) und der Truppenmacht der Einzelstaten, wenn er den Schutz des Reichs- oder Bundesrechts bezweckt, lediglich Executionskrieg, nicht ein völkerrechtlicher Krieg zwischen gleichgestellten Staten. Indessen betrachtet das moderne Völkerrecht beide Parteien im Interesse der Humanität als Kriegsparteien.

1. Beispiele aus neuerer Zeit sind der Schweizer Sonderbundskrieg vom Jahr 1847 und der nordamerikanische Bürgerkrieg von 1861 bis

1865. Die Bundesgewalt bezeichnete zwar in beiden Kriegen die widerstreitenden Sonderbundler als strafbare Rebellen, und verzichtete auch nicht völlig auf die Bestrafung der Anstifter und Führer der Rebellion. Aber trotzdem wurden die Truppen der Conföderation doch, und mit Recht, als wirkliche Kriegspartei behandelt und dadurch der Schutz des civilisirten Kriegsrechts über das ganze Kriegsfeld ausgedehnt. Noch entschiedener sahen die auswärtigen Staten in beiden Mächten, die sich bekriegten, wahre völkerrechtliche Kriegsparteien. Vgl. Bluntschli Opinion impart. sur la Question de l'Alabama in der Genter Revue Intern. II. S. 457. Auch das Oberste Bundesgericht der Union hat im März 1863 ausdrücklich anerkannt, dass in Amerika ein „Bürgerkrieg" mit seinen Rechtswirkungen vorhanden sei.

2. Auch in dem deutschen Krieg von 1866 versuchte es die Mehrheit des Bundestags dem Krieg den Charakter eines Executionskriegs gegen Preussen beizulegen, aber ohne Glück. Preussen und Oesterreich, die sich um die Führung der deutschen Nation stritten, waren beide nicht blosse Bundesstaten, sondern europäische Mächte und ihr Krieg daher ein völkerrechtlicher Krieg im vollen Sinn des Worts. Von einer Anwendung einer bundesmässigen Strafgerichtsbarkeit konnte daher keine Rede sein.

515.

Der Krieg ist gerecht, wenn und soweit die bewaffnete Rechtshülfe durch das Völkerrecht begründet ist, ungerecht, wenn dieselbe im Widerspruch mit den Vorschriften des Völkerrechts ist.

Es ist das nicht bloss ein moralischer, sondern ein wirklicher Rechtssatz, freilich vorerst noch von geringer practischer Bedeutung, weil jede Kriegspartei die Gerechtigkeit ihrer Sache behauptet und es an einem unparteiischen Richter fehlt, welcher über die Wahrheit dieser Behauptung entscheidet. Indessen einige Wirkungen hat diese Unterscheidung doch, insbesondere bezüglich der Allianzpflicht und unter Umständen auch der Intervention bisher unbetheiligter Mächte. Jene ist nur für den gerechten Krieg zu fordern, diese gegen den ungerechten Krieg erlaubt.

516.

Als rechtmässige Ursache zum Krieg gilt eine ernste Rechtsverletzung oder eine gewaltsame Besitzstörung, welche dem zum Krieg greifenden State widerfahren ist oder womit er in gefährlicher Weise bedroht ist, oder eine schwere Verletzung der allgemeinen Weltordnung.

1. Die Gewalt von Mensch gegen Mensch geübt, ist nur durch die Nothwendigkeit zu rechtfertigen, die wir ihres sittlichen Charakters wegen Recht nennen. Der Krieg als Rechtshülfe setzt daher die Verletzung eines Rechts voraus, das nur mit Gewalt zur Anerkennung zu bringen ist, ganz ebenso wie der gerichtliche Process eine Rechtsverletzung voraussetzt, welche die Klage begründet.

2. Da durch Gedanken keine Rechte verletzt werden können, so war die Berufung der Napoleonischen Regierung, welche den angeblichen „Hintergedanken" des Königs von Preussen, dass er in Zukunft bei günstiger Gelegenheit die spanische Krone seinem Hause erwerben wolle, als Kriegsursache erklärte (19. Juli 1870) und damit den furchtbaren Völkerkrieg zwischen Frankreich und Deutschland einleitete, unglaublich frivol. Vgl. Bluntschli in Holtzendorffs Jahrb. 1871. S. 271 ff.

517.

Als rechtmässige Ursache zum Krieg ist aber nicht bloss die Verletzung geschichtlich anerkannter und erworbener Rechte, sondern ebenso die ungerechtfertigte Behinderung der nothwendigen neuen Rechtsbildung und der fortschreitenden Rechtsentwicklung zu betrachten.

Die Nothwendigkeit der zeitgemassen Neugestaltung des Stats muss ebenso anerkannt und durchgeführt werden, wie der Bestand des geschichtlich gewordenen Rechts, so lange es lebensfahig und zeitgemäss ist, geschützt werden soll. Wer die Verfechtung des werdenden Rechts bestreitet, der verkennt die lebendige Natur des Rechts und hindert dessen Fortbildung, welche mit der Entwicklung der Völker Schritt halten muss, wenn das Recht seine Bestimmung erfullen soll. Es ist eine eher kindische als juristische Ansicht, dass ein Volk berechtigt sei, für das dynastische Erbrecht eines Fursten Krieg zu fuhren, aber nicht berechtigt sei, für seine nationale Einigung zu den Waffen zu greifen, weil jenes Erbrecht in einer mittelalterlichen Urkunde vorbehalten worden, die nationale Einigung dagegen durch eine traurige Geschichte bisher verhindert und gehemmt worden ist. Dennoch hat diese wunderliche Meinung im Jahr 1866 in Deutschland manche Vertreter gefunden. Meines Erachtens ist das Recht eines Volkes, sich die statliche Gestalt zu geben, deren es bedarf, um seine natürliche Anlage zu entwickeln, seine Bestimmung zu erfullen, für seine Sicherheit zu sorgen und seine Ehre zu wahren, und daher sein Recht, dafur nöthigenfalls zu den Waffen zu greifen, ein sehr viel heiligeres, natürlicheres und wichtigeres Recht als irgend ein urkundliches Dynastenrecht.

Da auch mit dem unhaltbar gewordenen Rechtszustand meistens wichtige Interessen der Völker verflochten sind, so muss die Umgestaltung des Rechts, welche der Entwicklung eines Volkes entspricht, gewöhnlich von diesem gegen jene erkämpft werden.

518.

Das blosse Statsinteresse für sich allein rechtfertigt den Krieg nicht.

1. Eben weil in dem Krieg die Gewalt zwingend auftritt, sind nur Rechtsgründe, nicht aber blosse Zweckmässigkeitsgründe (Interessen) geeignet, denselben zu rechtfertigen. Napoleon hatte daher Unrecht, in der Thronrede vom 18. Nov. 1867 mit der Einmischung Frankreichs in die deutschen Angelegenheiten zu drohen, wenn die französischen „Interessen" gefährdet werden. Es gibt freilich viele Kriege, welche ohne Rechtsnothwendigkeit aus bloss poli-

tischen Motiven unternommen worden sind, um das Ansehen einer Macht zu vergrössern, eine politische Richtung zu hindern oder zu unterstützen, günstige Verbindungen zu erreichen u. dgl. Aber als blosses Mittel der Politik ist der Krieg durchaus verwerflich.

2. Völlig verschieden von dieser Frage ist die andere, ob der Krieg, wenn er als Rechtshülfe unternommen worden, nicht auch als politisches Mittel benutzt werden durfe. Das ist meines Erachtens nicht zu tadeln. Im Gegentheil, die Benutzung des Kriegs, um wenn er einmal da ist, auch nutzliche Zwecke zu erreichen, schafft ein Aequivalent für die unvermeidlichen Kriegsübel und bringt die Völker vorwärts.

519.

Auch in einem ungerechten Krieg gelten dennoch die Vorschriften des Völkerrechts über die Art der Kriegsführung und die Rechte und Pflichten der Kriegsparteien.

Ueber den Begriff des ungerechten, d. h. des nicht durch eine rechtmässige Kriegsursache gerechtfertigten Kriegs vgl. o. zu § 516 bis 518. Die Vorschriften des Kriegsrechts sind aber auch fur den ungerechten Krieg bindend. Würde man das nicht zugeben, und etwa gegen die Kriegspartei, welcher man vorwirft, sie habe keinen Rechtsgrund fur sich, strengere und grausamere Massregeln ergreifen oder ihr nicht dieselben Rechte zugestehen, so wurde der Krieg überhaupt wieder barbarischer werden; denn wie jede Partei gewöhnlich behauptet, nur ihr Recht zu verfechten, so bestreitet sie gewöhnlich den Rechtsgrund der Gegenpartei. Das Kriegsrecht civilisirt den gerechten und den ungerechten Krieg ganz gleichmässig. Nur weil es diese Unterscheidung nicht wirken lässt, sichert es seine allgemeine Anwendung.

520.

Die rechtmässige Kriegsursache rechtfertigt den Krieg nur dann, wenn die Herstellung des Rechts und die entsprechende Genugthuung und Sühne nicht auf friedlichem Wege sicher und ohne Zögerung zu erreichen sind.

Dass man die Verhandlung über das streitige Recht nicht mit dem Kriege beginnen darf, war schon den antiken Volkern klar. Der Krieg ist nicht das erste, sondern das letzte Mittel, sich Recht zu verschaffen, im Grunde doch nur ein unsicheres, mit den schwersten Uebeln verbundenes Nothmittel.

521.

Wenn ein Stat einen Angriffskrieg beginnt, so ist er schuldig, vorerst den Versuch zu machen, ob nicht seine Forderungen ohne Krieg anerkannt und erfüllt werden und ebenso verbunden, vorher seinen Entschluss zum Krieg zur Eröffnung der Feindseligkeiten anzukünden.

1. Wird ein Angriffskrieg ohne Kriegsdrohung und ohne vorherige Kriegs-

erklärung lediglich durch thatsächliche Ueberraschung mit Feindseligkeiten begonnen, so wird diese Handlung von dem civilisirten Völkerrecht gemissbilligt, es wäre denn, dass ausnahmsweise das Völkerrecht die sofortige Anwendung der Kriegsgewalt, wie z. B. gegen Seeräuber gestattet. In der Regel wird freilich die Verfolgung der Seeräuber als Anwendung der völkerrechtlichen Strafgerichtsbarkeit, nicht als eigentliche Kriegsführung zu betrachten sein. Aber sie kann sich unter Umständen zum Kriege steigern, wenn die verfolgten Piraten Schutz bei einer statlichen Macht finden.

2. Man muss übrigens den thatsächlichen, d. h. militärischen Angriff von dem rechtlichen Angriffskrieg unterscheiden. Auch in einem Vertheidigungskriege kann der Vertheidiger aus militärischen Gründen der Angriffsmacht durch einen militärischen Angriff zuvorkommen. Nicht die Thatsache, der früheren Ueberschreitung der Grenzen und des Einfalls in das Feindesland ist für den rechtlichen Unterschied eines Angriffs- oder Vertheidigungskrieges entscheidend, sondern die verschiedene Rechtsstellung.

522.

Die Ankündigung des bevorstehenden Kriegs kann durch Gesante oder Herolde dem Gegner gegenüber förmlich erklärt oder sie kann durch ein allgemeines Kriegsmanifest aller Welt gegenüber eröffnet werden.

1. Die antike Rechtsubung der Römer betrachtete die feierliche Kriegsandrohung und sodann die nachfolgende Kriegserklärung als eine Bedingung des gerechten Kriegs (bellum justum). Auch im Mittelalter musste die rechtmässige Fehde drei Tage vor Beginn der Gewalt feierlich angesagt werden. Mit Rucksicht darauf erklären manche Publicisten die vorherige Kriegserklärung an den Feind für ein Erforderniss eines civilisirten Kriegsrechts.

2. Es lasst sich nicht verkennen, dass ein solches formelles Verfahren, wenn es allseitig beachtet wird, für die Rechtssicherheit nützlich ist. Es wird dadurch der Zeitpunkt genau constatirt, in dem der Friede aufhört und ein ausnahmsweiser Nothstand des Kriegs eintritt. Das genau zu erfahren und sicher zu wissen, ist aber fur eine Menge von Rechtsverhältnissen und Rechtsfragen von grösster Wichtigkeit. Aber man darf ebenso wenig ubersehen, dass der neuere Kriegsgebrauch seit mehr als einem Jahrhundert diese Form nicht mehr als nothwendige Bedingung einer rechtmassigen Kriegsführung beachtet. In der That kommt es denn auch nicht auf diese besondere Form der Kriegserklärung an, um den Entschluss zum Krieg zu verkünden und die Thatsache des Kriegs zu constatiren. Ganz dasselbe kann durch ein Kriegsmanifest erreicht werden, welches beides aller Welt und also auch dem Feind gegenüber verkündet.

Das heutige Völkerrecht legt daher einem solchen Kriegsmanifest ganz dieselbe Bedeutung bei, wie der gegenseitigen Kriegserklärung. Ueberhaupt ist es geneigt, die ganze Frage weniger formell zu betrachten, als die frühere Völkersitte. Die Rechtsklarheit hat dabei gelitten, aber die Interessen der Politik und der Kriegsfuhrung haben sich dabei besser befunden. Vgl. besonders Phillimore III. Cap. 5.

523.

In der Androhung, dass eine bestimmte Handlung eines Stats als Kriegsfall betrachtet und sofortige kriegerische Massregeln nach sich ziehen werde, liegt unter Umständen eine eventuelle Kriegserklärung.

Fälle der eventuellen Kriegserklärung sind in der neueren Kriegsgeschichte nicht selten, so dass dann eine nochmalige Kriegserklarung oder selbst ein Kriegsmanifest als entbehrlich betrachtet wird Wenn hiebei in bona fide verfahren und nicht etwa der Gegner absichtlich getauscht wird, um ihn unerwartet und plötzlich zu uberfallen, so kann man diese Praxis nicht als völkerrechtswidrig verurtheilen. Aber da der Missbrauch nahe liegt und jede Unsicherheit über Frieden oder Krieg schadlich wirkt, so ist diese Methode, einer offenen Erklärung auszuweichen, nicht empfchlenswerth und ihre Anwendung möglichst auf solche Falle zu beschranken, in denen raschestes Handeln durchaus nöthig und zu einer gehörigen Erklärung keine Zeit mehr ist. Falle solcher Art waren die Verhinderung der Spanischen Expedition nach Sicilien im Jahre 1718 durch den Angriff der englischen Flotte, die Kämpfe zur See zwischen englischen und französischen Schiffen im Jahr 1788, während nur die Kriegspannung klar, eine eigentliche Kriegserklärung noch nicht geschehen und noch nicht bekannt war. Weil man im Krieg auf Ueberraschungen gefasst sein muss, so sind die Staten zur Zeit der Vorbereitung und Spannung auf den Krieg zur Wachsamkeit veranlasst, und fängt die militärische Nothwendigkeit, den Drohungen des Feindes rechtzeitig zu begegnen, an mitzuwirken. Es ist dann eine Aufgabe der Politik, diese militärische Rücksicht mit der auf das Völkerrecht in Harmonie zu bringen.

524.

Zum Vertheidigungskrieg bedarf es einer vorherigen Kriegserklärung durch den Vertheidiger nicht, wenn bereits ein feindlicher Angriff begonnen hat, denn die Abwehr eines gewaltsamen Angriffs ist allezeit erlaubt.

Der Vertheidiger ist nicht gehindert, aber er ist nicht verpflichtet, den Krieg zu erklären. Auch er kann aber seinen Vertheidigungskrieg durch ein Manifest begründen und erklären, und er wird in der Regel gut daran thun, ein solches Manifest zu erlassen.

525.

Es ist nicht nothwendig, dass ein längerer Zeitraum zwischen der Kriegsandrohung und dem Beginn der Feindseligkeiten für Unterhandlungen verstattet werde. Aber der gute Glaube und die Rücksicht auf die Regel des Friedens erfordern, dass dem Gegner so viel Zeit gegeben werde, um noch den Ausbruch des Krieges durch rasche Nachgiebigkeit zu vermeiden.

Die gleichzeitige Kriegserklärung und Eröffnung des Kriegs ohne vorherige unzweideutige Kriegsdrohung verstosst nicht allein gegen die Interessen der

Humanität, sondern auch gegen die rechtliche Natur des Kriegs, als der gewaltsamen Rechtshulfe aus Noth. Siehe oben § 516 u. folg. Aber es genugt unter Umständen eine ganz kurze Frist vielleicht von wenigen Tagen, wenn die Gefahr drängt, sogar von wenigen Stunden; insbesondere da, wo schon frühere ernste Drohungen oder Kriegsspannungen vorausgegangen waren und es wesentlich davon abhangt, Gewissheit über die Friedens- oder Kriegsentschlusse des Gegners zu erhalten.

526.

Das blosse Anerbieten über den Frieden zu unterhandeln oder sogar Genugthuung zu gewähren, hindert den Vollzug der Kriegsdrohung nicht, wenn nicht zugleich verlässige Garantien für wirkliche und sofortige Befriedigung gegeben werden.

Ein solches Anerbieten kann auch gemacht werden, um Zeit zu gewinnen fur vollstandigere Kriegsrustung. Wurde dasselbe daher ein Hinderniss sein fur den Beginn des Kriegs, so konnte das leicht nicht den Krieg, aber den Erfolg des Kriegs vereiteln.

527.

Die Kriegserklärung bezeichnet zugleich den Zeitpunkt der Kriegseröffnung, wenn der Krieg nicht schon vorher thatsächlich durch Acte der militärischen Gewalt begonnen worden ist.

Die thatsachliche Kriegseröffnung beendigt unter allen Umständen den bisherigen Friedenszustand, auch wenn noch keine Kriegserklarung erfolgt ist. Aber die Kriegserklarung eroffnet den Krieg ebenfalls, auch wenn die Feindseligkeiten noch nicht begonnen haben. Es entspricht das theils der thatsächlichen Natur des Kriegs, theils der ausdrucklichen Willensbestimmung der Kriegspartei. Die Frage ist besonders wichtig fur die Beurtheilung einzelner Acte der Gewalt, die nur im Krieg, nicht im Frieden erlaubt sind. Die Wegnahme von Prisen setzt den wirklichen Beginn des Krieges voraus.

528.

Ist der Krieg auch nur von einer Partei thatsächlich oder durch Kriegserklärung begonnen worden, so ist von dann an auch die andere Partei berechtigt, das Kriegsrecht anzurufen und anzuwenden.

Es folgt das aus der gegenseitigen Natur des Kriegs. Wenn aber dem Feinde kein Widerstand entgegengesetzt wird, sondern man sich demselben unterwirft, dann ist, weil es nicht zwei kampfende Parteien gibt, auch kein Krieg vorhanden.

2. Wirkungen des Kriegszustandes im Allgemeinen. Kriegsziel.

529.

Die Kriegseröffnung hebt die Rechtsordnung nicht auf, auch nicht im Verhältniss der kriegführenden Staten zu einander.

Aber sie übt die Rechtsordnung verändernde Wirkungen aus:

a) im Verhältniss der Staten, welche Krieg führen zu einander und zu ihren Bundesgenossen,

b) im Verhältniss zu den neutralen Staten,

c) mit Rücksicht auf die Angehörigen der Kriegsparteien oder die Bewohner des Kriegsfeldes.

1. Die ältere naturrechtliche Vorstellung bildete sich einen rechtlosen Naturzustand ein, welcher aller Statenbildung vorausgehe, in welchem die Menschen wie die Thiere weder eigene Rechte haben, noch Rechte andern Menschen zugestehen und Jeder so weit seinen Willen geltend mache, als er die physische Macht besitze. Die alten Naturrechtslehrer meinten, nur durch Friedens- und Gesellschaftsverträge werde dieser Zustand eines bellum omnium contra omnes, des allgemeinen Krieges Aller miteinander beschrankt und ein vertragsmassiger Rechtszustand eingefuhrt und sie behaupteten, wenn nun die Staten wider einander den Krieg erklären, so bedeute das Rückkehr in jenen ursprünglichen völlig rechtlosen Kriegszustand. Sie nahmen in Folge dessen an, im Krieg werden keine Rechte mehr anerkannt, sondern herrsche nur die physische Gewalt. Diese ganze Ansicht wird von der heutigen Rechtswissenschaft als Irrthum verworfen.

2. Im Gegentheil, wir erkennen an, dass es natürliche Menschenrechte gibt, die im Krieg wie im Frieden zu beachten sind, und dass die Rechtsordnung der Welt und der einzelnen Volker in einer steten geschichtlichen Entwicklung begriffen ist, welche nicht auf einmal durch einen Volkerstreit abgebrochen und gänzlich zerstört werden kann. So wenig die Sprache und Civilisation einer Nation in Folge einer Kriegserklärung plötzlich verschwindet und in die ursprungliche Roheit und Barbarei zurucksinkt, ebenso wenig kann die Rechtscultur, das Erzeugniss einer Arbeit von Jahrhunderten auf einmal wieder erlöschen und ein Zustand völliger Rechtlosigkeit an seine Stelle treten. Da der Krieg wesentlich Rechtshulfe ist, so darf er nicht die Rechtsordnung verneinen, welcher er dienen will.

3. Die Rechtsordnung im Ganzen bleibt also unversehrt. Aber weil der Krieg einen Nothstand theils voraussetzt, theils herbeifuhrt, ubt er eine Reihe von Wirkungen aus, welche das bestehende Recht theilweise suspendiren, theilweise abandern. Es tritt nun ein eigenthumliches Kriegsrecht ein, welches als Ausnahmsrecht das regelmässige Friedensrecht modificirt

530.

Der Krieg wird zwischen den Staten geführt und nicht unter und mit den Privatpersonen.

Die Erkenntniss dieses grossen Gesetzes, welches aus der Natur des völkerrechtlichen Rechtsstreits folgt, hat auf die Humanisirung des Kriegs und auf die Sicherung der Privatrechte die wohlthätigsten Wirkungen hervorgebracht. Vergleiche darüber die Einleitung zu diesem Werke. So lange freilich wie im Alterthum, der Einzelmensch im State aufging, konnte diese Unterscheidung nicht vollwirksam werden. Aber seitdem der Gegensatz des öffentlichen und des Privatrechts klarer geworden ist und die neuere Rechtsbildung begriffen hat, dass die Privatperson eine Existenz für sich habe, auch im Gegensatz zum State, hat dieselbe das ganze aus dem Alterthum hervorgebrachte Kriegsrecht wohlthätig umgebildet.

Diese Umbildung wurde vorbereitet durch das sittliche Gebot Christi: „Liebet eure Feinde" und durch die Morallehre der Theologen (katholischen und protestantischen), dass man nur nothwendige Uebel im Kriege zufügen dürfe. Aber die grundsätzliche und energische Durchführung des Rechtsprincips ist doch erst der modernen Rechtswissenschaft und der modernen Statspraxis zu verdanken.

531.

Die kriegführenden Staten sind Feinde im eigentlichen Sinn, die Privatpersonen dagegen sind als solche nicht Feinde, weder unter einander noch dem feindlichen State gegenüber.

Nur die Statsgewalt tritt mit Heeresmacht dem feindlichen State entgegen und unternimmt es, denselben zu zwingen, dass er das von jener behauptete Recht anerkenne oder auf seine bestrittenen Forderungen verzichte. Die Privaten als solche sind bei diesem Streite nicht unmittelbar betheiligt, sie sind nicht Kriegs- und nicht Processparteien, und eben desshalb nicht Feinde im eigentlichen und vollen Sinn des Worts. Der von den früheren Publicisten, sogar noch von Kent (Comm. § 6, 7, 8) als allgemein anerkannt behauptete Satz: „Wenn der Stat im Kriege sei, so seien alle Bürger des Stats Feinde", ist offenbar falsch und darf daher nicht mehr gelten. Der Stat ist eine andere Person als die Privatpersonen im State. Der Stat hat eine ihm eigenthümliche Rechtssphäre, das grosse Gebiet des öffentlichen Rechts, und die Privatpersonen haben ebenso ein ihnen eigenes Rechtsgebiet, ihre persönlichen Familien- und Vermögensrechte, welches von dem Streit der Staten nicht unmittelbar, sondern nur mittelbar betroffen wird, über welches kein Streit zwischen den Staten ist. Daher sind die Privatpersonen nicht im eigentlichen Sinne Feinde. Sie können trotz des Kriegs in den freundlichsten Beziehungen leben, der Verwantschaft, der Wirthschaft des Verkehrs. Sehr wahr erklärte der berühmte französische Minister Portalis im Jahre VIII. bei der Installation des Prisengerichtshofs: „Entre deux ou plusieurs nations belligérantes, les particuliers dont ces nations se composent, ne sont ennemis que par accident; ils ne le sont point comme hommes, ils ne le sont même pas comme citoyens;

ils le sont uniquement comme soldats". Vgl. Heffter § 119. Proclamation des Konigs Wilhelm von Preussen als deutschen Oberfeldherrn vom 11. Aug. 1870: „Ich fuhre Krieg mit den französischen Soldaten und nicht mit den französischen Burgern. Diese werden desshalb fortfahren, der Sicherheit für ihre Personen und ihre Güter zu geniessen, so lange sie nicht selbst durch feindselige Unternehmungen gegen die deutschen Truppen Mir das Recht nehmen, ihnen Meinen Schutz zu gewahren."

532.

Inwiefern aber die Angehörigen eines States, der Krieg führt, als Statsbürger oder Unterthanen der Statsgewalt öffentlich-rechtlich verpflichtet sind, werden sie auch von der Kriegsgewalt des Feindes betroffen und inwiefern sie persönlich an dem Kampfe des States Theil nehmen, werden sie auch als mittelbare Feinde betrachtet und behandelt.

1. Der Stat gebietet, soweit das öffentliche Recht es gut heisst, und die offentliche Wohlfahrt es erfordert, auch uber die Krafte seiner Burger. Er legt denselben Kriegslasten auf. Insoweit hemmt naturlich die feindliche Kriegsgewalt, soweit ihre Macht reicht, die Unterstutzung des Stats durch die Bürger und fordert im Gegentheil, soweit das Völkerrecht es zulasst, für sich diese Unterstützung.

2. Wenn ferner dem feindlichen State die Truppen des Stats — gleichviel ob sie nur aus Burgern des Stats oder vielleicht auch aus fremden Soldnern bestehen — mit den Waffen entgegentreten, so erscheinen diese Truppen thatsachlich als Feinde, und obwohl auch sie nur im Auftrag und Dienste des States Feindschaft üben, so werden sie nun doch von den friedlichen Unterthanen des gegnerischen States unterschieden und als active Feinde im weitern Sinn des Worts (mittelbare Feinde) angesehen. Als solche sind sie im Kampfe der Todesgefahr und besiegt der Kriegsgefangenschaft ausgesetzt.

3. Die ubrigen Statsangehörigen einer Kriegspartei, die keinen activen Theil nehmen an dem Krieg, können dann nur insofern als mittelbare und passive Feinde von der gegnerischen Kriegspartei betrachtet und behandelt werden, als sie sammt ihrem Vermogen der occupirenden Macht unterworfen werden. In ähnlicher Lage sind aber selbst diejenigen Personen, welche einem neutralen State angehören, aber in dem Lande einer der Kriegsparteien wohnen, der andern Kriegspartei gegenuber. Auch sie mussen sich den Verkehrsbeschränkungen, Einquartirungslasten und andern Anordnungen der gegnerischen Kriegsgewalt unterwerfen, wie der Hoheit des States, der das Land im Frieden beherrscht. Vgl. u. § 504 ff.

Sehr viel weiter geht die Jurisprudenz der Englander und grossentheils der Nordamerikaner, welche geradezu die in Feindesland domicilirten Neutralen als (passive) Feinde erklärt und sogar ihr Eigenthum zur See mit Wegnahme bedroht. Diese Theorie kommt zu der kunstlichen Vorstellung einer Nationalität, die lediglich auf Domicil beruht und nur im Kriege zum Schaden der Domicilirten sich geltend macht, im Gegensatz zu der wahren Nationalitat, die auf dem Statsverbande beruht und im Frieden gilt. Die ganze Theorie ist nur erdacht, um möglichst viel Seebeute zu machen. Sie hat keinen Grund in den natürlichen Rechtsverhältnissen und gelangt zuletzt zu der Abenteuerlichkeit, dass England das Eigenthum eines in den Vereinigten Staten wohnenden Engländers als feindliches Eigenthum behandelt, wenn England mit den Vereinigten Staten im Kriege ist. Eine einlässliche Darstellung der Theorie findet sich bei Calvo D. I. § 730 ff. Bd. II. S. 48 ff. und bei Phillimore IV. § 37 u. ff.

533.

Der antike Satz, dass der Feind rechtlos sei, wird von dem heutigen Völkerrecht als unmenschlich verworfen.

Vgl. zu 529 Die Menschenrechte dauern auch im Kriege fort und ebenso die Privatrechte, soweit nicht der Nothstand des Kriegs eine Beschrankung nothwendig macht.

534.

Ebenso wird der Satz, dass wider den Feind Alles erlaubt sei, was dem Krieg führenden State nützlich erscheint, von dem civilisirten Völkerrecht als barbarisch missbilligt.

Das Völkerrecht verbindet auch die Kriegsparteien während des Kriegs als Glieder der Menschheit und beschränkt dieselben in der Anwendung der zulässigen Gewaltmittel.

Da der Krieg gewaltsame Rechtshülfe und sein Endziel Herstellung der Rechtsordnung und des Friedens ist, so muss auch die Kriegsgewalt die Schranken der regelmässigen Rechtsnothwendigkeit beachten, und darf dieselben nur dann und nur insofern uberschreiten, als die ausnahmsweise militärische Nothwendigkeit es fordert. Treulosigkeit und barbarische Grausamkeit sind auch dann nicht gegen den Feind erlaubt, wenn dieselben für den Gang des Krieges vortheilhaft zu sein scheinen. Die ganze Existenz des Kriegsrechts bedeutet Beschränkung der Kriegsleidenschaft und der Kriegswillkür. Neuerlich hat Oberst Rüstow den unglucklichen Versuch gemacht, das Kriegsvölkerrecht keck zu laugnen und den „Kriegsgebrauch" als allein massgebend zu erklären, d. h. die Kriegsführung der civilisirten Völker grundsätzlich mit der der Wilden auf dieselbe Stufe zu erniedrigen. Vgl. darüber meinen Artikel in der Gegenwart. Berlin 1876.

.533.

Ausrottungs- und Vernichtungskriege gegen lebens- und culturfähige Völker und Stämme sind völkerrechtswidrig.

1. Der Vertilgungskrieg gegen die abgöttischen Bewohner von Palästina, welchen die alten Juden noch für eine heilige Pflicht hielten, wird von dem humaneren Rechtsgefuhl der heutigen Welt als Barbarei getadelt und darf nicht mehr wie ein nachahmungswurdiges Beispiel gepriesen werden.

2. Zur Zeit noch weniger empfindlich ist das moderne Rechtsgefuhl gegenüber den wilden Stämmen Das Völkerrecht schützt dieselben nicht, weil man annimmt, sie gehören nicht zu den grossen Völkerfamilien, aus denen die civilisirte Menschheit besteht, weil sie keinen activen Antheil an der Handhabung des Volkerrechts haben. Ich sehe darin noch einen Mangel in dem heutigen Volkerrecht.

Weil die Wilden Menschen sind, so sind sie auch menschlich zu behandeln und darf man ihnen nicht alle Menschenrechte absprechen. Sie sind vielleicht schwer an eine Rechtsordnung zu gewöhnen; ihre Erziehung zu gesitteten Menschen ist vielleicht ein undankbares Geschäft, das nur mit geringen Erfolgen die grossen Mühen lohnt. Aber es ist dennoch die Aufgabe und die Pflicht der civilisirten Völker, sich auch dieser Heranbildung der rohesten Stämme anzunehmen und sie zu einem menschenwürdigeren Zustand heranzubilden. Nimmermehr darf es zugegeben werden, dass die Jagd auf wilde Menschen ebenso Jedermann frei stehe oder auch von der Statsgewalt erlaubt werden dürfe, wie die Jagd auf Füchse und Wölfe.

536.

Das Kriegsziel wird durch die Kriegsursache nur zum Theil bestimmt. Die Forderungen wachsen im Verhältniss der Opfer, welche für den Krieg geleistet, und der Gefahren, welche mit dem Kriege übernommen worden sind. Der Sieg übt durch seine Bethätigung der wirklichen Macht auch eine Recht bildende Kraft aus.

1. Das ist der grosse Unterschied zwischen andern Processen und dem furchtbaren Rechtsstreit des Kriegs. Das gerichtliche Urtheil geht niemals über das Klagerecht hinaus, es begnügt sich, das Rechtsverhältniss, welches verletzt worden war, wieder herzustellen. Die Processkosten erscheinen im Civilprocess als eine meist nur unwichtige Nebensache. Im Civilprocess werden aber auch die Processmittel, die Streitschriften und die Streitreden der Parteien in den bemessenen Schranken festgehalten, welche der Natur der Streitsache entsprechen. Sie greifen nicht über das Klagbegehren und nicht über den Umfang der Einreden hinaus. Im Krieg der Völker ist das Alles anders. Der Krieg ist ein so furchtbares Streitmittel, dass derselbe eine Menge von Wirkungen und Folgen nach sich zieht, welche mit dem ursprünglichen Streitobject nichts zu schaffen haben. Er macht Opfer an Gut und Blut nöthig, die nicht selten viel grösser sind, als der Werth des streitigen Rechts. Er regt mit den Volkskräften auch die Volksleidenschaften aus der Tiefe auf und stellt das ganze künftige Verhältniss der streitenden Staten in Frage. Nicht bloss über das Recht, auch um die Interessen der Politik wird nun gestritten. Es offenbaren sich im Krieg die lange gebundenen und verborgenen Kräfte, und verlangen nun ebenfalls Beachtung So wird der Krieg zu einem Entwicklungsmoment der Völkergeschichte und in veränderter Gestalt gehen aus ihm die Staten hervor.

2. Desshalb ist das Kriegsziel nicht so enge begrenzt, wie die Kriegsursache. Es erweitert sich durch andere Momente, welche der Krieg selbst dem ursprünglichen Streitgegenstand hinzufügt. Es handelt sich meistens nicht mehr allein um die Gewährung des anfangs streitigen Anspruchs oder die Anerkennung des bestrittenen Rechts, selbst nicht bloss um die Entschädigung für die erlittene Unbill und um die Genugthuung für die erfahrene Beleidigung. Man will auch Sicherheit für die Zukunft und sogar einen neuen Friedenszustand gewinnen, welcher dem im Krieg bewährten Machtverhältniss entspricht und der neuen Rechtsbildung des Statenlebens zu zeitgemässem Ausdruck dient.

3. Insofern erscheint der Krieg nicht als blosse Abwehr der Rechtsverletzung und als ein Mittel der Wiederherstellung des verletzten Rechts, sondern zugleich als eine treibende Kraft zu neuer Rechtsgestaltung. Die Neugestaltung des Statslebens geht nun einmal nach dem Zeugniss der Geschichte meistens unter Donner und Blitz, im Gewittersturm vor sich.

---

3. Kriegsrecht gegen den feindlichen Stat und in dem feindlichen Statsgebiete.

537.

Der ständige diplomatische Verkehr zwischen den feindlichen Staten wird, wenn er nicht schon vor der Kriegseröffnung abgebrochen worden ist, nun in Folge derselben regelmässig aufgehoben und die Gesanten werden wechselseitig zurückgerufen oder zurückgeschickt.

Indessen kann der Gesantenverkehr ausnahmsweise auch während des Kriegs fortgesetzt oder neu angeknüpft werden.

1. Der Abbruch des Gesantenverkehrs geht oft der Kriegserklärung voraus und wird dann als Einleitung zu dem drohenden Bruch des Friedenszustandes angesehen. Derselbe kann aber auch mit der Kriegserklärung verbunden werden. Auf einer Rechtsnothwendigkeit beruht er nicht; denn es ist kein innerer Widerspruch darin zu finden, dass zwei Staten über ein einzelnes Streitobject mit einander kämpfen und zugleich in andern Beziehungen mit einander durch Gesante friedliche Verhandlungen pflegen. Der Krieg kann ja durch Uebereinkunft localisirt und dadurch auf ein engeres Gebiet begrenzt werden, als die beiderseitige Statsherrschaft reicht. Die wechselseitige Abberufung der Gesanten erscheint daher durchweg als ein freier, durch politische Erwägungen bestimmter Act der Politik, nicht als Rechtspflicht. Eben deshalb ist die Fortdauer der Gesantschaft nicht unmoglich, trotz des Kriegs, und der Erneuerung des Gesantenverkehrs steht auch wahrend des Kriegs kein rechtliches Hinderniss im Weg. Dieselbe kann ebenso den Frieden vorbereiten, wie früher die Abberufung den Krieg.

2. Als politischer Grund kommt neben der Abneigung, einen freundlichen Geschäftsverkehr fortzusetzen, wahrend man einander mit todtlichen Waffen bekämpft, hauptsächlich die Rucksicht in Betracht, dass man nicht in dem Centrum der eigenen Stats- und Kriegsleitung eine Repräsentation des feindlichen Stats haben will, welche ihre privilegirte Stellung gegen die diesseitigen Statsinteressen benutzen kann und allen feindlichen Bestrebungen zu einem Stutzpunkte dient.

3. Nicht dieselben Grunde sprechen für die einstweilige Aufhebung der consularen Vertretung, welche weniger im Statsinteresse als zu Gunsten des internationalen Privatverkehrs thätig ist. Es kommt daher eher vor, dass die Thätigkeit der Consuln sogar des feindlichen Stats auch während des Kriegs un-

gehemmt fortgesetzt wird, selbstverständlich aber nur so lange, als der Stat sein Exequatur nicht zurückzieht. Ueber die Consuln der neutralen Staten vgl. § 556.

538.

Auch die Vertragsverhältnisse zwischen den Staten, welche Krieg führen, werden nicht nothwendig durch die Kriegseröffnung aufgelöst oder suspendirt.

Die Wirksamkeit der Verträge wird während des Krieges nur insoweit gehemmt, als die Kriegführung mit derselben unvereinbar ist.

Die eigens für den Kriegszustand geschlossenen Statenverträge gelangen erst im Kriege zu ihrer Wirksamkeit.

1. Von vielen Publicisten ward früher behauptet, dass der Krieg ipso facto die Verträge zwischen den kriegführenden Staten aufhebe. Auch in diplomatischen Actenstücken findet sich diese Behauptung oft, wie ein selbstverständliches Recht ausgesprochen. Offenbar ist dieselbe eine Folge jener falschen Grundansicht, welche eine Zeit lang das Kriegsrecht verdorben hat, dass durch den Krieg ein rechtloser Naturzustand herbeigeführt werde. (Vgl. zu § 529.) Sobald man einmal erkannt hatte, dass der Krieg als Rechtshülfe nicht die Rechtsordnung aufhebt, so überzeugte man sich von der Verwerwerflichkeit jener älteren Lehre. Die Thatsache des Kriegs kann so wenig alles Vertragsrecht zerstören, als sie die Rechtsordnung überhaupt aufhebt. Der Krieg kann sogar als Mittel dienen, um einen Stat zur Erfüllung seiner Vertragspflicht zu zwingen.

2. Sehr oft werden auch Verträge eigens für den Kriegsfall geschlossen, wie z. B über die Beschränkung der Contrebande, über die Gestattung des freien Handels während des Kriegs, über Neutralisirung eines Gebietstheils, zum Schutz gewisser Anstalten gegen die Kriegsgefahr, über die Prisengerichtsbarkeit. Da hat man auch früher schon anerkannt, dass derartige Verträge trotz des Kriegs Geltung haben, freilich im Widerspruch mit jenem Grundirrthum. Es ist aber eben so wenig Grund, um die fortdauernde Rechtsgültigkeit anderer Verträge, die keinen Bezug auf den Krieg haben, im Princip zu verneinen, lediglich weil zwischen den Staten über eine andere Rechtsfrage Streit ist. Wesshalb sollen z. B. die vertragsmässige Feststellung der Grenze, oder die Verträge über Unterhaltung der Flussufer, oder über die Freizügigkeit der Einwohner, über das Erbrecht und das Vormundschaftsrecht kraftlos werden, ungeachtet der Inhalt derselben nicht streitig geworden ist und dieselben trotz des Kriegs ausgeführt werden können?

3. Verschieden von der rechtlichen Ungültigkeit ist die thatsächliche Unwirksamkeit der Verträge. Die Wirksamkeit der Verträge kann leicht durch den Krieg thatsächlich behindert werden, unter Umständen schon deshalb, weil der friedliche Verkehr zwischen den Staten abgebrochen wird, oder weil die Kriegsführung die Kräfte absorbirt, welche im Frieden für vertragsmässige Leistungen verwendet wurden. Wenn z. B. der Stat A sich durch Vertrag mit dem State B verpflichtet hat, eine Eisenbahn bis zu einem bestimmten Termin auszubauen, oder eine Flusscorrection auszuführen, so macht wohl, wenn es vorher zwischen diesen Staten zum Kriege kommt, in den meisten Fällen das Bedürfniss

der Kriegsführung, welche alle finanziellen Kräfte an sich zieht, den Vollzug jenes Vertrags unmöglich. Insofern suspendirt der Krieg die Wirksamkeit vieler Verträge, indem jeder kriegführende Stat veranlasst ist, alle seine Kräfte eher auf die Wirksamkeit seiner Heerführung zu verwenden, als um friedliche Verpflichtungen gegen den Feind zu erfüllen; und es bedarf dann oft im Frieden einer erneuerten Regulirung dieser Verhältnisse. (Vgl. oben § 459.) Weil man das in manchen Fällen erfahren hatte, so meinte man die allgemeine Rechtsregel aussprechen zu dürfen, dass der Krieg die Wirksamkeit der Verträge überhaupt verhindere. Indessen geht auch diese Regel zu weit. Vielmehr ist im einzelnen Fall zu prüfen, ob die Natur des Kriegs zu einem Hinderniss für die Vertragserfüllung werde oder nicht. Da die privatrechtliche Gerichtsbarkeit während des Kriegs auch den Angehörigen des feindlichen Stats gegenüber fortdauert, so kann leicht bei Entscheidung eines Privatprocesses das bestehende Vertragsrecht für das richterliche Urtheil massgebend und daher wirksam sein.

539.

Wenn ein Theil des feindlichen Statsgebiets — ein Platz, eine Stadt, ein Bezirk, ein Land — von der gegnerischen Kriegsgewalt besetzt wird, so verfällt dieser besetzte (occupirte) Theil sofort dem Kriegsrecht des Heeres, welches Besitz ergriffen hat. Die Gegenwart der kriegführenden Truppen in Feindesland wirkt auch ohne vorherige Erklärung.

Vgl. die Amerikanischen Kriegsartikel 1. Brusseler Entwurf einer internationalen Erklarung über Kriegsvölkerrecht von 1874 Art. 1. Die militarische Besitznahme von Feindesland im Krieg schliesst die militarische Autoritat in sich. Man kann es daher den Bewohnern des besetzten Gebietes nicht als Schuld anrechnen, wenn sie sich nun den Befehlen dieser Gewalt fügen. Im Gegentheil, der Widerstand wird von der gegenwärtigen Statsgewalt als unberechtigt angesehen und behandelt und je nach Umständen schwer bestraft, wenn gleich er durch sittliche Motive der Vaterlandsliebe oder Treue gegen den heimatlichen Fürsten veranlasst wird. Es ist das eine nothwendige Wirkung des Kriegs, in welchem sich eine geordnete Statsmacht geltend macht, die zugleich genothigt ist, für ihre Sicherheit zu sorgen, damit sie ihre Zwecke weiter verfolgen und schliesslich erreichen könne.

540.

Die Autorität der feindlichen Statsgewalt ist in dem besetzten Gebietstheil suspendirt und die militärische Autorität der besetzenden Macht tritt an ihre Stelle.

1. Amerikanischer Kriegsartikel 2, Brüsseler Erklärung über intern. Kriegsvölkerrecht 2. Es gilt das sowohl von der gesetzgebenden Gewalt als besonders von der obern, im einzelnen Fall anordnenden und befehlenden Regierungsgewalt. Wenn die thatsächlich verdrängte Statsautorität weiter befehlen wollte, so würde sie nicht mehr auf Gehorsam rechnen dürfen und die Be-

wohner nur in einen unnatürlichen Conflict der Neigung und der Pflicht und in eine höchst gefährliche Lage versetzen; denn unmöglich kann die besetzende (occupirende) Kriegsautorität es dulden, dass ihr eine feindliche Gewalt in dem Bereich ihrer errungenen Herrschaft entgegentrete. Die militärische Autorität in Feindesland ist zugleich Statsautorität und zwei entgegengesetzte Statsautoritäten können nicht in demselben Gebiete bestehen. Mit Nothwendigkeit wird die eine durch die andere aus der Ausübung verdrängt. Vgl. unten § 544.

2. In diesem Sinne hat der Feldherr der deutschen Armee König Wilhelm durch Decret vom 13. Aug. 1870 angeordnet, dass in allen von den Deutschen eingenommenen französischen Departements die Conscriptionspflicht aufgehoben und die Befolgung der Conscription verboten sei. Auch das ernste Verbot des Kriegsminister von Roon vom 15. Decbr. 1870, welches den Bewohnern der occupirten Provinzen unter Strafandrohung untersagte, dem Heere ihres States zuzulaufen, war grundsätzlich gerechtfertigt; aber gegen die angedrohten Strafen der Confiscation und mehrjähriger Verbannung erheben sich gewichtige Bedenken; indem diese Strafen theils unverhältnissmässig schwer erscheinen, theils länger dauernde Wirkungen haben, als das Kriegsinteresse es erfordert. Vgl. Jaequemyns in der Genter Revue 1871 S. 316, Bluntschli in Holtzendorffs Jahrb. 1871 S. 310.

3. Diese Suspension darf aber nicht auf das ganze bestehende Landesrecht, das öffentliche und das Privatrecht ausgedehnt werden. Vielmehr dauert die Rechtsordnung so weit fort, als sie mit den Kriegszuständen verträglich ist und nicht von der Kriegsgewalt ausser Wirksamkeit gesetzt wird. Vgl. Art. 541.

4. Als die französische provisorische Regierung zur Landesvertheidigung (Gambetta) im December 1870 den Arbeitern in Lothringen, welches von den Deutschen besetzt war, jede Unterstützung der deutschen Verwaltung bei der Benutzung der französischen Statsforste bei Todesstrafe verbot, verkannte sie die Schranken ihrer Macht und ihres Rechts.

541.

Der Befehlshaber über die besetzenden Kriegstruppen soll in der Regel die bürgerliche Verwaltung und Rechtspflege in dem besetzten Gebiet fortdauern lassen, wie in Friedenszeiten und wie vor der Besitznahme, und darf dieselbe nur insoweit abändern, ausser Wirksamkeit setzen oder durch andere Vorschriften ersetzen, als die militärische Nothwendigkeit und das Bedürfniss einer wirksamen Kriegführung es erfordern.

1. Amerikanische Kriegsartikel 3. Brüsseler Erklärung 3. Die Interessen der allgemeinen Sicherheit und Wohlfahrt, für welche die statlichen Polizei- und Verwaltungsbehörden und die Gerichte zu sorgen haben, dauern auch im Kriege fort und bedürfen einer Befriedigung. Es ist daher durchaus verkehrt, wenn die ganze Beamtung und sogar die Polizeimannschaft (Gendarmerie) bei dem Vormarschiren des feindlichen Heeres aus dem Gebiete, das es zu besetzen im Begriffe ist, weggezogen werden, wie es noch 1866 in dem

letzten Kriege von Oesterreich in Böhmen geschehen ist. Der Feind leidet dabei viel weniger, als die eigenen Landsleute, für welche ja die Verwaltung eingeführt ist. Diesen gegenüber begeht die Landesregierung, welche alle Anstalten zum Schutz der öffentlichen Ordnung beseitigt, ein schweres Unrecht. Allerdings ist aus politischen Motiven ein Unterschied zu machen zwischen den Beamten und Angestellten, welche wesentlich verwaltende und denen, welche vornehmlich politische Functionen haben. Die erstern haben keinen Grund zu flüchten, aber viele Gründe, in ihrem Amte auszuharren und ihre Verwaltung im Orts- und Landesinteresse fortzuüben, wenn die feindliche Kriegsgewalt sie nicht daran behindert. Die letztern dagegen mögen eher vor der Feindesgewalt weichen, welcher zu dienen sie nicht verpflichtet sind, und welche ihnen schwerlich die fortgesetzte politische Leitung anvertrauen würde. Diese Unterscheidung wirkt aber eher politisch als rechtlich und ist ebendeshalb eine fliessende. Einzelne Verwaltungsbeamte, welche politisch vorzüglich compromittirt sind, mögen zureichende Motive haben, die besetzte Gegend und ihr Amt zu verlassen, wenn der Feind einzieht, und umgekehrt auch politische Beamte nach Umständen es zweckmässig finden, zurück zu bleiben und die weiteren Entschlüsse der besetzenden Kriegsgewalt abzuwarten. Nur die Rechtsregel steht fest: Bis zur Besetzung haben die Beamten den verfassungsmässigen Anordnungen und Befehlen ihrer Regierung Gehorsam zu leisten. Nach vollzogener Besetzung dagegen hört die Wirksamkeit der frühern Autorität auch für die Beamten thatsächlich auf und müssen sie sich der Autorität der besetzenden Kriegsgewalt so weit fügen, als dieselbe nach Völkerrecht zulässig ist

2. Am wenigsten werden von der Aenderung die Gemeinde- und überhaupt alle Localämter betroffen. Da dieselben eine rein-örtliche Aufgabe und Beziehung haben, so lassen sie sich nicht von dem Orte trennen und gerathen mit diesem unter die Autorität des Feindes.

542.

Die Träger der militärischen Autorität sind nicht entbunden von den Gesetzen der Menschlichkeit, der Gerechtigkeit, der Ehre und des civilisirten Kriegsgebrauchs.

Militärische Tyrannei und Unterdrückung ist nicht Ausübung, sondern Missbrauch des Kriegsrechts. Je grösser die Ueberlegenheit der bewaffneten Macht ist über die unbewaffneten Bürger, desto nöthiger ist es, dass dieselbe durch jene menschlichen Tugenden und Vorzüge veredelt und ermässigt werde. Es ist nicht ein Zeichen militärischer Tapferkeit oder Ehre, wenn der Soldat seine Gewalt zur Ungebühr missbraucht, sondern nur ein Zeichen von unwürdiger Roheit, und es ist der Stolz einer civilisirten Armee, Recht und gute Sitte zu achten. Eben dadurch unterscheidet sie sich von barbarischen Kriegern. Amerikan. Kriegsart. 4.

543.

Das Kriegsrecht ist weniger streng zu handhaben in Plätzen und Bezirken, deren Besitznahme gesichert erscheint und strenger da, wo die Gefahr des Kampfes um den Besitz fortdauert und nahe ist, am strengsten im Angesicht des wirklichen Kampfes selbst.

Am. Kr. 5. Diese Regel wirkt sowohl auf die Bestimmung kriegsrechtlicher Anordnungen, als auf die Anwendung und Auslegung des Kriegsrechts. Die Steigerung der Strenge ist wie das ganze Kriegsrecht durch die militärische Nothwendigkeit und das Bedurfniss der Sicherheit bedingt. Wenn es sich z. B. rechtfertigt, im Angesicht des gegenwärtigen Kampfes Häuser von Privaten ganz in Besitz nehmen, mit Wegweisung der Bewohner und vielleicht dieselben niederzureissen, so würde eine solche Massregel, wenn ein localer Kampf an der Stelle noch völlig ungewiss ist, als barbarisch erscheinen. Ebenso wird die Hemmung alles Verkehrs, unter Umstanden durch militarische Vorsichtsmassregeln geboten, ohne solches Bedurfniss ungerechtfertigt sein.

544.

Die Besitznahme (Occupation) durch die feindliche Kriegsmacht reicht nur so weit, als diese thatsächlich ihre Gewalt auszuüben vermag. So lange dieselbe dauert, erscheint die Regierungsgewalt des gegnerischen States verdrängt.

Inzwischen sind die Bewohner der besetzten Gebiete zu keinem Gehorsam gegen die verdrängte Regierung verbunden, aber genöthigt, der thatsächlich herrschenden Kriegsgewalt statlichen Gehorsam zu leisten.

Vgl. oben zu § 539. Brusseler Erkl. 1. Die Besitznahme eines Gebietstheils hort aber nicht schon dadurch auf, dass die besetzenden Truppen wegziehen. Wenn die Armee vorwärts marschirt in Feindesland, so bleibt zunächst das hinter ihr liegende Gebiet in ihrem Besitz, auch wenn sie keinen Soldaten mehr dort stehen hat, und zwar so lange, bis sie entweder den Besitz absichtlich aufgibt, oder bis sie wieder mit Gewalt aus dem Besitze verdrängt wird. Vgl. unten § 551. Die Frage, ob ein Gebietstheil besetzt sei oder nicht, und in welchem Umfang ist eine Thatfrage. Der Thatbestand des statsrechtlichen Besitzes hat aber rechtliche Wirkungen ahnlich wie der privatrechtliche Besitz an einem Grundstück. Vgl. Dudley-Field Draft Intern. Code § 728 ff.

545.

Die Kriegsgewalt kann allgemeine Verordnungen erlassen, Einrichtungen treffen, Polizeigewalt und Steuerhoheit ausüben, soweit solches durch das Bedürfniss der Kriegsführung geboten ist, oder durch die Bedürfnisse des besetzten Gebietes und seiner Bewohner erfordert wird.

Sie hat sich aber bis zu definitiver Regelung der Statsverhältnisse solcher gesetzgeberischer Acte möglichst zu enthalten, durch welche die Verfassung geändert wird und darf die hergebrachte Rechtsordnung nur aus dringenden Gründen ausser Wirksamkeit setzen.

1. Brusseler Erkl. 3. Die Kriegsgewalt ist wesentlich Nothgewalt

und provisorische Gewalt. Daher sind ihre Anordnungen durch die Nothwendigkeit bedingt und beschränkt, und nicht berufen, die dauernden Grundlagen des öffentlichen Rechts zu verändern. Schon deshalb soll sie die bestehende Verfassung und Gesetzgebung möglichst wenig antasten und ihre Wirksamkeit nur hindern, wo das militärische Bedürfniss es erfordert. Diese Beschränkung kann freilich durch die Umstände geboten werden. Wenn z. B das Vereins- und Versammlungsrecht der Bewohner durch die Verfassung gewährleistet ist, so wird dennoch die feindliche Kriegsgewalt die freie Ausübung desselben nicht dulden können, ohne ihren Besitz und ihre Sicherheit zu gefährden. Auch die Pressfreiheit erleidet im Krieg nothwendige Beschränkung. Ist durch die Verfassung eine jährliche Versammlung der Volksvertretung angeordnet, so werden auch diese Wahlen und wird die Versammlung in dem besetzten Gebiete gewöhnlich gehemmt werden müssen.

2. Wenn Befreiungskriege geführt werden, dann freilich liegt es oft im Interesse der Kriegsführung, so weit die Macht der Kriegsgewalt reicht, auch neue Ordnungen vorläufig einzuführen, durch welche den bisher gedrückten Bewohnern des besetzten Landes bessere Rechte verliehen und die Sympathien derselben gewonnen werden. Derartige Veränderungen haben die französischen Revolutionskriege zu Anfang dieses Jahrhunderts mit sich gebracht, aber auch der Bürgerkrieg in den Vereinigten Staten von Amerika, und der russisch-türkische in Bulgarien 1877/78.

3. Die ältere Praxis verfuhr hier willkürlicher und rücksichtsloser. Ein Beispiel der Vertrag von Oesterreich und Frankreich mit Russland gegen Preussen 30. Dec. 1758 Art. 10 u. 7. März 1760 bei Martens Russ. Verträge. 1. S. 233.

545 a.

Auch wenn die Kriegsgewalt feindliches Gebiet in der Absicht besetzt, dasselbe zu behalten, ist sie dennoch während des Kriegs nur zu provisorischen Verordnungen berechtigt. Aber sie hat nun die Macht und unter der Voraussetzung, dass die Umbildung des Rechtes geschichtlich begründet ist, auch das Recht zu den Massregeln, welche diese Rechtsentwicklung von Hindernissen bewahren und fördern.

Der Gegensatz zwischen der Verwaltung solcher feindlichen Provinzen, welche der Sieger behalten will und den andern besetzten Ländern, die er nur zum Behuf der Kriegsführung besetzt, ist in dem französisch-deutschen Kriege von 1870/71 deutlich geworden. Die Verwaltung in Elsass-Lothringen bereitete den Erwerb des deutschen Reiches vor und war daher intensiver als die Verwaltung der übrigen französischen Departements. Die Unterschiede zeigten sich vornehmlich

a) in der entschiedenen Niederhaltung der Elemente in der Bevölkerung, welche den Uebergang vom einen zum andern State verhindern wollten,
b) in der Anziehung und Stärkung der Elemente, welche der Wandlung freundlich gesinnt waren,
c) in der Gewinnung der schwankenden und neutralen Elemente durch Förderung ihrer Interessen und Beachtung ihrer Wünsche.

Der Zusammenhang des besetzten feindlichen Gebietes mit dem feindlichen State bleibt aber auch unter dieser Voraussetzung anerkannt. Nicht bloss wurde Elsass-Lothringen wesentlich mit Beachtung des französischen Rechts inzwischen verwaltet, es wurde sogar den Bewohnern auch dieser Provinz gestattet, zu der französischen Nationalversammlung, welche über den Frieden und die provisorische Regierung von Frankreich entschied, Repräsentanten zu wählen.

546.

Da der Kriegszustand ein Nothstand und das Kriegsrecht ein Nothrecht ist, so können die militärisch gerechtfertigten Anordnungen der Kriegsgewalt nicht aus dem Grunde als ungültig angefochten werden, dass sie der Verfassung oder dem Landesrecht widersprechen.

Beispiele der Art sind in der Erläuterung zu § 545 gegeben. Das muss aber sogar von der Kriegsgewalt des eigenen Landes ebenso gelten, denn „Noth kennt kein Gebot".

547.

Soweit nicht die Kriegsgewalt besondere abweichende Vorschriften erlässt, hat die bürgerliche und die Strafgerichtsbarkeit des Landes ihren regelmässigen Fortgang.

Die Einführung einer ausserordentlichen kriegsgerichtlichen Rechtspflege — des sogenannten Standrechts — ist nur aus dem Grunde einer ernsten und dringenden Gefahr zulässig und ist vorher öffentlich zu verkünden.

1. Am. Kr. 6. Brusseler Erkl. 3. Die Kriegsgewalt kann z. B. die Wirksamkeit der gesetzlichen Schutzmittel gegen Verhaftungen (Habeas-Corpusacte) suspendiren oder auch in Folge der Verkehrssperre die Durchführung des Wechselrechts hemmen u. dgl. Vgl. zu § 545.

2. Die Einsetzung von Kriegsgerichten zur Ausübung des standrechtlichen Verfahrens ist einer der schwersten Eingriffe in die bürgerliche Freiheit und Rechtssicherheit, weil sie eine Menge von Garantien aufhebt, welche das regelmässige Processrecht den Parteien gibt. Es kann daher nur durch die Noth gerechtfertigt werden. Die friedlichen Bewohner aber dürfen den Gefahren desselben nicht ausgesetzt werden ohne vorherige öffentliche Warnung.

3. Während der Besetzung von französisch Lothringen durch die Deutschen entstand zwischen der deutschen Verwaltung und dem französischen Gerichtshof zu Nancy eine Meinungsverschiedenheit über die Formel der Urtheilsverkündigung. Die Deutschen wollten gestatten, dass wie bisher, im Namen des Kaisers (Napoleon III.) die Rechtspflege gehandhabt werde. Das Gericht wollte nach der Pariser Revolution vom 4. Sept. 1870 die Formel anwenden: „Im Namen der französischen Republik". Das Gericht erkannte den Kaiser nicht mehr als Souverän, die Preussische Behörde erkannte die Republik noch nicht an. Der Formel: „Im Namen der verbündeten Mächte" stand im Wege, dass diesen die Gerichte nicht zugehörten. Schliesslich stellte der Gerichtshof seine Thätigkeit ein, zum Schaden der Bewohner.

Die richtige Lösung war entweder eine neutrale Formel z. B. im Namen des Gesetzes, oder die Weglassung der entbehrlichen Formel.

548.

Auch die standrechtlichen Kriegsgerichte dürfen nicht nach Willkür und nicht leidenschaftlich verfahren, sondern sind verpflichtet, die Fundamentalgesetze der Gerechtigkeit zu beachten. Insbesondere sollen sie den Angeschuldigten freie Vertheidigung gestatten, keine Tortur anwenden, den Thatbestand wenn auch summarisch doch unparteiisch prüfen und nur eine verhältnissmässige Strafe über den Schuldigen erkennen. Aber sie sind nicht gebunden an die strengeren Vorschriften der gewöhnlichen Processgesetze.

Am. Kr. 12 Die Bestellung dieser Kriegsgerichte geschieht nach den Vorschriften der Landesverfassung oder nach der militarischen Organisation der einzelnen Länder. Die obigen Grundsätze dagegen haben eine allgemein menschliche Bedeutung Würden sie verletzt, so würde das Standrecht aufhören eine Rechtspflege zu sein und würde zu einer Bethätigung zugelloser Leidenschaft werden. In den Amerikanischen Kriegsartikeln ist auch der Satz enthalten: „Die Todesstrafe darf ohne Erlaubniss des Statshauptes nicht vollzogen werden, ausser wo der Drang der Umstände einen schnelleren Vollzug fordert und dann nur mit Erlaubniss des obersten Befehlshaber der betreffenden Truppen." Eher ausführbar und den Umständen angemessen würde mir eine Beschränkung der Todesstrafe auf schwere Fälle und nicht ohne Erlaubniss eines höheren Befehlshabers erscheinen. Das Statshaupt ist oft ferne und selbst der Feldherr weder zur Stelle, noch in der Lage, alle kriegsrechtlichen Processe, wenn die Strafe das Leben betrifft, untersuchen zu können Statshaupt und Feldherr haben höhere Pflichten auszuüben. Ueberdem machen die amerikanischen Artikel darauf aufmerksam, dass die militärische Gerichtsbarkeit eine zwiefache Begründung habe, einmal in dem Statsrecht des Landes für Aufrechthaltung der militärischen Ordnung und sodann im Völkerrecht für Fälle, die nicht schon nach Landesgesetz strafbar sind, für welche es daher einer besondern Ermächtigung bedarf, das Kriegsrecht in dieser Form zu handhaben. Das gilt vorzüglich in feindlichem Land.

549.

Die Kriegsgewalt darf alles das thun, was die militärische Nothwendigkeit erfordert, d. h. soweit ihre Massregeln als nöthig erscheinen, um den Kriegszweck mit Kriegsmitteln zu erreichen und in Uebereinstimmung sind mit dem allgemeinen Recht und dem Kriegsgebrauch der civilisirten Völker.

1. Am. Kr. 14. Im Grunde ist das die entscheidende Hauptregel für das Recht der Kriegsgewalt. Was nothwendig sei, ergibt sich nur aus den Umständen. So weit die Nothwendigkeit reicht, so weit reicht die Kriegsgewalt. Darüber hinaus wird sie rohe Willkür. Freilich ist es nicht immer leicht, die

Grenzen in der Praxis zu bestimmen und es ist unmöglich, hier nach formellen Merkmalen zu verfahren. Wenn eine Arme keinen Mangel hat an Lebensmitteln, Kleidungsstücken, Fuhrwerken u. s. f., so ist sie nicht in der Nothwendigkeit, weitere Forderungen der Art an die Gemeinden oder die Privatpersonen zu stellen Wenn sie dagegen Mangel leidet, so sind je nach Umständen sogar starke Eingriffe in das Privateigenthum ganz unvermeidlich. Niemals aber hört die Wirksamkeit der Moral auf, gesetzt auch, die regelmässige Rechtsordnung wurde momentanen Schaden leiden. Schön sagen die amerikanischen Kriegsartikel (15): „Wenn die Manner einander in offenem Kriege mit den Waffen bekämpfen, so hören sie doch nicht auf moralische Wesen zu sein und bleiben den andern Menschen und Gott verantwortlich fur ihre Thaten."

2. Man muss zugeben, dass die militärische Nothwendigkeit, zumal lediglich die Kriegsmacht über ihr Vorhandensein und ihre Ausdehnung entscheidet, eine ungenugende Beschrankung der Willkur ist; aber es hilft nichts, daruber zu klagen. Diese Nothwendigkeit macht sich immer geltend und kein Heeresführer wird sich abhalten lassen, das zu üben, was die Sicherheit seiner Truppen unumgänglich fordert.

550.

Dagegen verwirft das Kriegsrecht allen Wort- und Treubruch auch gegen den Feind, alle unnöthige Grausamkeit, alle Ausübung der Privatrache und alle die Handlungen der Gewinnsucht oder der Wollust, welche überall als gemeine Verbrechen verboten und bestraft werden, alle barbarische Zerstörung, alles was mit der Ehre der Truppen nicht vereinbar ist.

Am. Kr. 11. Vgl. unten 574. 575. Die Regel, dass auch dem Feinde Treue zu halten sei — Fides etiam hosti servanda — (§ 566) ist uralt, und es kann von dieser naturlichen Menschenpflicht keine priesterliche Autorität dispensiren. Die Schranke der Ehre hat sich von jeher als besonders machtig erwiesen in civilisirten Heeren, oft sogar noch stärker als die Schranke des naturlichen Rechts.

551.

Die Kriegsgewalt darf von den Beamten, welche ihre öffentlichen Functionen während der Occupation des Feindes fortzusetzen bereit sind, den Eid eines zeitlichen Gehorsams fordern und sie entlassen und fortweisen, wenn sie denselben verweigern. Der Gehorsam, den sie der Kriegsgewalt schulden, ist durch die Dauer der Besitznahme beschränkt.

Vgl. oben 540 u. 544. Brüsseler Erkl. 4. Einen Unterthaneneid darf die Kriegsgewalt nicht fordern, bevor die Eroberung dauernd geworden und durch den Frieden gesichert ist. Die Autorität der Kriegsgewalt in Feindesland ist nur eine provisorische, durch den Kriegszustand bedingte. Aber es kann unter Umständen nöthig oder zweckmassig sein, dass die Beamten, welche ihre offentlichen Functionen fortsetzen, eidlich verpflichtet werden, in der Zwischenzeit nichts gegen die Kriegsgewalt zu thun und deren Anordnungen zu befolgen. Wenn dieselben einen *solchen, nur provisorisch wirkenden Eid verweigern*, so weist das auf die feindliche Gesinnung dieser Beamten hin und die Kriegsgewalt hat Ursache, denselben mindestens jede öffentliche Autorität zu entziehen.

Ueber die Dauer des provisorischen Gehorsams vgl. zu § 544.

552.

Der Vertheidiger eines bedrohten Platzes soll die friedlichen Bewohner rechtzeitig auf die Gefahren aufmerksam machen, denen sie ausgesetzt werden und darf ihrem Wegzug keine anderen Hindernisse in den Weg legen, als welche die Sorge für die Kriegsführung nöthig macht.

Zu Anfang der Belagerung von Paris. 28. Sept. bis 28. Oct. 1870, machte die preussische Regierung die neutrale Diplomatie und die neutralen Privaten auf die Gefahr aufmerksam, denen sie sich aussetzen, wenn sie in der belagerten Festung bleiben; gestattete aber später (Januar 1871) den Wegzug nicht mehr. Die Correspondenz im Statsarch. Nr. 4429—4431.

553.

Wenn der Commandant eines festen Platzes die unkriegerischen Bewohner in der Absicht fortweist, um den Platz gegen den Feind länger behaupten zu können, so kann diese Massregel durch die militärische Nothwendigkeit gerechtfertigt sein.

Aber auch der Belagerer kann sich auf dieselbe Nothwendigkeit berufen, wenn er in der Absicht, die Uebergabe des Platzes zu beschleunigen, jene Bewohner nicht wegziehen lässt. Greift der Belagerer zu dieser zwar extremen aber nicht völkerrechtswidrigen Massregel, so ist der Belagerte genöthigt, den Aufenthalt der Bewohner wieder im Platze zu gestatten.

1. Am. Kr. 18. Die Ausweisung wird vorzüglich durch den Mangel an Lebensmitteln in dem befestigten Platz motivirt und die Zurückweisung ebenso durch die Hoffnung begründet sein, den Platz durch Aushungerung zur Uebergabe zu nöthigen. Beide Massregeln sind gegenüber den friedlichen Bewohnern sehr hart, aber die letztere ist noch härter, weil sie dieselben auch den grössten persönlichen Gefahren aussetzt. Nur die strengste militärische Nothwendigkeit vermag dieselbe zu rechtfertigen. Ohne diese muss es den Bewohnern frei stehen nach ihrer eigenen Wahl, sei es in dem Platze fort zu wohnen, sei es denselben zu verlassen. Es liegt aber in der Natur der Dinge, dass die Ausweisung unter Umständen von den Belagerungstruppen verhindert werden kann. Wenn sie verhindert wird, so bleibt für den Commandanten des festen Platzes nichts anders übrig, als die Bewohner, die nicht wegkommen können, wieder aufzunehmen.' Keine militärische Nothwendigkeit könnte es jemals rechtfertigen, dass

dieselben zwischen den beiden streitenden Kriegsgewalten wie zwischen zwei harten Muhlsteinen zerrieben werden.

2. Wahrend der Belagerung von Strassburg durch die Deutschen (Sept. 1870) wurde auf Verwendung der Schweiz die Entfernung von Frauen und Kindern aus der befestigten Stadt gestattet, obgleich daraus fur die Belagerer mancherlei Belastigung entstand und nicht jeder Missbrauch zu hindern war.

554.

Die gute Kriegssitte verlangt, dass der Belagerer vor dem Bombardement eines Platzes die Absicht dazu ankündige, damit die Nichtstreiter, insbesondere Weiber und Kinder entfernt oder sonst in Sicherheit gebracht werden. Indessen kann Ueberraschung mit einem Bombardement nöthig sein, um den Platz bald zu gewinnen und dann ist die Unterlassung jener Anzeige gerechtfertigt.

1. Am Kr. 19. Brusseler Erkl. 16. Es entspricht diese Sitte dem Wesen des Kriegs als eines Streites zwischen Stat und Stat, und nicht mit den Privaten. Möglichste Schonung dieser ist das Kennzeichen der civilisirten Kriegsfuhrung. Um die Bewohner grosser Städte möglichst vor den Gefahren des Kriegs zu bewahren, werden daher diese Städte meistens als offene Platze dem Sieger überlassen und nicht als feste Plätze gegen eine Belagerung vertheidigt. Aber auch im letztern Fall erfordert es die Menschlichkeit, dass die friedlichen Bewohner gewarnt werden, bevor die Stadt beschossen wird, wenn irgend der Gang des Krieges es gestattet. Nur in den dringendsten Fällen wird ein plotzlicher Ueberfall, verbunden mit einer raschen Beschiessung sich als militarische Nothwendigkeit vertheidigen lassen.

2. Vgl. zu § 552.

554 a.

Offene Städte, die nicht vertheidigt werden, dürfen besetzt, aber nicht ohne Noth beschossen werden.

Wenn eine Stadt mit Festungswerken verbunden ist, so ist die Beschiessung, wenn dieselbe aus militärischen Gründen nothwendig ist, vorzugsweise auf die Festungswerke und die Vorwerke (Mauern und Thore der Stadt inbegriffen) und deren Zugänge zu richten, die inneren Stadttheile dagegen, welche von den friedlichen Bürgern bewohnt werden, möglichst zu verschonen.

Brusseler Erkl. 15. Zuweilen wird eine unterschieds- und rucksichtslose Beschiessung einer befestigten Stadt damit entschuldigt, dass dadurch die friedlichen Bürger bewogen werden, die feindliche Besatzung zur Uebergabe zu nöthigen. Indessen nur unter sehr seltenen Umständen wird dieses Motiv irgendwie anwendbar sein. In der Regel erscheint es zugleich als militärisch und rechtlich unzulässig und als unwirksam. Wenn es den Bürgern zur Pflicht gemacht wird, sich jeder ungeordneten Theilnahme an den militärischen Kämpfen zu enthalten, obwohl die Vertheidigung ihres Vaterlandes auch im Interesse und unter Umstanden die Pflicht der Bürger ist, so kann und darf man dieselben nicht auffordern und anhalten, gegen ihre eigenen vaterländischen Truppen Gewalt und Zwang zu üben. Eine derartige moralische Pression wäre durchaus immoralisch Ueberdem ist sie, wie die Erfahrung zeigt, meistens auch machtlos. Sie erbittert wohl und reizt zum Hass und zur Rache, aber sie entscheidet nicht und der Befehlshaber der Besatzungstruppnn unterdrückt und bestraft wohl die Auflehnung der Bürger, aber er ergibt sich nicht in Widerspruch mit seiner militärischen Macht und Pflicht ihrem Drängen. Vgl. Bluntschli in Holtzendorffs Jahrb. des deutschen Reichs I. S. 281 f. Rolin-Jaequemyns in der Revue de D. I. Bd. III. S. 297 ff. Dagegen spricht sich General Le Blois (s. Sutterland Edward the Germans in France S. 302) für die Beschiessung auch der Privatwohnungen aus.

554 b.

Der Belagerer soll möglichst dafür sorgen, dass Kirchen, Spitäler, Kunstsammlungen u. s. f. bei der Beschiessung eines vertheidigten Platzes verschont werden. Der Belagerte ist hinwieder verpflichtet, derartige Gebäude erkennbar zu bezeichnen und darf dieselben nicht zu Kampfeszwecken benutzen.

Brüsseler Erkl 17.

555.

Die Thätigkeit der fremden Gesanten und diplomatischen Personen, welche bei der feindlichen Regierung beglaubigt sind, hört von Rechtswegen für das besetzte Gebiet auf.

Indessen pflegt die besetzende Kriegsgewalt im Interesse des völkerrechtlichen Verkehrs die neutralen Gesanten in diesem Gebiete ebenso zu schützen und ihnen thatsächliche Wirksamkeit zu gestatten, wie wenn dieselben vorübergehend bei ihr beglaubigt wären.

1. Wird die Residenzstadt vom Feinde eingenommen, so verlassen oft die Gesanten auch der neutralen Staten den Ort ihrer bisherigen Wirksamkeit und folgen zuweilen dem Hofe nach, der sich zurückzieht. Da sie bei dem weichenden Souverän accreditirt sind, so stehen sie zunächst nur mit ihm in einem völkerrechtlichen Verhältniss. Es ist aber möglich, dass sie den Befehl erhalten, an ihrem bisherigen Wohnsitz auszuharren, wenn gleich derselbe in feindliche Gewalt gerathen ist. Da sie bei der besetzenden Kriegsgewalt nicht beglaubigt sind, so können sie auch nicht ferner hier den diplomatischen Verkehr fortsetzen. Indessen liegt es gewöhnlich im Interesse der feindlichen Kriegsgewalt, welche erobernd vorgeht, möglichst freundliche Beziehungen auch zu den anwesenden Gesanten der neutralen Staten zu erhalten; daher wird dieselbe selten gegen die Fortsetzung ihres Aufenthalts und selbst ihrer Thätigkeit Schwierigkeit machen und auch die Privilegien der Gesanten einstweilen unbestritten fortwirken lassen. Würde aber der Verdacht entstehen, dass das Bleiben eines Gesanten dazu missbraucht würde, um der besetzenden Kriegsgewalt Verlegenheiten zu bereiten, so wäre diese nicht gehindert, den bei ihr nicht beglaubigten Gesanten ohne Verzug wegzuweisen.

2. Das Verlangen der fremden Diplomatie in dem belagerten Paris, wöchentlich einmal Couriere zu versenden, wurde aus militärischen Gründen von der belagernden deutschen Armee abgelehnt und nur ein offener Briefverkehr gestattet, soweit derselbe unverfänglich erscheint. Note von Bismarck vom 26. Sept. 1870. (Statsarch. 4115.) Dieses Zugeständniss schien dem diplomatischen Corps unannehmbar. Note vom 6. Oct. 1870. (Statsarch. 4120.) Rechtfertigung derselben in der Note Bismarcks vom 20. Oct. 1870 (Statsarchiv 4121).

556.

Auch die fremden Consuln, welche von der feindlichen Regierung ermächtigt worden sind, im Lande thätig zu sein, werden von der erobernden Kriegsgewalt in ihrer Wirksamkeit möglichst wenig belästigt, und so behandelt, als ob sie von der letztern inzwischen ermächtigt wären.

Vgl. zu § 537 Man nimmt an, das Exequatur wirke fort, ganz ebenso wie die Ernennung der Aemter, bis die feindliche Kriegsgewalt diese ruhige Fortdauer der ursprünglichen Vollmacht durch eine entgegengesetzte Erklärung abbricht. Weil die Consuln wesentlich für den internationalen Privatverkehr und nicht für den völkerrechtlichen Verkehr der Staten ermächtigt sind, so lässt sich diese Fortdauer der Consularthätigkeit noch unbedenklicher gewähren, als die des Gesantenverkehrs.

4. Unerlaubte Kriegsmittel.

557.

Der Gebrauch vergifteter Waffen oder die Verbreitung von Giftstoffen und Contagien in Feindesland ist völkerrechtswidrig.

Brüsseler Erkl. 13. Schon das uralte indische Gesetzbuch Manus (VII. 90) enthält dieses Verbot. Die Beachtung desselben ist ein Kennzeichen der civilisirten Kriegsführung im Gegensatz zu der Kriegsübung mancher wilden Stämme, welche sich der vergifteten Pfeile bedienen. Die Verbreitung von ansteckenden Stoffen in Feindesland, um eine Epidemie dahin zu verpflanzen, ist noch abscheulicher, als der Gebrauch von vergifteten Waffen und ein absolut unzulässiges Mittel, den Feind zu schädigen.

558.

Ebenso sind untersagt, Waffen, welche zwecklose Schmerzen verursachen, wie Pfeile mit Widerhacken, gehacktes Blei oder Glassplitter statt der Flintenkugeln.

Brüsseler Erkl. 13, e. Da der Krieg nur von Stat gegen Stat geführt wird, so sind die Kriegsmittel beschränkt auf die Mittel, den Widerstand des feindlichen Stats zu brechen und denselben zum Nachgeben zu nöthigen. **Jede unnöthige Grausamkeit ist Barbarei.**

Russische Denkschrift des Generals Milutine: „Les parties belligérantes ne doivent tolérer que ces cruautés (!) qui sont impérieusement nécessaires pour la guerre. Toute souffrance et tout dommage qui n'auraient pas pour seul résultat d'affaiblir l'ennemi n'ont aucune raison d'être et ne doivent être admises d'aucune manière."

558 a.

Geschosse von weniger als 400 Gramm Gewicht dürfen nicht mit explodirenden (Sprengkugeln) noch mit entzündlichen oder brennbaren Stoffen versehen sein.

Die auf Russlands Anregung von sammtlichen europäischen Staten genehmigte Erklarung, welche am 11. December 1868 zu Petersburg beschlossen wurde, lautet in ihren wesentlichen Bestimmungen: „Considérant que les progrès de la civilisation doivent avoir pour effet d'atténuer autant que possible les calamités de la guerre: que le seul but légitime que les États doivent se proposer durant la guerre est l'affaiblissement des forces militaires de l'ennemi; qu'à cet effet, il suffit de mettre hors de combat le plus grand nombre d'hommes possible; que le but serait dépassé par l'emploi d'armes qui aggraveraient inutilement les souffrances des hommes mis hors de combat ou rendraient leur mort inévitable; que l'emploi de pareilles armes serait dès lors contraire aux lois de l'humanité; les parties contractantes s'engagent à renoncer mutuellement, en cas de guerre entre elles, à l'emploi par leurs troupes de terre ou de mer, de tout projectile d'un poids inférieur à 400 grammes, qui serait ou explosible ou chargé de matières fulminantes ou inflammables."

Die Bestimmung bezieht sich nur auf Flintenkugeln, nicht auf die schwereren Geschosse der Artillerie (Granaten, Shrapnels u. s. f.), welche zwar ebenfalls explodiren und schwerere Verwundungen verursachen, aber fur eine wirksame Kriegsfuhrung als unentbehrlich betrachtet werden.

Die preussische Regierung hatte durch Note vom 29. Juni 1868 eine Erweiterung des russischen Antrags vorgeschlagen, wodurch grundsätzlich eine Reihe von unerlaubten Zerstorungsmitteln untersagt würde. Aber England zeigte sich abgeneigt darauf einzugehen, weil es besorgte, dass dadurch die Erfindung und Technik allzusehr eingeengt werde, worauf es im Gefuhl der numerischen Schwache seines Heeres vorzuglich zu rechnen habe. (Die Verhandlungen im Statsarchiv (Nr. 3485.)

559.

Die Benutzung von Wilden oder die Verwendung von solchen Truppen zur Kriegshülfe, welche für das Recht und die gute Sitte civilisirter Völker weder Verständniss noch Achtung haben, ist mit einer civilisirten Kriegsführung nicht verträglich.

Die civilisirte Kriegsführung duldet uberhaupt die Barbarei nicht und darf daher auch barbarische Stamme nicht zu Kriegsgenossen machen. Dagegen ist es nicht verwehrt, solche barbarische Individuen oder Stamme, welche sich den

Schranken des Volkerrechts und der civilisirten Sitte fugen und den Anordnungen der civilisirten Offiziere gehorchen, zu verwenden. Vgl. Wheaton (Dana) Elem. of. internat. law. § 343. n. II Die Verwendung der afrikanischen und muhammedanischen Turkos durch Napoleon III. in dem französisch-deutschen Kriege von 1870 war desshalb ein Ruckfall aus der civilisirten in die barbarische Kriegsfuhrung, weil diese Leute grösstentheils fur die europäisch-christliche Cultur, insbesondere fur persönliche und Frauenehre, und Schonung des Eigenthums kein rechtes Verstandniss hatten. Rolin-Jacquemyns Revue de D I. II. S. 639, III. S. 306.

560.

Der guten Kriegssitte widerspricht das Schiessen von Kettenkugeln im Land- und von glühenden Kugeln und Pechkränzen im Seekrieg.

Im Mittelalter versuchte es der Papst Innocenz III., die Anwendung von Wurfgeschossen überhaupt gegen Christen zu untersagen cap. un X. de sagittariis. Aber vergeblich. Die moderne Kriegsfuhrung beruht gerade auf den Schusswaffen. Auch geht man zu weit, wenn man alle tödlichen Waffen, welche massenhaft wirken, fur volkerrechtswidrig erklart. Wesshalb sollten die Waffen erlaubt sein, durch welche einzelne Individuen getodtet werden, aber die verboten, welche Reihen von Individuen bedrohen, da ja doch nicht gegen die Individuen der Krieg gefuhrt wird, sondern gegen die Macht des feindlichen Stats? Jede Kanonenkugel bedroht mehr als Ein Menschenleben, die Kartätschen der Kanonen und der Mitrailleusen werfen ganze Scharen nieder und die schweren Kanonen der Strandbatterien und der Kriegsschiffe können ganze Schiffe in den Grund bohren; eine explodirende Mine kann eine Menge Menschen verschütten, durch ein Branderschiff auch ein feindliches Schiff angezündet oder durch einen Torpedo gesprengt werden. Dennoch hält die Kriegssitte diese grausamen Mittel fur erlaubt, aber sie verwirft die Kettenkugeln (boulets á chaîne) und die Stangenkugeln (boulets à bras) als barbarisch und nimmt an dem Beschiessen der Schiffe mit glühenden Kugeln und dem Werfen von brennenden Pechkranzen in das feindliche Schiff Anstoss Offenbar ist die Kriegssitte noch zu lax und zu grausam, und nicht etwa zu empfindsam und zu angstlich in ihrem Urtheil uber Erlaubtes und Unerlaubtes.

561.

Das Völkerrecht verwirft den Meuchelmord eines feindlichen Individuums als unerlaubtes Kriegsmittel.

Am. Kr. 148. Brüsseler Erkl. 13, b. Nicht bloss der Meuchelmord durch verratherisches Beibringen von Gift, sondern auch durch heimliches Nachschleichen und Erdolchen oder Erschiessen wird durch das Kriegsrecht nicht legitimirt, wenn gleich der Mörder oft straflos bleibt. Die Tödtung im Kampf ist erlaubt, der Mord ausserhalb des Kampfes ist unehrlich und verboten, auch wenn er, wie z. B. die Ermordung des feindlichen Feldherrn oder Fürsten für die eigene Kriegsführung nutzlich ist. Der Unterschied war schon den civilisirten Volkern des Alterthums klar, bedurfte aber von Zeit zu Zeit erneuerter

Aussprache, um nicht von den wilden Leidenschaften verkannt zu werden. Selbst im Kampf ist alles unnöthige Tödten der Feinde verwerflich.

562.

Auch die Achterklärung gegen einen Einzelnen, durch welche er als rechtlos und vogelfrei der straflosen Misshandlung und Tödtung von Jedermann Preis gegeben wird, und die Ausschreibung von Preisen auf den Kopf eines Menschen werden von den civilisirten Völkern als eine barbarische Uebung missbilligt.

Im Mittelalter war die Acht noch ein Hauptmittel des Strafrechts und man liess sie daher im Kriege ohne Bedenken ebenfalls zu. Das heutige Kriegs- wie das Friedensrecht erkennt die grosse Rechtsregel an: „Der Mensch ist niemals rechtlos", und kann daher jene Acht nicht mehr zugestehen. In anderem Sinne freilich kann man heute noch von der Acchtung einer feindlichen Person reden, insofern als sie entweder aus dem Lande gewiesen, oder der Verfolgung in der Absicht ausgesetzt wird, damit man sich ihrer bemächtige und sie gefangen zur Stelle bringe. Das kann aus politischen und militärischen Gründen als nothwendig erscheinen und insofern gerechtfertigt werden. In den Napoleonischen Kriegen zu Anfang des Jahrhunderts ist wiederholt gegen politisch bedeutende Männer, die als Feinde erklärt und geachtet wurden, so verfahren worden Eine solche Aechtung erinnert an den athenischen Ostracismus. Von der Art war auch die berühmte Aechtung des preussischen Ministers Stein durch Kaiser Napoleon I., aber auch die spätere Aechtung Napoleons selbst durch die alliirten Mächte.

563.

Das Völkerrecht verwirft überhaupt alle Anstiftung zu Verbrechen, auch wenn dieselben der Kriegsführung nützlich wären. Aber es hindert nicht, die Vortheile zu benutzen, welche durch die Verbrechen dritter Personen der Kriegsführung zufällig dargeboten werden.

So wenig der Feldherr Mörder dingen darf, ebenso wenig darf er zu Brandstiftung, Raub, Diebstahl u. s. f. anstiften. Das Völkerrecht achtet auch im Kriege die gemeine Rechtsordnung und verabscheut das Verbrechen. Aber wenn durch den Mord eines feindlichen Heerführers das feindliche Heer in Verwirrung gebracht, oder wenn durch eine Brandstiftung ein Vertheidigungswerk des Feindes zerstört worden ist, so sind das für den Gegner vielleicht glückliche Ereignisse, die zum Siege zu benutzen ihm nicht verwehrt ist. Die Rücksichten der Ritterlichkeit, der Grossmuth und der Ehre können auch in solchen Fällen eine hastige und schonungslose Ausbeutung solcher Vortheile als unanständig oder unedel darstellen, aber das weniger empfindliche Recht lässt dieselbe gewähren.

564.

Dagegen gilt die Aufforderung zu Handlungen, welche zwar in

dem feindlichen State als politische Verbrechen strafbar, aber von dem Standpunkte seines politischen Gegners ehrenhaft sind, und die Unterstützung solcher politischer Verbrecher im Feindeslande, als ein erlaubtes Mittel der Kriegsführung.

1. Die Natur der eigentlichen politischen Verbrechen unterscheidet sich darin von dem gemeinen Verbrechen sehr wesentlich, dass diese das allgemeine Rechtsgefühl aller civilisirten Völker tief verletzen und beleidigen, während jene nur einem bestimmten State gegenüber verübt werden und nur dessen Statsordnung betreffen. Dieselbe Handlung kann daher in einem State schwere Strafe verdienen, und von den benachbarten Völkern als eine rühmliche That gepriesen werden. Auch in der modernen Kriegsführung kommt es oft vor, dass die sympathisch gesinnte Partei in Feindesland oder eine unterdrückte Bevölkerung, welche man durch den Krieg befreien will, zum Aufstand angeregt, dass Zuzüger aus dem Feindesland unter die Truppen aufgenommen werden, welche dasselbe einnehmen sollen, dass mit einem Prätendenten, der Ansprüche auf die Regierung im Feindesland erhebt, Verbindungen angeknüpft und in der Absicht unterhalten werden, die feindliche Regierung im Innern ihres Landes in Gefahr zu bringen. Keine einzige europäische oder amerikanische Kriegsmacht hat sich solcher Mittel enthalten, wenn sie sich ihr darboten und für die Kriegsführung nützlich erschienen. Sowohl die Revolutions- als die Restaurationspolitik hat sich derselben bedient; aber auch die neueste Befreiungs- und Nationalitätspolitik in Italien und Deutschland hat dieselben nicht verschmäht. Die politischen Rücksichten sind in dieser Beziehung so entscheidend, dass die strafrechtlichen in den Hintergrund treten.

2. Dagegen wird die Aufreizung der feindlichen Offiziere und Soldaten zur Desertion oder zum Verrath — wenigstens in der Regel — für ein unerlaubtes Kriegsmittel angesehen, weil hier auch das allgemeine Interesse aller Staten an der Aufrechthaltung der militärischen Ordnung und Disciplin so überwiegend erscheint, dass die politischen Rücksichten eine derartige Störung nur selten zu entschuldigen vermögen. Wenn aber in dem amerikanischen Bürgerkriege den Sclaven im Süden Befreiung versprochen wurde, so war das trotz der südstatlichen Eigenthumsgesetze durch das natürliche Menschenrecht gerechtfertigt.

565.

Die List ist im Kriege erlaubt und daher auch die Täuschung des Feindes nicht völkerrechtswidrig, sogar nicht die Täuschung durch Uniformen, Fahnen und Flaggen. Vor dem wirklichen Zusammenstoss aber muss jeder Heereskörper unter seiner wahren Fahne und Flagge erscheinen und darf nur als offenbarer Feind fechten.

Im Kriege kämpfen Gewalt und List bald gemeinsam, bald wider einander. Es ist erlaubt, den Feind über die Stärke und die Bewegungen des Heeres zu täuschen, z. B. indem man durch Anzünden zahlreicher Wachtfeuer die

Anwesenheit eines starken Truppenkörpers glaublich macht, während die Truppen bereits abgezogen sind, oder indem ein geringes Streifcorps bald da, bald dort erscheint und die Meinung verbreitet, es seien zahlreiche Truppen in der Nähe. Ebenso kann der Feind durch eine scheinbare Flucht in einen Hinterhalt gelockt und da überfallen werden. Die List dient dazu, die physische Ueberlegenheit des Feindes durch ein geistiges Gegengewicht zu vermindern oder zu überwinden. Bedenklich ist allerdings die Benutzung der Kennzeichen des feindlichen Heeres Uniformen, Fahnen, Flaggen — zur Täuschung desselben, um dasselbe sorglos zu machen und leichter in Verwirrung zu bringen. Diese Art der Täuschung darf nicht über die Vorbereitungen zum Kampf hinausgetrieben werden. In der Schlacht sollen die Feinde einander offen entgegenstehen und nicht hinterrücks in der Maske des Freundes und Waffenbruders der Feind den Feind anfallen. Vgl. Brüsseler Erkl. 14. 9.

566.

Auch dem Feinde muss man Treue halten. Der Bruch eines dem Feinde im Kriege gegebenen Versprechens ist völkerrechtswidrig.

„Etiam hosti fides servanda" ist ein uralter Rechtssatz selbst des antiken Völkerrechts (§ 550). Ohne Vertrauen auf die gegebene Zusage und ohne Treue ist überhaupt kein gesicherter Rechtszustand unter den Völkern denkbar. Von jeher hat der natürliche Rechtssinn der Menschen z. B. den Bruch des ertheilten freien Geleites, oder der zugesicherten Schonung bei Uebergabe eines festen Platzes oder des versprochenen freien Abzugs als ein schweres Verbrechen an der menschlichen Rechtsordnung gebrandmarkt.

567.

Wenn der Feind die Schranken der guten Kriegssitte missachtet oder völkerrechtswidrige Kriegsmittel anwendet, so sind Repressalien gestattet. Indessen dürfen bei der Anwendung von Repressalien nicht die Grundgebote der Menschlichkeit verletzt werden.

Vgl. oben § 499 f. Am. Kr. 27. 28. Die Barbarei des Feindes rechtfertigt nicht die eigene Barbarei. Wenn Wilde die gefangenen Feinde zu Tode martern, so dürfen die civilisirten Truppen die gefangenen Wilden höchstens aus Repressalie tödten, aber nicht martern. Die feindliche Leidenschaft des Hasses und der Rache sucht ihre Missethaten zu beschönigen, indem sie sich auf das Recht der Repressalien beruft. Die Ausbildung eines humaneren Völkerrechts fordert daher die Beschränkung dieses Nothrechts auf das wirklich Nothwendige. Würdiger ist es, von demselben möglichst wenig Gebrauch zu machen.

5. Recht und Pflicht der Kriegsgewalt gegenüber den feindlichen Personen und den friedlichen Bewohnern in Feindesland. Quartiergeber. Verwundete in der Schlacht. Kriegsgefangene. Geiseln. Auswechslung der Gefangenen. Entlassung auf Ehrenwort.

568.

Das moderne Völkerrecht der civilisirten Völker erkennt kein absolutes Recht der Kriegsgewalt an weder über die friedlichen Bewohner in dem feindlichen Lande, noch selbst über die kriegerischen Angehörigen des feindlichen Stats.

Vgl die Einleitung S. 30 f Am. Kr. 33 Eine grosse Zahl von ältern Völkerrechtslehrern stellte noch den barbarischen Grundsatz an die Spitze, dass dem Feind wider den Feind Alles erlaubt sei. Bynkershoek spricht noch von einem Recht des Siegers über Leben und Tod der Feinde und versteht unter Feinden alle Statsangehörigen des feindlichen Stats. Sogar Heffter behauptet noch das überlieferte „Kriegsrecht auf Leben und Tod" (§ 126) als eine vermeintliche Regel und sucht nur die Anwendung desselben zu beschränken. Dieses angebliche Recht des Siegers steht aber in offenbarem Widerspruch mit dem natürlichen Menschenrecht, welches im Krieg nicht aufhört, und mit der natürlichen Beschränkung aller Statsgewalt auf die Bedürfnisse des Gemeinlebens der Menschen, folglich auch mit der Beschränkung der Kriegsgewalt, welche nur Ausübung der Statsgewalt ist. Dasselbe hat auch keinen Grund in dem Rechtsgrund des Kriegs, noch wird es durch den Zweck des Kriegs, Herstellung der Rechtsordnung und des Friedens gefordert. Es ist eine ganz haltlose Erfindung der Juristen, welche der Wildheit der Kriegsgewaltigen mit einer ungeheuerlichen Rechtsfiction zu Hülfe kommen wollten.

569.

Als feindliche Personen im eigentlichen activen Sinne gelten vorerst die Häupter des feindlichen Stats und die Leiter seiner Politik, sodann alle die, welche an dem Kampfe der Staten persönlich und in geordneter Weise Theil nehmen, indem sie zu dem Heere gehören und unter den Befehlen der feindlichen Macht stehen.

1. In weiterm passiven Sinn sind alle Angehörigen des feindlichen States den Folgen der Feindschaft der Staten ausgesetzt und insofern passive Feinde. Oben § 532. Da aber nur die Staten die eigentlichen Kriegsparteien sind, so sind im strengsten Sinne des Wortes nur die Staten Feinde. Zunächst sind die Souveräne, welche den Stat repräsentiren und die Minister, welche dessen Politik leiten, ebenfalls als Feinde im weiteren Sinne anzusehen und daher auch der Kriegsgefangenschaft ausgesetzt. Neuere Beispiele sind die Kriegsgefangenschaft des Kurfürsten von Hessen 1866 und die des Kaisers Napoleon III. Ferner werden die Truppen der Staten, welche die Feindschaft

im Auftrag des Stats thatsächlich ausüben, ebenfalls als active Feinde betrachtet und behandelt.

2. Unerheblich ist es, ob die Personen, welche zum Heere gehören, zugleich Landesangehörige des feindlichen States oder Landesfremde sind. Sobald sie ins Heer aufgenommen sind, haben sie Antheil an seinen Rechten und Pflichten und an seiner feindlichen Stellung und Handlung. Es steht dem State frei, fremde Truppen in seinen Sold zu nehmen, und diese sind volkerrechtlich den nationalen Truppen gleich.

570.

Freischaren, welche an der eigentlichen Kriegführung sich betheiligen, werden insofern als Feinde betrachtet, als sie zu ihrem Unternehmen von einer Statsmacht beauftragt oder ermächtigt sind oder wenigstens in gutem Glauben an ihr politisches Recht eine Kriegsunternehmung wagen und als militärisch geordnete Truppen erscheinen und handeln.

Am Kr. 81. 1. Die autorisirten Freicorps sind, wenn gleich sie getrennt von dem eigentlichen Heereskörper einzelne Unternehmungen wagen, ebenweil sie von der Statsgewalt autorisirt und den Befehlen der Kriegsmacht unterworfen sind, unzweifelhaft nach Volkerrecht den regelmässigen Truppen gleich zu achten. Von der Art waren die Freicorps Garibaldi's in den beiden Kriegen Italiens mit Oesterreich 1859 u. 1866.

2. Zweifelhafter ist die Gleichstellung der nicht autorisirten Freischaren. Die strengere Meinung betrachtet dieselben durchweg als ausserhalb des Kriegsrechts stehend. Indessen uberwiegt in neuerer Zeit die humanere Meinung, dass solche Freischaren dann wie feindliche Truppen behandelt werden, wenn sie in militärischer Ordnung kämpfen und fur politische Zwecke, nicht wie Räuber aus Gewinnsucht oder aus Rache. Das Kriegsrecht auch gegen Feinde ist streng genug; und wo die politischen Ideen und Interessen so massenhaft zum Kampfe treiben, dass sich geordnete Truppen bilden, da erscheint es gerechter, das politische Kriegsrecht und nicht das gemeine Strafrecht anzuwenden. Ueberdem spricht dafur die Zweckmässigkeit; denn die Gefahren und Leiden des Kriegs werden vermindert durch die kriegsmässige Behandlung der bewaffneten Truppenkörper, und verschärft und erhoht durch die criminalistische Bedrohung der Freiwilligen. Ein beruhmtes neueres Beispiel einer solchen militarisch geordneten Freischar, die ohne — wenigstens ohne offene und anerkannte — Autorisation eines States Krieg führte, ist der Feldzug Garibaldi's gegen Sicilien und Neapel im Jahr 1860.

570 a.

Damit Freischaren (franc-tireurs), welche sich an dem kleinen Kriege (Guerilla) betheiligen, einen Anspruch haben, als Feinde betrachtet, und nicht als Verbrecher behandelt zu werden, genügt nicht eine allgemeine Autorisation des Stats, welcher die Freiwilligen zur Landesvertheidigung aufruft. Vielmehr ist erforderlich:

a) dass Personen an ihrer Spitze stehen, welche für ihre Untergebenen verantwortlich sind,
b) dass sie ein festes, aus der Ferne erkennbares Unterscheidungszeichen haben,
c) dass sie die Waffen offen tragen,
d) dass sie sich in ihren Unternehmungen nach den Regeln des Kriegsrechts und des Kriegsgebrauchs verhalten.

1. Ich habe diese Bedingungen nach der Formulirung der Brüsseler Erkl. Art. 9 umgebildet. Vgl. über die schwierige Frage, ob und unter welchen Bedingungen die Freischaren im kleinen Kriege als Soldaten und nicht als Verbrecher zu betrachten sind: Fr. Lieber Guerilla Parties New-York 1862. H. R. Droop On the relation between an invading Army u. s f. London 1871. Rolin-Jaequemyns in der Genter Revue du Droit Intern. III. S. 308. Bluntschli in Holtzendorff, Jahrb. d. deutschen Reichs I. S. 286. Der kleine Krieg, der neben dem grossen durch die Heeresmassen geführten Kriege einher geht, ist seiner Natur nach schwerer in den Schranken des Kriegsrechts und des geordneten Kampfes zu halten. Er lässt der individuellen Unternehmungslust, Willkür und Leidenschaft einen freieren Spielraum offen. Er geht daher leichter in Rauberei über und in unerlaubte Gewaltthat. Er erzeugt mit der Unsicherheit, die er hervorbringt, mehr Erbitterung, Zorn und Rache der bedrohten Truppen und reizt zu grausamen Repressalien.

2. In dem deutsch-französischen Kriege von 1870/71 verlangte die Proclamation des deutschen Oberbefehlshabers eine Autorisation für den einzelnen Mann: „Jeder Gefangene, der als Kriegsgefangener behandelt sein will, hat über seine Eigenschaft als französischer Soldat durch eine von der gesetzlichen Behörde erlassene und an seine Person gerichtete Ordre den Nachweis zu führen, dass er zur Fahne einberufen und in die Listen eines durch die französische Regierung militärisch eingerichteten Corps eingetragen ist“ Der Brüsseler Entwurf legt den Nachdruck mehr auf die Unterordnung unter verantwortliche Führer.

3. Zu b) Wenn die Streiter in grossen Massen kämpfen, wie das bei dem Aufgebot des Landsturms (§ 597. 598) der Fall ist, so wird ihre kriegerische Eigenschaft schon aus der massenhaften Erscheinung klar sein und es wird einer soldatischen Uniform zu diesem Zwecke nicht bedürfen. Wollte man auch da Uniformirung fordern, so würde man Unmögliches verlangen, und die Vertheidigung eines Landes an Bedingungen knüpfen, welche grosse Volkskräfte verhindern würde, ihre vaterländische Pflicht zu erfüllen. Die Uniformen sind zunächst aus Gründen der Taktik und der Disciplin bei den Heeren eingeführt worden, nicht aus völkerrechtlichen Motiven Das Recht und die Pflicht zur Landesvertheidigung darf im Grossen nicht von dem Schnitt und der Farbe der Kleider abhängig gemacht werden.

Anders ist es, wenn nicht in kriegerischen Massen, sondern in kleinen Scharen gekämpft wird, oder gar durch Einzelne feindliche Handlungen verübt werden. Da ist es dem Heere ganz unmöglich, zwischen dem friedlichen Bürger und dem feindlichen Krieger und beziehungsweise zwischen diesem und dem Räuber oder Wegelagerer zu unterscheiden, wenn nicht die Eigenschaft des Kriegsmanns sofort durch äusserlich erkennbare Abzeichen sichtbar wird. In dem französisch-deutschen Kriege von 1870/71 erklarten die Deutschen, dass sie nur solche Kämpfer als Feinde betrachten, welche auf Flintenschussweite als Soldaten erkannt werden und dass zu diesem Behuf die blaue Blouse, die Nationaltracht der französischen Bauern nicht ausreiche, auch wenn sie noch eine Armbinde mit dem rothen Kreuz tragen. Die Unterscheidungszeichen müssen deutlich und so fixirt sein, dass sie nicht jeden Moment beseitigt oder verborgen werden konnen.

571.

Personen, welche ohne statliche Ermächtigung auf eigene Faust kriegerische Streifzüge machen und dann wieder willkürlich als Bürger sich gebaren und ihren Beruf als Kriegsleute verbergen, werden nicht als öffentliche Feinde betrachtet und können nach Umständen als Räuber zur Verantwortung und Strafe gezogen werden.

Am. Kr. 82. Bei solchen Unternehmungen ist der militärische Charakter nicht mehr offenbar und daher auch nicht entscheidend. Möglich, dass auch hier patriotische und politische Gedanken einwirken, aber die Gefahr der gemeinverbrecherischen Handlungen — Mord, Misshandlung, Raub, Diebstahl — ist hier so gross, dass der Schutz der Strafgerichtsbarkeit nicht entbehrt werden kann. In einzelnen Fallen mag durch die Gnade die Harte der Strafjustiz billig gemildert werden, in den mehreren wird gerade die ernste Strenge der Justiz die Rechtssicherheit und den Frieden am besten herstellen und befestigen. Je humaner das moderne Völkerrecht sich den feindlichen Bewohnern in Feindesland gegenuber verhalt, um so weniger darf ein so gefahrlicher Missbrauch zu Feindseligkeiten gegen das Heer geduldet werden.

572.

Ebenso werden Freischaren, welche ohne statliche Ermächtigung in selbstsüchtiger Absicht kriegerische Gewalt üben und die Unternehmer von Kaperschiffen nicht als Feinde, sondern als Verbrecher behandelt.

Im Alterthum wurden solche Abenteuerfahrten zur See und zu Land als rühmlich betrachtet; und heute noch werden zuweilen im Orient unter Turkomanen und Serben solche Raubzüge gegen die Unglaubigen und die Ketzer als preiswürdige Heldenthaten gefeiert. Die civilisirte Welt missbilligt dieselben aufs entschiedenste, und erkennt darin durchaus strafwurdige Verbrechen.

573.

Die friedlichen Bewohner in Feindesland, welche an dem Kampfe keinen thätigen Antheil nehmen, unterliegen zwar den nothwendigen Wirkungen des Kriegs und müssen der siegreichen Kriegsgewalt Gehorsam leisten, aber sie sind nicht als öffentliche Feinde zu betrachten und zu behandeln.

1. Vgl. Einleitung S. 31 und oben § 531. Von grösster praktischer Bedeutung ist die Unterscheidung der friedlichen Bewohner des feindlichen States von dem Heere desselben. Erst seitdem die friedliche Eigenschaft derselben erkannt und auch von der feindlichen Kriegsgewalt besser als fruher gewürdigt wird, ist die Barbarei des Kriegs einigermassen gezähmt worden. So lange man noch alle Angehörigen des kriegfuhrenden States gleichmässig als Feinde ansah, schien jede Gewaltthat und Bedrückung erlaubt. Die grosse Masse der Einwohner ist aber in den meisten Fällen ganz unschuldig an dem Streit der Staten, und fügt sich dem Kriege nur, wie einer furchtbaren Nothwendigkeit, die über sie kommt, ohne an dem Kampf thätigen Antheil zu nehmen. Selbst in den Fallen, in welchen das ganze Volk fur die höchsten nationalen Guter und Interessen begeistert ist, welche im Kriege errungen oder vertheidigt werden, enthalt sich doch die Menge der Privaten jeder kriegerischen Handlung und betreibt im Kriege wie vor dem Krieg ihre friedlichen Geschäfte; Hirten und Bauern, Handwerker und Krämer, Kaufleute und Fabrikanten, Aerzte und Lehrer suchen, so gut es geht, ihren Beruf fortzusetzen und dieser Beruf hat keine feindlichen Eigenschaften an sich. Wesshalb denn sollten sie als Feinde behandelt werden, da sie wie friedliche Leute leben? Der blosse Statsverband, die Statsangehörigkeit rechtfertigt das nicht, denn der Krieg wird von Stat gegen Stat geführt, nicht gegen die Privaten; und dieselben Privaten, welche heute dem State A angehören, werden, wenn die Kriegsmacht des States B siegreich fortschreitet, auch der öffentlichen Kriegsgewalt des Siegers gehorchen. Sie konnen sich diesem Gehorsam nicht entziehen, wenn es ihnen auch schwer wird, sich zu unterwerfen, so lange sie in dem Lande wohnen, uber welches der Sieger seine Macht erstreckt hat. Der Sieger ergreift die Statsgewalt im Lande, und dieser mussen sich die einzelnen Bewohner fugen. Auch der Sieger zieht jetzt von ihren friedlichen Arbeiten Vortheil für seine Herrschaft. Es wird auch dem Heere leichter, sich in Feindesland zu ernahren und seine Bedürfnisse zu befriedigen, wenn die friedlichen Bewohner desselben ungekränkt bleiben, wenn die Aecker bebaut werden und das Vieh gezüchtet wird, wenn die Industrie brauchbare Guter hervorbringt und der Handel sie herbeischafft. Wird dagegen das Land barbarisch verwüstet, so findet auch der Sieger darin statt der Nahrung und Unterstützung nur unheimliche Verzweiflung und gefahrliche Rache.

2. In der Kriegsführung der civilisirten Völker ist die friedliche Natur der Privaten früher — freilich nur theilweise — respectirt, als von den Publicisten begriffen worden. Auch Vattel noch betont die alte Vorstellung, dass nicht bloss die beiden Völker, sondern auch alle Angehörigen der beiden Staten Feinde seien. Selbst die Frauen und Kinder nimmt es nicht aus (III § 70. 72). Freilich verlangt er eine grössere Schonung derselben als der kämpfenden Feinde (III. § 145). Aber die ganze Grundlage des Rechtsverhältnisses wird verdorben, wenn dasselbe von dem Geiste der Feindschaft durchwühlt und verbittert wird. Die humane Rechtsbildung drängt die Feindschaft in die engsten Schranken zuruck und verstattet dem Geiste des Friedens und der wechselseitigen Lebensforderung möglichst viel Raum. Desshalb hebt sie mehr die friedlichen Eigenschaften der Privaten hervor, und legt darauf und nicht auf ihren statsrechtlichen Verband mit dem feindlichen State den Nachdruck. Als Privatpersonen sind sie uberall keine Feinde, als Statsgenossen aber nur so lange und nur

insofern, als noch die feindliche Statsgewalt über sie öffentliche Macht übt, von dem Augenblicke an nicht mehr, wo diese Statsgewalt durch den siegreichen Gegner zurückgeworfen und verdrängt ist. Aber nicht bloss der vordringende Sieger, auch der zurückweichende Feind hat kein Recht, sie nun als Feinde zu behandeln, denn nicht sie zwingen ihn zum Rückzug, indem sie sich des Kampfes enthalten, für ihn sind sie nach wie vor friedliche Privatpersonen, über welche er eine Zeit lang öffentliche Macht gewonnen und dann wieder verloren hat.

574.

Weder die Kriegsgewalt noch die einzelnen siegreichen Krieger sind berechtigt, einzelne Personen willkürlich und zwecklos zu tödten, zu verwunden, zu misshandeln, zu quälen, zu Sclaven zu machen oder zu verkaufen, die Frauen zu missbrauchen oder ihre Keuschheit zu verletzen.

Am. Kr. 16. 23. 42. Brüsseler Erkl. 38. Diese Bestimmung gilt ganz allgemein, nicht bloss bezüglich der friedlichen Privatpersonen, sondern selbst zum Schutz der feindlichen Personen, obwohl diese während des Kampfes auch der Todesgefahr ausgesetzt sind. Tödtung des Feindes im Kampf, um den Widerstand desselben zu brechen, ist kriegsrechtlich erlaubt, weil nothwendig, aber Tödten ohne Kampf, lediglich aus Blutdurst oder Hass ist auch den Soldaten gegen feindliche Soldaten nicht erlaubt. Es gibt kein jus vitae ac necis gegen den Feind. Vgl. zu § 573 und § 579.

575.

Die Kriegsgewalt ist verpflichtet, das Menschenrecht auch in den feindlichen Personen zu beachten und durch ihre Autorität zu schützen und wenn solche Missethaten von Soldaten verübt werden, die Thäter zu bestrafen.

Brüsseler Erkl. 38. Die Kriegsführung im dreissigjährigen Krieg und selbst in den Zeiten Ludwigs XIV. war in Europa noch entsetzlich roh. Die scheusslichsten Misshandlungen und Folterqualen, wie die Nothzucht an den Weibern kamen damals noch häufig vor. Alle solche widerrechtliche und verwerfliche Grausamkeit wird von der heutigen Kriegssitte und dem civilisirten Kriegsrecht als barbarisch untersagt.

576.

Es ist wider das Völkerrecht, die Unterthanen der feindlichen Staten zu nöthigen, dass sie in den Kriegsdienst der siegenden Macht eintreten, so lange nicht die Eroberung vollzogen und die Besitznahme des eroberten Landes als dauerhaft und festbegründet erscheint.

1. Brüsseler Erkl. 37. Wenn auch die feindliche Kriegsgewalt, indem sie sich eines Landes bemächtigt, die bisherige Statsautorität verdrängt und sich

an ihre Stelle setzt (vgl. oben § 540 f.), so ist doch während des Kriegs der provisorische Charakter dieser Besitznahme zu beachten und es gilt als unrechtmässig, die Bewohner des nur vorläufig besetzten Landes zum Kriegsdienst gegen ihr bisheriges Vaterland zu zwingen. Die sittliche Wirkung des bisherigen und statsrechtlich nicht zerstörten Statsverbandes dauert im Kriege einstweilen noch fort, wenn gleich die rechtliche Autorität der bisherigen Statsgewalt durch die feindliche Besetzung unterbrochen und gehemmt ist. Es ist daher unnatürlich, unsittlich und widerrechtlich, den Statsangehörigen zuzumuthen, dass sie nun auch activ gegen den Stat feindlich auftreten, den sie noch als ihr rechtmässiges Vaterland betrachten dürfen. Es war daher völkerrechtswidrig, als die englische Marine nach der Lostrennung der Vereinigten Staten noch amerikanische Matrosen weggenommener amerikanischer Schiffe zwingen wollte, auf englischen Kriegsschiffen zu dienen. (Vgl. Laboulaye hist. des États-Unis II. p. 307.) Wenn sich Freiwillige aus dem eingenommenen Lande an das Heer des Siegers anschliessen, so ist das eine ganz andere Sache.

2. Ist aber die Eroberung vollzogen und die Souveränetät auf den Sieger übergegangen, dann tritt das regelmässige Unterordnungsverhältniss unter die neue Statsgewalt auch in militärischer Hinsicht ein; und die gesetzliche Kriegspflicht wird auf die Bewohner des neu erworbenen Gebietes ausgedehnt, ohne Rücksicht auf die frühere Statsgenossenschaft derselben.

577.

Die Religion und die Sprache, die Bildung und die Ehre der besiegten Feinde und der unterworfenen Privatpersonen sind, so weit es die Umstände erlauben, zu schonen und wider Vergewaltigung zu schützen.

Am 37. Brüsseler Erkl. 38. Auch darin besteht ein grosser Fortschritt des modernen Völkerrechts gegenüber den Anschauungen des Mittelalters und den rohen Sitten, die noch im vorigen Jahrhundert in Europa geübt wurden. Die Unterdrückung des Cultus mit feindlicher Gewalt ist Barbarei, es wäre denn, dass dieser Cultus selbst die Menschenrechte und die Gesetze der Sittlichkeit verletzte. Wie zähe die bittern Erinnerungen an die Gräuel des dreissigjährigen Krieges sich in Deutschland erhalten haben, und wie schädlich die neuen Lehren ultramontaner Verketzerungssucht fortwirken, hat der deutsche Krieg des Jahres 1866 gezeigt. In vielen süddeutschen Landgemeinden fürchteten die Protestanten eine neue Verfolgung ihrer Religion durch fanatisirte Katholiken und umgekehrt waren manche katholische Gemeinden ganz erstaunt, als die siegreichen Preussen ihren Gottesdienst mit Achtung behandelten. Erst bei den gebildeten Classen und bei den Regierungen hat der humanere Grundsatz eine sichere Stätte gefunden, bedarf aber auch da noch einer weitern Ausbildung, insbesondere mit Rücksicht auf die Culturinteressen der unterworfenen Bevölkerung.

578.

Die bewaffneten Feinde sind den unvermeidlichen Gefahren des Kampfes überhaupt ausgesetzt und können auch im Einzelkampf mit Recht verwundet, verstümmelt, getödtet werden. Die sogenannten Nichtkämpfer im Heere (Justiz- und Verpflegungsbeamte, Feldgeistliche, Aerzte, Marketender) können sich dem Schicksal, das ihren Truppenkörper betrifft nicht entziehen und sind auch den allgemeinen Gefahren des Kampfes der Herre ausgesetzt, aber sie werden nur ausnahmsweise, vorzüglich aus Missverständniss und Nothwehr, in den Einzelkampf verwickelt.

Die Schlacht richtet sich zunächst nicht gegen einzelne Individuen, sondern gegen einen Heereskörper, dessen Widerstand überwunden werden soll. Insofern erscheint es nicht Absicht, sondern Zufall, dass einer von den feindlichen Kugeln getroffen werde; und es ist daher auch nicht möglich, die sogenannten Nichtkämpfer (non combattans) vor dieser allgemeinen Gefahr zu bewahren, insofern, sie sich innerhalb des Schussbereichs und unter den Kämpfern (combattans) befinden. Die Gefahren des Einzelkampfes dagegen von Mann gegen Mann sind möglichst auf die letztere Classe einzuschränken, welche den Widerstand allein gewaltsam aufrecht halten und daher überwunden werden muss. Die erstere Classe von Personen übt auch im Feld einen friedlichen Beruf aus und nimmt an dem persönlichen Kampf keinen Theil. Es ist daher gegen die gute Kriegssitte, diese Personen einzeln anzugreifen und zu verwunden oder zu tödten. Indessen nicht immer wird im Gedränge der Schlacht und bei Verfolgung richtig unterschieden und Mass gehalten. Dann ist es selbstverständlich auch dem Nichtkämpfer erlaubt, sich zu vertheidigen. Dadurch kann auch er ausnahmsweise in den Einzelkampf hineingezogen und vielleicht sogar getödtet werden, vielleicht den Gegner tödten.

579.

Der civilisirte Krieg darf nicht mehr auf wechselseitige Schädigung und Tödtung gerichtet sein, sondern nur auf ein gerechtes Friedensziel.

Jede unnöthige Tödtung selbst der bewaffneten Feinde ist Unrecht.

Vgl. oben § 533 568. 585. Am. 68. Brusseler Erkl. 12. 13 g. Im Mittelalter fasste man den Krieg noch so auf, als gelte es nun, dem Feinde möglichst viel Schaden zuzufügen. Die Schädigung des Feindes kann aber nicht Zweck des Krieges sein, wenn gleich sie gewöhnlich eine Folge des Krieges ist, denn der Krieg ist ein Rechtsmittel und sein Ziel muss daher ein neuer Friedens- und Rechtszustand sein. Die Schädigung anderer Menschen ist aber niemals eine Aufgabe der Rechtsordnung. Jene ältere Vorstellung war also noch barbarisch. Das Christenthum, welches die Feinde als Brüder lieben lehrt, und das Menschenrecht, welches die Existenz der Menschen neben einander und ihre Wohlfahrt sichern will, verwerfen dieselbe gleichmässig. Die Tödtung auch bewaffneter Feinde aus blossem Muthwillen oder aus Hass und Rache ist widerrechtlich. Auch die feindlichen Soldaten dürfen nicht wie wilde Thiere dem Schusse der Jäger preisgegeben werden. Das Menschenleben darf nur aus höherer Nothwendigkeit, nicht aus Leidenschaft und zur Lust angegriffen werden.

580.

Der militärische Befehl, dem Feinde kein Quartier (keinen Pardon) zu geben, darf nur aus Gründen der Wiedervergeltung (Repressalie) oder in äussersten Nothfällen insbesondere dann gegeben werden, wenn es der eigenen Sicherheit wegen unmöglich ist, sich mit Kriegsgefangenen zu belasten, niemals aber aus Hass und Rache.

Am. 60. Brüsseler Erkl. 13 d. *Kein Truppenkörper ist berechtigt, zu erklären, dass er überhaupt Quartier weder gebe noch annehme.* Das wäre nicht mehr Kriegsführung, sondern mörderische Barbarei.

581.

Feindliche Truppen, welche ihrerseits kein Quartier geben, haben auch den Anspruch verwirkt, dass ihnen Quartier gewährt werde.

Am. 62.

582.

Auch wenn das Quartier mit Recht verweigert wird, so dürfen doch Feinde, welche unfähig geworden sind, Widerstand zu leisten oder bereits in der Kriegsgefangenschaft sich befinden, nicht getödtet werden.

Am. 61. Vgl. oben § 501.

583.

Truppen, welche in der Uniform oder mit den Fahnen oder Flaggen ihrer Feinde fechten ohne ehrliche und offenbare Kennzeichen ihrer Parteistellung dürfen kein Quartier erwarten.

Am. 63. 65. Zuweilen werden erbeutete Uniformen und Waffen vom Feinde zur eigenen Bekleidung und Ausrüstung benutzt. Darin liegt kein Unrecht. Es kann das sogar zur Nothwendigkeit werden. Aber es dürfen diese Uniformen doch nicht zur Täuschung im Kampfe selbst missbraucht werden; daher sind in solchem Falle die eigenen Feldzeichen z. B. besondere Armbinden anzulegen, damit die Feinde sich wechselseitig erkennen. (Vgl. oben § 565.)

584.

Die eigene noch so lebhafte Ueberzeugung, dass der Feind für eine offenbar ungerechte Sache kämpfe, begründet niemals das Recht, den feindlichen Truppen das Quartier zu verweigern.

Die Kriegsparteien sind fast immer und sogar leidenschaftlich der Meinung, dass sie selber für eine gerechte Sache und ihre Feinde für eine ungerechte Sache streiten. Sogar wenn sie von Anfang an noch Zweifel haben, werden durch die Steigerung der Parteileidenschaft während des Kriegs diese Zweifel meistens verdrängt, und der Glaube an das eigene Recht und das Unrecht des Feindes oft bis zum Fanatismus erhitzt. Das Völkerrecht vermuthet auf beiden Seiten guten Glauben und kann der Ueberzeugung der einzelnen Parteien durchaus nicht den Einfluss verstatten, dass die humanen und das Menschenleben schonenden Grundsätze des Völkerrechts zur Seite geschoben, und ein Vernichtungskampf gegen die feindlichen Truppen geübt werde.

585.

Feindliche Personen, welche die Waffen strecken und sich dem Sieger ergeben, sind zu schonen und dürfen weder verwundet noch getödtet, wohl aber entwaffnet und zu Kriegsgefangenen gemacht werden.

Vgl. oben § 533. 568. 579. Schon in dem uralten indischen Gesetzbuch Manus (VII. 91 f) ist die Pflicht anerkannt worden, den Feind, der sich ergibt, zu schonen. Aber diese milde Gesetzgebung steht im Alterthum noch sehr vereinzelt als ein Zeugniss des früh in Indien erwachten humanen Rechtsbewusstseins. Die Römer erklärten ihre Benennung der Sclaven „servi" davon, dass den besiegten Feinden das verwirkte Leben geschenkt worden sei, und meinten, die Sclaverei aus solcher Schonung zu rechtfertigen. (Florentinus Instit. IX. L. 4 de statu hom.: „Servi ex eo appellati sunt, quod imperatores captivos vendere ac per hoc servare nec occidere solent.") Im Mittelalter noch wurden die gefangenen Feinde wie eine gute Beute betrachtet und ihnen, wie das heute noch die italienischen Briganten thun, ein möglichst hohes Lösegeld ausgepresst. Erst die moderne Kriegsführung ist gesitteter geworden und hat den alten humanen Grundsatz der Feindesschonung wieder zu Ehren gebracht. Man braucht nur die Aeusserungen von Hugo Grotius (Buch III. Cap. 4) mit denen von Vattel (III. § 139 u. 140) zu vergleichen, um den grossen Fortschritt in der Humanität wahrzunehmen, welcher vom siebzehnten bis zum achtzehnten Jahrhundert gemacht worden ist; und doch spricht Vattel noch von einem Recht über Leben und Tod des Feindes, das wir heute als Barbarei verneinen.

586.

Die Krankenwagen (Ambulancen) und Militärspitäler werden als neutral anerkannt und demgemäss von den Kriegführenden geschützt und geachtet werden, so lange sich Kranke oder Verwundete darin befinden.

Die Neutralität würde aufhören, wenn solche Ambulancen oder Spitäler mit militärischer Macht besetzt wären.

1. Erster Artikel des am 22. August 1864 zu Genf abgeschlossenen Vertrags, um das Schicksal der Verwundeten im Krieg zu verbessern. Den Anstoss zu diesem Vertrag, einer der edelsten Errungenschaften der fortschreitenden Humanität, gab eine Schrift des Genfer Arztes Dunant, unter dem Titel: „Souvenir de Solferino", worin er die entsetzlichen Eindrucke schilderte, welche der Besuch des Schlachtfeldes von Solferino und der Militärspitäler auf ihn

gemacht hatte. Der Präsident der Genfer Gemeinnützigen Gesellschaft, Moynier, nahm den Gedanken, dass die Krankenwagen zu neutralisiren seien, auf und beide Menschenfreunde wendeten sich nun an mehrere Regierungen, um deren Aufmerksamkeit auf die wichtige Frage zu lenken. Ueberall bildeten sich Vereine zu freiwilliger Krankenpflege für die verwundeten Krieger und zur Unterstützung der Verwundeten. Ein Jahrhundert früher schon, am 7. Sept. 1759, war zwischen Frankreich und Preussen ein Vertrag zu Stande gekommen, nach welchem die verwundeten Krieger geschont und gepflegt werden sollen. Damals schon wurden die Spitäler als Asyle bezeichnet, welche auch im Kriege heilig zu achten seien. Eine internationale Versammlung von Commissaren vieler Staten bildete nun, unter dem Vorsitz des Generals Dufour, den Gedanken der Neutralisirung weiter aus auf die ganze Pflege der Verwundeten und umgab ihn mit schützenden Garantien. So kam jener Vertrag zu Stande, welcher sofort im Namen der Staten Baden, Belgien, Dänemark, Frankreich, Hessen-Darmstadt, Italien, Niederlande, Portugal, Preussen, Schweiz, Spanien und Württemberg zugestimmt wurde. Auf Einladung des schweizerischen Bundesrathes nahmen auch Griechenland, Grossbrittanien, Schweden u. Norwegen, Mecklenburg-Schwerin 1865 den Vertrag an, im Jahr 1866 auch Bayern und Sachsen. Erst nach dem deutschen Kriege von 1866 traten Oesterreich und 1867 Russland, zuletzt in dem christlichen Europa 1868 der papstliche Stuhl, endlich 1873 die Türkei und Rumanien bei. Man darf daher wohl diesen Vertrag als den allgemeinen Ausdruck des heutigen Völkerrechts bezeichnen.

2. Am 20. Octbr. 1868 kam eine Nachtrags-Convention zu Stande, welche einige Bestimmungen des frühern Vertrags ergänzte und denselben auch auf den Seekrieg ausdehnte. Unzweifelhaft ist seither das Schicksal der verwundeten und kranken Krieger — zumal des feindlichen Heeres — besser geworden als früher. In den Lazarethen wie auf den Schlachtfeldern hat die Menschenliebe und die ärztliche Sorge wieder viele Wunden geheilt, welche der feindliche Streit geschlagen hatte. Aber einzelne Mängel des Vertrags sind doch in dem französisch-deutschen Krieg 1870/71 auch offenbar geworden. Vor allen fehlte es in der französischen Armee an der Kenntniss des Vertrags. Ueberhaupt wird es nöthig, dass die militärische Instruction auch über die Grundsätze des Völkerrechts Officiere und Soldaten unterrichte.

3. Die Neutralität, welche den Anstalten für verwundete und kranke Krieger gewährt wird, hat doch einen andern Sinn als die Neutralität der Staten, welche sich nicht an dem Kriege betheiligen (s. Neuntes Buch) und ihrer Angehörigen. Die Feldlazarethe, der Sanitätspark und die Spitäler gehören in der Regel nicht einem neutralen State sondern einem kriegführenden State zu und selbst die eigentlichen Feldärzte sind meistens Angehörige einer der beiden Armeen. Dieser Zusammenhang kann nicht durch eine Neutralitätserklärung zerstört werden und man kann denselben auch nicht dadurch aufheben, dass man seine Augen vor demselben verschliesst und versichert, ihn nicht zu sehen. Er ist in den Verhältnissen dauernd begründet und wirkt in den Personen lebendig. Wenn ein siegreiches Heer vordringt und ein feindlicher Sanitätspark in den Bereich seiner Macht kommt oder die von dem Feinde angelegten Lazarethe sich in einem Landestheile befinden, der nun besetzt wird, so versteht es sich, dass die besetzende

Kriegsmacht auch darüber provisorisch die Statsgewalt ausübt und nicht etwa davor als einem fremden neutralen Gebiete zurückweicht und dasselbe unbekümmert zur Seite lässt. Unbedenklich wird sie diese Anstalten benutzen, um auch andere Verwundete, so weit es der Raum und die Mittel erlauben, diesen Anstalten zuzuweisen und die Aufsicht über dieselben ausüben. Noch schwieriger ist es, die Neutralität für die Sanitätshülfsmannschaft zu bewahren. Dieselbe beruht auf der Voraussetzung, dass diese Mannschaft in keiner Weise an dem Kampfe sich betheilige. Es ist aber unthunlich und sogar unmöglich, für den Dienst der Krankenpflege jeder Zeit Leute zur Verfügung zu haben, die ausschliesslich sich diesem friedlichen Dienste widmen, und der Hülfe von Soldaten zu entbehren, die bis dahin Kriegsdienste geleistet haben und in Zukunft wieder Kriegsdienste leisten müssen. Es muss möglich sein, dass der einzelne Mann aus dem einen Beruf in den andern übergeht. Die Gründe, den Krankenwärter oder den Verwundetenträger zu schonen, sind nur so lange wirksam, als dieser friedliche Dienst dauert, der eine kriegerische Thätigkeit ausschliesst, aber nicht früher und nicht später, wenn der Mann als Combattant im Heere erscheint. Deshalb kann man nicht volle fortdauernde Neutralität, sondern nur eine relative und zeitweilige fordern und gewähren. Die Redaction der Genfer Convention leidet überhaupt daran, dass die Wissenschaft des Völkerrechts bei Feststellung derselben nicht vertreten war. Aerztliche und militärische Kenntnisse reichen nicht aus, um einen richtigen Ausdruck für Rechtsvorschriften zu finden. Die scharfe, präcise Rechtssprache erfordert auch die Kenntniss des ganzen Rechtssystems und ist nur denen möglich, welche die rechtliche Bedeutung und die Tragweite der Wörter und Wendungen verstehen und in der Formulirung von Rechtssätzen geübt sind.

4. In einer Schrift, welche zu Karlsruhe 1871 erschienen ist, macht Dr. v. C. (Corval) mit Grund darauf aufmerksam, dass auch der Zusatz zu Art. 1: „Die Neutralität würde aufhören, wenn dieselben (Krankenwagen und Lazarethe) mit Militär besetzt wären“, zu Zweifeln Anlass gebe. Es ist sehr oft geradezu unerlässlich, den Lazarethen militärische Wachen beizugeben. Geschieht das nicht, so lässt sich weder die Ordnung schützen, noch für die Vorräthe Sicherheit gewinnen, die in den Lazarethen aufbewahrt werden müssen. Nur darf der Sanitätspark nicht mitbenutzt werden zum Transport von Combattanten und Kriegsmaterial und darf das Lazareth nicht zu militärischer Offensive und Defensive dienen. Würde das geschehen, dann wären die feindlichen Truppen im Recht, die angebliche Neutralität jener Anstalten nicht weiter zu respectiren. Herr v. C. schlägt folgende Fassung vor: „Die Neutralität hört auf, wenn solche Orte zum Zwecke der Defensive oder Offensive von Truppen besetzt sind, während das Vorhandensein einzelner Wachposten, die nur zur Handhabung der Ruhe und Ordnung bestimmt sind, die Neutralität nicht in Frage stellt.“ Er geht aber zu weit, wenn er auch für diese Wachposten Neutralität verlangt. Besser, sie werden zurückgezogen, wenn der Feind die Gegend besetzt, wo die Lazarethe sind; denn die Soldaten sind vor der Kriegsgefangenschaft nicht zu retten, wenn sie in die Gewalt des Feindes kommen. Auch ihnen Freiheit zu verstatten, wohin sie gehen wollen, ist zu gefährlich für den Feind.

5. Das Hauptwerk über die Genfer Convention ist die gekrönte Preisschrift von C. Lueder. Erlangen 1876. Daselbst finden sich auch neue berichtigte Vorschläge. Anstatt des Art. 1 findet sich in Art. 4 folgender Vorschlag, den

ich nur in der Fassung kürze: „Alle Sanitätsanstalten, als Lazarethe, Hospitäler, Ambulancen, Verbandplätze, ebenso die Sanitätszuge wie auch die fur die Verwundeten bestimmten Zufuhren durfen nicht angegriffen noch beschädigt werden, sondern sind von der occupirenden Macht zu schutzen."

„Wenn dieselben aber zum Zweck der Defensive oder Offensive militärisch benutzt werden, so verlieren sie jeden Anspruch auf Schutz und Schonung. Blosse zur Handhabung der Ruhe und Ordnung daselbst verwendete Wachposten gelten nicht als eine kriegerische Verwendung"

„Die occupirende Armee darf das Material der stehenden Hulfsanstalten benutzen und daruber zu Sanitätszwecken verfügen, nicht aber als Kriegsbeute behandeln; die beweglichen Hulfsanstalten aber, Wagen und Pferde inbegriffen, dürfen nicht occupirt werden."

587.

Das Personal der Spitäler und Ambulancen für die Aufsicht und den Gesundheits-, Verwaltungs- und Krankentransportdienst, sowie die Feldprediger haben, so lange sie ihren Verrichtungen obliegen und Verwundete aufzuheben oder zu verpflegen sind, Theil an der Wohlthat der Neutralität.

Diese Bestimmung (Art. 2 der Genfer Convention) hat in der Praxis mancherlei Zweifel hervorgerufen. Sowohl die Feldarzte als die eigentliche Sanitätsmannschaft und selbst die Fuhrleute, welche den Sanitätspark fuhren, mussen auf dem Marsch vor feindlichen Angriffen und vor der Kriegsgefangenschaft gesichert bleiben, auch wenn keine Verwundeten und Kranken von ihnen transportirt werden, sondern sie lediglich Hulfe auf die Schlachtfelder bringen. Ebenso wenn die Lazarethe geleert werden, weil die Kranken geheilt oder doch transportabel geworden sind und in ihre Heimath entlassen werden, muss das ärztliche Personal und Hülfspersonal frei fortziehen und wieder zu seiner Armee abgehen können. Das Alles versteht sich aus dem ganzen Grundgedanken und dem Zweck der Genfer Convention, wenn auch nicht aus deren Worten. Wird die Sanitatsmannschaft angegriffen, so muss sie sich wiederum selbstverständlich gegen die Angriffe — vielleicht von Freibeutern oder Raubern, aber auch von Soldaten — wehren können, wie jeder sich wehrt, der einen ungerechten Angriff mit Gewalt erfährt. Man darf sie in der gefährlichen Lage, in welche sie durch den Krieg gekommen sind, nicht waffenlos und wehrlos der Gefahr preisgeben. Sie verlieren durch diese Nothwehr den Charakter von Personen nicht, welche auf einen besonderen völkerrechtlichen Schutz Anspruch haben. Anstatt des Artikels 2 der Genfer Convention schlage ich folgende Fassung vor: „Feldärzte, Krankenträger und Krankenwärter und überhaupt das ganze der Verwundeten- und Krankenpflege dienende Personal haben ebenso wie Feldprediger und Feldpriester mit Rucksicht auf ihren humanen und friedlichen Beruf auch im Kriege auf besonderen Schutz des Völkerrechts Anspruch, und sind wie neutrale Personen zu behandeln. Auch diejenigen Personen geniessen dieses Recht, welche nur vorubergehend, aber in bona fide dem Dienste der Krankenpflege gewidmet sind, so lange die Rucksicht auf diesen Dienst es erfordert. Die neutralisirten Personen durfen sich gegen ungerechten Angriff vertheidigen, nicht aber, so lange ihre Neutralisirung dauert, an dem Kampfe der Heere theilnehmen.

Wenn solche Personen in feindliche Gewalt gerathen, sind sie nicht als Kriegsgefangene zu behandeln, sondern je nach dem Bedurfniss der Krankenpflege entweder auch ferner in ihrem Berufe zu schützen oder zu ihrem Truppenkörper so bald als es die militarischen Rucksichten gestatten, zu entlassen und zu den Vorposten ihres Heeres sicher zu geleiten."

587 a.

Das im vorhergehenden Artikel bezeichnete Personal fährt nach der Besetzung durch den Feind fort, so weit es das Bedürfniss erheischt, den Kranken und den Verwundeten des Feldlazareths oder des Hospitals, zu denen es gehört, seine Sorgfalt zuzuwenden.

Sobald dieses Personal sich zurück zu ziehen wünscht, hat der Commandant der Besatzungstruppen den Zeitpunkt des Abzugs zu bestimmen, den er jedoch nur auf eine kurze Zeitdauer, falls eine militärische Nothwendigkeit hiefür vorliegt, hinausschieben kann.

Zusatzartikel 1 von 1868. Vgl. Anm. zu § 587 und zu § 588.

588.

Die bezeichneten Personen können auch nach der Besitznahme durch den Feind in den von ihnen besorgten Spitälern oder Ambulancen ihrem Amte obliegen oder sich zu dem Corps zurückziehen, dem sie angehören.

Wenn diese Personen unter solchen Umständen ihre Verrichtungen einstellen, so sind sie den feindlichen Vorposten von Seite des den Platz inne habenden (besitzenden) Heeres zuzuführen.

Genfer Vertrag Art. 3. Auch diese Bestimmung wird im Conflict mit den militärischen Interessen leicht unausführbar. Die Grunde, welche uberhaupt im Kriege jeder Communication zwischen den beiden Heeren im Wege stehen und die Berichterstattung von einem Heere zum andern als ein schweres Kriegsvergehen erscheinen lassen, das mit Strafe bedroht wird, haben auch für Aerzte ihre Geltung. Auch Aerzte könnten, je nach Umständen, Wahrnehmungen machen, deren Mittheilung an den Feind schädlich ware für das Heer, dessen Bereich sie verlassen, und nützlich fur das Heer, zu dem sie sich hinbegeben wollen. Diese Gefahr zu vermeiden, ist daher eine nothwendige Aufgabe der Heeresfuhrung, trotz der Genfer Convention. Auch im letzten Kriege sind daher ofter Feldarzte des feindlichen Heeres zwar nach ihrem Wunsche dem feindlichen Heere wieder zugesendet worden, aber nicht auf dem Wege zu den nachsten Vorposten, sondern auf Umwegen, z. B. über die Schweiz oder durch Belgien. Die Bestimmung der Zeit sowohl als des Weges muss den militärischen Befehlshabern überlassen bleiben; nur daran ist festzuhalten, dass diese Zeit nicht ubermassig verzogert werde und dass inzwischen die neutralisirten Aerzte anständig behandelt und möglichst in ihrer Freiheit geschützt werden. Leider sind auch in dieser Hinsicht viele ernste Klagen deutscher Feldärzte über allzuweite Umwege und sogar über Misshandlungen in Frankreich bekannt geworden, welche wieder beweissen, wie wenig das Verständniss für die humane und friedliche Aufgabe der Feldarzte unter den Franzosen zu finden war. Vgl. bei Lueder Art 3 (S. XV).

588 a.

Seitens der kriegführenden Mächte sind Bestimmungen zu treffen, durch welche den in die Hände der feindlichen Armee gefallenen neutralen Personen der unverkürzte Genuss ihres Gehaltes gesichert wird.

Zusatzartikel 2 von 1868. Dass diese Bestimmung von Aerzten und nicht von Juristen gemacht worden, ergibt sich auf den ersten Blick. Irgend ein Rechtsgrund dafur, dass die feindlichen Aerzte fortwährend den Sold ihrer Heimat von der Armee bezahlt erhalten, ist nicht vorhanden. Die Bestimmung wörtlich verstanden könnte zu der Absurditat fuhren, dass ein Stat die feindlichen Aerzte höher besolden musste, als die eigenen. Die Bestimmung sollte so lauten: „Die Kriegführenden Machte schutzen die in ihre Hände gefallenen neutralisirten Personen in dem unverkurzten Genuss ihrer Einkunfte und gewahren ihnen inzwischen nothigenfalls eine ihrem Rang und ihren Leistungen entsprechende Belohnung." Lueder Art. 3 schlagt vor, dass den Aerzten gleiche Competenzen gezahlt werden, welche den Personen gleichen Ranges in der Armee, in deren Herrschaftskreise sie sich befinden, gezahlt werden.

589.

Das Material der Militärspitäler unterliegt den Kriegsgesetzen und die denselben zugetheilten Personen dürfen daher bei ihrem Rückzug nur die ihr Privateigenthum bildenden Sachen mitnehmen.

Dagegen verbleibt den Ambulanceu unter gleichen Umständen ihr Material.

1. Genfer Vertrag Art 4. „Unter Ambulancen werden die Feldlazarethe und andere zeitweise Anstalten verstanden, welche den Truppen auf das Schlachtfeld folgen, um auf demselben die Kranken und Verwundeten aufzunehmen." Zusatzartikel 3 von 1868. Vgl. den Vorschlag Lueders oben zu Art. 586, 5.

2. Auch diese Bestimmung hat zu Bedenken Veranlassung gegeben. Wesshalb dürfen Geräthschaften der Krankenpflege (z. B. Betten, Instrumente, Charpie, Binden) von dem Feinde erbeutet werden, wenn sie sich in einem Spital finden und mussen freigegeben werden, wenn sie in einem Krankenwagen aufbewahrt werden. Herr von C. schlägt statt Art. 4 eine andere Bestimmung vor, zu welcher wir in folgender etwas modificirten Fassung zustimmen konnen: „So weit das Material der Sanitätsanstalten fur die fortdauernde Pflege der verwundeten und kranken Krieger nöthig ist, verbleibt es der Verfügung der besetzenden Macht. So weit es hier entbehrlich ist, wird es dem abziehenden Sanitätspersonal des feindlichen Heeres zum Wegzug überlassen. Der Sanitatspark, die Pferde und das Privatgepäck des neutralisirten Personals werden von dem besonderen Schutze des Volkerrechts mit umfasst und diesem Personal ungehindert mitgegeben."

590.

Die Landesbewohner, welche den Verwundeten zu Hülfe kommen, sollen geschont werden und frei bleiben. Die Generale der kriegführenden Mächte sind verpflichtet, die Einwohner von dem an ihre Menschlichkeit ergehenden Rufe und der daraus folgenden Neutralität in Kenntniss zu setzen.

Jeder in einem Hause aufgenommene und verpflegte Verwundete soll diesem als Schutz dienen. Wer Verwundete bei sich aufnimmt, soll mit Truppeneinquartierungen und theilweise mit allfälligen Kriegscontributionen verschont werden.

Bei der Vertheilung der Lasten, welche aus der Einquartierung der Truppen und aus den zu leistenden Kriegscontributionen erwachsen, ist das Mass des von den betreffenden Einwohnern an den Tag gelegten mildthätigen Eifers in Betracht zu ziehen.

1. Genfer Convention Art. 5 und Zusatzartikel 4 von 1868. Die heutige Kriegsführung unterscheidet sich von der früheren hauptsächlich durch die grossen Heeresmassen, durch die rasche Bewegung dieser Massen mit Hülfe der Eisenbahnen und durch die erhöhte Schnelligkeit und Schussweite ihrer Geschosse. Diese Unterschiede haben zur Folge sowohl sehr zahlreiche Verwundungen, als die gesteigerte Schwierigkeit, den Verwundeten rechtzeitige Hülfe zu bringen. Die Kräfte der Militärärzte und der Sanitätsmannschaft reichen nicht aus, um nach einer Schlacht der grossen Zahl von Verwundeten die nöthige Hülfe zu bringen; und bald müssen jene Aerzte und Mannschaften wieder den Bewegungen des Heeres folgen. Sie können nicht zurück bleiben, weil ihre erste Hülfe immer von Neuem nöthig wird. Man bedarf daher der Beihülfe und Nachhülfe von Freiwilligen, die nicht im regelmässigen Dienste der Heere stehen, aber bereit sind, Verwundete zu verbinden und für den Transport derselben in die Reservelazarethe und die Vereinslazarethe zu sorgen. Gerade diese Freiwilligenhülfe im Felde hat vorzugsweise einen internationalen Charakter. Die Militärärzte neutraler Völker sind dazu besonders geeignet, und unbedenklich können Freiwillige von verschiedenen Nationalitäten dazu verwendet werden. Auch in dem französisch-deutschen Kriege von 1870/71 haben holländische, schweizerische, österreichische, russische, englische, belgische, italienische Aerzte und Freiwillige mitgewirkt und sich grosse Verdienste erworben. Es haben sich aber auch grosse Unzuträglichkeiten dieser Freiwilligenhülfe gezeigt. Es ist schwer und dennoch unerlässlich, die verschiedenen Elemente zu einer geordneten Thätigkeit zu einigen und die Bedürfnisse der Krankenpflege mit der Sicherheit des Heeres und den militärischen Interessen in Harmonie zu bringen. Zwischen den verschiedenen Gruppen von Freiwilligen erheben sich leicht kleine Reibereien und Eifersüchteleien. Die Militärärzte des Heeres und die freiwilligen Aerzte wirken nicht immer friedlich zusammen. Es ergeben sich Conflicte mannichfaltiger Art. Auch unberechtigte Personen mischen sich störend ein. Schlachtenbummler nehmen den Schein an der Krankenhülfe und leisten für dieselbe wenig. Noch schlimmer ist's, dass räuberisches Gesindel die Maske der Humanität benutzt, um in der Verwirrung

ihre verbrecherische Habsucht zu befriedigen. Auch Spione finden sich ein und versuchen es, unter der Hulle neutraler Freiwilliger die Stellung der Truppen und die Mittel der Kriegsführung auszukundschaften und zu verrathen. Eine ihrer Natur nach schwierige Ordnung und Unterordnung aller freiwilligen Krankenpflege im Kriege lasst sich meines Erachtens nur im Anschluss an die Heeresorganisation gewinnen und zwar zunächst in Anlehnung an das Etappenwesen, das freilich mit Rucksicht auf die Krankenpflege einer Ergänzung bedarf durch Delegirte, die aber nicht einem, wenn auch noch so verdienstlichen Ritterorden entnommen, sondern ganz frei, je nach Umständen und Personen besetzt werden. Ein willkürliches Zulaufen von Freiwilligen darf überhaupt nicht geduldet, die Hulfe aber eben so wenig auf einen einzelnen Verein beschränkt werden. Vielmehr sind nur geordnete Gruppen von Freiwilligen statthaft, die unter einem anerkannten — womöglich ärztlichen — Fuhrer oder einem Delegirten eines Vereins stehen und sich bei dem Etappencommando zu melden und dessen Anordnungen zu befolgen haben. Die freiwilligen Aerzte und ebenso die Führer von Freiwilligencorps sollten, abgesehen von der Sanitätsbinde, durch ein gemeinsames, leicht erkennbares Zeichen in ihrer Eigenschaft gekennzeichnet werden. Herr v. C. schlägt zu diesem Zwecke eine kleine rothe Ledertasche (mit Verband-Etuis) vor, die an einem rothen Riemen getragen wird. Mir scheint dieser Vorschlag sehr practisch und leicht ausfuhrbar. Auch müsste jeder Fuhrer ein Verzeichniss seiner Mannschaft mit sich fuhren und jeder Mann sich verpflichten, dem Fuhrer treu zu folgen, so wie die Führer verpflichtet wurden, sich den militärischen und sanitätspolizeilichen Anordnungen und Befehlen unweigerlich zu fügen. Lueder (Art. 5) fordert ein abgestempeltes Abzeichen, eine schriftliche Legitimation und eine Urkunde, welche die Identitat der Person bescheinigt.

2. Etwas uberschwänglich und in dem angedeuteten Masse nicht ausführbar hat sich die Aussicht auf Befreiung von Einquartierung erwiesen. Besser wäre es den Grundsatz so auszusprechen: „Die Aufnahme und Pflege von Verwundeten wird bei der Vertheilung der Quartier- und anderer Kriegslasten den Umständen gemäss billig berucksichtigt und die von Verwundeten besetzten Raume werden möglichst geschont."

591.

Die verwundeten oder kranken Krieger sollen, gleichviel welchem Volke sie angehören, aufgehoben und verpflegt werden.

Den Feldherrn soll gestattet sein, die während des Kampfes Verwundeten sofort den feindlichen Vorposten zu übergeben, wenn die Umstände es erlauben und beide Theile zustimmen.

Diejenigen, welche nach ihrer Genesung dienstuntüchtig befunden werden, sind heimzuschicken.

Die andern können ebenfalls nach Hause entlassen werden unter der Bedingung, dass sie für die Dauer des Krieges die Waffen nicht mehr tragen.

Die Evacuationen und das sie leitende (besorgende) Personal werden durch unbedingte Neutralität geschützt.

1. Art. 6 der Genfer Convention. Die Lazarethe bewahren ihren humanen und neutralen Charakter hauptsächlich dadurch, dass in wesentlich gleicher Weise für die Verwundeten und Kranken gesorgt wird, gehören sie nun der eigenen oder der feindlichen Armee an. Der Arzt kennt keinen Feind, sondern nur einen kranken Menschen, den er zu heilen berufen ist. Die Erfahrung hat gezeigt, dass auch die Kranken selber von diesem menschlichen Gefühl erfullt sind. Sie betrachten sich im Felde als Feinde, aber im Lazareth als Kameraden und helfen sich da wechselseitig. Aber auch der Unterschied der Kriegsparteien tritt doch nur einstweilen zuruck, er verschwindet nicht, denn wenn die Heilung eintritt, so sind wieder auf beiden Seiten Krieger da, deren vaterländische Neigung und Pflicht entschieden Partei nimmt. Auch in der Zwischenzeit horen die Gegensätze nicht völlig auf. Es ist möglich und es kommt vor, dass auch Verwundete ihren feindlichen Hass äussern oder Versuche machen, sich der Ordnung zu widersetzen oder zu entfliehen. Dergleichen muss beachtet und demgemäss gegen sie verfahren werden. Man wird auch den reconvalescenten feindlichen Verwundeten gestatten, sich im Freien zu bewegen, aber man wird doch Vorsorge uben mussen, dass sie sich nicht etwa zu ihrem Truppenkörper durchschleichen.

2. Am meisten Bedenken erregen die Bestimmungen über die feindlichen Krieger, welche aus den Lazarethen entlassen werden. Wird das natürliche Rechtsverhältniss beachtet, so sind die dienstfähigen unter ihnen auch dienstpflichtig, aber da sie in die Gewalt ihrer Gegner gerathen sind, so haben diese Grund, sie gleich anderen kriegsgefangenen Feinden zu behandeln Die Genfer Convention von 1866 und die Zusatzconvention von 1868 haben aber hier andere Bestimmungen getroffen, welche zum Theil Zweifel erwecken, zum Theil unausfuhrbar sind. Für unbedenklich halte ich den Satz in Art. 6: „Diejenigen, welche nach ihrer Heilung als dienstunfähig befunden worden sind, sollen in ihre Heimath zurück geschickt werden", da dienstunfähige Krieger eben aufgehört haben, Krieger zu sein und daher ungefährlich geworden sind. Würde aber ein Invalide wegen seiner geistigen Fähigkeit, etwa als Organisator im Generalstabe, gefahrlich bleiben, wenngleich er die Waffen nicht mehr führen kann, so versteht es sich, dass die Beachtung solcher Gefahr und das Zurückhalten solcher Kräfte ausnahmsweise neben jener Regel gerechtfertigt wäre. Bedenklicher ist die folgende Bestimmung, welche die Heimsendung auch der übrigen, dienstfähigen Krieger empfiehlt. Aber vollends unausfuhrbar ist der Zusatzartikel 5 von 1868, der so lautet: „In Erweiterung des Art. 6 der Convention wird hiedurch festgesetzt, dass, mit Ausnahme derjenigen Officiere, deren Anwesenheit bei der betreffenden Armee auf den Erfolg der Waffen von Einfluss sein würde und innerhalb der durch den zweiten Abschnitt dieses Artikels gezogenen Grenzen, die in die Hände des Feindes gefallenen Blessirten, selbst wenn sie nicht als unfahig zum Fortdienen erkannt werden, nach erfolgter Herstellung oder wo moglich noch früher, in ihre Heimath zuruck zu senden sind, unter der Bedingung jedoch, dass dieselben wahrend der Dauer des Krieges nicht wieder die Waffen fuhren dürfen." Dieser Zusatzartikel ist von keiner der beiden Kriegsparteien in dem französisch-deutschen Kriege beachtet worden. Er hat keinen Rechtsgrund, sondern ist augenscheinlich die Frucht einer falschen Sentimentalität

und im Leben nicht ausführbar. Sobald die Krieger des eigenen Volkes wieder geheilt und wieder diensttauglich sind, sind sie auch wieder dienstpflichtig. Die Fähigkeit der geheilten feindlichen Krieger und ihre Pflicht ist genau dieselbe. Die Krankheit war nur ein vorübergehendes thatsächliches Hinderniss für sie, ihre Pflicht zu üben. Wenn jene gehoben ist, so tritt diese wieder in Kraft. Da sie aber in der Gewalt der gegnerischen Kriegspartei sind, so sind sie ganz ebenso Kriegsgefangene wie andere feindliche Soldaten, die nie verwundet waren. Sie anders als diese zu behandeln, dafür gibt es keinen Grund mehr. Wesshalb sollten sie ihren Kameraden gegenüber privilegirt sein?

3. Die beiden Bestimmungen der Verträge bedürfen daher einer völligen Umbildung etwa in folgendem Sinne: „Die verwundeten und kranken Krieger beider Heere werden gleichmässig in die Lazarethe aufgenommen und verpflegt. Angehörige der feindlichen Armee sollen, wenn sie bei der Entlassung aus der Krankenpflege dienstunfähig sind, nach ihren Wünschen in ihr Vaterland zurück geschickt werden. Die übrigen Angehörigen des feindlichen Heeres werden, wenn sie als geheilt entlassen werden, gleich ihren übrigen kriegsgefangenen Kameraden betrachtet und behandelt.“ Damit stimmt auch der Vorschlag Lueders (Art. 1) überein.

592.

Eine auszeichnende und überall gleiche Fahne wird für die Spitäler, Ambulancen und Evacuationen angenommen. Ihr soll unter allen Umständen die Landesfahne zur Seite stehen.

Dessgleichen wird für das neutralisirte Personal ein Armband zugelassen, dessen Verabfolgung jedoch der Militärbehörde überlassen bleibt.

Fahne und Armband tragen das rothe Kreuz auf weissem Grund.

1. Genfer Convention Art. 7. Die Bestimmung, dass „unter allen Umständen“ neben der Sanitätsfahne auch die Nationalfahne auf den Spitälern aufgepflanzt werden müsse, kann zu Missverständnissen führen. Wird die feindliche Nationalfahne von Weitem gesehen, so wird die neutrale Sanitätsfahne leicht übersehen. Jene reizt zum Angriff und zur Beschiessung, diese soll jeden Angriff verhindern. Die Gleichstellung zweier Fahnen in entgegengesetzter Bedeutung ist daher unzweckmässig. Der neutralen Fahne gebührt in Lazarethen der Vorrang. Bedarf es daneben noch einer Bezeichnung der regierenden Militärgewalt, so genügt dafür jedenfalls ein kleines Symbol, welches nicht das andere verdeckt oder ersetzt.

2. Wichtiger ist es, die übermässige Ausbreitung der weissen Armbinde mit dem rothen Kreuz zu behindern und den Missbräuchen entgegen zu wirken, die damit gemacht worden sind. Man darf weder die Fertigung solcher Binden Jedem freigeben, noch die Gewährung derselben von einer fernen Autorisation aus der Hauptstadt abhängig machen. Man muss sowohl die Anarchie als die Herrschaft der Bureaukratie vermeiden; denn jene begünstigt die Missbräuche, diese hemmt die rasche Hülfe durch Freiwillige. Aber Controle ist nöthig. Die Binden müssen von einer anerkannten Stelle gestempelt werden und es muss eine persönliche Legitimationskarte den Trägern der Binde, beziehungsweise ihrem Führer beigegeben

werden. Lueder macht in dieser Hinsicht folgenden Vorschlag: Art. 5. Um die — fur unverletzlich erklärten Personen und Anstalten — als solche erkennen zu können, sollen sie ein von ihrer Regierung ihnen zu verabfolgendes Abzeichen tragen, welches unter der Controle der betreffenden Regierung steht und von ihr oder von einer von ihr zu bezeichnenden Behörde abgestempelt sein muss, und ausserdem eine auf die Person oder Anstalt lautende schriftliche Legitimation sowie eine die Identität bescheinigende Urkunde, beide von der competenten Behörde ausgestellt. Nur die Inhaberschaft dieser sämmtlichen — Legitimationen berechtigt zu der — Unverletzlichkeit.

3. In dem russisch-türkischen Krieg von 1877/78 zeigte sich, dass das Zeichen des rothen Kreuzes auf weissem Grunde den muhammedanischen Kriegern nicht zusage, weil es, obwohl ursprünglich ohne confessionelle Rucksicht gewählt, doch das Symbol der christlichen Religion ist. Es wurde sodann dem türkischen Heere zugestanden, dass es das Zeichen des rothen wachsenden Mondes mit der gleichen Wirkung an die Stelle des rothen Kreuzes stellen dürfe.

592 a.

Bezüglich der Sanitätsverhältnisse im Seekriege enthalten die Zusatzartikel der Genfer Convention folgende Vorschriften:

„I. Die militärischen Hospitalschiffe, welche die Kranken oder Verwundeten der Seemächte, die sie begleiten, an Bord haben, sollen durch Neutralitat gedeckt sein. Die Neutralität wird aufhören, so bald sie eine grössere Militärmacht haben, als nöthig ist für die Bedürfnisse der innern Polizei, oder wenn sie Kriegsmunition führen oder Verpflegungsgegenstände, die nicht zu ihrer eigenen Ausrüstung gehören. Während oder nach dem Gefechte sollen die Fahrzeuge, welche auf eigene Gefahr Schiffbruchige oder Verwundete aufnehmen, oder aufgenommen haben, um sie an Bord eines Hospitalschiffes zu bringen, unter der weissen Flagge mit rothem Kreuze und bis zur Vollendung ihrer Aufgabe einer solchen Neutralitat geniessen, wie sie die Umstände des Gefechtes und die Lage der Schiffe erlauben werden, ihnen zu gewähren. Die Beurtheilung dieser Umstände ist der Humanität des Combattanten anheimgegeben. II. Das religiose und Pflegepersonal jedes genommenen Schiffes wird fur neutral erklärt. Es nimmt beim Verlassen des Schiffes die Gegenstände und die chirurgischen Werkzeuge mit, welche sein besonderes Eigenthum sind. III. Das im vorhergehenden Artikel bezeichnete Personal soll seine Functionen auf dem genommenen Schiffe fortfuhren, mitwirken bei der Ausschiffung der Verwundeten, die der Sieger entlässt; aber es steht ihm frei, in sein eigenes Land zurückzukehren, so bald der Eroberer des Schiffes seine Dienste fur überflüssig halt. Die Bestimmungen des Zusatzartikels 2 der Kriegsconvention finden auf die Behandlung dieses Personals Anwendung. IV. Die militärischen Hospitalschiffe sind nicht von der Neutralität gedeckt, so bald sie keine Verwundeten oder Kranken ausser denen ihrer eigenen Mannschaft an Bord haben. V. Ein militarisches Hospitalschiff, welches mit Verwundeten oder Kranken beladen ist, deren Ausschiffung es bewerkstelligt hat, so wie jedes Handelsschiff jeglicher Nation, das zu gleichem Zwecke von irgend einer Behörde der kriegfuhrenden Parteien in Dienst genommen und ausschliesslich mit Kranken oder Verwundeten beladen ist, wird durch die Neutralität gedeckt; aber die blosse Thatsache eines im Schiffsjournale notirten Besuches am Bord durch ein feindliches Kriegsschiff setzt die Kranken und Verwundeten ausser Dienstfähigkeit für die ganze Dauer des Krieges. Wenn das Handelsschiff ausserdem eine Ladung an Bord hätte, soll die Neutralität es dennoch decken, so bald die Ladung nicht der Art ist, dass sie der Confiscation durch den Kriegführenden unterliegt. Die Kriegführenden behalten sich das Recht vor, ihm jede Communication und jede Direction zu untersagen, welche sie der Geheimhaltung ihrer Operationen für schädlich halten. VI. Die verwundeten oder kranken Soldaten und Seeleute, welcher Nation sie immer angehören, werden von dem Eroberer des Schiffes verpflegt. Die Obercommandanten sollen die erste gute Gelegenheit benutzen, um die Heimsendung der kranken oder verwundeten Unterofficiere, Soldaten und Seeleute, die sich unter ihren Gefangenen befinden, zu bewerkstelligen. Diese Massregel erstreckt sich auch auf die Officiere, wenn der, welcher sie gefangen genommen hat, nicht ein überwiegendes Interesse findet, sie zurückzuhalten. Keiner der in solcher Weise Freigelassenen darf während der Dauer des Krieges die Waffen wieder ergreifen. VII. Die unterscheidende Flagge neben der Nationalflagge für ein Schiff oder Fahrzeug irgend einer Art, welches nach den Principien dieser Convention die Wohlthat der Neutralität beansprucht, ist die weisse Flagge mit rothem Kreuze. Die Kriegführenden dürfen in dieser Beziehung jede Untersuchung anstellen, welche ihnen nöthig scheint. Die Hospitalschiffe, die von den Hülfsgesellschaften ausgerüstet sind, welche die diese Convention unterzeichnenden Regierungen anerkannt haben, und mit Commissionen, Licenzen oder Geleitsbriefen von Seiten des Souveräns versehen sind, der zu ihrer Ausrüstung die besondere Autorisation gegeben hat, so wie mit einem Documente der competenten Marinebehörde, welches feststellt, dass sie während ihrer Ausrüstung, bei ihrem Auslaufen und bei ihrer Rückkehr in den Hafen von derselben controlirt und einzig und allein für den Zweck ihrer Bestimmung angewendet werden, sollen mit ihrem ganzen Personal als neutral betrachtet werden. Sie werden von den Kriegführenden geschont und geschützt. Sie geben sich zu erkennen, indem sie mit ihrer Nationalflagge eine weisse Flagge mit rothem Kreuz aufhissen. Das Kennzeichen ihres Personals in der Ausübung seiner Functionen ist ein Armband mit den gleichen Farben. Diese Schiffe sollen den Verwundeten und Schiffbrüchigen der Kriegführenden, ohne Unterschied der Nationalität, Hülfe und Beistand bringen. Sie dürfen in keiner Weise die Bewegungen der Kämpfer hindern. Während des Kampfes und nach demselben handeln sie auf eigene Gefahr. Die Kriegführenden haben das Recht der Beaufsichtigung und der Untersuchung derselben. Sie können ihre Mitwirkung verbieten und ihnen befehlen, sich zu entfernen oder sie zurückhalten, wenn der Ernst der Umstände es erheischt. Die Verwundeten und Schiffbrüchigen, welche von diesen Schiffen aufgenommen werden, können von keinem der Kriegführenden reclamirt werden, und es ist ihnen verboten, während der Dauer des Krieges Dienst zu leisten."

593.

Die siegende Kriegsgewalt ist berechtigt, Kriegsgefangene zu machen.

Die moderne Kriegsgefangenschaft hat einen durchaus andern Charakter als die antike und selbst die mittelalterliche. Der Grundgedanke der antiken Kriegsgefangenschaft war die Sclaverei, wenn nicht gar die Absicht des Siegers, mit den Gefangenen im Triumphzuge zu prunken und ihre Fuhrer schliesslich aus Rache dem Tode zu weihen; das Mittelalter betrachtete die Gefangenen entweder als ein Mittel, Lösegelder zu erpressen, oder geradezu als Gegenstand der persönlichen Rache. Das moderne Kriegsrecht sieht in der Kriegsgefangenschaft vorzüglich ein Mittel, die feindliche Kriegsmacht zu schwächen und den Sieg zu sichern. Die neueste Schrift ist von O. Eichelmann über die Kriegsgefangenschaft. Dorpat 1878.

594.

In der Regel sind alle feindlichen Personen der Kriegsgefangenschaft ausgesetzt, friedliche Bewohner in Feindesland aber nur ausnahmsweise, insofern solches die Sicherheit des kriegführenden Heeres oder des kriegführenden States erfordert.

1. Am. 49. Weil nur diejenigen Personen, welche am Kriege thätigen Antheil nehmen, verhindert werden sollen, die feindliche Macht zu verstärken, sind zunächst nur die Glieder des feindlichen Heereskörpers und voraus die Kämpfer der Kriegsgefangenschaft ausgesetzt, nicht aber die friedlichen Personen. Der obige Unterschied zwischen feindlichen und friedlichen Personen kommt hier wieder zur Wirkung. Vgl. § 531 ff. Fruher war man sich dessen weniger bewusst. Noch Vattel (III. § 148) erklärt es zwar fur eine löbliche Sitte der neueren Kriegsführer, dass sie mindestens Weiber und Kinder nicht mehr zu Kriegsgefangenen machen. Aber er meint, das Recht der Generale, die Kriegsgefangenschaft auf alle Angehörige des Feindes, auch auf die friedlichsten Classen, zu erstrecken, sei nicht zu bezweifeln. Man wurde einen General, der ohne Grund, aus Laune die ganze Bevölkerung kriegsgefangen machte, wohl fur einen harten und rohen Mann halten, aber er würde das Volkerrecht nicht verletzen. Seither ist aber die Sitte fester und das Recht selbst humaner geworden. Jeder unnöthige und launenhafte Angriff auf die persönliche Freiheit, jede unbegründete Knechtung friedlicher Menschen ist eine Verletzung des naturlichen Menschen- und des humanen Völkerrechts.

2. Allerdings sind auch solche Personen, welche nicht zum Heere gehören, und im übrigen einem friedlichen Berufe leben, dann der Kriegsgefangenschaft ausgesetzt, wenn ihre Freiheit zu einer Gefahr wird fur die Kriegspartei, welche an dem Orte die Macht hat. Diese ist berechtigt, z. B. feindlich gesinnte Journalisten und Parteiführer ebenso zu Kriegsgefangenen zu machen, wie feindliche Offiziere, weil sie wie diese die Macht des Feindes stärken und vergrössern, oder der herrschenden Kriegsmacht Schwierigkeiten und Verlegenheiten bereiten. Die offenbar activ-feindliche Gesinnung gibt Anlass und Grund, sich dieser Feinde zu bemächtigen. Vgl. zu § 596.

595.

Die Nichtkämpfer im Heere und selbst solche Personen, welche sich dem Heere anschliessen, ohne dazu zu gehören, Berichterstatter, Correspondenten von Zeitungen, Lieferanten, können zu Kriegsgefangenen werden, wenn sich der Truppenkörper ergibt, an den sie sich angeschlossen haben, oder sie auf der Verfolgung ergriffen werden.

Am. 50. Indem sich diese Personen dem Heereskörper anschliessen, werden sie in die Gefahren desselben verwickelt, und können sich nicht beschweren, wenn sie — wenigstens vorläufig — als feindliche Personen betrachtet und kriegsgefangen gemacht werden. Ein Grund aber, sie als Kriegsgefangene zu behalten — (der Amerikanische Artikel 50 gesteht der Kriegsmacht auch dieses Recht zu) – ist doch nur dann vorhanden, wenn ihre Gefangenschaft die Macht des Feindes verstärkt, oder mit ihrer Freigebung eine Gefahr für die Kriegsmacht verbunden ist. Jenes wird durchweg der Fall sein, wenn Verpflegungsbeamte der feindlichen Armee gefangen werden, dieses zuweilen auch, wenn fremde Berichterstatter gefangen werden. Vgl. Brüsseler Erkl. 34. Eichelmann S. 55 f.

596.

Die Eigenschaft einer souveränen oder diplomatischen Person befreit nicht von der Gefahr der Kriegsgefangenschaft, wenn dieselben zu der feindlichen Macht gehören oder Bundesgenossen derselben sind, oder wenn dieselben an der Kriegsführung sich persönlich betheiligt haben.

Am. 50. Die Kriegsgefangenschaft des feindlichen Souveräns oder des feindlichen Ministers des Aeussern ist meistens ein sehr förderliches Mittel, um eher einen günstigen Frieden zu schliessen. Ein Grund, diese Personen von den Gefahren des Krieges zu befreien, ist nicht vorhanden. Im Gegentheil, da sie gewöhnlich den Krieg verschuldet oder doch entschieden haben, so ziemt es sich, dass die Verantwortlichkeit des Kriegs vorzugsweise auf ihnen laste und sie die Gefahren desselben mit bestehen. In ähnlicher Weise sind auch die politischen Regenten und Führer der einzelnen Provinzen und Kreise eher der Gefahr ausgesetzt, zu Kriegsgefangenen gemacht zu werden, als die friedlichen Verwaltungsbeamten, Richter, Gemeinderäthe.

597.

Wenn die Bevölkerung sich in Masse zur Vertheidigung ihres Landes erhebt, so wird dieselbe als feindlich behandelt und kann kriegsgefangen werden.

Am. 51. Es gilt das überhaupt von jeder geordneten activen Theilnahme durch die Bürger an der Kriegsführung. Die bethätigte Parteinahme zerstört die Eigenschaft der Friedlichkeit und verwandelt die friedlichen Bürger in feindliche Personen.

598.

Kein Befehlshaber ist zu der Drohung berechtigt, dass er die nicht uniformirten Landstürmer als Räuber behandeln werde.

Wenn aber eine feindliche Gegend von der Kriegsgewalt eingenommen und besetzt ist, so gilt während dieses Besitzes ein Aufstand als Verletzung des Kriegsrechts und kann strafrechtlich behandelt werden.

1. Am. 52. Der Landsturm ist in seinem Recht, wenn er sich zur Vertheidigung des Landes erhebt. Er steht dann unter den Befehlen seiner Regierung und ihrer Kriegsgewalt. Landsturmer sind dann, wie die Soldaten des stehenden Heeres und der Landwehr, als feindliche Personen zu behandeln und können kriegsgefangen werden. Das Kriegsrecht, nicht das Strafrecht, findet auf sie Anwendung. Vgl. § 570.

2. Aber anders ist es, wenn innerhalb des vom Feinde eingenommenen Gebietes die Landstürmer sich gegen die Kriegsgewalt erheben, denn diese ist, so lange sie im Besitz des Gebietes ist, als ermachtigt anzusehen, die öffentliche Gewalt in demselben auszuuben. Sie kann daher einen Aufstand nicht bloss wie einen feindlichen Widerstand kriegerisch bewältigen, sondern die Schuldigen strafrechtlich verfolgen. Das gilt auch von Aufständen im Rücken eines fortschreitenden Heeres. Allerdings kann die Volkserhebung so gross werden, dass sie die Grenzen des Strafrechts uberschreitet, und eine neue kriegerische Macht schafft. Dann kommen die obigen Grundsatze von § 512 zur Anwendung. Freilich sind die Kriegsmächte nicht immer geneigt, diese Milderung zuzugestehen. Indessen die öffentliche Meinung hat doch mit gutem Grund schon zur Zeit eines weniger humanen Kriegsrechts es gemissbilligt, dass die französischen Revolutionsheere gefangene Aufständische in der Vendée und Napoleon I. den Tyrolerführer Andreas Hofer strafrechtlich haben erschiessen lassen.

599.

Geistliche, Aerzte, Apotheker, Heilgehülfen dürfen, wenn sie nicht am activen Kampfe Theil nehmen, nicht zu Kriegsgefangenen gemacht werden, es wäre denn, dass sie verlangten, die Kriegsgefangenschaft mit ihren Truppen zu theilen, oder die Unterstützung dieser durch jene als nothwendig erscheint. Indessen sind sie auch in diesen Ausnahmsfällen um ihres friedlichen Berufes willen im Dienste der Menschheit mit möglichster Schonung und Rücksicht zu behandeln.

Am. 53. Vgl. oben § 587. 588. Die Neutralisirung dieser Personen bildet die Regel, aber sie findet doch in den Bedurfnissen der Verwundeten und Kranken selbst eine Grenze. Wenn die feindlichen Aerzte nach einer Niederlage das Schlachtfeld verlassen wollten, wo vielleicht Hunderte von Verwundeten in Noth sind und dringend nach Hulfe schreien, so darf der Heerfuhrer, in dessen Gewalt sie gerathen, ihnen wohl zumuthen und sie nöthigenfalls mit Gewalt dazu anhalten, dass sie sich ihrer Pflicht nicht während der höchsten Noth entziehen. Immer aber ist ihnen möglichst bald wieder volle Freiheit zu gewahren. Auch Lueder berücksichtigt in seinen Vorschlägen diesen Mangel in Art. 3: „Dieses (das arztliche) Personal hat seinerseits die Verpflichtung, seinen Beruf auch nach feindlicher Occupation auf dem Schlachtfelde und in den Hospitälern zu erfüllen und kann eine Rucksendung zu den Seinigen nur verlangen, wenn es nicht mehr unentbehrlich ist."

600.

Die Geiseln, welche von dem feindlichen State oder der feindlichen Bevölkerung gestellt oder von der Kriegsgewalt aus dringenden Gründen der Sicherheit genommen werden, sind den Kriegsgefangenen ähnlich in ihrer freien Bewegung gehemmt. Indessen wird der Entzug oder die Beschränkung ihrer Bewegungsfreiheit durch die Rücksicht auf den Zweck näher bestimmt und begrenzt, um dessen willen die Geiseln gegeben oder genommen sind.

1. Am. 54. Geiseln (vgl. oben § 426) werden zuweilen während des Krieges gegeben in der Absicht, fur eine ubernommene Leistung, z. B. fur Bezahlung einer Kriegscontribution, für Ueberlieferung eines festen Platzes Sicherheit zu gewähren. Sie werden aber auch zuweilen genommen, um Sicherheit zu gewinnen vielleicht fur die Ruhe einer eingenommenen Stadt oder Gegend. Vorzugsweise werden dann angesehene Personen als Geiseln verwendet, weil nur diese theils durch ihren Einfluss auf die Bevolkerung, theils um der Rücksicht willen, welche dieselbe auf jene Personen zu nehmen pflegt, eine persönliche Gewähr zu geben im Stande sind. Solche Geiseln sind im wesentlichen nicht anders zu behandeln, als die Friedensgeiseln, nur wird eine grössere Sorgfalt darauf zu nehmen sein, dass sie sich nicht der feindlichen Gewalt durch die Flucht entziehen.

2. Eine neue, aber nicht unbedenkliche Anwendung des Geiselrechts wurde in dem französisch-deutschen Kriege von 1870/71 geübt, indem zur Sicherung des Eisenbahnverkehrs von den deutschen Truppen notable Einwohner der französischen Städte oder Dörfer zwangsweise als Geiseln mitgeführt wurden. Das Mittel ist insofern bedenklich, als es friedliche Bürger ohne deren Verschulden in ernste Gefahren selbst des Lebens bringt und uberdem nur eine zweifelhafte Sicherheit gewahrt, indem die Fanatiker, welche die Schienen der Eisenbahn aufreissen oder sonst einen Zug in Gefahr bringen, wenig Rücksicht auf das Leben der ihnen vielleicht verhassten Notabeln nehmen. Es lässt sich nur in der Noth als Repressalie entschuldigen. Vgl. Rolin-Jacquemyns in der Genter Revue d. D. I. III. 338.

601.

Kriegsgefangene sind nicht Strafgefangene, sondern Sicherheitsgefangene. Sie dürfen nicht misshandelt, noch gequält, noch zu unwürdigen Handlungen gezwungen werden.

1. Am. 56 75. Brüsseler Erkl. 23. Der Vertrag von Preussen mit den Vereinigten Staten von 1785 (Art. 26) hat zuerst humane Grundsätze ausgesprochen. Die feindlichen Personen haben rechtmässig gehandelt, als sie am Kriege Theil genommen hatten, indem sie dazu von Seite ihrer Statsgewalt beauftragt oder ermächtigt waren. Sie dürfen daher von dem Sieger nicht strafrechtlich verfolgt werden. Kriegsgefangene werden sie nur aus politischen und

militärischen, nicht aus strafrechtlichen Gründen. Eben desshalb ist es nicht blos barbarisch und grausam, eines civilisirten States nicht würdig, die Kriegsgefangenen zu misshandeln, sondern auch widerrechtlich, denn jede ungerechtfertigte Gewalt, die gegen Andere geübt wird, ist wider das Recht.

2. Schon auf dem Transport sind daher die Kriegsgefangenen vor der Beleidigung des vielleicht feindlich aufgeregten Pöbels zu schützen. Dann sind sie — wo möglich — in festen Plätzen, aber nicht in eigentlichen Gefängnissen unterzubringen. Als die französischen Gefangenen noch in den Jahren 1812 und 1813 von Russland wie Verbrecher nach Sibirien transportirt wurden, war das eine Massregel, welche der ältern Kriegspraxis wohl erlaubt scheinen mochte, aber dem heutigen Rechtsbewusstsein nicht mehr entspricht. Ebenso war das Verfahren, welches während des nordamerikanischen Bürgerkrieges in einem südstatlichen Gefängniss gegen Kriegsgefangene der Union gehandhabt wurde, indem die Leute an Luft und Nahrung heftigen Mangel litten und überdem noch roh behandelt wurden, wider das Völkerrecht. Während des französisch-deutschen Krieges wurden die in deutscher Gewalt befindlichen französischen Kriegsgefangenen zu Ende des Jahres 1870 auf die bisher in der Kriegsgeschichte unerhörte Summe von 11,160 Offizieren und 333,885 Mann gezählt, während die Zahl der deutschen Kriegsgefangenen in französischer Gewalt kaum einige Tausend Mann im Ganzen betrug. Trotzdem zeigte sich die auffallende Erscheinung, dass von Seite der deutschen Kriegsgefangenen viele Klagen über pöbelhafte Beleidigungen, denen sie auf dem Transport ausgesetzt worden, vernommen wurden, während die französischen Kriegsgefangenen in Deutschland keine Misshandlung erfuhren. Dagegen waren die französischen Dienstvorschriften günstiger für die Gefangenen als die deutschen, indem jenen eine grössere Besoldung als diesen zugewiesen war. Vgl. darüber die Correspondenz zwischen dem Grafen Bismarck vom 4. Oct. 1870 und dem französischen Delegirten des Auswärtigen von Chaudordy vom 28. Oct. 1870. — Es verdient übrigens Erwähnung, dass die menschenfreundliche Gesinnung vorzüglich der gebildeten Classen sich auch hier bewährt und vielfältig das harte Loos der Gefangenen gemildert hat. Es hatten sich Vereine gebildet, um die Correspondenzen derselben mit ihren Familien zu vermitteln und ihnen manche Erleichterung und manche Genüsse zukommen zu lassen. Die Regierungen unterstützten dieses Streben, soweit es mit der öffentlichen Ordnung und Sicherheit verträglich war, mit Wohlwollen.

602.

Personen, welche wegen eines vor ihrer Kriegsgefangenschaft verübten Vergehens der Strafgerichtsbarkeit des Nehmestats unterworfen sind, können auch nachher von dem Gerichte verfolgt und bestraft werden.

Am. 59. Die Kriegsgefangenschaft macht natürlich nicht frei von der ohnehin begründeten Verantwortlichkeit für Vergehen und Verbrechen, welche vor der Kriegsgefangenschaft verübt worden sind. Wenn z. B. Jemand, der zuvor in dem Nehmestat Werthpapiere unterschlagen oder gestohlen hatte, später Kriegsgefangener wird, so wird er ebenso der Verfolgung des Strafgerichts überliefert, wie wenn er in dem eingenommenen State vorher einen gemeinen Mord begangen hätte.

603.

Die Kriegsgefangenen sind nicht Gefangene des Individuums, dem sie sich ergeben haben, sondern des States. Sie können daher auch nicht von jenem losgekauft und freigelassen werden, sondern nur vom State.

Am. 74. Brusseler Erkl. 23. Die Kriegsgefangenschaft ist Kriegsmittel des Stats, und nicht Machtübung der Einzelnen. Sie besteht nur zu Statszwecken, und nicht zur Befriedigung von Privatinteressen und Privatleidenschaften. Daher kann nur der Stat daruber verfugen. Die Kriegsgefangenen sind abzuliefern an das Commando, welches ordnungsmassig und kraft seines Amts uber das weitere Schicksal derselben entscheidet.

604.

Kriegsgefangene sind der Eingrenzung in eine Festung oder eine Stadt oder einen andern Ortsumfang und sogar, wenn nöthig, dem Gefängnisse unterworfen, soweit die Interessen ihrer Sicherung es erfordern.

Am. 75. Brüsseler Erkl. 24. Das leitende Motiv der Eingrenzung darf nie das sein, den Kriegsgefangenen ein Leid zuzufugen, sondern immer nur das politisch-militärische, dieselben einstweilen von der Theilnahme am Kampf fern zu halten und durch den Gewahrsam, in dem sie gehalten werden, den eigenen Sieg und einen gunstigen Frieden zu fordern. Offizieren, welche sich auf Ehrenwort erklären, keinen Fluchtversuch zu machen, wird daher oft die Freiheit verstattet, beliebig in einer Stadt zu wohnen und sich sogar in der Umgegend frei zu bewegen. Die Festhaltung in einem Gefängniss ist eine extreme Massregel, zu welcher man insbesondere gegen solche Kriegsgefangene berechtigt ist, welche sich derselben durch die Flucht hatten entziehen wollen. Vgl. zu § 601.

605.

Der Nehmestat ist verpflichtet, für die Ernährung und für die Gesundheit der Kriegsgefangenen soweit nöthig zu sorgen.

Vgl. oben zu 601. Die Art der Ernährung wird durch die Landes- und Volkssitte bestimmt und soll, wenn nicht besondere Verabredungen anders bestimmen, in der Regel nach demselben Masse geleistet werden, wie die Landestruppen verpflegt werden. Brüsseler Erkl. 27.

606.

Soweit die Kriegsgefangenen aus eigenen Mitteln für ihren Lebensunterhalt zu sorgen im Stande sind, ist der Stat nicht dazu verpflichtet.

Brüsseler Erkl. 25. Sie können ihr mitgebrachtes Geld dazu verwenden oder ihren Credit benutzen. Die Verpflichtung des Stats, sie zu ernähren, beruht nicht auf einer Unterstützungspflicht an sich, sondern darauf, dass er das vermeintliche Recht über Leben und Tod nicht hat, sondern verpflichtet ist, ihr Leben zu erhalten, für dessen Unterhalt sie wegen der Gefangenschaft ausser Stande sind, selber zu sorgen.

607.

Die Kriegsgefangenen müssen sich allen den Anordnungen fügen, welche der Nehmestat im Interesse ihrer sichern Verwahrung für nöthig erklärt.

Brusseler Erkl. 28. Sie durfen wohl gegen lästige und unpassende Anordnungen der nahern Aufsicht je an die ubergeordnete Stelle Beschwerde führen und auch ihre Wünsche aussern. Aber Widersetzlichkeit kann nicht geduldet, sondern muss sofort unterdrückt werden, wenn nicht für den Stat und seine Kriegsfuhrung daraus ernste Gefahren und Nachtheile entstehen sollen.

608.

Dieselben können auch inzwischen zu Arbeiten angehalten werden, welche ihren bürgerlichen Verhältnissen und ihrem Range angemessen erscheinen. Aber niemals dürfen sie zur Theilnahme an dem Waffenkampf zu Gunsten des Nehmestates angehalten werden. Auch dürfen sie nicht gezwungen werden, irgend welche Aufschlüsse zu geben oder Mittheilungen zu machen, welche die Interessen des States gefährden, welchem sie gedient haben.

Am. 76. 80. Brusseler Erkl. 25. Die Verwendung zu angemessenen und verhältnissmässigen Arbeiten dient als Ersatz für die Kosten, welche der Stat auf den Unterhalt der Kriegsgefangenen auszulegen genothigt ist. Es ist das dem Wesen nach nicht Strafarbeit, sondern Ersatzarbeit. Die bona fides, welche die Staten einander schulden, erfordert, dass man auch den Kriegsgefangenen nichts Unwurdiges zumuthe; und moralisch unwurdig wäre es, sie zum Kampf wider ihr Vaterland und ihre Stats- und Kriegsgenossen zu zwingen. Dagegen hat die Arbeit an Festungsbauten, während der Kampf noch fern ist, nicht diesen Charakter unmittelbarer Feindseligkeit. Dazu können daher Kriegsgefangene wohl angehalten werden. Vgl. oben § 576.

609.

Ein Kriegsgefangener, welcher entspringt, kann bei der Verfolgung auf der Flucht getödtet, aber er darf nicht, wenn er wieder eingefangen wird, wegen des Fluchtversuchs gestraft werden.

1. Am. 77. Die Kriegsgefangenschaft wird durch einen Act der feindlichen Kriegsgewalt begründet, welche ihre Ueberlegenheit bewährt. Es ist ein Unglück, kriegsgefangen zu werden, aber es ist kein Unrecht, sich der Gefangenschaft wieder zu entziehen, denn das heisst nur, die naturliche Freiheit wieder erwerben und einer Demüthigung entgehen.

2. Flüchtige Kriegsgefangene können freilich wieder mit Gewalt verfolgt werden. Wenn die Flucht vereitelt und sie wieder eingebracht werden, dann ist eine strengere Bewachung, nach Umständen eine engere Einschliessung wohl gerechtfertigt, aber nicht die Bestrafung derer, welche kein Vergehen begangen, sondern nur einen menschlich untadelhaften und kriegsrechtlich erlaubten Versuch gemacht haben, die verlorene Freiheit wieder zu gewinnen.

3. Die Brüsseler Erklärung 28 gestattet Disciplinarstrafen, nicht aber Vergehensstrafen gegen Kriegsgefangene, die fluchten.

610.

Eine Verschwörung unter den Kriegsgefangenen zu allgemeiner Befreiung kann wegen ihrer Gefährlichkeit kriegsgerichtlich bestraft werden. Ebenso ein Complot unter den Kriegsgefangenen zum Aufruhr gegen die bestehenden Autoritäten. Sogar die Todesstrafe ist in schweren Fällen der Art gerechtfertigt.

Am 77. Die Kriegsgefangenen sind feindliche Personen, welche nur der Uebergewalt sich fugen. Jede gemeinsame Auflehnung derselben ist daher von äusserster Gefährlichkeit. Sowohl kriegerische als strafrechtliche Mittel können hier angewendet werden, um die Gefahr zu bewaltigen. Werden die empörten Kriegsgefangenen von Bewaffneten umstellt und für den Fall, dass sie nicht sofort zum Gehorsam zurückkehren, mit Erschiessen bedroht, so ist das Erneuerung des Kampfes, eine kriegerische oder, wenn man will, eine polizeiliche Massregel, nicht Justiz. Aber die Gefährlichkeit solcher Verschwörungen und Aufstände rechtfertigt auch ein strafgerichtliches Einschreiten der Kriegsgerichte.

611.

Wenn es einzelnen Kriegsgefangenen oder auch den Kriegsgefangenen insgesammt gelingt, zu entkommen und dieselben Personen später wieder kriegsgefangen werden, so können sie wegen der früheren Flucht nicht gestraft werden.

Am. 78. Brüsseler Erkl. 28. 30. Sie können wohl sorgfältiger verwahrt werden. Vgl. oben zu 604.

612.

Die Auswechslung der Kriegsgefangenen während des Krieges ist Sache der freien Convenienz der kriegführenden Staten. Ohne vorherigen Vertrag ist kein Stat verpflichtet, dieselbe zu gewähren. Auch eine vorherige Verabredung verliert ihre Verbindlichkeit, wenn der andere Paciscent dieselbe verletzt hat.

Am. 109. Brüsseler Erkl. 29. Das wechselseitige Interesse der beiden kriegführenden Parteien bestimmt dieselben, zumal bei lange dauernden Kriegen, wohl, die beiderseitigen Kriegsgefangenen gegen einander auszuwechseln. Sie vermindern dadurch die Lasten der Unterhaltung und Bewachung, und verlieren nichts dabei, denn die Vortheile, welche eine Kriegspartei der andern gegenüber von dem Besitze von Kriegsgefangenen erwartet, können erst beginnen, wenn die eine Partei mehr Kriegsgefangene besitzt, als die andere. Soweit sich beide gleichstehen, werden die Vortheile des Besitzes aufgewogen und nur die Nachtheile bleiben beiderseits. Aber eine Pflicht, die Gefangenen umzutauschen, besteht nicht. Vielmehr bedarf es einer besondern Verständigung beider Parteien, um die Auswechslung vorzunehmen.

613.

Im Zweifel ist anzunehmen, dass, die Auswechslung Mann für Mann, Rang für Rang, Verwundete für Verwundete gemeint sei und dass die Entlassenen wechselseitig für die Dauer des gegenwärtigen Krieges nicht mehr zu Kriegsdiensten verwendet werden.

Am. 105. Der Grundsatz der Gleichwerthung (Parität) entspricht dem natürlichen Rechtssinn, welcher die feineren und bestreitbaren Unterschiede nicht beachtet wissen will. Es sind daher auch Linienofficiere den Landwehrofficieren, und die Soldaten der verschiedenen Waffengattungen einander gleich zu stellen. Die Zeitfrist, während welcher die Entlassenen nicht mehr am Kampfe Theil nehmen dürfen, kann durch Vertrag näher bestimmt werden. Gewöhnlich wird dieselbe auf die Dauer des gegenwärtigen Kriegs beschränkt und deshalb darf das im Zweifel als die Meinung der Parteien vermuthet werden.

614.

Für Gefangene von höherem Rang werden in Ermanglung von gegnerischen Gefangenen desselben Ranges je nach der Verabredung eine Anzahl Gefangener von geringerem Range ausgewechselt.

Am. 106. Die Schätzung ist freilich sehr willkürlich, sie ist aber nicht zu entbehren, wenn der Zweck des gleichmässigen Austausches von Gefangenen erreicht werden soll. Das Nähere wird gewöhnlich durch Cartelverträge bestimmt, welche von den feindlichen Regierungen oder Befehlshabern abgeschlossen werden.

615.

Die Kriegsgefangenen haben die Ehrenpflicht, ihren wirklichen Rang anzumelden und weder einen niedrigeren Rang in der Absicht anzugeben, ihrem State bei der Auswechslung einen Vortheil zuzuwenden, noch einen höheren Rang zu behaupten, um eine bessere Verpflegung zu erhalten. Verletzungen dieser Pflicht können bestraft und eine gerechte Ursache werden, die Entlassung solcher Gefangenen zu verweigern.

Am. 107. Brüsseler Erkl. 29. Der Nehmestat ist jedenfalls berechtigt, eine derartige Täuschung disciplinarisch oder strafrechtlich zu ahnden. Aber auch der heimische Commandant kann den Untergebenen nach der Entlassung zur Verantwortung ziehen und bestrafen. Freilich wird der letztere weniger dazu veranlasst sein, wenn die Tauschung in der Angabe eines geringern Ranges, als wenn sie in der Anmassung eines höhern Ranges bestanden hatte.

616.

Die Ueberzahl von entlassenen Gefangenen mag durch ein entsprechendes Lösegeld oder andere Gegenleistungen ausgeglichen werden. Solche Verabredungen bedürfen aber im Zweifel der Genehmigung der obersten Autoritäten.

Am. 108. Zu Gegenleistungen dient unter Umständen die Lieferung von Nahrungsmitteln oder Kleidungsstücken besser noch als Geld. Unter der obersten Autoritat ist aber nicht nothwendig die Statsregierung, sondern auch der Höchstcommandirende der betreffenden Armee zu verstehen.

617.

Kriegsgefangene können nach Umständen auch auf Ehrenwort entlassen werden.

Am. 119. Die Brüsseler Erkl. 31 beschränkt die Wirksamkeit aus Rücksicht auf die Landesgesetze.

618.

Ehrenwort (Parole) bedeutet die Einsetzung der persönlichen Ehre und der ehrlichen Treue, die versprochene Zusage zu erfüllen, mit Rücksicht auf welche die Entlassung gewährt ist.

Am. 120.

619.

Die Abgabe des Ehrenworts ist zwar ein individueller aber kein blosser Privatact, sondern gehört dem öffentlichen Rechte an.

1. Am. 121. Der Gefangene kann nur sein individuelles Wort geben und nur seine persönliche Ehre verpfanden. Insofern ist das eine individuelle That; aber doch nicht ein Privatgeschaft, denn er kann es wieder nur als Kriegsgefangener thun, d. h. aus einem völker- und kriegsrechtlichen Zustande heraus und in der Absicht diesen zu lösen. Insofern hat schon die Erklarung eine öffentlich-rechtliche Bedeutung. Noch entschiedener tritt diese Bedeutung hervor in der Annahme der Erklärung von Seite der Statsmacht und in der Entlassung aus der Gefangenschaft.

2. Die Unterzeichnung eines Reverses durch den Officier, der sein Ehrenwort gibt, sichert den Beweis.

620.

Kein Kriegsgefangener kann zur Ertheilung des Ehrenworts gezwungen werden und keine Regierung ist verpflichtet, Kriegsgefangene auf Ehrenwort hin frei zu geben. Die Kriegspartei kann aber durch eine allgemeine Verordnung erklären, ob und unter welchen Bedingungen sie Gefangene auf Ehrenwort entlassen werde.

Am. 132. 133. Brusseler Erkl. 32. Aehnlich verhält es sich mit der Ertheilung einer beschränkten Freiheit an die Kriegsgefangenen, mit Bezug auf ihr Ehrenwort, dass sie dieselbe nicht zur Flucht missbrauchen werden. Einem gefangenen Officier kann so verstattet werden, in einer Stadt frei zu leben auf sein Ehrenwort hin, dass er den Umkreis derselben nicht verlassen werde. Weigert er sich, das Ehrenwort zu geben, so ist der Nehmestat veranlasst und berechtigt, ihn in sichern Gewahrsam zu bringen.

621.

Das Ehrenwort der Soldaten gilt ebenso wie das der Officiere, insofern sie zur Ertheilung desselben ermächtigt erscheinen.

Die amerik. Art. 126. 127. lassen das Ehrenwort der Soldaten nur gelten, wenn sie von ihren Officieren ermächtigt worden sind, dasselbe zu geben. Ich hatte mich in den frühern Ausgaben an die amerikanischen Vorschriften gehalten, obwohl ich damals schon hinzufügte: „Die Soldatenehre ist nicht auf die Officiere beschränkt. Wie man dem Eide der Soldaten vertraut, so kann man auch ihrem Ehrenwort vertrauen. Aber die Sitte des Ehrenworts beschränkt sich gewöhnlich auf die höher gebildeten Classen und insofern kann es Bedenken haben, dasselbe bei gemeinen Soldaten, ohne Officier, zuzulassen.“ Rustow Kriegsgebrauch S. 191 hat sich ohne Noth heftig ereifert, um jene Vorschrift, die er für meine Erfindung hielt, anzugreifen. Er wird sich nun, hoffe ich bei der veränderten Fassung, beruhigen, die auch mit der Brüsseler Erkl. 31 zusammen stimmt.

622.

Während der Schlacht ist die Entlassung auf Ehrenwort nicht zulässig und unwirksam.

Am. 128. Wohl können sich während der Schlacht Truppentheile als Kriegsgefangene ergeben, aber die Lösung des Verhältnisses auf Ehrenwort hin wird als der Kriegssitte zuwider betrachtet. Das amerikanische Statut geht weiter. Es erklärt auch die Entlassung ganzer Truppenkörper nach der Schlacht auf Ehrenwort für unzulässig und unverbindlich, und ebenso die allgemeine Entlassung einer Menge Gefangener mit der blossen Erklärung, dass sie auf Ehrenwort entlassen seien. Es bedarf vielmehr eines besondern persönlichen Acts.

623.

Die gewöhnliche Einsetzung des Ehrenworts hat den Sinn, dass der auf Ehrenwort Entlassene während des Kriegs nicht mehr gegen den entlassenden Stat kämpfen werde, ausser es wäre für ihn später ein anderer Kriegsgefangener ausgewechselt worden und in Folge dessen das Recht der Auswechslung massgebend geworden.

Am. 130. Brüsseler Erkl. 31. Auch bei der Auswechslung kann dieselbe Bestimmung des Nichtdienens verabredet oder auch ohne Verabredung gemeint sein. Vgl. § 612. Es sind aber auch entgegengesetzte Verabredungen möglich, in Folge deren die ausgewechselten Gefangenen wieder in die Reihen der Armee eintreten dürfen.

624.

Das Versprechen bezieht sich nur auf den activen Felddienst gegen die entlassende Kriegspartei und ihre Bundesgenossen, nicht auf den innern Militärdienst und nicht auf civile oder diplomatische Dienstleistungen, auch nicht auf das Fechten wider andere Feinde.

Am. 130. Nur das Fechten wider die Kriegspartei gilt als Treubruch und als strafbarer Missbrauch der zurückgegebenen Freiheit. Die auf Ehrenwort entlassenen Officiere können aber zum Einexercieren von Rekruten, oder zu Befestigungs- oder Bureauarbeiten verwendet werden, ohne dass darin ein Treubruch erkannt wird.

625.

Ein Officier, welcher dem Ehrenwort zuwider gegen die entlassende Kriegspartei ficht, kann um dieses Treubruchs willen, wenn er neuerdings in die Gewalt derselben geräth, kriegsgerichtlich gestraft und sogar zum Tode verurtheilt werden.

Am. 130. Brüsseler Erkl. 33. Es ist das ein schweres Vergehen gegen den Stat, der ihn freigelassen hat, aber auch vor dem Ehrgefühl der eigenen Truppen nicht zu rechtfertigen. Werden solche wortbrüchige Officiere wieder ergriffen, so können sie vor ein Kriegsgericht gestellt und von diesem verurtheilt werden. Freilich wenn der Krieg zu Ende kommt, dann hört auch das Recht zur Verfolgung und Bestrafung solcher Verletzungen des Kriegsrechts auf. Man darf im Frieden nicht wieder auf solche Straffälle zurückgreifen.

626.

Wenn die Regierung, welcher der auf Ehrenwort entlassene Officier angehört, das Versprechen nicht billigt, so ist derselbe verpflichtet, sich wieder zur Kriegsgefangenschaft zu stellen. Nimmt ihn der Feind nicht mehr als Gefangenen an, so ist er von seiner Zusage befreit und des Ehrenwortes entbunden.

1. Am. 131. Er darf nicht etwa, gestützt auf die Nichtgenehmigung, sich als thatsächlich frei betrachten und in seinen Truppenkörper wieder eintreten, sondern er muss sich, da die Entlassung unwirksam geworden ist, nun wieder als Kriegsgefangenen betrachten und sich dem Feind wieder stellen. Nur dieser kann ihm die Freiheit wieder geben; sie zu nehmen ist Treubruch am Ehrenwort.

2. Graf Bismarck erhob am 14. Dec. 1870 eine Beschwerde über den öfteren Bruch des Ehrenworts durch französische Officiere und über die Aufnahme derselben in die französische Armee durch die Regierung der nationalen Vertheidigung. (Statsarch. 4422.) Erst nach dem Sturze des Dictators Gambetta wurde dieses Verfahren in der französischen Nationalversammlung öffentlich getadelt. Brüss. E. 31.

6. Verfahren gegen Deserteure und Ueberläufer, Spione, Kriegsverräther, Wegeführer, Räuber, Marodeurs, Kriegsrebellen.

627.

Deserteure, die wieder eingebracht werden, oder Ueberläufer zum Feinde, welche wieder gefangen werden, sind der strafgerichtlichen Behandlung des Kriegsrechts unterworfen und können mit dem Tode bestraft werden.

Am. 1. Es ist das, genau genommen, eher ein Satz des einheimischen Strafrechts als des Völkerrechts. Indessen mag die Rucksicht darauf, dass die Deserteure, indem sie ihrer Fahnenpflicht untreu werden, sich gewohnlich in ein fremdes Land begeben und dass die Ueberlaufer geradezu zum Feinde übergehen, es rechtfertigen, dass diese Falle auch in einer Darstellung des Volkerrechts erwähnt werden.

628.

Spione können, wenn sie bei Erfüllung ihrer Absicht ergriffen werden, kriegsrechtlich mit dem Tode bestraft werden, ohne Rücksicht darauf, dass sie aus Auftrag handelten und ob ihre Späherei von Erfolg war oder nicht.

1. Am. 88. Der Grund der strengen Bestrafung der Spione liegt vorzüglich in ihrer Gefährlichkeit fur die Kriegsfuhrung, verbunden mit der als nicht ehrenhaft betrachteten Handlungsweise der Spione, nicht darin, dass dieselben eine verbrecherische Gesinnung bethätigen Wenn sie im Auftrag ihres States handeln, so können sie in gutem Glauben sein, eine Pflicht zu erfullen; und sogar wenn sie aus freiem Antrieb handeln, so kann auch hier der Patriotismus sie dazu treiben. Die Todesstrafe soll zur Abschreckung dienen. Der Kriegsgebrauch hat sie sogar in der entehrenden Form des Hangens eingefuhrt. Aber sie darf doch nur als äusserste Strafe in den gefahrlichsten Fallen zur Anwendung kommen. In sehr vielen Fallen ware sie unverhältnissmassig hart. Die neuere Praxis ist auch hier milder geworden und begnügt sich oft mit geringen Strafen, insbesondere mit Verhaft. Ein bekanntes Beispiel der hartesten Strafe, die an einem höhern Officier der feindlichen Armee vollzogen wurde, ist die Hinrichtung des englischen Majors André, des Generaladjutanten der Koniglichen Armee, welcher in dem nordamerikanischen Befreiungskriege von einem amerikanischen Kriegsgericht zum Tode verurtheilt und trotz der Verwendungen der englischen Generale gehängt wurde. Er hatte vergeblich darum gebeten, als Kriegsmann erschossen zu werden. Vgl. Phillimore III. 103 f. Brüsseler Erkl. 20.

2. Die Verordnungen des deutschen Oberfeldherrn vom 16. und 19. August, welche Spione, Misswegefuhrer und andere Verräther und Missethäter gegen die Sicherheit der Truppen mit der Todesstrafe bedrohen, sind von Vielen getadelt worden. Die Drohung der Todesstrafe ist wohl unentbehrlich, aber sie darf doch nur in schweren Fallen wirklicher Verschuldung angewendet werden. Rolin Jaequemyns, Genter Revue du Droit Intern. II. S. 669.

629.

Als Spion wird betrachtet, wer heimlicher Weise oder unter trügerischen Vorwänden sich in die Linien des Heeres in der Absicht einschleicht oder begibt, um Erkundigungen einzuziehen, die für die Kriegsführung des Feindes erheblich sind, und dieselben an den Feind mitzutheilen.

Am. 88. Brüsseler Erkl. 19. Die offen geübte Erkundigung kann zum Verrath missbraucht werden (vgl. § 631), aber sie ist nicht Spionerie. Der Makel des Anstössigen und Unehrenhaften, welcher der Spionerie anklebt, beruht auf der Heimlichkeit des Verfahrens und den trugerischen Vorwanden. Das — wenn auch heimliche — Erspähen der feindlichen Rustungen und Waffenplätze vor dem Ausbruch des Kriegs kann je nach Umstanden polizeilich geahndet, darf aber nicht als Spionerie kriegsgerichtlich bestraft werden. Nur im Kriege und nach Kriegsrecht gibt es Spione. Auch dann aber muss man sich hüten, allzuleicht auf Spionerie zu schliessen. In dem deutschen Kriege von 1866 war die Spionenriecherei besonders in den süddeutschen Heeren zu einer Manie geworden, welche eine Menge höchst unschuldiger Personen momentan arg belastigte, aber schliesslich doch nirgends ernste Folgen hatte. Gefährlicher war die Sucht der Franzosen im Jahr 1870, in den deutschen Privaten Spione zu wittern.

630.

Militärpersonen, welche als erkennbare Feinde in die feindliche Linie eindringen, wenn auch in der Absicht, die Stellung und die Verhältnisse des Feindes zu erkundigen und Truppentheile, welche recognosciren, dürfen wohl kriegsgefangen gemacht, nicht aber als Spione behandelt werden.

Brusseler Erkl. 22. Die Entsendung von Recognitionspatrouillen gehört zu den erlaubten und wechselseitig geubten Kriegsmitteln. Es konnen auch einzelne ortskundige Soldaten dazu verwendet werden, und sogar die Fuhrer selbst auf Recognoscirung ausreiten. Die Absicht ist auch hier die Erkundigung der Schwächen oder Stärken der feindlichen Stellung und aller Bedingungen der militärischen Action. Diese erlaubte Art der Beobachtung ist nicht minder gefahrlich als die Spionerie, aber weil sie als ein Bestandtheil der Kriegsfuhrung selber gilt, darf sie auch vom Feinde nicht strafrechtlich behandelt werden.

631.

Auch wer solche Erkundigungen über die Kriegsführung, die ihm auf gesetzlichem Wege oder in erlaubter Weise zugekommen sind, zum Nachtheil des Heeres, in dessen Bereich er sich befindet, an den Feind mittheilt, wird als Kriegsverräther kriegsrechtlich und in schweren Fällen mit dem Tode bestraft.

Am. 89. 90. Diese Handlung kann zugleich ein gemeines Verbrechen des Landesverrathes sein, wenn ein Officier des Heeres, oder ein Civilbeamter die ihm anvertrauten Kriegspläne dem Feinde verräth oder wenn der Bewohner einer Stadt oder Festung den feindlichen Heerfuhrern Mittheilungen in der Absicht zukommen lässt, die Eroberung der Stadt oder Festung zu erleichtern. Aber sie kann auch unter Umstanden vorkommen, in denen das bürgerliche Strafgesetz kein Verbrechen findet, und dennoch der grossen Gefahrlichkeit wegen kriegsgerichtlich gestraft werden. Vielleicht gehort der Verräther persönlich dem State an, dessen Heer sich als Feind nahert und macht seine Mittheilungen aus patriotischer Gesinnung. Trotzdem läuft er Gefahr, von dem am Ort herrschenden Feind als Verrather vor ein Kriegsgericht gestellt und vielleicht erschossen zu werden. Es hilft ihm nicht einmal die Einwendung, dass die Kriegsgewalt, ohne wirkliche Landeshoheit zu besitzen, nur vorubergehend den Ort besetzt habe. Dagegen beschrankt sich diese Strafbefugniss der Kriegsgerichte auf die Fälle, in denen ein derselben Kriegsgewalt, wenn auch nur vorübergehend unterworfener Bewohner ihr zum Nachtheil dem Feinde Mittheilungen gemacht hat. und darf nicht auf solche Falle ausgedehnt werden, in denen die Kriegsgewalt erst nachher in den Besitz des Ortes kommt, von dem aus die Mittheilung gemacht worden ist.

632.

Von der Strafe des Kriegsverraths wird auch der bedroht, welcher aus einem von der feindlichen Kriegsmacht besetzten Orte an sein heimatliches Heer oder seine heimatliche Regierung Mittheilungen in der Absicht macht, die jene Orte besetzende Kriegsmacht zu gefährden.

Am. 92. Vgl. zu § 631. Indessen wird in solchen Fallen die Strafe nur aus dem kriegerischen Nothrecht zu rechtfertigen sein. Die That selbst kann nicht als ehrlos gebrandmarkt werden.

632 a.

Soweit die Statsgewalt den Luftraum über dem besetzten Lande thatsächlich beherrschen kann (auf Kanonenschussweite) ist der Stat berechtigt, den Verkehr durch das Luftgebiet mit Luftballons zu untersagen. Dagegen ist der Luftraum jenseits dieser Grenze nicht der Verordnungs- und Strafgewalt des States unterworfen.

Wenn aber die Kriegsgewalt sich der feindlichen Luftschiffe bemächtigen kann, so ist sie auch dann berechtigt, alle erforderlichen Sicherheitsmassregeln durch Wegnahme der Briefe und Depeschen und einstweilige Gefangennahme der Luftschiffer und Passagiere zu ergreifen, wenn gleich kein Kriegsvergehen zu strafen ist.

1. Der Luftballon hat in dem französisch-deutschen Kriege eine weit bedeutendere Rolle gespielt, als in früheren Kriegen. Wie wichtig das neue Kriegsmittel war, wird durch die eine Thatsache beleuchtet, dass nur auf diesem Wege es Gambetta gelungen ist, den Widerstand der Provinz als Dictator zu organisiren. In Folge dessen sind neue völkerrechtliche Fragen zur Sprache gekommen. Als

einmal ein Engländer, F. G. Worth, der am 27. Oct. 1870 eine solche Luftfahrt mitgemacht hatte, von den Deutschen gefangen genommen wurde, trat eine lebhafte Verwendung des auswärtigen englischen Amtes bei Preussen ein, um die Freilassung zu erwirken. Worth wurde trotzdem vor ein Kriegsgericht gestellt, am 18. Jan. 1871 freigesprochen, aber erst am 20. Februar entlassen, nachdem das kriegsgerichtliche Urtheil in Versailles bestätigt worden war. Vgl einen Aufsatz von R. H. in dem Grenzboten 1871 Nr. 1. Rolin-Jaequemyns a. a. O. II. S. 675

2. Die Lufthöhe, welche der Ballon durchstreicht, ist schwer zu bestimmen. Eine Höhe von 3000 bis 4000 Fuss mag noch von dem Boden aus beherrscht werden. Wenn ein Luftschiffer höher darüber hinfährt, so ist er der fremden Statsgewalt entrückt. Aber wie soll bestimmt werden, wie hoch der Ballon fahre? Man wird sich mit unsichern Vermuthungen, je nach der Bauart, Grösse und Heizung des Ballons, oder mit der ebenfalls unsicheren Annahme in der Praxis helfen, dass das Schiff, welches innerhalb des Gebietes gelandet hat, auch durch dieses Gebiet habe fahren wollen Der blosse Versuch der Durchfahrt wird allerdings auch dann strafbar sein, wenn damit keine Verrätherei verbunden war, sondern lediglich die Verkehrssperre umgangen werden sollte; aber nach der Natur der Dinge wird dafür eine geringe Strafe ausreichen.

633.

Wenn ein Spion oder Kriegsverräther glücklich zu seinem Heere zurückkehrt, dem er zugehört, oder das seinem Vaterlande dient, und später wieder von dem Feinde gefangen wird, so wird er wegen seiner früheren kriegsgefährlichen Handlung nicht mehr bestraft, aber ist als besonders gefährlicher Gefangener schärferer Ueberwachung ausgesetzt.

Am. 104. Das Kriegsrecht ist Nothrecht. Indem sich der Spion oder der Kriegsverräther der feindlichen Kriegsgewalt entzieht, hat er sich auch der Statsgewalt des Feindes entzogen; und diese einmal erloschen, lebt nicht wieder auf, ohne eine neue wegen ihrer Gefährlichkeit für die Kriegsführung kriegsrechtlich strafbare That.

634.

Wer freiwillig dem feindlichen Heere als Wegeführer sich anbietet und die Wege zeigt, wird als Kriegsverräther betrachtet und bestraft.

Am. 95. 96. Auch hier ist zu unterscheiden zwischen dem gemeinen Verbrechen des Landesverraths, welches der gewohnten Strafjustiz dann anheimfällt, wenn die Kriegsgewalt entweder nicht befugt oder nicht geneigt ist, einzuschreiten und der bloss kriegsgerichtlich strafbaren That, die an sich kein Verbrechen ist, aber wegen ihrer besondern Gefährlichkeit für die Kriegsführung gestraft wird. Wenn z. B. der Bürger eines von dem Feinde besetzten Ortes sich als Wegeführer einem vaterländischen Truppenkörper anbietet, damit derselbe den Feind überfalle und wieder verdränge, und wenn er bei dem Versuch ergriffen wird, so kann er von dem feindlichen Kriegsgericht als Kriegsverräther verurtheilt und erschossen werden, obwohl er eine patriotische That zu vollziehen in guter Meinung war und nicht zur Treue, sondern nur zum Gehorsam vorübergehend der feindlichen Kriegsgewalt verpflichtet war.

635.

Wer dagegen von den feindlichen Truppen genöthigt wird, als Wegeführer die Wege zu zeigen, ist auch vor dem Kriegsrecht gerechtfertigt.

Am. 93. 94. Der Einzelne kann der Kriegsgewalt nicht Widerstand leisten und muss schliesslich der Bedrohung sich fügen; denn man darf nach menschlichem Recht Niemanden zumuthen, dass er eher zum Märtyrer werde und sich eher misshandeln oder tödten lasse, als der thatsächlichen Statsgewalt Folge leiste. Alle Armeen bedürfen der Wegeführer und alle wenden im Nothfall Drohung und Zwang an, um dieselben zu bekommen. Daher darf auch Niemand gestraft werden, weil er dieser Nothwendigkeit sich unterwarf.

636.

Wegeführer, welche die Truppen absichtlich missleiten, verfallen dem Kriegsrecht dieser Truppen und können mit dem Tode bestraft werden.

Am 97. Die grosse Gefahr, in welche die Truppen durch absichtliche Irreleitung gebracht werden können, rechtfertigt auch hier die militärische Strenge. Die Kriegsgerichte müssen sich aber davor hüten, leichthin eine verrätherische Absicht des Wegeführers zu vermuthen, denn es ist sehr leicht möglich, dass dieser sich selber getäuscht und sich verirrt hat, während er die Absicht hatte, den richtigen Weg zu suchen und zu weisen. In diesem Falle darf er nicht gestraft werden. Es bedarf daher zur Bestrafung des Irreführers eines Beweises der bösen Absicht, welche freilich nur aus den Umständen zu erschliessen ist.

637.

Auch den diplomatischen Agenten ist nicht gestattet, während des Krieges ans dem von Truppen besetzten Lande über die militärischen Zustände und Vorgänge Mittheilungen nach aussen zu machen, welche der kriegführende Gegner zum Schaden der erstern Kriegspartei benutzen kann. Zuwiderhandelnde können sofort weggewiesen und bei grosser Gefahr sogar verhaftet und einstweilen sicher verwahrt werden.

Am. 98. Die privilegirte Stellung der diplomatischen Personen darf nicht missbraucht werden, um die Kriegsführung zu schädigen Die Sicherheit dieser ist eine so überaus wichtige Angelegenheit, dass selbst ein Eingriff in das Privilegium der Unverletzlichkeit der Gesanten und in ihre Exterritorialität gerechtfertigt erscheint, sobald und in so weit derselbe nöthig ist, um die Kriegsführung gegen solche Gefährdung zu schützen.

638.

Auch den fremden Besuchern und Berichterstattern ist in dieser Hinsicht grosse Vorsicht zur Pflicht gemacht. Die Befehlshaber können ihnen bestimmte Mittheilungen untersagen und nach Umständen eine Controle ihrer Correspondenzen anordnen, sie in Folge der Missachtung der nöthigen Vorsicht wegweisen oder wenn Gefahr vorhanden ist, sie in schweren Fällen ungehöriger Mittheilung sogar der kriegsgerichtlichen Bestrafung überantworten.

1. Am. 98. Zuweilen werden Officiere neutraler Staten in der Absicht dem Heere beigegeben, damit sie den Gang des Krieges beobachten und die Kriegsfuhrung studiren. Es hangt naturlich von den Kriegsfuhrern ab, ob sie dieselben zulassen wollen oder nicht. Diese Officiere haben den Auftrag, an ihre Regierungen zu berichten. Dabei ist die Grenze nicht immer leicht zu finden zwischen der unverfanglichen und daher erlaubten, und der gefährlichen und daher verbotenen Mittheilung. Der nachste Entscheid darüber muss der Kriegsgewalt selber vorbehalten bleiben.

2. Aehnlich verhalt es sich mit den Berichterstattern der Zeitungen, sei es aus neutralen Staten oder aus den kriegfuhrenden Staten selber. Auch da ist grosse Vorsicht nöthig, damit nicht gefährliche Mittheilungen gemacht und dafür die Correspondenten zur Verantwortung gezogen werden.

639.

Couriere mit Depeschen oder Boten mit mündlichen Aufträgen werden, wenn sie offen in solcher Eigenschaft reisen oder als Soldaten in Uniform den Dienst erfüllen und in die Gewalt des Feindes gerathen, als Kriegsgefangene behandelt. Wenn sie aber heimlich und nicht als Soldaten erkennbar sich durchzuschleichen suchen, so sind sie zwar nicht als Spione oder Kriegsverräther anzusehen, aber sie verfallen doch einer den Umständen entsprechenden kriegsrechtlichen Bestrafung.

Am. 99. Es gilt als ein durchaus ehrenvoller militärischer Auftrag, in einen vom Feinde belagerten Platz von den Entsatztruppen her einen Boten zu schicken oder umgekehrt. Trotz der Gefährlichkeit solcher Verbindung darf der Soldat, welcher bei der Erfullung seines Dienstes von den feindlichen Wachen ergriffen wird, doch nicht als Spion oder Verräther betrachtet und bestraft, sondern nur zum Kriegsgefangenen gemacht werden. Wenn aber Nichtsoldaten in heimlicher Weise den Botendienst ubernehmen und heimlich ausfuhren, dann laufen sie Gefahr, vor ein Kriegsgericht gestellt zu werden.

640.

Bösartige Versuche, den Feind zu schädigen, welche nicht zu der militärisch geordneten Kriegsführung gehören, können wegen ihrer Gefährlichkeit kriegsrechtlich, in besonders schweren Fällen sogar mit dem Tode bestraft werden.

Am. 101. Hieher können z. B. das Abfangen der Kriegsposten durch unberufene Personen und das Verbreiten falscher Nachrichten gerechnet werden. Die Kriegsführung muss sich solcher feindlichen und nicht gerechtfertigten Schädigung erwehren und darf desshalb im Nothfall eine abschreckende Strenge eintreten lassen.

641.

Bewaffnete Räuber oder andere Missethäter, welche auf eigene Faust morden, verwunden, rauben, plündern, brennen, Brücken und Canäle zerstören, Eisenbahnschienen aufreissen, Telegraphendrähte abschneiden, um den Truppen Schaden zuzufügen oder unter dem Schein der Kriegsführung ihren Leidenschaften zu fröhnen, können, wenn sie in die Gewalt der Truppen fallen, kriegsrechtlich, in schweren Fällen mit dem Tode bestraft werden.

Am. 84. Hier concurrirt wieder sehr oft, aber nicht immer, ein gemeines Verbrechen mit einer kriegsrechtlich strafbaren That. Werden die Einwohner eines Ortes zu gemeinsamer Abwehr des Feindes von der militärischen Gewalt aufgefordert und verüben sie in Folge dessen Thaten der Gewalt, so ist das kriegerische Action. Aber nicht als solche gilt es, wenn etwa die Einwohner die bei ihnen einquartirten Soldaten im Schlafe überfallen und binden oder tödten, oder wenn Parteigänger unter dem Scheine der autorisirten Truppen Erpressungen üben oder wenn fanatisirte Weiber auf die einrückenden Feinde heisses Wasser ausgiessen. Auch wenn solche Thaten vielleicht nicht aus einer verbrecherischen, sondern einer patriotischen Gesinnung verübt werden, so sind sie ihrer Verderblichkeit wegen dennoch und weil sie ausserhalb der geordneten Kriegsführung geschehen, kriegsrechtlich zu bestrafen.

642.

Ebenso unterliegen der kriegerischen Bestrafung bis zur Todesstrafe die Marodeurs, welche den Truppen nachschleichen und auf unerlaubte Beute ausgehen.

Den Truppen folgt im Kriege ein Schwarm frechen und diebischen Gesindels nach, welches sich auf die Schlachtfelder stürzt, wie die Raben, und unleidlichen Unfug treibt. Diese Marodeurs bestehlen die Leichen, und morden auch wohl Verwundete, um sie zu berauben. Um sie zu verscheuchen und zu bändigen, hilft nur eine gute Feldpolizei (Gensdarmerie) und die ausserste Strenge einer raschen militärischen Justiz.

643.

Auch die Kriegsrebellen, d. h. die, welche in einem von den Truppen besetzten Gebiete die Waffen gegen dieselben oder gegen die von der Kriegsgewalt niedergesetzten Autoritäten ergreifen, können vor ein Kriegsgericht gestellt und mit dem Tode bestraft werden.

Am. 85. Derartige Aufstände werden nicht bloss mit Waffengewalt unterdrückt, sondern auch, weil sie nicht zur ordentlichen Kriegsführung gehören und um ihrer Gefährlichkeit willen kriegsrechtlich bestraft. Es gilt das auch dann, wenn etwa die ganze Bevölkerung einer besetzten Stadt oder Gegend aufstehen sollte, während die feindlichen Truppen noch diese Orte besetzt oder in ihrer Macht haben. Die Aufständischen können sich auch nicht damit gegen die herrschende Kriegsgewalt rechtfertigen, dass sie sich auf Befehle berufen, welche sie von ihrer rechtmässigen — aber zur Zeit ausser Besitz gesetzten — Regierung erhalten haben. Der Herzog von Wellington bedrohte so 1814 die französischen Grenzorte, wenn sie die Parteigänger unterstützten, ihre Dörfer zu verbrennen und die Bewohner hängen zu lassen. (Droop. a. a. O. S. 713.)

643 a.

Gemeinden und Hausbesitzer, welche solche Kriegsverbrechen begünstigen oder nicht durch ihre Wachsamkeit verhindern, können je nach der Grösse der Gefahr mit Strafe bedroht und zum Schadensersatz angehalten werden.

In dem deutsch-französischen Kriege ist diese Regel in umfassender Weise zur Verhinderung solcher gefährlicher Missethaten benutzt worden. Die ersten Proclamationen vom 16. und 19. August 1870 gingen in der Bedrohung der Gemeinden zu weit, indem sowohl die Heimatsgemeinde der Kriegsverbrecher als die Gemeinde, in deren Bann das Verbrechen verübt wurde, mit schwerer Busse bedroht wurden. Vgl. Rolin-Jaequemyns a. a. O. II. S. 669. Bluntschli in Holtzendorffs Jahrb. I. 200.

---

7. Recht der Kriegsgewalt über das feindliche Vermögen und das Vermögen der friedlichen Personen in Feindesland.

A. Im Landkrieg.

644.

Die siegende Kriegsgewalt kann sich in dem Bereiche ihrer Macht der öffentlichen beweglichen Habe des Feindes bemächtigen, soweit dieselbe für die Kriegsführung dienlich erscheint.

Am. 31. Brusseler Erkl. 6. Dem State gegenüber, gegen welchen der Krieg geführt wird, ist bis in die neueste Zeit noch eine Art Beuterecht insofern anerkannt worden, als die öffentliche Habe desselben von dem Sieger weggenommen und angeeignet werden darf. Aber die rechtliche Grundlage desselben ist nicht mehr, wie im Alterthum, die Ansicht, dass Feindesgut herrenlos (res nullius) und desshalb der Occupation preisgegeben sei, sondern es wird im Gegentheil vorausgesetzt, gerade weil es dem feindlichen Stat zugehöre, durfe es demselben im Krieg weggenommen werden. Man sieht darin ein kriegerisch gerechtfertigtes Zwangsmittel gegen den feindlichen Stat. In neuester Zeit hat die Brusseler Conferenz von 1874 einen weiteren Fortschritt eingeleitet, indem sie das Recht des Occupanten nur fur die bewegliche Habe des Feindes anerkennt, welche der Kriegsfuhrung dient (Art. 645) dagegen nicht mehr gestattet mit Bezug auf Capitalsvermogen des Feindes (z B zinstragende Werthpapiere, Renten u. s. f.). Vgl. unten § 648 f Man kann daher auch hier die Anwendung des gehassigen Beuterechts entbehren. Der Gesichtspunkt der Kriegsnothwendigkeit genugt zur Erklärung. Vgl. Bluntschli, das Beuterecht im Krieg, S. 71. Nordlingen 1878.

645.

Insbesondere sind die Kriegskassen, Waffen und Waffenvorräthe, Munition, Magazine mit Lebensmitteln, Transportmittel für das Heer, der Wegnahme ausgesetzt und fallen zur Verfügung und Benutzung dem siegenden Heere zu, vorbehalten die besondern Anordnungen der siegenden Statsgewalt.

Brusseler Erkl. 6. Am entschiedensten macht sich nach der Natur und den Bedurfnissen der Kriegsfuhrung das Recht der Wegnahme geltend mit Bezug auf die gesammte Kriegsausrustung des Feindes. Da greift die Kriegsgewalt zu, soweit sie sich derselben bemachtigen kann, selbst ohne zu untersuchen, ob dieselbe nicht vielleicht zum Theil Privatgut sei. Wenn die Beziehung zur feindlichen Kriegsausrüstung offenbar ist, so verfallen alle derartigen Gegenstande der Wegnahme des siegenden Heeres, indem es eine der wichtigsten Aufgaben der Kriegsfuhrung ist, den Feind zu entwaffnen.

645 a.

Das Material der Eisenbahnen (Locomotive und Personen- und Güterwagen), Dampfboote und andere für den Transport der Truppen und der Kriegsbedürfnisse geeignete Schiffe, Telegraphenapparate, Waffen- und Munitionsmagazine können sogar dann, wenn sie Privatgesellschaften oder Privatpersonen zugehören, von der occupirenden Kriegsgewalt mit Beschlag belegt und zu der Kriegsführung verwendet werden, unter Vorbehalt der Rückgabe im Frieden und der Entschädigung der Privaten.

Brusseler Erkl. 6. Die Eisenbahnen dienen doch dem offentlichen Verkehr in eminenter Weise und ihre Verwendung fur die Kriegsfuhrung zu Truppenmarschen und Lieferungen von Lebensmitteln u. s f ist so ausserst wichtig, dass die Kriegsgewalt dieselben wenigstens provisorisch als offentliches Gut behandelt und es den Gesellschaften uberlasst, sich desshalb im Frieden mit dem State, in dessen Gebiet die Eisenbahnen verbleiben, auseinander zu setzen. Aehnlich verhalt es sich mit Waffenmagazinen, welche zur Kriegsfuhrung dienen, aber vielleicht einer Privatperson, z. B einem Waffenfabrikanten, gehören. Die Bestimmung dieser Sachen fur Kriegszwecke bringt sie in die Gefahr, von der Kriegsführung weggenommen zu werden. Magazine von Lebensmitteln verfallen aber nur dann dieser Wegnahme, wenn sie für Kriegszwecke, nicht aber, wenn sie zur Ernährung der friedlichen Bevölkerung bestimmt waren. Naturlich bleibt immer das Recht der Kriegsgewalt vorbehalten, fur die nöthige Ernahrung des Heeres durchgreifende Sorge zu uben.

646.

Ebenso ist die siegende Kriegsgewalt berechtigt, sich der öffentlichen Gebäude und Grundstücke in Feindesland zu den Zwecken der Kriegsführung und zur Verwaltung der Statsgewalt einstweilen zu bemächtigen und die Einkünfte derselben zu benutzen. Sie übt zunächst nur die Nutzniessung aus und darf die Substanz der Sache nur zerstören, wenn die Nothwendigkeit der Kriegsführung es erfordert. Das Eigenthum an diesen liegenden Gütern geht auf den siegenden Stat nur über, wenn der Friede den Uebergang der Gebietshoheit anordnet.

1. Brüsseler Erkl. 7. Es gilt das nicht bloss von Festungen, Kasernen und ahnlichen unmittelbar der Kriegsmacht dienenden Gebäuden, sondern ebenso von Residenzen, Ministerialgebäuden, Amts- und Rathhausern jeder Art. Auch uber die Einkünfte der Domänen kann die siegende Kriegsgewalt verfugen, soweit dieselben in ihren Bereich fallen Aber das Eigenthum an dem liegenden Gute geht mit der Besitznahme noch nicht auf dieselbe uber, sondern erst dann und nur dann, wenn sie auch die Statshoheit endlich im Frieden erwirbt. Inwiefern der bisherige Stat Eigenthumer ist, tritt der neue Stat, der die Gebietshoheit erwirbt, an seine Stelle. Vgl. oben § 54.

2. Die Statswaldungen insbesondere durfen, abgesehen von militärischen Bedurfnissen, nur forstmässig bewirthschaftet, nicht durch unmassige Schlage geschadigt werden. Allerdings ist die besetzende Macht nicht an die Wirthschaftspläne der feindlichen Forstbehörde gebunden, sie kann nach eigener Einsicht inzwischen verwalten. Aber sie darf den Wald nicht verwüsten. Diese Grundsätze sind 1870/71 auch bezuglich der Holzschläge in französisch Lothringen schliesslich zur Geltung gelangt.

647.

Die siegende Kriegsgewalt verfügt auch über die öffentlichen Einkünfte und Steuern, welche in dem eingenommenen Gebiete erhoben werden, in dem Sinne jedoch, dass die regelmässigen und unvermeidlichen Ausgaben für die Verwaltung des Rechts und der öffentlichen Interessen daraus fortbestritten werden.

Brusseler Erkl 5. Vgl. oben § 541. 547. Auch andere Kassen, als die Kriegskassen, welche dem State zugehören, konnen von dem Feinde weggenommen werden (§ 644). Aber die civilisirte Kriegsführung darf diese Gelder doch nicht ohne weiters als gute Prise behandeln. Es soll auch während des Kriegs für die Handhabung des Rechts und eine geordnete Verwaltung gesorgt werden. Das ist eine Forderung des allgemeinen Rechts und zugleich ein Interesse der Kriegsführung selbst. Die Auflösung aller Ordnung ist ebenso Barbarei, wie die Verwüstung der Pflanzungen. Soweit daher jene Gelder für diese öffentlichen Interessen bestimmt und nöthig sind, so weit sind sie auch dafür zu verwenden. Ueberhaupt greift die civilisirte Kriegsführung möglichst wenig in die bestehende Landes- und Gemeindeverwaltung ein und nur dann, wenn ihre militärisch-politischen Aufgaben es verlangen. Wer ein Land occupirt, übernimmt auch die Sorge für das Land und seine Bewohner.

648.

Das Eigenthum der Kirchen, Spitäler, wohlthätigen Anstalten, der Schulen, Universitäten, Akademien, Observatorien, Museen und anderer Culturanstalten ist ebenso wie Privateigenthum möglichst zu schonen und das dazu gehörige bewegliche Vermögen ist auch dann nicht als öffentliche Habe des Feindes im Sinne des § 644 zu betrachten, wenn der Stat der Eigenthümer solcher religiösen, wohlthätigen und gemeinnützlichen Zwecken gewidmeten Güter ist. Indessen übt der siegende Stat auch in dieser Hinsicht einstweilen die Rechte der verdrängten Statsgewalt aus.

Am. 34. Brüsseler Erkl. 8. Diese Anstalten haben durchweg einen öffentlich-rechtlichen Charakter und gehören grossentheils auch dem State zu Eigenthum. Aber ihre Bestimmung ist so entschieden friedlich und sie dienen so sehr den örtlichen und den allgemeinen Culturbedürfnissen, dass es der civilisirten Kriegsführung nicht würdig und dem humaneren Rechtsbewusstsein der Gegenwart nicht zulässig erscheint, dieselben feindlich zu behandeln. Vielmehr ist ihre Schonung und Achtung hier die Regel; und nur ausnahmsweise, soweit die Noth, z. B das Bedürfniss Verwundete unterzubringen, einen Eingriff erfordert, ist derselbe gerechtfertigt. Das Völkerrecht kann nur den humanen Grundsatz aussprechen, im Gegensatz zu brutaler Gewaltübung. Im Einzelnen muss natürlich Vieles der Einsicht und dem Rechtsgefühl der Commandirenden überlassen werden.

649.

Die muthwillige Zerstörung oder Schädigung wissenschaftlicher Instrumente oder Sammlungen, der Denkmäler und Kunstwerke in dem eingenommenen Gebiete wird durch das civilisirte Kriegsrecht nicht entschuldigt, sondern ist offenbar Barbarei.

Am. 35. Brüsseler Erkl. 8. Es ist die Pflicht der Führer, welche nicht als Barbaren, sondern als civilisirte Männer den Krieg leiten, dass sie derartige Brutalität, welche die edeln Güter der Menschheit schädigt, ohne dem Kriegszweck irgend zu nutzen, verhindern. Niemals ist zwecklose Zerstörung und Schädigung zu entschuldigen. Wenn sogar noch in unserm Jahrhundert Soldaten im

Dienste von europäischen Culturvölkern durch gemalte Fresken Nägel in die Wand geschlagen, Oelgemälde zerschnitten, Statuen verstümmelt, Denkmäler zerstört haben u. dgl., so hat unsere Zeit Ursache, sich dessen zu schämen. Den Barbaren mag man das verzeihen, weil sie nicht wissen, was sie thun, eine civilisirte Armee darf ihre Ehre nicht damit beflecken. Vielleicht erscheint die Aufnahme solcher Sätze in das Völkerrecht manchen zu wenig juristisch, und zu sehr moralisch. Ueber dieses Bedenken kommen wir leicht durch die Erwägung hinweg, dass die Rettung auch nur eines wahren Kunstwerks durch Verbreitung solcher humaner Grundsätze einen grössern Werth hat, als die juristische Enthaltsamkeit, welche dieselben ruhig verstümmeln und zerstören lässt. Bei der Belagerung von Paris haben die deutschen Truppen sorgfältig französische Kunstschätze sogar vor den Gefahren zu schützen gesucht, welche die französischen Kugeln aus den französischen Festungen denselben bereiteten.

650.

Die Wegnahme und Aneignung von wissenschaftlichen und künstlerischen Sammlungen (Bibliotheken, Gemäldegallerien, Instrumenten) durch die occupirende Kriegsgewalt gilt heute, da diese Gegenstände dauernden Culturzwecken des Landes dienen, nicht mehr für erlaubt. Auch an der Wegnahme von Denkmälern und Kunstwerken, selbst wenn dieselben eine politische Bedeutung haben, nimmt die rücksichtsvoller gewordene Völkersitte gerechten Anstoss.

1. Am. 36. Brusseler Erkl. 8. Axel Benedix de praeda S. 79. 80. In den früheren Auflagen hatte ich noch nicht gewagt, diesen Fortschritt des Völkerrechts als bereits geschehen darzustellen.

2. Unter dem Namen von Kriegstrophäen wurden früher wohl Kunstwerke und Kunstschätze von dem Sieger weggenommen und nach seiner Hauptstadt geschleppt, um diese zu schmücken. Wie in alten Zeiten die Römer Griechenland und die Vandalen Rom geplündert haben, so hat in neuerer Zeit noch Napoleon I. aus Italien eine Menge von Kunstschätzen nach Paris gebracht und damit die Säle des Louvre und öffentliche Plätze geschmückt. Obwohl dieses Verfahren in den früheren Rechtsansichten wenig anstössig erschienen und immerhin die Aenderung im Eigenthum durch die Friedensschlüsse legitimirt war, so ist es doch als ein Fortschritt in der Humanisirung des Völkerrechts zu betrachten, dass die alliirten Mächte im Jahr 1815 die französische Regierung nöthigten, diese Kunsterzeugnisse wieder an die Länder zurückzuerstatten, denen sie vor der Wegnahme zugehört hatten. Das Völkerrecht darf heute die Regel aussprechen, dass Kunstwerke überhaupt kein Gegenstand kriegerischer Erbeutung seien, denn sie dienen in keiner Weise der Kriegsführung, indem sie in militärischer Beziehung ganz unbrauchbar und als Zwangsmittel, um eher Frieden zu erhalten, ebenfalls ungeeignet sind. Sie zu verkaufen und das Geld für den Krieg zu benutzen, das ist ebenfalls gegen alle gute Sitte und eine offenbare Verletzung der Rücksicht auf die dauernden Culturinteressen des Landes, welche der Krieg, als ein vorübergehendes Zwangsmittel, möglichst schonen soll. Vgl. Wheaton, Intern. Law. § 352—354. Calvo D. I. § 891. II. S. 176.

3. Man könnte daran denken, jener Regel die Ausnahme beizufügen, dass sie auf solche Kunstwerke, die eine wesentlich politische Bedeutung haben, wie vorzüglich die Siegesdenkmaler, keine Anwendung leide. Indessen sogar in dem Fall ist es würdiger, die geschichtliche Errichtung solcher Denkmäler zu respectiren, und wenn in der Folge der Sieg sich dem früher Besiegten zuwendet, die erforderliche Ergänzung und Correctur anzubringen, als das ältere Kunstwerk wegzunehmen

4 Darüber hat sich schon seit langer Zeit eine allgemeine volkerrechtliche Ueberzeugung ausgebildet, dass die kriegsmässige Wegnahme von wissenschaftlichen Sammlungen und Instrumenten nicht mehr als zulässig gilt. Diese Dinge können offenbar nicht als „Trophaen" benutzt werden, und sie gehören als Culturschätze den dauernden und friedlichen Culturinteressen des Landes an. Unsere Universitätssadt Heidelberg beklagt es heute noch als ein schweres, nicht hinreichend gesühntes Unrecht, dass ihre handschriftlichen Schätze als „Palatina" von dem Bayerischen Eroberer der Stadt weggenommen und dem römischen Papst zur Bereicherung des Vaticans geschenkt worden sind. Die Stat Cöln freut sich dagegen darüber, dass die preussische Regierung nach dem deutschen Kriege von 1866 die grossherzoglich hessische im Frieden vom 3 Sept. 1866 angehalten hat, die zur Zeit der Revolutionskriege von 1794 weggenommenen Werke der Cölner Dombibliothek zurückzuerstatten.

651.

Die muthwillige Zerstörung oder Schädigung der dem Verkehr gewidmeten Anstalten ohne militärische Nothwendigkeit, wie insbesondere der Strassen, Brücken, Eisenbahnen, Seehäfen, Leuchtthürme, Telegraphenkabel u. dgl ist widerrechtliche Barbarei.

Brusseler Erkl. 13 g. In manchen Fällen wird die militärische Nothwendigkeit die Zerstörung solcher Werke rechtfertigen, z. B. um den Rückzug der Truppen gegen die Verfolgung des Feindes zu decken oder den feindlichen Angriff ernstlich zu erschweren. Aber bloss aus Uebermuth oder aus übertriebener Furcht darf das nicht geschehen; denn die Interessen des Verkehrs sind auch nach dem Kriege von höchster Bedeutung für die Wohlfahrt der Völker, und der Krieg darf nur soweit Schaden anrichten, als die Noth des Krieges und die Kriegszwecke es erfordern.

651 a.

Das Gemeindevermögen ist von dem occupirenden Feinde ebenso zu behandeln wie das Vermögen religiöser, wohlthätiger oder wissenschaftlicher Anstalten.

Brusseler Erkl. 8. Da die Gemeinden vorzugsweise eine wirthschaftliche und Culturbedeutung haben, so sind ihre Güter in der Regel der Occupation entzogen. So weit aber die Gemeinde auch militärische Anstalten besitzt, so weit verfallen dieselben selbstverständlich der feindlichen Kriegsgewalt.

652.

Das Privateigenthum ist auch im Kriege von Seite der siegenden Kriegsgewalt zu respectiren und darf nur in Folge der militärischen Nothwendigkeit angegriffen werden.

Am. 38. Brüsseler Erkl. 38. Da der Krieg nicht gegen die Privaten, sondern gegen den Stat geführt wird und die Rechtsordnung auch im Kriege insoweit fortbesteht, als nicht die militärische Nothwendigkeit ausnahmsweise eine Verletzung erfordert, so versteht sich die Schonung und Achtung des Privateigenthums als Hauptgesetz des civilisirten Kriegsrechts. Es gilt das nach allen Seiten und Richtungen hin. Damit wird der moderne Grundgedanke des natürlichen Rechts ausgesprochen, im entschiedensten Gegensatz sowohl zu dem antiken römischen Recht, welches im Kriege kein Privateigenthum der Feinde, wie die Angehörigen des feindlichen States genannt wurden, anerkannte als zu dem mittelalterlichen Rechte, welches möglichste Schädigung auch der feindlichen Unterthanen fur erlaubte Kriegsfuhrung hielt. Nur die Rucksicht auf die militärische Nothwendigkeit entschuldigt und rechtfertigt eine Verletzung des Privateigenthums. Wenn eine militarische Stellung erobert werden muss, so treffen die Kanonenkugeln auch die Privathauser. Wird eine andere Stellung vertheidigt, so mussen vielleicht die Bäume eines Privatgartens umgehauen oder gar ein Privathaus niedergerissen werden. Die Bewegung des Marsches und der Schlacht geht oft durch die Saatfelder verheerend hindurch. Alle diese Schadigungen des Privateigenthums sind Folgen des kriegerischen Nothrechts. Inwiefern der einheimische Stat dafür den Privateigenthumern Entschädigung leisten solle, ist keine Frage des Völkerrechts, sondern eher des besondern Stats- und Landesrechts, meistens auch der besonderen Landespolitik und der Finanzwirthschaft. Der feindliche Stat leistet keine Entschädigung.

2. In dem französisch-deutschen Kriege wurde den deutschen Truppen die Pflicht eingeschärft, dass sie das Privateigenthum zu schonen haben. Im Grossen und Ganzen hat auch die deutsche Armee diese Pflicht geubt. Selbst die offentlichen Sammlungen und Kunstwerke wurden in Versailles vor Schädigung sorgfältig gewahrt. In der Champagne wurden die Weinberge und Weinkeller der Privaten von dem siegreichen Heere bewacht und geschützt. Aber im Einzelnen und Kleinen ist wohl manche Zerstörung von Eigenthum geschehen und auch Vieles entwendet worden, ohne dass immer die militärische Nothwendigkeit das forderte. Solche Verletzungen des Privatrechts kamen vorzuglich da vor, wo die Eigenthümer thörichter Weise ihre Wohnungen verlassen hatten und die Soldaten durch diese Ungastlichkeit gereizt waren. Wenn der Soldat die Thüren seines Quartiers verschlossen findet und die Lebensmittel absichtlich verdorben oder vergraben worden sind, dann treibt ihn die Noth dazu, die Thüren aufzusprengen und den Vorrathen nachzuspüren und in gerechtem Zorne zertrümmert er dann gelegentlich auch einen Spiegel und heizt mit zerschlagenen Möbeln den Ofen. Allmählich verwildern im Kriege auch die Sitten. Der Soldat, der täglichen Kampf um Leben und Tod bestehen muss, verliert die empfindliche Reizbarkeit fur kleine Gefahrdungen des Eigenthums und das feine Gefühl, welches im Frieden auch durch kleines Unrecht aufgeregt wird, stumpft sich nach und nach durch die rauhen Erfahrungen ab. Auch die Befehlshaber mussten später zu manchen Schadigungen die Augen zudrücken, welche sie anfangs scharf getadelt und bestraft hatten. Die Klagen des feindseligen Hasses und der Eitelkeit über die vielen entwendeten Stockuhren sind

lächerlich, denn die Soldaten hatten sicher keine Lust, Stockuhren in ihren Tornistern mitzuschleppen.

653.

Die herrschende Kriegsgewalt ist berechtigt, die durch die Kriegsführung nothwendig gewordenen Leistungen der Bevölkerung für die Verpflegung und Transportirung der Truppen und des Kriegszeugs soweit ohne Entschädigung zu fordern, als diese Leistungen der Kriegssitte und Uebung gemäss als öffentliche Pflichten anzusehen sind.

1. Brusseler Erkl. 49. Die Armee bedarf der Quartiere, der Lebensmittel, der Bekleidung, der Transportmittel. Die neuere Sitte der civilisirten Kriegsfuhrung ist die, dass möglichst durch vertragsmässig bezahlte Lieferungen fur die Nahrung und Kleidung der Armee gesorgt wird. Insbesondere haben sich die reichen Engländer in ihren Kriegen — neuerlich auch in Abyssinien — aller Requisitionen enthalten und lediglich durch den Handel und die Lieferungen fur die Bedurfnisse der Armee gesorgt. Indessen nicht immer langen die bestellten Transporte rechtzeitig an, oder sie sind überall nicht zu erwarten, oder ungenugend. Unter Umständen kann es auch ungefährlich und zweckmässig sein, die Steuerkrafte des besetzten Landes für diese Zwecke anzuspannen. Da die Kriegsgewalt auch die Kriegs- und Steuerhoheit ausubt, so weit ihre Gewalt sich thatsächlich erstreckt, so kann sie auch von der Bevölkerung dieses Gebietes die erforderliche Beihülfe fur die Verpflegung der Truppen fordern. Beachtenswerth ist die Proclamation des Kronprinzen von Preussen vom 20. August 1870, als er in Lothringen einrückte: „Ich beanspruche für den Unterhalt der Armee nur den Ueberschuss der Vorräthe, der zur Ernährung der französischen Bevölkerung nicht gebraucht wird.“ Anderwarts sind aber lebhafte Klagen über unmässige Requisitionen der deutschen Befehlshaber laut geworden und oft sind diese auch durch das Obercommando ermässigt worden.

2. Sie übt vorerst das Recht der Einquartirung aus, wenn gleich zunächst durch Vermittlung der einheimischen Behörden und möglichst den Landeseinrichtungen und Landessitten gemäss. Besondere Immunitäten und Privilegien einzelner Personen oder Classen braucht sie freilich nicht anzuerkennen. Ebenso kann sie die Hauswirthe anhalten, den einquartierten Offizieren und Soldaten ihren Kräften gemass und nach Bedürfniss die erforderliche Speise zu geben und den Gemeinden, soweit nöthig und ausführbar, Beiträge von Fleisch, Brod, Hafer, Heu u. s. f. für die Ernährung von Mannschaft und Pferden auferlegen. Auch hier bildet das „Ultra posse nemo tenetur“ eine natürliche Schranke für die zugemutheten Leistungen, und übermässsige Ansprüche brauchen auch dann nicht befriedigt zu werden, wenn es möglich wäre, sie zu gewahren.

3. Ueberdem bedarf die Kriegsgewalt unter Umständen auch Kleidungsstücke, besonders Schuhe, für die Mannschaft und des Holzes zum Heizen und Kochen.

4. Sie kann endlich Wagen und Pferde requiriren zum Transport zu der nächsten Station, auf welcher neue taugliche Transportmittel zu haben sind.

5 Alle diese Leistungen begründen je nach Umständen einen Anspruch auf Entschädigung. Man muss hier unterscheiden:

a) Leistungen, welche einfach aus Kriegs- und Steuerpflicht ohne Entschädigung von der Bevölkerung gefordert werden können. Der Umfang derselben wird entweder durch die Landesgesetzgebung oder durch die Uebung bestimmt. Im Einzelnen freilich wird immerhin Vieles der Discretion des Commando's überlassen werden;

b) Leistungen, welche dieses Mass überschreiten und daher nach natürlichem Recht nur gegen Entschädigung zu fordern sind.

6. Freilich ist diese Entschädigungspflicht in der Praxis schwer zu normiren und noch schwerer durchzusetzen. Die feindliche Kriegsgewalt, welche jene Leistungen für ihre Kriegszwecke bedarf und empfängt, wäre zunächst veranlasst, den Gemeinden und den Privaten, gegen welche sie nicht Krieg führt, den Werth zu vergüten. Aber dazu fehlen ihr im Kriege oft die Geldmittel, und doch kann sie die Leistung nicht entbehren. Sie wird daher in manchen Fällen bloss den Empfang bescheinigen und die Bezahlung in der Zukunft in Aussicht stellen. Ueberdem kann sie sich auf ihr vermeintliches Recht berufen, dass der gegnerische Stat mit den Kriegskosten auch diese Leistungen zu übernehmen und daher seinen Gemeinden und Landesangehörigen gegenüber die Entschädigung zu leisten habe. Aus diesem Grunde wird sie oft ihre Zahlungspflicht überhaupt bestreiten, und die Gläubiger an den gegnerischen Stat verweisen, dem dieselben angehören Dieser Stat aber erkennt seine Entschädigungspflicht gewöhnlich wieder nicht an, weil er die Beiträge nicht begehrt, noch empfangen habe und weil er seinerseits die Meinung vertritt, dass der Krieg mit Unrecht gegen ihn geführt worden sei. Er betrachtet daher jene Belastung als ein Unglück, das mit dem Kriege verbunden und von dem zu tragen sei, den es betroffen habe. Nur aus Billigkeitsrücksichten und meist nur, wenn seine finanziellen Verhältnisse günstig beschaffen sind, lässt er sich zur Entschädigung, je nach seinem Ermessen, herbei Der Friedensschluss ordnet das selten näher, und wenn er darüber schweigt, so werden damit alle Anforderungen der Gemeinden und Privaten an den feindlichen Stat, welcher die Beiträge eingefordert hatte, höchst unsicher und ihre Befriedigung sehr unwahrscheinlich. Es bleibt denselben dann kaum ein anderer Weg offen, als der, die billige Berücksichtigung ihres Landes anzurufen.

654.

Das Völkerrecht erkennt kein Recht der Kriegsgewalt an, in feindlichem Lande von Gemeinden und Privaten andere als die für die Existenz und Thätigkeit des Heeres unentbehrlichen Leistungen zu verlangen. Insbesondere hat die Auflage von reinen Geldcontributionen keine kriegsrechtliche Begründung.

1. Brusseler Erkl. 41. Die Forderung von Geldcontributionen wurde in früheren Kriegen oft damit gerechtfertigt, dass sich mit der Bezahlung der Contribution die Städte oder Gemeinden von der Gefahr der Plünderung oder Zerstörung loskaufen. Allein das civilisirte Kriegsrecht erkennt kein Recht mehr an zur Plünderung und ebenso wenig ein Recht zu unnöthiger Zerstörung. Es

kann also auch nicht mehr von einem Loskauf dieses Rechts die Rede sein. Zu andern Geldcontributionen, etwa zur Füllung der Kriegskasse oder des Statsschatzes oder gar zur Befriedigung der Genuss- und Gewinnsucht der Führer ist die Kriegsgewalt auch nicht berechtigt, denn sie hat keine willkürliche Gewalt über das Vermögen der Gemeinden und Privaten, gegen die sie nicht Krieg führt. So wenig sie die Bewohner des feindlichen Landes zwingen darf, die Lücken ihres Heeres zu ergänzen und persönliche Kriegsdienste zu leisten, ebenso wenig darf sie die Bevölkerung zwingen, die erforderlichen Gelder für ihre Kriegsführung zu bezahlen. Vgl. oben § 545. 476.

2. In manchen, sogar noch neueren Kriegen, selbst in der preussischen Kriegsführung von 1866, sind die richtigen Grundsätze nicht hinreichend beachtet und zuweilen ohne zureichenden Rechtsgrund Contributionen in Geld von eingenommenen Städten erhoben worden. Das heutige europäische Rechtsgefühl kann sich aber mit solchen Resten einer früheren barbarischen Kriegsführung nicht mehr versöhnen; es wird durch jede unnöthige und ungerechte Härte gegen die friedliche Bevölkerung in Feindesland gekränkt.

3. Eine relative Schranke liegt in der Vorschrift, dass Contributionen nur von höheren Befehlshabern oder nur mit deren Ermächtigung auferlegt werden dürfen.

4. Durchaus verwerflich ist es, Contributionen aus Gewinnsucht aufzuerlegen. Dagegen rechtfertigt sich unter Umständen die Auferlegung zur Strafe für Kriegsvergehen und Feindseligkeiten, welche die Städte oder Dörfer geübt oder nicht verhindert haben. Dann nimmt die Contribution den Charakter der Repressalien an.

655.

Wenn die Kriegsgewalt in Ermanglung der geordneten Lieferung von Lebensmitteln, Kleidern, Waffen und Geräthschaften, deren das Heer dringend bedarf, auf dem Wege des Zwangs Abtretung von Privateigenthum verlangt, so ist der betreffende Statsfiscus zu angemessener Entschädigung verpflichtet und die Kriegsgewalt hat daher dem Eigenthümer eine Bescheinigung über die abgelieferte oder abgenommene Habe zu ertheilen. Ueberhaupt ist für jede Leistung auf Begehr (Requisition) der occupirenden Kriegsgewalt, wenn dieselbe nicht sofort bezahlt wird, eine Empfangsbescheinigung auszustellen.

Am. 38. Brüsseler Erkl. 42. Das Nothrecht des Kriegs rechtfertigt, soweit das unmittelbare Bedürfniss des Heeres reicht, wenn sich die Besitzer der erforderlichen Habe nicht freiwillig zur Veräusserung herbeilassen, sogar den gewaltsamen Eingriff auch in das Privateigenthum, z. B. grosser Grundbesitzer oder Kornhändler, deren Speicher mit Getreide oder mit Hafer und Heu gefüllt sind, der Lederhändler und Schuhmacher, die Vorräthe von Leder oder Schuhen haben u. s. f. Aber nur gegen Entschädigung, für welche nach natürlichen Rechtsgrundsätzen zunächst der Fiscus des States haftet, welcher diese Habe wegnimmt und für seine Interessen verwendet. Nur wenn diese Entschädigungsforderung nicht durchzusetzen ist, bestimmen Billigkeitsrücksichten den Stat, in dessen Gebiet die feindliche Gewalt die Abtretung erzwungen hat, dafur subsidiär einzustehen Vgl. zu § 652.

656.

Den Kriegsleuten ist nicht erlaubt, Privateigenthum wegzunehmen oder muthwillig oder aus Rachsucht zu schädigen. Handlungen der Art werden strenge nach Kriegsrecht bestraft. Nur die unmittelbare Nothdurft rechtfertigt ausnahmsweise die Aneignung der erforderlichen Nahrungsmittel und Kleidungsstücke, wenn nicht durch die Anordnung des Militärcommando's für die Befriedigung gesorgt ist. Auch in solchen Fällen ist in der Regel der Werth zu erstatten, soweit nicht die Quartierpflicht zu unentgeldlicher Leistung nöthigt.

Brusseler Erkl 13g. Die militarische Disciplin hat hier manche Missbräuche, welche die altere Kriegsfuhrung befleckt hatten, abgeschafft oder doch ermassigt. Mit Recht wird jeder Diebstahl oder Raub, von Soldaten im Quartier oder auf dem Marsch verubt, strenge bestraft und auch muthwilliges Zerschlagen von Spiegeln und Möbeln nicht geduldet. Niemals darf die Wegnahme von Kostbarkeiten, Uhren, Gemalden u. dgl., wohl aber aus Nothdurft die Wegnahme von Lebensmitteln, Brod und Fleisch, Hausthieren zum Schlachten u. dgl. gestattet werden. Auch die Bier- und Weinhäuser durfen so wenig, wie die Backer- und Metzgerläden der Plunderung oder freier Besitzergreifung preisgegeben werden, sondern was da, über die Quartierlast hinaus verabreicht oder nothigenfalls genommen wird, das soll bezahlt werden. Aber es ist, insbesondere auf ermudenden Märschen oder nach der Schlacht nicht zu verhindern, dass nicht Hunger und Durst zuweilen zu raschem Zugreifen drangen, welches freilich von der kalten Berechnung und Beurtheilung der privatrechtlichen oder strafrechtlichen Logik als rechtswidrig erklart werden musste, und dennoch von der Kriegsgewallt als unvermeidlich geduldet und geschützt wird. Vgl. oben zu § 652.

657.

Das heutige Völkerrecht verwirft das sogenannte Beuterecht im Kriege als rechtswidrige Barbarei.

1. Brusseler Erkl. 38. Vgl. oben § 652. Hugo Grotius (lib. III. cap. 6) setzt noch die römische Ansicht, dass die Beute wider einen fremden Feind, d. h. wider alle Statsangehörige des feindlichen Stats erlaubt, und nur im Burgerkrieg untersagt sei, als gemeines Völkerrecht voraus. Es war nur eine thatsächliche Ermässigung des Beuterechts, wenn das römische Recht den Truppen zur Pflicht machte, die Beute jederzeit an den Stat abzuliefern, damit er darüber verfuge, desshalb eine Ermässigung, weil die Soldaten ein geringeres Interesse hatten, Beute fur den Stat zu machen. Aber der Eigenthümer fand keinen Rechtsschutz, indem er als Feind rechtlos war und seine Sachen als herrenlos betrachtet wurden. Zu vollem Durchbruch gelangt erst in unserm Jahrhundert und nicht

ohne Widerspruch vieler und angesehener Schriftsteller über das Völkerrecht, welche sich schwer von dem überlieferten Grundsatz der Beute oder der statlichen Confiscation losmachen konnen (vgl Phillimore III. § 75), der entgegengesetzte Grundsatz, dass das Privateigenthum zunächst der friedlichen Personen, dann aber selbst der feindlichen Personen, auch im Kriege regelmässig zu achten und desshalb das vermeintliche Beuterecht ein offenbares Unrecht sei. Ein merkwürdiges Erkenntniss hat der oberste Gerichtshof der Vereinigten Staten im Jahr 1812 erlassen, in dem der Uebergang aus dem alten Beuterecht in das neue Recht des Eigenthumsschutzes deutlich erkennbar wird. Es wurde nämlich noch das Recht des Stats, das in seinem Gebiet zur Zeit der Kriegseröffnung vorhandene Vermögen der feindlichen Statsangehörigen zu confisciren, als hergebrachte Regel anerkannt, aber für die Ausübung dieses Rechts ein vorheriger Act der Gesetzgebung gefordert. Offenbar wollte man auf einem Umweg das Privateigenthum sichern, denn ein besonderes Gesetz war nicht da und wurde auch nicht erlassen. (Kent Comm. § 59. 60). Ein Keim zur Beseitigung des Beuterechts ist schon in der englischen Magna Charta von 1215 zu finden, indem sie das Vermögen fremder Kaufleute in England auch im Kriege schützt, wenn Gegenrecht gehalten wird. Vgl. unten zu § 669. Vgl. oben die Einleitung S. 38 und Berner Art. Beute im deutschen Statswörterbuch von Bluntschli und Brater Ausführlich habe ich die Geschichte des sogenannten Beuterechts und seinen allmählichen Rückgang in der Schrift dargestellt: Das Beuterecht im Krieg und das Seebeuterecht insbesondere Nördlingen 1878. Dudley Field Draft Outlines of Intern. Law. Cap. 64.

2. Die Beute ist demgemäss nicht mehr als Regel erlaubt, sondern nur ausnahmsweise aus besondern Gründen und in engster Beschränkung. Die wichtigsten Fälle einer noch erlaubten Beute sind:

a) die Habe des feindlichen States selbst, § 644. 645,

b) die Waffen und kriegerische Rüstung der besiegten feindlichen Personen, § 659 660,

c) die Contrebande (Buch IX. Abschn 4). Daneben noch, obwohl bereits angezweifelt,

d) die Seebeute, § 664 f.

658.

Wenn der eine Stat an den andern feindlichen Stat eine Geldsumme aus Darlehen oder einem andern Rechtsgrunde schuldet, so darf er wohl während des Krieges die Verzinsung und Bezahlung dieser Schuld verweigern, nicht aber, wenn er die Statsschuld an Privatgläubiger schuldet, welche dem feindlichen State angehören.

In dem bekannten Streit zwischen Preussen und England vom Jahr 1753 vertheidigte Friedrich II. die Beschlagnahme der schlesischen Statsschuld zum Nachtheile der englischen Gläubiger, worüber sich die englischen Publicisten als über eine schreiende Verletzung des Völkerrechts beschwerten, nur aus dem Gesichtspunkte der Repressalien gegen das Unrecht, welches die englischen Kaper zur See gegen die preussischen Kauffahrer begehen. Vgl. oben zu § 500.

659.

Ausnahmsweise ist es den Kriegsleuten erlaubt, den von ihnen besiegten feindlichen Personen ihre Waffen und Pferde und andere zur kriegerischen Ausrüstung gehörige Sachen wegzunehmen und sich selber als Kriegsbeute anzueignen, aber nicht erlaubt, Geld oder Kleinodien des Feindes zu erbeuten. Nur wenn der getödtete Feind solche Kostbarkeiten auf dem Schlachtfelde zurücklässt, so ist es bei der völligen Ungewissheit, wer der Erbe sei und ob solche Habe für denselben zu retten sei, eher dem Sieger gestattet, diese Sachen sich anzueignen, als sie vergraben oder verderben zu lassen.

Am. 72. Brüsseler Erkl. 23. Das Einzelne bestimmt in jedem Heer das Commando. Das Volkerrecht spricht nur den allgemeinen Grundsatz aus, der bei diesen Verordnungen nicht verletzt werden darf, ohne gerechte Missbilligung zu erfahren. Vgl. Axel Benedix de praeda S. 88.

660.

Die erbeuteten Fahnen, Kanonen, Munitionswagen, Kriegskassen und überhaupt alles öffentliche Kriegszeug dürfen niemals von einzelnen Nehmern angeeignet werden, sondern sind an den Befehlshaber abzuliefern.

Am. 45. Das ist seiner Bestimmung nach öffentliches Kriegsgut und kommt daher dem State, nicht dem Nehmer zu. Es ist das der alte Grundsatz der römischen „Praeda“, der in dieser Beschrankung noch fortwirkt.

661.

Es gilt unter civilisirten Völkern nicht mehr als gute Kriegssitte, um die Soldaten zur Erstürmung eines Platzes oder Lagers aufzureizen, ihnen die freie Plünderung des eroberten Ortes zu erlauben. Alle Plünderung ist völkerrechtswidrig.

Brüsseler Erkl. 39. Man vertheidigt zuweilen jene verwerfliche Massregel damit, dass unter Umstanden nur durch solche Anreizung der Gewinnsucht die Soldaten dazu gebracht werden können, das Wagniss eines Sturmes zu unternehmen und den hartnäckigen Widerstand zu brechen und mit der Berufung auf die eigenen Verluste an Gut und Blut, die damit einigermassen ausgeglichen werden. Aber diese Lappen verhüllen nicht die nackte Barbarei der Massregel. Es ist auch militarisch unehrenhaft, die Soldaten dadurch zu ihrer kriegerischen Pflichterfüllung anzureizen, dass man sie zu Räubern macht und das offenbare Unrecht solcher Plünderung ist in keiner Beziehung ein Ersatz für das in ehrlichem Kriege vergossene Blut und aufgebrauchte Gut. Die Privaten führen nicht Krieg und durfen daher auch nicht der brutalen Raubsucht preisgegeben werden.

662.

Insoweit die Zerstörung von Privateigenthum als blosse nothwendige Folge der Kriegsführung selbst erscheint, ist dieselbe kein Unrecht, sondern als Unglück für die Privatpersonen zu betrachten.

Vgl. zu § 652. Möglicherweise werden einzelne Privateigenthumer sehr hart von den zerstörenden Wirkungen des Kriegs betroffen, indem ihre Felder verwüstet, ihre Gebaude niedergerissen, ihre Wohnungen abgebrannt werden. Soweit diese Uebel unvermeidlich erscheinen, soweit muss der Eigenthumer dieselben ertragen, wie den Hagelschlag oder wie die Ueberschwemmung des ausgetretenen Stromes, wie den Brand, den der Blitz entzündet hat. Es ist das fur sie ein Ungluck, nicht ein erlittenes Unrecht. Daher haben sie auch keine Rechtsforderung auf Entschadigung weder gegen den feindlichen Stat, dessen Truppen die Zerstörung gemacht haben, noch gegen den eigenen Stat, auf dessen Schutz sie angewiesen sind. Aber die Rücksichten der Billigkeit sprechen dafür, dass der letztere Stat, wenn seine Finanzkrafte dazu ausreichen, hinterher den Schaden, den Einzelne um seines Krieges willen erlitten haben, wenigstens in der Hauptsache vergute. So hat das deutsche Reich in dem erworbenen Reichslande Elsass-Lothringen den Schaden vergütet (1872), den das Bombardement der befestigten Städte den Hauseigenthümern verursacht hat. Dagegen hat der nordamerikanische Senat (12. Jan. 1869) das Entschadigungsbegehren einer Miss Murphy verworfen, deren Haus mit andern durch die militarischen Operationen des Generals German im State Alabama zerstort worden war, obwohl sie als Anhangerin der Union bekannt war.

663.

Muthwillige oder rachsüchtige Zerstörung oder Schädigung von Privateigenthum ist ein Rechtsbruch und als solcher strafbar.

Insbesondere sind die Brandstiftung oder die Ausrottung von Culturpflanzen, die Zerstörung von Dämmen u. s. f., wenn sie nicht durch die militärische Nothwendigkeit gerechtfertigt werden, eine völkerrechtswidrige Barbarei.

Brüsseler Erkl. 13g. Schon Megasthenes rühmt es den alten Indiern nach, dass sie im Kriege die Pflanzungen der Bauern verschonen, während selbst die civilisirten Hellenen zuweilen die Oelbaume in feindlichem Gebiete umhauen (Laurent, hist. de l'hum. I. S. 132). Das classische Alterthum steckt noch tief in dieser Barbarei und das Mittelalter verstand unter Kriegsführung vorzugsweise die möglichste Schädigung auch des Privateigenthums in Feindesland. Bluntschli, das Beuterecht im Krieg S. 28. 40. Erst die spätere Kriegsführung wird allmählich milder. Laurent (X. S. 387) hebt es rühmlich heraus, dass zuerst im Jahr 1552 der französische Marschall Brisac einen Vertrag mit dem Spanischen General durchgesetzt habe, welcher die Baumpflanzungen gegen die unnutze Verwustung sicherte. Aber viel später noch trieben die Truppen Ludwigs XIV. in dem Pfälzer Kriege alle Grauel barbarischer Verwüstung. Die heutige Kriegsfuhrung missbilligt das entschieden. Freilich ist auch jetzt noch der Rechtsschutz der Privateigenthumer gering gegen solche Missethaten der Truppen. Es bleibt ihnen zunachst kein anderes Mittel, als die Hülfe der Commandanten anzurufen, und nicht immer sind dieselben geneigt, einzuschreiten. Offenbar ist in solchen Fällen der Stat verpflichtet, sich seiner Angehörigen anzunehmen und wo möglich bei dem Friedensschluss Entschädigung zu fordern oder vorzubehalten.

B. Im Seekrieg.

664.

Feindliche Kriegsschiffe können sowohl auf offener See als innerhalb der Eigengewässer der kriegführenden Staten jeder Zeit genommen und ihre Mannschaft kriegsgefangen gemacht werden.

Die Kriegsschiffe sind Kriegsmacht und Kriegsrustung und verfallen daher der Wegnahme des Feindes Insofern steht das Seekriegsrecht dem Kriegsrecht zu Land (vgl. § 644. 645) vollig gleich.

665.

Obwohl auch der Seekrieg wider den Stat und nicht die Privatpersonen geführt wird und nach dem natürlichen und humanen Völkerrecht das Privateigenthum im Seekrieg ebenso geachtet werden sollte wie im Landkrieg, so ist die gegenwärtige Statenpraxis auch mancher civilisirten Seemächte noch nicht in Uebereinstimmung mit diesen Grundsätzen und wird von denselben heute noch der Kriegsmarine ein sogenanntes Recht der Seebeute zugesprochen gegen Schiffe, welche ein Privateigenthum von Angehörigen des feindlichen States sind und gegen die darin befindlichen Waaren solcher Personen.

Vgl. die Einleitung S. 40. Bluntschli, das Beuterecht im Krieg und das Seebeuterecht insbesondere 1878. Zuerst ist die Freiheit der Handelsschiffe auch im Kriege durch den Vertrag von 1785 zwischen König Friedrich II. von Preussen und den Ver. Staten Amerikas grundsatzlich anerkannt worden, sodann in einem Vertrag zwischen Frankreich und den deutschen Hansestädten 1792 Ebenso hat sich Napoleon I. gegen England dafur ausgesprochen. (Vgl. Laurent a. a. O. XV. S. 455.) Gegenwartig noch hat die englische Regierung sich nicht entschliessen konnen, das Volkerrecht von diesem bosen Flecken reinigen zu helfen, wenngleich auch in England vorzuglich unter dem zunachst betheiligten Handelsstande der Grundsatz der Gleichstellung des Rechts im See- wie im Landkrieg eine wachsende Zustimmung erhalt. Die Resolutionen des Bremer Handelsstandes vom 2. Dec. 1859 (abgedruckt bei Heffter Anl. IX.) geben dem richtigen modernen Princip folgenden beredten Ausdruck:

„In Erwägung, dass die Unverletzlichkeit der Person und des Eigenthums die einzige Grundlage bildet, auf welcher der geistige und materielle Austausch der Völker sicher gedeihen, auf welcher Gesittung und Wohlstand sich frei entwickeln und ungefährdet in die entlegensten Gebiete der Erde dringen konnen, dass deshalb von allen Nationen, die eine Ehre darein setzen, als Vorkampfer der Civilisation zu gelten, dieser Grundsatz auch im Kriege heilig gehalten werden sollte;

„in Erwägung, dass dem zuwider völkerrechtlich im Seekrieg noch gestattet wird, was am Lande selbst als rohe Gewalt gebrandmarkt ist, in friedlicher Ausübung ihres Berufes begriffene Privatpersonen ihrer Freiheit und ihres Eigenthums zu berauben, Handelsfahrzeuge nebst ihrer Ladung wegzunehmen und zu zerstoren, ihre Mannschaft gefangen zu halten;

„in fernerer Erwägung, dass das Unrecht dieses Verfahrens bereits allseitig in das Bewusstsein getreten, dass die von fast sammtlichen Staten anerkannte Declaration des Pariser Congresses vom 16. April 1856 einer richtigen Anschauung Bahn zu brechen begonnen hat, dass sie nicht nur die Interessen der Angehörigen neutraler Staten, dass sie das Eigenthum selbst der Angehörigen kriegführender Staten in dem Falle, wenn es sich an Bord neutraler Schiffe befindet, in Schutz nimmt; dass in Folge theils dieses Vorganges, theils des offenkundigen Wunsches mancher Regierungen, z. B. der Vereinigten Staten von Nordamerika, nach vollständiger Beseitigung des eingewurzelten Unrechts die allseitige Anerkennung des Anspruchs von Handel und Schifffahrt treibenden Privatleuten auf Sicherheit fur sich und ihr Eigenthum, soweit sie den Bedingungen des Krieges nicht entgegenhandeln, wesentlich erleichtert ist;

„in Erwagung sodann, dass dem gegenwartig wieder zusammentretenden Congresse der Europaischen Grossmachte die Aufgabe nahe liegt, das begonnene Werk seiner Vorganger zu vollenden und sich durch vollige Verbannung der Willkür roherer Zeiten aus den Normen des Seerechts ein segensreiches und ewiges Andenken in den Annalen der Civilisation zu stiften;

„in Erwagung endlich, dass zu dem Zwecke Alle, welche das eigene Interesse oder eine warme Theilnahme am Fortschritte des Rechts zunachst dazu antrieb, laut ihre Stimme erheben, und der eigenen Regierung, wie dem versammelten Rathe der Nationen, das einstimmige Urtheil der gebildeten Welt verkünden sollten;

„beschliesst die Versammlung:

1. Die Unverletzlichkeit der Person und des Eigenthums in Kriegszeiten zur See, unter Ausdehnung auf die Angehörigen kriegfuhrender Staten, soweit die Zwecke des Krieges sie nicht nothwendig beschranken, ist eine unabweisliche Forderung des Rechtsbewusstseins unserer Zeit.

2. Ein Hoher Senat der freien Hansestadt Bremen ist angelegentlich zu ersuchen, diesen Grundsatz vertreten und seine Durchfuhrung, sei es bei den verbündeten deutschen Regierungen, sei es bei den Machten des Congresses, in Anregung bringen zu wollen.

3. Der gleichstimmige Ausspruch und die gleichstimmige Einwirkung auf ihre Regierung von Seiten aller, welchen die Durchfuhrung jenes Grundsatzes im eigenen, wie im Interesse des Rechts und der Civilisation am Herzen liegt, ist möglichst zu erstreben.

4. Zur Ausfuhrung dieser Beschlusse wird ein Comité niedergesetzt, welches namentlich die Mittheilung derselben an Einen Hohen Senat, an die Handelskammer, an die hier residirenden Consuln anderer Staten und in ausgedehntem Masse an solche Kreise und Personen Deutschlands und des Auslandes, die an der Wohlfahrt des Seeverkehrs eng betheiligt sind, mit der Aufforderung ubernehmen wird, in gleichem Sinne thätig sein zu wollen."

In dem deutschen Kriege von 1866 verzichteten Preussen, Italien und Oesterreich auf Prisen von Handelsschiffen. Der Reichstag des Nordd. Bundes nahm am

18. April 1868 eine Resolution an, durch welche der Bundeskanzler aufgefordert wurde, zu veranlassen, dass die Freiheit des Privateigenthums zur See in Kriegszeiten zu völkerrechtlicher Anerkennung gebracht werde. Aber zu einer völkerrechtlichen Abschaffung der Seebeute ist es bis jetzt leider noch nicht gekommen, wenn gleich die Hoffnung wachst, dass dieselbe nicht mehr lange aufgehalten werden könne und schliesslich das erwachte Gewissen der Menschheit diese Reform fordern werde.

Zu Anfang des französisch-deutschen Krieges machte Konig Wilhelm den kuhnen Versuch, das humane Princip, sogar ohne Zusicherung des Gegenrechts, zur Anerkennung zu bringen. Die Proclamation vom 18. Juli 1870 sagt: „Französische Handelsschiffe sollen der Aufbringung und Wegnahme durch die Fahrzeuge der Bundeskriegsmarine nicht unterliegen.“ Leider ist Frankreich, im Gefühl seiner Uebermacht zur See, diesem Beispiel nicht gefolgt und hat den überlieferten Missbrauch fortgesetzt. So kam es, dass die humane Massregel der deutschen Bundesgewalt nur der neutralen und der französischen Schifffahrt zu gute kam, aber die deutsche Schifffahrt, darunter litt. Die schlimmen Kriegserfahrungen bestimmten sogar gegen Ende des Krieges die deutsche Heeresführung dazu, die Anwendung jenes humanen Grundsatzes zu suspendiren und auch den franzosischen Handel mit Repressalien zu bedrohen. (Note vom 12. Januar 1871.) Dann hat freilich der Schrecken, welchen das deutsche Kriegsschiff Augusta der französischen Handelsschifffahrt einflösste, das Gefuhl und die Einsicht allgemeiner gemacht, dass die Handelsschifffahrt nur dann sicher sei, wenn der Verzicht auf Seebeute allseitig gemacht werde. Die franzosische provisorische Regierung (Note vom 28. Oct. 1870) sprach sogar die Hoffnung aus, „dass der Gang der Ideen eines Tags die Machte dahin führen werde, Verträge zu schliessen, welche die Uebel des Kriegs zu mildern bezwecken“. Schon vorher hatte der Statssecretar der Vereinigten Staten, Fish (Note vom 22. Juli 1870), die Erwartung geaussert, „dass das Volk der Vereinigten Staten bald die Genugthung haben werde, diesen Grundsatz (Abschaffung der Seebeute) allgemein anerkannt zu sehen“.

Endlich hat die Union der Vereinigten Staten von Amerika und das Konigreich Italien in einem Vertrage den Schutz des Privateigenthums auch im Kriege einander zugesagt. Bluntschli, Beuterecht S. 98.

666.

Dieses sogenannte Seebeuterecht erstreckt sich nicht auf feindliches Privatgut im Lande, sondern ist beschränkt auf die feindlichen Schiffe und das feindliche Gut in den Schiffen.

Gerade dieser Gegensatz der Behandlung zeigt, wie inconsequent das ganze Verfahren ist. Die dem Angehörigen des feindlichen States zugehörige Kaufmannswaare ist Gegenstand der Seebeute, so lange sie auf dem feindlichen Schiffe sich befindet, aber noch nicht, bevor sie auf das Schiff geladen ist, und nicht mehr, wenn sie aus dem Schiff ausgeladen ist. Die Docks und Magazine der Seestädte sichern die Waare vor der Beute, nur das Schiff nicht. Wesshalb nicht, das ist durch die gewöhnlich angefuhrten Vorwande nicht zu erklaren. Das Schiff ist ja nur ein wandernder Theil des Landes; und insofern es die Waaren aufnimmt und birgt, gleichsam ein schwimmendes Magazin. Es ist daher unlogisch, das Privateigenthum an der Waare zu schonen, wenn es auf festem Lande, und es als gute Beute zu behandeln, wenn es in einem Schiffe magazinirt ist. Eher lassen sich Grunde dafür anführen, dass die Schiffe weggenommen werden, weil diese ihrer Natur nach auch der Kriegsführung dienen können, sei es zum Transport der Truppen, sei es geradezu zum Seekrieg selber. Diese Grunde sind beleuchtet in Bluntschli Beuterecht S. 46 f. Die genommenen Schiffe sind übrigens von dem Nehmer einem Prisengerichte zur Beurtheilung zu übermitteln. Vgl. unten Buch IX. Cap. 6.

667.

Die Fischerboote der Angehörigen des feindlichen States dürfen nicht als Prise weggenommen werden.

In dieser Ausnahme, welche die Kriegssitte macht, und insbesondere von den französischen Gerichtshofen in weitestem Umfang geschützt wird (vgl. Heffter § 137), bricht das natürliche Recht durch, welches zur allgemeinen Regel zu werden geeignet ist. Wenn die Fischerboote zu kriegerischen Zwecken dienen, dann sind sie der Wegnahme ausgesetzt, aber nicht, so lange sie von dem friedlichen Berufe der Fischer benutzt werden.

668.

Auch auf gestrandete Schiffe und geborgene Güter erstreckt sich das Prisenrecht nicht.

Freilich wenn das der Wegnahme ausgesetzte Schiff auf der Flucht scheitert, so kann der Nehmer sich noch desselben bemächtigen.

669.

Die gute Kriegssitte erfordert, dass die feindlichen Handelsschiffe nicht mehr sofort nach dem Ausbruch des Krieges durch unerwartete Wegnahme überrascht, sondern denselben eine Frist gewährt werde, innerhalb welcher sie aus den feindlichen Häfen auslaufen und einen sichern Zufluchtsort aufsuchen können.

Vor dem Krieg ist die Wegnahme nicht erlaubt, sondern höchstens die Beschlagnahme (Embargo). Vgl. § 509. Aber es ist offenbar sehr hart, friedlich gesinnte Kauffahrer, ohne vorherige Warnung, am Tage der Kriegseröffnung, zu überfallen und ihre Schiffe und Ladung als Prise wegzunehmen. Da sträubt sich das heutige Rechtsgefühl stärker gegen die Anwendung des alten Satzes, dass die Schiffe und Waaren der „Feinde" der Confiscation verfallen. Ein völkerrechtlicher Fortschritt der Art ist vornehmlich in dem russischen Kriege von 1854 gemacht worden, indem die beiden Westmächte Frankreich und England den russischen Schiffen in ihrem Bereich eine Frist von 6 Wochen gaben, um sich und ihre Ladung in Sicherheit zu bringen. Man nennt diese Verstattung Indult.

670.

Nach dem in Europa anerkannten Völkerrecht dürfen keine Kaperschiffe mehr zur Seebeute ermächtigt werden.

1. Die Kriegssitte der Seestaten hatte sich nicht damit begnügt, durch ihre Kriegsschiffe den Handel der feindlichen Nation zur See möglichst zu schädigen, zu berauben und zu unterdrücken. Sie suchte diese Gefährdung des Handels noch dadurch zu vergrössern, dass sie die Raubsucht und den Hass der Privaten benutzte und Privatschiffe ermächtigte, ebenfalls auf Seebeute auszufahren. Die Ermächtigung wurde durch sogenannte Kaperbriefe (Lettres of Marque) gegeben, und diese legitimirten Raubschiffe wurden Kaper genannt. Das Kaperschiff erkannte zwar die Autorität des Admirals an, welcher die Kriegsflotte commandirte, aber es bildete doch nicht einen eigentlichen Bestandtheil der Kriegsflotte, sondern blieb eine Unternehmung der Freibeuter. Es war das ein Privatkrieg, welcher neben dem militärisch geordneten Statskrieg herlief und die Garantien und Schranken der militärischen Ordnung abstreifte. Zu der mittelalterlichen Kriegsführung passte das noch, mit den humaneren Grundsätzen der modernen Welt kam es in schroffsten Widerspruch.

2. Seit dem vorigen Jahrhundert wurden daher verschiedene Versuche gemacht, die Kaperei zu untersagen. Zuerst wurde in einem Vertrag, den Franklin als Gesanter der Vereinigten Staten von Nordamerika mit Preussen unter Friedrich dem Grossen im Jahr 1785 abschloss, bestimmt, dass keine der beiden Mächte im Fall eines Krieges Kaperschiffe ausrüsten dürfe zur Schädigung des feindlichen Handels. Aber auch dieser Artikel wurde bei der Revision des Vertrags von 1795 nicht wieder aufgenommen (Wheaton, Elem. § 358. Fr. Kapp, Friedrich d. Grosse und die Vereinigten Staten von Amerika S. 86 ff. behandelt die Geschichte des Vertrags gründlich und theilt auch die Urkunden mit.) Die in den Zwanzigerjahren unsers Jahrhunderts erneuerten Unterhandlungen unter den Seemächten zur Abschaffung der Kaperei waren erfolglos. Erst auf dem Pariser Congress von 1856 kam am 16. April eine gemeinsame Erklärung der europäischen Mächte über das Seerecht in Kriegszeiten zu Stande, deren erster Artikel lautet: „La course est et demeure abolie.“ Die Erklärung wurde ursprünglich von den fünf europäischen Grossmächten England, Frankreich, Oesterreich, Preussen und Russland, sodann dem Königreich Sardinien (Italien) und der Türkei unterzeichnet, erhielt aber später auch die ausdrückliche Zustimmung der übrigen europäischen Staten, Spanien ausgenommen, und von manchen amerikanischen Staten. Offenbar enthält die Erklärung nicht eigentliches (conventionelles) Vertragsrecht, sondern durch gemeinsame Anerkennung ausgesprochenes nothwendiges (Gesetzes) Recht. Als europäisches Völkerrecht ist nun der Grundsatz anerkannt und kein europäischer Stat darf mehr davon zurücktreten und die alte Barbarei erneuern.

3. Der allgemeinen Anerkennung aber des Grundsatzes steht hauptsächlich noch im Weg, dass die Vereinigten Staten von Nordamerika ihre Zustimmung versagten, und zwar nicht deshalb, weil sie die Kaperei guthiessen, sondern deshalb, weil ihnen die Kaperei so lange als Nothwehr unentbehrlich schien, als nicht die Kriegsmarine selbst auf die Seebeute gegen Kaufschiffe verzichte. Sie fanden, dass die Seestaten mit ausgedehnter Handelsmarine und geringer Kriegsmarine durch die blosse Beseitigung der Kaperei in eine höchst ungünstige Lage versetzt werden gegen die Seestaten mit starker Kriegsmarine, indem diese ihren Seehandel vernichten können, aber jene ohne Hülfe von Privatschiffen als Kapern nicht ebenso den feindlichen Handel. (Denkschrift des nord-

amerikanischen Ministers Marcy vom 28 Juli 1856. Bluntschli, Beuterecht § 86. Frankreich, Preussen, Italien und Russland waren bereit, auf den amerikanischen Verbesserungsvorschlag einzugehen und die (widerrechtliche) Seebeute mit der Kaperei abzuschaffen. Allein England liess sich noch nicht dazu herbei. In dem nordamerikanischen Burgerkrieg 1861 gaben die Südstaten Kaperbriefe aus (Congressbeschluss der Confoderation vom 6. Mai 1861); aber fremde Schiffseigner liessen sich, abgemahnt und gewarnt von ihren Regierungen, nicht darauf ein. Auch der Prasident der Union wurde vom Congress dazu ermächtigt, aber er machte von seiner Vollmacht keinen Gebrauch (Wheaton, Elem. of int. law. § 359. Anm Seebohm de la réform du D. d. I. S. 107)

4. Als der deutsche Bundesfeldherr zu einer „freiwilligen Seewehr" aufrief und die deutschen Seeleute und Schiffseigner aufforderte, Schiffe zu seiner Verfugung zu stellen, welche feindliche Kriegsschiffe angreifen sollten (24. Juli 1870), so erhob die franzosische Regierung dagegen Einsprache, weil das eine Umgehung des Verbotes der Kaperei sei. Indessen erklarte das neutrale England diese Einrede fur nicht begrundet, weil die Schiffe der freiwilligen Seewehr unter den Befehlen und unter der Disciplin der Kriegsmarine stehen. (Statsarch. 4345. 4346.)

671.

Auch inwiefern es noch durch die hergebrachte Uebung der Seemächte als gestattet erscheint, Seebeute zu machen, ist das doch nach europäischem Völkerrecht nur wirklichen Kriegsschiffen, die einen Bestandtheil der Kriegsflotte bilden, erlaubt.

In der militarischen Unterordnung und Disciplin liegt eine gewisse Garantie gegen Excesse, welche bei Kaperschiffen ganzlich fehlt. Vgl. im ubrigen zu § 665. 670. Für den Fall eines englisch-russischen Krieges kam 1878 die Ausrustung einer russischen Kreuzerflotte in Frage, welche den englischen Handel bedrohe, als Gegenmassregel gegen die Behinderung des russischen Handels durch die Blokade der englischen Flotte. Jene Kreuzerflotille sollte als Theil der Kriegsflotte betrachtet und behandelt werden.

672.

Das genommene Schiff muss in der Regel dem Prisengericht des Nehmestats überliefert und von diesem über die Rechtmässigkeit der Prise entschieden werden.

Die Prisengerichte dienen zur Controle uber die Ausubung des Seerechts in Kriegszeiten. Die Prisengerichtsbarkeit wird als Kriegsgerichtsbarkeit zur See betrachtet. Neutrale Staten haben keine Prisengerichte. Vgl. daruber unten Buch IX. Cap. 6. Die Besetzung der Prisengerichte und das Verfahren vor denselben ist noch immer statsrechtlich geordnet Aber das Recht, welches sie handhaben, ist in erster Linie Volkerrecht In der Regel sollen die genommenen feindlichen Schiffe in einen Hafen des Nehmestats aufgebracht und da der Beurtheilung des Prisengerichtshofes unterworfen werden. Aber nicht immer ist das möglich, besonders nicht, wenn der Krieg in entlegenen Gewassern gefuhrt wird. Dann mussen dieselben vorerst in neutralen Hafen untergebracht werden, insofern solches von neutralen Staten gestattet wird. Unzulässig ist es, die Zerstörung des genommenen Schiffs damit zu entschuldigen, dass die Hafen des Nehmestats blokirt seien und daher die Aufbringung desselben dahin unmöglich geworden sei. Der Mangel an Häfen dehnt nicht das Recht der Wegnahme aus. Nur die äusserste Noth konnte die Zerstörung rechtfertigen. Als Maxime ist dieselbe volkerrechtswidrig. Der nordamerikanische Bürgerkrieg von 1861—65 gab zur Erörterung dieser Frage den Anlass, indem südstatliche Kreuzer einen solchen Vernichtungszug gegen Kauffahrer des Nordens unternahmen. Vgl. Clark in den Papers read before the Juridical society. London 1864.

673.

Alle Seebeute gehört dem State, nicht der Mannschaft des Nehmeschiffes zu. Der Stat hat freies Verfügungsrecht darüber und kann den Nehmern einen beliebigen Antheil daran einräumen oder auch ganz auf die Annahme verzichten und Schiff und Waare wieder den Privatpersonen zustellen, welche — abgesehen von dem Beuterecht — als die rechtmässigen Eigenthümer derselben anzusehen sind.

„Bello parta cedunt reipublicae“ (Bynkershoek). Auch in England gilt es vorzugsweise als ein Recht der Krone, frei uber die Beute zu verfügen. Es ist die Beute eine Folge des Kriegs und das Beuterecht eine Anwendung des Kriegsrechts. Der Kriegsherr entscheidet hier, wie in andern Fällen der Kriegsleitung. Es ist daher in seiner Macht, das erbeutete Schiff, wenn er solches aus humanen oder aus politischen Grunden fur zweckmassig erachtet, wieder frei und dem ursprunglichen Eigenthumer zurückzugeben, ohne dass der Schiffsmannschaft, welche ihr Leben und ihre Arbeit daran gesetzt hat, dasselbe zu erbeuten, ein Recht der Einsprache zusteht. Vgl. die Urtheile der Lords Stowell und Brougham bei Phillimore III. § 128. Ebenso kann er einen beliebigen Antheil an der Beute zur Belohnung der Mannschaft des Nehmeschiffs verwenden.

8. Verkehr und Verhandlungen unter den Kriegsparteien. Waffenruhe. Waffenstillstand. Capitulation.

674.

Jeder Verkehr zwischen den von den feindlichen Kriegsheeren besetzten Gegenden ist in der Regel untersagt. Ausnahmen bedürfen der Genehmigung der Befehlshaber. Uebertretungen des Verbots werden je nach Umständen strenge bestraft.

1. Am. 86. Die altere, von Bynkershoek (Quast. I. 3) vertretene, heute noch von Wildman, Wheaton, Phillimore vertheidigte Meinung geht viel weiter. Sie nimmt an, durch die Kriegseröffnung werde aller Verkehr zwischen

den Ländern, die im Kriege sind, grundsätzlich untersagt. Diese Meinung wird damit erklärt, dass die eigenen Unterthanen durch die Kriegserklärung aufgefordert werden, dem Feinde möglichst viel Uebel zuzufügen und dass die patriotische Pflicht gebiete, mit dem Feinde seines Landes keine Gemeinschaft zu pflegen. Indessen hat Bynkershoek selber zugleich darauf aufmerksam gemacht, dass die Handelsinteressen dem widerstreben und dass deshalb der Handel mit gewissen Waaren gewöhnlich erlaubt und nur bezüglich anderer Waaren verboten werde. Da der Verkehr meistens zweiseitig ist, so schädigt überdem der Abbruch alles internationalen Verkehrs nothwendig beide Nationen, und schon diese Erwägung der Folgen des Verbots lässt die Erlassung desselben meistens als unzweckmässig erscheinen. Wäre jene Begründung an sich richtig, dass man den Feind möglichst schädigen soll, was sie offenbar nicht ist, so würde sie doch in unserm Falle nicht zutreffen, weil der sich selber ins Fleisch schneidet, der den Feind mit dieser Waffe verwunden will. Der ganze Grundgedanke aber ist falsch. Die Hemmung des Verkehrs versteht sich nur insofern von selbst, als sie eine Bedingung oder Folge der Kriegsführung, nicht der Kriegserklärung ist. Nur die militärischen Motive oder ausnahmsweise besondere politische Motive können sie rechtfertigen. Die erstern werden in der Ausnahme vollkommen gewürdigt, die letztern bedürfen einer statlichen Anordnung. Da die Privatpersonen einander nicht bekriegen, sondern als Privaten mit einander im Frieden leben, so ist nicht einzusehen, wesshalb sie nicht während des Kriegs mit einander den friedlichen Verkehr fortsetzen können, der für beide Nationen nützlich ist und die Kriegsführung nicht gefährdet. Wenn der Bauer gewohnt war, über die Grenze zur nächsten Mühle zu fahren, oder Weinberge und Aecker jenseits der Grenze besitzt, wesshalb sollte er nicht auch dann sein Korn in jene Mühle fahren, oder hier Weinlese und Ernte halten dürfen, solange ihm das nicht untersagt wird. Auch diese Interessen der Wirthschaft spielen hin und her in den Grenzgegenden. Die Interessen der Fabrication und des Handels wirken weiter und tiefer ins Land hinein, werden aber wieder durch einen Abbruch des Verkehrs gewöhnlich nach zwei Seiten hin geschädigt. Die natürliche Rechtsregel ist also nicht das Verbot, sondern die Fortdauer des friedlichen Verkehrs.

2. Offenbar steht die Ausbreitung der entgegengesetzten Regel bei den englisch-amerikanischen Schriftstellern noch mit dem Princip in Verbindung, dass die Kauffahrteischiffe sammt ihrer (feindlichen) Ladung der Seebeute ausgesetzt sind. Wird diese Seebeute endlich aufgegeben, dann wird die Unhaltbarkeit eines allgemeinen Handelsverbots auch zur See Jedermann einleuchten. Man wird dann auch zugeben, dass die Gestattung des Seehandels, ausser nach den blokirten feindlichen Häfen in dem russischen Kriege von 1854 (Wheaton Int. L. § 315 Anm.) nicht ein jus singulare ist, sondern den Anfang eines humaneren Rechtssatzes bedeutet. Vgl. Heffter § 132. 133.

3. Aber die Regel des Verkehrs erfordert eine Beschränkung. So weit die Truppen wider einander im Felde stehen, muss der Verkehr zwischen den besetzten Gebieten aufhören, denn seine Fortsetzung wird leicht zur Gefahr oder zum Hemmniss für die Truppen. Weder Reisende noch Briefe, noch Waaren dürfen daher ohne Erlaubniss der Commandanten aus einem Gebiet in das andere hinüber. Diese hemmende Folge der Kriegsführung gilt als selbstverständlich, wesshalb es gefährlich ist, ohne militärischen Sicherheitspass den

Uebergang zu wagen. Insbesondere läuft der so Reisende, wenn er offen verfährt, Gefahr, zurückgewiesen zu werden, und wenn er sich heimlich durchzuschleichen sucht, Gefahr verhaftet zu werden. Der Handelsmann ist in Gefahr, dass seine Waaren mit Beschlag belegt, oder gar zur Strafe confiscirt werden. Wenn damit überdem eine Verratherei verbunden ist, so kann eine schwerere Strafe, sogar unter Umständen die Todesstrafe verhangt werden

4. Ausserdem kann der kriegfuhrende Stat auch in weiterem Umfange und uberhaupt den Verkehr wahrend des Kriegs verbieten, wenn er das für nothwendig erachtet, um den Krieg mit Nachdruck zu raschem Ende zu fuhren. Nur versteht sich solche Allgemeinheit des Verbots nicht von selbst. Ist dasselbe erlassen, dann konnen noch in Form von sogenannten Licenzen (Erlaubnissscheinen) fur einzelne Personen und fur gewisse Handels- oder Verkehrsbeziehungen Ausnahmen verstattet werden.

675.

Militärischee Sicherheitspässe für Personen und Geleitscheine für Waaren werden von dem Befehlshaber der Truppen ausgestellt und sichern das Recht der betreffenden Personen, die militärischen Linien ungehindert und ungefährdet zu passiren, und der Frachtführer, die betreffenden Güter ebenso durchzuführen. Sie beruhen nicht auf persönlicher Ermächtigung, sondern auf der Erlaubniss des Amts.

Diese Pässe und Geleitscheine beruhen im letzten Grund auf der Autorität der Kriegs- beziehungsweise Statsgewalt. Sie bedurfen aber den Verhaltnissen gemass im Einzelnen der militärischen Controle. Es ist je nach Umstanden aus militarischen Grunden nothwendig, der Erlaubniss im einzelnen Falle keine weitere Folge zu geben, wenn Gefahr damit verbunden ist. Auch die untern Befehlshaber sind oft ermachtigt, solche Scheine auszustellen, so jedoch, dass der obere Befehlshaber deren Wirksamkeit hemmen kann. Aber es wäre gegen die bona fides, wenn ein Schein nicht weiter geachtet wurde, weil er von einem Befehlshaber ausgestellt worden ist, der vielleicht nicht mehr am Leben oder doch durch eine andere Person inzwischen im Commando ersetzt worden ist. Die Erlaubniss ist nicht von der Person, sondern von der amtlichen Stellung und Vollmacht dessen abhängig, welcher sie gegeben hat.

676.

Der Sicherheitspass gilt lediglich für die Person, welche darin genannt ist, und ist nicht übertragbar.

Der Geleitschein für den Güterverkehr ist übertragbar, insofern nicht gegen die Person des Frachtfuhrmanns besondere Bedenken vorhanden sind.

Sicherheitspässe durfen daher nicht an andere Personen zum Gebrauche uberlassen werden. Wenn eine politisch oder militarisch gefahrliche Person als Frachtfuhrmann verwendet wird, um mit Hülfe des Geleitscheins in dieser Verkleidung ins feindliche Lager sich hinuber zu retten und er wird entdeckt und trotz des Geleitscheins arretirt, so kann er sich nicht uber einen Treubruch beklagen, sondern liegt im Gegentheil ein je nach Umstanden, insbesondere wenn Spionerei oder Verratherei beabsichtigt ist (vgl. § 683), kriegsgerichtlich zu bestrafender Missbrauch jener Erlaubniss vor. Wohl kann aber der Pass ausser der benannten Person auch ihre Familie, Dienerschaft, Gefolge, Gesellschaft, wenn das angedeutet ist, schirmen. Nur darf auch hier nicht damit so Missbrauch getrieben werden, dass Personen, welche fur gefahrlicher betrachtet werden, als der genannte Passinhaber, unter die allgemeine Formel versteckt werden.

677.

Die Wirksamkeit des Sicherheitspasses und des Geleitscheins reicht soweit als die militärische Gewalt des Heeres reicht, also je nach Umständen in feindliches Gebiet hinein, aber nicht über jenen Bereich hinaus.

Diese Urkunden beruhen auf militarischer Autoritat und können daher nur innerhalb der Grenzen wirken, in denen dieselbe Gehorsam findet, nicht aber in Gegenden Beachtung erwarten, in denen die feindliche Kriegsgewalt herrscht.

678.

Ist der Pass nur auf eine bestimmte Zeitfrist ertheilt, so erlischt seine Wirksamkeit mit dem Ablauf der Zeitfrist. Wenn jedoch der Träger des Passes ohne seine Schuld durch höhere Gewalt verhindert war, durch das besetzte Gebiet hindurch zu kommen, so wird er zwar nicht durch den Buchstaben der Erlaubniss, aber durch ihren Geist soweit geschützt, als es die Umstände gestatten.

In allen Fallen ist die bona fides zu berucksichtigen. Gerade in Kriegszeiten können sich dem Vollzug einer vielleicht auf wenige Tage oder sogar auf eine Anzahl Stunden beschrankten Durchreise durch die Linien des Heeres so viele unerwartete Hindernisse entgegensetzen, dass es durchaus unbillig wäre, die Zeitbeschrankung ohne Rucksicht auf solche Zufälle nach dem Wortlaute oer Urkunde auszulegen.

679.

Auch während des Kriegs und auch dem Feinde gegenüber sind Versprechen und Verträge in gutem Glauben zu halten, und das von dem Feinde erhaltene Vertrauen nicht zu missbrauchen. Insbesondere gilt das von den Cartelverträgen, welche zwischen den Befehlshabern feindlicher Truppen über Pässe und Couriere, über den Post- und Telegraphenverkehr, über das Begräbniss der Todten, über die Bezeichnung und Behandlung der Parlamentäre, über die Behandlung oder Auswechslung oder den Loskauf von Kriegsgefangenen verabredet werden.

Die Rechtsgultigkeit und völkerrechtliche Verbindlichkeit der im Kriege abgeschlossenen Verträge ist eine der wichtigsten Beschränkungen der verderblichen Wildheit des Kriegs. Ohne dieselbe würden die kriegerischen Leidenschaften zugellos walten und der Krieg sich nicht in einen gesicherten Friedenszustand verwandeln konnen. Das Princip: „Etiam hosti fides servanda" ist schon im Alterthum anerkannt worden. Vgl. oben zu § 550. Das kanonische Recht hat dasselbe ebenfalls der Christenheit im Mittelalter eingescharft. Dec. Grat. II. Causa 23. Qu. 1. c. 3 (Augustinus): „Fides enim quando promittitur, etiam hosti servanda est, contra quem bellum geritur, quanto magis amico, pro quo pugnatur? Pacem habere debet voluntas, bellum necessitas, ut liberet Deus a necessitate et conservet in pace. Non enim pax queritur, ut bellum excitetur, sed bellum geritur, ut pax acquiratur."

Der Inhalt solcher Cartelvertrage ist so mannigfaltig, als die Bedürfnisse der kriegfuhrenden Parteien Befriedigung verlangen und Anerkennung des Gegners erwarten.

680.

Die Cartelschiffe geniessen auf dem Hin- und Rückweg den Schutz des Völkerrechts. Indessen ist ihre Mannschaft verpflichtet, sich inzwischen aller Handlungen der Feindseligkeit zu enthalten und auch keinen durch das Kriegsrecht untersagten Verkehr zu treiben.

Die Cartelschiffe machen sich selber zunächst als solche kenntlich, konnen aber nur insofern auf Achtung rechnen, als sie bona fide die vertragsmassige Unterhandlung einleiten oder die Uebereinkunft ausfuhren. Vgl. Phillimore III. § 112.

681.

Die Parlamentäre, d. h. die Personen, welche im Auftrag einer Kriegspartei bei den Truppen der andern erscheinen zum Behuf der Unterhandlung mit dem Befehlshaber derselben über Kriegsverträge, werden durch die Parlamentärflagge oder Fahne durch ein militärisches Signal kenntlich gemacht und geniessen den Schutz des Völkerrechts.

Brusseler Erkl. 43. Die Parlamentäre sind keine Gesante, weil sie nicht von der Statsgewalt und nicht zu Stellvertretern derselben ernannt sind, aber sie dienen als Boten der Kriegsparteien doch dazu, den Verkehr zwischen beiden in einzelnen Fallen und zu bestimmten Zwecken neu anzuknupfen und eine Uebereinkunft der Gegner einzuleiten oder abzuschliessen. Insofern haben sie eine ähnlich privilegirte Stellung. Sie dürfen nicht zu Kriegsgefangenen gemacht, sondern es muss ihnen freie und möglichst sichere Rückkehr gestattet werden. Sie gelten als unverletzlich.

682.

Der Befehlshaber der besendeten Truppen ist jedoch nicht verpflichtet, unter allen Umständen und jederzeit einen feindlichen

Parlamentär zuzulassen und anzuhören und er ist berechtigt, Vorsicht zu gebrauchen und Massregeln zu treffen, damit der feindliche Parlamentär nicht seine Anwesenheit zum Nachtheil der Kriegsführung benutze.

Brüsseler Erkl. 44.

683.

Wenn es entdeckt und unzweifelhaft erwiesen wird, dass der Parlamentär seine privilegirte Stellung missbraucht hat, um militärische Spionerie zu betreiben oder gefährliche Verschwörungen und Verrath anzustiften, so verliert er den Anspruch auf völkerrechtlichen Schutz und kann kriegsrechtlich bestraft werden. Aber es bedarf eines völlig sicheren, jedermann erkennbaren Beweises der Schuld, damit nicht die Verurtheilung als Verletzung des Völkerrechts betrachtet werde.

Brusseler Erkl. 45. Am. 114. Der Parlamentär darf wohl, ohne Verletzung des Volkerrechts, strenge uberwacht und von jedem weitern Verkehr, als mit dem besendeten Befehlshaber abgesperrt werden. In manchen Fallen werden ihm die Augen verbunden, damit er nicht Dinge wahrnehme, welche man vor dem Feinde verbergen will. Denn ist er einmal wieder zuruckgekehrt, so ist er durch Nichts verhindert, uber Alles zu berichten, was er wahrgenommen hat.

684.

Wird der Träger einer Parlamentärflagge unversehens während eines Gefechtes verwundet oder getödtet, so gibt das keinen Grund zur völkerrechtlichen Beschwerde. Das blosse Erscheinen der Parlamentärflagge bedingt für sich allein nicht nothwendig das Einstellen des Feuers.

1. Am. 113. 116. Absichtliche Verwundung oder Todtung des sichtbaren Parlamentars ist eine schwere Verletzung des Volkerrechts (681). Die Truppen müssen es daher vermeiden, auf ihn zu schiessen. Vgl. zu 681. Aber während des Kampfes gibt es keine völlige Sicherheit Wenn keinerlei mala fides mitwirkt, sondern nur ein unglücklicher Zufall ihn trifft, so darf man diesen dem Feind nicht als Rechtsbruch zur Last legen. In vielen und sogar den meisten Fallen wird das Feuer uberhaupt eingestellt, wenn das Erscheinen der Parlamentärflagge oder zu Land die Ankunft eines Parlamentars auf die Neigung schliessen lässt, zu verhandeln, öfter sogar auf die Absicht des Feindes, sich zu ergeben. Aber würde man genöthigt, in allen Fallen, sobald ein Parlamentär sich zeigt, den Kampf abzubrechen, so würde vielleicht der entscheidende Moment des Sieges unbenutzt vorubergehen und der Sieg selbst wieder verloren oder die Verfolgung gelähmt werden. In solchen Fallen darf die Annahme des Parlamentärs verweigert oder trotz der Unterhandlung mit demselben der Kampf durchgefuhrt werden. Brusseler Erkl. 44.

2. Während des französisch-deutschen Krieges wurde oft auf die deutschen Officiere, die als Parlamentäre gesendet wurden, und ihre Trompeter geschossen, so dass es darüber zu diplomatischen Verhandlungen zwischen Graf Bismarck (27. Dec. 1870) und General Trochu (2. Jan. 1871) kam. Offenbar fehlte es bei den Truppen an der nöthigen Kenntniss des Völkerrechts.

685.

Es ist gute Kriegssitte, die Spitäler und je nach Umständen auch andere besonders geheiligte Orte mit Schutzfahnen von besonderer Farbe zu bezeichnen, damit sie eher von dem feindlichen Feuer geschont werden.

Brüsseler Erkl. 17. Am. 115. Nur für die Spitäler ist das als völkerrechtliche Pflicht durch die Genfer Convention vorgeschrieben. Vgl o. § 592. Aber ähnliche Rücksichten der Humanität können auch eine besondere Rücksicht empfehlen. Immer aber gilt es für eine schlechte und entehrende Handlung, wenn der Feind durch Ausstecken einer Schutzfahne, ohne innern Grund, zu täuschen und etwa gar seine Angriffsstellung vorläufig besser zu sichern sucht. Solche Täuschung berechtigt den Gegner, der feindlichen Schutzfahnen nicht weiter zu achten und Repressalien zu nehmen. Am. 117.

686.

Es kann auch von der feindlichen Kriegsgewalt ein besonderer Schutz bewilligt und je nach Umständen können von ihr Schutzwachen oder Schutzbriefe gewährt werden, damit Personen und Sachen, z. B. wissenschaftliche Sammlungen und Kunstwerke vor der kriegerischen Beschädigung oder Gefährdung gewahrt bleiben. Auch solche Schutzgebote sind in guter Treue zu beachten.

Brüsseler Erkl. 17. Am. 118. Es ist das besonders wichtig bei der Erstürmung einer Stadt oder eines befestigten Platzes, und kann je nach Umständen auch einzelnen angesehenen Personen zu Gute kommen. Schon im Alterthum kommen manche Beispiele der Art vor. Damals hatten solche Privilegien noch mehr als gegenwärtig zu bedeuten, weil die heutige Kriegsführung überhaupt friedliche Personen und ihr Vermögen weit weniger gefährdet, als die antike.

687.

Wenn die beiderseitigen Befehlshaber über eine zeitweise und örtliche Waffenruhe übereingekommen sind, so haben die beiderseitigen Truppen inzwischen in guter Treue sich jeder Feindseligkeit zu enthalten.

Solche Waffenruhe wird gewöhnlich durch Parlamentäre begehrt und zugestanden, oder gemeinsam verabredet. Es geschieht das z. B. zum Behuf der ungestörten Beerdigung der auf dem Schlachtfeld gebliebenen Krieger, oder im Interesse der Feier eines Gottesdienstes, oder auch um weitere

Unterhandlungen uber einen Waffenstillstand oder Frieden zu pflegen u. s. f. Die bloss stillschweigend eintretende Waffenruhe ist zwar möglich, aber wenig gesichert, weil sie nicht den Charakter eines Vertrages hat. An und fur sich berechtigt eine religiose Feier keineswegs, auf Waffenruhe zu schliessen. Die Kriegsgeschichte ist voll von Beispielen, dass an solchen Festtagen der Kampf begonnen wurde, und das Völkerrecht hindert das nicht. Im Mittelalter hemmte der Gottesfriede (treuga Dei) die Fortsetzung des Kampfes unter den christlichen Volkern. Das ganze Institut aber, welches aufgekommen war, um die wilden, nie rastenden Fehden einigermassen zu beschränken, ist im Mittelalter selber wieder ausser Uebung gekommen, als die Fehden verschwanden und nur der grosse Krieg noch als Ausnahmezustand den regelmassigen Frieden unterbrach.

688.

Ein eigentlicher und allgemeiner Waffenstillstand (trève), welcher auf längere Zeit zur Einleitung des Friedens abgeschlossen wird, bedarf in der Regel der Genehmigung der obersten Statsgewalt. Die Ermächtigung zum Abschluss kann indessen auch einem diplomatischen Vertreter oder dem Feldherrn übertragen werden.

1. Brusseler Erkl. 47. 48. Der Waffenstillstand im eigentlichen Sinne ist ein Act der Souveranetät im eigentlichen und vollen Sinn, analog dem Friedensschluss, und kann daher nicht von untergeordneten Befehlshabern unternommen werden. Allerdings gelten auch diese, inwiefern ihnen ein relativ selbstandiges Commando ubertragen ist, durch ihre Stellung für ermachtigt, im Nothfall und besonders in entlegenen Gegenden selbst eine langere Waffenruhe abzuschliessen, deren Wirkung dann aber auf die betreffende Gegend beschrankt ist. Zuweilen werden auch solche Waffenruhen besondere (locale) Waffenstillstande genannt, im Gegensatze zu den allgemeinen. Indessen ist es zweckmässiger, jenen Ausdruck auf die Acte zu beschranken, welche die Fortsetzung der kriegerischen Action überhaupt von Stat zu Stat hemmen und nicht bloss an beschränkten Stellen und zwischen einzelnen Truppenkörpern.

2. Die Zeit, auf welche der Waffenstillstand abgeschlossen wird, ist entweder eine bestimmte — bis zu einem Termin, auf eine Anzahl Wochen oder Monate oder Jahre — oder eine unbestimmte bis zur Kundigung.

689.

Die bloss vorübergehende und örtliche Waffenruhe und ebenso der uneigentliche und besondere Waffenstillstand wirken nur in dem bezeichneten oder als massgebend vorausgesetzten Gebietsumfang, und für die daselbst befindlichen oder da erscheinenden Truppen, nicht aber für andere Kriegsfelder und die dortigen Truppen.

Der eigentliche und allgemeine Waffenstillstand dagegen wirkt überhaupt und überall verbindlich für die beiden Kriegsparteien und ihre Angehörigen.

Brüsseler Erkl. 47. 48. Jene Waffenruhe und der besondere Waffenstillstand sind wesentlich militärische Massregeln, der allgemeine Waffenstillstand ist wesentlich ein Statsact. Die Wirkung der erstern ist daher begrenzt durch die besondere Oertlichkeit, z. B. die Beschiessung einer Festung wird eingestellt, die Fortsetzung einer Schlacht oder die feindliche Verfolgung wird abgebrochen, der feindliche Einmarsch macht an einer bestimmten Linie Halt u. dgl. Die Wirkung des letztern erstreckt sich auf das ganze Land und die offene See. Soweit die Statsmacht reicht, werden die Feindseligkeiten eingestellt. Der allgemeine Waffenstillstand ist noch nicht der Friede, aber er hemmt die Gewalt des Krieges vollstandig und bereitet den Frieden ernstlich vor.

690.

Die Befehlshaber sind verpflichtet, so schnell als möglich von dem Abschluss des Waffenstillstands allen Truppen Kenntniss zu geben, und dadurch das Aufhören der Feindseligkeiten zu bewirken. Wenn in gutem Glauben, dass der Krieg ungehemmt fortdauere, von einzelnen entlegenen Truppenkörpern der Kampf nach dem Abschluss fortgesetzt wird, so kann das nicht als Verletzung des Waffenstillstands betrachtet werden.

Brusseler Erkl. 49. Es ist möglich, dass die Truppen der einen Partei früher unterrichtet werden, als die der andern Partei, welche vielleicht von ihrem Hauptquartier abgeschnitten ist. In solchen Fallen sind jene veranlasst, diesen davon Anzeige zu machen, aber auch diese veranlasst, die Wahrheit der Anzeige sorgfaltig zu prüfen, bevor sie derselben Glauben schenken. Es gilt in allen diesen Beziehungen nur die Eine durchgreifende Regel der bona fides.

691.

Während der Waffenruhe und des Waffenstillstands ist jede Partei berechtigt innerhalb des von ihr besetzten Gebietes Alles das zu thun, was sie im Frieden thun dürfte, ausgenommen solche auf die Kriegsführung bezügliche Handlungen, welche der Feind, wenn der Kampf fortdauerte, zu verhindern veranlasst wäre. Sie darf daher ausserhalb des eigentlichen Kampffeldes neue Rüstungen vornehmen, und Plätze befestigen, aber sie darf nicht innerhalb desselben neue militärische Stellungen beziehen, oder einen Rückzug der Truppen ausführen, noch in dem Bereich der feindlichen Geschütze neue Werke anlegen oder die zerstörten Werke wiederherstellen, sei es zum Angriff, sei es zur Vertheidigung. Sie darf auch nicht einen Aufstand erregen in dem von den feindlichen Truppen besetzten Gebiet, noch die Einwohner zur Uebergabe einladen.

1. Die Wirkungen der Waffenruhe und des Waffenstillstandes sind wesentlich negativ. Sie hemmen die kriegerische Action. Es darf also voraus nicht

mehr gekämpft werden, das Feuer wird eingestellt. Es muss überhaupt jeder Angriff unterlassen werden; auch die Vorwärtsmärsche auf feindlichem Gebiet werden eingestellt. Schwieriger aber ist es, zu bestimmen, ob und welche Vertheidigungsmassregeln ebenfalls zu unterlassen sind, denn auch das ist kriegerische Action, welche der Gegner zu hindern, das grösste Interesse hat, und welche er je nach seiner Macht verhindern könnte, wenigstens zu verhindern versuchen würde, wenn der Kampf fortgesetzt würde. Der Waffenstillstand allein hält ihn zurück, entgegenzuwirken. Eben desshalb darf auch der Gegner solche Handlungen inzwischen nicht vornehmen; denn dürfte dieser sie unter dem Schutze des Waffenstillstands ungefährdet vollziehen, so würde der Waffenstillstand nicht gleichmässig beide Parteien zur Ruhe verweisen, sondern die eine begünstigen und die andere benachtheiligen. Wenn also z. B. das eine Heer eine neue günstigere Stellung vor dem Feind beziehen und vielleicht befestigen wollte, was der Feind, wenn der Kampf fortgesetzt würde, verhindern könnte, so wäre das nicht Waffenruhe, sondern eine militärische Action, welche vielleicht für den erneuerten Kampf entscheidend würde. Wenn ferner bei der Belagerung einer Festung bereits eine Bresche geschossen und der vorbereitete Sturm durch eine Waffenruhe verschoben wird, so darf der Belagerte nicht während derselben zum Nachtheil der Belagerer die Bresche wieder schliessen und neue Werke erbauen, denn wäre die Waffenruhe nicht eingetreten, so könnte der Belagerte diese Ausbesserung durch seine Geschütze verhindern. Ebenso wenig darf der Belagerte inzwischen neue Truppen in die Festung werfen, deren Anmarsch ohne die Waffenruhe der Feind zu verhindern versuchte. Dagegen wirkt die Ruhe immerhin stärkend für beide Theile, insofern sie sich dabei von der Anstrengung des Kampfes erholen. Auch ist keine Partei gehindert, fern von dem eigentlichen Kriegsschauplatz, wo daher eine Behinderung durch Feindesgewalt zunächst nicht möglich wäre, Truppen auszuheben, zu sammeln, zum Kriege vorzubereiten. Ausführliche Erörterungen darüber hat Vattel III. § 245 ff.

2. Um die Gefahren eines Zusammenstosses während der Waffenruhe oder des Waffenstillstandes zu beseitigen, wird zuweilen eine neutrale Zone zwischen den beiden Kriegsfeldern, welche die feindlichen Heere besetzen, verabredet. Dadurch erlangen beide Heere innerhalb ihres Bereiches freiere Bewegung und wird jede Reibung mit den Feinden vermieden. So wurde in dem Waffenstillstand vom 28. Jan. 1871 bestimmt, dass das Terrain zwischen den Festungen von Paris und der befestigten Enceinte von Paris beiden Armeen verschlossen bleibe (Art. 3).

692.

In der Zwischenzeit darf die Kriegspartei wohl Plätze in Besitz nehmen, welche von dem Feinde aufgegeben sind, aber nicht, was nur zufällig von demselben nicht besetzt oder verwahrt ist.

Vattel § 252: „C'est une hostilité que d'enlever à l'ennemi ce qu'il prétend retenir".

693.

Ob es während des Waffenstillstandes den Bewohnern gestattet sei, unbelästigt, hin und her zu gehen zwischen den beiderseits besetzten Gebieten und den Verkehr zu erneuern, hängt theils von den Umständen ab, unter denen derselbe geschlossen worden ist, theils von der Erlaubniss oder dem Verbot der Kriegsgewalt. Bei dauernden und allgemeinen Waffenstillständen wird die Freiheit des Verkehrs vermuthet.

Nur der allgemeine, auf eine längere Zeit abgeschlossene Waffenstillstand ist ein Bild des Friedens, und daher im Zweifel der friedliche Verkehr während desselben überall gestattet. Bei einer kurzen, zu bestimmten Zwecken abgeschlossenen Waffenruhe stehen oft die militärischen Rücksichten auf die mögliche und oft sogar wahrscheinliche Erneuerung des Kampfes dieser Freigebung des Verkehrs zwischen den beiden von Truppen besetzten Gebieten im Wege.

694.

Geht die Frist zu Ende ohne Stundung der Waffenruhe, oder ohne Erneuerung des Waffenstillstandes oder ohne Friedensschluss, so bedarf es keiner Kündigung, sondern können die Feindseligkeiten sofort wieder aufgenommen und fortgesetzt werden.

Die Fristbestimmung beschränkt die Dauer der Waffenruhe und des Waffenstillstands. Ist die Frist abgelaufen, so hört damit die Wirksamkeit der Verabredung auf.

694 a.

Wenn die Waffenruhe oder der Waffenstillstand ohne Fristbestimmung auf unbestimmte Zeit abgeschlossen worden sind, so ist den Kriegsparteien nicht verwehrt, die Kriegsoperationen jeder Zeit wieder aufzunehmen, immerhin aber mit der Beschränkung, dass sie den Feind rechtzeitig und zum voraus davon benachrichtigen.

Brüsseler Erkl. 47. Oft wird eine Kündigungszeit in dem Vertrag verabredet, die natürlich beachtet werden muss.

695.

Wenn eine Partei die selbstverständlichen oder die ausdrücklichen Bedingungen der Waffenruhe oder des Waffenstillstandes missachtet und denselben zuwiderhandelt, so ist auch die Gegenpartei nicht weiter an die Uebereinkunft gebunden.

Brüsseler Erkl. 51. Diese Regel folgt aus der Natur des Waffenstillstands, welcher nur Hemmung des Kriegs ist. Wenn eine Partei während desselben Handlungen der Feindseligkeit begeht, so bricht sie den Waffenstillstand, und hat daher kein Recht mehr zu erwarten, dass der Gegner seinerseits den Fortbestand desselben achte. Freilich kann diese Regel leicht missbraucht werden. Die Frage nämlich, ob eine Partei durch irgend eine Massregel den Waffenstillstand gebrochen habe, kann zweifelhaft sein; und da es keinen unparteiischen

Richter gibt, welcher dieselbe rechtskräftig entscheidet, so kann eine Partei, welche den Krieg zu erneuern wünscht, die Klage, dass die andere Partei zuvor den Waffenstillstand gebrochen habe, zum Vorwande nehmen, um ihren Vertragsbruch zu verdecken. Die öffentliche Meinung, welche bisher allein in solchen Fällen zu Gericht sitzt, hält sich an das Erforderniss der bona fides

2. Die Brusseler Erkl. 51 spricht der Gegenpartei das Recht zu, nun auch ihrerseits zu kündigen, natürlich jetzt ohne Beachtung der vorher bestimmten Kündigungsfrist. Ich habe in der frühern Auflage angenommen, in solchem Falle bedürfe es überhaupt der Kündigung nicht, sondern könne auch von der Gegenpartei sofort der Kampf erneuert werden.

696.

Die Verletzung der Waffenruhe oder des Waffenstillstandes durch eine Privatperson, welche ohne Statsauftrag handelt und deren Handlung auch nicht von der Kriegsgewalt gutgeheissen oder begünstigt wird, rechtfertigt nur die Forderung ihrer Bestrafung und der Entschädigung, aber nicht die sofortige Erneuerung der Feindseligkeiten.

Brusseler Erkl. 52. Auch wenn die Staten, beziehungsweise ihre Heere den Waffenstillstand ernstlich und treu halten wollen, so können doch Private, vielleicht in der Absicht den Krieg wieder zu entzünden, Handlungen der Feindseligkeit begehen, z. B. einen Raubzug unternehmen, Gefangene machen und wegschleppen, einzelne Feinde tödten u. s. f. Für derlei Handlungen wird der Stat nur insofern verantwortlich, als er sie entweder hervorruft oder schützt und obwohl er es sollte, nicht verhindert. Vgl. oben § 466. Mit Rücksicht auf die Gefahr des Krieges wird in solchen Fällen aber ein ernstes Einschreiten des Stats gegen solche böswillige Verletzer der Waffenruhe oder des Waffenstillstandes gefordert. Wird dasselbe verzögert oder vernachlässigt, so wird das schon als Begünstigung der That gedeutet und diese ist in ihren Wirkungen dem Vertragsbruch des States selber gleich zu achten

697.

Capitulation bedeutet die Ergebung eines Truppenkörpers oder Kriegsschiffes oder die Uebergabe eines bedrohten Platzes an die feindliche Kriegsmacht. Die Capitulation kann unter Bedingungen und mit besondern Vorbehalten geschehen, z. B. wenn nicht binnen einer Frist Entsatztruppen erscheinen, oder mit Vorbehalt freien Abzugs der Besatzung. Völkerrecht und Kriegsehre fordern, dass diese Verabredungen in guter Treue gehalten werden.

1. Brusseler Erkl. 46. Die Capitulation wird meist in der Absicht geschlossen, durch Aufgeben eines erfolglosen Kampfes unnützes Blutvergiessen zu verhindern. Diese Absicht wird durch Aufhissen einer weissen Flagge oder Aufstecken einer weissen Fahne dem Gegner angezeigt, und dann gewöhnlich durch Parlamentäre über die Capitulationsbedingungen unterhandelt.

2. Die Kriegsgeschichte kennt leider manche Beispiele, dass die Capitulationsbedingungen von dem Sieger nicht beachtet wurden. Aber in allen Zeiten hat der Rechtssinn der offentlichen Meinung solchen Treubruch verurtheilt. Schlimm ist es freilich, dass Beschwerden darüber, die ihrer Natur nach völkerrechtlich sind, nur auf den mangelhaften und in Kriegszeiten überdem hochst unsichern Schutz des Völkerrechts angewiesen sind. Vgl. Phillimore III § 122.

698.

Die Uebergabe auf Gnade und Ungnade berechtigt den Sieger nicht mehr, die Uebergebenen zu tödten, wohl aber die Truppen, welche sich ergeben haben, kriegsgefangen zu machen.

Die bedingungslose Capitulation wird von Alters her so benannt. Das ältere barbarische Recht sicherte den Uebergebenen nicht einmal das nackte Leben. Das heutige humanere Völkerrecht erkennt dem Sieger kein solches vermeintliches jus vitae ac necis mehr zu. Vgl. oben zu 568. 579. 584.

699.

Der Befehlshaber der feindlichen Truppen, welche einen Platz bedrohen oder belagern, gilt als ermächtigt, die Capitulationsbedingungen zu bewilligen, soweit dabei die persönliche Freiheit und das Eigenthum der Truppen und der Bewohner des capitulirenden Platzes betheiligt erscheinen, oder es sich um militärische Massregeln handelt. Er darf aber nicht eigenmächtig Zugeständnisse machen, welche sich auf die politische Verfassung und Verwaltung des Ortes beziehen.

1. Der Grund dieser Unterscheidung liegt einerseits in den militärischen Befugnissen des Befehlshabers, Alles das zu thun, was zum Behuf der eigentlichen Kriegsführung nöthig und zweckmassig erscheint, andererseits in der politischen Statsgewalt, welche nicht an das Militärcommando übertragen ist. Es ist freilich für die Ehre und den Credit eines States sehr bedenklich, wenn ein Obergeneral politische Zusicherungen macht, welche nachher der Stat nicht zu erfullen geneigt ist. Ein bekannter Fall der Art aus unserm Jahrhundert ist das unerfullt gebliebene Versprechen des Lord Bentinck im Jahr 1814, die Unabhangigkeit und Freiheit Genua's anzuerkennen, wahrend schliesslich die englische Regierung die Stadt dem Königreich Piemont zuerkannte. Vgl. darüber Phillimore III. § 123 (Rede von Sir James Mackintosh gegen solchen Treubruch). Vattel III. § 262.

2. Die zahlreichen Capitulationen in dem französisch-deutschen Kriege von 1870/71 enthalten meistens folgende Bedingungen: 1. Kriegsgefangenschaft der besiegten französischen Armee. 2. Ausnahme zu Gunsten der Offiziere und Beamten, welche sich auf Ehrenwort schriftlich verpflichten, wahrend des Kriegs nichts gegen die deutschen Interessen zu thun. 3. Uebergabe des gesammten Kriegsmaterials und 5. des Platzes. 6. Die Aerzte bleiben zur Pflege der Verwundeten zurück. Die Capitulation der französischen Armee nach der Schlacht von Sedan vom 2. Sept. 1870 (Statsarch. 4095) diente als Vorbild. Die Capitulation von Metz (27. Oct. 1870)

gestattete den entwaffneten Soldaten, ihre Tornister, Effekten und Lagergegenstände zu behalten, und den Offizieren, welche es vorziehen, in die Kriegsgefangenschaft zu gehen, anstatt das Ehrenwort abzugeben, ihre Degen oder Sabel und ihr persönliches Eigenthum mitzunehmen Am günstigsten waren die Capitulationsbedingungen der Besatzung von Belfort vom 15. Febr. 1871, die freilich erst nach dem allgemeinen Waffenstillstand abgeschlossen wurden. Art. 1 bestimmte: „Die Garnison von Belfort verlässt den Platz mit den kriegerischen Ehren und behält ihre Waffen, ihr Fuhrwerk und das der Truppe angehörende Kriegsmaterial sowie die militärischen Archive.“ Nur „das Kriegsmaterial, welches zu dem Platze gehört, wird übergeben.“

9. Beendigung des Kriegs. Friedensschluss.

700.

Der Krieg kann thatsächlich aufhören und ohne Friedensvertrag dadurch in den Friedenszustand übergehen, dass die Feindseligkeiten nicht fortgesetzt werden und der friedliche Verkehr wieder beginnt.

Der thatsächliche Besitzstand zur Zeit, wenn der Krieg aufhört, wird sodann als Grundlage des Friedenszustandes betrachtet.

In diesem Falle ist immerhin der Zeitpunkt, in welchem der Krieg aufgehört hat und der Friede wieder beginnt, unsicher. Nur allmählich stellt sich das Gefühl der Sicherheit wieder ein, wie z B nach dem Krieg zwischen Schweden und Polen 1716. Ebenso ist auch die Streitfrage, die zum Kriege geführt hat, gewöhnlich nicht klar entschieden, sondern es behält jede Partei ihre ursprüngliche Rechtsbehauptung sich vor, soweit nicht durch die im Krieg herbeigeführten Thatsachen der Streit eine factische Erledigung gefunden hat und nun durch das Aufgeben des Kampfes und den erneuerten Frieden anerkannt wird. Soweit also eine thatsächliche Umgestaltung der Dinge unangefochten fortdauert, soweit gilt der status quo post bellum res sunt. Abgesehen davon aber ist der status quo ante bellum res fuerunt als massgebend zu betrachten.

701.

Der Krieg kann durch Unterwerfung des besiegten Feindes unter den Sieger beendigt werden. Bleibt die besiegte Partei auch nachher noch als Stat fortbestehen, so werden die auferlegten Friedensbedingungen wie ein Friedensvertrag betrachtet. Hört dieselbe auf, ein Stat für sich zu sein, so kommen die Grundsätze der Erweiterung des Statsgebiets beziehungsweise der Vereinigung verschiedener Statsgebiete zur Anwendung. Die Eroberung begründet erst in Folge der Ergebung oder des Friedensvertrages einen neuen friedlichen Rechtszustand.

Vgl. oben zu § 287. 289.

702.

Der Sieger kann in Folge der Unterwerfung des Besiegten keine andere Rechte über Land und Leute erwerben, als welche in der Natur der Statsgewalt und der öffentlichen Rechtsordnung ihre Begründung und Schranke finden. Die Statsgewalt geht auf ihn über, aber nicht mehr als die Statsgewalt.

Es folgt das aus dem heutigen Begriffe des Stats, welcher nicht absolute Gewalt uber Personen und Eigenthum bedeutet, sondern nur öffentlich-rechtliche und insofern verfassungsmässige Gewalt. Die Privatpersonen und ihre Familien haben eine Existenz fur sich, uber welche der Stat nicht willkürlich verfugen darf. Ebenso ist die Kirche nicht Statssache. Das Alterthum dachte daruber anders, wie auch die alt-römische Detitionsformel zeigt: Livius I. 37. „Rex interrogavit: Estisne vos legati oratoresque missi a populo Collatino, ut vos populumque Collatinum dederitis? Sumus. Estne populus Colatinus in sua potestate? Est. Deditisne vos, populum Collatinum, urbem, agros, aquam, terminos, delubra, utensilia, divina, humanaque omnia in meam populique Romani deditionem? Dedimus. At ego recipio". Der antike Statsbegriff ist allumfassend und absolut. Der moderne Statsbegriff dagegen ist im Gegensatz zu der Kirche auf die politische Volksgemeinschaft und mit Beachtung des Privatrechts und der Privatfreiheit auf das öffentliche Recht beschrankt, also relativ. Vgl. Bluntschli, Lehre vom mod. Stat. Stuttg. 1875. I. S. 60 ff.

703.

Der Krieg wird regelmässig beendigt durch den Friedensschluss, d. h. durch einen Vertrag zwischen den kriegführenden Staten, welcher die Bedingungen und Bestimmungen des erneuerten Friedenszustandes festsetzt.

Der Friedensvertrag ist eine volkerrechtliche Rechtshandlung, welche den Kriegszustand abschliesst und den Friedenszustand erneuert. Er verkündet der Welt, woran sie ist. Die feindliche Gesinnung freilich kann er nicht sofort heilen, noch den Glauben an befestigte Zustande schaffen, aber das Rechtsverhaltniss bringt er zur Klarheit und bezeichnet genau den Unterschied der beiden Rechtszustände.

704.

Die Uebermacht des Siegers hindert nicht die Gültigkeit des Friedensschlusses, wohl aber der äussere Zwang gegen den bevollmächtigten Vertreter der Kriegspartei, welche über den Frieden unterhandelt.

Vgl. oben § 408.

705.

Das Verfassungsrecht der einzelnen Staten entscheidet über die Frage, wer und unter welchen Bedingungen er berechtigt sei, Frieden gültig abzuschliessen. Das Völkerrecht vermuthet, dass der jeweilige Träger der obersten Statsgewalt kraft seiner Repräsentativbefugniss dazu berechtigt sei. Wenn derselbe aber nach dem in anerkannter Wirksamkeit bestehenden Statsrecht seines Landes der Zustimmung der Volksvertretung oder eines andern politischen Körpers bedarf, um wirksamen Frieden zu schliessen, so ist diese Beschränkung auch völkerrechtlich zu beachten und die Rechtsgültigkeit und die Ausführbarkeit des Friedensschlusses so lange in Frage gestellt, als nicht die nothwendige Zustimmung hinzutritt, oder in Folge der Verfassungsänderung als entbehrlich hinwegfällt. Indessen erfordert der gute Glaube und die Rücksicht des Völkerrechts auf die mögliche Beschränkung des Kriegszustandes, dass auch inzwischen von Seite der Träger der Statsgewalt nichts gethan, angeordnet oder zugelassen werde, was geeignet ist, die hinterherige Gutheissung des von ihnen vorläufig verabredeten Friedensvertrags zu erschweren oder zu verhindern.

1. Die Eröffnung der Friedensunterhandlung kann durch eine der beiden Kriegsparteien selber geschehen, oder durch eine neutrale Macht, welche entweder ihre guten Dienste oder ihre Vermittlung anbietet. Vgl. oben § 483 f. Auch im letzten Fall kann der Friedensabschluss unmittelbar von den Kriegsparteien vollzogen werden, damit der Vermittler nicht einen Vorwand zu späterer Einmischung erhalte.

2. Ein Fürst, welcher durch den Krieg aus dem Lande verdrängt worden ist und keine thatsächliche Gewalt mehr im Lande hat, ist nicht mehr berechtigt, das Land zu repräsentiren, sondern kann nur über seine dynastischen Rechte oder seine Ansprüche auf Wiedereinsetzung in die Gewalt, an dem Friedensschluss sich betheiligen (§ 118). Es mag unter Umständen für den Sieger erwünscht und nützlich sein, sich mit ihm friedlich zu verständigen, um spätern Verwicklungen vorzubeugen, aber der Friede wird auch ohne diesen Verzicht vollständig hergestellt. Aehnlich verhalt es sich mit den Ansprüchen einer aus dem Lande vertriebenen republikanischen Regierung.

3 In den meisten Monarchien wird das Recht, Frieden zu schliessen, als ein Recht der Krone betrachtet, so jedoch, dass diejenigen Bestimmungen des Friedens, welche dem Lande Lasten auferlegen oder das bestehende Verfassungs- oder Gesetzesrecht ändern, der Zustimmung der Kammern bedürfen, damit sie im Lande anerkannt und ausführbar werden. In vielen Fällen wird sich diese Zustimmung aber als blosse Ratihabitation des bereits Vollzogenen darstellen, indem die Noth und das Bedürfniss, von den Gefahren und Leiden des Kriegs befreit zu werden, vorher schon zum Vollzug der im Frieden gemachten Zugestand-

nisse treibt. Nach dem Bundesrecht der Vereinigten Staten bedarf der Friedensvertrag, um gültig zu werden, der Genehmigung des Präsidenten und der Zustimmung des Senats (nicht beider Häuser des Congresses), nach dem der schweizerischen Eidgenossenschaft eines Beschlusses der Bundesversammlung Nur in der deutschen Reichsverfassung hat der Kaiser das Recht Frieden zu schliessen. Wenn aber durch den Vertrag Gegenstände geordnet werden, welche in den Bereich der Reichsgesetzgebung gehören, so bedarf derselbe der Zustimmung des Bundesraths und der Genehmigung des Reichstags (Art. 11).

705 a.

Die sogenannten Friedenspräliminarien, welche den künftigen Friedensschluss vorbereiten und in den wesentlichsten Beziehungen bestimmen, beruhen auf denselben Bedingungen und haben innerhalb ihres Bereiches dieselben Wirkungen wie die Friedensschlüsse selber, durch welche sie ersetzt werden.

1. Es bedarf oft längerer Verhandlungen und vieler Vorarbeiten im Einzelnen bis der definitive Friedensvertrag zu Stande kommen kann. Die Friedenspräliminarien dagegen halten sich an die Hauptsachen und sichern schon vorher ein friedliches Verhalten So gingen die Friedenspräliminarien zu Nikolsburg vom 26. Juli 1866 dem Prager Frieden vom 23. Aug. 1866 voraus, durch welchen der österreichisch-preussische Krieg beendet wurde; ebenso gingen die Friedenspräliminarien von Versailles 26. Febr. 1871 dem Friedensvertrag zwischen Deutschland und Frankreich vom 10. Mai 1871 vorher.

2. In den Friedenspräliminarien von Versailles vom 26. Febr. 1871 finden sich folgende beachtenswerthe Bestimmungen. Art. 4. „Die deutschen Truppen werden sich in den besetzten Departements der Requisition, sei es in Geld, sei es in Naturalien enthalten. Dagegen wird der Unterhalt der deutschen Truppen, welche in Frankreich zurückbleiben, auf Kosten der französischen Regierung erfolgen, und zwar nach Massgabe, wie sie durch ein Einvernehmen mit der deutschen Militär-Intendantur vereinbart ist.“ Art. 8. „Nach Abschluss des Friedensvertrags wird die Administration der Departements, welche noch von deutschen Truppen besetzt bleiben sollen, den französischen Behörden wieder übergeben werden. Doch sollen diese letztern gehalten sein, den Befehlen, welche die Commandanten der deutschen Truppen im Interesse der Sicherheit, des Unterhalts und der Vertheilung ihrer Truppen erlassen zu müssen glauben, Folge zu leisten.“

706.

Wird in dem Friedensschluss ein Theil des Statsgebietes abgetreten, so gilt die Abtretung nach Völkerrecht als rechtsgültig, wenn gleich die Verfassung des abtretenden Landes die Abtretung untersagt, insofern der Stat seinen Widerstand nicht fortsetzt, sondern thatsächlich den Frieden vollzieht und die feindliche Besitznahme gewähren lässt.

1. In vielen Statsverfassungen wird das ganze Statsgebiet als einheitlich

und unveräusserlich erklärt und so jede Abtretung eines Stücks desselben untersagt. Würde diese Beschränkung der Regierung und der Kammern als absolute Regel auch bei den Friedensschlüssen festgehalten, so wäre in manchen Fällen überhaupt kein Friede möglich, weil der Sieger auf die Abtretung nicht verzichtet und der Besiegte sie nicht gewähren konnte. Es musste also der Krieg bis zur Vernichtung des Stats selber durchgeführt werden. Dadurch aber würde nicht bloss jene Verfassungsbestimmung, sondern mit der Existenz des besiegten States selbst auch dessen ganze Verfassung zerstört. Die Noth zwingt daher, unter Umständen trotz jenes statsrechtlichen Hindernisses die Abtretung zu vollziehen, und das Völkerrecht erkennt diesen Vollzug als nothwendig und demgemäss als rechtmässig an, im Interesse der Beendigung des Kriegs und der Herstellung des Friedens.

2. Ueber die Bedingungen der Abtretung vgl. § 286.

707.

Die Abtretung gibt der erwerbenden Statsgewalt alle Rechte, welche die abtretende Statsgewalt gehabt hat, aber nicht mehr Rechte.

Das öffentliche Recht der Bevölkerung und des Landes wird durch die Abtretung nicht aufgehoben, sondern nur insofern und insoweit geändert, als der neue Verband mit einem andern Stat eine Aenderung nöthig macht. Im Uebrigen dauert es fort.

Vgl. oben § 701. 702. Die Versetzung der Centralgewalt an eine andere Stelle und die Verbindung des abgetretenen Gebiets mit einem andern State sind freilich so entscheidende Umgestaltungen, dass sie gewöhnlich eine grundliche und weit wirkende Veränderung der Verfassung in jenem Gebiete nach sich ziehen. Immer ist hier der Uebergang aus dem einen Recht in das andere schwierig und kaum anders, als durch eine vorübergehende Ausnahmsgewalt (Dictatur) der erwerbenden Statsgewalt auszugleichen. Das Völkerrecht spricht nur die Regel aus, dass nicht das bisherige öffentliche Recht (in Gemeinde, Korperschaften, Aemtern, Gerichten, politischen Freiheiten u. s. f.) durch den blossen Act der Abtretung erlösche, sondern dass dasselbe im Gegentheil, soweit die Einheit des neuen Statenverbands und die Nothwendigkeit der öffentlichen Verhältnisse es verstatten, erhalten bleibe. Die Vermuthung spricht für die Fortdauer, die Umänderung bedarf einer Anordnung der neuen Statsgewalt. Ein beachtenswerthes Beispiel einer solchen Wandlung des öffentlichen Rechts unter einer provisorischen Dictatur ist die Abtretung der Provinz Elsass-Lothringen von Frankreich an Deutschland (1871) und ihre Umbildung in ein deutsches Reichsland.

708.

Der Friedensschluss beendigt mit dem Kriege auch den bisherigen Rechtsstreit unter den kriegführenden Staten. Es dürfen nach demselben keine weitern Feindseligkeiten geübt werden. Die Wirksamkeit des Kriegsrechts hört auf und das Friedensrecht tritt wieder ein.

1. Der Friede beendigt auch dann den Rechtsstreit, welcher zum Kriege geführt hat, wenn er über denselben keine ausdrückliche Entscheidung trifft. Die anfängliche Beschwerde darf nicht nochmals zur Ursache eines zweiten Kriegs gemacht werden. Vgl. unten 709. 713. Wheaton Int. Law § 544.

2. Die Beendigung des Kriegsrechts muss sofort eintreten, insoweit dasselbe zu feindlichen Handlungen ermächtigt. Aber es können nicht ebenso auf den Tag alle Wirkungen der erschienenen Kriegsgewalt abgebrochen werden. Wenn das Heer zur Zeit des Friedensschlusses sich in Feindesland befindet, so bedarf es zum Wegzug einiger Zeit und kann inzwischen die Massregeln seiner Sicherheit nicht aufgeben. Es gibt also auch hier Uebergänge, welche das gänzliche Erlöschen des Ausnahmszustandes möglich machen. In allen diesen Beziehungen verlangt das Völkerrecht bona fides in der Ausführung des Friedens. Vgl. oben zu § 705a.

709.

Wenn nach Abschluss des Friedens durch einzelne Heeresabtheilungen, wenn auch in gutem Glauben, weil sie noch nicht von dem Friedensschluss Kenntniss hatten, feindliche Handlungen verübt worden sind, so ist der Zustand, wie er vor denselben gewesen ist, soweit möglich wieder herzustellen, beziehungsweise Entschädigung zu leisten.

Der Friede ist verbindlich für die kriegführenden Staten und daher auch für ihre Heere, und ihre Statsangehörigen. Hugo Grotius III. 20. § 32: „Est enim pax actus civitatis pro toto et pro partibus". Wenn daher einzelne Truppenkörper, ohne den Frieden zu kennen, noch eine Stadt oder eine Festung einnehmen, so müssen sie dieselbe wieder räumen. Ebenso wenn nachher noch feindliche Schiffe als Prise genommen werden, so sind dieselben wieder frei zu lassen.

710.

Mit dem Friedensschluss ist die Regel der Amnestie verbunden, soweit nicht besondere Vorbehalte eine Ausnahme begründen, d. h. es wird in der Regel keine weitere Klage gestattet wegen Schädigungen und Unbilden, welche von den Angehörigen einer Kriegs-Partei wider die Angehörigen der andern Partei während des Kriegs verübt worden sind.

1. Die Amnestie ist nothwendig, damit das Gefühl des Friedens sich befestige. Würde es gestattet, den Streit fortzusetzen, so wäre immer wieder die Gefahr da, dass die Parteien neuerdings zu den Waffen griffen und der Krieg wieder entflammt würde. Wenn auch die Klagen über erlittene Unbill oder Schädigung zunächst gegen einzelne feindliche Personen gerichtet würden, so ist doch hinter diesen der Stat, für den sie kämpften. Je weniger die Kriegsführung den normalen Rechtszuständen entspricht, und je gewaltsamer sie vorgeht, um so leichter ist hier Streit und um so öfter sind Klagen veranlasst. Diesen Streit und diese Klagen will die Amnestie mit Vergessenheit zur Ruhe bringen. In vielen Friedens-

verträgen wird sie ausdrücklich vorbehalten, in andern stillschweigend als selbstverständlich vorausgesetzt. Z. B. Wiener Congressacte von 1815 Art. XI: „Amnistie générale en Pologne. Il y aura amnistie pleine, générale et particulière en faveur de tous les individus de quelque rang, sexe, ou condition qu'ils puissent être" und ausführlicher Art. XXII: „Amnistie générale en Saxe. Aucun individu domicilié dans les Provinces qui se trouvent sous la domination de Sa Majesté le Roi de Saxe ne pourra, non plus qu'aucun individu domicilié dans celles qui passent par le présent Traité sous la domination de Sa Majesté le Roi de Prusse, être frappé dans sa personne, dans ses biens, rentes, pensions et revenus de tout genre, dans son rang et ses dignités, ni poursuivi ni recherché en aucune façon quelconque pour aucune part qu'il ait pu politiquement ou militairement prendre aux évènements qui ont eu lieu depuis le commencement de la guerre terminée par la paix conclue à Paris le 30 Mai 1814".

2. Die Gründe der Amnestie, welche immerhin die regelmässigen Rechtsgrundsätze in der Anwendung erheblich beschränkt, liegen nur in der Rücksicht auf die exceptionelle Natur des Krieges und in dem allgemeinen Friedensbedürfniss. Dieselbe darf daher nicht darüber hinaus auch auf Zerstörung solcher Klagen wirken, welche mit dem Kriege nichts zu schaffen haben und deren Durchführung den Frieden nicht gefährdet.

Dahin gehören:

a) privatrechtliche Klagen aus Rechtsgeschäften, z. B. Lieferungsverträgen oder Gelddarlehen, Loskauf von Gefangenen, welche während des Kriegs abgeschlossen worden sind,

b) privatrechtliche Klagen, welche aus einem ältern, vor dem Kriege abgeschlossenen Rechtsgeschäft sich ergeben,

c) privatrechtliche Klagen, welche aus einem Rechtsgrunde abgeleitet sind, welcher keinen Bezug auf die Kriegsführung hat und nicht zu den Handlungen feindlicher Parteileidenschaft gehört.

Vgl. Wheaton Int. Law. § 544. Heffter § 180.

711.

Die Amnestie begreift in der Regel auch die Missethaten — Verwundungen, Tödtungen, Misshandlungen, Schädigungen des Eigenthums —, die von Kriegsleuten verübt worden, aber während des Kriegs nicht kriegsrechtlich zur Rechenschaft gezogen worden sind.

Die Aussicht auf die künftige Amnestie ist freilich für die Rechtssicherheit sehr bedenklich. Die Privaten haben desshalb gegen militärische Excesse fast keinen andern Rechtsschutz, als den die militärische Disciplin und die Kriegsgerichte gewähren. Die Strafe, welche die Kriegsgerichte verhängen, wird aber durch die Amnestie nicht beseitigt. Gewöhnlich schützt die Amnestie die andern Personen, ausser den Kriegsleuten, welche sich einer Rechtsverletzung aus Parteileidenschaft schuldig gemacht haben.

712.

Soweit jedoch der Stat wegen im Krieg und selbst von Kriegsleuten verübter Verletzungen, die weder durch das Kriegsrecht noch durch den civilisirten Kriegsgebrauch gerechtfertigt oder entschuldigt werden, sondern als gemeine Verbrechen strafbar sind, die Rechtsverfolgung gegen seine Angehörigen gestattet, findet jene Amnestie keine Anwendung.

In der Praxis wird die Amnestie oft in weiterem Umfange gewährt, als sich durch die Rücksicht auf ihre Gründe rechtfertigen lässt. Es besteht kein Rechtsgrund, wesshalb gemeiner Diebstahl, eine Brandstiftung aus blosser Privatrache oder Bosheit ungestraft bleiben sollten, wenn der Stat, dem die Verbrecher angehören, anerkennt, dass diese Verbrechen sich auch durch die Parteileidenschaften im Krieg gar nicht entschuldigen lassen und ihre Verfolgung und Bestrafung in keiner Weise den Frieden gefährden. Die übermässige Ausdehnung der Amnestie erklärt sich theilweise aus der älteren, nun als irrthümlich erkannten Ansicht, dass der Krieg alles Recht der feindlichen Nation verneine, und eine Rückkehr in den sogenannten Urzustand der Rechtlosigkeit begründe. Seitdem das Völkerrecht anerkennt, dass auch im Kriege das Recht fortdauere, sollte es wirksamer als bisher für Bestrafung gemeiner Verbrechen sorgen, damit die Privatpersonen bessern Schutz für ihre persönlichen und Vermögensrechte erhalten.

713.

Die Amnestie bezieht sich nicht auf Rechtsverletzungen, die vor dem Kriege verübt worden sind und mit der Kriegsursache in keiner Beziehung stehen, ebenso wenig auf Rechtsverletzungen, welche während des Kriegs auf neutralem Gebiete von Angehörigen der kriegführenden Staten wider einander verübt worden sind.

1. In den erstern Fällen gereicht weder die feindliche Erregtheit den Thätern zu einiger Entschuldigung, noch kommt die Rücksicht auf den Frieden denselben zu Staten. Wenn z. B. die Verfolgung eines Diebes oder Betrügers oder Mörders wegen des Krieges eingestellt werden musste, so kann dieselbe nach dem Friedensschluss wieder erneuert werden.

2. In den zweiten Fällen kommt zwar den Thätern der mildernde Umstand zu Statten, dass sie vielleicht aus Parteieifer gehandelt haben; aber der neutrale Stat, welcher keine Gewaltthat auf seinem Gebiete duldet, wird dieselben dennoch mit Recht, trotz der Amnestie verfolgen, weil sie seine Friedensordnung missachtet haben.

714.

Aller frühere Streit wird durch den Frieden geschlichtet und alle frühern Verletzungen und Beleidigungen werden der Vergessenheit überliefert. Ein neuer Krieg darf nur durch neue Kriegsursachen begründet werden.

Vgl. oben § 708.

715.

Der öffentliche Besitzstand zur Zeit des Friedensschlusses wird, soweit nicht darin abweichende Bestimmungen getroffen sind, als Grundlage der erneuerten Friedensordnung betrachtet. Jeder Theil behält das Gebiet nunmehr zu Recht, das er besitzt.

1. Der Friedensvertrag kann auch eine andere Grundlage des neuen Friedensstandes festsetzen. Sehr oft greift man auf den Rechtszustand vor dem Ausbruch des Krieges zurück und stellt denselben wieder her. Es ist das der sogenannte Status quo ante bellum sc. res fuerunt. Wenn das aber nicht geschehen ist, so wird der gegenwärtige Besitzstand, d. h. der Status, quo bellum res reliquit als Grundlage angenommen. Man bezeichnet diesen Grundsatz auch in Erinnerung an das Interdict des römischen Prätors zum Schutz des Besitzes eines Grundstückes gegen gewaltsame oder sonst rechtswidrige Störung als Uti possidetis. Diese Bezeichnung ist freilich ungenau, theils weil es sich hier nicht um privatrechtlichen Grundbesitz, sondern um statsrechtliche Gebietshoheit handelt, theils weil das römische Interdict nur den Besitz schützt (als interdictum retinendae possessionis), der völkerrechtliche Friedensschluss dagegen nicht bloss Besitzverhältnisse regulirt, sondern auf deren Grundlage die Rechtsverhältnisse von neuem ordnet oder befestigt. Erst durch den Frieden wird die Eroberung und die gewaltsame Einverleibung aus einem Besitzstand in einen Rechtsstand umgewandelt. Vgl. oben § 50 u. 545.

716.

Die Kriegsgefangenschaft erlischt von Rechtswegen mit dem Friedensschluss, indem dieselbe nur aus Kriegsrecht und nur als Kriegsmittel geübt wird.

Vorbehalten bleiben die Massregeln sowohl einer geordneten Uebergabe und Entlassung der vormaligen Gefangenen als der Sorge für Bezahlung der Schulden, welche dieselben contrahirt haben.

Vgl. oben § 593 ff. Unter Umständen wäre es gefährlich, die Kriegsgefangenen ohne weitere Disciplin und Aufsicht frei zu geben, es wird daher nöthig, sie unter militärischer Aufsicht der Heimat zuzuführen.

717.

Von dem Zeitpunkte des Friedensschlusses an dürfen in fremdem Gebiete keine Kriegssteuern und Requisitionen mehr auferlegt, noch die rückständigen eingefordert werden.

Es ist das eine nothwendige Rechtsfolge des Friedens, welcher die weitere Bethätigung des Kriegsrechts hemmt. Wäre noch eine Contribution oder Requisition erhoben worden, bevor das Commando den Friedensschluss gekannt hat, so sind die Gelder zurückzuerstatten und die bezogenen Naturalgegenstände zu vergüten. Vgl. zu 705 a.

718.

Diejenigen Vertragsverhältnisse unter den Staten, deren Wirksamkeit während des Kriegs suspendirt war, treten wiederum von Rechtswegen in Wirksamkeit, insofern sie nicht entweder durch den Friedensschluss abgeändert werden oder Dinge betreffen, welche durch den Krieg aufgelöst oder umgewandelt worden sind.

1. Vgl. oben § 538. Einzelne Publicisten nehmen an, die frühern Verträge werden überhaupt nur insofern wieder wirksam, als sie ausdrücklich neu bekräftigt worden seien. Es ist das die entgegengesetzte Vermuthung. Diese Meinung ist enge mit dem Irrthum verwachsen, dass der Krieg alle älteren Rechtsverhältnisse unter den Staten gänzlich auflöse. Der Friede ist aber nicht der Anfang eines ganz neuen Rechtszustandes, sondern nur ein Knotenpunkt in der Geschichte, nicht eine ursprüngliche neue Rechtsschöpfung, sondern eine Entwicklungsphase der Fortbildung des Rechts. Daher stellt der Friede die Verbindung wieder her mit dem vorübergehend durch den Krieg gestörten Rechtszustand.

2. Wenn der Friedensvertrag sich über die Erneuerung der früheren Verträge ausspricht, oder Abänderungen derselben festsetzt, so ist natürlich diese Bestimmung entscheidend. Die Zweifel, was Rechtens sei, erheben sich nur, wenn der Friedensvertrag darüber Stillschweigen beobachtet. Darüber kann leicht Streit entstehen, weil der eine Stat das Stillschweigen anders auslegt als der andere. Ein bekannter Rechtsstreit der Art fand zwischen England und den Vereinigten Staten von Nordamerika Statt über die Fischerei in den englisch-amerikanischen Küstengewässern. Durch den Vertrag von 1783 hatte England den Fischern aus den Vereinigten Staten die „Freiheit" zugestanden, gleich den englischen Fischern an den englischen Küsten in Amerika die Fischerei auszuüben, und auch die unbesetzten Buchten und Häfen zu benutzen. In dem Frieden von Gent von 1814 war dieser Vertrag mit Stillschweigen übergangen worden. Die englische Regierung behauptete nun, dass durch den Krieg jenes Zugeständniss, das die Natur eines Privilegiums habe, erloschen und im Frieden nicht wieder erneuert worden sei. Die Regierung der Vereinigten Staten dagegen behauptete, dass jener Vertrag nur einen ältern bestehenden Rechtszustand anerkannt und nicht singuläres Recht geschaffen habe und daher auch nicht im Krieg untergegangen, vielmehr im Frieden zu ungehemmter Wirksamkeit gelangt sei. Schliesslich wurde in dem Vertrag von 1818 der Streit dadurch ausgeglichen, dass innerhalb bestimmter geographischer Grenzen die Fischerei an der englischen Küste in Amerika den Fischern aus den Vereinigten Staten gestattet wurde. Vgl. die ausführliche Darstellung bei Wheaton, Intern. Law. § 269—274.

3. Sollen die früheren Verträge definitiv ausser Wirksamkeit bleiben, so müssen dafür besondere Gründe angeführt werden. Solche Gründe sind:

a) dass ihr Inhalt mit den Friedensbestimmungen nicht vereinbar sei; z. B. ältere Grenzverträge gelten fort, insofern die Grenze durch den Frieden nicht verändert worden ist und sind erloschen, soweit die Grenze eine andere geworden ist;

b) dass der frühere Vertrag nach der Natur der Sache durch den Krieg nicht bloss in seiner Wirksamkeit gehemmt, sondern aufgelöst worden sei; z. B. ein Allianzvertrag zwischen den beiden Staten, welche sich bekriegt und durch den Krieg die Allianz gelöst haben; es bedarf eines neuen Vertrags, wenn der alte Vertrag zerstört ist, und es genügt nicht die Beseitigung des Hindernisses seiner Wirksamkeit.

Heffter § 181 fügt bei: „Vertragsverpflichtungen, deren Erfüllung erst noch in Zukunft geschehen sollte, wo also noch eine Willenserklärung in Betreff der übernommenen Verpflichtung möglich war". Ich sehe den Grund dafür nicht ein; denn der abgeschlossene Vertrag gilt fort, auch wenn der Wille eines Contrahenten sich ändern sollte. Wenn z. B. der Stat A mit dem State B einen Vertrag schloss über gemeinsame Herstellung einer Eisenbahn oder Brücke, und bevor der Bau vollzogen ist, ein Krieg zwischen ihnen ausbricht, so wird die Ausführung wohl während des Krieges gehemmt, aber es steht der Erfüllung im wieder gewonnenen Frieden Nichts mehr im Wege. Nur die Zeitfrist wird mit Rücksicht auf die in Abrechnung fallende Zeit des Krieges erstreckt werden müssen.

719.

Wird in dem Friedensvertrage die Rückgabe des im Kriege eingenommenen Gebietes versprochen, so wird als Meinung der Vertragsparteien angenommen, dass das Rechtsverhältniss der Gebietshoheit wieder anerkannt sei, wie es vor der feindlichen Besitznahme gewesen war, und dass das Land in dem thatsächlichen Zustande zurückgegeben werde, wie es zur Zeit des Friedensschlusses beschaffen ist.

Die Besitznahme im Krieg hatte die ursprüngliche Gebietshoheit nicht zerstört, sondern nur unwirksam gemacht und in Frage gestellt. Der Friede stellt ihre Wirksamkeit wieder her. Natürlich nicht als eine neue, sondern als die alte Statsgewalt und daher mit Beachtung der verfassungsmässigen Rechte und Zustände. Aber eine vollständige Wiederherstellung auch des thatsächlichen Zustandes ist nicht möglich und nicht gerechtfertigt, denn die thatsächlichen Aenderungen des Krieges müssen als eine Folge des Krieges hingenommen werden.

720.

Für allfällige Beschädigung während des Kriegs und während der feindlichen Besitznahme ist keine Entschädigung zu leisten, aber es darf nun auch keine weitere Beschädigung vorgenommen werden. Für die inzwischen von der Kriegsgewalt erhobenen Einkünfte und Leistungen ist kein Ersatz zu leisten, aber es dürfen nun auch die öffentlichen Cassen nicht weiter von dem Zwischenbesitzer ausgebeutet werden, sondern sind zur Verfügung der berechtigten Statsgewalt zu stellen.

Vgl. zu § 644 ff. und zu § 662 und 705a.

721.

Auch für Verwendungen, welche der Besitzer inzwischen gemacht hat, ist kein Ersatz zu leisten, wenn solcher nicht in dem Friedensvertrage vorbehalten wird.

Wohl aber kann derselbe wegnehmen, was er auf seine Kosten hinzugefügt hat, z. B. neue befestigte Werke und den Zustand wieder herstellen, wie er vor seiner Verwendung gewesen ist.

Wenn der Besitzer Bauten gemacht hat — z. B. er hat einen Spital gebaut oder neue Festungswerke angelegt, die bisherigen Werke reparirt u. s. f. — so darf er dafur keine Entschädigung fordern. Er hat inzwischen kraft der Kriegshoheit gehandelt und Ersatzklagen sind fur die Kriegszeiten im Frieden nicht zulassig, es wäre denn, dass im Friedensschluss Entschädigung versprochen worden wäre.

722.

Wird einfach Rückgabe eines Gebietes verabredet, so sind auch die dazu gehörigen Archive, Documente, Acten u. s f. zurückzugeben, auch wenn dieselben inzwischen von dem Sieger weggeführt worden sind.

Das Archiv gehört zum Land, gleichsam als Zubehörde, wie die Hausschriften zum Haus. Die naturliche Beziehung derselben, sowie der einzelnen Urkunden und Actenstucke zu den Rechtsverhältnissen des Landes und der Verwaltung der Statshoheit ist hier so enge und so stark, dass das Hoheitsrecht jene Gegenstände anzieht und das Recht auf diese aus jenem Rechte folgt.

723.

Die Rückgabe anderer feindlicher Kriegsbeute, selbst der wissenschaftlichen und künstlerischen Sammlungen und der Denkmäler, die vor dem Friedensschluss weggebracht worden sind, versteht sich nicht von selber, sondern ist vertragsmässig zu bestimmen.

Vgl. oben § 650.

724.

Der Vollzug der Friedensbestimmungen soll sofort, d. h. sobald es nach Umständen möglich ist, und in guten Treuen geschehen.

1. Erst die Ratification macht den Vertrag perfect. Erst von diesem Tage an kann daher der Vollzug rechtlich gefordert werden. Gewöhnlich haben aber die Feindseligkeiten schon vorher aufgehört, wahrend der Friedensverhandlung, die durch einen Waffenstillstand eingeleitet worden ist.

2. Oft enthält der Friedensvertrag auch genaue Termine fur den Vollzug der Friedensbestimmungen, z. B. fur die Räumung eines besetzten Gebiets.

3. In allen Fallen aber gilt die Regel eines möglichst raschen Vollzuges, damit der Nothstand des Krieges sobald als möglich dem normalen Zustand des Friedens weiche.

725.

Wird der Friedensschluss, bevor er vollzogen ist, wieder gebrochen, sei es durch thatsächliche Erneuerung der Feindseligkeiten, sei es indem der Vollzug verweigert oder verhindert wird, oder dem Vertrag offenbar entgegengehandelt wird, so ist die verletzte Partei berechtigt, sofort den Krieg fortzusetzen und zu handeln, wie wenn kein Friedensvertrag abgeschlossen worden wäre. Die unmögliche Erfüllung gilt nicht als Bruch des Friedensschlusses.

1. Das Volkerrecht unterscheidet zwischen dem Friedensbruch und der Verletzung der im Friedensvertrag anerkannten oder durch denselben begründeten Rechte. Der Friedensbruch kann nur in der ersten Zeit nach dem Friedensschluss und bevor der Friede zu beiderseitiger Geltung gelangt ist, geschehen. In diesem Stadium des Uebergangs aus dem Kriegszustand in den Friedenszustand gefährdet der Friedensbruch die ganze Existenz des Friedens und berechtigt die verletzte Partei, den Frieden als unwirksam zu betrachten und demgemäss den Krieg fortzusetzen, bis es zu einem neuen und dann durchgefuhrten Friedensschluss kommt. Wird aber der Krieg, trotzdem dass einzelne Bestimmungen des Friedens nicht ausgeführt werden, nicht erneuert, kommt es trotzdem zu thatsachlicher Herstellung des Friedenszustandes, wie z. B. nach dem Züricher Frieden zwischen Oesterreich und Italien von 1859, so spricht man nicht mehr von Friedensbruch, wenn gleich die Beschwerden über den Nichtvollzug des Friedensvertrages fortdauern und unter Umständen zu neuen ernsten Verwicklungen fuhren können.

2. Die Verletzung des Friedensvertrags dagegen, zum Unterschied des Friedensbruchs steht rechtlich jeder andern Vertragsverletzung gleich, und kann, wenn sie schwer genug ist und anders nicht geheilt wird, unter Umständen zu einem neuen Kriege fuhren.

3. Das Ultra posse nemo tenetur gilt auch von der Nichtausführung einzelner Friedensartikel. Wenn z. B. der Prager Friede zwischen Oesterreich und Preussen vom 23. August 1866 dem „Verein der süddeutschen Staten" eine „internationale unabhängige Existenz" zuschrieb, so konnten doch diese Staten nicht gezwungen werden, einen Verein zu bilden. Soweit dieser Zwang völkerrechtlich unmöglich und daher die Bestimmung nicht ausfuhrbar ist, kann daher auch nicht von Verletzung des Friedensvertrags die Rede sein.

726.

Der Friedensvertrag bildet ein Ganzes. Der Bruch einer Friedensbestimmung zieht den Bruch des Friedens nach sich, wenn nicht in dem Frieden anders bestimmt ist.

Vgl. Wheaton Int. Law. § 550. Der Friedensschluss kann bestimmen, dass die ubrigen Artikel fortgelten sollen, wenn auch einer derselben nicht zur Ausfuhrung komme.

10. Postliminium.

727.

Ohne Friedensschluss können ein Land und eine Bevölkerung, einzelne Personen und Güter, welche während des Krieges in feindliche Gewalt gerathen waren, wieder von derselben befreit werden und es kann in Folge dessen das frühere Rechts- und Besitzesverhältniss wieder in ungehemmte Wirksamkeit treten, wie wenn eine Störung nicht vorgekommen wäre. Diese Wiederbelebung des durch die Kriegsgewalt gestörten Zustandes heist Postliminium.

1. Der Ausdruck postliminium ist dem römischen Recht entnommen, hatte aber dort eine andere Grundlage und einen andern Sinn. Die Römer nahmen an, dass durch die feindliche Gefangenschaft der römische Bürger, so lange dieselbe dauere, seine Freiheits- und seine bürgerlichen Rechte verliere, dass er aber sofort sein vorheriges Recht wieder erlange, wenn es ihm gelinge, sich jener Gefangenschaft zu entziehen. Sie fingirten dann, er sei niemals gefangen worden, sondern habe sein Recht fortwährend erhalten, und nannten diese Fiction postliminium § 5. J. Quib. mod. jus pot. solv. (I. 12): „Dictum autem postliminium a limine et post, ut eum qui ab hostibus captus in fines nostros postea pervenit postliminio reversum recte dicimus; nam limina sicut in domibus finem quemdam faciunt, sic et imperii finem limen esse veteres voluerunt.“ Dieses antike und privatrechtliche postliminium hat nun aufgehört, weil die Kriegsgefangenschaft nicht mehr die persönlichen Rechte der Gefangenen zerstört, sondern nur vorübergehend ihre Ausübung hindert. Es bedarf daher keiner Wiederherstellung des Rechts in diesen Fällen mehr.

2. Das moderne völkerrechtliche Postliminium der heutigen Zeit hat vorzugsweise einen öffentlich-rechtlichen Charakter und wenn es auch privatrechtliche Wirkungen äussert, so setzt es nicht grundsätzlich eine vorherige Verneinung des wieder herzustellenden Rechts durch die Kriegsgewalt, sondern nur eine Behinderung seiner Ausübung voraus.

728.

Wird ein von dem Feinde besetzter Gebietstheil von demselben freiwillig wieder geräumt oder wird derselbe durch die befreundete Kriegsgewalt wieder daraus verdrängt, so hört das feindliche Kriegsrecht sofort auf und es wird das frühere Rechtsverhältniss erneuert. Die vormalige Statsgewalt tritt wieder in ihre Rechte und Pflichten ein.

Die Autorität der feindlichen Kriegsgewalt beruht nur auf dem thatsächlichen Besitz und dem Nothrecht des Kriegs (vgl. oben § 540 f.). Wenn daher jene den Besitz wieder verliert, so hört damit auch die Fortwirkung ihrer Kriegshoheit auf. Wurde inzwischen die Landesverfassung suspendirt, so tritt sie nun wieder in volle Kraft. Das Hemmniss, welches der ursprünglichen Statsgewalt entgegenstand, ist damit wieder entfernt.

729.

Geschieht die Verdrängung des Feindes durch eine dritte Kriegsmacht, welche weder die rechtmässige Statsgewalt des befreiten Landes noch ein Bundesgenosse desselben, wohl aber im Kriege mit dem Landesfeinde ist, so versteht sich die Wiederbelebung der frühern Regierung und Verfassung des Landes nicht von selber. Vielmehr ist die befreiende Macht, welche inzwischen die Kriegsgewalt handhabt, berechtigt, bei der neuen Regulirung der öffentlichen Zustände mitzuwirken. Der Befreier darf aber nicht ohne Rücksicht auf den Willen der Bevölkerung dauernd und willkürlich über das fremde Gebiet einseitig verfügen.

Würde man lediglich die Analogie des Privatrechts anwenden, so müsste einfach das von einer dritten Macht befreite Gebiet an den Träger der legitimen Statsgewalt überlassen werden, wie der Dritte, welcher einem Räuber meine geraubte Sache abjagt, dieselbe mir herauszugeben hat. Aber die Analogie passt nicht, weil es sich hier um öffentliche (politische) Verhältnisse handelt. Die Statsgewalt, welche die Macht nicht mehr besitzt, ihr Gebiet zu schützen oder zu befreien, hat auch kein sicheres Recht mehr über das Gebiet; denn ein Volk und Land regieren kann man nur mit Macht und Autorität, nicht ohne dieselben. Ferner die fremde Statsgewalt, welche durch ihre Anstrengungen und Opfer die Befreiung vollzogen und zugleich ihre Macht bewährt hat, den Feind aus dem Lande zu verdrängen, hat ein natürliches Anrecht darauf, dass die neuen öffentlichen Verhältnisse in dem befreiten Lande mit Berücksichtigung auch ihrer politischen Interessen neu geordnet werden. Auch wenn sie das Land nicht für sich erobern wollte, so wäre es doch völlig unnatürlich, ihr anzusinnen, dass sie lediglich für fremde Interessen ihre Volkskräfte verwende. Es bedarf also hier einer billigen Ausgleichung der verschiedenen Rechte und Interessen, sowohl des Befreiers als des befreiten Landes. Ein Beispiel der Art bieten die Verhandlungen Preussens mit dem Herzog Friedrich von Augustenburg über die Herzogthümer Schleswig und Holstein (1865 und 1866) nach der Befreiung derselben von der dänischen Herrschaft. Vgl. Heffter § 188 und die Verhandlung im englischen Parlament (17. April 1815) über die Wiederherstellung der Republik Genua Calvo D. I. II. 768.

730.

Hat ein Volk, ohne Zuthun der vom Feinde vertriebenen Regierung und ihrer Bundesgenossen sich durch eigene Kraft von der feindlichen Herrschaft befreit, so kann die frühere Regierung nur mit seiner Zustimmung nicht gegen seinen Willen in den Besitz eintreten.

Durch diese Selbstbefreiung bewährt sich die statliche Kraft des Volkes im Gegensatze zu der Ohnmacht der Träger der Statsgewalt. Da das öffentliche Recht wesentlich der Ausdruck der lebendig-politischen Kräfte im Volk ist und sein soll, so ist das Volk durchaus berechtigt, die Statsverfassung nach der Befreiung neu zu ordnen, entsprechend den offenbar gewordenen Verhaltnissen, und sich nicht lediglich durch die Hinweisung auf eine zweifelhaft, weil eine Zeit lang unwirksam gewordene Legitimität des ältern Rechts daran verhindern zu lassen. Freilich üben die aufgeregten Volker in ihrem Eifer für die Herstellung der angestammten Dynastie in diesem kritischen Moment zuweilen nicht die nöthige Vorsicht aus fur ihre Zukunft. Die spanische, italienische und die deutsche Geschichte der Befreiung von der Napoleonischen Oberherrschaft 1813 bis 1815 liefern manche Belege fur die Wahrheit dieser Bemerkung.

731.

Hat der Feind in der Zwischenzeit nicht blos Kriegsrecht geübt, sondern sich eine wirkliche Landesherrschaft angemasst, und inzwischen behauptet, aber ohne dass dieselbe durch einen Friedensschluss bestätigt und zu anerkanntem Rechtszustand geworden ist, so wird zwar nach der Verdrängung des feindlichen Usurpators der vorherige Rechtszustand erneuert, aber es können nicht alle einzelnen Regierungsacte des Zwischenherrschers als ungeschehen betrachtet werden.

Vielmehr bleiben dieselben, soweit sie blosse Verwaltungs- und Gerichtsacte sind oder eine privatrechtliche Bedeutung haben, in der Regel in Kraft. Soweit sie dagegen den Verfassungszustand des Landes ändern oder einen wesentlich politischen Charakter haben, können sie von der erneuerten Statsgewalt für unwirksam erklärt werden.

1. Der Unterschied zwischen politischer Regierung und Verwaltung im engern Sinn (Administration) muss hier beachtet werden. Auch die politische Regierung wird inzwischen von der Kriegsgewalt und der Statsgewalt geübt, welche im Kriege das Land eingenommen hat. Aber die restaurirte rechtmassige Landesregierung, welche andere — oft geradezu feindliche — politische Principien und Richtungen vertritt, ist in keiner Weise an die politischen Anordnungen ihres Gegners gebunden. Die Politik andert sich mit der Aenderung des entscheidenden Centrums.

2. Dagegen die Verwaltungsacte — ohne politische Bedeutung — wirken in der Regel fort, und zwar sowohl die Acte der Verwaltung im engern Sinne — die Finanzverwaltung, die Volkswirthschaftspflege und die Culturpflege inbegriffen — als die Acte der Rechtspflege — Urtheile im Civil- und im Strafprocess —. Da die Zwischenregierung durch das Kriegsrecht dazu ermächtigt war, die Verwaltung zu ordnen und zu leiten, da ferner die Fortfuhrung der Detailgeschäfte nothwendig ist im allgemeinen offentlichen Interesse und da endlich hier keine politische Bedenken im Wege stehen, so ist die Anerkennung des Geschehenen eine natürliche Folge der Fortdauer des Rechts und der nicht unterbrochenen statlichen Functionen. Die Cassation aller in der Zwischenzeit erlassenen Urtheile der vielleicht in ihrem Personal veränderten

Gerichtsbehörden oder aller Verfügungen der neu besetzten Polizei- oder Finanzämter wäre eine Verkennung des natürlichen Zusammenhanges und der Bedürfnisse des Lebens und müsste eine Reihe von Verwirrungen und vielfältigen Schaden stiften.

732.

Die restaurirte Regierung ist nicht verpflichtet, die Veräusserung von Statsdomänen oder Renten, welche die feindliche Zwischenregierung vorgenommen hat, oder Statsschulden, welche dieselbe für das besetzte Land contrahirt hat, als rechtsverbindlich anzuerkennen, sondern berechtigt, jene Statsgüter wieder an sich zu ziehen und die Bezahlung dieser Schulden zu verweigern.

Durch die Besitznahme im Kriege geht nicht die Statshoheit selber auf den Sieger über, sondern nur die Ausübung derselben wird, soweit es die militärischen Rücksichten erfordern, von ihm in die Hand genommen. Die bloss provisorische Zwischenregierung ist daher auch nicht zu dauernder Vertretung des Landes berechtigt. Demgemass wird sie nicht befugt sein, die Domänen zu veräussern, noch Landesschulden einzugehen. Vgl oben Art. 545 a u. 546. Brüsseler Erkl. 7. Die wiederhergestellte Regierung wird jene Güter daher wieder vindiciren und die Anerkennung und Bezahlung dieser Schulden, soweit dieselben nicht für das Land und seine Wohlfahrt verwendet worden sind, verweigern können. Obwohl diese Acte der Zwischenregierung zur Finanzwirthschaft gehören, so haben sie doch meistens einen eminent politischen Charakter und soweit dieses der Fall ist und überdem die Befugnisse des Occupanten überschritten worden sind, braucht sich die mit Gewalt aus dem Besitze verdrängte und dann wieder hergestellte Regierung jene Acte nicht gefallen zu lassen.

733.

Wird aber die Eroberung durch die Anerkennung im Frieden vollzogen, so wird dadurch die Veräusserung der Domänen und die Uebernahme von Landesschulden bekräftigt, und wenn später durch neuen Krieg die frühere Regierung restaurirt wird, so ist sie nicht mehr berechtigt, die in der Zwischenzeit vollzogenen Rechtsgeschäfte hinterdrein als ungültig zu erklären und demgemäss zu behandeln.

Nur in den Fällen des § 732 kann von Postliminium gesprochen werden, nicht in denen des § 733. Denn nur in jenen wird der ursprüngliche Rechtszustand von den Hemmnissen und Zweifeln der kriegerischen Zwischenzeit wieder befreit, in diesen ist ein neuer Rechtszustand erwachsen, der später nicht mehr als nicht vorhanden fingirt werden darf. Wenn einmal der Friede die Eroberung bestätigt, so ist der Eroberer berechtigt, die Statshoheit zu üben und auch dritten Personen gegenüber für das Land zu handeln. Der Unterschied der beiden Fälle tritt in dem bekannten Kurhessischen Rechtstreit deutlich hervor Der Kurfürst von Hessen bestritt nach seiner Restauration (2. Dec. 1813) die Gültigkeit der Veräusserung von Domänengütern, welche die Westphälische Regierung nach seiner Verdrängung aus dem Besitz (1806) vollzogen hatte und setzte sich mit Gewalt wieder in den Besitz der veräusserten Güter. Innerhalb des kurhessischen Landes freilich konnten die Privatkäufer nicht zu ihrem Rechte gelangen. Dagegen erkannte die preussische Regierung die Rechtsgültigkeit der geschehenen Veräusserungen in ihrem Gebiet an, weil das Königreich Westphalen im Frieden von Tilsit (9. Juli 1807) anerkannt und daher die Veräusserung von einer wirklichen Statsregierung recktskraftig gemacht worden sei. Vgl. Phillimore III § 573. In ähnlichem Sinne wurde ein zweiter Process von dem Spruchcollegium der Juristenfacultät in Kiel (24. März 1831) entschieden. Auch dieses Urtheil führte aus, dass der restaurirte Kurfürst nicht seine vor dem Krieg besessene Landeshoheit fortsetze, als wäre nicht in der Zwischenzeit eine andere im Frieden anerkannte Regierung in Cassel gewesen. Ebenda III. § 572.

734.

Der restaurirte Fürst ist nicht verpflichtet, Veräusserungen oder andere Verfügungen anzuerkennen, welche der feindliche Zwischenherrscher bezüglich der Privatgüter des erstern vorgenommen hat. Wenn aber diese Rechtsgeschäfte in Folge des Friedens consolidirt worden sind, so kann der restaurirte Fürst dieselben nachher nicht wieder anfechten.

Das fürstliche Privatgut ist in höherm Grade als das Privatgut anderer Personen im Kriege der Kriegsgewalt ausgesetzt, weil der Fürst als solcher eine feindliche Person in besonderem Sinne ist (§ 569), und eine erhöhte Gefahr besteht, dass jene Güter zur Förderung der Kriegszwecke benutzt werden. Der Fürst ist daher in Gefahr, dass nicht bloss die Domänen weggenommen, sondern auch seine Privatgüter von dem Feinde mit Beschlag belegt werden. Gelangt er aber während des Krieges wieder in den Besitz seines Gebietes, so kann er auch eine allfällige Veräusserung durch den Feind als ungültig betrachten, weil der Feind zu keiner definitiven Verfügung berechtigt war. Der Friede aber legitimirt auch die im Kriege geschehenen unrechtmässigen Handlungen der Kriegsgewalt, wenn er nicht darüber ausdrücklich anders bestimmt. Vgl. oben § 710.

735.

Die restaurirte Regierung ist nicht berechtigt, für die Zwischenzeit Verfügungen zu treffen mit rückwirkender Kraft, sondern genöthigt, die Folgen einer thatsächlichen Zwischenregierung, welche sie nicht zu verhindern vermochte, auch ihrerseits zu tragen.

Vgl. oben zu § 733. Das Verfahren des 1813 restaurirten Kurfürsten Wilhelm I. von Hessen und des 1814 restaurirten Königs Victor I. Emanuel von Sardinien-Piemont, welche die ganze lange Zwischenzeit, in welcher sie ihrer Stammlande entsetzt waren, als nicht vorhanden fingirten, und alle Zustände (auch die Beamtenstellungen) wieder auf den Zeitpunkt zurückschraubten, in dem sie die Herrschaft verloren hatten, macht den Eindruck einer karikirten Legitimität, die an Wahnsinn grenzt. Die grossen Ereignisse der Geschichte, welche die Welt verändern, können nicht durch unnatürliche Fictionen als nicht geschehen betrachtet werden.

736.

Das Postliminium tritt in öffentlichen Rechtsverhältnissen nur während des Krieges in Wirksamkeit und wird durch den Friedensschluss ausgeschlossen.

Der Friedensschluss verwandelt die thatsächlichen Veränderungen, die während des Krieges entstanden sind und im Frieden bestätigt werden, in einen anerkannten Rechtszustand, der daher nur durch neue Rechtsbildung, nicht durch blosse Wiederherstellung wieder geändert wird. Vgl. oben § 715.

737.

Kriegsgefangene können thatsächlich ihre Freiheit wieder gewinnen, wenn sie von der Kriegsgewalt befreit werden oder sich selber befreien. Diese Anwendung des Postliminium findet auch nach dem Friedensschluss Statt, wenn die Gefangenschaft thatsächlich über denselben hinaus fortdauerte.

Gefangene, welche ihre Freiheit durch Bruch ihres Ehrenworts wieder gewonnen haben, können aber dem Feinde wieder ausgeliefert werden.

Vgl. oben § 609. Der Bruch des Ehrenworts ist freilich zunächst eine Verletzung des States, dem das Ehrenwort gegeben worden ist, aber so anstossig, dass auch der Stat, dem der Gefangene angehort, berechtigt ist, einen so Befreiten zurückzuweisen und dem Feind wieder zu uberliefern.

738.

Das Postliminium der Privatpersonen hat die Bedeutung, dass ihre persönlichen Rechte, an deren Ausübung sie durch die Kriegsgefangenschaft gehindert waren, nun wieder von ihnen ausgeübt werden können. Die Vormundschaft, die inzwischen für sie bestellt worden ist, hört auf und sie treten in den persönlichen durch keine Feindesgewalt gehinderten Genuss ihres Vermögens wieder ein. Ihr Recht war aber auch während der Gefangenschaft nicht aufgehoben. Nach modernem Recht dauert die Ehe des Kriegsgefangenen fort und kann er auch über sein Vermögen gültig unter Lebenden oder durch letzten Willen verfügen.

Da die heutige Kriegsgefangenschaft die Vermögensrechte der Kriegsgefangenen keineswegs aufhebt, sondern nur sie in der Verwaltung ihres Vermögens thatsächlich hemmt, so bedeutet das moderne Postliminium nicht wie das antike Wiederherstellung des Rechts, sondern nur Beseitigung der Hemmnisse. Rechtlich ist der Kriegsgefangene nicht gehindert, über sein Vermögen zu verfügen. Er kann z. B. einen Verwalter bestellen und ermächtigen, der in seiner Abwesenheit die Wirthschaft besorge, einzelne Sachen veraussern, Verträge abschliessen, ein Testament machen u. s. f. Nur thatsächlich werden manche Anordnungen wegen der Verhinderung der Communication nicht ausfuhrbar sein. In allen diesen Beziehungen beruhte das römische Postliminium auf einer ganz entgegengesetzten Rechtsgrundlage. Der Kriegsgefangene hatte als solcher alle Rechte auch über sein Vermogen verloren und nur das Postliminium stellte dieselben durch die Fiction wieder her, dass er inzwischen nicht gefangen gewesen sei.

739.

Das Postliminium wirkt ferner zu Gunsten des wieder wirksam gewordenen Grundeigenthums, wenn dasselbe während des Krieges dem Eigenthümer durch die feindliche Kriegsgewalt entzogen und wieder unter die Autorität des befreundeten States zurückgelangt ist.

Wenn die feindliche Kriegsgewalt z. B. einzelne Privaten aus dem Besitz ihrer Häuser und Guter verdrängt, und dieselben für militärische Zwecke in ihren Besitz genommen hat, aber vor dem Krieg wieder aus dieser Gegend zuruckgeworfen wird, so konnen die Privaten sich unbedenklich wieder in den Besitz ihres Eigenthums setzen. Waren gar jene Güter inzwischen von der feindlichen Kriegsgewalt veraussert worden, so ist die — nicht im Frieden ausdrucklich oder stillschweigend bestätigte — Veraussernng ungultig und die Eigenthumer können vindiciren.

740.

Auch die beweglichen Sachen, welche von dem Feinde weggenommen worden sind, können bis zum Friedensschluss von dem verletzten Eigenthümer zurückgenommen werden, wenn die feindliche Gewalt wieder verdrängt ist. Vorbehalten bleiben die privatrechtlichen Beschränkungen, welche der dinglichen Verfolgung beweglicher Sachen im Wege stehen und die Bestimmungen zu Gunsten des redlichen Verkehrs, welche den Erwerber schützen.

Wenn z. B. der Feind Vieh wegnimmt und wegtreibt, und im Verfolg der Märsche oder des Kampfes den Besitz desselben wieder verliert, so hindert Nichts den Eigenthümer, sich seiner Hausthiere wieder zu bemächtigen, wenn er derselben wieder habhaft werden kann, auch dann *nicht*, wenn jene Wegnahme durch das Kriegsrecht legitimirt war. Noch weniger Bedenken hat es naturlich, dass der Eigenthumer die unrechtmassiger Weise ihm entzogenen Sachen, wenn er dazu Gelegenheit findet, wieder in seinen Besitz nehme.

741.

Die Wiedernahme der als Prise von dem Feinde weggenommenen Schiffe ist vor der Verurtheilung oder Zusprechung des Prisengerichts jederzeit gestattet.

Vgl. darüber unten Buch IX. Cap. 6.

Neuntes Buch.

Recht der Neutralität.

1. Begriff und Arten der Neutralität.

742.

Neutralität heisst Nichtbetheiligung an dem Kriege Dritter und daher Behauptung der Friedensordnung für den eigenen Bereich.

Neutral heissen die Staten, welche weder Kriegspartei sind noch zu Gunsten oder zum Nachtheil einer Kriegspartei an der Kriegsführung Theil nehmen. Die neutralen Staten bleiben mit beiden Kriegsparteien im Frieden.

1. Das Wort und der Begriff der Neutralität gehören vorzüglich der neuern Rechtsbildung an. Hugo Grotius nennt noch die Neutralen medii; Bynkershoek „non hostes, qui neutrarum partium sunt". Die Ausbildung des Rechts der Neutralität ist eine der fruchtbarsten und nützlichsten Errungenschaften des neueren Völkerrechts; denn die neutralen Staten beschränken die Uebel des Krieges und schützen während des Krieges, so weit es möglich ist, das Recht und die Interessen des Friedens.

2. Einige Publicisten (z. B. Phillimore und Fiore) betrachten die „Unparteilichkeit" als eine Grundbedingung und sogar als das Wesen der Neutralität. Wenn man unter Unparteilichkeit nur versteht die Verneinung jeder Parteinahme an der Kriegsführung, so ist diese Ansicht nicht im Widerspruch mit der obigen Begriffsbestimmung. Wenn man aber die Unparteilichkeit in weiterem Sinne so versteht, dass der neutrale Stat keine Sympathie mit der einen Kriegspartei und keine Missbilligung der andern Kriegspartei äussern darf oder gar die Stellung eines unparteiischen Richters einnehmen soll, so ist diese Meinung nicht gut zu heissen. Mit Recht erwiedert Klüber: „Ein neutraler Stat ist weder Richter noch Partei". Es genügt vollständig, dass er seinerseits im Frieden bleibe mit den beiden Kriegsparteien, und er ist im Frieden, so lange er nicht an der

Kriegsführung Theil nimmt oder Krieg erklart. Vgl. Calvo II. 314 ff. Vgl. auch Art. 753 u. 753a.

3. Die Neutralität beginnt erst mit dem Kriege und endigt mit dem Kriege. Rolin-Jacquemyns Revue d. D. Intern. III. 125.

743.

Die neutralen Staten verzichten nicht auf ihr Kriegsrecht. Aber sie enthalten sich, so lange sie neutral bleiben, der Betheiligung am Kriege.

Das gilt auch von den Staten, welchen eine sogenannte ewige Neutralität zugesichert ist. Verzicht auf das Recht des Krieges ware Selbstentmannung, ware Verzicht des States darauf, seine Rechte mit den Waffen zu schützen und zu vertreten, d. h. im Grunde Verzicht auf die selbständige Existenz. Wohl aber liegt in der ewigen Neutralitat, so lange sie besteht, ein Verzicht auf die active Theilnahme an den Kampfen der andern Staten. Der ewig neutrale Stat kann wohl theils durch sein Vorbild theils durch friedliche Betheiligung an den internationalen Fortschritten der Cultur einen erheblichen Einfluss auch auf die ubrige Statenwelt ausüben, aber er ist nicht berufen, mit kriegerischen Mitteln grosse auswartige Politik zu treiben. Im Grunde sind alle europaischen Staten ausser den Grossmachten heute in dieser Lage, nicht blos die ausdrucklich als ewig-neutral erklarten Staten. Art. 745.

744.

Die thatsächliche Neutralität ist die Grundbedingung des Rechts der Neutralität.

Ein Stat, welcher sich am Kriege betheiligt, ist nicht neutral, sondern er wird selber Kriegspartei oder Bundesgenosse einer Kriegspartei oder Intervenient im Krieg. Wenn er sich nicht neutral verhält, so kann er auch nicht die Rechte eines Neutralen ansprechen. Der Krieg selber hat zunächst eine thatsächliche Bedeutung. Vgl. zu § 510. Wer Krieg führt, ist, weil er das thut, Kriegspartei und wird von dem Gegner mit Recht als Feind betrachtet und behandelt.

745.

Es gibt eine nothwendige durch völkerrechtliche Acte und Verträge garantirte sogenannte ewige Neutralität einzelner Staten und eine freiwillige auf friedlichem Entschluss beruhende Neutralität der Staten.

1. Die Neutralität kann in dem Charakter eines States und in allgemeinen Verhältnissen eine fortwirkende Begründung haben und dann als ewige Neutralitat erscheinen. Von der Art sind in Europa:

a) die Neutralitat der Schweiz. Seit den unglücklichen italienischen Kriegen zu Anfang des sechszehnten Jahrhunderts hat die schweizerische Eidgenossenschaft sich der Politik einer bleibenden Neutralität zugewendet, welche nur vorübergehend in den Revolutionskriegen 1798—1803 und dann wieder zur Zeit der Restauration 1814 verletzt worden ist. Die Wiener Congressacte Art. 84. 92. und eine besondere Beurkundung der Mächte vom 20. Nov. 1815 erkennen es an, dass die fortwährende Neutralitat der Schweiz in den politischen Interessen von ganz Europa begründet sei. Wenn man erwägt, dass die Schweiz mitten zwischen grossen nationalen Staten gelegen und selber aus Bruchtheilen der deutschen, französischen und italienischen Nationalität zusammengefügt ist, dass sie allein eine republikanische Verfassung mitten unter den grossen Monarchien behauptet, dass sie im Besitz der Gebirgspässe und Uebergänge ist aus einem grossen Ländergebiet in das andere, dass in ihr die grossen Ströme und Thalöffnungen des Rheins, der Donau (Inn), der Rhone und des Po (Tessin) ihren Ursprung nehmen, so begreift man sowohl das schweizerische als das europäische Interesse, dass dieses Centralland Europa's ein Friedensland und daher neutral bleibe. Vgl. Wheaton Int. L. § 416—420.

b) Die immerwährende Neutralität des Konigreichs Belgien, gemäss dem Londoner Vertrag vom 15. Nov. 1831, wodurch ein Land, das während Jahrhunderten vorzugsweise zum Kriegsschauplatz zwischen Frankreich und Deutschland dienen musste, vor diesen Gefahren gesichert und das europäische Kriegsfeld eingeengt werden soll. Wheaton Int. L. § 421. Während des französisch-deutschen Krieges wurde die von Frankreich bedrohte belgische Neutralitat durch neue von England vorgeschlagene Verträge mit weitern Garantien versehen. Verträge vom 9. und 11 Aug. 1870. (Statsarch. 4087.)

c) Die Neutralität des Furstenthums Serbien zufolge des Pariser Vertrages vom 30. März 1856.

d) Die Neutralität des Grossherzogthums Luxemburg nach dem Londoner Vertrag vom 11. Mai 1867.

2. Während des französisch-deutschen Krieges von 1870/71 beschwerte sich die deutsche Regierung über unneutrales Verhalten der Luxemburgischen Regierung und drohte die Neutralität des Grossherzogthums nicht weiter zu beachten. (Depesche des Grafen Bismarck vom 3. Decbr. 1870 Statsarch. 4217.) In einer Aeusserung darüber vom 22. Dec. bemerkte der Oesterr. Reichskanzler Graf Beust: in Folge der „europäischen Garantie" dieser Neutralität sei die Prüfung und Beurtheilung der Thatsachen, welche eine Verletzung der Neutralität durch den neutralen Stat begründen und den Schutz der Neutralität aufheben sollten, principiell den Signatairmächten des Neutralitätsvertrages zugefallen und dem Ermessen einer einzelnen kriegführenden Macht zunächst entzogen worden. Die Gemeinschaft eines europäischen Interesses und Actes schliesst allerdings eine einseitige Erledigung der Frage aus; aber in der Theilnahme an jener Garantie liegt doch nicht ein Verzicht des verletzten States auf die nöthige Selbsthülfe noch die Nöthigung desselben, während eines Krieges ein feindliches Verhalten des fur neutral erklarten States so lange zu dulden, bis die übrigen Garanten Abhülfe schaffen.

746.

Es gibt eine vollständige und eine theilweise oder beschränkte Neutralität, indem ein Stat einer Kriegspartei vertragsmässig zu einer beschränkten Hülfe verpflichtet sein und diese Pflicht erfüllen kann, ohne sich im übrigen an dem Kriege zu betheiligen.

Ein Beispiel ist das Recht der Schweiz, einige Savoyische Gebietstheile in einem französisch-italienischen Kriege zu besetzen und dadurch zu schützen, ein Recht, welches freilich einen ganz andern Sinn hatte, so lange Savoyen zu Piemont gehörte, als seitdem es eine französische Provinz geworden ist.

747.

Es kann sogar zum Behuf der engeren Eingrenzung des Kriegsfeldes ein Theil des Statsgebiets der Kriegspartei selbst neutralisirt d. h. für neutral erklärt und dadurch von der Gefahr des Krieges befreit werden.

Die Localisirung des Krieges beschränkt die Leiden des Krieges und ist daher sehr zu empfehlen. Es kann das freilich nur thatsächlich geschehen, wie z. B. in dem deutsch-dänischen Kriege von 1863/64 der Krieg auf das Herzogthum Schleswig und Jütland beschränkt war. Dann ist das noch nicht wirkliche Neutralisirung der übrigen Gebiete der Kriegsparteien und hangt es von dem Ermessen der Heerführer ab, den Kriegsschauplatz auch dorthin zu verlegen. Es kann das aber durch Uebereinkunft auch rechtlich festgestellt werden, z. B. dass der Krieg nur in den überseeischen Colonien, nicht in Europa geführt werde, oder umgekehrt. Während des Krieges von Oesterreich wider Frankreich und Italien wurde so der theilweise von den Franzosen und theilweise von den Oesterreichern besetzte Kirchenstat neutralisirt (1859). Die von den Parteien verabredete Eingrenzung des Kriegsfeldes schliesst also eine beschränkte Neutralisirung der übrigen Statsgebiete in sich.

748.

Die Neutralität heisst eine bewaffnete, wenn der neutrale Stat in der Absicht zu den Waffen greift, seine Neutralität und damit seine Friedensrechte gegen jede Verletzung einer der Kriegsparteien zu schützen.

Die blosse Rüstung und selbst die Truppenaufstellung des neutralen States bedeutet noch nicht Theilnahme am Krieg, sondern nur Schutz des Friedenszustandes gegen Uebergriffe einer der Kriegsparteien. Eine Neutralität, die nicht im Nothfall mit den Waffen vertheidigt wird, ist ein höchst unsicheres Gut, und wird leicht von der einmal losgebundenen Kriegsgewalt missachtet, wenn sie das in ihrem Interesse findet.

---

2. Bedingungen der Neutralität und Pflichten der Neutralen.

749.

Es hängt in der Regel von dem freien Willen eines jeden States ab, ob er in dem Kriege anderer Staten neutral bleiben oder sich an dem Kriege betheiligen wolle.

1. Wenn ein Krieg ausbricht, so können die zunächst unbetheiligten Staten entweder einer der Kriegsparteien, deren Sache sie unterstutzen wollen, beistehen und so ebenfalls in den Krieg eintreten, oder sie können sich solcher Theilnahme enthalten. Im letztern Falle sind sie neutral. Die Neutralität bedarf nicht eines besondern Actes, sondern versteht sich als Regel von selber, wenn nicht die Handlungen eines States auf kriegerische Betheiligung hinweisen.

2. Fur die Staten mit fortwahrender Neutralitat gilt die obige Vermuthung in erhöhter Stärke. Wenn diese Staten sich, ohne zuvor selber verletzt zu sein, bei einem Kriege anderer Staten betheiligen wollten, so wäre das Verzicht nicht wie bei den andern Staten nur auf die gegenwärtige Neutralität, sondern zugleich auf die Vortheile der ewigen Neutralität. Die ubrigen Staten wurden sich nicht mehr durch die früheren allgemeinen Anordnungen bestimmen lassen, einen Stat, der wie die andern je nach seinem freien Ermessen bald Theil am Kriege nimmt, bald sich zuruckhalt. als einen vorzugsweise und dauernd neutralen Stat zu betrachten und zu behandeln. Ein solcher Stat wurde dann eine abwechselnde, bald kriegerische bald friedliche Politik treiben, nicht mehr eine dauernd und specifisch neutrale. Vgl. unten § 752.

749 a.

Die öffentliche oder den Kriegsparteien gegenüber verkündete Erklärung der Neutralität ist nicht eine Bedingung der Neutralität, aber sie dient zur Aufklärung und zur Erinnerung an die Pflichten der Neutralität.

Die Grundbedingung aller Neutralität ist die thatsächliche Enthaltung von der Theilnahme am Krieg. Dieselbe wirkt ohne Erklarung ebenso wie mit Erklarung. Aber die Neutralitatserklarung kann zweckmassig dazu benutzt werden, um auch die Privaten von jeder Betheiligung am Kriege abzumahnen und vor einer fur sie gefahrlichen Missachtung des Kriegsvolkerrechts (Contrebande, Blokadebruch) zu verwarnen. Vgl. Art. 756 Anm. 2.

750.

Die Bundesgenossenschaft mit einer Kriegspartei verpflichtet nicht immer zur Theilnahme am Krieg. Die Bundesgenossenschaft kann begrenzt und die Behauptung der Neutralität mit derselben vereinbar sein.

Die deutschen Staten, obwohl fur Sicherung des deutschen Bundesgebiets die Bundesgenossen Oesterreichs, verhielten sich dennoch in dem Kriege Oesterreichs gegen Frankreich und Italien 1859 neutral und blieben sogar in dem von Preussen und Oesterreich gegen Dänemark 1863/64 geführten Kriege in neutraler Haltung.

751.

Sogar wenn ein Bundesgenosse zur Unterstützung einer Kriegspartei verpflichtet ist, aber sich trotzdem jeder Theilnahme an dem

Kriege enthält und diesen Willen der Gegenpartei ankündigt, so hat er einen Rechtsanspruch darauf, von derselben als neutraler Stat geachtet zu werden.

Die blosse vertragsmassige Allianz mit einem kriegführenden State macht den Alliirten noch nicht nothwendig zum Feinde der andern Kriegspartei. Wenn der Bundesgenosse seiner Allianz keine Folge gibt und seine neutrale Gesinnung und Haltung offenbar macht, so darf der Feind seines Alliirten ihn nicht als Kriegspartei betrachten. Er beobachtet demselben gegenuber das Recht des Friedens und hat daher auch ein Recht auf Frieden. Die Frage, ob er dadurch seine Bundespflichten gegen den Alliirten verletzte, ist nur zwischen ihm und diesem Alliirten zu lösen, sie geht dessen Gegner Nichts an.

752.

Auch wenn ein Stat durch Verträge oder allgemeine völkerrechtliche Anordnungen zu ewiger Neutralität wie berechtigt so verpflichtet ist, hört er dennoch auf, neutral zu sein, wenn er thatsächlich als Kriegspartei oder für oder gegen eine Kriegspartei sich am Kriege betheiligt.

Vgl. zu § 744 und 749. Wenn der fortwährend neutrale Stat zur Vertheidigung seines Rechts und daher auch seiner Neutralitat Krieg fuhren muss, so verzichtet er damit nur vorübergehend, nicht dauernd auf seine immerwährende Neutralität. Wenn er dagegen ohne solche eigene Kriegsursache sich an dem Kriege dritter Staten betheiligt, so ist das ein Aufgeben seiner immerwährenden Neutralität.

753.

Neutralität bedeutet nicht Gleichgültigkeit und Unparteilichkeit gegenüber den Kriegsparteien und dem Fortgang des Krieges.

Ein Stat kann ein lebhaftes Mitgefühl mit der einen Kriegspartei haben und seinem Unwillen wider die andere Kriegspartei einen offenen Ausdruck geben und trotzdem neutral bleiben. Blosse Meinungen und Meinungsäusserungen über Recht und Unrecht und uber die Gegensatze der Politik sind keine kriegerischen Acte und keine Theilnahme am Krieg. Sie heben das Friedensverhaltniss der Staten nicht auf, so wenig als derartige Urtheile und Aeusserungen von Privatpersonen uber Andere schon einen Process bedeuten. Wenn aus der Art und Form der Meinungsausserung eine Beleidigung erkennbar wird, so kann das zum Streite und selbst zum Kriege führen. Aber erst muss diese Folge eintreten. Bis dahin bleibt der Friedenszustand und mit ihm die Neutralität. Vgl. Rolin-Jaequemyns in der Genter Revue du D. Int. III. S. 125, welcher die Idee angeblicher Unparteilichkeit der Neutralen verspottet: „L'ideal du personnage neutrarum partium, c'est le juge qui dans l'apologue de l'huitre et des plaideurs, avale le contenu du mollusque et adjuge les écailles aux deux belligerants. Il n'est d'aucun parti, mais il s'engraisse scrupuleusement aux dépens de tous deux."

753 a.

Aeusserungen der Sympathie mit einer Kriegspartei sind ebenso wie Meinungsäusserungen über das Recht oder Unrecht derselben den Neutralen freigestellt. Es ist das nicht Kriegshülfe, d. h. thatsächliche Betheiligung an dem Kriege.

1. Während des französisch-deutschen Krieges hat der amerikanische Präsident Grant in der Neutralitätsproclamation vom 22. August 1870 ausdrücklich erklärt, dass „die freie und volle Aeusserung der Sympathien öffentlich und anderweitig nicht eingeschränkt sei durch die Gesetze der Vereinigten Staten".

2. Die Leidenschaften, welche der Krieg entflammt, werden freilich durch solche Aeusserungen leicht heftig gereizt und die neutrale Haltung der Staten verliert, wenn die Presse des neutralen Landes lebhafte Sympathien äussert, leicht bei der Gegenpartei an Vertrauen und Glauben und ist daher immerhin der Presse Vorsicht und Mässigung zu empfehlen. Aber das ist mehr eine Sache der Schicklichkeit und einer besonnenen Politik, als eine völkerrechtliche Pflicht. Vgl. Rolin-Jaequemyns a. a. O.

3. Nur vor offenbaren Beleidigungen einer Kriegspartei zu warnen und widerrechtliche Kränkungen der Art zu verhüten oder zu bestrafen, kann nach Umständen eine Pflicht des neutralen States werden; denn auch im Frieden kann eine solche Ungebühr zu ernsten Verhandlungen zwischen Staten führen und einen gefährlichen Streit veranlassen. Während des Krieges aber sind die Gemüther empfindlicher und verwundet eine Beleidigung tiefer. Unbedeutende Excesse, die zunächst Einzelne verschulden, werden dann leicht, wenn auch ohne zureichenden Grund, einer ganzen Nation oder selbst dem State als Schuld angerechnet. Um so nöthiger ist es, hier rechtzeitig einzuschreiten, damit der gute Wille, friedliche Beziehungen zu erhalten, unzweideutig hervortrete. Die Bundesregierung der Schweiz und die belgische Regierung haben während des deutsch-französischen Krieges 1870/71 diesen Willen bei jedem Anlass bewahrt; und es ist das auch von beiden Kriegsparteien, trotz vorübergehender kleiner Meinungsdifferenzen, schliesslich anerkannt worden.

754.

Wenn ein Stat nur vorübergehend durch die Person des gemeinsamen Herrschers mit einem andern State verbunden ist, so ist es möglich, dass der eine Stat zur Kriegspartei wird und der andere Stat neutral bleibt.

Da jeder von diesen Staten eine Person für sich ist (§ 74), so kann auch der eine Stat im Kriege sein, der andere im Frieden leben. Es war nicht nothwendig, dass das Kurfürstenthum Hannover in die englischen Kriege verwickelt werde, als die Kurfürsten von Hannover zugleich Könige von England waren, so wenig als früher die Niederlande genöthigt waren, sich an den englischen Kriegen zu betheiligen, als ihr Erbstatthalter König von England geworden war. Jeder selbständige Stat entscheidet sich selbständig, ob er den Frieden behalten oder in den Krieg eintreten wolle.

755.

Es kann auch der Fürst eines States persönlich als Officier im Dienste eines andern kriegführenden States an dem Kriege Theil nehmen und trotzdem die Neutralität des States gewahrt bleiben, dessen Fürst er ist.

Indem er als Officier eines fremden feindlichen States an dem Kriege Theil nimmt, gehört er, wie jeder andere Officier zu dem feindlichen Heere, und erscheint er nicht als Statshaupt, noch handelt er für seinen Stat. Persönlich ist er nun der Kriegsgefangenschaft, aber nicht sein Stat dem Kriege ausgesetzt.

756.

Da die thatsächliche Nichtbetheiligung am Kriege die natürliche Voraussetzung der Neutralität ist, so ist der neutrale Stat, wenn er die Rechte der Neutralität behaupten will, verpflichtet, sich jeder thatsächlichen Unterstützung einer Kriegspartei zu Kriegszwecken zu enthalten.

1. Die Pflichten der Neutralen sind nicht Dienstbarkeiten, welche ihnen von andern Staten — insbesondere den kriegführenden Staten — auferlegt werden; dafür gäbe es keinen Rechtsgrund; diese Pflichten sind nur naturgemässe Bedingungen der Neutralität. Man kann nicht neutral d. h. im Frieden bleiben, wenn man am Kriege Theil nimmt. Das Recht der Neutralität ist durch die neutrale Haltung bedingt. Ueber diesen Grundgedanken kann kein Zweifel sein Nur die Anwendung und Ausdehnung desselben kann in Frage kommen.

2. Die berühmte Proclamation der nordamerikanischen Neutralität durch den Präsidenten Washington vom 22. April 1793 in dem französisch-englischen Krieg erklärt es als die Pflicht und das Interesse der Vereinigten Staten, sich „freundlich und unparteiisch zu den beiden kriegführenden Mächten zu verhalten“ und ermahnt alle Bürger, „sich aller feindlichen Handlungen wider eine der beiden gänzlich zu enthalten“. Die Art, wie er beiden Mächten gegenüber diese Neutralität trotz grosser Schwierigkeiten handhabte, trug vieles dazu bei, das Recht der Neutralität zu befestigen und auszubilden. Vgl. Wheaton Int. L. § 439 Anm. von Dana und die Schrift von Bemis: American Neutrality. Boston 1866. Erklärung des Instituts für Völkerrecht in Haag 1875. Annuaire 1877. S. 139. Nr. 1. „Der neutrale Stat, der in Frieden und Freundschaft mit den Kriegsparteien bleiben und die Rechte der Neutralität geniessen will, hat die Pflicht, sich jeder Theilnahme am Kriege zu enthalten, durch militärische Hülfe zu Gunsten einer oder beider Kriegsparteien, und darüber zu wachen, dass sein Gebiet nicht für feindliche Operationen gegen eine oder gegen beide Kriegsparteien, als Sammelplatz oder Ausgangsort benutzt werde“.

757.

Insbesondere darf der neutrale Stat nicht einer Kriegspartei Truppen liefern, noch Kriegsschiffe zur Verfügung stellen, noch Subsidien für die Kriegsführung bezahlen.

Die bewaffnete unmittelbare Beihulfe zur Kriegsführung ist Theilnahme an der Kriegsfuhrung, aber auch die mittelbare Unterstutzung der Kriegsfuhrung durch Zahlung von Kriegssubsidien ist Betheiligung am Krieg und mit der neutralen Haltung nicht verträglich.

758.

Wenn einzelne Angehörige des neutralen States ohne Statsauftrag und ohne Statsermächtigung von sich aus als Reisläufer und Parteigänger einer Kriegspartei zulaufen und an der Kriegsführung Theil nehmen, so ist das nicht eine Verletzung der Neutralität, welche dem State zur Last fällt, aber diese Personen haben nun auch nicht die Rechte von friedlichen Personen anzusprechen, sondern sind als Feinde zu betrachten.

Der neutrale Stat darf aber nicht dulden, dass auf seinem Gebiete sich Freischaren sammeln, um einer kriegführenden Macht zuzuziehen.

1. Die einzelnen Privaten repräsentiren nicht den Stat; daher kann auch ihre persönliche Theilnahme an einem fremden Kriege nicht als Betheiligung des States angesehen werden, dem sie angehören. Der neutrale Stat darf nur nicht dulden, dass auf seinem Gebiete sich Freiwillige sammeln und als militärische Truppe organisiren, um von da aus dann einer der Kriegsparteien zuzuziehen. Das wäre nicht mehr That von Einzelnen, sondern bekame, weil die Truppenbildung immer eine statliche Machtentfaltung ist, einen öffentlich-rechtlichen Charakter. Wurde der Stat die Bildung von solchen Freischaaren gewähren lassen, so würde er offenbar die Kriegsfuhrung der einen Partei durch seine Connivenz unterstutzen und die Gegenpartei hätte Ursache, das als eine feindliche Haltung zu betrachten. Die neutrale Stellung wäre aufgegeben. Wenn aber solche Unternehmen heimlich vorbereitet werden, und der Stat, der es nicht hindert, dabei in bona fide ist, kann man ihm dieselben so wenig als das Reislaufen Einzelner zum Vorwurf machen.

2. Die Pariser Conferenz vom 15. Jan. 1869 erklarte in dem turkischgriechischen Conflikt: „La Grèce devra s'abstenir désormais de favoriser ou de tolérer la formation sur son territoire de toute bande recrutée en vue d'une agression contre la Turquie.“ Als im Jahr 1876 Russland den Zulauf russischer Freiwilliger zu dem serbischen Heere begunstigte, so hatte sich die hohe Pforte wohl uber einen Bruch der Neutralitatsbedingung beschweren können. Wenn sie vermieden hat, Russland den Krieg zu erklaren, so hatte sie dazu politische Grunde. Die Kriegspartei ist berechtigt aber nicht verpflichtet, wegen Neutralitätsbruch von dem neutralen State Genugthuung zu fordern und im Nothfall demselben den Krieg zu erklären. Zieht sie trotzdem vor, im Frieden mit demselben zu leben, so kann sie das. Vgl. Art. 761. Anm. 1

759.

Wenn ein Stat durch frühere Verträge, welche nicht in der Voraussicht des eingetretenen Krieges zum Behuf der Unterstützung einer Kriegspartei abgeschlossen worden sind, verpflichtet war, dem State, der nun Kriegspartei geworden ist, Truppen zu stellen, so wird die Anwesenheit dieser Truppen in Feindesland und selbst die Theilnahme derselben am Krieg nicht als Verletzung der Neutralität jenes States betrachtet, wenn im Uebrigen die friedliche Gesinnung des letztern unzweifelhaft ist und er sich strenge innerhalb der Schranken seiner vertragsmässigen Verpflichtung hält.

Die gelieferten Truppen sind feindliche Personen, aber der Stat, der sie nicht für diesen Krieg geliefert hat, ist nicht zum Feind geworden durch Ausbruch des Krieges.

Die neutrale Schweiz war, so lange sie durch sogenannte Militärcapitulationen gebunden war, oft in dieser Lage, indem die im Dienste und Solde einer fremden Macht stehenden Schweizertruppen an den Kriegen dieser Macht Theil nahmen, während die Schweiz selber sich an dem Kriege gar nicht betheiligte. Es kam sogar nicht selten vor, dass solche schweizerische Werbetruppen in den beiden feindlichen Heerlagern zu finden waren und genöthigt wurden, wider einander zu kämpfen. Indessen ist das immerhin ein Missverhältniss, das zu aufrichtiger Neutralität nicht passt. Indem die schweizerische Bundesverfassung von 1848 nun alle Militärcapitulationen untersagt hat, schützt sie die Neutralität der Schweiz besser gegen derartige Zweifel. Vgl. zu § 762. Ein anderes Beispiel einer Lieferung von Hülfstruppen bei einer im übrigen fortdauernden neutralen Haltung hat Dänemark in dem schwedisch-russischen Kriege von 1788 gegeben. Die Correspondenz darüber zwischen Dänemark, welches an Russland Schiffe und Truppen geliefert hatte und trotzdem seine Neutralität behauptete, und Schweden, welches zwar diese Behauptung bestritt, aber thatsächlich dennoch Dänemark als neutralen Stat behandelte, siehe bei Phillimore III § 140.

760.

Kein Stat und daher auch kein kriegführender Stat ist berechtigt, in einem fremden, insbesondere einem neutralen Stat wider den Willen der Statsgewalt Truppen zu werben.

Die Truppenwerbung wie alle Truppenaushebung und Truppensammlung ist voraus eine Aeusserung der Kriegshoheit, welche ausschliesslich der einheimischen Statsgewalt zusteht. Die fremde Werbung, die nicht von dieser gestattet worden, ist daher eine Verletzung jener Statshoheit.

761.

Erlaubt der neutrale Stat ausschliesslich oder vorzugsweise einer Kriegspartei die Truppenwerbung in seinem Gebiet, so erscheint diese Handlung als Beihülfe zur Kriegsführung und demgemäss als Verletzung der Neutralitätspflicht.

1. Indem der neutrale Stat die Werbung gestattet, stellt er dem fremden

Stat einen Theil seiner militärischen Volkskräfte zur Verfugung. Geschieht das nur zu Gunsten einer Partei und daher wider die andere, so ergreift der bisher neutrale Stat dadurch selber Partei fur jene wider diese, und gibt damit seine neutrale Haltung auf. Vielleicht lasst sich das der Gegner gefallen, ohne deshalb jenen Stat als Feind zu behandeln. Dann dauert trotzdem das Friedensverhältniss fort. Aber der befeindete Stat braucht sich das nicht gefallen zu lassen, und kann in Folge dessen sich weigern, langer jenen Stat als neutral anzusehen. § 753. 2.

2. Die Anwerbung von Truppen in fremdem Lande, ohne Erlaubniss der Landesregierung gilt daher als ein strafbares Vergehen. Vgl. darüber das nordamerikanische Neutralitatsgesetz vom 5. Juni 1794, bestätigt und ergänzt den 20. April 1818 Art. 2, das englische Gesetz British foreign-entlistment Act v. 3. Juli 1819 (59 Georg III. c. 69) § 2 und die Rede Cannings im englischen Parlament bei Phillimore III. § 146 u. 147. Wheaton Int. L. § 439 und besonders die Anmerkung dazu von Dana.

762.

Wenn der neutrale Stat beiden Kriegsparteien die Truppenwerbung in seinem Gebiete gestattet, ohne eine derselben vorzugsweise zu begünstigen, so ist das zwar kein offenbarer Bruch der Neutralitätspflicht, aber die völlige Untersagung jeder fremden Werbung entspricht besser und unzweideutiger der neutralen Haltung.

Neutralitat bedeutet nicht gleichmassige Begunstigung der beiden Kriegsparteien, sondern Enthaltung von jeder Kriegstheilnahme. Die Unparteilichkeit, welche sich in jener äussert, hat einen zweideutigen und verdachtigen Charakter, einmal weil es unnaturlich ist, dass der Stat seine jungen Manner in zwei feindliche Lager verlocken und dann wider einander kämpfen lasst, und sodann weil sie nicht Enthaltung von jeder Parteinahme, sondern eher gleichzeitige Theilnahme auf beiden Seiten ist. Die fruhere Praxis der schweizerischen Eidgenossenschaft, mit verschiedenen Mächten Militarcapitulationen abzuschliessen und zuweilen den entgegengesetzten Kriegsparteien Schweizertruppen zu liefern (zu § 759), hat zwar damals ihre Neutralitat nicht aufgehoben, war aber ein sehr bedenklicher Vorgang. Vattel III. § 110. Dagegen Phillimore III. § 150: „Ein Volk, welches beiden Kriegsparteien in Mannschaft oder Geld Hulfe leistet, mag unparteiisch sein, aber es ist nicht neutral".

763.

Der neutrale Stat darf nicht bloss selber keine Kriegsschiffe einer Kriegspartei liefern; er ist auch verpflichtet, in guter Treue darüber zu wachen und es zu verhindern, dass nicht auf seinem Gebiete durch Privatpersonen Kriegsschiffe für eine Kriegspartei ausgerüstet und derselben überliefert werden.

1. Im Friedenszustand ist der Verkauf von Kriegsschiffen von Stat zu Stat unbedenklich, und ebenso die Lieferung solcher von Seite der Privatindustrie.

Dann sind das friedliche Rechtsgeschäfte Aber während des Krieges liegt in der Ausrüstung und Zuwendung von Kriegsschiffen eine offenbare Unterstützung und Verstarkung der Kriegsgewalt. Insofern diese Absicht aus den Umständen sichtbar wird, ist das kriegerische Beihülfe, die mit der neutralen Haltung nicht vertraglich ist.

2. Schon die Erklärung des Präsidenten Washington vom 5. Juni 1793 und das Gesetz der Vereinigten Staten über die Neutralitätspflicht vom 3. April 1818 enthält in Art. 3 eine Strafbestimmung gegen alle Personen, welche „Schiffe ausrüsten und bewaffnen, oder dafur sorgen, dass Schiffe ausgerustet und bewaffnet werden in der Absicht für einen fremden Stat zu feindlichen Handlungen gegen einen andern Stat verwendet zu werden, der im Frieden ist mit den Vereinigten Staten". Die Erklarung des Generals Washington wurde erlassen, nachdem fur Frankreich im Kriege mit England in den amerikanischen Häfen Kreuzerschiffe ausgerustet worden waren und die englische Regierung daruber Beschwerde gefuhrt hatte, als über eine Verletzung der Neutralität. Die Regierung der Vereinigten Staten erklärte die Beschwerde fur begründet, und das Gesetz schuf bessere Garantien für die Bewahrung der Neutralitat. Vgl. die Schrift Dr. G. Bemis American Neutrality. Boston 1866 (wo sich die amerikanischen und englischen Gesetze abgedruckt finden) und Calvo D. I. II. S. 328 f. Der englische Minister Canning berief sich später auf das amerikanische Vorbild, um seinen Landsleuten eine ebenso sorgfältige Beachtung der Neutralitätspflicht zu empfehlen. Das englische Gesetz von 1819 enthalt ein ähnliches Verbot.

3. Während der Unabhängigkeitskriege der amerikanischen Sudstaten gegen Spanien und Portugal hatten die Bundesgewalten der Vereinigten Staten vielfältigen Anlass, den Versuchen entgegenzutreten, welche in dem Gebiete der Union gemacht wurden, den aufstandischen Colonien durch Ausrüstung von Kreuzerschiffen zu Hulfe zu kommen; und es war um so schwieriger fur jene Behörden, die Pflichten der Neutralitat zu erfüllen, als die Sympathien der nordamerikanischen Bevölkerung naturgemass sehr entschieden und sehr lebhaft auf Seite der Aufständischen waren. Vgl. Dana Anm. zu Wheaton Int. Law. § 439 8. Ausg. S. 557 f.

4. In Folge der Beschwerde der Vereinigten Staten von Amerika gegen die Regierung von Grossbrittanien, dass sie diese völkerrechtliche Pflicht vernachlässigt habe, indem sie während des amerikanischen Burgerkrieges die südstatlichen Kreuzer nicht verhindert habe, auszulaufen (sog. Alabamabeschwerde), kam schliesslich der Vertrag von Washington zwischen den beiden Staten vom 8. Mai 1871 zu Stande, durch welchen ein Schiedsgericht beauftragt wurde, auf Schadensersatz zu erkennen, auf Grundlage folgender drei völkerrechtlicher Regeln, die zwar nach englischer Meinung damals nicht unzweifelhaft waren, aber dennoch nun als berechtigt anerkannt wurden: Art. 6. „Eine neutrale Regierung ist verpflichtet:

a) sorgfältig daruber zu wachen, dass nicht in ihrem Gebiete ein Schiff ausgerüstet, bewaffnet oder bemannt werde, welches mit Grund als ein fur den Krieg mit einer befreundeten Macht bestimmtes Kriegsschiff oder Kreuzer zu betrachten ist und ebenso dieselbe Sorgfalt zu uben, um die Abfahrt eines solchen Kriegs- oder Kreuzerschiffes aus ihrem Gebiete zu verhindern,

b) nicht zu gestatten oder zu dulden, dass eine der kriegführenden Parteien ihre Seehafen oder Gewasser als Basis fur die Operationen zur See wider ihren

Feind oder zur Erneuerung oder Verstärkung ihrer Militarmacht oder zur Aushebung von Mannschaften benutze,

c) in ihren Häfen und Gewässern und ebenso gegenuber allen in ihrem Statsgebiet sich aufhaltenden Personen mit Sorgfalt dafur zu sorgen, dass jede Verletzung der obigen Pflichten verhindert werde."

5. Das Institut fur Völkerrecht hat die Neutralitätspflicht in Haag 1875 folgender Massen formulirt:

„Art. 1. (s. oben zu § 756. 2).

Art. 2. Daher darf der neutrale Stat nicht in irgend einer Weise einer Kriegspartei seine Kriegs- oder militärischen Transportschiffe zur Verfugung stellen oder verkaufen, ebenso wenig das Material seiner Arsenale oder Militärmagazine, im Hinblick auf die Förderung der Kriegsführung. Ueberdem ist der neutrale Stat gehalten, auch daruber zu wachen, dass nicht andere Personen einem Kriegsstat in seinem Hafen oder in den seiner Hoheit unterworfenen Gewassern Kriegsschiffe zur Verfügung stelle

Art. 3. Wenn der neutrale Stat Kenntniss von einer Unternehmung oder einem Acte dieser Art erhält, welche mit seiner Neutralität unverträglich sind, so ist er verpflichtet, die erforderlichen Massregeln zu treffen, um dieselbe zu verhindern und die Personen, welche die Neutralitätspflicht verletzen, zur Verantwortung zu ziehen.

Art. 4. Ebenso darf der neutrale Stat nicht gestatten noch dulden, das einer der Kriegsstaten seine Häfen oder seine Gewasser zu militärischen Operationen wider den Feind benutze, noch dass die militarischen Transportschiffe sich seiner Hafen oder Gewässer bedienen, um ihre militarische Ausrüstung zu erneuern oder zu vermehren oder um Mannschaften aufzunehmen

Art. 5. Die blosse Thatsache eines feindlichen Actes begangen in dem neutralen Gebiet, genügt nicht, um den neutralen Stat verantwortlich zu machen. Um ihn einer Pflichtverletzung zu beschuldigen, ist der Beweis feindlicher Absicht (Dolus) oder einer offenbaren Nachlässigkeit (culpa) erforderlich.

Art. 6. Die Kriegspartei, welche durch eine Verletzung der Neutralitätspflichten geschädigt wird, hat das Recht nicht, die Neutralität sofort als erloschen zu betrachten und zu den Waffen zu greifen wider den Stat, der die Neutralitatspflicht verletzt hat, ausser in schweren und dringenden Fällen und nur während der Krieg fortdauert.

In den weniger schweren und nicht dringenden Fällen, oder wenn der Krieg beendet ist, sind solche Streitigkeiten dem schiedsrichterlichen Verfahren zuzuweisen.

Art. 7. Das Schiedsgericht bestimmt ex bono et aequo die Entschädigung, welche der neutrale Stat in Folge seiner Verantwortlichkeit an den verletzten Stat zu leisten hat, sei es für sich selbst, sei es fur seine Angehörige."

6. An sich ist der Handel mit Kohlen, auch für Kriegsschiffe den Neutralen erlaubt. Aber mit Recht wurde in dem französisch-deutschen Kriege von 1870/71 der französischen Kriegsflotte nicht gestattet, sich zum Behuf ihrer Kriegsfahrt nach Norden in den englischen Hafen mit Kohlen zu versehen.

764.

Sobald die Absicht der Kriegshülfe offenbar wird, wenn auch

vorerst nur Vorbereitungen zur Ausrüstung eines Kriegsschiffes oder Caperschiffes getroffen werden, so ist der neutrale Stat zum Einschreiten verpflichtet.

Es ist nicht nothig, dass das Schiff schon bewaffnet sei. Wenn der Unternehmer scheinbar ein Handelsschiff ausrustet, aber die Absicht, dasselbe, wenn es als solches ausgelaufen sei, kriegerisch zu bemannen und zu bewaffnen, nachgewiesen werden kann oder wenigstens wahrscheinlich ist, so ist das eine nicht zu duldende Umgehung der Neutralitatsgesetze. Ist aber jene Absicht nicht vorhanden, so bewirkt auch die thatsächliche Verwendung eines Handelsschiffes, das auf neutraler Werfte gebaut, aber von einem Kaufmann in einem kriegfuhrenden State gekauft worden ist, zu einem Kriegsschiffe nicht eine Missachtung der Neutralitatspflicht. Vgl. Wheaton a. a. O. S. 562. Anders ist es, wenn ein Kriegsschiff lediglich als Artikel der industriellen Unternehmung und des Handels, wenn auch an einen kriegfuhrenden Stat, veräussert wird Das ist wohl Kriegscontrebande, aber nicht Verletzung der Neutralitatspflicht. Vgl. darüber den § 765.

765.

Ebenso ist es eine Verletzung der Neutralitätspflichten, wenn der neutrale Stat eine Kriegspartei mit Waffen oder anderem Kriegsmaterial ausrüstet oder ausrüsten hilft.

Wenn aber Privatpersonen ohne die Absicht der Kriegshülfe, lediglich in Form des Handelsgeschäfts, Waffen oder Kriegsmaterial an einen kriegführenden Stat veräussern, so laufen sie zwar Gefahr, dass diese Gegenstände als Kriegscontrebande von der Gegenpartei weggenommen werden; aber durch die Duldung des Handelsverkehrs mit Kriegscontrebande wird die neutrale Haltung des States, von dem aus jener Verkehr betrieben wird, nicht verletzt.

1. Soweit die Ausrustung mit Waffen oder die Zusendung von Waffen als beabsichtigte Kriegshulfe sich darstellt, soweit ist das ein feindlicher Act, welcher mit neutraler Stellung sich nicht verträgt. Dagegen der offene Handel mit Waffen von Seite der Waffenfabriken und Waffenhandler ist seiner Natur nach ein friedliches Privatgeschaft, welches sowohl im Frieden als im Krieg in gleicher Weise geübt wird. Dem Effekte nach freilich wirkt der Ankauf von Waffen ganz ebenso wie die Ausrüstung mit Waffen. In beiden Fällen werden die Interessen der kriegfuhrenden Partei dadurch gefördert. Daher kann sich auch die Absicht der kriegerischen Beihülfe, die den Neutralen durch das Volkerrecht untersagt wird, in die Form des friedlichen Handelsgeschäfts, welches völkerrechtlich den Neutralen nicht verwehrt wird, verstecken. In den einzelnen Fallen also kann man Zweifel haben, ob jene oder ob dieses gemeint sei, und diese Zweifel mussen aus den Umstanden gelost werden. Wird der Handel heimlich gemacht und vollzogen, wird er nur einseitig einer Partei gewahrt, so darf wohl daraus geschlossen werden, dass Kriegshulfe

beabsichtigt und die Form des friedlichen Geschäfts nur zur Verbergung jener Absicht gewählt worden sei.

2. Wer Kriegscontrebande einer Kriegspartei zuführt, der setzt sich der Gefahr der Prise aus (vgl. unten Cap. 4). Aber er verletzt nur die Kriegsinteressen der einen Partei und verfällt insofern ihrem Kriegsrecht. Der neutrale Stat hat keinen Grund die Lieferung von Kriegscontrebande auch seinerseits zu hindern. Bei den Verhandlungen vom Jahr 1793 über die nordamerikanische Neutralität in dem französisch-englischen Krieg erklärte Jefferson, das Recht der Bürger, Waffen zu bearbeiten, zu verkaufen, auszuführen, könne nicht durch einen fremden Krieg aufgehoben werden. Aber die amerikanischen Bürger üben dasselbe auf ihre Rechnung und Gefahr aus. Wheaton a. a. O. S. 538.

3. In dem Widerstreite der privatrechtlichen Regel der Handelsfreiheit und der völkerrechtlichen Pflicht, sich der Kriegshülfe zu enthalten, geht die letztere vor, wie überhaupt das öffentliche dem Privatrecht. Wenn daher aus den Umständen klar wird, dass der Handel der Kriegshülfe diene, ist er zu hindern. Vgl. § 766 Richter G. Cornwall Lewis: „The obligation incumbant upon a State of preventing her soil from being used as an arsenal in which the means of attack against a foreign Government may be collected and prepared for use is wholly independent of the form and character of that Government."

766.

Der neutrale Stat ist verpflichtet, Waffensendungen im Grossen, welche nach den Umständen als Kriegshülfe erscheinen, auf seinem Gebiete möglichst zu verhindern.

1. Man darf dem neutralen State nicht zumuthen, dass er die Verschickung von Waffen im Einzelnen und Kleinen verhindere. Das hat auf die Beziehung von Stat zu Stat keinen Einfluss und die Durchführung einer solchen Obsorge würde eine unverhältnissmässige Anstrengung der Behörden erfordern und unerträgliche Quälereien für die Bürger nach sich ziehen.

2. Anders verhält es sich mit der Zusendung im Grossen. Darin liegt durchweg eine thatsächliche Förderung einer Kriegspartei und meistens auch eine kriegerische Beihülfe. Insofern hat der neutrale Stat, um seine Nichtbetheiligung am Kriege ausser Zweifel zu stellen, ein Interesse, und soweit die Absicht der Kriegshülfe mindestens wahrscheinlich ist, die Pflicht, der Ausführung solcher Sendung entgegenzutreten.

3. In dem französisch-deutschen Kriege von 1870/71 ergaben sich starke Zweifel und Meinungsverschiedenheiten über die Principien und deren Anwendung. Die Schwierigkeit liegt in der Unterscheidung zwischen dem erlaubten Handel der Neutralen und der unzulässigen Kriegshülfe derselben

Manche neutrale Staten, wie insbesondere die den europäischen Kriegsstaten nahe gelegenen Staten, die Schweiz und Belgien haben die Zufuhr und Durchfuhr von Waffen überhaupt verboten, in der Absicht, ihre Neutralitätspflicht in weitem Umfange zu wahren. Aber selbst das ferne japanesische Reich hatte in seiner Neutralitätserklärung vom August 1870 den japanesischen Schiffen jede Zufuhr von Waffen an eine Kriegspartei verboten (Art. 5). Rolin-Jaequemyns a. a. O. II. S. 85. Dagegen hatten England und die Vereinigten Staten von

Amerika zwar ihre Handelsleute aufmerksam gemacht, dass Waffen als Contrebande gelten, aber von sich aus dem Waffenhandel keine Hindernisse in den Weg gestellt. Sie waren umgekehrt geneigt, den Waffenhandel als erlaubt zu betrachten und die Neutralitätspflicht zu Gunsten jener Freiheit in engerem Sinne auszulegen

Zwischen England und Deutschland hat daruber ein ernster und interessanter Depeschenwechsel stattgefunden. Durch Note vom 30. August 1870 beschwert sich der preussische Botschafter in London, Graf Bernstorff, daruber, dass die englische Regierung die Waffenlieferung im Grossen nach Frankreich gestatte und dadurch die Neutralitat in einer, für Deutschland, das auch nach englischer Auffassung einen gerechten Krieg fuhre, nachtheiligen, statt wohlwollenden Weise ausube. Graf Bernstorff bemerkt, eine „wohlwollende“ Handhabung der Neutralitat, worauf Deutschland einen natürlichen Anspruch habe, wurde das englische Verbot der Waffenausfuhr zur Folge haben, die nach den Umständen ausschliesslich zu Gunsten des ungerechten Angreifers ausfalle. Zu einem derartigen Verbot aber sei die englische Regierung durch das Gesetz ermachtigt. Graf Granville antwortete am 15. September ausfuhrlich. Er bemerkte vorerst, dass der Begriff einer für die eine Kriegspartei „wohlwollenden“ und daher fur die andere Partei ungünstigen Neutralität neu und bedenklich sei, indem er eine Beurtheilung des Rechtsstreites zwischen den Parteien durch die Neutralen und den Ausspruch zu Gunsten der einen wider den andern voraussetze, und eher geeignet sei, die Neutralitat aufzugeben, als anzuwenden Sodann hob er hervor, dass während des Krimkrieges auch Preussen als neutraler Stat gestattet habe, der russischen Kriegspartei auf dem Wege des Handels Waffen und Munition zuzufuhren und vertheidigte die Analogie der beiden Falle gegen die Einwendungen Bernstorffs Er halt das gegenwartige Verfahren Englands fur gerechtfertigt durch die bisherige Praxis, gibt aber zu, dass „mit dem Fortschritte der Civilisation die Verpflichtungen der Neutralen strenger geworden“ seien und erklart seine Bereitschaft, „mit anderen Völkern über die Moglichkeit zu Rathe zu gehen, gemeinschaftlich strengere Regeln einzuführen, obwohl seine Erwartungen in Betreff eines praktischen Ergebnisses in dem von der norddeutschen Regierung angegebenen Sinne nicht sehr hoffnungsreich sind.“

(Man muss zugeben, dass die englische Regierung, indem sie eine grossartige Waffenzufuhr nach Frankreich duldete, ihr Landesrecht nicht verletzte und ferner, dass sie sich mit Grund auf eine analoge fruhere Praxis berufen konnte und daher keine offenbare Verletzung des Volkerrechts beging, aber es ist doch nicht zu leugnen, dass sie den völkerrechtlichen Grundsatz des Verbots der Kriegshulfe zu wenig sorgfaltig beachtete und dem Grundsatz des freien Handels allzusehr die Zugel schiessen liess. Sie hatte jene Waffenausfuhr hindern oder doch erschweren können, ohne ihr Landesrecht anzutasten, und hatte sie es gethan, so hätte sie nicht eine „wohlwollende“, sondern eher eine „strenge“ Neutralität geubt)

Weniger wurde die offentliche Meinung in Deutschland wider die Amerikaner aufgeregt, obwohl auch sie den Franzosen grosse Massen von Waffen verkauften und zufuhrten. Vielleicht haben die grosse Entfernung und die bekannnte lebhafte Sympathie der zahlreichen Deutschen in Amerika fur ihre europaischen Bruder beruhigend gewirkt. Es kam uberdem hinzu, dass der Prasident Grant schon in der Neutralitätsproclamation vom 22. August 1870 zwar den Handel mit Kriegscontrebande in den Vereinigten Staten als erlaubt erklarte, aber vor der Zufuhr derselben über See als völkerrechtlich verboten warnte und später der amerikanischen Zeughausverwaltung ausdrücklich untersagte, Waffen an eine Kriegspartei zu verkaufen, eine Anordnung, die sich freilich von selbst verstand und auch in England beachtet wurde. (Vgl. die Depesche des Grafen Granville, zur Erklärung der mit englischem Statsstempel bezeichneten Waffen. A. R. Anz vom 28. Febr. 1871.) Der Auftrag Grants hinderte aber nicht, dass die Versteigerungen von Waffen aus den *Zeughäusern* des Stats hauptsächlich von Händlern benutzt wurden, um dieselben den Franzosen zuzuführen. Endlich wirkte in dem Verhältniss von Preussen zu den Vereinigten Staten die Erinnerung an den berühmten Statsvertrag dieser beiden Mächte vom 10. September 1785 bedeutsam ein. In Artikel 13 dieses Vertrags nämlich war ausdrücklich bestimmt, wenn einer der beiden Staten in einen Krieg verwickelt werden und der andere Stat neutral bleiben sollte, so sollten die Handelsleute des letztern nicht gehindert werden, auch Waffen und Munition an den Feind des andern zu verkaufen. Sogar die Contrebande der Art soll nicht confiscirt, sondern den Kaufleuten die Waare bezahlt werden von der Kriegspartei, die sich derselben bemächtigt. In diesem Vertrage war demnach die Freiheit des Handels im weitesten Sinne gewahrt und das Recht der Kriegführenden gegenüber den Neutralen aufs Engste beschränkt. Diese Bestimmung ist indessen in die neueren Verträge zwischen Preussen und der Union von 1799 und 1828 nicht wieder aufgenommen worden.

767.

Die Gestattung des freien Ankaufs von Lebensmitteln, wenn auch für die Verproviantirung der kriegführenden Armee, ist nicht als Begünstigung derselben zu betrachten, wenn sie allgemein ist und gleichmässig für beide Parteien gilt.

Die Ernährung der Menschen ist unter allen Umständen ein friedliches Geschäft, keine feindliche That. Der Handel mit Lebensmitteln, Schlachtvieh, Getreide, Brod u. s. f. kann daher in der Regel nicht als kriegerische Beihülfe angesehen werden. Nur wenn er der einen Partei gewährt aber der andern versagt, oder wenn die Lieferung von Lebensmitteln an die eine Armee als Kriegssubsidie sich darstellen würde, dann würde die offenbare Parteinahme für die eine Kriegspartei wider die andere die neutrale Haltung verletzen.

768.

Der neutrale Stat darf auch nicht einer Kriegspartei ein Gelddarlehen machen, um ihr für den Krieg die erforderlichen Mittel zu verschaffen und es widerstreitet der Neutralitätspflicht, wenn er gestattet, dass im Lande eine Anleihe für eine Kriegspartei ausgeschrieben oder sonst Gelder zur Unterstützung derselben öffentlich gesammelt werden. Die Geldbeischüsse aber, welche Privatpersonen von sich aus einer Kriegspartei leisten, gefährden die Neutralität des States nicht.

1. Wenngleich Gelddarlehen in der Regel ebenfalls Friedensgeschäfte sind, so ist doch die Geldanleihe für Kriegszwecke ebenso wie die Kriegs-

subsidie (oben 756) eine offenbare Kriegshülfe, deren sich die Neutralen enthalten müssen. Das gilt aber auch von Privaten, welche die Kriegsanleihe machen. Es wird demnach keine Klage auf Erfüllung zugelassen. Vgl. die Erkenntnisse in der hellenischen Anleihe von 1826 bei Phillimore III. § 151. Oberrichter Best: „Es ist wider das Völkerrecht, dass Personen, welche in diesem Lande wohnen, sich auf Unterhandlungen einlassen, um Darlehensgelder zu erheben, welche bestimmt sind, die aufständischen Unterthanen im Kriege gegen eine Regierung zu unterstützen, mit welcher wir befreundet sind; und desshalb ist keine auf Erfüllung gerichtete Klage zuzulassen".

2. Meines Erachtens ist jedoch nur die offenbare Kriegsanleihe nicht zu dulden. Dagegen ist eine Geldsammlung aus Gründen der Humanität z. B. zu Gunsten der Verwundeten, der vom Kriegsunglück betroffenen Familien, der Vertriebenen, der Kriegsgefangenen u. s. f. durchaus nicht eine feindliche Handlung, auch nicht wenn sie ausschliesslich sich auf die Angehörigen der einen Kriegspartei bezieht, und gefährdet die Neutralität nicht.

3. Das Ausschreiben einer Kriegsanleihe hat, weil es öffentlich und in der Absicht geschieht, die Parteinahme möglichst auszubreiten, einen ähnlichen Charakter, wie die Werbung von Hülfstruppen. Desshalb darf der neutrale Stat das nicht dulden. Wenn aber einzelne Privatpersonen die kriegführende Macht mit Geld unterstützen, so ist das dem Beitritt einzelner Freiwilliger zu einer fremden Kriegsarmee zu vergleichen. Das sind individuelle Handlungen, die der neutrale Stat nicht verhindern kann, und für die er nicht verantwortlich ist. Es kann auch das durch die Strafgesetze eines Landes verboten sein. Aber das Völkerrecht kümmert sich nicht weiter darum.

769.

Der neutrale Stat darf nicht gestatten, dass sein Gebiet von einer Kriegspartei zu Kriegszwecken benutzt werde.

1. Es ist das der allgemeinste Ausdruck eines Grundsatzes, dessen nähere Ausführung sich in den §§ 770 ff. findet. Der neutrale Stat muss sein Gebiet neutral erhalten, was nicht geschieht, wenn eine fremde Kriegspartei in demselben Krieg führt oder sich desselben für die Kriegsführung bemächtigt.

2. Eine neue Anwendung dieses Grundsatzes kam in dem französisch-deutschen Krieg von 1870/71 zur Sprache. Es entstand die Frage, ob während des Krieges die Legung eines französischen Kabels von Dunkirchen nach dem Norden, mit Benutzung des neutralen englischen Gebietes, von England zu gestatten sei? An sich sind Telegraphenlinien eine Einrichtung, welche dem friedlichen Verkehre dient und selber einen friedlichen Charakter hat. Aus den Umständen ergab sich aber die Absicht, dieses Kabel zum Behuf der Kriegsführung anzulegen. Desshalb untersagte die englische Regierung das Project, in dem sie darin mit Recht eine „Kriegshülfe" erkannte. (Erklärung des Ministers Gladstone im englischen Unterhause vom 1. August 1870.)

770.

Es darf daher keiner Kriegspartei der Durchmarsch durch das neutrale Gebiet gestattet werden.

1. Auch wenn der regelmässige Weg, auf welchem die Staten, die nun zum Kriege kommen, mit einander oder in sich verbunden sind, über das neutrale Gebiet hinführt, so erfordert es dennoch die Pflicht der Neutralität, dass nun den feindlichen Heeren der Durchmarsch verweigert werde. Der Durchmarsch der französischen Truppen uber das neutrale preussische Gebiet im Oktober 1805 war eine Missachtung der preussischen Neutralitat, und ebenso der bewilligte Durchmarsch der Alliirten uber schweizerisches Gebiet nach Frankreich im Jahr 1814 ein Aufgeben der schweizerischen Neutralität.

2. Einige merkwürdige Detailfragen sind während des französisch-deutschen Krieges von 1870 durch den neutralen Bundesrath der Schweiz beantwortet worden:

1) Der regelmässige Weg fur die Bewohner des badischen Seekreises ist die Eisenbahn von Constanz nach Basel, die an mehreren Stellen das schweizerische Gebiet durchschneidet. Ebenso fuhrt der regelmässige Weg fur die Savoyarden am Genfersee nach Frankreich über die schweizerische Stadt Genf. Es war also naturgemass, dass auch Kriegspflichtige diesen Weg wählten, um zu ihren Truppen zu kommen. Der schweizerische Bundesrath erliess nun die Anordnung, man solle solche Personen ungehindert passiren lassen, wenn sie ohne Uniform und ohne Waffen reisen. Die Rucksicht auf den freien Personenverkehr fiel hier schwerer ins Gewicht. als die ängstliche Sorge, den Zuzug zum Heere zu hindern.

2) Als dagegen in Basel ein franzosisches Bureau eingerichtet wurde, um grössere Schaaren von Elsassern, welche als Freiwillige dem französischen Heere zulaufen wollten, uber die Schweiz nach Sudfrankreich zu versenden, so trat der Bundesrath diesem Missbrauch des neutralen Gebiets zur Kriegshulfe entgegen und hinderte die Zuzuge, wenngleich die Leute weder Uniform noch Waffen hatten, in dem richtigen Gefuhl, dass das nicht mehr regelmassiger Personen- und Reisendenverkehr, sondern Transport von Kriegsleuten sei.

3) Ebenso untersagte der schweizerische Bundesrath die Verbreitung eines Manifestes, welches im September 1870 die Internationale an die Socialisten der Schweiz, in Frankreich und in Deutschland gerichtet hatte, um sie zu einer „universellen socialen Republik" aufzufordern und dem Militärregimente ein gewaltsames Ende zu machen. Er duldete uberhaupt keine kriegerischen Werbungen.

771.

Wenn jedoch eine Verfassungspflicht oder eine Statsdienstbarkeit oder eine ohne Rücksicht auf einen bevorstehenden Krieg begründete Vertragspflicht des neutralen States besteht, den Durchzug von Truppen einem andern State zu gestatten, der nun Kriegspartei ist, so ist die gemessene Erfüllung dieser Pflicht nicht als Unterstützung dieser Kriegspartei zu betrachten und es liegt darin keine Verletzung der Neutralitätspflicht.

Die Verfassungspflicht kann vorzüglich in zusammengesetzten Staten die Einzelstaten nöthigen, dass sie die Truppen ihres Bundesgebietes über ihr Gebiet marschiren lassen, wie das z. B. den Rheinbundesstaten im Jahr 1806 zur Pflicht gemacht war. Ebenso können einem State Etappenstrassen im Frieden und im Krieg geöffnet sein. Ein Beispiel einer vertragsmässigen Gestattung des Truppendurchzugs bestand früher zu Gunsten des Grossherzogthums Baden gegenüber der Schweiz auf der Eisenbahn von Constanz über Basel. Da manche Strassen und Eisenbahnen die Grenzen verschiedener Statsgebiete abwechselnd durchschneiden, so ist in manchen Fällen ein wechselseitiges Zugeständniss der Benutzung derselben auch für Truppentransporte durch die örtlichen Verhältnisse motivirt, ohne dass man daraus irgendwie auf Kriegshülfe zu schliessen berechtigt ist.

772.

Die Durchfahrt der Kriegsschiffe durch das neutrale Küstengewässer gilt nur insofern als Verletzung der Neutralität, als der neutrale Stat dieselbe den kriegführenden Mächten untersagt hat.

Der Grund liegt darin, dass der flüssige Küstensaum nur in beschränktem Sinne der Statshoheit des Uferstates unterworfen, als Bestandtheil des Meeres aber der freien Schifffahrt aller Völker offen ist. Daher ist es auch nicht eine absolute Pflicht des neutralen States, diese Durchfahrt zu verhindern; aber er kann sie verhindern, weil er vom Ufer aus den Küstensaum beherrscht. Die fremden Schifffahrer sind verpflichtet, sich seinen polizeilichen und militärischen Vorsichtsmassregeln auf diesem Gebiete zu fügen. Vgl. oben § 309. 310, Wheaton Int. Law. § 432.

773.

In die Eigengewässer (Seehäfen) aber darf der neutrale Stat die Kriegsschiffe der feindlichen Parteien nicht einlaufen, noch über seine Ströme, Flüsse, Canäle hindurchfahren lassen, ausser zu offenbar friedlichen Zwecken (Aufnahme von Lebensmitteln, Wasser, Kohlen) oder im Nothstand zur Ausbesserung nicht aber zum Behuf erneuerter oder verstärkter Kriegsrüstung.

1. Vgl. oben § 309 und 311. Amerikanisches Neutralitätsgesetz von 1818 Art. 5. Würde der neutrale Stat den feindlichen Kriegsschiffen seine Häfen öffnen, so würde er damit die Kriegsführung derselben unterstützen, und würde er denselben seine Wasserstrassen zur Benutzung überlassen, so wäre das der Einräumung der Landstrassen für feindliche Truppenmärsche gleichzustellen. Das ist Kriegshülfe und als solche dem Neutralen nicht erlaubt. (Vgl. § 763. 4.)

2. Dagegen die Aufnahme der Kriegsschiffe zu friedlichen Zwecken ist erlaubt, da der neutrale Stat im Frieden mit den kriegführenden Staten lebt, wenn gleich mittelbar daraus auch Vortheil für eine Kriegspartei erwachsen kann. Es ist das der Gestattung des Ankaufs von Lebensmitteln gleichzustellen. Vgl. oben § 767. Gewöhnlich wird den Kriegsschiffen, wenn sie Wasser oder Kohlen einnehmen oder Reparaturen vornehmen wollen und zu diesem Behuf in den neutralen Häfen zugelassen werden, nur eine ganz kurze Frist (meistens nur von 24 Stunden) verstattet. Dana zu Wheaton Int. L. § 429. Die Englische Geh.-Raths-Verordnung vom 31. Jan. 1872 bestimmt, dass die

feindlichen Kreuzer, welche in die neutralen englischen Häfen einlaufen, binnen 24 Stunden dieselben wieder verlassen mussen, ausser wenn die Seenoth oder das Bedurfniss fur die Nahrung der Mannschaft oder die Seefähigkeit des Schiffes zu sorgen, einen langeren Aufenthalt erfordert. Auch die Erlaubniss, Kohlen aufzunehmen, wird darin beschrankt durch die Rucksicht auf die Möglichkeit, zu einem andern Hafen zu gelangen.

774.

Verfolgte Truppentheile, die sich auf neutrales Gebiet flüchten, darf der neutrale Stat jederzeit aufnehmen, ihnen Nahrung verschaffen und jede menschliche Hülfe gewähren, ohne dadurch seine Neutralität zu gefährden.

Man nennt auch dieses Recht des neutralen States Asylrecht. Vgl. oben § 396. Die feindliche Verfolgung muss an der Grenze des neutralen States Halt machen, denn das Gebiet desselben ist Friedensgebiet. Daher finden auch die verfolgten und versprengten Krieger hier vorerst Sicherheit und Ruhe. Indem der neutrale Stat sie aufnimmt und schützt, übt er sein Friedensrecht und keineswegs eine Kriegshülfe aus.

775.

Ebenso darf der neutrale Stat den nothleidenden Kriegsschiffen in seinen Häfen Aufnahme und Schutz gewähren.

Auch das ist Asyl und Ausubung menschlicher (nicht kriegerischer) Beihulfe, die immer erlaubt weil Menschenpflicht ist.

776.

Der neutrale Stat hat aber dafür zu sorgen, dass diese Handlung der Menschlichkeit nicht von den feindlichen Truppen missbraucht werde, um den Krieg von dem neutralen Gebiet aus zu erneuern oder fortzusetzen. Die flüchtigen Truppen und Kriegsschiffe sind daher in der Regel zu entwaffnen und erstere je nach Umständen von der Grenze zu entfernen und zu interniren.

1. Wurden sich die flüchtigen Truppen auf dem neutralen Boden wieder sammeln, und dann neuerdings vielleicht an einer günstigeren Stelle auf das Kriegsfeld ziehen und den Kampf da wieder aufnehmen, so wurden sie das neutrale Gebiet für ihre Kriegsführung ausbeuten, was der neutrale Stat nicht dulden darf. Er gewahrt den Verfolgten Schutz, aber er begunstigt nicht die Kriegsführung einer Partei. Desshalb die Regel der Entwaffnung und in manchen Fällen, besonders wo die Anwesenheit der Truppen in der Nähe der Kriegsgrenze gefahrlich ist, die Internirung der Truppen in das Innere des Landes. Es ist das nicht Kriegsgefangenschaft, welche Friedensstaten nicht uben, sondern nur eine Massregel der politischen Polizei. Belgische Erkl. vom 6. August 1870. Calvo D. I. II. S. 399. 401. Der internationale Stat übt aber eine energische Polizeigewalt aus über die internirten Truppen, die sich der Sorge für Verwahrung der Kriegsgefangenen annahert. Vgl. Brüsseler Erkl. 53.

2. Die Entwaffnung der versprengten und flüchtigen Truppen auf neutralem Gebiet geschah während des französisch-deutschen Krieges in grossartigem Massstabe. Nach der Schlacht bei Sedan (2. Sept. 1870) suchten sich Tausende von flüchtigen Franzosen auf das belgische Gebiet zu retten. Gegen Ende des Krieges entging die ganze Armee Bourbaki's der Vernichtung oder der feindlichen Gefangenschaft nur dadurch, dass sie auf das schweizerische neutrale Gebiet überging. (31. Jan. 1871.)

Die beiden neutralen Staten waren genöthigt, zur Sicherung ihres Gebietes Truppen aufzustellen, und hatten die zum Theil schwierige Aufgabe, die verfolgten Truppenkörper einer Kriegspartei zwar aufzunehmen, aber zugleich zu überwachen, dass sie nicht von dem neutralen Boden aus sich neuerdings an dem Kriege betheiligen. Beide Staten übten diese schwere Pflicht in redlicher und anerkennungswerther Weise aus. Die feindlichen Truppen wurden entwaffnet und internirt. Es wurde Niemandem gestattet, weder unmittelbar, noch auf Umwegen nach Frankreich zurückzukehren. Selbst den Offizieren wurde nur gegen Ehrenwort grössere Freiheit der Bewegung gestattet. Die Verpflegung der fremden Kriegsleute übernahm zunächst der neutrale Stat. Belgien enthielt sich, eine Entschädigungsforderung desshalb zu stellen, obwohl es dazu berechtigt war. Die Schweiz schloss durch den General Herzog am 1. Februar 1871 mit dem französischen General Clinchamp einen Vertrag ab, nach welchem der Artilleriepark, die Waffen und Munition u. s. f. der Schweiz übergeben werden mussten, mit der Verpflichtung der Rückgabe an Frankreich nach Beendigung des Kriegs gegen Entschädigung für die Auslagen, die inzwischen die Schweiz zur Ernährung und zum Unterhalt der französischen Armee zu tragen hatte. Diese Entschädigungsforderung hat ihren Grund darin, dass der neutrale Stat eine nützliche Leistung zu Gunsten eines fremden States, beziehungsweise zur Erhaltung der Angehörigen eines fremden States übernimmt. Allerdings wird dadurch mittelbar auch die verfolgende Kriegspartei erleichtert, welche die geschlagenen Truppen als Kriegsgefangene verpflegen musste, wenn sie von dem neutralen State an der Grenze zurückgewiesen und daher in seine Gewalt überliefert wurden. Aber der neutrale Stat geräth durch die Aufnahme und Sorge für die flüchtigen Truppen doch nur mit diesen und dem State, dem sie angehören, in ein unmittelbares Rechtsverhältniss, indem er diesem Dienste leistet, nicht mit dem verfolgenden State, dem er keine Leistung macht, wenngleich derselbe dadurch von der eigenen Sorge befreit wird. Rolin-Jacquemyns a. a. O. III. 352.

3. Als in Belgien ein aus deutscher Kriegsgefangenschaft entsprungener, aber wieder arretirter französischer Unteroffizier vor dem Civilgericht zu Brüssel eine Klage stellte auf Schutz seiner persönlichen Freiheit, erklärte sich zwar das Gericht competent darüber zu entscheiden; aber der Appellhof sprach, der Beschwerde der Regierung willfahrend, die Incompetenz aus (Decret vom 16. Febr. 1871), weil „die civilen Autoritäten kein Recht haben, sich in die militärisch nothwendigen Dispositionen einzumengen." Mir scheint, es kommen weniger noch die militärischen Anordnungen, als vielmehr die völkerrechtlichen Pflichten in Betracht. In dieser Hinsicht erfordert es der Friede und die Sicherheit des States, dass die Regierung die Macht habe, das Nöthige zu thun und nicht aus blossen Rücksichten des gewöhnlichen Privatrechts der Stat gefährdet werde. Rolin-Jacquemyns a. a. O. III. S. 357.

4. Die deutsche Regierung beschwerte sich während des französisch-deutschen Krieges über die neutrale Luxemburgische Regierung, indem diese einen massenhaften Durchgang französischer Soldaten durch das Gebiet des Grossherzogthums nach dem Fall von Metz wieder auf französischen Boden nicht verhinderte (Depesche von Bismarck vom 3. Dec. 1870. Statsarch. Nr. 4217).

776 a.

Wenn nicht durch Verträge anders bestimmt ist, so muss der neutrale Stat den internirten Truppen der Kriegspartei soweit die Menschlichkeit es erfordert, Lebensmittel, Kleider, Wohnung, Befriedigung der nöthigen Bedürfnisse gewähren. Er hat dafür einen Ersatzanspruch an den Stat, dem die Truppen angehören.

Brusseler Erkl. 56. Vgl. 776 Anm. 2.

776 b.

Der neutrale Stat ist nicht verpflichtet, die Mannschaft eines feindlichen Kriegsschiffes zu entwaffnen, das in den neutralen Hafen geflüchtet oder sich dahin begeben hat, um einen Schaden auszubessern oder Lebensmittel aufzunehmen, oder Kranke zu versorgen und nicht verpflichtet das Schiff festzuhalten. Nur darf er demselben nicht gestatten, seinen Hafen zu militärischen Operationen zu gebrauchen und als sichere Station zu benutzen.

Die gute Gewohnheit der Küstenstaten erfordert, dass ein Kriegsschiff erst nach 24 Stunden den neutralen Hafen verlassen darf, um ein zuvor ausgelaufenes feindliches Schiff zu verfolgen. Die Mannschaft desselben ist verpflichtet, sich in dem neutralen Hafen oder der neutralen Rhede friedlich zu verhalten. Sie darf keine Kriegsrüstung anfachen.

Vgl. Calvo D. I. II. S. 420. 424 f. Der rechtliche Grund der verschiedenen Behandlung von Truppen im Landkrieg und Schiffen im Seekrieg liegt darin, dass die Kriegsschiffe als schwimmende Gebietstheile des States betrachtet werden, dessen Flagge sie führen. Ueberdem mochten aber auch theils die thatsächlichen Schwierigkeiten sich eines Kriegsschiffes zu bemächtigen, theils die internationale Pflicht, einander in Seegefahr Hulfe zu gewahren, zu dieser Rechtsbildung beigetragen haben.

Nach Beendigung des amerikanischen Bürgerkrieges kam zwischen der Union und den Seemächten England und Frankreich die Frage zur Erörterung, ob diese Regel jetzt noch auf die Schiffe der früheren Confōderation angewendet werden durfe.

776 c.

Die Aufnahme von Verwundeten und Kranken der Kriegsheere auf neutralem Gebiete und die Gestattung des Transportes solcher über neutralen Boden ist mit der Neutralitätspflicht wohl vereinbar, ausser wenn besondere Gründe darin eine Unterstützung der Kriegsführung einer Kriegspartei erkennen lassen.

Da die Verwundeten- und Krankenpflege sogar unter den Kriegsparteien selber „neutralisirt" wird, so versteht sich die humane Regel von selbst. Auch in dem französisch-deutschen Kriege waren Belgien und die Schweiz geneigt, in diesem Sinne zu handeln. Indessen liess sich Belgien im August 1870 durch den Widerspruch von Frankreich bestimmen, den Verwundetentransport nach der Schlacht von Sedan über belgisches Gebiet zu untersagen und überspannte aus ängstlicher Sorge sogar das Verbot auf den Transport auch einzelner Verwundeter (Verordnung vom 27. Aug. 1870). Die französische Einsprache stützte sich darauf, dass durch den Verwundetentransport über Belgien die militärische Communication des Feindes mit Deutschland von einem ernsten Hinderniss befreit werde. Aus diesem Grunde konnte man nur dem Massentransport entgegentreten, nicht aber dem Transporte Einzelner. Da musste die Rücksicht der Menschlichkeit entscheiden. Der richtige Grundsatz ist nun aber von der Brusseler Conferenz von 1874 Art 55 ganz allgemein anerkannt worden. Der neutrale Stat verletzt seine Neutralitätspflicht nicht durch Gestattung des Transports von verwundeten und kranken Kriegern, nur darf er nicht zugeben, dass die Transportwagen zum Transport von Kriegsmaterial oder kriegstüchtigen Personen missbraucht werden.

777.

Der neutrale Stat darf sein Gebiet nicht hergeben zum Stützpunkt für kriegerische Unternehmungen eines der Feinde, nicht für Waffenplätze, Schiffsstationen, Magazine für Kriegsvorräthe u. dgl., auch nicht zur Ausübung der Prisengerichtsbarkeit, er darf nicht dulden, dass auf seinem Gebiete der Kampf fortgesetzt, noch dass da Beute gemacht werde. Die Verfolgung geschlagener Truppen hört auf, wo das neutrale Gebiet beginnt.

Die Gestattung des Gebiets zum Behuf kriegerischer Operationen wäre offenbar Kriegshülfe. Am meisten bestritten ist es, ob der neutrale Stat nicht gestatten dürfe, Prisen vorläufig in den neutralen Hafen zu sichern; wie das die Vereinigten Staten vor ihren Neutralitätsgesetzen Frankreich vertragsmässig zugesagt hatten. Soweit das als eine Handlung der Sicherung des genommenen Schiffs gegen die Gefahr des Untergangs zu betrachten ist, so hat dieses Bergen desselben eine durchaus friedliche Bedeutung. Insofern aber die Einbringung des Schiffs in den neutralen Hafen nur in der Absicht geschieht, die gemachte Beute zu deponiren und möglichst bald und bequem wieder auf neue Beute auszufahren, ist das Benutzung des neutralen Gebiets zu Kriegszwecken, und dann nicht zu dulden. Der neutrale Stat wird daher wohl thun, um alle Zweifel gegen seine neutrale Haltung zu beseitigen, die Aufnahme solcher Prisen überhaupt zu verweigern, ausser soweit die Seenoth und daher die Interessen der Humanität die Gewährung eines Zufluchtsortes rechtfertigen. Ueberhaupt lässt sich in der Entwicklung des Völkerrechts ein Zug zu strengerer und sorgfaltigerer Wahrung der Neutralitat nicht verkennen. Die heutige Welt nimmt leichter Anstoss an irgend einer Begunstigung der Kriegsfuhrung, als die Vergangenheit, welche geneigter war, die *Souveränetät des neutralen Stats in ausgedehntem Sinne anzuwenden* Manche fruhere Vertrage gestatteten daher die Einbringung der Prisen zum Verkauf in die neutralen Hafen, während die neuere Praxis das eher versagt Vgl. Heffter § 147. Interessante Verhandlungen daruber zwischen England und den Vereinigten Staten im April 1863 (Statsarch. 664—666).

778.

Der neutrale Stat ist verpflichtet, zur Wahrung seiner Neutralität gegen Verletzungen durch Andere die erforderlichen Massregeln zu ergreifen und nöthigenfalls seine Statsmacht dafür einzusetzen.

Die Staten sind gegenuber andern Staten verantwortlich nicht bloss fur die Rechtsverletzungen, welche in ihrem Auftrag verubt worden sind, sondern auch dafur, dass sie Privatpersonen nicht hindern, in ihrem Gebiet oder von ihrem Gebiete aus andere Staten zu verletzen Der Stat muss dafur sorgen, dass das friedliche und freundliche Verhaltniss zu andern Staten auch von seinen Angehorigen und Einwohnern geachtet werde. Vgl. oben § 467.

779.

Man darf dem neutralen Stat nicht jede durch seine Angehörigen oder Bewohner verübte Verletzung der Neutralitätspflichten zur Schuld anrechnen, wohl aber eine offenbare Vernachlässigung der Sorge für seine Neutralität oder eine jede absichtliche Begünstigung des Neutralitätsbruches.

Vgl. die Resolutionen des Instituts fur Volkerrecht § 763 Anm. 5. So wenig ein Stat im Innern alle Verbrechen verhindern kann, so wenig kann er jeden Friedensbruch nach Aussen verhindern. Die volkerrechtliche Verantwortlichkeit des States reicht nicht weiter als seine Verschuldung, und diese ist nur dann vorhanden, wenn der Stat entweder den Neutralitätsbruch hervorruft oder doch in feindlicher Absicht begünstigt oder wenn ihm eine grobe Fahrlassigkeit vorgeworfen werden kann, indem er es versaumt, denselben zu verhindern. Wenn ihm z. B. angezeigt wird, oder er sonst es erfahrt, dass sich Truppen oder Freischaren an der Grenze sammeln, um einen feindlichen Einfall in das benachbarte Kriegsland zu machen oder dem feindlichen Heere zuzuziehen, so wird er diese Schaaren zerstreuen und den Einfall verhindern mussen, damit ihm nicht Connivenz mit dem Neutralitatsbruch vorgeworfen werde.

779 a.

Der neutrale Stat wird durch eine Versäumniss dieser Pflichtübung dem verletzten Kriegsstat zur Entschädigung zwar nicht für allen mittelbaren Schaden, wohl aber für den Schaden verbunden, welcher durch gehörige Pflichtübung verhütet worden wäre. Die Grösse der Entschädigungssumme ist, wenn sich die Parteien nicht darüber verständigen, durch schiedsrichterlichen Spruch in freier Berücksichtigung aller Umstände nach billigem Ermessen zu bestimmen.

Als Vorbild für dieses Verfahren dient die Erledigung des Streites zwischen England und den Vereinigten Staten in der sogenannten Alabamafrage. Vgl. darüber oben Anm. 4 zu § 763. England hatte in dem Vertrage von Washington vom 8. Mai 1871 zugestanden, dass die in Art. 6 ausgesprochenen völkerrechtlichen Regeln, obwohl sie zur Zeit des amerikanischen Bürgerkrieges noch nicht in anerkannter Wirksamkeit gewesen seien, dennoch der Beurtheilung seines damaligen Verfahrens zu Grunde gelegt werden sollen. Für den Fall einer Versäumniss dieser Pflichten war damit die Entschädigungspflicht im Princip zugestanden.

Während des Processes, der in Genf vor einem Schiedsgerichte geführt wurde, stellten die Vertreter der Union auch für den indirecten Schaden, insbesondere die erhöhten Kriegskosten wegen Verlängerung des Kriegs eine Forderung auf Schadensersatz, wogegen England jede Einlassung auf diese übertriebene Forderung verweigerte und das Schiedsgericht für incompetent erklärte, darüber zu urtheilen. An dieser allerdings überspannten Forderung der Union drohte das ganze schiedsrichterliche Verfahren zu scheitern. Das Schiedsgericht aber rettete seine Competenz, indem es grundsätzlich die Forderung einer Entschädigung für indirecten Schaden verwarf.

Am 15. Sept. 1872 wurde das Urtheil des Schiedsgerichts erlassen. Dasselbe spricht den Gedanken aus, dass die Sorgfalt, welche die neutralen Staten zu üben haben, im Verhältniss zu den Gefahren stehe, welche einen der kriegführenden Staten bedrohen, wenn die neutralen Pflichten versäumt werden; und die fernere Regel: „dass das den Kriegsschiffen zugestandene Recht der Exterritorialität in das öffentliche Recht nicht als ein absolutes Recht eingeführt sei, sondern nur als ein Verhältniss der Höflichkeit und der Achtung zwischen den verschiedenen Völkern und dass es nicht angerufen werden könne, um der Neutralität zuwider laufende Handlungen zu decken."

Das Schiedsgericht erkennt sodann, dass die englische Regierung mit Bezug auf die beiden Schiffe Alabama und Florida, und theilweise auch bezüglich des Schiffes Shenandoah jene Neutralitätspflichten nicht mit der erforderlichen Sorgfalt ausgeübt habe. Bezüglich anderer Schiffe dagegen wird dieselbe freigesprochen. Schliesslich wird sie zu einer Entschädigung an die Vereinigten Staten verurtheilt im Betrag von 15,500,000 Dollars in Gold.

Es ist dieses schiedsrichterliche Verfahren und Urtheil ein grosses und nachahmungswürdiges Beispiel einer gerechten und friedlichen Erledigung eines ernsten Völkerstreites. Ich hatte während des Streites durch Veröffentlichung meiner opinion impartiale sur la Question de l'Alabama (in der Genfer Revue du D. J. II. 1870 und ins Englische übersetzt Washington 1870) auf diese Behandlung und Beurtheilung der Streitfrage hingewiesen und erlebte die seltene Freude, dass von der Presse beider streitenden Staten meine unparteiische Meinungsäusserung als solche anerkannt und günstig aufgenommen wurde.

780.

Fällt der Neutralitätsbruch lediglich dritten Peronen, nicht dem neutralen State selbst zur Last, so ist der dadurch verletzte und geschädigte kriegführende Stat berechtigt, von dem neutralen State Abstellung des Unrechts, soweit es in dessen Macht steht und je nach Umständen Bestrafung der Schuldigen, nicht aber deren Auslieferung zu fordern.

1. Die dritten Personen können sein:

a) eine der Kriegsparteien selber,

b) Unterthanen oder Bürger des neutralen Stats,

c) Fremde Individuen in dem neutralen Gebiete.

Die Abstellung des Unrechts ist in allen Fallen Aufgabe des neutralen Stats. Die Bestrafung der Schuldigen wird in der Regel nur gegen die Individuen durchzufuhren sein, welche in dem Bereich der neutralen Strafgewalt sind. Die Auslieferung der Einheimischen an eine fremde Strafgewalt wird von dem heutigen internationalen Strafrecht nicht gebilligt; die Auslieferung der Fremden ist zwar zulässig, aber der Stat, der sie — ohne die dringendsten Motive — gegen politische Flüchtlinge vollzieht, wurde sich dem Vorwurf der Grausamkeit und der Inhumanität aussetzen, wesshalb sie von dem neutralen State nicht erwartet werden kann. Vgl. 398, 399.

2. Die Beschwerden, welche Graf Bismarck gegen die Regierung des Grossherzogthums Luxemburg am 3. December 1870 erhob uber Missachtung der Neutralitatspflichten, sind durch ein späteres Einverständniss mit derselben friedlich erledigt worden. Bei dieser Gelegenheit zeigte es sich, wie gefährlich es für einen kleinen neutralen Stat ist, seine Eisenbahnen an Gesellschaften zu überlassen, die vorzugsweise einer fremden Nation angehören. Die französische Ostbahngesellschaft benutzte ihre Leitung der Eisenbahn in Luxemburg, um die französischen Interessen im Kriege zu unterstützen. Die Regierung von Luxemburg aber ward in Folge dessen genöthigt, sich gefallen zu lassen, dass ein preussischer Specialcommissär mit ihr gemeinsam die Massregeln berathe, welche für die Zukunft ähnlichen Missbräuchen vorbeugen (Depesche vom 6. und 12. Januar 1871.)

781.

Hat der neutrale Stat den Bruch der Neutralität selbst verschuldet, so ist die dadurch verletzte Kriegspartei berechtigt, von demselben Genugthuung und Entschädigung zu fordern und in schweren Fällen die Neutralität als erloschen zu erklären und auch seinerseits nicht weiter zu beachten.

Die Verletzung der Neutralitatspflichten berechtigt keineswegs die verletzte Kriegspartei, nun auch den neutralen Stat als Feind zu behandeln. In sehr vielen Fallen wäre eine solche Wirkung unverhältnissmässig. Sie fällt lediglich in die Classe der Rechtsbrüche und Friedensstörungen überhaupt. Vgl. daruber § 464 f. Oft genugt, um die Verletzung gut zu machen, die blosse

Zusicherung des neutralen Stats, in Zukunft die Neutralitatspflicht vollständiger zu erfüllen; in andern ist die blosse Beseitigung des Unrechts ausreichend. Nur in den schwersten Fallen wird darin eine Kriegsursache gegen den neutralen Stat zu erkennen sein.

782.

Auch wenn der neutrale Stat zwar Willens ist, seine Neutralität zu bewahren und sich selber aller neutralitätswidrigen Handlungen enthält, aber offenbar die Macht nicht hat, den fortgesetzten Angriffen einer überlegenen Kriegspartei gegenüber seine Neutralität dauernd zu behaupten oder wieder herzustellen, so ist auch die andere Kriegspartei nicht mehr verpflichtet, die Neutralität seines Gebietes in ihrer Kriegsführung zu beachten, sondern berechtigt, ohne Rücksicht darauf diejenigen Massregeln zu ergreifen, welche zur Kriegsführung nöthig sind.

Die neutrale Gesinnung reicht nicht aus zur Neutralitat. Diese muss vielmehr thatsachlich bestehn. Wenn daher eine Kriegspartei den Durchmarsch durch das neutrale Gebiet erzwingt, ohne sich um dessen Neutralitat zu kummern, oder sich eines neutralen Platzes oder Hafens zu ihren Kriegsoperationen bemachtigt, so ist das einerseits eine Verletzung der Rechte des Neutralen, aber andrerseits auch, wenn der Neutrale zu schwach ist, um Widerstand zu leisten oder die Verletzung wieder aufzuheben, fur die andere Kriegspartei eine Veranlassung, das bisher neutrale Gebiet als nicht mehr neutral, sondern dem Feinde dienstbar zu betrachten und demgemass innerhalb dieses Gebietes dem Feinde ebenfalls mit Gewalt entgegenzutreten.

3. Rechte der Neutralen.

783.

Für den neutralen Stat dauert das Friedensrecht fort, auch im Verhältniss zu den kriegführenden Staten.

Vgl. zu 224. Es ist das freilich nur die Hauptregel, welche allerdings durch die Rucksichten auf den Krieg einige Modificationen erleidet, wie z. B. bezuglich der Enthaltung von jeder Kriegshülfe, des Blokaderechts, des Durchsuchungsrechts u. s. f.

784.

Die feindlichen Staten sind verpflichtet, die Gebietshoheit der neutralen Staten auch während ihres Krieges vollständig zu achten und sich jeden Eingriffs in dieselbe zu enthalten, auch wenn das Bedürfniss der Kriegsführung denselben verlangen sollte.

1. Das Nothrecht der Kriegsgewalt ist auf das Kriegsfeld beschränkt. Es darf sich nicht in das neutrale Gebiet hinein erstrecken, denn dieses Gebiet ist Friedensgebiet, in welchem die fremde Kriegsgewalt Nichts zu befehlen hat.

2. Die ältere Theorie von Grotius, Wolf und andern nahm an, der neutrale Stat dürfe den blossen Durchmarsch durch sein Gebiet dem Heere einer ihm befreundeten Kriegspartei nicht verweigern. Indessen ist der Durchmarsch offenbar eine militärische Operation, und die Gestattung desselben Kriegshülfe. Die andere Kriegspartei könnte dann mit Recht den Feind auch auf diesem Marsche angreifen, und das neutrale Gebiet wäre Kriegsfeld geworden. Heute ist jene Theorie allgemein als irrthümlich erkannt. Vgl. Calvo D. J. II. S. 405 ff.

785.

Wenn feindliche Truppen auf der Flucht das neutrale Gebiet erreichen, so ist der neutrale Stat berechtigt, sie vor der Verfolgung zu schützen (774) und die Verfolger zurückzuweisen. Er darf innerhalb seines Gebietes die Kriegsgefangenen des Feindes und die gemachte Beute wieder frei geben.

Die Kriegspartei, deren Angehörige als Kriegsgefangene auf das neutrale Gebiet gelangen, kann die Freilassung fordern. Im Jahr 1859 hatte sich so Frankreich mit Grund beschwert, dass Bayern den Oesterreichern erlaubt habe, kriegsgefangene Franzosen über sein neutrales Gebiet zu transportiren. Calvo D. J. II. S. 407.

786.

Wenn innerhalb der neutralen Eigengewässer von einem feindlichen Schiff ein feindliches Schiff weggenommen worden ist, so ist der neutrale Stat berechtigt, die Herausgabe der Prisse zu fordern und dieselbe frei geben.

1. Alle Wegnahmen innerhalb der neutralen Eigengewässer sind rechtswidrig, denn es sind das feindliche Acte innerhalb des fremden Friedensgebiets. Darin liegt immer eine Verletzung der neutralen Rechte. Der neutrale Stat ist daher berechtigt, die Wegnahme als ungültig zu behandeln und die Prise frei zu geben und ebenso berechtigt, die Personen, welche seine Neutralitätsrechte verletzt haben, wenn sie sich in dem Bereiche seiner Gerichtsgewalt finden, zur Verantwortung und Strafe zu ziehen.

2. Einen merkwürdigen Fall, in welchem die obige Regel zur Anwendung kam, berichtet Dana in der Anmerkung zu Wheaton Int. L. § 428. Die Mannschaft eines amerikanischen Handelsschiffes Chesapeake emporte sich während des Bürgerkriegs gegen den Capitän und trat als Caperschiff in den Dienst der conföderirten Südstaten. Ein Kriegsschiff der Vereinigten Staten verfolgte dasselbe und nahm es innerhalb der britischen Eigengewässer weg. Darüber beschwerte

sich die englische Regierung als uber eine Verletzung ihrer neutralen Gebietshoheit Der amerikanische Minister Seward erkannte in einer Depesche vom 9. Jan. 1864 an, dass das Verfahren des amerikanischen Kriegsschiffes nicht gerechtfertigt sei nach der Strenge des Rechts, wenn auch einigermassen zu entschuldigen durch den rühmlichen Eifer, „offenbare Seerauber zu strafen“, und dass er daher diese Verletzung des Volkerrechts und der freundlichen Beziehungen der beiden Staten bedaure und gegen den Offizier jenes Kriegsschiffes disciplinarisch verfahren werde. Die englische Regierung begnugte sich mit dieser Erklarung. Das genommene Schiff aber wurde den englischen Behorden zur Verfügung gestellt, und schliesslich den ursprunglichen Eigenthümern zuruckgegeben.

3. Nur der neutrale Stat ist zunachst berechtigt, von dem kriegfuhrenden Stat die Herausgabe der Prise, beziehungsweise die Wiederherstellung des früheren Zustands zu fordern, denn nur sein Recht ist durch die feindliche Wegnahme verletzt worden, nicht aber der feindliche Eigner des genommenen Schiffes. Allerdings kommt diese Befreiung dem Eigenthümer des genommenen Schiffes zu Gute, da naturlich der neutrale Stat keine Anspruche auf dasselbe erheben kann Aber diese Wirkung ist fur ihn nur ein glückliches Ereigniss. Wenn das genommene Schiff dem Prisengericht des Nehmers zugefuhrt worden ist, so hängt es daher von dem neutralen State ab, die Vertheidigung des Eigenthumers durch seine Beschwerde zu unterstützen. In diesem Falle anerkennt auch das feindliche Prisengericht die Wegnahme als ungültig. Aber wenn der neutrale Stat stillschweigt und sich die Verletzung seiner Gebietshoheit gefallen lasst, dann nimmt man an, habe das Prisengericht keine Veranlassung, gegenüber einem feindlichen genommenen Schiffe die Beschwerde des Neutralitatsbruchs zu beachten, welche nur dem neutralen State zusteht. Vgl. Wheaton Int. L. § 430.

787.

Die Verfolgung eines feindlichen Schiffes, das sich in die Eigengewässer eines neutralen States flüchtet, darf innerhalb dieser Gewässer nicht fortgesetzt werden.

1. Die Praxis der Seemächte hat zwar diese Regel oft missachtet und die neutralen Staten haben diesen Eingriff in ihre friedliche Gebietshoheit oft ungerugt ertragen. Dennoch zwingt die Logik zur Verwerfung dieser Praxis und findet dieselbe in der Hitze des kriegerischen Eifers zwar eine psychologische Erklärung, aber keine Rechtfertigung. Vgl. Wheaton Int L. 429 und Anm. von Dana.

2 Der nasse Kustensaum des neutralen Stats (§ 302) ist neutral. Daher darf die Verfolgung eines feindlichen Schiffes nicht bis dahin fortgesetzt werden. Das französische Prisengericht (27 Fructidor VIII) hat aus diesem Grunde das portugiesische Schiff Nossa Senhora do Carmelo, das von einem französischen Kreuzer an der Kuste von Marokko, d. h. in neutralen Gewassern weggenommen worden, freigegeben; ebenso der englische Prisenrichter 1805 ein in den neutralen Küstengewassern der Vereinigten Staten weggenommenes französisches Schiff. Vgl. Hautefeuille: Des Droits des neutres I. S. 314 f. Calvo D. I. S. 109 f.

3. Eine grobe Verletzung der Neutralitätsrechte wurde im Jahre 1864 durch das nordamerikanische Kriegsschiff Wachusett in der Rhede von Bahia verubt, in-

dem es in dem brasilianischen Gewässer den conföderirten Kreuzer Florida gewaltsam wegnahm. Die Unionsregierung gab aber Brasilien im Jahr 1866 vollständige Genugthuung und bestrafte sowohl den Capitän des Wachusett als den nordamerikanischen Consul in Bahia, welche sich der Missachtung der Brasilianischen Gebietshoheit schuldig gemacht hatten. (Vgl. zu § 790. 1)

788.

Der neutrale Stat ist berechtigt, feindliche Truppen, welche in sein Gebiet gewaltsam einbrechen, zu entwaffnen und gefangen zu nehmen. Haben dieselben im Auftrag des Befehlshabers gehandelt, so ist der Stat, dem sie dienen, zur Genugthuung und Entschädigung verpflichtet; haben sie eigenmächtig den Frieden gebrochen, so ist der neutrale Stat berechtigt, die einzelnen Schuldigen strafrechtlich zu verfolgen.

Inwiefern die Führer der feindlichen Truppen im Auftrag ihres States handelten, muss der strafrechtliche Standpunkt hinter dem entscheidenden völkerrechtlichen zurücktreten. Dann liegt ein Friedensbruch von Stat gegen Stat vor. Wenn dagegen die Soldaten auf eigene Faust die Grenze gewaltsam überschreiten und den Frieden brechen, dann kann die gewohnte Strafgerichtsbarkeit des neutralen Stats begründet sein, indem jeder Stat berechtigt ist, alle in seinem Gebiete verübten Verbrechen und Vergehen zu bestrafen. Zuweilen freilich wird es der neutrale Stat auch in solchen Fällen vorziehn, die Schuldigen dem kriegführenden State zur Bestrafung zu überliefern, als selber die Strafgerichtsbarkeit zu üben, besonders dann, wenn die Schuldigen einem geordneten Heereskörper angehören. Wenn sie aber Räuber oder vereinzelte Abenteurer sind, dann ist die Anwendung der Strafgerichtsbarkeit am Platz.

789.

Ist die Verletzung des neutralen States lediglich aus Unkenntniss der Grenze, nicht aus böswilliger Absicht geschehen, so ist derselbe nur veranlasst, die sofortige Beseitigung des Unrechts, Entschädigung und die erforderlichen Massregeln von dem verletzenden State dafür zu verlangen, dass in Zukunft sich nicht eine ähnliche Missachtung der Neutralität wiederhole.

In manchen Grenzgebieten, zumal in Gebirgsgegenden und Wäldern, ist die Grenze schwer zu erkennen und daher ein Ueberschreiten derselben aus Irrthum leicht möglich und zu entschuldigen. Die Verletzung der Neutralität ist dann nicht beabsichtigt, vielleicht nicht einmal fahrlässig, sondern zufällig; und es bedarf nur der einfachen Wiederherstellung und Sicherung für die Zukunft.

790.

Ist die Verletzung des neutralen Gebietes oder des neutralen Rechtes als ein verschuldeter Rechts- und Friedensbruch anzusehen, so treten dieselben Folgen ein, wie bei andern Rechts- und Friedensbrüchen (§ 464 f.). Nur in den schwersten Fällen ist der neutrale Stat berechtigt, sofort aus seiner Neutralität herauszutreten und sei es selbständig, sei es in Verbindung mit der Gegenpartei des verletzenden States diesen zu bekriegen. Die blosse bewaffnete Vertheidigung des neutralen Gebietes und die Zurückweisung eines kriegerischen Angriffes hebt den neutralen Charakter nicht auf, sondern bekräftigt ihn.

1. Vgl. oben Buch VII. Cap. 1. Aus der Verletzung der Neutralitätsrechte durch eine Kriegspartei folgt noch nicht das sofortige Recht des Neutralen am Kriege Theil zu nehmen. Diese Folge wäre ebenso unverhältnissmässig, wie die umgekehrte aus der Verletzung der Neutralitätspflichten (oben § 781). In den meisten Fällen wird ein auf Genugthuung gerichtetes Verfahren den Bedürfnissen entsprechen. Im October 1864 fand ein den nordamerikanischen Südstaten dienendes Kreuzerschiff Florida Aufnahme in dem brasilischen Hafen zu Bahia auf 48 Stunden, um die nöthigen Reparaturen vorzunehmen. Dieses Schiff wurde von einem Kriegsschiff der Vereinigten Staten, Wachusett, in der Nacht angegriffen und genommen. Die Regierung von Brasilien forderte nun Genugthuung für diesen Bruch der neutralen Gebietshoheit. Die Unionsregierung erkannte das Recht jener an, und erbot sich, den Commandanten des Wachusett vor ein Kriegsgericht zu stellen, den nordamerikanischen Consul in Bahia, der zu diesem Rechtsbruch geholfen hatte, zu entlassen und die gefangene Mannschaft der Florida, obwohl sie dieselbe als Seeräuber betrachte, frei zu geben. Da das Schiff selbst in Folge eines spätern Unglücks gesunken war, wofür die Vereinigten Staten keine Verantwortlichkeit hatten, so war in dieser Hinsicht die Herausgabe unmöglich geworden. Mit dieser Genugthuung erklärte sich die brasilische Regierung zufrieden. Vgl. Dana zu Wheaton Int. L. zu § 430.

2. Wenn aber der Friedensbruch, welchen der neutrale Stat durch eine Kriegspartei erleidet, so gross und schwer ist, dass derselbe als unmittelbare Kriegsursache gilt, so kann der neutrale Stat entweder selbständig einen neuen und zweiten Krieg führen gegen den Friedensbrecher oder er kann, was in den meisten Fällen zweckmässiger sein wird, sich mit den Feinden des Friedensbrechers zum Kriege verbunden und den bisherigen Krieg durch seine Theilnahme erweitern.

3. In manchen Fällen wird die militärische Abwehr einer Neutralitätsverletzung die Wirksamkeit der Neutralität bewahren. Diese ist noch nicht Krieg, wenn sie auch mit Kriegsmitteln wirkt. Zum Kriege fehlt die feindliche Absicht. Die Friedensabsicht ist hier entscheidend und die Kriegsmittel werden nur vorübergehend angewendet, um die friedliche Haltung des neutralen States zu sichern.

791.

Hat ein Hülfscorps des neutralen Stats (736) an dem Kriege sich betheiligen müssen und wird dasselbe von dem Feinde in das neutrale Gebiet hineinverfolgt, so begeht auch der Feind keine Verletzung der Neutralität, wenn er die Verfolgung nicht an der Grenze stille stellt, sondern über die Grenze fortsetzt.

Die unvollständig neutrale Haltung rechtfertigt die entsprechende unvollständige Achtung der Neutralität. Solche unreine Zwitterverhältnisse zwischen Neutralität und Theilnahme am Krieg trüben die Reinheit der Friedensordnung und des Kriegsrechts und sind daher möglichst zu vermeiden.

792.

Der neutrale Stat ist berechtigt, Pässe und andere Urkunden auszustellen, welche auch bei den beiden Kriegsparteien auf öffentlichen Glauben Anspruch haben.

Der neutrale Stat lebt in Frieden und Freundschaft mit beiden Parteien. Daher werden auch seine Pässe und andere Urkunden von denselben respectirt.

793.

Der neutrale Stat hat ein Recht, seinen Statsschutz auch auf seine Angehörigen und ihre Güter ausserhalb des Statsgebiets so weit zu erstrecken, als das friedliche Völkerrecht diesen Schutz rechtfertigt.

Die kriegführenden Mächte dürfen auch innerhalb des Kriegsfeldes die neutralen Personen und die neutralen Güter nicht feindlich behandeln, sondern nur denjenigen gemeinsamen Anordnungen unterwerfen, welche durch die Noth der Kriegsführung geboten sind.

Wenn schon die Personen und das Eigenthum der friedlichen Angehörigen des feindlichen States zu schonen sind, soweit nicht das Bedürfniss der Kriegsführung einen Eingriff erfordert und rechtfertigt, so gilt das in höherem Grade von den neutralen Personen und Gütern. Denn hier tritt zu den allgemeinen Rücksichten der Menschlichkeit die besondere Rücksicht auf die freundlichen Beziehungen zu dem neutralen State förderlich hinzu. Insbesondere ist die Wegnahme neutraler Schiffe zum Behuf des Transports von Kriegsleuten und Kriegsmaterial oder der Pressung neutraler Personen zum Kriegsdienst zur See oder zu Land durch einen kriegführenden Stat eine schwere Verletzung der Rechte des neutralen Stats. Die neutralen Unterthanen dürfen auch nicht gegen den Willen des neutralen Stats von einem Kriegsstate zur Armee geworben werden. Vgl. die Unterhandlungen zwischen England und der amerikanischen Union in den Jahren 1862/63 im Statsarchiv 667—674.

794.

Die neutrale Flagge schützt nicht bloss das neutrale Schiff, sondern ebenso die feindliche Ladung desselben, mit Ausnahme der Kriegscontrebande. Frei Schiff, frei Gut.

Der Satz, dass die neutrale Flagge, d. h. die Neutralität und Nationalität des Schiffes zugleich die Ladung decke, obwohl diese Kaufleuten der feindlichen Nation angehört, wurde zum ersten Mal in einem holländischen Vertrage mit Spanien im Jahr 1650 ausgesprochen und erhielt zuerst eine allgemeinere Vertretung in den Grundsätzen, welche die bewaffnete Neutralität vom Jahre 1780 während des englisch-französischen Kriegs, auf die Anregung des Russischen Cabinettes proclamirte. Die frühere Praxis der Seemächte (besonders Englands) hatte das feindliche Gut auf neutralem Schiffe mit Wegnahme bedroht, oder gar (wie zuweilen Frankreich) das neutrale Schiff selber in die Gefahr der Wegnahme gebracht, wenn und weil dasselbe feindliche Waare führe. Indessen gelangte jener Satz damals noch nicht zu allgemeiner Anerkennung. Besonders England hielt die frühere Praxis fest, und selbst die Gerichte der Vereinigten Staten betrachteten diese als unanfechtbar, solange nicht durch Verträge ein anderes und allerdings besseres Recht hergestellt sei. Die Statenverträge darüber waren sehr verschiedenartig, wodurch natürlich die Rechtsverwirrung vermehrt ward. So z. B. hatten England und die Vereinigten Staten in einem Vertrag von 1794 den Grundsatz anerkannt, dass das neutrale Schiff frei, aber die feindliche Waare darauf Gegenstand der Confiscation sei; während dieselben Vereinigten Staten in einem Vertrag mit Frankreich von 1778, und einem solchen mit Preussen von 1785 die Regel: Frei Schiff, frei Gut bekräftigt hatten. Im Jahr 1799 fanden darüber wieder ausführliche Verhandlungen zwischen den Vereinigten Staten und Preussen Statt und nur dem zähen Festhalten Preussens gelang es schliesslich, das freiere Princip neuerdings in dem Vertrag von 1799 zu bestätigen. (Vgl. darüber Wheaton Int. L. § 456—469). Erst der Pariser Congress von 1856 hat endlich dieses Princip zu einem allgemein anerkannten völkerrechtlichen Grundsatz erhoben, am 12. Juni: „Le pavillon neutre couvre la marchandise ennemie à l'exception de la contrebande de guerre." Das neutrale Schiff ist neutrales Gebiet. So wenig feindliches Gut in neutralem Land vom Feinde als Beute betrachtet werden darf, so wenig nun auch auf neutralem Schiffe. Die Anerkennung dieses Grundsatzes ist unzweifelhaft ein Fortschritt der Civilisation und eine wichtige Beschränkung des an sich barbarischen Rechts der Seebeute.

795.

Die neutralen Güter sind auch auf feindlichen Schiffen vor der Wegnahme geschützt, ausser wenn sie in Kriegscontrebande bestehen. Unfrei Schiff, frei Gut.

Auch dieser Satz ist erst durch den Pariser Congress von 1856, 12. Juli allgemein anerkannt worden: „La marchandise neutre à l'exception de la contrebande de guerre n'est pas saisissable sous pavillon de guerre." Einzelne Staten, welche früher durch die neutrale Flagge die feindliche Waare hatten decken lassen, waren zugleich der Meinung, dass folgerichtig die feindliche Flagge die neutrale Waare in die Gefahr der Wegnahme verwickle, und wendeten den Grundsatz an: Unfrei Schiff, unfrei Gut, Enemy's ships, enemy's goods. Mehrere Staten, wie vorzüglich Frankreich, waren überhaupt geneigt, die Verbindung von neutralen mit feindlichen Bestandtheilen als feindlich zu betrachten und vertheidigten ebenfalls den Grundsatz: Feindliches Schiff, feindliches Gut. Die Ordonnanz Ludwigs XIV. von 1681 bestimmte: „Sont confiscables les marchandises de nos alliés ou de nos sujets qui se trouvent à bord d'un navire ennemi." Andere Staten freilich unterschieden durchgreifend zwischen der feindlichen und der neutralen Eigenschaft von Schiff und Gut, und schonten das neutrale Gut auf feindlichem Schiff, wie sie das feindliche Gut auf neutralem Schiff der Prise aussetzten. Der Consolato del Mare hatte für diesen Fall die neutralen Kaufleute angewiesen, sich mit dem Nehmer des Schiffes über die Fracht zu verständigen, aber die neutrale Waare selber für frei erklärt. Die englischen, nordamerikanischen, holländischen und italienischen Gerichte sprachen sich meist für denselben Grundsatz aus, dass die neutrale Waare frei bleibe, während das feindliche Schiff der Wegnahme verfalle. In der Literatur waren die Meinungen ebenso verschieden.

Der Gedanke, dass in beiden Fällen die rechtliche Lage des Schiffes auch das Schicksal der Ladung bestimmen müsse, ist desshalb nicht richtig, weil die Freiheit von Schiff und Waare immer die natürliche Regel, die Wegnahme nur als Noth- und Ausnahmerecht zu erklären und zu vertheidigen ist, man aber diese Ausnahme nicht über ihre natürlichen Grenzen, also nicht auf neutrales Friedensgut ausdehnen darf. Die neutralen Handelsleute leben — wie der neutrale Stat mit den kriegführenden Staten — in voller Freundschaft mit den Schiffseigenthümern dieser Staten, und wenn sie deren Schiffe mit ihrer Waare befrachten, so beeinträchtigen sie damit die Rechte der kriegführenden Gegenpartei in keiner Weise. Ihre Waare darf daher auch nicht Gegenstand der Wegnahme werden.

795 a.

Die neutralen Schiffe können sich innerhalb des Kriegsfeldes den Massregeln aus militärischer Nothwendigkeit nicht entziehen: aber die Kriegspartei, welche dieselben aus solchem Grunde angreift, ist zu voller Entschädigung der verletzten Privateigenthümer verpflichtet.

Die Wegnahme und Versenkung von sechs englischen und daher neutralen Kohlenschiffen bei Duclair durch deutsche Truppen erklärt sich nicht aus einem Rechte einer Kriegspartei gegen Neutrale, auch nicht aus dem jus angariarum (droit d'angarie), d. h. dem Recht, vorhandene Schiffe und Wagen zu dem erforderlichen Transport von Truppen und Kriegsgeräthschaften zu benutzen, sondern nur aus dem Rechte der Militärgewalt innerhalb des Kriegsfeldes alles zu thun, was zur Sicherheit der Truppen nothwendig ist. Es war allerdings eine gewaltsame Verletzung des englischen Eigenthums, aber wenn sie nöthig war aus militärischen Gründen, so war sie ebenso gerechtfertigt, wie es die zwangsweise Verwendung von angehäuften Lebensmitteln wäre, welche Neutralen gehören, freilich nur unter der Bedingung voller Entschädigung an die Privaten, deren Vermögen aus Gründen der öffentlichen Wohlfahrt angegriffen werden muss. Die Sache wurde denn auch in dieser Weise zur Befriedigung der englischen Ansprüche erledigt. (Depeschenwechsel zwischen Lord Granville und Graf Bernstorff im Januar 1871. Statsarch. von Aegidi und Klauhold Nr. 4498—4509.)

796.

Die neutralen Staten können ihren diplomatischen Friedensverkehr mit den kriegführenden Staten fortsetzen, soweit nicht die militärischen Massregeln vorübergehende Hemmnisse bereiten.

Die neutralen Staten haben keinen Grund, ihre Gesanten abzuberufen, da sie mit den kriegführenden Staten in Freundschaft bleiben. Aber der Krieg kann thatsächlich die Verbindung theils der Personen, theils der Correspondenz stören; und dieses Uebel müssen sich, soweit es unvermeidlich ist, auch die neutralen Staten gefallen lassen.

797.

Die neutralen Staten können auch den Kriegsparteien zur Vermittlung von Unterhandlungen während des Krieges dienen und die diplomatische Vertretung für die Angehörigen einer Kriegspartei bei dem andern feindlichen State übernehmen.

Vgl. oben § 485. Die neutrale Stellung erleichtert sowohl die Vermittlung als die Stellvertretung, weil der neutrale Stat mit beiden Kriegsparteien in Freundschaft ist, aber selbstverständlich bedarf dieselbe dazu der Ermächtigung der Kriegsparteien.

---

4. Neutraler Handelsverkehr. Kriegscontrebande. Durchsuchungsrecht.

798.

Die Angehörigen der neutralen Staten sind berechtigt, mit den Angehörigen der Kriegsstaten während des Krieges, wie im Frieden Handel zu treiben. Der Kriegszustand unterbricht den Handelsverkehr nur insoweit, als das Bedürfniss der Kriegsführung eine militärische Hemmung erfordert.

Nur allmählich und mit steigender Macht kam dieser Grundsatz zur Geltung. Früher wurde oft der entgegengesetzte Satz behauptet, dass der Kriegsstat allen Handel, auch der Neutralen, mit dem Feindesland verbieten könne. Man wollte dadurch dem Feinde möglichst viel Schaden zufügen und liess sich von diesem Eifer zu schädigen nicht einmal durch die Rücksicht abhalten, dass man damit zugleich die Neutralen, mit denen man doch in Friede und Freundschaft lebte, ebenso empfindlich schädige. Der Handel aber ist ein Friedens- und nicht ein Kriegsgeschäft, und es ist weder Grund noch Recht vorhanden, dieses Friedensgeschäft der Neutralen mehr zu hemmen, als die militärische Nothwendigkeit es erfordert.

799.

Die Anwendung dieser Regel des friedlichen Handelsverkehrs der Neutralen wird nicht durch die Rücksicht ausgeschlossen, dass ein Kriegsstat einen bestimmten Handelsverkehr erlaubt, den er vor dem Kriege nicht gestattet hat und vielleicht nach dem Kriege wieder beschränken wird.

1. Dieser Satz spricht sich gegen die sogenannte Regel von 1756 aus, welche fruher vorzuglich von den englischen Richtern und Juristen gehandhabt und vertheidigt, von französischen beharrlich bekampft worden ist. Letztere Regel wurde zuerst wahrend des 7 jährigen Krieges und wieder in dem englisch-französischen Kriege ausgesprochen, als die Franzosen, welche durch die englische Marine verhindert wurden, mit ihren uberseeischen Colonien den Handelsverkehr fortzusetzen, den neutralen holländischen Schiffen erlaubten, diesen Handel nun zu besorgen, von dem vor dem Kriege die Neutralen uberhaupt ausgeschlossen worden waren. Manche hollandischen Schiffe wurden nun von den englischen Kreuzern als Prise aufgebracht und sammt ihrer Ladung verurtheilt. Damals freilich konnte man fur diesen Eingriff in die Freiheit des neutralen Handels noch den Grund anfuhren, dass derselbe nicht überhaupt den Neutralen gestattet worden sei, sondern ausschliesslich den Hollandern und dass die holländischen Schiffe gewissermassen nur die Lücke der französischen Schifffahrt ausfullen und das abgeschlossene System des französischen Handels im franzosischen Interesse fur die Kriegszeit bewahren. Die Regel wurde aber spater allgemeiner verstanden und angewendet. Man fuhrte dafur hauptsachlich folgende Grunde an:

a) Die Neutralen können höchstens verlangen, dass ihre herkömmliche Handelsverbindung (customary trade) mit den Landern der Kriegsparteien nicht uber die Nothdurft des Krieges hinaus gehemmt, nicht aber, dass ihnen nun während des Krieges neue Handelswege in jene Lander eröffnet werden; sie sollen geschont werden in ihren in der Friedenszeit angeknüpften Handelsbeziehungen, aber sie sollen nicht den Kriegszustand zu einer Erweiterung ihres Handels in Feindesland ausbeuten durfen.

b) Würde man das gestatten, so würde die Vertheidigungsfähigkeit des Feindes zum Schaden des Gegners vergrossert, was dieser nicht zu dulden brauche.

2. Allein diese Grunde halten doch der Prüfung nicht Stand, und vermögen die unbestreitbare Grundwahrheit, dass der Handel ein Friedensgeschäft und daher den Neutralen nicht zu verwehren sei, nicht zu entkräften. Die friedliche Natur des Handels wird durch den Krieg nicht aufgehoben und nicht geändert.

Daher ist

a) kein Grund zwischen dem herkömmlichen Handel vor dem Krieg und dem neuen Handel während des Krieges zu unterscheiden und einerseits die Fortsetzung des ersten zu gestatten, aber andererseits diesen zu verbieten. Der Handel ist nicht Bewahrung des Hergebrachten, sondern sucht fortwährend neue Wege und knüpft unablässig erweiterte Verbindungen an.

b) Wenn auch ausnahmsweise sich im Kriege neue gunstige Chancen fur die Neutralen ergeben, so darf man ihnen diese Vortheile um so weniger missgönnen oder versagen, als nothwendig für den neutralen Handel aus jedem Kriege auch zahlreiche Nachtheile entspringen, die sie ebenfalls tragen müssen, obwohl sie weder den Krieg verschuldet haben, noch daran Theil nehmen, und welche ihnen durch die kriegerischen Entschlüsse und Thaten der Kriegsparteien zugefügt werden.

c) Das civilisirte Kriegsrecht gestattet überhaupt nicht mehr die friedlichen Privaten nur desshalb beliebig zu schädigen, um die Hülfsquellen des Feindes zu zerstören, sondern erlaubt nur solche Schädigungen, welche durch das militärische Bedürfniss der Kriegsführung gerechtfertigt sind. Das Blocaderecht und das Recht, die Contrebande zu verhindern, sind Ausnahmen, die eher zu beschränken, als analog auszudehnen sind.

800.

Auch wenn der Küstenhandel in Friedenszeiten ausschliesslich den nationalen Schiffen vorbehalten und erst während des Krieges von einer Kriegspartei den Neutralen eröffnet wird, so machen sich die neutralen Handelsschiffe, welche diese Erlaubniss benutzen, keiner Verletzung der Kriegsrechte schuldig und dürfen von dem andern Kriegsstate nicht desshalb weggenommen werden, weil sie einen verbotenen Handelsverkehr betreiben.

Vgl. zu § 798. 799. Der sogenannte Küstenhandel (Cabotage coasting trade) — d. h. der Handel aus einem Hafen in den andern desselben States mit inländischer Ladung — war in früheren Zeiten oft ausschliesslich den nationalen und keinen fremden Schiffen gestattet. Das galt auch meistens als Gesetz für den Handel aus dem Mutterstat nach den überseeischen Colonien und umgekehrt. Der Krieg konnte nun dieses System durchbrechen und da der nationale Verkehr an manchen Stellen gehemmt war, das Bedürfniss nach neutralem Handel hervorrufen; während der feindliche, zur See mächtige Kriegsstat das nicht dulden wollte. Die englischen Juristen — noch Phillimore (III. § 214 f.) — vertheidigten diese Beschränkung vorzüglich, während die amerikanischen und allgemeiner noch die französischen Rechtsgelehrten sie bestreiten. Die bewaffnete Neutralität von 1780 hatte das Recht der Neutralen, auch den Küstenhandel zu betreiben, proclamirt. Dieselben Gründe, welche gegen die Regel von 1756 sprechen, nöthigen auch hier, diesen Binnenhandel der neutralen Schiffe als völkerrechtlich erlaubt und nur unter Umständen statsrechtlich beschränkt anzusehen. Da überdem heute diese engen Schifffahrtsbeschränkungen grossen Theils dem Princip des freien Handelsverkehrs, ohne Rücksicht auf Nationalität, haben weichen müssen, so hat die ganze Frage viel von ihrem practischen Interesse verloren. Calvo D. I. II. S. 439.

801.

Die Zufuhr von Kriegscontrebande aber ist kein Friedensgeschäft. Jede Kriegspartei ist berechtigt, die Lieferung und die Zufuhr von Kriegscontrebande zu verhindern, auch wenn dieselbe von Neutralen und auf neutralen Schiffen besorgt wird.

1. Die Freiheit des neutralen Handels darf nicht zu wirklicher Kriegshülfe missbraucht werden, denn diese ist im Widerspruch mit wahrhaft

neutraler Haltung. Der Ausdruck Contrebande (urspr. contra bannum, wider das Verbot) stammt aus dem Mittelalter, als die Papste unter der Strafe des Banns (der Excommunication) den Christen verboten, den Unglaubigen, welche bekriegt wurden, Waffen zuzufuhren. Die Rucksichten auf die offenbare Unterstutzung einer Kriegspartei in ihrer Kriegsfuhrung uberwiegt hier über die Rücksicht auf die Handelsfreiheit der Neutralen. Der Kriegsstat kann das nicht dulden, ohne Gefahr fur seine Kriegsfuhrung, und ist berechtigt, die Contrebande wegzunehmen, weil in ihrer Zufuhr die beabsichtigte Kriegshulfe offenbar wird.

2. Im Allgemeinen wird dieser Grundsatz von allen civilisirten, auch von den neutralen Staten anerkannt, z. B. von der bewaffneten Neutralität von 1780 und von dem Pariser Congress von 1856. Aber uber die Ausdehnung des Begriffs der Contrebande und über die Mittel, sie zu verhindern, war von jeher viel Streit. England, als die grösste Seemacht, war als Kriegsstat geneigt, jenen Begriff und diese Mittel möglichst weit auszudehnen; und hinwieder die neutralen Staten, denen dann auch England als neutraler Stat oft beitrat, welche vorzugsweise ihren Handel schützen wollten, suchten im Gegentheil den Begriff möglichst zu beschranken und das Verfahren gegen neutrale Schiffe und Guter, welchen Contrebande vorgeworfen wurde, zu ermässigen. Allmählich haben sich die Ansichten genahert, obwohl sie noch hin und her schwanken. Heute sind alle Seemachte zugleich stark interessirt, dass nicht im Seekrieg der neutrale Seehandel zu sehr belästigt und gefahrdet werde, und keine ist mehr davor sicher, dass nicht eine schroffe und ubertriebene Anwendung der Mittel gegen die Contrebande auch ihre Handelsinteressen schwer verletze.

802.

Als Kriegscontrebande sind zu betrachten diejenigen Sachen, welche einer Kriegspartei zum Behuf und zur Unterstützung der Kriegsführung als Kriegsmittel und Kriegsausrüstung zugeführt werden.

1. Dass die Zufuhr solcher Sachen als Contrebande zu beurtheilen sei, ergibt sich aus dem Grundgedanken mit logischer Nothwendigkeit; und es kann nur in Frage kommen, einmal ob wirklich im besondern Fall gewisse Sachen der Kriegsführung als Mittel zu dienen (§ 803) und ob die Absicht der Kriegshulfe vorhanden oder auch erforderlich sei (§ 806), um die Wegnahme der Contrebande zu begründen. Im Einzelnen kann die Thatfrage oder die Rechtsfrage streitig sein.

2. Das Insitut für Völkerrecht hat in der Sitzung zu Zurich 1877 folgenden allgemeinen Grundsatz ausgesprochen:

„Der Beschlagnahme ausgesetzt sind diejenigen Gegenstände, welche fur den Krieg bestimmt oder zu unmittelbarer Verwendung im Kriege geeignet sind. Die kriegführenden Staten sollen bei Beginn des Krieges zum voraus die Gegenstände bezeichnen, welche sie dahin rechnen. Ebenso sind der Beschlagnahme ausgesetzt die Handelsschiffe, welche an den Kriegsoperationen sich betheiligt haben oder bereit sind, daran Theil zu nehmen oder welche eine wirkliche und erklarte Blokade brechen.

803.

Allgemein und abgesehen von besonderen Verträgen, welche andere für die Vertragsparteien bindende Vorschriften treffen, gehören hieher:

a) die Kriegswaffen, Kanonen, Flinten, Säbel, Kugeln, Pulver und ähnliche Kriegswerkzeuge;
b) aber auch Salpeter und Schwefel, die zur Pulverfabrication dienen;
c) Kriegsfahrzeuge und Torpedos;
d) feindliche Kriegsdepeschen, die im Interesse einer Kriegspartei transportirt werden.

1. Oft werden in Statenverträgen die Gegenstände näher bezeichnet, welche ausschliesslich als Contrebande behandelt werden dürfen. Aber dieses Vertragsrecht gilt nur im Verhältniss der Vertragsparteien zu einander, nicht als allgemeines Recht.

2. Zu a) Gewisse Sachen dienen ihrer Natur nach immer und nur — oder doch gewöhnlich — der Kriegsführung, wie besonders Waffen aller Art und Kriegsinstrumente. Diese sind unzweifelhaft Contrebande. Indessen sogar da ist die Aufzählung aller einzelnen Gegenstände desshalb nicht möglich, weil von Zeit zu Zeit neue Kriegswaffen erfunden werden, welche weder in den Verträgen noch in den Gesetzen vorher benannt werden konnten. Dem Pulver z. B. steht die Schiessbaumwolle gleich, obwohl sie nicht genannt ist, und ebenso den Feuersteinen und dem Zunder der alten Flinten die neueren metallenen Zündhütchen, die Patronenhülsen und die Einheitspatronen.

Wenn aber Verbandzeug und ärztliche Instrumente für die militärische Krankenpflege zugeführt werden, so ist das keine Contrebande, sondern friedlicher Verkehr, obwohl er auch dem Heere zu Gute kommt.

3. Zu b) Salpeter und Schwefel sind freilich keine Waffen, aber ihre Beziehung zur Pulverfabrication ist eine so nahe, dass sie desshalb von allen Völkern wie Kriegsmaterial betrachtet werden, wenn nicht ausnahmsweise ein anderer friedlicher Gebrauch dieser Stoffe klar vorliegt. Auch die zweite bewaffnete Neutralität von 1800 erwähnt dieser Gegenstände ausdrücklich als Contrebande.

4. Zu c) Die kriegerische Natur der Kriegsfahrzeuge ist zweifellos; aber da auch Schiffe, welche bisher dem Handel dienten, in Kriegsfahrzeuge umgewandelt werden können, so kann es im einzelnen Fall zweifelhaft werden, ob ein Schiff noch als Handelsschiff frei, oder bereits als Kriegsschiff Contrebande sei. Die letztern Zweifel können nur im einzelnen Fall nach Erwägung aller Umstände und Anzeichen entschieden werden. In neuerer Zeit sind nun die Torpedos und zwar beide Arten, die zum Angriff und die zur Vertheidigung bestimmten, hinzugekommen.

5. Zu d) Die sogenannten Kriegsdepeschen sind unzweifelhaft wieder Contrebande, z. B. Befehle des Feldherrn an einen detachirten Corpscommandanten oder eine Flottenstation zu kriegerischen Zwecken. Dagegen Friedensdepeschen,

wohin auch die diplomatische Correspondenz durchweg zu rechnen ist, dürfen unbedenklich auf neutralen Schiffen sicher versendet werden. So z. B. wurde das Bremer Schiff Atalante von dem englischen Richter Scott im Jahr 1808 verurtheilt, weil es Kriegsdepeschen von dem französischen Gouverneur von Isle de France an den französischen Marineminister zu befördern übernommen hatte; dagegen die nordamerikanische Carolina in demselben Jahr freigesprochen, weil sie nur diplomatische Depeschen des französischen Gesanten in den Vereinigten Staten an die französische Regierung an Bord hatte. Siehe die Fälle bei Wheaton Int. Law. § 504. Anm. von Dana. Auch in dem Krimkriege von 1854 wurden von England und Frankreich die Neutralen davor gewarnt, dass sie nicht Kriegsdepeschen befördern, indem derartige Versuche von den Kriegsmächten nicht geduldet würden.

804.

Was das neutrale Schiff zu eigenem Bedarf an Waffen und Munition mit sich führt, ist nicht Contrebande.

Auch friedliche Handelsschiffe führen gewöhnlich Schiffskanonen mit, und bedürfen, wenn sie durch Seeräuber gefährdete Meere befahren, je nach Umständen einer ausgiebigeren Selbstbewaffnung. Das ist unbestreitbares Recht der Neutralen und darf daher nicht als verbotene Contrebande behandelt werden.

805.

Die Zufuhr von Gegenständen, welche auch dem friedlichen Gebrauche zudienen, wie insbesondere von Kleidungsstücken, Geldsummen, Pferden, Schiffsbauholz, Segeltüchern, Eisenplatten, Dampfmaschinen, Brennkohlen, Privatschiffen u. s. f. ist in der Regel als erlaubt zu betrachten, und darf nur ausnahmsweise als Kriegscontrebande behandelt werden, wenn entweder die besonderen Verträge sie als solche bezeichnen oder wenn im einzelnen Fall erweisbar ist, dass die Zufuhr einen unmittelbaren Bezug auf die Kriegsführung hatte und zugleich die Unterstützung derselben beabsichtigt war, wie z. B. zur Uniformirung der feindlichen Truppen, zur Lieferung von Kriegssubsidien, zur Ausrüstung der feindlichen Cavallerie mit Pferden, zur Erbauung von Panzerschiffen und Kriegsfahrzeugen, zum Transport feindlicher Truppen. Die Vermuthung ist jederzeit für den friedlichen Gebrauch und gegen die Annahme von Kriegscontrebande.

1. Dieses Gebiet der sogenannten relativen Kriegscontrebande ist vorzüglich dem Zweifel und Streit ausgesetzt. Soweit die Verträge Näheres bestimmen, sind dieselben anzuwenden. Abgesehen aber von Vertragsbestimmungen bleibt nur übrig, die Frage aus der Natur der Sache zu entscheiden. Da gehen nun meines Erachtens die beiden extremen Meinungen zu weit. Die eine betrachtet solche für die Kriegsführung je nach Umständen brauchbare Gegenstände

in der Regel als Contrebande, sobald sie dem Feinde zugeführt werden. Die Neutralen können aber solche Gegenstände, welche sowohl im Frieden als im Krieg brauchbar sind (res ancipitis usus) zu Friedens- oder zu Kriegszwecken dem feindlichen Lande zuführen. Ersteres ist ein reines Friedensgeschäft, letzteres ist Kriegshülfe. Jenes muss erlaubt sein, dieses wird von der Kriegspartei mit Recht untersagt. Es ist aber kein Grund für die letztere Auslegung zu vermuthen. Im Gegentheil, der friedliche Handel der Neutralen ist die Regel, die Kriegshulfe die Ausnahme.

Oefter wird die entgegengesetzte Meinung verfochten, dass diese Gegenstände niemals als Kriegscontrebande behandelt werden dürfen, sondern immer als erlaubter Handel gelten. Diese Meinung wird von manchen Publicisten, insbesondere von Hautefeuille und Gessner auch damit vertheidigt, dass die Unterscheidung im einzelnen Fall allzu schwierig und dass es gefährlich sei, das Urtheil darüber der Kriegspartei zu überlassen. Dieser Einwand ist richtig, aber er bezieht sich nur auf die Organisation der Rechtspflege und das Rechtsverfahren und kann nicht die sachliche Rechtsfrage entscheiden, ob das Contrebande sei oder nicht. Wenn die Bestimmung dieser Waaren für die Kriegszwecke aus den Umständen klar wird, und zugleich die Absicht der Kriegshulfe, dann kann man der Kriegsmacht unmöglich zumuthen, dass sie ruhig zusehe, wie die militärischen Kräfte des Feindes verstärkt werden, und der Neutrale darf sich nicht beklagen, wenn nun seine beabsichtigte Unterstützung der feindlichen Kriegsmacht nicht als ein Friedensgeschäft, sondern als unerlaubte Kriegshülfe behandelt wird, was sie ist. Wenn z. B. dem Feind Panzerplatten zugeführt werden, so wirkt das ganz ähnlich, wie wenn ihm Panzerschiffe geliefert werden. Es ist wesentlich einerlei, ob demselben Säbel, oder ob ihm Klingen und Handgriffe besonders zugeführt werden. Kriegssubsidien wirken in vielen Fällen stärkender für das Heer, das sie empfängt, als Pulver und Blei. Es kommt also nur auf den Beweis an, einerseits der Kriegsbestimmung, andererseits der Absicht der Kriegshülfe. Beides muss aus der Erwägung aller Umstände bona fide geschlossen werden. Der neutrale und freie Handel wird hinreichend geachtet, wenn man eher für als gegen denselben vermuthet und zur Verurtheilung den Schuldbeweis fordert.

2. Unbedenklich mag der neutrale Stat gestatten, dass die feindlichen Kriegsschiffe in seinen Hafen Kohlen aufnehmen, so weit das erforderlich ist, um in einen nahen Hafen gelangen zu können. Aber mit Recht hat in dem französisch-deutschen Kriege die englische Regierung verboten, dass von den englischen Häfen aus der französischen Kriegsflotte zum Behuf ihrer feindlichen Unternehmungen in der Nordsee englische Kohlen zugeführt werden, weil die Absicht der Kriegshulfe hier offenbar war. Vgl. zu § 773. Calvo D. I. II. 463. Die französische Jurisprudenz schliesst die Kohle unbeschränkt von dem Begriff der Contrebande aus.

806.

Es genügt keineswegs, dass derartige Gegenstände nach den Umständen für die Kriegsführung nützlich verwendet werden könnten und vermuthlich, wenn sie an ihre Adresse gelangten, auch verwendet würden, um dieselben als Kriegscontrebande wegzunehmen.

Es darf höchstens in diesem Fall die Zufuhr dann thatsächlich gehemmt werden, wenn aus den Umständen die Verwendung zur Kriegsführung als eine nahe und ernste Gefahr erscheint.

Nicht gerechtfertigt ist die Wegnahme anderer unverdächtiger Waaren, die sich neben jenen Gegenständen in dem Schiffe finden.

1. Die Wegnahme der Kriegscontrebande rechtfertigt sich als Kriegsrecht nur dann gegen Neutrale, wenn diese Kriegshülfe gewähren, d. h. eine feindliche Handlung begehen, nicht aber, wenn diese nur ein friedliches Handelsgeschaft vollziehen. Aber die Gefahr der Verwendung für die feindliche Kriegsführung und daher fur die Verstärkung des Feindes kann so gross und dringend sein, dass die kriegführende Macht veranlasst ist, solchen Verkehr in Kriegszeiten zu verhindern. Die Waare erscheint dann zwar ohne Schuld ihres Eigenthümers und ohne Schuld des Schiffers gleichsam als „zufallige" Contrebande. Sie darf nicht confiscirt werden, weil keine Schuld dazu berechtigt, aber ihre Verwendung zu Gunsten des Feindes darf gehindert werden, weil das Bedurfniss der Kriegsfuhrung es erfordert. Das gilt z. B. auch von der Zufuhr von Brennkohlen in einen Seehafen, wo die feindliche Kriegsflotte vor Anker liegt. Ist dieselbe beabsichtigt zur Ausrüstung der Flotte, so wird sie mit Recht weggenommen, ist diese nicht beabsichtigt; aber würde derselbe Effekt erreicht, wenn man sie ungehindert ihre Bestimmung erreichen liesse, so ist eine wirksame Beschlagnahme, gegen Entschädigung der Eigenthumer, wohl gerechtfertigt.

2. Die Gerechtigkeit erfordert, dass hier das friedliche Handelsrecht und das unvermeidliche Kriegsrecht mit einander ausgeglichen werden. Der Handel hat nur seinen Gewinn, nicht den Sieg einer Kriegspartei vor Augen. Den Kaufleuten ist es gleichgultig, wozu ihre Waaren verwendet werden; ihnen liegt nur daran, dass sie zu möglichst gunstigen Preisen je nach Umstanden verkauft oder gekauft werden. Insofern werden viele Vertrage der Art nicht zur Kriegshülfe gemacht, und nur wenn die Waare ihrer Natur nach ausschliesslich fur den Krieg bestimmt ist (§ 804) wird diese Einrede der Kaufleute nicht weiter zu beachten, sondern unbedenklich auf unzweifelhafte Contrebande zu schliessen sein. Bei den Waaren ancipitis usus hat jene Einrede der friedlichen Absicht einen guten Sinn. Die Kriegsmacht aber muss umgekehrt dafur sorgen, dass nicht die feindliche Macht eine Verstarkung erhalte, gleichviel ob die Absicht derer, welche die Verstarkung zuführen, friedlich oder feindlich sei. Vgl. Dana Anm. zu Wheaton Int. L. § 501 und die englische Geheimerathsverordnung vom 18. Febr. 1854 bei Phillimore III. § 266.

3. Die Praxis mancher Prisengerichte geht in der Confiscation von Schiff und Waaren zuweilen weiter als das Recht es begreift. Vgl. das Gutachten von Gessner in der Sache des „Springbok". Unten zu § 813.

807.

Es ist wider die gute Sitte, die Zufuhr von Lebensmitteln als Kriegscontrebande zu behandeln, wenn gleich dieselbe zur Ernährung des feindlichen Heeres dient. Aber die Kriegsgewalt ist berechtigt, einen belagerten Platz abzusperren und durch thatsächliche Hemmung der Zufuhr auch von Lebensmitteln die Uebergabe zu erzwingen.

Auch in dieser Hinsicht stimmen die Meinungen der Schriftsteller und die Bestimmungen der Verträge nicht überein. In dem französisch-englischen Revolutionskriege suchte England den Kornhandel mit Frankreich, wenigstens mit der französischen Regierung, zu verhindern. Indessen traf dieser Versuch auf den Widerstand der neutralen Staten, welche mit Recht entgegneten, dass die Ernährung der Menschen ein wesentlich friedliches Geschäft und daher und abgesehen von der Ausnahme der Blocade — nicht zu verhindern, und nicht als Contrebande zu behandeln sei. Auch das eigene Bedürfniss, Lebensmittel zu erwerben, rechtfertigt nicht die Wegnahme neutraler Zufuhr von Seite der bedürftigen Kriegspartei. Vgl. die Note des Grafen Bernstorff vom Jahr 1793 bei Phillimore III. § 247.

808.

Der Handel mit Kriegsgeräthschaften oder die fabrikmässige Bearbeitung derselben ist den neutralen Personen auf neutralem Boden nicht durch das Völkerrecht verboten, auch nicht, wenn dieselben von einer Kriegspartei gekauft oder bestellt werden.

Aber es ist Pflicht des neutralen Stats, zu verhindern, dass nicht von neutralem Boden aus einer Kriegspartei Kriegshülfe geleistet werde (766) und Recht der Kriegspartei, die Kriegscontrebande wegzunehmen und die Verstärkung der feindlichen Kriegsmacht zu verhindern.

Vgl. oben zu Art. 765. Waffenfabriken, Pulverfabriken, Anstalten für den Bau von Kriegsschiffen u. s. f. sind wie der Handel mit solchen Gegenständen an sich friedliche Geschäfte und sie verändern ihre Natur auch im Kriege dritter Staten nicht. Das Völkerrecht kümmert sich erst darum, wenn entweder die Absicht der Kriegshülfe offenbar wird, oder doch die Gefahr der thatsächlichen Förderung der feindlichen Kriegsführung nahe erscheint. Der neutrale Stat hat daher erst von da an ein Interesse einzuschreiten, damit er sich nicht dem gerechten Vorwurf aussetze, dass er sein Gebiet zu feindlichen Handlungen missbrauchen lasse. Zu diesem Behuf kann und soll er je nach Umständen Sicherheit gegen den Missbrauch fordern und wenn es nöthig ist, auch Beschlag auf die Kriegsrüstung legen.

809.

Die feindliche Kriegsmacht darf sich der Contrebande während der Zufuhr bemächtigen und dieselbe als gute Prise behandeln, aber sie hat kein anderes Strafrecht gegenüber den Neutralen auszuüben.

Da der Kriegsstat ausserhalb seines Gebiets — und das Meer gehört nicht zu seinem Gebiet – keine Strafgerichtsbarkeit besitzt, so darf er auch in diesem Falle die Kaufleute oder Schiffer, welche Contrebande führen, nicht strafen. Die Wegnahme der Contrebande ist nur eine völkerrechtlich anerkannte

Ausübung des Kriegsrechts, nicht des Strafrechts. Aber der neutrale Stat darf wohl seine Angehörigen, welche seine Neutralität durch feindliche Handlungen in Gefahr bringen, desshalb zur Verantwortung und Strafe ziehn. Das ist aber Anwendung des einheimischen Strafrechts, dessen Natur auch dann statsrechtlich bleibt, wenn es völkerrechtliche Rücksichten nimmt.

810.

Die Beschlagnahme bezieht sich auf das Frachtschiff, welches die Contrebande führt, nur insofern, als es zum Vollzug der Wegnahme der Contrebande erforderlich ist, also nicht, wenn dieselbe nur einen untergeordneten Theil der Ladung ausmacht und daher ausgeschieden und für sich allein weggenommen werden kann. Das Schiff darf nur dann als Prise dem Nehmestat zugesprochen werden, wenn der Schiffsherr gewusst und gestattet hat, dass das Schiff Contrebande zuführe.

Die Wegnahme und Confiscation des Schiffes wird nur durch Verschuldung gerechtfertigt Vgl. oben zu § 806. Gessner Droit des neutres S. 147 gibt zu, dass sich die Confiscation des Schiffes, wenn der Eigenthümer wusste, dass es Contrebande führe, juristisch rechtfertigen lasse, aber bemerkt, dass die Praxis der meisten Seestaten, mit Ausnahme von England (und der Union der Vereinigten Staten), der milderen Ansicht folge, die Vattel und Hautefeuille vertheidigen, wornach nur die Contrebande weggenommen werden darf.

811.

Wenn die Verschuldung des Eigenthümers der Contrebande nicht aus den Umständen klar und dennoch die Beschlagnahme derselben wegen der offenbaren Bestimmung für die feindliche Kriegsführung gerechtfertigt erscheint, so hat der Nehmestat dem Eigenthümer den vollen Werth der weggenommenen Gegenstände zu ersetzen. In diesem Falle ist der wegnehmende Kriegsstat als Zwangskäufer zu behandeln.

Obwohl hier kein mit Confiscation bedrohter Handel vorhanden, sondern nur die Behinderung der thatsächlichen — wenn auch nicht beabsichtigten — Kriegshülfe gerechtfertigt ist, so macht der Eingriff in die Interessen der Eigenthümer ihre Entschädigung nöthig. Aus diesem Grunde ist die Analogie des Zwangsverkaufs in dem völkerrechtlichen Gebrauch angewendet worden. Die ältere Praxis unterschied weniger sorgfältig und war sogar in solchen Fällen geneigt zur Confiscation. Die neuere Praxis dagegen ist mässiger geworden. Die englischen Prisengerichte erkennen dem geschädigten Eigenthümer über den realen Werth des entzogenen Gutes noch 10% Gewinn zu und es ist diese Bestimmung auch in mehrere Statenverträge aufgenommen worden, so in den Vertrag zwischen England und den Vereinigten Staten vom 19. Nov. 1794. Vgl Phillimore III. § 267 f. und besonders das Erkenntniss des Lord Stowell, ebenda § 270. Calvo D. I. II. S. 493.

812.

Der Kriegsstat darf sich keineswegs solcher Schiffe und Waaren bemächtigen, welche zwar für die Kriegsführung brauchbar sind, aber nicht dem Feinde, sondern einem neutralen Lande oder einem dritten Kriegslande, mit welchem er aber im Frieden ist, zugeführt werden.

In diesen Fällen ist auch nicht die Gefahr einer zufälligen Kriegshülfe und daher auch keine zufällige Contrebande vorhanden (806). In den Verkehr der Neutralen mit andern Ländern als der Gegenpartei hat sich der Kriegsstat in keiner Weise einzumischen.

813.

Wird aber die Fahrt nach einem neutralen Hafen nur in der Absicht unternommen, um auf diesem Umwege sicherer die Kriegsführung des Feindes zu unterstützen, so ist das Contrebande und die Wegnahme gerechtfertigt.

1. Z. B. eine Schiffsladung mit Waffen und Munition aus Amerika fährt nach dem neutralen Hamburg, während Petersburg der eigentliche Bestimmungsort ist und die Absicht, Russland im Kriege mit England zu unterstützen aus den Umständen erhellt. Oder in einem Kriege zwischen Deutschland und Frankreich wird ein Panzerschiff aus England nach dem neutralen Holland geführt, zur Unterstützung einer der beiden Kriegsparteien.

2. In dem Processe gegen die englische Barke Springbok, welche durch einen amerikanischen Kreuzer wegen Contrebande weggenommen worden war, erklärte der Oberrichter Chase (Dec 1866) die Meinung des Obersten Gerichtshofs der Union dahin: „Wenn Waaren schliesslich für einen Hafen einer Kriegspartei bestimmt sind, aber zunächst durch ein neutrales Schiff aus einem neutralen Hafen in einen andern neutralen Hafen verführt werden, und zwar in gutem Glauben bezüglich dieser Reise und ohne trügerische Verbindung der Schiffseigner mit der schliesslichen kriegerischen Bestimmung dieser Güter, so ist das Schiff zwar der Beschlagnahme ausgesetzt zum Behuf der Wegnahme der (Contrebande) Güter, aber nicht der Confiscation als Prise." (Vgl. unten zu § 835. 5.)

814.

Die Beschlagnahme kann auf dem Kriegsfelde, aber nicht in den neutralen Eigengewässern von der Kriegsmacht vollzogen werden. Zu dem Kriegsfelde wird auch die offene See insofern gerechnet, als sie zur Vermittlung der Kriegshülfe dient.

Die neutralen Eigengewässer sind so wenig als das neutrale Land der Kriegspolizei der Kriegsstaten unterworfen. Es ist bedenklich genug, dass man diesen gestattet, auf offener See, die in Niemandes Herrschaft ist und allen Nationen dient, neutrale Schiffe anzugreifen, wenn dieselben Contrebande führen, Aber auch das bedarf der Ermässigung. In entlegenen Meeren, welche dem Kriegsschauplatz fern liegen und füglich nicht zur Kriegshülfe benutzt oder missbraucht werden können, darf der Kriegsstat nicht neutrale Schiffe wegen Verdachts der Kriegscontrebande anhalten, ohne sich den gerechten Beschwerden der neutralen Staten auszusetzen. Vgl. unten § 819.

815.

Die Zufuhr von Kriegstruppen oder von militärischen Führern auf neutralen Schiffen wird ebenso als Kriegscontrebande behandelt, wie die Zufuhr von Kriegsartikeln. Diese Truppen und Militärpersonen können kriegsgefangen gemacht werden.

1. Die Zufuhr von Hülfstruppen ist selbstverständlich eine feindliche That und Kriegshülfe, nicht minder als die Zufuhr von Waffen und Munition. Als Truppen sind auch blosse militarische Unterabtheilungen — z. B. ein Trupp Soldaten mit einem Unteroffizier — gemeint, nicht bloss grössere Truppenkörper, ebenso Freischarenzüge. Calvo D. I. II. S. 495.

2. Ganz dasselbe gilt auch von Heerführern ohne Truppen. Es können unter Umständen einzelne Generale oder Offiziere für den Erfolg militärischer Operationen eine ebenso grosse und noch grössere Bedeutung haben, als grössere Massen von Soldaten.

816.

Wenn jedoch friedliche Auswanderer, obwohl sie vielleicht die Absicht haben, sich in dem kriegführenden Lande anwerben zu lassen, demselben zugeführt werden, so ist dieser Transport doch nicht als durch das Kriegsrecht untersagt zu betrachten.

In diesen Fällen liegt keine directe Beziehung zur Kriegsführung vor und die indirecte ist zu entfernt und unsicher, um als Kriegscontrebande angesehen werden zu können. Die Auswanderung ist wesentlich eine friedliche That. In einer Reihe von neueren Verträgen ist das so bestimmt. Die französischen Verträge z. B. haben noch 1858 folgende Formel: „Il est également convenu, que la liberté du pavillon s'étend aux individus, qui seraient trouvés à bord des bâtiments neutres, a moins qu'ils ne soient militaires, et alors engagés au service de l'ennemi". Die nordamerikanischen drücken das so aus: „unless they are officers or soldiers and in the actual service of the enemy". Vgl. Marquardsen. Der Trentfall. Erlangen 1862. S. 61.

817.

Ebensowenig ist es Contrebande, wenn ein neutrales Schiff friedliche Angehörige des feindlichen Landes, oder Gesante desselben hin- oder weggeführt.

1. Die neutralen Staten sind berechtigt, den Gesantenverkehr mit beiden Kriegsstaten zu unterhalten (796). Die Kriegspartei kann wohl verhindern, dass ein feindlicher Gesanter über ihr Gebiet reise und ihn, wenn er es ohne ihre Erlaubniss thut, als eine politisch wichtige feindliche Person gefangen nehmen,

oder als Geisel behandeln, aber sie ist nicht dazu berechtigt, gegen ein neutrales Schiff auf offener See oder in neutralen Gewassern desshalb Gewalt zu brauchen, weil es solche Personen an Bord hat. Die Verhaftung der Gesanten des amerikanischen Sudbundes Mason und Slidell auf einem englischen Postschiff durch ein nordamerikanisches Kriegsschiff im Febr. 1861 war daher nicht gerechtfertigt, und ware auch dann nicht zu entschuldigen gewesen, wenn das neutrale Schiff aus einem feindlichen und nicht aus einem neutralen Hafen gefahren wäre. Die Vereinigten Staten gaben denn auch die Gefangenen frei, als sich England über diese Verletzung des Völkerrechts beschwerte. Vgl. die zu § 816 citirte Schrift von Marquardsen und die Anm. v. Dana zu Wheaton Int. L. § 504 und insbesondere die Note des amerikanischen Ministers Sewart vom 26. Dec. 1861 (Statsarchiv 194) und die englische Antwort vom 23. Jan. 1862 (Statsarchiv 199). Die Correspondenz findet sich bei Calvo D. I. II. S. 501 ff.

2. Professor M. Bernard von Oxford hat in seinem Buche uber die englische Neutralität während des amerikanischen Burgerkriegs (London 1870) diese Frage sorgfaltig gepruft und folgende Rechtssatze ausgesprochen, die wir in gekürzter Fassung mittheilen (vgl. die Genter Revue du Droit Int. III. S. 126):

1) Ein neutrales Schiff, welches burgerliche oder militarische Agenten einer Kriegspartei an Bord hat, ist nur insofern der Gefahr ausgesetzt, als gute Prise weggenommen zu werden, wenn die Absicht der Kriegshulfe klar ist.
2) Wenn erwiesen ist, dass das neutrale Schiff von einer Kriegsmacht zu Zwecken der Kriegsfuhrung gemiethet worden ist, so ist es gleichgultig, ob die Passagiere viele oder wenige, wichtige oder unwichtige Personen seien, ob der Zweck dem Schiffsherrn oder Führer bekannt sei oder nicht.
3) Wenn dagegen das neutrale Schiff nicht von der Kriegsmacht gemiethet ist, dann kann aus der Anzahl und der Berufsart der aufgenommenen Passagiere auf die Absicht geschlossen werden, durch diese Aufnahme einer Kriegsmacht Hülfe zu bringen
4) Die Thatsache, dass das Schiff in einen neutralen Hafen bestimmt ist, hindert zwar nicht die Verurtheilung desselben, aber ist doch ein schwerer Grund gegen dieselbe und fuhrt meistens zur Freisprechung, besonders dann, wenn das Schiff seine gewöhnliche Bestimmung verfolgt.
5) Es ist nicht erlaubt, auf offener See Individuen auf neutralem Schiff zu Kriegsgefangenen zu machen, wenn nicht gerichtlich zu erweisen ist, dass das Schiff seinen neutralen Charakter verloren hat.

818.

Neutrale Schiffe, welche den Transport von feindlichen Truppen besorgen, verlieren dadurch jeden Anspruch auf den Schutz ihrer Neutralität und werden mit Recht als gute Prise behandelt, aber nur während sie diese feindliche Handlung vornehmen, nicht wenn dieselbe vollzogen ist, also nicht auf dem Rückwege ohne Kriegsladung.

Der Transport von Truppen der feindlichen Macht, z. B. im

Krimkriege der französischen und englischen Truppen nach der Krim ist unzweifelhaft eine Unterstützung der Kriegsführung, und setzt daher die neutralen Schiffe, die sich dazu hergeben, der Wegnahme aus. Aber diese ist wieder nur zulässig, wenn dieselben auf der That ergriffen werden, nicht später, wenn sie wieder auf friedlicher Fahrt begriffen sind.

819.

Zum Schutz gegen den Missbrauch des freien neutralen Verkehrs zur Unterstützung einer Kriegspartei ist jeder Kriegsstat berechtigt, innerhalb des Kriegsfeldes, wozu ausser den eigenen und den feindlichen Eigengewässern auch die offene See insoweit gehört, als sie für die Fahrt dahin benutzt wird, auch die neutralen Schiffe während des Krieges anzuhalten und zu untersuchen, ob sie nicht Contrebande führen.

Die Durchsuchung ist nicht gestattet in den Eigengewässern neutraler Staten und nicht in entlegenen Meeren.

Vgl. oben § 304 f. und zu § 814. Das Durchsuchungsrecht auf offener See in Kriegszeiten ist freilich eine erhebliche Beschränkung des sonst allgemein anerkannten Grundsatzes, dass das Meer frei und keiner besondern Statshoheit unterworfen sei. Dasselbe ist aber durch das dringende Bedürfniss der kriegführenden Staten, sich gegen alle feindlichen Handlungen auch der Neutralen zu schützen, in den Gebrauch des Seekriegs aufgenommen und auch von den Neutralen als Nothrecht des Kriegs zugestanden worden.

820.

Die Prüfung erstreckt sich auf die Statsangehörigkeit des Schiffes, und auf die Beschaffenheit, die Herkunft und die Bestimmung der Ladung.

Nur nach Massgabe ernster Verdachtsgründe darf die Prüfung zu einer Durchsuchung gesteigert werden, insbesondere wenn sich zeigen sollte, dass die Schiffspapiere falsch oder mit der gebrauchten Flagge im Widerspruch sind oder aus den Umständen auf Verheimlichung und Täuschung geschlossen werden kann. Vgl. oben § 344 f. und unten § 822 ff.

821.

Berechtigt zu der Prüfung ist der Kriegsstat, beziehungsweise die zum Vollzug ermächtigten Kriegsschiffe.

822.

Zunächst besteht die Prüfung nur in der Einsicht der Schiffspapiere.

Nur wenn ernste Verdachtsgründe sich zeigen, darf eine Durchsuchung der Schiffsräume selber vorgenommen werden; und nur wenn Contrebande vorgefunden wird, darf das Prisenrecht geübt werden.

Vgl. zu § 820.

823.

Der Stat, dessen Kriegsschiffe die Durchsuchung vornehmen, ist dem neutralen Stat dafür verantwortlich, dass bei der Prüfung und Durchsuchung nicht mit ungebührlicher Gewalt und Härte verfahren werde.

Darin liegt das nöthige Corrective gegen den Missbrauch jenes Nothrechts. Indem der Kriegsstat auf offener See das neutrale Schiff anhält, greift er immerhin ein in die Freiheit und Selbständigkeit auch des neutralen Statsgebiets, zu welchem der auf der See schwimmende Gebietstheil gehört. Damit ist die Verantwortlichkeit desselben gegenüber dem neutralen State begründet, der sich diesen Eingriff nur mit Rücksicht auf das Nothrecht des Kriegs, nicht darüber hinaus gefallen lässt. Die prüfende und durchsuchende Mannschaft des Kriegsschiffs muss sich erinnern, dass sie, genau genommen, auf fremdem, neutralem Gebiete und gegenüber von Personen ihre Controle übt, welche an sich ihrer Statsherrschaft nicht unterworfen und als Freunde keinen feindseligen Massregeln ausgesetzt sind. Sie hat daher auch die Rücksichten der Freundlichkeit (comity) zu beobachten, welche Staten, die im Frieden leben, einander schulden, und darf weder herrisch noch gewaltthätig verfahren, so lange keine Verschuldung des neutralen Schiffes offenbar ist.

824.

Wenn der neutrale Stat durch Statsschiffe die neutralen Handelsschiffe begleiten lässt, und dem Kriegsstate die Versicherung gibt, dass die begleiteten Schiffe keine Contrebande enthalten, so darf keine weitere Durchsuchung vorgenommen werden, sondern es hat sich das feindliche Kriegsschiff zu begnügen, die Vollmacht des neutralen Geleitschiffes und durch dessen Vermittlung die erforderlichen Aufschlüsse über die geleiteten Schiffe zu empfangen.

Wenn der neutrale Stat selber die Aufsicht und Controle über die neutralen Schiffe besorgt und durch Mitsendung eines Statsschiffes als Geleitschiffes die Garantie dafür übernimmt, so hat er ein Recht darauf, dass nicht der Kriegsstat die Freiheit seiner Flagge und die Achtung seiner Selbständigkeit durch eine Untersuchung verletze, die nur aus Noth und nur um des Verdachtes der Kriegshülfe willen von dem Völkerrecht gestattet wird. Zwar ist jenes Recht zuweilen, besonders von England, bestritten worden. Aber es hat doch guten Grund in dem friedlichen Verhältniss der neutralen zu den Kriegsstaten. Jene dürfen von diesen fordern, dass sie ihrem statlich bekräftigten Worte vertrauen. Die bewaffnete nordische Neutralität von 1800 (womit zu vergleichen ist der Vertrag zwischen England und Russland von 1801) hat den Grundsatz in folgenden Sätzen ausgesprochen:

Que la déclaration de l'officier commandant le vaisseau ou les vaisseaux de la marine royale ou impériale, qui accompagneront le convoi d'un ou de plusieurs bâtiments marchands, que son convoi n'a à bord aucune marchandise de contrebande, doit suffire pour qu'il n'y ait lieu à aucune visite sur son bord ni à celui des bâtiment de son convoi.

Pour assurer d'autant mieux à ces principes le respect dû à des stipulations dictées par le désir des intéressés, de maintenir les droits imprescriptibles des nations neutres, et donner une nouvelle preuve de leur loyauté et de leur amour pour la justice, les hautes parties contractantes preunent ici l'engagement le plus formel, de renouveler les défenses les plus sévères à leurs capitaines, soit de hautbord, soit de la marine marchande, de charger, tenir ou recéler à leurs bords aucun des objets, qui, aux termes de la présente convention, pourraient être réputés de contrebande et de tenir respectivement la main à l'exécution des ordres qu'elles feront publier dans leurs amirautés et partout où besoin sera, à l'effet de quoi l'ordonnance, qui renouvellera cette défense sous les peines les plus graves, sera imprimée à la suite du présent acte pour qu'il n'en puisse être prétendu cause d'ignorance.

Les hautes parties contractantes voulant encore prévenir tout sujet de dissension à l'avenir limitant le droit de visite des vaisseaux marchands allants sous convoi, aux seuls cas où la puissance belligérante pourrait essuyer un préjudice réel par l'abus du pavillion neutre, sont convenus:

1. Que le droit de visiter les navires marchands appartenant aux sujets de l'une des puissances contractantes et naviguant sous le convoi d'un vaisseau de guerre de ladite puissance ne sera exercé que par les vaisseaux de guerre de la partie belligérante, et ne s'étendra jamais aux armateurs, corsaires ou autres bâtiments, qui n'appartiennent pas à la flotte impériale ou royale de leurs Majestés, mais que leurs sujets auraient armés en guerre.

2. Que les propriétaires de tous les navires marchands appartenant aux sujets de l'un des Souverains contractants, qui seront destinés à aller sous convoi d'un vaisseau de guerre, seront tenus, avant qu'ils ne reçoivent leurs instructions de navigation, de produire au commandant du vaisseau de convoi leurs passeports et certificats ou lettres de mer, dans la forme annexée au présent traité

3. Que, l'orsqu'un tel vaisseau de guerre, ayant sous convoi des navires marchands, sera rencontré par un vaisseau ou des vaisseaux de guerre de l'autre partie contractante qui se trouvera alors en état de guerre, pour éviter tout désordre, on se tiendra hors de la portée du canon, à moins que l'état de la mer ou le lieu de la rencontre ne nécessite un plus grand rapprochement; et le commandant du vaisseau de la puissance belligérante enverra une chaloupe à bord du vaisseau de convoi, où il sera procédé réciproquement à la vérification des papiers et certificats, qui doivent constater, d'une part que le vaisseau de guerre neutre est autorisé à prendre sous son escorte tels ou tels vaisseaux marchands de sa nation, chargés de telle cargaison et pour tel port; de l'autre part, que le vaisseau de guerre de la partie belligérante appartient à la flotte impériale ou royale de leurs Majestés.

4. Cette vérification faite, il n'y aura lieu à aucune visite, si les papiers sont reconnus en règle, et s'il n'existe aucun motif valable de suspicion. Dans le cas contraire le commandant du vaisseau de guerre neutre (y étant dûment requis par le commandant du vaisseau ou des vaisseaux de la puissance belligérante) doit

amener et détenir son convoi pendant le temps nécessaire pour la visite des bâtiments, qui le composent; et il aura la faculté de nommer et de déléguer un ou plusiers officiers pour assister à la visite desdits bâtiments, la quelle se fera en sa présence sur chaque bâtiment marchand, conjointement avec un ou plusieurs officier préposés par le commandant du vaisseau de la pertie belligérante.

5. S'il arrive que le commandant du vaisseau ou des vaisseaux de la puissance en guerre, ayant examiné les papiers trouvés à bord, et ayaut interrogé le maître et l'équipage du vaisseau, apercevra des raisons justes et suffisantes pour détenir le navire marchand, afin de procéder à une recherche ultérieure, il notifiera cette intention au commandant du vaisseau de convoi, qui aura le pouvoir d'ordonner à un officier de rester à bord du navire aussi détenu, et assister à l'examen de la cause de sa détention. Le navire marchand sera amené tout de suite au port le plus proche et le plus convenable appartenant à la puissance belligérante, et la recherche ultérieure sera conduite avec toute la diligence possible.

825.

Ergibt sich bei der Prüfung dieser Papiere ein ernster Verdacht von Contrebande, so wird zwar ausnahmsweise die Durchsuchung des verdächtigen Schiffes vorgenommen, aber es ist dem geleitenden Statsschiffe Gelegenheit zu geben, bei der Vornahme derselben repräsentirt zu sein. Wird dann nach der Meinung des Kriegsschiffes Contrebande entdeckt, so ist dem Commandanten des Geleitschiffes davon Anzeige zu machen, und dieser kann einen Offizier beauftragen, der Stellung des vermeintlichen Contrebandeschiffes vor das nächste Prisengericht und der Verhandlung vor demselben im Interesse des neutralen Verkehrs beizuwohnen.

Der Kriegsstat hat immerhin sein selbständiges Recht und Interesse zu wahren. Daher kann ihm nicht zugemuthet werden, dass die Berufung auf das Zeugniss des neutralen Stats jede weitere Prüfung auch verdächtiger Schiffe absolut verhindere. Es ist möglich, dass der neutrale Stat selber getäuscht worden war und seinerseits nicht sorgfältig genug geprüft hatte. Es ist überdem noch eher möglich, dass der Kriegsstat und der neutrale Stat eine verschiedene Meinung über die Ausdehnung des Begriffs Contrebande haben, und jener eine Ladung für Contrebande hält, welche dieser nicht als Contrebande ansieht. Da kommt es wieder darauf an, den Conflict der Meinungen und Interessen auszugleichen. Damit stimmen auch die Satzungen der bewaffneten Neutralität von 1800 (vgl. zu § 824) überein. Vgl. Heffter § 170. Ganz passend ist die Bestimmung des englisch-russischen Vertrags von 1801: „It is in like manner agreed, that if any merchant ships thus conveyed should be detained without just and sufficient cause, the commander of the ships or ships of war of the belligerant power shall not only be bound to make to the owners of the ships and of the cargo a full and perfect compensation for all the losses, expenses, damages and costs occasioned by such a detention, but shall, moreover, undergo an ulterior punishment for every act of violence or other fault which he may have committed, according as the nature of the case may require."

826.

Dieser Schutz des neutralen Geleitschiffes erstreckt sich nur auf die früher schon ausdrücklich und nach vorheriger Prüfung in den Geleitschutz aufgenommenen Handelsschiffe und kann nicht erst unterwegs angerufen werden, wenn ein neutrales Schiff ohne diese Vorsicht die Fahrt unternommen hat und nun befürchtet, durchsucht zu werden.

Schiffe, welche sich erst unterwegs an die geleiteten Schiffe (convoi) anschliessen, sind demnach als nicht durch das Geleite legitimirt der gewöhnlichen Prufung ausgesetzt. Aber es bleibt auch in diesem Falle dem Commandanten des Geleites unverwehrt, einen Offizier mitzuschicken, damit er der Untersuchung beiwohne.

---

5. Blokade.

827.

Die Kriegsstaten sind berechtigt, im Interesse wirksamer Kriegsführung feindliche Häfen, Festungen, unter Umständen eine bestimmte feindliche Küstenstrecke gegen jede Handelsverbindung auch mit den Neutralen abzusperren.

1. Das Recht der Kriegsstaten, einen Hafen oder eine Küste des feindlichen Gebiets für den Handel abzusperren, zu blokiren, wird in Kriegszeiten von Alters her geübt und völkerrechtlich anerkannt. Aber über den Grund dieses Rechts gehen die Meinungen aus einander. Die Uebung bezeugt nur die verbreitete Rechtsüberzeugung, aber erklärt dieselbe nicht. Manche Publicisten, wie Hübner, Ortolan und Hautefeuille erklären sie aus der souveränen Gewalt, welche die Kriegsmacht über die feindlichen Küstengewässer ergreife und ausübe. Aber einmal ist diese Gewalt (die Besitznahme) nicht unbestritten, denn die blokirte Küste selbst ist meistens noch im Besitze des Feindes, der seine Gewalt, soweit die Strandbatterien schiessen, auch über den Hafen und den Kustensaum behauptet und ausubt. Sodann wird das Blokaderecht in das offene Meer hinein geübt, wo die Wachschiffe stationirt sind und auf offenem Meere gibt es keine besondere Souveränetät eines Stats gegenüber andern Staten. Endlich erklart die Gebietshoheit — zumal eine bloss provisorische — nicht das allgemeine Verbot des an sich berechtigten, vielleicht vertragsmassig geschutzten Handelsverkehrs.

2. Der Grund kann nicht in der Souveränetat, sondern wieder nur in dem Nothrecht des Kriegs gefunden werden. Die energische, auf raschen Erfolg hinarbeitende Kriegsführung kann der Blokade nicht entbehren. Gewiss ist jede Blokade auch eine schwere Schädigung der neutralen Interessen, aber man nimmt an, die Neutralen müssen sich dieselbe als eine unvermeidliche Folge des Kriegs, wie diesen selber, gefallen lassen, welcher die neutralen Interessen

auch sonst vielfältig verletzt. Schon Grotius und Bynkershoek, neuerlich auch Gessner (Droit des Neutres. Berlin 1865) erklaren das Blokaderecht mit guten Gründen aus der Kriegsnothwendigkeit. Gerade weil es Nothrecht ist, muss es auf die Fälle und das Mass der Noth eingeschränkt werden. Aber eben desshalb wird dieses Nothrecht fortdauern, trotz der Einsprache mancher Handelsleute. Vgl. Lammers, in den Preuss. Jahrb. 1870 S. 669 ff.

828.

Die Neutralen sind verpflichtet, eine wirksame Blokade während des Krieges zu beachten.

Als wirksam gilt dieselbe, wenn der blokirende Kriegsstat die Zufahrt zu der blokirten Küste durch eine ausreichende Macht fortwährend und thatsächlich verhindert. Die blosse Erklärung der Blokade genügt nicht.

1. In frühern Zeiten wurde das Blokaderecht von den Seemächten in viel weiterem Umfange ausgeübt. Die allmähliche Einschrankung des Blokaderechts ist ein Fortschritt des neueren Volkerrechts, weil sie die Gewaltthaten des Kriegs ermassigt und den friedlichen Verkehr schützt. Insbesondere behaupteten die Seemachte fruher, dass die blosse Erklarung der Blokade genuge, um den Handel auch den Neutralen nach der als blokirt erklarten Küste zu untersagen. So hatte z B. England 1780 die ganze franzosische Küste und im Jahr 1806 der Kaiser Napoleon alle englischen Kusten in Blokadezustand erklärt. Auf dem Pariser Congress von 1856 wurde endlich (16. April) der fruher schon von der ersten bewaffneten Neutralität vertretene, aber auch von England und Frankreich 1854 im Russischen Krieg angenommene Grundsatz anerkannt: „Les blocus pour être obligatoires, doivent être effectifs, c'est à dire maintenus par une force suffisante pour interdire réellement l'accès du littoral de l'ennemi". Es wird also nur die „effective" (wirksame), nicht die „fictive" (Papier blocus) Seesperre anerkannt.

2. Ein Antrag, die blosse Handelsblokade, d. h. die Hemmung des reinen militärisch unverfänglichen Handelsverkehrs, überhaupt nicht mehr zuzulassen, sondern nur noch die militärische Blokade, d. h. welche den Verkehr mit einer Festung oder einer militarisch-wichtigen Seestation abschneidet, ist bisher noch nicht zu weiterer Anerkennung gelangt. Man begreift es, dass die Seemächte, deren Macht und Zwang wesentlich auf die Küsten beschränkt sind, sich dagegen strauben, eine solche Beschränkung anzunehmen, durch welche ihre Nöthigungsmittel sehr erheblich vermindert würden. Vgl. Dana zu Wheaton Int. L. § 510 und oben zu § 673. Indessen verliert die Praxis der Blokade fortwährend theils dadurch an Werth fur den blokirenden Stat, dass der wechselseitige Handelsverkehr bestandig zunimmt und daher die Blokade auch die eigenen Rheder und Kaufleute schädigt, theils dadurch, dass die Eisenbahnen eher als früher dem Handel des blokirten States neutrale Hafen und Markte eröffnen.

828 a.

Den neutralen Staten kann es nicht verwehrt werden, nöthigenfalls zum Schutz ihrer Landsleute Kriegsschiffe zu verwenden und zu diesem Behuf auch die Durchfahrt durch das blokirte Gewässer zu verlangen.

In dem Kriege zwischen Brasilien und Uruguay kam diese Frage im Jahr 1865 zur Sprache. Anfangs zwar hatten die Mächte, welche den Laplatastrom blokirten (Brasilien und die Argentinische Republik) Bedenken erhoben. Im Verfolg aber liessen sie dieselben fallen und auch Uruguay liess ein französisches (neutrales) Kriegsschiff, welches nach Assumption geschickt war, um die Franzosen daselbst zu schützen, ungehindert passiren. (Statsarchiv von A. u. K. 2142—2145.)

829.

Für wirksam gesperrt ist ein Hafen dann zu erachten, wenn die Ein- und Ausfahrt entweder durch Kriegsschiffe, welche vor dem Hafen liegen, oder durch Landbatterien des blokirenden States verhindert werden. Eine bestimmte Anzahl von Kriegsschiffen wird nicht erfordert, ebenso wenig als eine bestimmte Anzahl von Kanonen der Landbatterie. Aber es muss die vorhandene Kriegsmacht nahe und stark genug sein, um nicht bloss in einzelnen Fällen, aber auch nicht nothwendig in allen Fällen, sondern regelmässig den Verkehr der Handelsschiffe verhindern zu können.

1. Man muss sich hier vor zwei extremen Auslegungen des Wortes „effective Blocade" hüten. Die eine überspannt die Anforderung an dieselbe, indem sie nur die Sperre als wirksam betrachten will, die allen Verkehr absolut zu hindern vermag, und jede Blokade als unwirksam erklärt, wenn es auch nur Einem Schiffe gelingt, unbemerkt und unaufgehalten hindurchzukommen. Das heisst von der sperrenden Kriegsgewalt Unmögliches verlangen. Wenn einzelne kleine Schiffe bei Nacht oder unter andern günstigen Umständen der Wachsamkeit des Blokadegeschwaders ausweichen, so ist das noch kein Beweis dafür, dass die Blokade unwirksam sei. Eine andere ebenfalls extreme Meinung begeht den entgegengesetzten Fehler, indem sie die Wirksamkeit des Blocus zu leicht nimmt und schon eine gelegentliche Behinderung einzelner Schiffe durch ein Kreuzerschiff der Kriegsmacht für genügend erachtet. Das anerkannte Völkerrecht hält sich in der Mitte zwischen diesen Extremen. Die Ausnahme einer glücklichen Ein- oder Ausfahrt trotz der Blokade macht dieselbe nicht unwirksam und die Ausnahme einer unglücklichen Wegnahme eines neutralen Schiffes durch einen Kreuzer macht dieselbe nicht wirksam. Es muss vielmehr nach dem Ausdruck des Grafen Granville (16. Mai 1861) in Folge der Blokade wirklich schwierig sein, ungehemmt in den blokirten Hafen ein- oder aus demselben auszulaufen. Es muss eine ernste und nahe Gefahr sein, durch die Wachschiffe hindurch zu kommen. In dem nordamerikanischen Bürgerkrieg 1861—65 wurde die effective Blokade in diesem Sinne von den Vereinigten Staten gehandhabt und von den Neutralen anerkannt. Vgl. englische Depesche vom 10. Febr. 1863 (Statsarchiv 615).

2. Die Uebung der Blokade, wie der Ausdruck der Verträge sind nicht auf

feste Plätze beschränkt, sondern auf Seehäfen überhaupt und auf Rheden ausgedehnt. Auch die Mündung eines Flusses kann blokirt werden.

830.

Weder ist eine fingirte Blokade durch ein blosses Decret, ohne die thatsächliche Geltendmachung zulässig noch eine Blokade der Seehäfen durch hin und her fahrende Kreuzer ohne dauernde Kriegsstation.

Allerdings ist auch heute noch die Blokade einer Küste, nicht bloss einzelner Seehäfen möglich; und insofern wird jene noch durch Kreuzer gehandhabt, aber doch nur in Verbindung mit einer festen Schiffsstation, welche regelmässige Wache hält. Die bewaffnete Neutralität von 1780 hatte den Grundsatz so ausgedrückt: „on n'accorde cette détermination (d'un port bloqué) qu'à celui où il y a, par la disposition de la puissance qui l'attaque avec des vaisseaux arrêtés et suffisamment proches un danger évident d'entrer." In dem Neutralitätsvertrag zwischen Russland und England vom Jahr 1801 wurde dann diese Bestimmung durch die nur scheinbar unerhebliche Wandlung des Wörtchens et in das bedenkliche ou sehr abgeschwächt, und dem Missbrauch einer Blokade durch blosse Kreuzer wieder eine Thüre eröffnet. Vgl. Gessner a. a. O. S. 167. Als der Kaiser Maximilian von Mexico die mexicanischen nördlichen Häfen in Blokadezustand erklärte, ohne die erforderliche Seemacht daselbst zu haben, 9. Juli 1866, erklärte der Präsident der Vereinigten Staten von Amerika, Johnson, diese Blokade öffentlich als nichtig. 17. Aug. 1866.

831.

Der Kriegsstat ist verpflichtet, die Blokade öffentlich und allgemein zu erklären und davon auch soweit sein regelmässiger diplomatischer Verkehr reicht, den neutralen Staten sofort Anzeige zu machen, damit dieselben ihre Handelsschiffe rechtzeitig vor der drohenden Gefahr warnen können. Die vorherige allgemeine Kenntnissgabe (generelle Notification) ist aber keine Bedingung der rechtmässigen Blokade. Wenn dieselbe wegen der grossen Entfernung des blokirten Hafens unthunlich erscheint, so dass die Anordnung der Blokade anticipirt werden muss, so ist jene Anzeige doch auch in diesem Falle möglichst zu beschleunigen.

1. Nur die Statsgewalt kann eine Blokade anordnen. Es ist das ein Act der Souveränetät. Da derselbe aber auch für die Neutralen wichtige und gefährliche Folgen hat, so ist diese eingreifende Massregel möglichst bald den neutralen Staten zur Kenntniss zu bringen. Diese würden mit vollem Recht sich beschweren können, wenn ihre Schiffe, ohne vorherige Anzeige und Warnung von den blokirenden Kriegsschiffen des Kriegsstats wegen Verletzung der Blokade weggenommen würden. Zuweilen haben darüber Statsverträge nähere Bestimmungen getroffen, z. B. der englisch-amerikanische von 1794. Antwort des franzö-

sischen Handelsministers Rouher vom 10. Sept. 1861 (Statsarchiv 113) auf eine Reclamation: „Il est d'un usage assez général sans doute qu'un gouvernement informe les autres des mesures de blocus aux quels il recourt, mais cette notification, qui n'est pas de règle absolue, n'a aucune valeur par elle même, elle n'est que la denonciation d'un fait existant et qui produirat déjà ses effets. — Il est évident, que si les neutres suspendaient ou modifiaient d'après cette seule notification leurs opérations de commerce, ils s'exposeraient à les troubler mal à propos au cas, ou le blocus n'existerait pas réellement sur les lieux ou s'il avait déjà pris fin du moment ou leurs expéditions auraient pu y arriver." Vgl. Calvo D. I. II. S. 1149 f.

2. Die antecipirte Blokade wird insofern sofort wirksam, als den neutralen Schiffen die Fahrt zu oder aus dem blokirten Hafen je nach Umständen verwehrt oder doch erschwert wird. Aber sie darf nicht zur Wegnahme von neutralen Schiffen führen, die in gutem Glauben sind.

832.

Die Kenntnissgabe ist aber auch direct in einzelnen Fällen an die zur See befindlichen und sich in gutem Glauben nähernden neutralen Schiffe zu richten (specielle Notification), damit dieselben dadurch veranlasst werden, nach einem nicht blokirten Hafen zu steuern und so den Folgen der Blokade ausweichen.

1. Die Proclamation des Präsidenten Lincoln vom 19. April 1861 schreibt den Commandanten der Wachschiffe vor: „Wenn ein neutrales Schiff sich nähere, dasselbe ohne Verzug zu warnen, und die Warnung in die Schiffspapiere eintragen zu lassen. Würde das gewarnte Schiff spater wieder versuchen, trotz der Blokade in den blokirten Hafen ein- oder aus demselben auszulaufen, dann soll es weggenommen werden". Bei den gerichtlichen Verhandlungen darüber wurde indessen anerkannt, dass die individuelle Warnung nur da eine Bedingung der Wegnahme des Schiffs sei, wo dasselbe nicht ohnehin Kenntniss von der Blokade gehabt habe, nur insofern es in gutem, nicht wenn es in bösem Glauben sei. Vgl. Dana zu Wheaton § 518. Calvo D. I. K. S. 1157.

2. Eine Rechtsvermuthung, dass den neutralen Schiffen die Blokade bekannt geworden sei, besteht nur insofern, als dieselben aus einem Hafen kommen, in welchem die Blokade notorisch bekannt war. Diese Notorietät versteht sich für den blokirten Hafen, aber nicht ohne weiters für die neutralen Häfen.

3. Die Anzeige für sich allein wirkt nicht, sondern nur in Verbindung mit der thatsachlichen Sperre. Wurde also z. B. angezeigt, es seien sämmtliche Häfen einer Küste blokirt, aber in Wahrheit nur die einen wirklich durch Blokadeschiffe gesperrt, die andern nicht, so ware das neutrale Schiff nicht gehindert, in einen der letztern Häfen zu fahren. Vgl. oben zu 831.

833.

Die Blokade dauert nicht länger, als sie wirksam ist.

Ein plötzlicher Sturm, welcher die blokirenden Schiffe momentan zerstreut, hebt die Blokade nicht auf. Dieselben können sich wieder sammeln und die alte Blokade fortsetzen. Wohl aber wird dieselbe durch eine überlegene feindliche Seemacht aufgehoben, wenn die blokirenden Schiffe sich vor derselben zurückziehen. Wenn letztere wiederkehren, nachdem erstere sich entfernt hat, so beginnt eine neue Blokade.

Vgl. die englische Depesche vom 27. Febr. 1863 im Statsarchiv 619. Die von englischen Publicisten öfter vertheidigte Meinung, dass die Neutralen es abwarten müssen, bis sie eine Erklärung über die Aufhebung der Blokade erhalten, ist im Widerspruch mit dem von dem Pariser Congress von 1856 anerkannten Grundprincip und würde wieder zu einem bloss fictiven Blocus führen.

834.

Nur wenn die Störung der Blokade eine bloss momentane und vorübergehende war und ohne Verzug durch Wiederherstellung wieder beseitigt wird, so wird angenommen, die alte Blokade dauere fort.

Die blosse vorübergehende Störung der Blokade ist nicht Aufhebung derselben. Während der Störung, die nur einen thatsächlichen Charakter hat, haben wohl die neutralen Schiffe eine glückliche Aussicht, ungehemmt durchzukommen. Aber die sofortige Beseitigung der Störung und Wiederherstellung des früheren Blokadezustands wird als Fortsetzung desselben und nicht als eine neue Blokade betrachtet. Es bedarf also keiner neuen Notification. Anders ist's, wenn die Blokade thatsächlich aufgegeben oder dauernd aufgelöst worden ist. Wird dieselbe später wieder erneuert, so ist das nicht mehr die fortgesetzte alte, sondern eine neue Blokade.

835.

Die Bedingungen, unter welchen der Kriegsstat ein neutrales Schiff wegen Verletzung wegnehmen darf, sind:

a) die Kenntniss der Neutralen von dem wirklichen Bestand der Blokade,

b) das Schiff muss während des Versuchs, die Blokade zu brechen, ergriffen worden sein.

1. Zu a) Vgl. zu 829 u. 832. Das neutrale Schiff kann sich aber nicht allezeit damit ausreden, dass es zwar von der Blokade Kenntniss gehabt, aber vorerst habe nachsehen wollen, ob dieselbe auch wirklich gehandhabt werde. Der Kriegsstat kann nicht zugeben, dass der Versuch, die Blokade zu brechen, sich hinter den Vorwand dieser Prüfung verstecke, um ohne Gefahr der Wegnahme unternommen zu werden. Nur wenn aus den Umständen, z. B wegen der grossen Entfernung, klar wird, dass das kein blosser Vorwand und Deckmantel sei für die Durchfahrt trotz der Blokade, ist das neutrale Schiff frei zu erklären

2. Zu b) So lange sich das neutrale Schiff nur vorbereitet, vielleicht noch im Hafen, um je nach Umständen die Fahrt zu wagen, darf es nicht genommen werden, weil es die Blokade noch nicht verletzt hat. Es kann noch immer seinen Vorsatz ändern, und nicht schon der Wille, sondern erst die That wird durch das Völkerrecht bedroht. Aus diesem Grunde darf das Schiff auch so lange es in grosser Entfernung von dem blokirten Hafen ist, noch nicht weggenommen werden, denn noch kann es seinen Lauf ändern und die Blokade beachten. Erst wenn es sich soweit annähert, dass darin der Versuch offenbar wird, trotz der Blokade durchzufahren, wird es der Wegnahme ausgesetzt.

3. Bei der Beurtheilung dieser Bedingungen des Blokaderechts und der Blokadepflicht ist voraus auf den guten Glauben (bona fides) zu achten, der aus den Umständen erschlossen wird. Man darf nicht übeln Willen vermuthen, aber sich auch nicht durch die blosse Behauptung des guten Glaubens irreführen lassen.

4. Die bewaffnete Neutralität von 1800 versuchte es, noch strengere Bedingungen festzusetzen, insbesondere ausser der vorherigen individuellen Warnung auch den offenbaren Versuch, „mit Gewalt oder List" — en emploiant la force ou la ruse — durchzudringen. Diese Bestimmung wurde aber in den englisch-russischen Vertrag von 1801 nicht aufgenommen und ein Beweis der versuchten Gewalt oder List wird auch von der neueren Praxis nicht gefordert.

5. Eine höchst gefährliche Theorie sprach der amerikanische Oberrichter Chase aus in dem Process über die englische Barke „Springbok" Dec. 1866: „Wenn ein blokirter Hafen der Bestimmungsort des Schiffes war, so musste das neutrale Schiff condemnirt werden, obwohl es zunächst nach einem neutralen Hafen fuhr und gleichviel ob es Contrebande führte oder nicht." Würde diese Ansicht practisch gemacht, so würde der neutrale Handel, zumal in Verbindung mit einem Beweisverfahren vor einem fremden Prisengericht, das den neutralen Eigenthümern wenig Garantie für ihr Recht bietet, viel mehr bedroht als durch die sogenannte papierne Blokade, die nun glücklich durch die Reform des Völkerrechts beseitigt worden ist.

836.

Die blokirende Kriegsmacht ist nicht berechtigt, ein neutrales Schiff ausserhalb der blokirten Gewässer zu nehmen, selbst dann nicht, wenn dasselbe der Blokade glücklich entkommen ist.

Die Verfolgung freilich kann sich über die blokirten Gewässer hinaus erstrecken, nicht aber darf der Angriff ausserhalb dieses Gebiets unternommen werden. Die Blokade ist nach ihrer Natur an eine bestimmte Oertlichkeit gebunden. Dort wird sie gehandhabt und dort allein, nicht auf dem weiten Meer überhaupt macht sie sich geltend. Das entkommene Schiff wird sich daher davor hüten müssen, dass es nicht wieder auf dem Rückweg dem Blokadegeschwader in die Hände fällt. Aber wenn es nach der glücklichen Durchfahrt in einen nicht blokirten Hafen eingelaufen ist, so kann es ungehindert von da die neutrale Reise fortsetzen. Vgl. oben § 299. Indessen verfahren einige Seemächte auch in dieser Hinsicht noch strenger und gewaltsamer. Auch die amerikanischen Gerichte erkannten noch in dem letzten Bürgerkrieg das Recht der Wegnahme auf der Rückfahrt an; aber nicht mehr, nachdem die Reise beendigt war. Dana zu Wheaton § 523. Ebenso nehmen die englischen Prisengerichte noch an, dass ein Schiff, welches die Absicht hat, die Blokade zu brechen, uberall auf offener See weggenommen werden durfe.

837.

Die neutralen Schiffe, welche vor der Blokade in dem blokirten Hafen lagen, haben ein Recht zu fordern, dass ihnen die ungehinderte Ausfahrt gestattet werde, wenn sie nach einem unverfänglichen Bestimmungsorte fahren, ohne Kriegscontrebande, mit Ballast oder mit einer Ladung, welche sie schon vor der Blokadeerklärung aufgenommen haben.

Die neuere Praxis ist zuweilen noch milder und gestattet den neutralen Schiffen, während einer bestimmten Frist, mit beliebiger Ladung, ausgenommen Contrebande, auszulaufen, ohne Rücksicht darauf, dass dieselbe erst nach der Erklärung der Blokade aufgenommen worden. Der blokirenden Macht steht es zu, die Frist zu bestimmen. Erklärung des franzosischen Ministers Drouyn de Lhuys vom 14. Jan. 1865 betr. die Blokade der Spanier in Chili: „Il est équitable, que des bâtiments entrés dans un port étranger, lorsque son accès etait entièrement libre, ne soient pas contraints à y demeurer par la mise en état de blocus. — Quant aux bâtiments de commerce qui se présentent devant un port dont le blocus a été declaré et est effectif, l'usage ne les autorise pas à compter qu'il leur sera laissé un delai semblabe pour y penétrer. Il est facile de comprendre, que, s'il en était autrement, un blocus perdrait, dans bien des cas, toute son efficacité." Die strengere Praxis, welche eine neue Ladung von feindlichem Gut untersagt, ist aber noch die Regel. Vgl. Hautefeuille Droit des neutres II. S. 214.

838.

Den neutralen Schiffen darf nicht verwehrt werden, in der Noth vor dringender Seegefahr in dem blokirten Hafen eine Zufluchtsstätte zu suchen. Wohl aber müssen sie sich den Anordnungen der blokirenden Seemacht unterwerfen, welche ihnen die Erlaubniss zum Einfahren ertheilt.

Es ist das ein Gebot der Menschlichkeit, welche auch das Kriegsnothrecht achten muss. Vgl. oben § 774.

839.

Ein neutrales Schiff, welches die Blokade verletzt, kann während der versuchten Verletzung weggenommen und confiscirt werden. Aber die Mannschaft verfällt keiner weiteren Strafe.

1. Eine eigentliche Strafgerichtsbarkeit steht dem Kriegsstat wider die Neutralen auf offener See nicht zu (oben § 827). Aber die Androhung der Wegnahme des neutralen Schiffes, wenn dasselbe bei Verletzung der Blokade ergriffen ist, sichert die Wirksamkeit dieser und wird insoweit von dem Völker-

recht gestattet. Der Blokadebrecher ist dieser Gefahr ausgesetzt, nicht aber einem eigentlichen Strafverfahren. Die Mannschaft des neutralen Schiffes ist daher auch nicht der Kriegsgefangenschaft unterworfen. Im Grunde war ihr Verkehr doch nur Friedensverkehr, nicht Kriegshülfe. Vgl. zu 836.

2. Als englische Matrosen, welche auf einem englischen neutralen Schiffe dienten, das die nordamerikanische Blokade zu brechen versuchte, von dem Commandanten eines blokirenden Schiffes festgehalten und zu dem eidlichen Versprechen genöthigt werden wollten, keine Versuche der Art zu wiederholen, wurde das von dem amerikanischen Minister Seward getadelt: „Il may be lawful, to detain such persons as witnesses, when their testimoney may be indispensable to the administration of justice; but when captured in a neutral ship, they cannot be considered and ought not to be treated as prisoners of war.“ 31. Dec. 1861 (Statsarchiv 207).

840.

Ebenso unterliegt die Ladung solcher Schiffe der Beschlagnahme und der Confiscation, ausser wenn der Eigenthümer der Waare es glaubhaft machen kann, dass die Verletzung der Blokade gegen seinen Willen versucht worden sei.

Wenn Schiff und Waare denselben Eigenthümer haben, so ist die Confiscation der Waare unbedenklich. Wenn aber dieselben verschieden sind, so versteht sich die letztere nicht mehr von selbst, wie eine Folge der Wegnahme des Schiffes. Aber man wird auch in den letztern Fällen nicht leicht annehmen dürfen, dass der Eigenthümer der Waare unbetheiligt sei bei der Verletzung der Blokade, welche meistens in seinem Handelsinteresse versucht wird. Nur wenn nachgewiesen werden kann, dass derselbe von der Existenz der Blokade nichts habe wissen können, als er den blokirten Hafen zum Bestimmungsort der Waare machte, oder dass er den Schiffer bestimmt und nicht etwa nur zum Scheine anwies, die Blokade zu beachten und trotzdem dieser auf eigene Gefahr hin gegen seinen Auftrag die Blokade brechen wollte, wäre es ungerecht, die schweren Nachtheile der Confiscation dem Eigenthümer aufzuerlegen. Vgl. Phillimore III. § 318.

---

6. Prisengerichte.

841.

Die Beschlag- und die Wegnahme sowohl feindlicher Schiffe als der neutralen Schiffe und ihrer Ladung ist der Beurtheilung der Prisengerichte unterworfen.

Das Prisengericht entscheidet über die Rechtmässigkeit der Prise und über die Folgen der Beschlag- oder Wegnahme.

Die Einrichtung der Prisengerichte gibt einige, wenn auch eine unvollkommene Gewähr dafür, dass auch im Seekrieg nicht bloss die Gewalt — sondern das Recht herrsche. Die Prisengerichte dienen zur Controle der gewaltsamen Beschlag- und Wegnahme, welche im Kriege gegen fremde (feindliche oder neutrale) Schiffe und Waaren geubt wird. Dieselbe soll nach Rechtsgrundsätzen und durch Richter gepruft und je nach Umständen entweder bestatigt oder verbessert werden Die Rucksicht auf die Neutralen hat hauptsachlich zur Ausbildung der Prisengerichtsbarkeit gefuhrt, aber auch den Eigenthümern der feindlichen Nation kommt die Einrichtung gelegentlich zu Gute.

842.

Als zuständig wird in der Regel das Prisengericht des Nehmestates betrachtet, auch wenn das aufgebrachte Schiff ein neutrales ist, und sogar dann, wenn das neutrale Schiff wegen Führung von Kriegscontrebande oder Verletzung der Blokade auf offener See genommen worden ist.

Wenn das neutrale Schiff in den besetzten Eigengewässern genommen wird, so ist die Zuständigkeit der besetzenden Statsgewalt und ihrer Gerichtsbarkeit schon aus allgemeinen Rechtsgrundsätzen erklart. Eher erheben sich Zweifel, wenn die Wegnahme auf offener See geschehen ist, denn diese ist nicht einer besondern Gebietshoheit unterworfen (§ 304), also auch nicht dem Kriegsstate. Man kann uberdem mit Grund das Bedenken erheben, dass die neutralen Schiffe in den Gerichten des Nehmestats nicht genugende Garantien fur eine unparteiische Rechtspflege zu finden vermögen, indem der Nehmestat selber Partei und bei der Verurtheilung der aufgebrachten Schiffe interessirt ist. Es bleibt eine Aufgabe der zukunftigen Verbesserung des Völkerrechts, diesen Mangel zu heben und bessere Garantien der Unparteilichkeit zu gewähren. Friedrich der Grosse hatte im Jahr 1753 eine preussische Commission niedergesetzt, welche die Urtheile der englischen Prisengerichte gegen preussische, damals neutrale, Schiffe nochmals prufen und darüber erkennen sollte, wogegen freilich England als gegen eine unerhorte Neuerung Protest erhob. Man versuchte es auch einige Male mit Bestellung gemischter Gerichte. Gegenwartig aber wird die ausschliessliche Zustandigkeit der Gerichte des Nehmestats allgemein anerkannt. Man betrachtet sie theils als eine Folge des Kriegsrechts, welches die Kriegspartei zu gewaltsamem Eingreifen ermachtigt, theils als eine Ermassigung dieses Rechts, indem es in der Vollziehung einer gerichtlichen Controle unterworfen wird.

Das Institut fur Volkerrecht hat sich in der Sitzung von 1877 in Zurich folgendermassen uber das Institut ausgesprochen:

„Das gegenwartige System der Prisengerichte und des Processes vor denselben ist mangelhaft. Das Bedurfniss der Abhülfe durch Einrichtung internationaler Gerichte ist dringend. Das Institut halt dafür, dass es nöthig sei

1) durch Verträge allgemeine Rechtsregeln uber Prisen festzustellen,
2) die bisherige ausschliessliche Besetzung der Prisengerichte durch Richter, die dem kriegfuhrenden State angehoren, durch Einrichtung internationaler Gerichte zu verbessern, welche den betheiligten neutralen und feindlichen Privatpersonen mehr Gewähr leisten fur eine unparteiische Beurtheilung.

3) eine gemeinsame Ordnung fur das Verfahren vor den Prisengerichten zu vereinbaren.

Im Allgemeinen ist das Institut der Meinung, dass in der von Hrn. Westlake vorgeschlagenen Institution „gemischter Prisengerichtshöfe" ein Richter des Nehmestats, ein Richter des Stats, gegen dessen Angehorige der Process geführt wird, und ein oder zwei Richter von neutralen Staten), sei es als erstinstanzliche, sei es als Appellgerichte, worüber sich die Staten durch Vertrage verständigen, ein grosser Fortschritt des Völkerrechts wäre."

843.

Die Besetzung und Ermächtigung des Prisengerichts ist ein Act der Souveränetät des Kriegsstates, welcher die Prisengerichtsbarkeit übt.

1. Die Prisengerichte sind ausserordentliche Gerichtshöfe, welche in Kriegszeiten ad hoc errichtet werden. Obwohl ihre Aufgabe eine volkerrechtliche ist, so ist ihre Begründung und Besetzung dennoch statsrechtlich normirt. Desshalb ist die Organisation der Prisengerichte in den verschiedenen Staten verschieden; und die Richter, welche dieselben bilden, erhalten ihre Ernennung und Instruction jederzeit von der obersten Statsgewalt ihres Stats.

2. Die Einsetzung des Prisengerichts ist gegenwartig eine Handlung des Kriegsrechts. Die neutralen Staten setzen demgemäss keine Prisengerichte ein und gestatten auch nicht, dass ein Kriegsstat auf ihrem Gebiete Prisengerichtsbarkeit ube Auch wenn etwa der Kriegsstat seine Gesanten oder Consuln in dem neutralen State ermachtigen wollte, Prisengerichtsbarkeit zu uben, so ist der neutrale Stat berechtigt, das zu hindern. Er duldet in seinem friedlichen Gebiete keine Kriegsanordnungen der Kriegsparteien. Würde die Prisengerichtsbarkeit international geordnet, so würde dieses Hinderniss wegfallen.

844.

Das Prisenrecht ist auch dann zuständig, wenn der Nehmer das genommene Schiff in Folge von Seenoth nicht in einen Hafen des eigenen States hat bringen können, sondern dasselbe in einem neutralen Hafen gesichert hat.

Die Aufbringung des genommenen Schiffes in den Seehafen, wo das Prisengericht sitzt, ist nicht eine unerlässliche Vorbedingung des prisengerichtlichen Verfahrens, wenn gleich sie in der Regel als Einleitung dazu dient. In manchen Fallen ist dieselbe nicht möglich, weil das genommene Schiff nicht mehr seetüchtig ist und man genöthigt ist, fur dasselbe in einem neutralen Hafen Schutz zu suchen.

845.

Aus dem Asyl, welches der neutrale Stat dem feindlichen Nehmer sammt seiner Prise gewährt, folgt nicht eine selbständige Gerichtsbarkeit des neutralen States über die Rechtmässigkeit der

Prise. Aber der neutrale Stat ist nunmehr in der Lage, gegenüber von völkerrechtswidrigen Wegnahmen den neutralen Eigenthümer besser schützen zu können.

1. Weil die Prisengerichtsbarkeit als eine Wirkung des Kriegsrechts betrachtet wird, so kann nur ein Kriegsstat, und nie ein neutraler Stat sie uben (vgl. zu 842. 843), also auch dann nicht, wenn sich das genommene Schiff innerhalb der neutralen Eigengewasser befindet, also der ordentlichen Gerichtsbarkeit des neutralen Stats unterworfen ist.

2. Aber eben aus dem letzten Grunde ist der neutrale Stat auch in der Lage, dem aufgebrachten Schiffe seinen ordentlichen Rechtsschutz zuzuwenden, insofern gegen dasselbe völkerrechtswidrig verfahren worden ist. Er ist nicht verbunden, seine Beihulfe dem fremden Prisengerichte zu gewahren. Würde z. B. ein Kriegsstat noch die Kaperei gestatten, und ein von einem Kaper aufgebrachtes neutrales Schiff wurde in einen neutralen Hafen gebracht, so wäre der neutrale Stat in seinem Rechte, wenn er die Auslieferung und Wegfuhrung des Schiffs verhinderte, ungeachtet vielleicht das Prisengericht die Wegnahme gutgeheissen hat.

846.

Hat aber der Nehmer der Prise in einen ihm feindlichen Hafen flüchten müssen, so setzt er dieselbe der Reprise aus, welche die Wirksamkeit der ersten Prise aufhebt.

Ist der feindliche Hafen im Besitz des Kriegsstats, der die Prise gemacht hat, so ist freilich der Nehmer so lange gesichert, als dieser Besitz fortdauert, und wenn inzwischen die Verurtheilung erfolgt, so wirkt dieselbe ohne Hemmniss. Wenn aber der Hafen im Besitz des Feindes ist oder vor der Verurtheilung wieder in den Besitz desselben kommt, so hat der Feind das entgegengesetzte Interesse, dem Nehmer die Beute wieder wegzunehmen, und durch die Reprise die Wirksamkeit der Prise zu zerstören.

847.

Die Prisengerichte haben bei ihren Entscheidungen die Grundsätze des Völkerrechts und die Gesetze und Verordnungen ihres Landes, so weit diese mit jenen in Harmonie zu bringen sind, zu beachten. Wenn beide einander widersprechen, so kann zwar das Prisengericht statsrechtlich genöthigt werden, dem Landesgesetze zu gehorchen. Aber es sind die besondern Landesordnungen möglichst so auszulegen und zu handhaben, dass sie in Uebereinstimmung mit den allgemeinen Grundsätzen des Völkerrechts verbleiben und immer wird der Kriegsstat dem neutralen State gegenüber verantwortlich, wenn die Vorschriften des Völkerrechts zum Schaden des neutralen Rechtes missachtet werden.

Der Widerspruch zwischen der völkerrechtlichen Bestimmung und der statsrechtlichen Organisation und Besetzung der Prisengerichte zeigt sich hier wieder. Die Prisengerichte sollen das Völkerrecht handhaben und wesentlich nach Völkerrecht urtheilen, und trotzdem können sie sich nicht frei machen von der Unterordnung unter die souveräne Statsautorität, welche sie ins Leben gerufen hat und von der sie abhängig bleiben. Würden sie ohne Rücksicht auf die Prisenreglemente ihres Stats lediglich nach ihrem Verständniss des Völkerrechts dieses anwenden, so wären sie in Gefahr, von ihrer Statsregierung zur Verantwortung gezogen zu werden. Würden sie einfach die besondern Vorschriften ihrer Statsautorität anwenden ohne alle Rücksicht auf das Völkerrecht, so würden sie sich gegen ihren völkerrechtlichen Beruf verfehlen. Es bleibt daher nur übrig, jeden Conflict möglichst zu vermeiden. Das geschieht, wenn das Landesrecht im Geiste des Völkerrechts ausgelegt wird. Ist trotzdem ein Widerspruch zwischen den beiden Rechten vorhanden, der nicht zu versöhnen ist, so ist das Gericht zwar verpflichtet, die bestimmte Vorschrift seines Landesgesetzes zu befolgen. Dann aber wird auch der Stat, der ein völkerrechtswidriges Gesetz gegeben hat, dem neutralen State verantwortlich, welcher durch dasselbe in seinen Schutzangehörigen verletzt wird; denn der neutrale Stat ist nicht schuldig, sich ein Verfahren gefallen zu lassen, welches im Widerspruch ist mit den anerkannten Grundsätzen des Völkerrechts. Derselbe kann von dem Nehmestat verlangen, dass er trotz des Spruchs seines Prisengerichts das neutrale Schiff oder die neutrale Waare frei gebe, wenn solches nach Völkerrecht geschehen muss. Da das Völkerrecht für alle Staten verbindlich ist (§ 3), so darf das statliche Gesetz nicht demselben widersprechen. Vgl. Dana zu Wheaton, Intern. Law. § 388.

848.

Das Verfahren vor dem Prisengerichte richtet sich in Ermangelung völkerrechtlicher Vorschriften nach der Processordnung des Nehmestates. Die Neutralen haben aber ein Recht auf Vertheidigung und auf unparteiische Rechtspflege.

1. Die Prisengesetze und Prisenverordnungen der einzelnen Staten bestimmen das Nähere. Das Verfahren hat durchweg den Charakter einer Untersuchung von Amts wegen. Der Prisenführer ist verpflichtet, die Gründe, aus denen und die Umstände, unter welchen er das Schiff genommen hat, darzulegen und das Prisengericht prüft sodann die Schiffsurkunden, vernimmt den Schiffsführer und soweit nöthig die Mannschaft des aufgebrachten Schiffs und stellt die Thatsachen fest, welche die Grundlage des Processes bilden. Dieses Vorverfahren geschieht meistens summarisch, nicht in Form einer gegenseitigen Parteiverhandlung, sondern durch gerichtliche Commissionen.

2. Zuweilen wird, wie in Preussen, ein Statsanwalt bestellt, der die Anträge stellt, der nicht etwa die Interessen des Nehmers vertritt, sondern eine unparteiische Haltung im Interesse der gerechten Erledigung der Prüfung behauptet. Er ist nicht advocatus fisci, sondern patronus juris.

3. Ergibt sich die Sache als unzweifelhaft, so kann sofort gesprochen werden. Insbesondere ist, wenn eine Freisprechung erfolgen muss, diese ohne Verzug auszusprechen. Früher nahm man es mit den Verurtheilungen ziemlich leicht. Die neuere Ausbildung des Rechts fordert hier ein sorgfältigeres Ver-

fahren, welches dem bedrohten Eigenthümer des Schiffs oder der Ladung Gelegenheit gibt, sich gehörig zu vertheidigen. Sie konnen ihre Reclamationen schriftlich einreichen und werden dazu von dem Gerichte aufgefordert. Ein contradictorisches Verfahren ist durchweg begründet, wenn irgend welche Zweifel uber die Schuld sich zeigen und nicht die Schuld eingestanden wird.

849.

Der Nehmer ist verpflichtet, sofort nach seiner Ankunft in dem Hafen, die Papiere des aufgebrachten Schiffes sammt dem Protokoll über die Nehmung dem Gericht zu übergeben und diesem die Verfügung über das Schiff, sowie die Untersuchung seines Verfahrens anheim zu geben.

Indem die Thätigkeit des Gerichts beginnt, hört die Gewalt des Nehmers uber das Schiff auf. Voraus soll nun die That des Nehmers und die Schuld des Schiffers geprüft und demgemäss weiter entschieden werden

850.

Der Spruch des Prisengerichts ist für die Parteien verbindlich und begründet formelles Recht.

Es ist das eine Folge der anerkannten Zustandigkeit (§ 842). Dass der Nehmer sich dem Urtheil unterwerfen muss, ist freilich selbstverständlich, da das Prisengericht von demselben State autorisirt ist, dem er angehort. Aber dass auch der fremde Neutrale das Urtheil als formelles Recht gelten lassen muss, welches vielleicht im Widerspruch ist mit seinem heimatlichen Landesrecht, das ist eine Anomalie, denn die Souveranetät des Nehmestats erstreckt sich nicht uber ihn Nur das Nothrecht des Krieges erklart die Ausnahme.

851.

Indessen ist der Kriegsstat, welcher das Prisengericht bestellt hat, dem neutralen State verantwortlich für offenbares Unrecht, welches das Prisengericht im Widerspruch mit dem Völkerrecht den neutralen Eigenthümern zugefügt hat. Die Berufung auf die Landesgesetze, welche das Prisengericht angewendet hat, befreit nicht von dieser Verantwortlichkeit, wenn durch das Landesgesetz die natürlichen Rechte der Neutralen missachtet worden sind.

Entsteht darüber ein Streit zwischen dem Kriegsstat und dem neutralen Stat, so ist dieser Streit nach völkerrechtlichen Grundsätzen und zunächst durch Unterhandlung und friedliche Mittel zu schlichten.

1. Der neutrale Stat wird nicht als befugt erachtet, eine eigentliche Revision des Processes vorzunehmen. Seine Gerichte sind keine Revisions- noch Appellations- noch Cassationsinstanzen gegenüber den Prisengerichten. Nur

diese sind competent, über den einzelnen Fall zu urtheilen, die erheblichen Thatsachen zu constatiren und zu würdigen, und über Freisprechung oder Verurtheilung zu entscheiden. Dieses Urtheil wirkt rechtskräftig sowohl für den Nehmer als für den Eigenthümer des genommenen Schiffes oder der genommenen Ladung (§ 850). Aber der neutrale Stat hat ein Recht, zu fordern, dass diese ausnahmsweise durch das Völkerrecht erlaubte Justiz dem Völkerrecht gemäss gehandhabt und nicht zu völkerrechtswidriger Benachtheiligung seiner Angehörigen missbraucht werde. Vgl. zu § 847. Diese Grundsätze sind auch in den Verhandlungen zwischen den Vereinigten Staten von Amerika und der dänischen Regierung im Jahr 1830 bestätigt worden. Vgl. Wheaton Int. Law. § 397.

2. Wenn zwischen dem neutralen und dem Kriegsstat ein völkerrechtlicher Streit entsteht, so ist derselbe wie andere völkerrechtliche Streitigkeiten zu erledigen. Vgl. Buch VI. Unter Umständen wird trotz der Verurtheilung durch das Prisengericht der Nehmestat die Beschwerden des neutralen Stats dadurch berücksichtigen, dass er die Prise freigibt, oder dadurch, dass er an denselben eine Entschädigung zahlt zu Gunsten der verletzten Eigenthümer.

852.

Wird die Nehmung als nicht rechtmässig erfunden, so ist Schiff und Ladung sofort den Eigenthümern frei zu geben.

Dabei wird natürlich ein rechtskräftiges Urtheil vorausgesetzt. Durch die Berufung an den Oberprisenrath (Obergericht) kann die Wirksamkeit des angefochtenen erstinstanzlichen Urtheils gehemmt werden.

853.

Auch wenn die Nehmung nicht gutgeheissen wird, kann doch dem Eigenthümer des genommenen Schiffes jede Entschädigungsforderung dann abgesprochen und es können ihm sogar die Kosten des Verfahrens auferlegt werden, wenn das Schiff durch sein Verhalten sich verdächtig gemacht hat.

Auch in solchem Verhalten liegt eine Verschuldung — zwar keine so grosse, dass sie die Wegnahme rechtfertigt, aber eine so genügende Ursache, um die Aufbringung und Untersuchung des verdächtigen Schiffes zu begründen.

854.

Wenn dagegen der Nehmer keinerlei Grund hatte zur Beschlagnahme, so ist er verpflichtet, die Processkosten zu tragen und den Eigenthümer des genommenen Schiffes und der Ladung zu entschädigen. Ueber diese Entschädigungsforderung entscheidet das Prisengericht.

Unter dieser Voraussetzung bewirkt die Verschuldung des Nehmers seine Entschädigungspflicht.

855.

Blosse Vermuthungen zu Gunsten des Nehmers und zum Nachtheil der Neutralen sind mit den Grundsätzen einer unparteiischen Rechtspflege unvereinbar.

Die ältere Praxis mancher Seemächte war zu solchen Vermuthungen zu Gunsten des Nehmers und wider das aufgebrachte Schiff geneigt. Das widerspricht aber den Grundprincipien aller Rechtspflege, welche ihrer beschränkten Einsicht eingedenk und nur mit aussern Mitteln wirkend nur die offenbare Schuld bedroht, nicht die verborgene Sünde, und darf daher nicht von dem Volkerrecht gebilligt werden, auch wenn die Volkersitte solche Missgriffe noch duldet. Die Schuld muss also, wenn sie bestritten wird, erwiesen werden, ebenso wie jede andere strafbare Schuld.

856.

Wird die Nehmung gutgeheissen, so wird das Eigenthum an Schiff und Ladung, in so weit als beide mit Recht genommen sind, sei es dem Nehmestat mit Belohnung des Nehmers, sei es diesem selber je nach Umständen mit gewissen Auflagen an den Nehmestat zugesprochen. Nur die genommenen Kriegsschiffe und die Kriegscontrebande fallen jederzeit dem Nehmestat, nicht dem Nehmer zu.

Der ganze Gedanke und die Erklärung des Prisenrechts weist auf das Nothrecht des Krieges und daher die Kriegsgewalt hin. Niemand kann ein persönliches Beuterecht ansprechen. Eben desshalb hat auch die Statsautoritat allein daruber zu verfugen, wem die Prise zufallen soll. Wenn der Nehmer dieselbe zu Eigenthum bekommt, so kann er dieses Eigenthum nur von der Statsautorität, nicht von seiner eigenen Arbeit ableiten. Der Stat kann es ihm ganz oder theilweise oder gar nicht geben. Lord Stowell vgl. Phillimore III. § 128: „Prize is altogether a creature of the Crown. No man has, or can have any interest, but what he takes is the mere gift of the Crown; beyond the extent of that gift he has nothing." Aber es können in einem Lande besondere Maximen festgestellt werden uber die Bedingungen und das Mass der Belohnung des Nehmers, und das Prisengericht des Landes richtet sich in seinen Entscheidungen darnach.

857.

Das Völkerrecht hindert nicht die Versilberung der in neutralem Hafen geborgenen Prise zum Vollzug des Urtheils. Aber wenn der neutrale Stat gegen das Verfahren des Prisengerichts völkerrechtliche Beschwerden zu führen hat, so ist er, um sein Beschwerderecht zu sichern, berechtigt, auch diese Versilberung zu untersagen.

Vgl. zu § 845. 847.

858.

Die neutralen Eigenthümer haben das Urtheil des Prisengerichts auch ihrerseits in so weit anzuerkennen, als nicht der neutrale Stat, dem sie angehören, wegen völkerrechtswidrigen Verfahrens sie zum Widerspruch ermächtigt.

Vgl. zu § 842 845. 847. 848.

859.

Die in geordnetem Verfahren dem Nehmestat oder dem Nehmer zugesprochene Prise kann nicht mehr durch Reprise demselben entzogen werden, sondern nur durch eine neue berechtigte Prise des feindlichen Nehmers.

Die Reprise (Wiedernahme, recapture) ist nur so lange möglich, als die Prise gleichsam in der Schwebe ist Wenn erst diese durch den Spruch des Prisengerichts in ihren Wirkungen vollendet worden ist, dann hat die Prise selber aufgehört. Das Schiff ist nun in dem unzweifelhaften Eigenthum dessen, dem es zugesprochen ist. Wenn ihm dasselbe von dem Feinde wieder weggenommen wird, so ist das ganz ebenso, wie wenn ihm ein anderes Schiff, das er ursprünglich durch Kauf erworben hatte, weggenommen wird. Das ist eine neue Prise, und nicht mehr eine Reprise. Es folgt das aus dem gewohnheitsrechtlichen Satze, dass das Urtheil des Prisengerichts Recht schaffe, auch für die betheiligten Parteien. Wenn das aus irgend einem Grunde nicht der Fall ist, dann liegt auch kein Grund vor, die Anwendung der Reprisse auszuschliessen.

860.

Vor der gerichtlichen Verurtheilung der Prise kann dem Nehmer die Prise durch Reprise wider abgenommen werden. In diesem Falle ist jedoch das Eigenthum von dem Wiedernehmer zu respectiren.

1. Bis das Prisengericht über die Prise erkannt und dieselbe verurtheilt hat, ist das Schicksal derselben immer noch ungewiss, und noch kein formelles Recht des Nehmestats oder des Nehmers an dem genommenen Schiffe oder der Waare vorhanden. Bis dahin kann die Wirksamkeit der Prise, die zunächst auf die Gewalt der Kriegsmacht gegründet ist, wieder ebenfalls durch Gewalt unwirksam gemacht werden. Es ist das eine besondere Anwendung des postliminium, eine in integrum restitutio. Die Beute wird dem Erbeuter wieder abgejagt.

2. Weil die Reprise zunächst nur negativ wirkt, als Verneinung der Prise, und nicht selber eine neue Prise ist noch sein will, so muss der Wiedernehmer (recaptor) auch das Eigenthum seinerseits respectiren, das er aus der feindlichen Wegnahme gerettet hat, und er kann nur, je nach Umständen, für die Arbeiten und Opfer, welche er auf die Reprise verwendet hat, eine angemessene Entschädigung (servaticium) verlangen, die zuweilen zur Vermeidung von Streit und Beweis auf einen Achttheil (amerikanisches Gesetz von 1800. Cap. 14. und englisches 17 Victor. c. 18) oder gar auf einen Drittheil des Werths der Reprise angesetzt ist. Schon der Consolato del Mare c. 287 hat diese Regel anerkannt.

3. Das Eigenthum muss von dem Recaptor geachtet werden, sowohl wenn es neutralen als wenn es den Privaten angehört, welche Statsangehörige des Kriegsstats sind, dessen Schiffe die Reprise machen.

4. Manche Rechtsgelehrte und Landesordnungen beschranken die Reprise noch mehr, z. B.: bis das genommene Schiff in einen sichern Hafen oder überhaupt in sichere Verwahrung (inter präsidia) gebracht worden ist, oder: in den ersten 24 Stunden nach der Wegnahme. Wo besondere Gesetze das so bestimmen, müssen dieselben wohl geachtet werden Die Natur der Dinge und die gerechten Bedenken gegen jede Ausdehnung des Prisenrechts rechtfertigen meines Erachtens die Regel des Textes.

860 a.

Gelingt es dem weggenommenen Schiffe, sich selber, ohne Reprise, wieder aus der feindlichen Gewalt vor der Verurtheilung zu befreien, so wird die Prise unwirksam und fällt die Gefahr für den Untergang des Eigenthums weg.

Vgl. oben § 739. 740.

861.

Sobald der Friede geschlossen ist, so hört auch alles Recht, Prisen zu machen, auf. Die nach dem Friedensschluss — wenn auch in gutem Glauben — vollzogenen Nehmungen sind sofort wieder zurückzugeben.

Vgl. oben § 709.

862.

Die Prisengerichte sind, wenn nicht der Friedensschluss anders bestimmt, berechtigt, die vor demselben anhängig gemachten Prisenprocesse auch nach demselben fortzuführen und durch Urtheil zu erledigen.

Oft wird durch den Frieden bestimmt, dass alle genommenen, aber noch nicht verurtheilten Schiffe frei gegeben werden sollen. Ist das nicht geschehn, so duldet das herkömmliche Volkerrecht die Fortsetzung und Vollendung der Prisenprocesse auch nach dem Abschluss des Friedens, obwohl gegen dieselben das ernste Bedenken erhoben werden kann, dass die Prisengerichtsbarkeit nur Kriegs- und nicht Friedensgerichtsbarkeit ist.

ANHANG.

I. Amerikanische Kriegsartikel der Vereinigten Staten von 1863.

II. Brüsseler Entwurf einer internationalen Erklärung über das Kriegsvölkerrecht von 1874.

III. Entwurf eines Reglements, betr. das schiedsrichterliche Verfahren in völkerrechtl. Processen, beschlossen von dem Institut für Völkerrecht, Sitzung im Haag 1875.

I.

Instructions for the Government of Armies of the United States in the field.

Section I.

Martial law — Military jurisdiction — Military necessity — Retaliation.

1. A place, district, or country occupied by an enemy stands in consequence of the occupation, under the Martial Law of the invading or occupying army, whether any proclamation declaring Martial Law, or any public warning to the inhabitants, has been issued or not. Martial Law is the immediate and direct effect and consequence of occupation or conquest.

The presence of a hostile army proclaims its Martial Law.

2. Martial Law does not cease during the hostile occupation, except by special proclamation, ordered by the commander-in-chief; or by special mention in the treaty of peace concluding the war, when the occupation of a place or territory continues beyond the conclusion of peace as one of the conditions of the same.

3. Martial Law in a hostile country consists in the suspension, by the occupying military authority, of the criminal and civil law, and of the domestic administration and government in the occupied place or territory, and in the substitution of military rule and force for the same, as well as in the dictation of general laws, as far as military necessity requires this suspension, substitution, or dictation.

The commander of the forces may proclaim that the administration of all civil and penal law shall continue, either wholly or in part, as in times of peace, unless otherwise ordered by the military authority.

4. Martial Law is simply military authority exercised in accordance with the laws and usages of war. Military oppression is not Martial Law; it is the abuse of the power which that law confers. As Martial Law is executed by military force, it is incumbent upon those who administer it to be strictly guided by the principles of justice, honor, and humanity — virtues adorning a soldier even more than other men, for the very reason that he possesses the power of his arms against the unarmed.

5. Martial Law should be less stringent in places ant countries fully occupied and fairly conquered. Much greater severity may be exercised in places or regions where actual hostilities exist, or are expected and must be prepared for. Its most complete sway is allowed — even in the commander's own country — when face to face with the enemy, because of the absolute necessities of the case, and of the paramount duty to defend the country against invasion.

To save the country is paramount to all other considerations.

6. All civil and penal law shal continue to take its usual course in the enemy's places and territories under Martial Law, unless interrupted or stopped by order of the occupyng military power; but all the functions of the hostile government — legislative, executive, or administrative — whether of a general, provincial, or local character, cease under Martial Law, or continue only with the sanction, or if deemed necessary, the participation of the occupier or invader.

7. Martial Law extends to property, and to persons, whether they are subjects of the enemy or aliens to that government.

8. Consuls, among American and European nations, are not diplomatic agents. Nevertheless, their offices and persons will be subjected to Martial Law in cases of urgent necessity only; their property and business are not exempted. Any delinquency they commit against the established military rule may be punished as in the case of any other inhabitant, and such punishment furnishes no raisonable ground for international complaint.

9. The functions of Ambassadors, Ministers, or other diplomatic agents, accredited by neutral powers to the hostile government, cease,

so far as regards the displaced government; but the conquering or occupying power usually recognizes them as temporarily accredited to itself.

10. Martial Law affects chiefly the police and collection of public revenue and taxes, whether imposed by the expelled government or by the invader, and refers mainly to the support and efficiency of the army, its safety, and the safety of its operations.

11. The law of war does not only disclaim all cruelty and bad faith concerning engagements concluded with the enemy during the war, but also the breaking of stipulations solemnly contracted by the belligerents in time of peace, and avowedly intended to remain in force in case of war between the contracting powers.

It disclaims all extortions and other transactions for individual gain; all acts of private revenge, or connivance at such acts.

Offences to the contrary shall be severely punished, and especially so if committed by officers.

12. Whenever feasible, Martial Law is carried out in cases of individual offenders by Military Courts; but sentences of death shall be executed only with the approval of the chief executive, provided the urgency of the case does not require a speedier execution, and then only with the approval of the chief commander.

13. Military jurisdiction is of two kinds: first, that which is conferred and defined by statute; second, that which is derived from the common law of war. Military offences under the statute law must be tried in the manner therein directed; but military offences which do not come within the statute must be tried and punished under the common law of war. The character of the courts which exercise these jurisdictions depends upon the local laws of each particular country.

In the armies of the United States the first is exercised by courtsmartial; while cases which do not come within the „Rules and Articles of War“, or the jurisdiction conferred by statute on courts-martial, are tried by military commissions.

14. Military necessity, as understood by modern civilized nations, consists in the necessity of those measures which are indispensable for securing the ends of the war, and which are lawful according to the modern law and usages of war.

15. Military necessity admits of all direct destruction of life or limb of *armed* enemies, and of other persons whose destruction is incidentally *unavoidable* in the armed contests of the war; it allows of the capturing of every armed enemy, and every enemy of importance to the hostile government, or of peculiar danger to the captor; it allows of all destruction of property, and obstruction of the ways and channels of traffic, travel, or communication, and of all withholding of sustenance or means of life from the enemy; of the appropriation of whatever an enemy's country affords necessary for the subsistence and safety of the army, and of such deception as does not involve the breaking of good faith either positively pledged, regarding agreements entered into during the war, or supposed by the modern law of war to exist. Men who take up arms against one another in public war do not cease on this account to be moral beings, responsible to one another, and to God.

16. Military necessity does not admit of cruelty, that is, the infliction of suffering for the sake of suffering or for revenge, nor of maiming or wounding except in fight, nor of torture to extort confessions. It does not admit of the use of poison in any way, nor of the wanton devastation of a district. It admits of deception, but disclaims acts of perfidy; and, in general, military neccessity does not include any act of hostility which makes the return to peace unnecessarily difficult.

17. War is not carriet on by arms alone. It is lawful to starve the hostile belligerent, armed or unarmed, so that it leads to the speedier subjection of the enemy.

18. When the commander of a besieged place expels the noncombatants, in order to lessen the number of those who consume his stock of provisions, it is lawful, though an extreme measure, to drive them back, so as to hasten on the surrender.

19. Commanders, whenever admissible, inform the enemy of their intention to bombard a place, so that the non-combatants, and especially the women and children, may be removed before the bombardment commences. But it is no infraction of the common law of war to omit thus to inform the enemy. Surprise may be a necessity.

20. Public war is a state of armed hostility between sovereign nations or governments. It is a law and requisite of civilized existence that men live in political, continuous societies, forming organized units, called states or nations, whose constituents bear, enjoy, and suffer, advance and retrograde together, in peace and in war.

21. The citicen or native of a hostile country is thus an enemy, as one of the constituents of the hostile state or nation, and as such is subjected to the hardships of the war.

22. Neverthelees, as civilization has advanced during the last centuries, so has likewise steadily advanced, especially in war on land, the distinction between the private individual belonging to a hostile country and the hostile country itself, with its men in arms. The principle bas been more and more acknowledged that the unarmed citizen is to be spared in person, property, and honor as much as the exigencies of war will admit.

23. Private citizens are no longer murdered, enslaved, or carried off to distant parts, and the inoffensive individual is as little disturbed in his private relations as the commander of the hostile troops can afford to grant in the overruling demands of a vigorous war.

24. The almost universal rule in remote times was, and continues to be with barbarous armies, that the private individual of the hostile country is destined to suffer every privation of liberty and protection, and every disruption of family ties. Protection was, and still is with uncivilized poeple, the exception.

25. In modern regular wars of the Europeans, and their descendants in other portions of the globe, protection of the inoffensive citizen of the hostile country is the rule, privation and disturbance of private relations are the exceptions.

26. Commanding generals may cause the magistrates an civil officers of the hostile country to take the oath ef temporary allegiance or an oath of fidelity to their own victorious government or rulers, and they may expel every one who declines to do so. But whether they do so or not, the people and their civil officers owe strict obedience to them as long as they hold sway over the district or country, at the peril of their lives.

27. The law of war can no more wholly dispense with retaliation than can the law of nations, of which it is a branch. Yet civilized nations acknowledge retaliation as the sternest feature of war. A reckless enemy often leaves to his opponent no other

means of securing himself against the repetition of barbarous outrage.

28. Retaliation will, therefore, never be resorted to as a measure of mere revenge, but only as a means of protective retribution, and, moreover, cautiously and unavoidably; that is to say, retaliation shall only be resorted to after careful inquiry into the real occurrence, and the character of the misdeeds that may demand retribution.

Unjust or inconsiderate retaliation removes the belligerents farther and farther from the mitigating rules of a regular war, and by rapid steps leadts them nearer to the internecine wars of savages.

29. Modern times are distinguished from earlier ages by the existence, at one and the same time, of many nations and great governments related to one another in close intercourse.

Peace is their normal condition; war is the exception. The ultimate object of all modern war is a renewed state of peace.

The more vigorously wars are pursued, the better it is for humanity. Sharp wars are brief.

30. Ever since the formation and coexistence of modern nations, and ever since wars have become great national wars, war has come to be acknowledged no to be its own end, but the means to obtain gread ends of state, or to consist in defence against wrong; and no conventional restriction of the modes adopted to injure the enemy is any longer admitted; but the law of war imposes many limitations and restrictions on principles of justice, faith, and honor.

Section II.

Public and private property of the enemy — Protection of persons, and especially women; of religion, the arts and sciences — Punishment of crimes against the inhabitants of hostile countries.

31. A victorious army appropriates all public money, seizes all public movable property until further direction by its government, and sequesters for its own benefit or that of its government all the revenues of real property belonging to the hostile government or nation. The title to such real property remains in abeyance during military occupation, and until the conquest is made complete.

32. A victorious army, by the martial power inherent in the same, may suspend, change, or abolish, as far as the martial power extends,

the relations which arise from the service, due, according to the existing laws of the invaded country, from one citizen, subject, or native of the same to another.

The commander or the army must leave it to the ultimate treaty of peace to settle the permanency of this change.

33. It is no longer considered lawful—on the contrary, it is held to be a serious breach of the law of war—to fore the subjects of the enemy into the service of the victorious governement, except the latter should proclaim, after a fair and complete conquest of the hostile country or district, that it is resolved to keep the country, district, or place permanently as its own and make it a portion of its own country.

34. As a general rule, the property belonging to churches, to hospitals, or other establishments of an exclusively charitable character, to establishments of education, or foundations for the promotion of knowledge, whether public schools, universities, academies of learning or observatories, museums of the fine arts, or of a scientific character—such property is not to be considered public property in the sense of paragraph 31, but it may be taxed or used when the public service may require it.

35. Classical works of art, libraries, scientific collections, or precious instruments, such as astronomical telescopes, as well as hospitals, must be secured against all avoidable injury, even when they are contained in fortified places whilst besieged or bombarded.

36. If such works of art, libraries, collections, or instruments belonging to a hostile nation or government, can be removed without injury, the ruler of the conquering state or nation may order them to be seized and removed for the benefit of the said nation. The ultimate owner-ship is to be settled by the ensuing treaty of peace.

In no case shall they be sold or given away, if captured by the armies of the United States, nor shall they ever be privately appropriated, or wantonly destroyed or injured.

37. The United States acknowledge and protect, in hostile countries occupied by them, religion and morality; strictly private property; the persons of the inhabitants, especially those of women; and the sacredness of domestic relations. Offences to the contrary shall be rigorously punished.

This rule does not interfere with the right of the victorious invader to tax the people or their property, to levy forced loans, to billet soldiers, or to appropriate property, especially houses, land, boats or ships, and churches, for temporary and military uses.

38. Private property, unless forfeited by crimes or by offences of the owner, can be seized only by way of military necessity, for the support or other benefit of the army or of the United States.

If the owner has not fled, the commanding officer will cause receipts to be given, which may serve the spoliated owner to obtain indemnity.

39. The salaries of civil officers of the hostile government who remain in the invaded territory, and continue the work of their office, and can continue it according to the circumstances arising out of the war—such as judges, administrative or police officers, officers of city or communal governments—are paid from the public revenue of the invaded territory, until the military government has reason wholly or partially to discontinue it. Salaries or incomes connected with purely honorary titles are always stopped.

40. There exists no law or body of authoritative rules of action between hostile armies, except that branch of the law of nature and nations which is called the law and usages of war on land.

41. All municipal law of the ground on which the armies stand, or of the countries to which they belong, is silent and of no effect between armies in the field.

42. Slavery, complicating and confounding the ideas of property, (that is of a *thing,*) and of personalty, (that is of *humanity,*) exists according to municipal or local law only. The law of nature und nations has never acknowledged it. The digest of the Roman law enacts the early dictum of the pagan jurist, that „so far as the law of nature is concerned, all men are equal." Fugitives escaping from a country in which they were slaves, villains, or serfs, into another country, have, for centuries past, been held free and acknowledged free by judicial decisions of European countries, even though the municipal law of the country in which the slave had taken refuge acknowledged slavery within its own dominions.

43. Therefore, in a war between the United States and a belligerent which admits of slavery, if a person held in bondage by that belligerent be captured by or come as a fugitive under the protection of the military forces of the United States, such person is immediately entitled to the rights and privileges of a freeman. To return such person into slavery would amount to enslaving a free person, and neither the United States nor any officer under their autority can enslave any human being. Moreover, a person so made free by the law of war is under the shield of the law of nations, and the former owner or State can have, by the law of post-liminy, no bellligerent lien or claim of service.

44. All wanton violence committed against persons in the invaded country, all destruction of property not commanded by the authorized officer, all robbery, all pillage or sacking, even after taking a place by main force, all rape, wounding, maiming, or killing of such inhabitants, are prohibited unter the penalty of death, or such other severe punishment as may seem adequate for the gravity of the offence.

A soldier, officer or private, in the act of committing such violence, and disobeying a superior ordering him to abstain from it, may be lawfully killed on the spot by such superior.

45. All captures and booty belong, according to the modern law of war, primarily to the government of the captor.

Prize money, whether on sea or land, can now only be claimed under local law.

46. Neither officers nor soldiers are allowed to make use of their position or power in the hostile country for private gain, not even for commercial transactions otherwise legitimate. Offences to the contrary committed by commissioned officers will be punished with cashiering or such other punishment as the nature of the offence may require; if by soldiers, they shall be punished according to the nature of the offence.

47. Crimes punishable by all penal codes, such as arson, murder, maiming, assaults, highway robbery, theft, burglary, fraud, forgery, and rape, if committed by American soldier in a hostile country against its inhabitants, are not only punishable as at home, but in all cases in which death is not inflicted, the severer punishment shall be preferred.

Section III.

Deserters — Prisoners of War — Hostages — Booty on the battle-field.

48. Deserters from the American army, having entered the service of the enemy, suffer death if they fall again into the hands of the United States, whether by capture, or being delivered up to the American army; and if a deserter from the enemy, having taken service in the army of the United States, is captured by the enemy, and punished by them with death or otherwise, it is not a breach against the law and usages of war, requiring redress or retaliation.

49. A prisoner of war is a public enemy armed or attached to the hostile army for active aid, who has fallen into the hands of the captor, either fighting or wounded, on the field or in the hospital, by individual surrender or by capitulation.

All soldiers, of whatever species of arms; all men who belong to the rising *en masse* of the hostile country; all those who are attached to the army for its efficiency and promote directly the object of the war, except such as are hereinafter provided for; all disabled men or officers on the field or elsewhere, if captured; all enemies who have thrown away their arms and ask for quarter, are prisoners of war, and as such exposed to the inconveniences as well as entitled to the privileges of a prisoner of war.

50. Moreover, citizens who accompany an army for whatever purpose, such as sutlers, editors, or reporters of journals, or contractors, if captured, may be made prisoners of war, and be detained as such.

The monarch and members of the hostile reigning family, male or female, the chief, and chief officers of the hostile government, its diplomatic agents, and all persons who are of particular and singular use and benefit to the hostile army or its government, are, if captured on belligerent ground, and if unprovided with a safe-conduct granted by the captor's government, prisoners of war.

51. If the people of that portion of an invaded country which is not yet occupied by the enemy, or of the whole country, at the approach of a hostile army, rise, under a duly authorized levy, *en masse* to resist the invader, they are now treated as public enemies, and if captured, are prisoners of war.

52. No belligerent has the right to declare that he will treat every captured man in arms of a levy *en masse* as a brigand or bandit.

If, however, the people of a country, or any portion of the same, already occupied by an army, rise against it, they are violaters of the laws of war, and are not entitled to their protection.

53. The enemy's chaplains, officers of the medical staff, apothecaries, hospital nurses and servants, if they fall into the hands of the American army, are not prisoners of war, unless the commander has reasons to retain them. In this latter case, or if, at their own desire, they are allowed to remain with their captured companions, they are treated as prisoners of war, and may be exchanged if the commander sees fit.

54. A hostage is a person accepted as a pledge for the fulfilment of an agreement concluded between belligerents during the war, or in consequence of a war. Hostages are rare in the present age.

55. If a hostage is accepted, he is treated like a prisoner of war, according to rank and condition, as circumstances may admit.

56. A prisoner of war is subject to no punishment for being a public enemy, nor is any revenge wreaked upon him by the intentional infliction of any suffering, or disgrace, by cruel imprisonment, want of food, by mutilation, death, or any other barbarity.

57. So soon as a man is armed by a sovereign government, and takes the soldiers oath of fidelity, he is a belligerent; his killing, wounding, or other warlike acts, are no individual crimes or offences. No belligerent has a right to declare that enemies of a certain class, color, or condition, when properly organized as soldiers, will not be treated by him as public enemies.

58. The law of nations knows of no distinction of color, and if an enemy of the United States should enslave and sell any captured persons of their army, it would be a case for the severest retaliation, if not redressed upon complaint.

The United States cannot retaliate by enslavement; therefore death must be the retaliation for this crime against the law of nations.

59. A prisoner of war remains answerable for his crimes committed against the captor's army or people, committed before he was

captured, and for which he has not been punished by his own authorities.

All prisoners of war are liable to the infliction oft retaliatory measures.

60. It is against the usage of modern war to resolve, in hatred and revenge, to give no quarter. No body of troops has the right to declare that it will not give, and therefore will not expect, quarter; but a commander is permitted to direct his troops to give no quarter, in great straits, when his own salvation makes it *impossible* to cumber himself with prisoners.

61. Troops that give no quarter have no right to kill enemies already disabled on the ground, or prisoners captured by other troops.

62. All troops of the enemy known or discovered to give no quarter in general, or to any portion of the army, receive none.

63. Troops who fight in the uniform of their enemies, without any plain, striking, and uniform mark of distinction of their own, can expect no quarter.

64. If American troops capture a train containing uniforms of the enemy, and the commander considers it advisable to distribute them for use among his men, some striking mark or sign must be adopted to distinguish the American soldier from the enemy.

65. The use of the enemy's national standard, flag, or other emblem of nationality, for the purpose of deceiving the enemy in battle, is an act of perfidy by which they lose all claim to the protection of the laws of war.

66. Quarter having been given to an enemy by American troops, under a misapprehension of his true character, he may, nevertheless, be ordered to suffer death if, within three days after the battle, it be discovered that he belongs to a corps which gives no quarter.

67. The law of nations allow every sovereign government to make war upon another sovereign state, and, therefore, admits of no rules or laws different from those of regular warfare, regarding the treatment of prisoners of war, although they may belong to the army of a government which the captor may consider as a wanton and unjust assailant.

68. Modern wars are not internecine wars, in which the killing of the enemy is the object. The destruction of the enemy in modern war, and, indeed, modern war itself, are means to obtain that object of the belligerent which lies beyond the war.

Unnecessary or revengeful destruction of life is not lawful.

69. Outposts, sentinels, or pickets are not to be fired upon, except to drive them in, or when a positive order, special or general, has been issued to that effect.

70. The use of poison in any manner, be it to poison wells, or food, or arms, is wholly excluded from modern warfare. He that uses it puts himself out of the pale of the law and usages of war.

71. Whoever intentionally inflicts additional wounds on an enemy already wholly disabled, or kills such an enemy, or who orders or encourages soldiers to do so, shall suffer death, if duly convicted, whether he belongs to the army of the United States, or is an enemy captured after having committed his misdeed.

72. Money and other valuables on the person of a prisoner, such as watches or jewelry, as well as extra clothing, are regarded by the American army as the private property of the prisoner, and the appropriation of such valuables or money is considered dishonorable, and is prohibited.

Nevertheless, if *large* sums are found upon the persons of prisoners, or in their possession, they shall be taken from them, and the surplus, after providing for their own support, appropriated for the use of the army, under the direction of the commander, unless otherwise ordered by the government. Nor can prisoners claim, as private property, large sums found and captured in their train, although they had been placed in the private luggage of the prisoners.

73. All officers, when captured, must surrender their side-arms to the captor. They may be restored to the prisoner in marked cases, by the commander, to signalize admiration of his distinguished bravery, or approbation of his humane treatment of prisoners before his capture. The captured officer to whom they may be restored cannot wear them during captivity.

74. A prisoner of war, being a public enemy, is the prisoner of the government, and not of the captor. No ransom can be paid by a prisoner of war to his individual captor, or to any officer in

command. The government alone releases captives, according to rules prescribed by itself.

75. Prisoners of war are subject to confinement or imprisonment such as may be deemed necessary on account of safety, but they are to be subjected to no other intentional suffering or indignity. The confinement and mode of treating a prisoner may ce varied during his captivity according to the demands of safety.

76. Prisoners of war shall be fed upon plain and wholeshome food, whenever practicable, and treated with humanity.

They may be required to work for the benefit of the captor's government, according to their rank and condition.

77. A prisoner of war who escapes may be shot, or otherwise killed in his flight; but neither death nor any other punishment shall be inflicted upon him simply for his attempt to escape, which the law of war does not consider a crime. Stricter means of security shall be used after an unsuccessful attempt at escape.

If, however, a conspiracy is discovered, the purpose of which is a united or general escape, the conspirators may be rigorously punished, even with death; and capital punishment may also be inflicted upon prisoners of war discovered to have plotted rebellion against the authorities of the captors, whether in union with fellow-prisoners or other persons.

78. If prisoners of war, having given no pledge nor made any promise on their honor, forcibly or otherwise escape, and are captured again in battle, after having rejoined their own army, they shall not be punished for their escape, but shall be treated as simple prisoners of war, although they will be subjected to stricter confinement.

79. Every captured woundet enemy shall be medically treated, according to the ability of the medical staff.

80. Honorable men, when captured, will abstain from giving to the enemy information concerning their omn army, and the modern law of war permits no longer the use of any violence against prisoners, in order to extort the desired information, or to punish them for having given false information.

Section IV.

Partisans—Armed enemies not belonging to the hostile army—Scouts —Armed prowlers—War-rebels.

81. Partisans are soldiers armed and wearing the uniform of their army, but belonging to a corps which acts detached from the main body for the purpose of making inroads into the territory occupied by the enemy. If captured, they are entitled to all the privileges of the prisoner of war.

82. Men, or squads of men, who commit hostilities, whether by fighting, or inroads for destruction or plunder, or by raids of any kind, without commission, without being part and portion of the organized hostile army, and without sharing continuously in the war, but who do so with intermitting returns to their homes and avocations, or with the occasional assumption of the semblance of peaceful pursuits, divesting themselves of the character or appearance of soldiers—such men, or squads of men, are not public enemies, and therefore, if captured, are not entitled to the privileges of prisoners of war, but shall be treated summarily as highway robbers or pirates.

83. Scouts or single soldiers, if disguised in the dress of the country, or in the uniform of the army hostile to their own, employed in obtaining information, if found within or lurking about the lines of the captor, are treated as spies, and suffer death.

84. Armed prowlers, by whatever names they may be called, or persons of the enemy's territory, who steal within the lines of the hostile army, for the purpose of robbing, killing, or of destroying bridges, roads, or canals, or of robbing or destroying the mail, or of cutting the telegraph wires, are not intitled te the privileges of the prisoner of war.

85. War-rebels are persons within an occupied territory who rise in arms against the occupying or conquering army, or against the authorities established by the same. If captured, they may suffer death, whether they rise singly, in small or large bands, and whether called upon to do so by their own, but expelled, government or not. They are not prisoners of war; nor are they, if discovered and secured before their conspiracy has matured to an actual rising, or to armed violence.

Section V.

Safe-conduct — Spies — War-traitors — Captured messengers — Abuse of the flag of truce.

86. All intercourse between the territories occupied by belligerent armies, whether by traffic, by letter, by travel, or in any other way, ceases. This is the general rule, to be observed without special proclamation.

Exceptions tho this rule, whether by safe-conduct, or permission to trade on a small or large scale, or by exchanging mails, or by travel from one territory into the other, can take place only according to agreement approved by the government, or by the highest military authority.

Contraventions of this rule are highly punishable.

87. Ambassadors, and all other diplomatic agents of neutral powers accredited to the enemy, may receive safe conducts trough the territories occupied by the belligerents, unless there are military reasons to the contrary, and unless they may reach the place of their destination conveniently by another route. It implies no international affront if the safe conduct is declined. Such passes are usually given by the supreme authority of the state, and not by subordinate officers.

88. A spy is a person who secretly, in disguise or under false pretence, seeks information with the intention of communicating it to the enemy.

The spy is punishable with death by hanging by the neck, whether or not he succeed in obtaining the information or in conveying it to the enemy.

89. If a citizen of the United States obtains information in a legitimate manner, and betrays it to the enemy, be he a military or civil officer, or a private citizen, he shall suffer death.

90. A traitor under the law of war, or a war-traitor, is a person in a place or district under martial law who, unauthorized by the military commander, gives information of any kind to the enemy, or holds intercourse with him.

91. The war-traitor is always severely punished. If his offence consists in betraying to the enemy anything concerning the condition, safety, operations or plans of the troops holding or occupying the place or district, his punishment is death.

92. If the citizen or subject of a country or place invaded or conquered gives information to his own government, from which he is separated by the hostile army, or to the army of his government, he is a war-traitor, and death is the penalty of his offence.

93. All armies in the field stand in need of guides, an impress them if they cannot obtain them otherwise.

94. No person having been forced by the enemy to serve as guide is punishable for having done so.

95. If a citizen of a hostile and invaded district voluntarily serves as a guide to the enemy, or offers to do so, he is deemed a war-traitor, and shall suffer death.

96. A citizen serving voluntarily as a guide against his own country commits treason, and will be dealt with according to the law of his country.

97. Guides, when it is clearly proved that they have misled intentionally, may be put to death.

98. All unauthorized or secret communication with the enemy is considered treasonable by the law of war.

Foreign residents in an invaded or occupied territory, or foreign visitors in the same, can claim no immunity from this law. They may communicate with foreign parts, or with the inhabitants of the hostile country, so far as the military authority permits but no further. Instant expulsion from the occupied territory would be the very least punishment for te infraction of this rule.

99. A messenger carrying written despatches or verbal messages from one portion of the army, or from a besieged place, to another portion of the same army, or its government, if armed, and in the uniform of his army, and if captured while doing so, in the territory occupied by the enemy, is treated by the captor as a prisoner of war. If not in uniform, nor a soldier, the circumstances connected with his capture must determine the disposition that shall be made of him.

100. A messenger or agent who attempts to steal trough the territory occupied by the enemy, to further, in any manner, the interests of the enemy, if captured, is not entitled to the privileges

of the prisoner of war, and may be dealt with according to the circumstances of the case.

101. While deception in war is admitted as a just and necessary means of hostility, and is consistent with honorable warfare, the common law of war allows even capital punishment for clandestine or treacherous attempts to injure an enemy, because they are so dangerous, and it is so difficult to guard against them.

102. The law of war, like the criminal law regarding other offences, makes no difference on account of the difference of sexes, concerning the spy, the war-traitor, or the war-rebel.

103. Spies, war-traitors, and war-rebels are not exchangel according to the common law of war. The exchange of such persons would require a special cartel, authorized by the government, or, at a great distance from it, by the chief commander of the army in the field.

104. A successful spy or war-traitor, safely returned to his own army, and afterwards captured as an enemy, is not subject to punishment for his acts as a spy or war-traitor, but he may be held in closer custody as a person individually dangerous.

Section VI.

Exchange of prisoners — Flags of truce — Flags of protection.

105. Exchanges of prisoners take place—number for number—rank for rank—wounded for woundet—with added condition for added condition—such, for instance as not to serve for a certain period.

106. In exchanging prisoners of war, such numbers of persons of inferior rank may be substituted as an equivalent for one of superior rank as may be agreed upon by cartel, which requires the sanction, of the government, or of the commander of the army in the field.

107. A prisoner of war is in honor bound truly to state to the captor his rank: and he is not to assume a lower rank than belongs to him, in order to cause a more advantageous exchange; nor a higher rank, for the purpose of obtaining better treatment.

Offences to the contrary have been justly punished by the commanders of release prisoners, and may be good cause for refusing to release such prisoners.

108. The surplus number of prisoners of war remaining after an exchange has taken place is sometimes released either for the payment of a stipulated sum of money, or, in urgent cases, of provision, clothing, or other necessaries.

Such arrangement, however, requires the sanction of the highest authority.

109. The exchange of prisoners of war is an act of convenience to both belligerents. If no general cartel has been concluded, it cannot be demanded by either of them. No belligerent is obliged to exchange prisoners of war.

A cartel is voidable so soon as either party has violated it.

110. No exchange of prisoners shall be made except after complete capture, and after an accurate account of them, and a list of the captured officers, has been taken.

111. The bearer of a flag of truce cannot insist upon being admitted. He must always be admitted with great caution. Unnecessary frequency is carefully to be avoided.

112. If the bearer of a flag of truce offer himself during an engagement, he can be admitted as a very rare exception only. It is no breach of good faith to retain such a flag of truce, if admitted during the engagement. Firing is not required to cease on the appearance of a flag of truce in battle.

113. If the bearer of a flag of truce, presenting himself during an engagement, is killed or wounded, it furnishes no ground of complaint whatever.

114. If it be discovered, and farily proved, that a flag of truce has been abused for surreptitiously obtaining military knowledge, the bearer of the flag thus abusing his sacred character is deemed a spy.

So sacred is the character of a flag of truce, and so necessary is its sacredness, that while its abuse is an expecially heinous offence, great caution is requisite, on the other hand in convicting the bearer of a flag of truce as a spy.

115. It is customary to designate by certain flags, (usually yellow), the hospitals in places which are shelled, so that the besieging enemy may avoid firing on them. The same has been done in battles, when hospitals are situated within the field of the engagement.

116. Honorable belligerents often request that the hospitals within the territory of the enemy may be designated, so that they may be spared.

An honorable belligerent allows himself to be guided by flags or signals, of protection as much as the contingencies and the necessities of the fight will permit.

117. It is justly considered an act of bad faith, of infamy or fiendishness, to deceive the enemy by flags of protection. Such act of bad faith may be good cause for refusing to respect such flags.

118. The besieging belligerant has sometimes requested the besieged to designate the buildings containing collections of works of art, scientific museums, astronomical observatories, or precious libraries, so that their destruction may be avoided as much as possible.

Section VII.

The Parole.

119. Prisoners of war may be released from captivity by exchange and, under certain circumstances, also by parole.

120. The term Parole designates the pledge of individual good faith and honor to do, or to omit doing, certain acts after he who gives his parole shall have been dismissed, wholly or partially, from the power of the captor.

121. The pledge of the parole is always an individual, but not a private, act.

122. The parole applies chiefly to prisoners of war whom the captor allows to return to their country, or to live in greater freedom within the captor's country or territory, on conditions stated in the parole.

123. Release of prisoners of war by exchange is the general rule; release by parole is the exception.

124. Breaking the parole is punished with death when the person breaking the parole is captured again.

Accurate lists, therefore, of the paroled persons must be kept by the belligerents.

125. When paroles are given and received there must be an exchange of two written documents, in which the name and rank of the paroled individuals are accurately and truthfully stated.

126. Commissioned officers only are allowed to give their parole, and they can give it only with the permission of their superior, as long as a superior in rank is within reach.

127. No non-commissioned officer or private can give his parole except through an officer. Individual paroles not given through an officer are not only void, but subject the individual giving them to the punishment of death as deserters. The only admissible exception is where individuals, properly separated from their commands, have suffered long confinement without the possibility of being paroled through an officer.

128. No paroling on the battle-field; no paroling of entire bodies of troops after a battle; and no dismissal of large numbers of prisoners, with a general declaration that they are paroled, is permitted, or of any value.

129. In capitulations for the surrender of strong places or fortified camps the commanding officer, in cases of urgent necessity, may agree that the troops under his command shall not fight again during the war, unless exchanged.

130. The usual pledge given in the parole is not to serve during the existing war, unless exchanged.

This pledge refers only to the active service in the field, against the paroling belligerent or his allies actively engaged in the same war. These cases of breaking the parole are patent acts, and can be visited with the punishment of death; but the pledge does not refer to internal service, such as recruiting or drilling the recruits, fortifying places not besieged, quelling civil commotions, figthing against belligerents unconnected with the paroling belligerents, or to civil or diplomatic service for which the paroled officer may be embloyed.

131. If the government does not approve of the parole, the paroled officer must return into captivity, and should the enemy refuse to receive him, he is free of his parole.

132. A belligerent government may declare, by a general order, whether it will allow paroling, and on what conditions it will allow it. Such order is communicated to the enemy.

133. No prisoner of war can be forced by the hostile government to parole himself, and no government is obliged to parole prisoners of war, or to parole all captured officers, if it paroles any. As the pledging of the parole is an individual act, so is paroling, on the other hand, an act of choice on the part of the belligerent.

134. The commander of an occupying army may require of the civil officers of the enemy, and of its citizens, any pledge he may consider necessary for the safety or security of his army, and upon their failure to give it he may arrest, confine, or detain them.

Section VIII.

Armistice—Capitulation.

135. An armistice is the cessation of active hostilities for a period agreed upon between belligerents. It must be agreed upon in writing, and duly ratified by the highest authorities of the contending parties.

136. If an armistice be declared, without conditions, it extends no further than to require a total cessation of hostilities, along the front of both belligerents.

If conditions be agreed upon, they should be clearly expressed, and must be rigidly adhered to by both parties. If either party violates any express condition, the armistice may be declared null and void by the other.

137. An armistice may be general, and valid for all points and lines of the belligerents; or special, that is, referring to certain troops or certain localities only.

An armistice may be concluded for a definite time; or for an indefinite time, during which either belligerent may resume hostilities on giving the notice agreed upon to the other.

138. The motives which induce the one or the other belligerent to conclude an armistice, whether it be expected to be preliminary to a treaty of peace, or to prepare during the armistice for a more vigorous prosecution of the war, does in no way affect the character of the armistice itself.

139. An armistice is binding upon the belligerents from the day of the agreed commencement; but the officers of the armies are responsible from the day only when they receive official information of its existence.

140. Commanding officers have the right to conclude armistices binding on the district over which their command extends, but such armistice is subject to the ratification of the superior authority, and ceases so soon as it is made known to the enemy that the armistice is not ratified, even if a certain time for the elapsing between giving notice of cessation and the resumption of hostilities should have been stipulated for.

141. It is incumbent upon the contracting parties of an armistice to stipulate what intercourse of persons or traffic between the inhabitants of the territories occupied by the hostile armies shall be allowed, if any.

If nothing is stipulated the intercourse remains suspended, as during actual hostilities.

142. An armistice is not a partial or a temporary peace; it is only the suspension of military operations to the extent agreed upon by the parties.

413. When an armistice is concluded between a fortified place and the army besieging it, it is agreed by all the authorities on this subject that the besieger must cease all extension, perfection, or advance of his attacking works as much so as from attacks by main force.

But as there is a difference of opinion among martial jurists, whether the besieged have the right to repair breaches or to erect new works of defence within the place during an armistice, this point should be determined by express agreement between the parties.

144. So soon as a capitulation is signed, the capitulator has no right to demolish, destroy, or injure the works, arms, stores, or ammunition, in his possession, during the time which elapses between the signing and the execution of the capitulation, unless otherwise stipulated in the same.

145. When an armistice is clearly broken by one of the parties, the other party is released from all obligation to observe it.

146. Prisoners, taken in the act of breaking an armistice, must be treated as prisoners of war, the officer alone being responsible who gives the order for such a violation of an armistice. The highest authority of the belligerent aggrieved may demand redress for the infraction of an armistice.

147. Belligerents sometimes conclude an armistice while their plenipotentiaries are met to discuss the conditions of a treaty of peace; but plenipotentiaries may meet without a preliminary armistice; in the latter case, the war is carried on without any abatement.

Section IX.

Assassination.

148. The law of war does not allow proclaiming either an individual belonging to the hostile army, or a citizen, or a subject of the hostile government, an outlaw, who may be slain without trial by any captor, anymore than the modern law of peace allows such international outlawry; on the contrary, it abhors such outrage. The sternest retaliation should follow the murder committed in consequence of such proclamation, made by whatever authority. Civilized nations look with horror upon offers of rewards for the assassination of enemies as relapses into barbarism.

Section X.

Insurrection—Civil War—Rebellion.

149. Insurrection is the rising of people in arms against their government, or a portion of it, or against one or more of its laws, or against an officer or officers of the government. It may be confined to mere armee resistance, or it may have greater ends in view.

150. Civil war is war between two or more portions of a country or State, each contending for the mastery of the whole, and each claiming to be the legitimate government. The term is also sometimes applied to war af rebellion, when the rebellious provinces or portions of the State are contiguous to those containing the seat of government.

151. The term rebellion is applied to an insurrection of large extent, and is usually a war between the legitimate government of a country ant portions or provinces of the same who seek to throw off their allegiance to it, and set up a government of their own.

152. When humanity induces the adoption of the rules of regular war toward rebels, whether the adoption is partial or entire, it does in no way whatever imply a partial or complete acknowledgment of their government, if they have set up one, or of them, as an independent or sovereign power. Neutrals have no right to make the adoption of the rules of war by the assailed government

toward rebels the ground of their own acknowledgment of the revolted people as an independent power.

153. Treating captured rebels as prisoners of war, exchanging them, concluding of cartels, capitulations, or other warlike agreements with them; addressing officers of a rebel army by the rank they may have in the same; accepting flags of truce; or, on the other hand, proclaiming martial law in their territory, or levying war-taxes or forced loans, or doing any other act sanctioned or demanded by the law and usages of public war between sovereign belligerents, neither proves nor establishes an acknowledgment of the rebellious people, or of the government which they may have erected, as a public or sovereign power. Nor does the adoption of the rules of war toward rebels imply an engagement with them extending beyond the limits of these rules. It is victory in the field that ends the strife and settles the future relations between the contending parties.

154. Treating, in the field, the rebellious enemy according to the law and usages of war has never prevented the legitimate government from trying the leaders of the rebellion or chief rebels for high treason, and from treating them accordingly, unless they are included in a general amnesty.

155. All enemies in regular war are divided into two general classes; that is to say, into combatants and non-combatants, or unarmed citizens of the hostile government.

The military commander of the legitimate government, in a war of rebellion, distinguishes between the loyal citizen in the revolted portion of the country and the disloyal citizen. The disloyal citizens may further be classified into those citizens known to sympathize with the rebellion, without positively aiding it, and those who, without taking up arms, give positive aid and comfort to the rebellious enemy, withouth being bodily forced thereto.

156. Common justice and plain expediency require that the military commander protect the manifestly loyal citizens, in revolted territories, against the hardships of the war as much as the common misfortune of all war admits.

The commander will throw the burden of the war, as much as lies within his power, on the disloyal citizens of the revolted portion or province, subjecting them to a stricter police than the non-combatant enemies have to suffer in regular war; and if he deems it appropriate, or if his government demands of him that every citizen shall, by an oath of allegiance, or by some other manifest act, declare his fidelity to the legitimate government, he may expel, transfer, imprison, or fine the revolted citizens who refuse to pledge themselves anew as citizens obedient to the law and loyal to the government

Whether it is expedient to do so, and whether reliance can be placed upon such oaths, the commander or his government have the right to decide.

157. Armed or unarmed resistance by citizens of the United States against the lawful movements of their troops is levying war against the United States, and is therefore treason.

II.

Projet d'une déclaration internationale concernant les lois et coutumes de la guerre.

Discuté dans la conférence de Bruxelles
(Juillet-août 1874.)

De l'autorité militaire sur le territoire de l'État ennemi.

Art. 1. Un territoire est considéré comme occupé lorsqu'il se trouve placé de fait sous l'autorité de l'armée ennemie.

L'occupation ne s'étend qu'aux territoires où cette autorité est établie et en mesure de s'exercer.

Art. 2. L'autorité du pouvoir légal étant suspendue et ayant passé de fait entre les mains de l'occupant, celui-ci prendra toutes les mesures qui dépendent de lui en vue de rétablir et d'assurer, autant qu'il est possible, l'ordre et la vie publique.

Art. 3. A cet effet, il maintiendra les lois qui étaient en vigueur dans le pays en temps de paix, et ne les modifiera, ne les suspendra ou ne les remplacera que s'il y a nécessité.

Art. 4. Les fonctionnaires et employés de tout ordre qui consentiraient, sur son invitation, à continuer leurs fonctions, jouiront de sa protection. Ils ne seront révoqués ou punis disciplinairement que s'ils manquent aux obligations acceptées par eux et livrés à la justice que s'ils les trahissent.

Art. 5. L'armée d'occupation ne prélèvera que les impôts, redevances, droits et péages déjà établis au profit de l'Etat, ou leur équivalent, s'il est impossible de les encaisser, et, autant que possible, dans la forme et suivant les usages existants. Elle les emploiera à pourvoir aux frais de l'administration du pays dans la mesure où le Gouvernement légal y était obligé.

Art. 6. L'armée qui occupe un territoire ne pourra saisir que le numéraire, les fonds et les valeurs exigibles appartenant en propre à l'État, les dépôts d'armes, moyens de transport, magasins et approvisionnements et, en général, toute propriété mobilière de l'État de nature à servir aux opérations de la guerre.

Le matériel des chemins de fer, les télégraphes de terre, les bateaux à vapeur et autres navires en dehors des cas régis par la loi maritime, de même que les dépôts d'armes et en général toute espèce de munitions de guerre, quoique appartenant à des sociétés ou à des personnes privées, sont également des moyens de nature à servir aux opérations de la guerre et qui peuvent ne pas être laissés à la disposition de l'ennemi. Le matériel des chemins de fer, les télégraphes de terre, de même que les bateaux à vapeur et autres navires susmentionnés seront restitués et les indemnités réglées à la paix.

Art. 7. L'État occupant ne se considérera que comme administrateur et usufruitier des édifices publics, immeubles, forêts et exploitations agricoles appartenant à l'État ennemi et se trouvant dans le pays occupé. Il devra sauvegarder le fond de ces propriétés et les administrer conformément aux règles de l'usufruit.

Art. 8. Les biens des communes, ceux des établissements consacrés aux cultes, à la charité et à l'instruction, aux arts et aux sciences, même appartenant à l'État, seront traités comme la propriété privée.

Toute saisie, destruction ou dégradation intentionnelle de semblables établissements, de monuments historiques, d'œuvres d'art ou de science, doit être poursuivie par les autorités compétentes.

Qui doit être reconnu comme partie belligérante; des combattants et des non-combattants.

Art. 9. Les lois, les droits et devoirs de la guerre ne s'appliquent pas seulement à l'armée, mais encore aux milices et aux corps de volontaires réunissant les conditions suivantes:

1° D'avoir à leur tête une personne responsable pour ses subordonnês;

2° D'avoir un signe distinctif fixe et reconnaissable à distance;

3° De porter les armes ouvertement, et

4° De se conformer dans leurs opérations aux lois et coutumes de la guerre.

Dans les pays où les milices constituent l'armée ou en font partie, elles sont comprises sous la dénomination d'*armée.*

Art. **10.** La population d'un territoire non occupé qui, à l'approche de l'ennemi, prend spontanément les armes pour combattre les troupes d'invasion sans avoir eu le temps de s'organiser conformément à l'article 9, sera considérée comme belligérante si elle respecte les lois et coutumes de la guerre.

Art. **11.** Les forces armées des parties belligérantes peuvent se composer de combattants et de non-combattants. En cas de capture par l'ennemi, les uns et les autres jouiront des droits de prisonniers de guerre.

Des moyens de nuire à l'ennemi.

Art. **12.** Les lois de la guerre ne reconnaissent pas aux belligérants un pauvoir illimité quant aux choix des moyens de nuire à l'ennemi.

Art. **13.** D'après ce principe sont notamment interdits:

a. L'emploi du poison ou d'armes empoisonnées;

b. Le meurtre par trahison d'individus appartenant à la nation ou à l'armée ennemie;

c. Le meurtre d'un ennemi qui, ayant mis bas les armes ou n'ayant plus les moyens de se défendre, s'est rendu à discrétion;

d. La déclaration qu'il ne sera pas fait de quartier;

e. L'emploi d'armes, de projectiles ou de matières propres à causer des maux superflus, ainsi que l'usage des projectiles prohibés par la déclaration de St-Pétersbourg de 1868;

f. L'abus du pavillon parlementaire, du pavillon national ou des insignes militaires et de l'uniforme de l'ennemi, ainsi que des signes distinctifs de la convention de Genève;

g. Toute destruction ou saisie de propriétés ennemies qui ne serait pas impérieusement commandée par la nécessité de guerre.

Art. **14.** Les ruses de guerre et l'emploi des moyens nécessaires pour se procurer des renseignements sur l'ennemi et sur le terrain (sauf les dispositions de l'art. 36) sont considérés comme licites.

Des siéges et bombardements.

Art. **15.** Les places fortes peuvent seules être assiégées. Des villes, agglomérations d'habitations ou villages ouverts qui ne sont pas défendus ne peuvent être ni attaqués ni bombardés.

Art. **16.** Mais si une ville ou place de guerre, agglomération d'habitations ou village est défendu, le commandant des troupes assaillantes, avant d'entreprendre le bombardement, et sauf l'attaque de vive force, devra faire tout ce qui dépend de lui pour en avertir les autorités.

Art. **17.** En pareil cas, toutes les mesures nécessaires doivent être prises pour épargner, autant qu'il est possible, les édifices consacrés aux cultes, aux arts, aux sciences et à la bienfaisance, les hôpitaux et les lieux de rassemblement de malades et de blessés, à condition qu'ils ne soient pas employés en même temps à un but militaire.

Le devoir des assiégés est de désigner ces édifices par des signes visibles spéciaux à indiquer d'avance à l'assiégeant.

Art. **18.** Une ville prise d'assaut ne doit pas être livrée au pillage des troupes victorieuses.

Des espiens.

Art. **19.** Ne peut être considéré comme espion que l'individu qui, agissant clandestinement ou sous de faux prétextes, recueille ou cherche à recueillir des informations dans les localités occupées par l'ennemi, avec l'intention de les communiquer à la partie adverse.

Art. **20.** L'espion, pris sur le fait, sera jugé et traité d'après les lois en vigueur dans l'armée qui l'a saisi.

Art. **21.** L'espion, qui rejoint l'armée à laquelle il appartient, et qui est capturé plus tard par l'ennemi, est traité comme prisonnier de guerre et n'encourt aucune responsabilité pour ses actes antérieurs.

Art. **22.** Les militaires non déguisés qui ont pénétré dans la zone d'opérations de l'armée ennemie, à l'effet de recueillir des informations, ne sont pas considérés comme espions.

De méme, ne doivent pas être considérés comme espions, s'ils sont capturés par l'ennemi: les militaires (et aussi les non-militaires accomplissant ouvertement leur mission) chargés de transmettre des dépêches destinées soit à leur propre armée, soit à l'armée ennemie.

A cette catégorie appartiennent également, s'ils sont capturés, les individus envoyés en ballon pour transmettre les dépêches, et, en général, pour entretenir les communications entre les diverses parties d'une armée ou d'un territoire.

Des prisonniers de guerre.

Art. 23. Les prisonniers de guerre sont des ennemis légaux et désarmés.

Ils sont au pouvoir du gouvernement ennemi, mais non des individus ou des corps qui les ont capturés.

Ils doivent être traités avec humanité.

Tout acte d'insubordination autorise à leur égard les mesures de rigueur nécessaires.

Tout ce qui leur appartient personnellement, les armes exceptées, reste leur propriété.

Art. 24. Les prisonniers de guerre peuvent être assujettis à l'internement dans une ville, forteresse, camp ou localité quelconque, avec obligation de ne pas s'en éloigner au delà de certaines limites déterminées; mais ils ne peuvent être enfermés que par mesure de sûreté indispensable.

Art. 25. Les prisonniers de guerre peuvent être employés à certains travaux publics qui n'aient pas un rapport direct avec les opérations sur le théâtre de la guerre et qui ne soient ni exténuants ni humiliants pour leur grade militaire, s'ils appartiennent à l'armée, ou pour leur position officielle ou sociale, s'ils n'en font pas partie.

Ils pourront également, en se conformant aux dispositions réglementaires, à fixer par l'autorité militaire, prendre part aux travaux de l'industrie privée.

Leur salaire servira à améliorer leur position ou leur sera compté au moment de leur libération. Dans ce cas, les frais d'entretien pourront être défalqués de ce salaire.

Art. 26. Les prisonniers de guerre ne peuvent être astreints d'aucune manière à prendre une part quelconque à la poursuite des opérations de la guerre.

Art. 27. Le gouvernement au pouvoir duquel se trouvent les prisonniers de guerre se charge de leur entretien.

Les conditions de cet entretien peuvent être établies par une entente mutuelle entre les parties belligérantes.

A défaut de cette entente, et comme principe général, les prisonniers de guerre seront traités pour la nourriture et l'habillement sur le même pied que les troupes du gouvernement qui les aura capturés.

Art. 28. Les prisonniers de guerre sont soumis aux lois et règlements en vigueur dans l'armée au pouvoir de laquelle ils se trouvent.

Contre un prisonnier de guerre en fuite il est permis, après sommation, de faire usage des armes. Repris, il est passible de peines disciplinaires ou soumis à une surveillance plus sévère.

Si, après avoir réussi à s'échapper, il est de nouveau fait prisonnier, il n'est passible d'aucune peine pour sa fuite antérieure.

Art. 29. Chaque prisonnier de guerre est tenu de déclarer, s'il est interrogé à ce sujet, ses véritables noms et grade et, dans le cas où il enfreindrait cette règle, il s'exposerait à une restriction des avantages accordés aux prisonniers de guerre de sa catégorie.

Art. 30. L'échange de prisonniers de guerre est réglé par une entente mutuelle entre les parties belligérantes.

Art. 31. Les prisonniers de guerre peuvent être mis en liberté sur parole, si les lois de leur pays les y autorisent et, en pareil cas, ils sont obligés, sous la garantie de leur honneur personnel, de remplir scrupuleusement, tant vis-à-vis de leur propre gouvernement que vis-à-vis de celui qui les a faits prisonniers, les engagements qu'ils auraient contractés.

Dans le même cas, leur propre gouvernement ne doit ni exiger ni accepter d'eux aucun service contraire à la parole donnée.

Art. 32. Un prisonnier de guerre ne peut pas être contraint d'accepter sa liberté sur parole; de même le gouvernement ennemi n'est pas obligé d'accéder à la demande du prisonnier réclamant sa mise en liberté sur parole.

Art. 33. Tout prisonnier de guerre, libéré sur parole et repris portant les armes contre le gouvernement envers lequel il s'était engagé d'honneur, peut être privé des droits de prisonnier de guerre et traduit devant les tribunaux.

Art. 34. Peuvent également être faits prisonniers les individus qui, se trouvant auprès des armées, n'en font pas directement partie, tels que: les correspondants, les reporters de journaux, les vivandiers, les fournisseurs, etc. etc. Toutefois ils doivent être munis d'une autorisation émanant du pouvoir compétent et d'un certificat d'identité.

Des malades et blessés.

Art. 35. Les obligations des belligérants concernant le service des malades et blessés sont régies par la Convention de Genève du 22 août 1864, sauf les modifications dont celle-ci pourra être l'objet.

Du pouvoir militaire à l'égard des personnes privées.

Art. 36. La population d'un territoire occupé ne peut être forcée de prendre part aux opérations militaires contre son propre pays.

Art. 37. La population de territoires occupés ne peut être contrainte de prêter serment à la puissance ennemie.

Art. 38. L'honneur et les droits de la famille, la vie et la propriété des individus, ainsi que leurs convictions religieuses et l'exercice de leur culte doivent être respectés.

La propriété privée ne peut pas être confisquée.

Art. 39. Le pillage est formellement interdit.

Des contributions et réquisitions.

Art. 40. La propriété privée devant être respectée, l'ennemi ne demandera aux communes ou aux habitants que des prestations et services en rapport avec les nécessités de guerre généralement reconnues, en proportion avec les ressources du pays et qui n'impliquent pas pour les populations l'obligation de prendre part aux opérations de guerre contre leur patrie.

Art. 41. L'ennemi prélevant des contributions soit comme équivalent pour des impôts (v. art. 5) ou pour des prestations qui devraient être faites en nature, soit à titre d'amende, n'y procédera, autant que possible, que d'après les règles de la répartition et de l'assiette des impôts en vigueur dans le territoire occupé.

Les autorités civiles du gouvernement légal y prêteront leur assistance si elles sont restées en fonctions.

Les contributions ne pourront être imposées que sur l'ordre et sous la responsabilité du général en chef ou de l'autorité civile supérieure établie par l'ennemi dans le territoire occupé.

Pour toute contribution, un reçu sera donné au contribuable.

Art. 42. Les réquisitions ne seront faites qu'avec l'autorisation du commandant dans la localité occupée.

Pour toute réquisition, il sera accordé une indemnité ou délivré un reçu.

Des parlementaires.

Art. 43. Est considéré comme parlementaire, l'individu autorisé par l'un des belligérants à entrer en pourparlers avec l'autre et se présentant avec le drapeau blanc, accompagné d'un trompette (clairon ou tambour) ou aussi d'un porte-drapeau. Il aura droit à l'inviolabilité ainsi que le trompette (clairon ou tambour) et le porte-drapeau qui l'accompagnent.

Art. 44. Le chef auquel un parlementaire est expédié n'est pas obligé de le recevoir en toutes circonstances et dans toutes conditions.

Il lui est loisible de prendre toutes les mesures nécessaires pour empêcher le parlementaire de profiter de son séjour dans le rayon des positions de l'ennemi au préjudice de ce dernier, et si le parlementaire s'est rendu coupable de cet abus de confiance, il a le droit de le retenir temporairement.

Il peut également déclarer d'avance qu'il ne recevra pas de parlementaires pendant un temps déterminé. Les parlementaires qui viendraient à se présenter après une pareille notification, du côté de la partie qui l'aurait reçue, perdraient le droit à l'inviolabilité.

Art. 45. Le parlementaire perd ses droits d'inviolabilité, s'il est prouvé d'une manière positive et irrécusable qu'il a profité de sa position privilégiée pour provoquer ou commettre un acte de trahison.

Des capitulations.

Art. 46. Les conditions des capitulations sont débattues entre les parties contractantes.

Elles ne doivent pas être contraires à l'honneur militaire.

Une fois fixées par une convention, elles doivent être scrupuleusement observées par les deux parties.

De l'armistice.

Art. 47. L'armistice suspend les opérations de guerre par un accord mutuel des parties belligérantes. Si la durée n'en est pas déterminée, les parties belligérantes peuvent reprendre en tout temps les opérations, pourvu, toutefois, que l'ennemi soit averti en temps convenu, conformément aux conditions de l'armistice.

Art. 48. L'armistice peut être général ou local. Le premier suspend partout les opérations de guerre des États belligérants; le second seulement entre certaines fractions des armées belligérantes et dans un rayon déterminé.

Art. 49. L'armistice doit être officiellement et sans retard notifié aux autorités compétentes et aux troupes. Les hostilités sont suspendues immédiatement après la notification.

Art. 50. Il dépend des parties contractantes de fixer dans les clauses de l'armistice les rapports qui pourront avoir lieu entre les populations.

Art. 51. La violation de l'armistice, par l'une des parties, donne à l'autre le droit de le dénoncer.

Art. 52. La violation des clauses de l'armistice par les particuliers, agissant de leur propre initiative, donne droit seulement à réclamer la punition des coupables et, s'il y a lieu, une indemnité pour les pertes éprouvées.

Des belligérants internés et des blessés soignés chez les neutres.

Art. 53. L'État neutre qui reçoit sur son territoire des troupes appartenant aux armées belligérantes, les internera autant que possible loin du théâtre de la guerre.

Il pourra les garder dans des camps et même les enfermer dans des forteresses ou dans des lieux appropriés à cet effet.

Il décidera si les officiers peuvent être laissés libres en prenant l'engagement sur parole de ne pas quitter le territoire neutre sans autorisation.

Art. 54. A défaut de convention spéciale, l'État neutre fournira aux internés les vivres, les habillements et le secours commandés par l'humanité.

Bonification sera faite à la paix des frais occasionnés par l'internement.

Art. 55. L'État neutre pourra autoriser le passage par son territoire des blessés ou malades, appartenant aux armées belligérantes, sous la reserve que les trains qui les amèneront ne transporteront ni personnel ni matériel de guerre.

En pareil cas, l'État neutre est tenu de prendre les mesures de sûreté et de contrôle nécessaires à cet effet.

Art. 56. La Convention de Genève s'applique aux malades et blessés internés sur territoire neutre.

Fait à Bruxelles le 27 Aout 1874.

(Signé.)	*Russie.*	Le conseiller privé Baron A. Jomini. Le général-major H. Leer. Le conseiller de cour Dr. Martens.
	Allemagne.	Generalmajor von Voigts-Rhetz. Generalmajor von Leonrod. Major Freyherr von Welck. Staatsrath Fr. v. Soden. Geheimerath Dr. Bluntschli.
	Autriche-Hongrie.	Comte Chotek, Gesanter. Freyherr von Schönfeld, Generalmajor.
	Belgie.	Baron Lambermont. Ch. Faider. Colonel Mockel.
	Dænemark.	Directeur Vedel. Colonel Brun.
	Espagne.	Le duc de Tetuan. Le maréchal-de-camp Servert y Fumagalli. Le contre-amiral de la Pezuela.
	France.	Baron Baude. Général de brigade Arnaudeau
	Grande-Britagne.	Le major-général sir Alf. Horsford.

Grèce.	Lieutenant Colonel Manos.
Italie.	Baron Blanc.
	Lieutenant-colonel, comte Lanza.
Pays-Bas.	M. de Lansberge.
	Général-major van der Schrieck,
Suede et Norvège.	Le lieutenant-colonel Staaff.
Suisse.	Le colonel-fédérel Hammer.

III.

Solution pacifique des différends internationaux.

Projet de réglement pour la procédure arbitrale internationale

(1er vote à Genéve, 2me vote à La Haye.)

L'Institut, desirant que le recours á l'arbitrage pour la solution des conflits internationaux soit de plus en plus pratique par les peuples civilisés, espère concourir utilement à la réalisation de ce progrès en proposant pour les tribunaux arbitraux le réglement éventuel suivant. Il le recommande á l'adoption entière ou partielle des États qui concluraient des compromis.

Article **1**. Le compromis est conclu par traité international valable.

Il peut l'être:

a) D'avance, soit pour toutes contestations, soit pour les contestations d'une certaine espère à déterminer, qui pouraient s'élever entre les États contractants;

b) Pour une contestation ou ploisieurs contestations déjà nées entre les États contractants.

Art. **2**. Le compromis donne à chacune des parties contractantes le droit de s'adresser au tribunal arbitral qu'il désigne pour la décision de la contestation. A défaut de désignation du nombre et des noms des arbitres dans le compromis, le tribunal arbitral se reglera selon les dispositions prescrites par le compromis ou par une autre convention. A défaut de disposition, chacune des parties contractantes choisit de son còté un arbitre, et les deux arbitres ainsi nommés choisissent un tiers-arbitre ou désignent une personne tierce qui l'indiquera.

Si les deux arbitres nommés par les parties ne peuvent s'accorder sur le choix d'un tiers-arbitre, ou si l'une des parties refuse la coopération qu'elle doit prêter selon le compromis à la formation du tribunal arbitral, ou si la personne désignée refuse de choisir, le compromis est éteint.

Art. 3. Si dés le principe, ou parce qu'elles n'ont pu tomber d'accord sur le choix des arbitres, les parties contractantes sont convenues que le tribunal arbitral serait formé par une personne tierce par elles désignée, et si la personne désignée se charge de la formation du tribunal arbitral, la marche á suivre á cet effet se réglera en première ligne d'aprés les prescriptions du compromis. A défaut de prescriptions, le tiers désigné peut ou nommer lui-même les arbitres ou proposer un certain nombre de personne parmi les quelles chacune des parties choisira.

Art. 4. Seront capables d'étre nommés arbitres internationaux les souverains et chefs de gouvernements sans aucune restriction, et toutes les personnes qui ont la capacité d'exercer les fonctions d'arbitre d'aprés la loi commune de leur pays.

Art. 5. Si les parties ont valablement compromis sur des arbitres individuellement déterminés, l'incapacité ou la récusation valable, fût-ce d'un seul de ces arbitres, infirme le compromis entier, pour autant que les parties ne peuvent se mettre d'accord sur un autre arbitre capable. Si le compromis ne porte pas détermination individuelle de l'arbitre en question, il faut, en cas d'incapacité ou de récusation valable, suivre la marche prescrite pour le choix originaire (§§ 2. 3.)

Art. 6. La déclaration d'acceptation de l'office d'arbitre a lieu par écrit.

Art. 7. Si un arbitre refuse l'office arbitral, ou s'il se déporte aprés l'avoir accepté, ou s'il meurt, ou s'il tombe en état de démence, ou s'il est valablement récusé pour cause d'incapacité aux termes de l'article 4, il y a lieu á l'application des dispositions de l'article 5.

Art. 8. Si le siége du tribunal arbitral n'est désigné ni par le compromis ni par une convention subséquente des parties, la désignation a lieu par l'arbitre ou la majorité des arbitres.

Le tribunal arbitral n'est autorisé á changer de siége qu'au cas où l'accomplissement de ses fonctions au lieu convenu est impossible ou manifestement perilleux.

Art. 9. Le tribunal arbitral, s'il est composé de plusieurs membres, nomme un président, pris dans son sein, et s'adjoint un ou plusieurs secrétaires.

Le tribunal arbitral décide en quelle langue ou quelles langues devront avoir lieu ses délibérations et les débats des parties, et devront être présentés les actes et les autres moyens de preuve. Il tient procés-verbal de ses délibérations.

Art. **10.** Le tribunal arbitral délibère tous membres présents. Il lui est loisible toutefois de déléguer un ou plusieurs membres ou même de commettre des tierces personnes pour certains actes d'instruction.

Si l'arbitre est un État ou son chef, une commune ou autre corporation, une autorité, une faculté de droit, une société savante, ou le président actuel de la commune, corporation, autorité, faculte, compagnie, tous les débats peuvent avoir lieu du consentement des parties devant le commissaire nommé ad hoc par l'arbitre. Il en est dressé protocole.

Art. **11.** Aucun arbitre n'est autorisé sans le consentement des parties à se nommer un subsitut.

Art. **12.** Si le compromis ou une convention subséquente des compromettants prescrit au tribunal arbitral le mode de procédure à suivre, ou l'observation d'une loi de procédure déterminée et positive, le tribunal arbitral doit se conformer à cette prescription. A défaut d'une prescription pareille, la procédure á suivre sera choisie librement par le tribunal arbitral, lequel est seulement tenu de se conformer aux principes qu'il a déclaré aux parties vouloir suivre.

La direction des débats appartient au président du tribunal arbitral.

Art. **13.** Chacune des parties pourra constituer un ou plusieurs représentants auprès du tribunal arbitral.

Art. **14.** Les exceptions tirées de l'incapacité des arbitres, doivent être opposées avant toute autre. Dans le silence des parties toute contestation ultérieure est exclue, sauf les cas d'incapacité postérieurement survenue.

Les arbitres doivent prononcer sur les exceptions tirées de l'incompétence du tribunal arbitral, sauf le recours dant il est question à l'art. 24, 2me al., et conformément aux dispositions du compromis.

Aucune voie de recours ne sera ouverte contre des jugements préliminaires sur la compétence, si ce n'est cumulativement avec le recours contre le jugement arbitral définitif.

Dans le cas où le doute sur la compétence dépend de l'interprétation d'une clause du compromis, les parties sont censées avoir donné aux arbitres la faculté de trancher la question, sauf clause contraire.

Art. **15.** Sauf dispositions contraires du compromis, le tribunal arbitral a le droit:

1. De déterminer les formes et délais dans les quels chaque partie devra, par ses représentants duement légitimés, présenter ses conclusions, les fonder en fait et en droit, proposer ses moyens de preuve au tribunal, les communiquer à la partie adverse, produire les documents dont la partie adverse requiert la production;

2. De tenir pour accordées les prétentions de chaque partie qui ne sont pas nettement contestées par la partie adverse, ainsi que le contenu prétendu des documents dont la partie adverse omet la production sans motifs suffisants;

3. D'ordonner de nouvelles auditions des parties, d'exiger de chaque partie l'éclaircissement de points douteux;

4. De rendre des ordonnances de procédure (sur la direction du procès), faire administrer des preuves, et requérir, s'il le faut, du tribunal compétent les actes judiciaires pour lesquels le tribunal arbitral n'est pas qualifié, notamment l'assermentation d'experts et de temoins;

5. De statuer, selon sa libre appréciation, sur l'interprétation des documents produits et généralement sur le mérite des moyens de preuves présentés par les parties.

Les formes et délais mentionnés sous les numéros 1 et 2 du présent article seront détérminés par les arbitres dans une ordonnance préliminaire.

Art. **16.** Ni les parties, ni les arbitres ne peuvent d'office mettre en cause d'autres États ou des tierces personnes quelconques, sauf autorisation spéciale exprimée dans le compromis et consentement préalable du tiers.

L'intervention spontanée d'un tiers n'est admissible qu'avec le consentement des parties qui ont conclu le compromis.

Art. **17.** Les demandes reconventionnelles ne peuvent ôtre portées devant le tribunal arbitral qu'en tant qu'elles lui sont déférées par le compromis, ou que les deux parties et le tribunal sont d'accord pour les admettre.

Art. 18. Le tribunal arbitral juge selon les principes du droit international, à moins que le compromis ne lui impose des règles différentes ou ne remette la décision à la libre appréciation des arbitres.

Art. 19. Le tribunal arbitral ne peut refuser de prononcer sous le prétexte qu'il n'est pas suffisamment éclairé soit sur les faits soit sur les principes juridiques qu'il doit appliquer.

Il doit décider définitivement chacun des points en litige. Toutefois, si le compromis ne prescrit pas la décision définitive simultanée de tous les points, le tribunal peut, en décidant définitivement certains points, réserver les autres pour une procédure ultérieure.

Le tribunal arbitral peut rendre des jugements interlocutoires ou préparatoires.

Art. 20. Le prononce de la décision définitive doit avoir lieu dans le délai fixe par le compromis ou par une convention subséquente. A défaut d'autre détermination, on tient pour convenu un délai de deux ans à partir du jour de la conclusion du compromis. Le jour de la conclusion n'y est pas compris; on n'y comprend pas non plus le temps durant lequel un ou plusieurs arbitres auront été empêchés, par force majeure, de remplir leurs fonctions.

Dans le cas où les arbitres, par des jugements interlocutoires, ordonnent des moyens d'instruction, le délai est augmenté d'une année.

Art. 21. Toute décision définitive ou provisoire sera prise à la majorité de tous les arbitres nommés, même dans le cas oú quelques-uns des arbitres refuseraient d'y prendre part.

Art. 22. Si le tribunal arbitral ne trouve fondées les prétentions d'aucune des parties, il doit le déclarer, et, s'il n'est limité sous ce rapport par le compromis, établir l'état réel du droit relatif aux parties en litige.

Art. 23. La sentence arbitrale doit être redigée par écrit, et contenir un exposé des motifs, sauf dispense stipulée par le compromis. Elle doit étre signée par chacun des membres du tribunal arbitral. Si une minorité refuse de signer, la signature de la majorité suffit, avec déclaration écrite que la minorité a refusé de signer.

Art. 24. La sentence, avec les motifs s'ils sont exposés, est notifiée á chaque partie. La notification a lieu par signification d'une expédition au représentant de chaque partie ou á un fondé de pouvoirs de chaque partie constituée ad hoc.

Même si elle n'a été signifiée qu'au représentant ou au fondé de pouvoirs d'une seule partie, la sentence ne peut plus étre changée par le tribunal arbitral.

Il a néanmoins le droit, tant que les délais du compromis ne sont pas expirés, de corriger de simples fautes d'écriture ou de calcul, lors méme qu'aucune des parties n'en ferait la proposition, et de compléter la sentence sur les points litigieux non décidés, sur la proposition d'une partie et après audition de la partie adverse. Une interprétation de la sentence notifiée n'est admissible que si les deux parties la requièrent.

Art. 25. La sentence duement prononcée décide, dans les limites de sa portée, la contestation entre les parties.

Art. 26. Chaque partie supportera ses propres frais et la moitié des frais du tribunal arbitral, sans préjudice de la décision du tribunal arbitral touchant l'indemnité que l'une ou l'autre des parties pourra étre condamnée á payer.

Art. 27. La sentence arbitrale est nulle en cas de compromis nul, ou d'excés de pouvoir, ou de corruption prouvée d'un des arbitres ou d'erreur essentielle.

Register.

(S. = Seitenzahl in der Einleitung. Die ubrigen Zahlen verweisen auf die Paragraphen. n. = Anmerkung.

A.

Aachener Congress 103.
„ Protokoll 105 n., 155 n., 171 n.
Abberufung von Gesanten 210, 228, 238, 537.
Abbrechung des diplomatischen Verkehrs 234, 235, 237 n., 537.
Abschliessung, eines States gegen jeden Fremdenverkehr S. 26; eines Meeres vom Weltverkehr 305.
Absolutismus 65.
Abtretung von Statsgebiet 46 ff., 706, 707.
Abzugsrecht S. 24.
Abzugssteuern 393 n.
Aerzte, Apotheker u. s. w. S. 34; 578, 599.
Aerztliches Personal 587, 588a., 599.
Agenten 159 ff.; völkerrechtliche 243; nicht volkerrechtliche 241, geheime 170 n., 242, 637.
Alabamafrage 763 n. 4, 779 a.
Alexander II., Kaiser S. 20.
Alexander VI, Papst, S. 26; 278 n.
Allianz, heilige, S. 17; 6 n. 1, 68 n. 101, 102, 114 n, 446 n.
Allianz, bewaffnete, d. Neutralen 447 n. 1.
Allianzen: Begriff und Arten 446, 447, 448, 98 n.
Allianzverträge, Auslegung und Anwendung der, 449.
Allianzpflicht 515 n.
Alternat 178.
Altersrang, diplomatischer 187.
Ambassadeur s. Botschafter.
Ambulancen s. Krankenwagen.
Amnestie 710—714.
André, englischer Major 628 n.
Anerkennung, eines neuen States 28 ff.
„ einer auswartigen Regierung 122, 169.
Anerkennung einer neuen Statsgewalt 288, 289, 293.
Anfange, des Völkerrechts, im Alterthum S. 10 u. 11, im Mittelalter S. 12—15.
Angariae jus 795 a.
Angriffskrieg 521.
Annahme, eines Gesanten 169.
Annexionen 50.
Anschluss der Bevolkerung eines States an einen andern Stat 288.
Ansiedlung 280.
Anzeige von der Absendung eines Gesanten 167.

Anzeigepflicht, des Personenwechsels im Statshaupt 125.
arbitratio, arbitrium 488 n 1 u. n. 2.
Aristoteles S. 11.
Armbinde 570 a, weisse mit rothem Kreuz 592.
Aerztliches Personal 587—588 a. 599.
Asyl. Asylrecht 151, 200, 394—398, 400, 586 n., 774 n., 775 n. 845.
Aufleben des modernen Volkerrechts S 15 ff.
Aufnahmepflicht des States gegen seine Angehörigen 368, 401.
Aufstand im Kriege 598.
Ausdehnung, räumliche, des Volkerrechts S. 17.
Auslieferuug 200, 201, 395, 396, 399, 400, 401, 466, 780.
Austräge, Austrägeverfahren S. 29; 496 n.
Auswanderer, friedliche, 816.
Auswanderung 370—372.
Auswechslung von Kriegsgefangenen 612 —616, 623.
Auswechslung der Vertragsurkunden 419 n.
Aus- und Zurückweisung fremder Statsangehöriger 500.
Aus- und Zuruckweisung, von Bewohnern wahrend einer Belagerung 553.

B.

Barbareskenstaten 363 n.
Barbarische Völker 425 n.
Beamte, des Heeres 578, 595.
Bedenken, gegen das Volkerrecht und deren Widerlegung S. 2-10.
Beendigung, des Krieges 700 ff.
Befreiung des Volkerrechts von religiöser Befangenheit S. 16.
Befreiungskriege 545 n. 2.
Beglaubigungsschreiben 185.
Belagerer 553, 554.
Bergelohn 336.
Berichterstatter im Felde 595, 638 n. 2.
Beschlagnahme 500, 806 n. 1., 810, 811.
Beseitigung einer Statsgewalt 288.
Besitz, unvordenklicher 354.
Besitznahme, militärische, von Feindesland 539 ff, 576, 719.
Besitzstand, Wirkung des dauernden 290.
Besitzstorung, widerrechtliche 464.
Betsrafung eines Gesanten 210.
Besteuerung 376, 377, 389, 390.
Besuche (und Einladungen) der (u. bei) Gesanten 190.
Besuchsrecht, wechselseitiges, der Schiffe 352.
Beuterecht im Landkriege: S. 38 u. 39; 657, 659—61.
Beuterecht im Seekriege: S. 40. — 15 n., 665 ff.
Bewohner, friedliche, in Feindesland 573 —575, 594.
Binnenseen 306, 316.
Binnenstaten 325.
Blokade, Blokaderecht, (blocus) S. 43; 506, 827 ff.
Bombardement 554, 554 a.
Botschafter 171, 172.
Bourbonen 118 n.
Boten 639.
Bremer Seerechts-Agitation S. 44; 665 n.
Briefgeheimniss, Verletzung des 199.
Briganti 513 n. 1.
Brusseler intern. Conferenz S. 5.
Burge, der Stat als, 441.
Burgerkriege 512 n. 3., 515 n. 1.
Burgschaftsgarantie 432 n., 440 n.
Buchten S. 27; 309.
Bund, deutscher, 160 n; norddeutscher 70 n., 160 n.
Bundesgenossenschaft mit einer Kriegspartei 750, 751.
Bundesreich 70.
Bundesstat 70 ff., 160, 373.
Bundesverfassung, schweizerische 122 n. 160 n.
Bynkershoek 14 n. 1, 151 n., 164 n., 568 n., 674 n. 1, 742 n.

C.

Caboto, Seefahrer, 278 n.
Cabotage s. Kustenhandel.
Canning 30 n, 763 n. 2.

Carl II. 117 n.
Carl V. 186 n.
Capellenrecht 204—207.
Caper s. Kaper.
Capitulation 697—699.
Cartelschiffe 680.
Cartelverträge 614 n. 679.
Casus foederis 449 n. 1.
Christenthum, dessen Einfluss auf das Völkerrecht S. 12. ff.
Ceremonialgesante 181, 227.
Ceremoniel 171 n., 188, 189.
Clausel: „rebus sic stantibus" 456.
Codification, erste nordamerikanische, des Kriegsrechts im Landkriege S. 5 ff und Anhang.
Collectivgarantie 440.
Colonialstaten 79.
Colonieen, süd- und nordamerikanische, 29 n. 31 n. 120 n. 227 n. 2.
Colonisten 279. 280.
Combattanten s. Kämpfer.
Commandant, eines festen Platzes 552, 553.
Commissäre, völkerrechtliche 243.
Concordate 26 n. 443.
Conferenzen 12 n. 1.
Conföderation 70.
Conflict der Statsrechte und Bürgerpflichten 374.
Conflicte, Entscheidung der, über die die Rechte der Exterritorialen 224.
Conflicte, Schlichtung der völkerrechtlichen 471 ff.
Congressacte, Wiener 53 n. 710 1. 745 a.
Congresse, allgemeine, S. 4; 12 n. 1, 108—114.
Congresse, von Wien S. 19; 91. 108 n.; von Genf S. 35; von Aachen, Laibach und Verona S. 47; — 3. n 2. 84 n. 90 n. 106 n. 108 n. 120 n. 351 n. 474 n. 3.
Connivenz, statliche 466 n. 467 n. 2.
Consensus gentium 13.
Consularagenten 271 n.
Consulate, Consule: im Allgemeinen S. 22; Begriff und Stellung 244; Patent 245; Exequatur 246. 248. 556 n; Errichtung 247; Arten 249; sind diplomatische Agenten 250; Recht zur Ausfertigung von Pässen 251; Gerichtsbarkeit 252. 259. 269; Schiedsrichteramt 253. 259. 320; Schutzrecht (pflicht) 254—257; Schiffspolizei 258; Disziplinargewalt 260; Unterstutzung der Schiffsfuhrer 261; Constatirung der Seeschäden 262; Schiffsreparaturen u. Verkaufsrecht 263; Recht bei Schiffbrüchen 264; R. zur Fuhrung der Standesregister 265; R. zur Ertheilung der Volljahrigkeit 266; Privilegien der levantinischen Consuln insbes. 269; Besoldung 270; Rangklassenbestimmung 271; Wappen- u. Flaggenrecht 272.
Continentalsperre S. 41.
Contrebande S. 45. siehe auch: Kriegscontrebande.
Contributionen S. 39. s. auch: Geldcontributionen.
Contumazanstalten 508.
Convoitirung 824—826.
Courtoisie 154 n.
Creditiv 183—187. 228—233. 236—238. 245.
Cromwell 117 n. 500 n. 3.
Cultus, Unterdruckung des 577.
Curiere 198. 199. 639.

D.

Dante 5 n.
Decretum Gratiani S. 12. 679 n.
Deditionsformel, altrömische 702 n.
Defensivallianzen 446 n. 447 n. 1.
Deserteure 627.
Dienste, gute (bons offices) S. 29; 483, 484, 498 n.
Diplomaten, diplomatischer Körper S. 22; 27, 182, 473.
Diplomatische Sendung, deren Ende 227 ff, deren Unterbrechung 237.
Diplomatische Verhandlung 482.

Diplomatischer Verkehr 537, 796, 797.
Directorialregierung, französische 117 n.
Donaufürstenthumer 432 n.
Droit d'aubaine 393 n.
„ de perquisition 393 n.
„ du renvoi 383 n.
„ de visite 352 n.
Dufour, General 586 n.
Dunant, Genfer Arzt 586 n.
Durchfahrt 310.
Durchsuchungsrecht S. 45; 819—826.
Dynastie, Verträge eines States mit einer 43 n. 443 n. 1; — restaurirte Dyn. 44.

E.

Ehre, Verletzung der, eines States 463.
Eid u Ehrenwort 425, 737.
Eigengewässer S. 28; 321 n. 2. 342; neutrale 773, 786, 787, 814.
Einigung, nationale 517 n.
Einquartirung 653 n. 2.
Einverleibung 50 ff., 287, 288; 715 n.
Einzelkampf 578.
Einzelstat 71, 444 n. 1.
Eisenbahnen S. 00.
Embargo 509, 669.
Enge Meere 309 n.
Entdeckung statenloser Lander 278.
Entlassung, eines Gesanten 169 n.
„ der Kriegsgefangenen, auf Ehrenwort 617—626.
Entschädigungspflicht für Requisitionen 653, 655, 656.
Entstehung eines neuen States 28 ff. 279 n. 288 n. 4.
Entwaffnung, fluchtiger Truppen 776, einbrechender Truppen 788.
Entwicklung des Völkerrechts S. 10 ff.
Epidemie 472. 473 a. 508.
Erbrecht, Erwerbgrund der Statshoheit 293.
Erbverträge 443 n. 1.
Erfullungs- und Ersatzforderung 462.
Eroberung 289, 576, n. 2, 701, 715 n, 733.
Etappenstrassen 771 n.
Etiketteverstosse 190 n.
Executionskrieg 514.
Exemtionsrecht 139, 141, 154, 197, 209, 218, 267.
Exequatur 246, 248, 273, 274, s. auch Consuln.
Exterritorialitat 129 n., 135—153, 196, 216 n., 267, 321.

F.

Familie, souveräne 127.
Familiengenossen der souveränen Personen 154—158.
Familiengenossen und Gefolge eines Exterritorialen 145—149, 211—215, 219.
Fecialrecht, altrömisches 406 n.
Fehderecht 511 n, 522 n. 1.
Feinde S. 31 und 35; 531—533, 569, 578 ff., 594.
Feindesschonung, Grundsatz der 585.
Feindliche Personen im eigentl. Sinne 569, 570, 575, 578, 594.
Feldgeistliche S. 34. 578, 587, 599.
Findelkinder 366 a.
Fischerboote 667.
Fischerei, freie 307, 310, — an den englisch-amerikanischen Küstengewässern 718 n. 2.
Fiscus 442 n.
Flagge 324, 325, 328, 329. 339. 343.
„ neutrale, deckt die feindliche Waare S. 72; 794.
Flägge (Fahne), weisse, Aufhissen und Aufstecken ders. 697 n. 1.
Flibustier 513 n. 1.
Fluchtlinge 395—400.
Flusse S. 27.
Fluss, als Grenze 298, 299.
Flussschifffahrt 47.
Fluss- und Schifffahrtspolizei 313.
Flusszölle S. 28.
Foedus iniquum 444 n. 2.
Franklin S. 41.
Freiheit, der Staten 8, 9, 64 ff.
„ personliche 360 ff.
„ religiöse S. 21.
„ des Verkehrs S. 25.
„ der Schifffahrt S. 25 ff.

Freischaren 512 n. 2, 570, 570 a, 572, 758 n.
Frei Schiff, frei Gut S. 43; 794.
Freizugigkeit S. 24.
Fremdenrecht S. 23 ff.; 381—394; 411, 472.
Friede S. 9.
„ von Adrianopel (1829) S. 26; von Nanking (1842) S. 25; von Paris (1856) S. 26, S. 28, S. 29, S 42, S. 43, S. 45; 305 n., 308 n.; von Paris (1814) S. 27; von Utrecht (1713) S. 19; 351 n.
Friedens-Allianzen 446 n.
„ -Blokade zur See 507.
„ -Bruch 465, 725, 726.
„ -Congress, Pariser (1856): S. 17, S. 26; 106 n., 111 n, 484 n., 498 n., 670 n. 2, 794 n., 795 n., 801 n. 2, 828 n. 1. siehe auch: Friede.
Friedens-Congress, in Munster 149 n.
„ -Praliminarien 705 a.
„ -Schluss: 289, 703—709, 714—724; 731, 733, 734, 736, 861.
Friedens-Unterhandlung, Eroffnung der 705 n. 1.
Friedens-Vertragsverletzung 725 n. 2.
Friedrich d. Grosse 500 n. 3, 658 n., 842 n.
Fürsten, entthronte 118, 443 n. 1.

G.

Garantie, Garantievertrage: 430—439, 486.
Garantiebeschluss 432 n., 440 n.
Garibaldi 512 n. 2, 570 n. 1 und 2.
Gebietshoheit: Begriff 276; Inhalt 277; Subjekt 277 n. 1; Begrundung 289, 291, 293; Formen des Erwerbs 292; concurrirende der Uferstaten 300, 303, 304, 316; beschrankte 309, 310; siehe auch: Statsdienstbarkeiten. Ausdehnung auf Schiffe u. s. w. S. 27; 318; Verpfändung ders. 428.
Gebietsverminderung 46.
Gebirgszug, als Grenze 297.
Gefangennahme, eines Exterritorialen uberhaupt 442, 500 e und f; eines Gesanten 136 n. 210; — eines Neutralitätsbrechers 788; — eines Souveräns 130 n., 142; diplomatischer Agenten 637.
Geiseln 426, 427, 500 e, 600.
Geldcontributionen 654, 717.
Geleitscheine 675—677.
Geleitschiffe 824—826.
Gemal, Gemalin, furstlicher (e) 154 ff.
Gemeinflusse 314 n.
Gemeingefahrliche Verletzungen des Völkerrechts 471—473, 478.
Generalconsuln S. 23, 271.
Genfer-Vertrag v. 1864: 586 n.
Gerichtsbarkeit, der Civilgerichte, uber die Exterritorialen 140.
Germanen, das Völkerrecht der S. 14 und 15.
Gesammtstat (Statenverein) 71 ff., 432 n., 444 n. 1, 480, 496, 514.
Gesante: deren: Unverletzlichkeit S. 21 ff.; Einrichtung ständiger S. 22; völkerrechtl. Persönlichkeit 27; Begriff 170; Klassen und Arten 171 ff.; im Alterthum 171 n.; ständige und nichtstandige 180; Beginn des Charakters 183 ff,; persönliche Rechte u. Pflichten 191 ff.; Disziplinargewalt über ihre Angehörigen 216, Gerichtsbarkeit über dieselben 216 n., 217, 220, 221; Steuerfreiheit 222, 223; Abberufung 228; Beforderung 236; Verabschiedung, feierliche 238; Verlassenschaft 240; Suspension ihrer Thätigkeit im Kriege 555; neutrale Ges. 555; Bruch ihrer Rechte 191 ff., 472.
Gesantschaftsrecht, aktives 159 ff.
Geschäftsträger (chargés d'affaires) 171, 174, 233.
Gesetzesrecht 12 n. 2.
Gesetzgebung, völkerrechtl. S. 2—7.
Gewässer, Gemeinschaft der S. 25 ff.
„ öffentliche 304 ff.
Gewalt, angebliche Herrschaft der S. 9 ff.
Glaubensverfolgungen 411, 472.

Gleichgewicht 95—100.
Gottesfriede (treuga Dei) 687 n.
Gregor XVI. Pabst 117 n.
Grenzen, des Statsgebiets 296 ff.
„ des Völkerrechts S. 17; 1 u. ff.
Grenzregulirungen 47.
Grenzverhältnisse 42 n.
Grenzzeichen 296 n.
Groot (Grotius) Hugo de S. 16, S. 26, S. 31, S. 32; 1 n. 2, 16 n., 151 n., 210 n., 304 n., 657 n. 1, 709 n., 742 n.
Grosstat, nationaler, 99 n.
Grundlage des Volkerrechts S. 1 u. 2; 1 u. ff.
Güter, geborgene, 668.

H.

Hafenordnungen 327 n.
Halbsouveranetat 78.
Hamilton S. 45.
Handel, mit Waffen u. dgl. 765.
Handelsconsuln S. 22 u. 23.
Handelsschiffe, feindliche, 669.
Handelsverkehr, dessen Hemmung 500.
„ neutraler, 798 ff.
Handlungsfähigkeit der Staten 62 u. 63.
Häuser, dynastische 293 n.
Hausrecht des Gesanten 206 n.
Haverei 262.
Heffter 16 n., 367 n, 568 n., 718 n. 3.
Heimatlosigkeit 369.
Heimfallsrecht S. 24.
Heinrichs' VII., englische Parlamentsacte v. 1494, 117 n.
Hellenen, das Völkerrecht der, S. 10 u. 11.
Herrenlose Sache 277 n. 2.
Hierarchie, romische, 165 n.
Hörigkeit, bauerliche S. 19.
Hülfslohn 336 n.
Hülfstruppen, Zufuhr von 815.
Humanitat, die, das Wesen der Civilisation 5 n.
Humboldt, Wilhelm von, S. 28; 312 n.

I.

Incognito 133.
Incorporate union 75.
Indult 669 n.
Innocenz III., Pabst, 560 n.
Inseln, neugebildete, 295.
Instruktion, fur die Armeen der Vereinigten Staten im Feld S. 5 und 6 und Anhang.
Interimsgesanter 180.
International law. 1 n. 2.
Internirung 398 n., 776.
Internuncius, österreichischer 173 n.
Internuntien, päpstliche, 173.
Interpretation der Statenvertrage 449.
Intervention, deren: Unzulässigkeit im Allgemeinen 474; Geschichte 474 n. 2—4; Zulassigkeit auf Anrufen 475 —477; Zulassigkeit ohne Anrufen 478, 480, 515 n.; Abwehr durch die ubrigen Mächte 479.
Intervention, des Heimatstates 380 n.
„ des Garanten 431 u. ff.
Interventionen, der heiligen Allianz, 68 n.
Interventionsrecht u. Politik 107, 120 n.
Italien, Königreich 104 n., 125 n.
Jakob II. 117 n., 118 n.
jus albinagii 393 n.
„ avocandi 375, 394.

K.

Kämpfer (combattans) 578, 594.
Kaiserthum, römisch-deutsches S. 15.
Kant S. 24.
Kanonenschussweite 302, 309 n.
Kaperbriefe 670 n. 1.
Kaperei, Abschaffung der, S. 41 u. 42; 670 n. 2 u. 3.
Kaperschiffe 349 n 3, 501 n. 2, 572, 670.
Katharina II. von Russland S. 44.
Kent 16 n.
Kirche, romisch-katholische, im Mittelalter 26 n.
Kirchen, die christlichen, sind keine völkerrechtl. Personen i. engern Sinne 26.

Klüber 742 n.
Knechtschaft, erbliche S. 19.
Königskammern 309 n.
Krankenwagen (Ambulancen) 586 ff.
Krankenpflege 591.
Krieg S. 7, S. 9, S. 30: dessen: Begriff 510; gerechter, ungerechter, völkerrechtswidriger 447, 515, 519, 520, 535; sein Einfluss auf die Verträge 461.
Kriegs-Allianzen 446 n., 447.
„ -Anleihe 768.
„ -Artikel, nordamerik., s. Anhang.
„ -Ausrüstung 57, 645, 664.
„ -Beute im Landkriege: 644—650, 659.
Kriegs-Beute im Seekriege: 664; — Rückgabe derselben 722, 723.
Kriegs-Contrebande S. 42; 765, 794, 795, 801, 802; absolute 803; relative 805, 806; dann noch 807—817.
Kriegs-Depeschen 803 n 5.
„ Dienst 576.
„ -Erklärung 521—525, 537.
„ -Eröffnung 525—528.
„ -Gefangene S. 35; 349 n. 2 u. 3, 582, 585, 593—626, 639, 716, 737, 738.
Kriegs-Gerichte, standrechtliche, 547 n. 2, 548.
Kriegsgewalt, Rechte und Pflichten der 541—551; 568—577.
Kriegs-Lasten S. 39.
Kriegs-Manifest 522, 524.
„ -Mittel 534; unerlaubte: 557—563, 566; erlaubte: 564, 565, 583.
Kriegs-Parteien 511—514, 530.
„ -Rebellen 643.
„ -Recht S. 30 u. ff.; Ausübung dess. 542, 543, 550; Missbrauch dess. 542.
Kriegs-Rüstung, ist Gegenstand des Beuterechts S. 39.
Kriegs-Schiffe 321; nothleidende: 775, 776.
Kriegs-Sitte, gute, 544, 560, 567, 578 n., 622 n., 661, 685, 807.
Kriegs-Trophäen 650 n. 1 und 3.
„ -Ursachen 516—519, 536.
„ -Verräther 631—634, 639.
„ -Ziel 536.
„ -Zustand, Wirkungen des, 529 ff.
Kündigungsrecht, einseitiges, eines Vertrages 454, 458.
Küsten S. 26 u. 27.
„ -Gewässer, neutrale, 772.
„ -Handel (Cabotage) der Neutralen 800.
Küsten-Saum 302, 303, 309, 322.
„ -Schutz 303.
„ -Stat 322, 323, 325, 338.
Kurfürsten, Rang der, 87 n.
Kurhessischer Rechtsstreit 733 n.

L.

Landeskirche 26 n.
Landesverrath 631 n., 634 n.
Landsee, als Grenze 301.
Landsperre 506 n. 2.
Landsturm 597, 598.
Laurent S. 14; 425 n., 663 n.
Lebensmittel, Zufuhr von, 807.
Legaten und Nuncien, päpstliche 165 n., 172.
Legati a (de) latere 172 n. 2.
„ reverentiae 181 n.
Legitimität (Illegitimität) einer Statsregierung 120.
Legitimitätspolitik 120 n.
Legitimitätsprinzip S. 47 u. ff.
Lehensherrlicher (oberherrlicher) Stat 76, 77, 444 n. 1.
Leibeigenschaft, Aufhebung der in Russland. S. 20.
Leinpfad 312.
Licenzen (Erlaubnissscheine) 674 n. 4.
Lieber, Professor S. 5, S. 30. Vorrede.
Lincoln S. 5, 349 n, 3, 832 n., 1.
Localisirung d. Krieges S. 44, 747.
Londoner Vertrag (v. 15. Nov. 1831) 745. b (v. 1867) 745 d.
Loos, Entscheidung durch das, 178.
Lossagungsrecht (von den Concordaten) 443 n. 3.

Ludwig XIV. S. 22.
Ludwig XVIII. 117 n.
Ludwig Philipp 117 n.
Luneviller Friede 298 n. 2.

M.

Magna Charta, englische (v. 1215), 657 n. 1.
Majestät (Titel) 89.
Manus Gesetzbuch 585 n.
Maria Stuart 130 n.
Marinegerichtsbarkeit 321 n.
Marketender 578.
Marode, Marodeurs S. 35, S. 39; 642.
Martens 200 n., 202 n.
Mediatisirung 288 n. 4.
Meer, als Grenze 302.
Meer, Freiheit desselben S. 26; 304, 305.
Meere, geschlossene, 306.
Meereseinbruche 309.
Mehrheitsbeschlusse 10, 113.
Mensch, der einzelne 23.
Menschenrechte S 19; 529 n. 2, 533.
Metternich 120 n.
Militarcapitulationen 759 n.
Militarpflicht 391.
Militärspitäler 586 ff., 685.
Minister, bevollmächtigte 171, 173 n.
Ministerresidenten 171, 174.
Minneverfahren 481—487.
Mittel, friedliche, des Völkerrechts S. 8.
Mission, ausserordentliche, 175.
Mobiliar, eines Exterritorialen, 153.
Monroedoktrin 474 n. 3.
Montesquieu 7 n.
Mortara, Raub des, S. 21.
Moynier, Prasident 586 n.

N.

Napoleon I. 117 n., 130 n.
Napoleon III. 108 n., 109 n., 117 n., 124 n.
Nation 1 n 2.
Nationalität, der Schiffe 324 u. ff.
Nationalstat 288.
Naturzustand, angeblicher, 529 n. 1, 538 n. 1.
Navigationsakte 327 n.
Nebenländer 80.
Nebenvertrag 430—432.
Neugestaltung e. States 517.
Neutralität im Allgemeinen S. 44 u. ff.; Begriff der N. 742, 743; Grundbedingung d. N. 744; Arten der N. 745—748; Bedingungen der N. 749 u. ff.; Pflichten der Neutralen 756 u. ff.; Rechte der Neutralen 783 u. ff.; Handelsverkehr d. Neutralen 798 ff.
Neutralität, Belgiens 432 n., 440 n., 745 b); Luxemburgs 440 n., 745 d); der Schweiz 745 a); Serbiens 745 c).
" bewaffnete (von 1780 und 1800) S. 44; 447 n. 1, 794 n., 801 n. 2, 803 n. 3, 824 n., 825 n., 830 n., 835 n. 4.
" der Krankenwagen, Militärspitäler u. s. w. 586—592.
Neutralitatsakte, engl. (v. 1819) u nordamerikanische (v. 1794 u. 1818) S 45.
Neutralitätsbruch 779—781, 788—790.
Neutralitätsgesetz der Ver. St. v. Nordamerika 763 n. 2.
Nichterfullung, der völkerrechtlichen Verbindlichkeiten 462.
Nichtinterventionsprincip 474 n. 3 u. 4.
Nichtkämpfer (non combattans) S. 34, 578, 595.
Nikolaus I. Kaiser 124 n.
Nomadenvölker 20.
Nothwehr, Recht der, 144, 194.
Notification, der Ankunft von Gesanten 187; der Thronfolge 229.
Nuncien siehe Legaten.

O.

Occupation herrenloser Sachen 277 n. 2.
" gestrandeter Waaren u. s. w. 335.
" statenlosen Landes 278, 279—283.
Offene See — als Kriegsfeld 814.
Offensivallianzen 446 n., 447 n. 2.

Officiere neutraler Staten 638 n. 1.
Organe, völkerrechtliche 115 ff.

P.

Pacifico-Angelegenheit 500 n 3, 502 n.
pacta 405 n.
pactum instar legis 402 n.
Pabste, deren völkerrechtliche Stellung im Mittelalter S. 12; 425 n.
Panin, russischer Kanzler, S. 44.
Pardon, siehe Quartiergeben.
Pariser Vertrag vom 30. Marz 1866 745 c
Parlamentäre 681–684, 687 n, 697 n. 1.
Parlamentärflagge (Fahne) 681, 684.
Parole s. Ehrenwort.
Parteigänger 570.
Parteien, sind nicht Subjekte des Völkerrechts im e. Sinne 24.
Partikularstaten 99 n.
Pässe 186.
Passe, militärische 675–678, 792.
Passzustellung an einen Gesanten 210.
Patent, der Consuln 245
Penn, William 280 n.
Pentarchie 103–107, 471 n.
Personal, der Spitaler und Ambulanceu 587 u. ff.
Personalprincip 379 n.
Personalunion 51, 74, 75.
Personen u. Guter, neutrale, 793–795.
Personen, völkerrechtliche 17 u. ff.
Peter d. Gr., von Russland 133 n., 218 n.
Pfandnahme, gewaltsame, 429.
Phillimore 762 n.
Piraten, Piraterie 349, 351, 472, 513, 521 n.
Piratenschiffe 343–351.
Piratenstaten 349.
Plätze, offene und feste, 554 n.
Platon S. 11.
Plünderung 661.
Portalis 531 n.
Postbureau, internationales, S. 32.
Postliminium 727–741, 860 n. 1.
Prasident, einer Republik, 126, 128.
Praxis, statliche, des vor. Jahres 77 n.
Praxis, statsmännische, deren Einfluss auf das Völkerrecht S. 15; amerik. S. 46.
Pressfreiheit während des Kriegs 545 n. 1.
Preussen 104 n.
Prinzen und Prinzessinen, der souveranen Häuser 157, 158.
Prise, Prisenrecht, Prisengericht S. 45; 346, 347; 500 n. 3, 507, 509 n., 527 n., 668, 672, 741, 777 n., 786, 809–811, 818, 822, 825, 841 u. ff.
Privateigenthum, im Landkriege S. 36 ff. 652, 653 u. ff.; im Seekriege: 665, 666.
Privateigenthum, des States 58.
Privatgut, furstliches, 734.
Privatgut, dessen Beschlagnahme, 500.
Privatkrieg 670 n. 1.
Privatpersonen im Kriege 530, 531.
Privatrechte, Schutz derselben durch das Völkerrecht S. 18.
Privatrepressalien 503 n.
Protest 482.
Protokolle, völkerrechtliche 12 n. 2.
Provincialschulden 47.
Pufendorf S. 16, S. 31; 7 n.
Punctationen 418.

Q.

Quartiergeben 580–584.
Quellen, d. Völkerrechts S. 3 u. ff., 10–16.

R.

Rang, der Staten 84 ff.
„ kaiserlicher 86.
„ königlicher 87, 172.
„ der Familiengenossen eines Souveräns 155 u. ff.
„ der Gesanten 171 u. ff.
Rangerhöhung, eines States, 94.
Rangordnung, der Gesanten untereinander 176.
Ratification, der Verträge, 419–421.
Raubstaten, afrikanische, 513 n. 2.
Räuber 571, 641.
Realunion 75 n. 2.
Recht, der nationalen Entwicklung und der Selbstbestimmung der Völker S. 46 u. ff.
„ conventionelles und nothwendiges 402 n., 460 n.

Recht internationales 1 n. 2.
„ der königlichen und kaiserlichen Staten 89.
Rechtsbruch 464, 465.
Rechtsbücher, volkerrechtliche S. 6.
Rechtsgleichheit der Staten 81 u. ff.
„ der Völker 2.
Rechtspflege, völkerrechtliche S. 7—8.
Rechtsschutz S. 7; statlicher in der Fremde S. 24—25.
Rechtsverschiedenheit, kein Grund zur Retorsion 505 n. 2.
Rechtsverwahrung 482.
Recriditivschreiben 238.
Recognitionspatrouillen 630.
Reichsverfassung, alte deutsche, 160 n.
Reihenfolge, der Staten, bei der Unterzeichnung v. Akten u. Verträgen 178.
Reislaufer 758.
Religion und Recht 6 n. 2.
Religionsübung, Recht der Gesanten auf freie, 203, 208.
Reprasentationsrecht im Volkerrecht 115, 116, 454 n.
Repressalien: S. 34; zulassige, ohne Krieg 500; unzulassige 501.
„ Umfang der 502.
„ berechtigt dazu 503.
„ Dauer derselben 504.
„ im Kriege 567, 580, 654, 685 n.
Reprise 846, 859, 860.
Requisitionen 653, 717.
Restaurirte Regierung 731—735.
Retorsion 505.
Rettungsanstalten 337, 338.
Rettungslohn 336 n.
Revolution, griechische, belgische, französische 120 n.
Rheden S. 27.
Rheinschifffahrt S. 27. 314.
Richelieu S. 22.
Römer, das Völkerrecht der S. 11; 512 n. 4.
Rücktrittsrecht vom Vertrage 455, 462, 500 g.

S.

Säcularisation 288 n. 4
Saint Pierre, Abbé, 95 n.
Sanitätspersonal s. ärztliches.
Schätzungsverfahren 488 n.
Schiedsgericht, S. 8, S. 29 u. ff.; der Päbste im M.-A. S. 12 u. ff.
Schiedsrichterliches Verfahren 488—498.
Schiffahrt, freie, S. 25 ff.; 307, 308, 310, 312, 314, 316, 325, 327, 411.
Schifffahrtsakte, englische (1854) 330 n., 333 n., 335 n, 336 n., 337 n.
Schifffahrtsgebuhren 315.
Schiffe, gestrandete 668.
Schiffe: Gebietstheile des Landes 317.
„ Handels- oder Kriegsschiffe 317n.
„ fremde 319, 323, 328, 339, 341.
„ auf offener See 318.
„ Gerichtsbarkeit daruber 319, 320, 322.
„ exterritoriale 321.
Schiffe barbarischer Stamme 325 n.
„ Papiere derselben 326.
„ Ausweichen der 330.
„ Fahrregeln für die 331, 332.
„ „ in Seegefahr 333.
„ „ nationale 350.
Schiffbruchige 334, 337, 338.
Schiffsrecht 317 u. ff.
Schill 512 n. 2.
Schlesische Landesschuld 500 n. 3.
Schranken des Völkerrechts S. 17 u. ff.
Schutzfahnen 685.
Schutzhoheit 78, 403 n.
Schutzpflicht, der Staten gegenuber den Gesanten 192, 239, 275.
Schutzrecht u. Pflicht d. Staten, gegenüber ihren Angehörigen im Auslande 380, 384, 468.
Schutzstaten 78; deren Rang 92, 444 n. 1.
Schutzwachen, Schutzbriefe 686.
Schutz- und Trutzbundnisse 446 n.
Schweden 104 n
Sclavenhandel 351, 363.
Sclavenmärkte S. 20; 363.
Sclavenschiffe 351.

Sclaverei, Verhalten der Römer, des Christenthums dagegen S. 18—19.
„ die, im germanisirten Europa S. 19.
„ in Amerika S. 19.
„ Verhalten der Engländer dazu S. 19.
„ Erklarung des Wiener Congresses dagegen S. 19; 351 n.
„ Verbot derselben durch die V. St. v. N.-Amerika S 19.
„ Massregeln dagegen S. 20.
„ Aufhebung d. in Nordamerika S. 20; 15 n, dann 360, 361, 362, 411, 472.
Seebeute 111 n.
Seeblokade 506 n. 2.
Seegruss 83 n. 2, 90 n. 2.
Seehäfen S. 27, 309.
Seeherrschaft, angemasste 304 n., 305 n., 310 n. 2, 472.
Seehoheit, angemasste. d. Engländer S. 26.
Seekriegsrecht S. 40 u. ff.
Seepolizei, volkerrechtliche S. 20; 341 n., 344 n.
Seeraub, autorisirter S. 41.
Seerauber S. 35; 343.
Selbständigkeit der Staten 8.
„ deren Beschrankung 9.
Selbstbefreiung eines Volkes vom Feinde 730
Selbsthülfe, gewaltsame, S. 7 ff; 429, 448, 449 ff., 464, 510 ff.
„ zur See 340 n., 348.
Siegelung der Verlassenschaft von Gesanten 240.
Siegesdenkmaler 650 n. 2.
Sonderbundskrieg, Schweizer, 514 n. 1.
Souveräne, deren volkerrechtliche Persönlichkeit 27; Verträge ders. 443.
Souveränetät der Staten 64—80.
Souveränetätsrechte, des States, 68.
Spanien 104 n.
Spione, Spionerie S. 35, 628, 629, 630, 633, 639, 683.
sponsiones 405 n.
Stämme, barbarische, 280.
„ wilde, 535 n. 2, 557 n.
Standrecht S. 35, 348, 547, 548.
Stapel- und Landungsplätze 315.
Stat, der, Begriff S. 2.
Staten: Subjekte des Völkerrechts 17 u ff.; Entstehung und Anerkennung neuer Staten 28 ff.; Untergang der St. 46 ff.; völkerrechtliche Eigenschaften der St. 62 ff; halbsouveräne 78, 79; deren Rang 92, 93; Bildung neuer St. 279 n.; paciscirende 444; Subjekte des Krieges 530 ff.; neutrale St., deren bewaffnete Allianz 447 n 1, deren Handel 507.
Statenbildung 28 n., 279 n.
Statenbünde 70 ff.; 160.
Statenbund, allgemeiner, 10 n.
Statenfamilie, europaische 98 n.
Statenfolge 46 ff
Statenreiche 70 ff., 160, 373.
Statensysteme S. 96 u. ff.
Statenverträge 442, 489 n. 1, 497, 538.
Statsdienstbarkeiten 42 n., 69, 353 u. ff., 771.
Statsehre, Recht auf, 83.
Statsgebiet: Eigenschaften 284; Abtretungen von 46 ff., 285, 286, 287; Erweiterung und Verminderung dess. 294, 295; Grenzen dess. 296—299.
Statsgenossen, im fremden Lande 378, 379.
Statsgenossenschaft: Erwerb und Verlust im Allgemeinen 364; der Ehefrau u. ehel. Kinder 365; der unehel. Kinder 366; der Landsassen im weitesten Sinne des Wortes 367; Auflosung 371; zweifache 373, 374.
Statshäupter: deren völkerrechtliche Persönlichkeit 27; als Schiedsrichter 489 n. 2.
„ deren Reprasentationsrecht 115—125.
„ die, als souverane Personen 126—134.
Statsinteresse 518.
Statspersönlichkeit: Repräsentant derselben 115, 116, 117.

Statsrecht, äusseres 1 n. 2.
Statsschulden 59.
Statsumwälzungen 474.
Statsvermögen 54.
" dessen Beschlagnahme 500.
Statthalter 161.
status quo (post und ante bellum) 700 n., 715.
Steuerbefreiung der Exterritorialen 138, 267.
Strandrecht 334, 335.
Strassen, offene, 47.
Ströme und Flüsse S. 27; 311, 312, 314.
Sühneversuch 521.
Sundzoll, Aufhebung desselben S. 26 u. 27; 310 n. 2.

T.

Talionsprincip 501 n. 1.
Telegraphenbureau, internationales, S. 32.
Telegraphenkabel 651.
Territorialprincip 379 n.
Thalweg 298, 299.
Thronfolge, Verträge über, 443.
Thurn- und Taxis, Familie, deren Postregal 443 n. 2.
Titel, der Staten 84 ff.; der Familiengenossen eines Souveräns 155 ff.
Tödtung, unnöthige 579.
Tractate 418.
Truppentheile, verfolgte, 774, 776, 785.
Truppenwerbung 760 – 762.
Türkei, deren Aufnahme in's europäische Völkerrecht S. 17; Schutz der christlichen Rajahs gegen dieselbe S. 21.

U.

Ueberfall, gewaltsamer, fremder Statsgebiete ohne Kriegsursache 472, 481.
Uebergabe auf Gnade u. Ungnade 698.
Ueberläufer 627.
Ufer S. 26.
Uferbauten 47, 299 n.
Uferstaten 288, 295, 299, 300, 301, 303, 310 n., 312, 314, 316, 322, 337
Unabhängigkeit, der Staten 64 u. ff.
Unfrei Schiff, frei Gut 795 n.
Uniformirung 570 a n. 3.
Union 70.
Universalherrschaft, Streben nach, 99, 100, 412, 472.
Unterdrückung, fremder Völker 81, 412, 472.
Unterpfand 428.
Untersuchungsrecht: gegen die Sclavenschiffe S. 20; Widerspruch der Ver. Staten und Frankreich dagegen 352 n.; gegen verdächtige Schiffe 344, 345, 352.
Unterthaneneid 551.
Unterwerfung des besiegten Feindes 701, 702.
Unverletzbarkeit, Recht der, 191, 192, 193, 239.
Usurpator 117.
Uti possidetis 715 n.

V.

Vasallenstaten 76, 77; deren Rang 92, 444 n. 1.
Vattel S. 33, S. 34; 147 n., 150 n., 201 n., 573 n., 585 n., 594 n. 1, 692 n.
Veränderungen des Flussbettes u. Thalweges 299.
Verbittung und Verweigerung der Annahme eines Gesanten 164, 165, 166.
Verbrechen, politische, deren Unterschied von gemeinen 564 n. 1.
Verbrecher, fremde, 395, 401.
Verdrängung des Feindes 728 u. ff.
Vereinigte Staten von Nordamerika 98 n., 111, 114 n., 160 n., 310 n. 2.
Vereins- u. Versammlungsrecht während des Krieges 545 n. 1.
Verfahren, schiedsrichterliches S. 29 ff., 488 u. ff.
Verfassungsänderungen, innere, eines States S. 46.
Verfassungsstreitigkeiten 474.
Verfassungswandlung, deren Einfluss auf die völkerrechtlichen Verhältnisse der Staten 39 ff.
Vergleich 482, 494.

Verhältnissmässigkeit, Grundsatz der, zwischen Schuld und Folgen 469—502 n.
Verhandlungen, unter den Kriegsparteien 679 ff.
Verjährung, völkerrechtliche 290 n.
Verkehr, friedlicher, Pflege dess. S. 21 ff.; allgemeine Verkehrsgemeinschaft S. 25; Verkehr zur See S. 27.
Verkehrsrecht, internationales, S. 24.
Verkehr, unter den Kriegsparteien 674 ff.
Verkehr, Recht und Pflicht des völkerrechtlichen 159 ff.
Verkehrsanstalten, muthwillige Zerstörung der, 651.
Verkehrssperre (blocus) 506, 507, 508.
Verletzung eines Gesanten 193.
Vermittlung S. 29; 485—487.
Vermögen, feindliches, im Landkriege S. 36 ff.; im Seekriege S. 40 ff.
Versuche, bosartige, zur Schadigung des Feindes 640.
Vertilgungskrieg 535.
Vertrag, völkerrechtlicher, 12 n. 2.
Vertrage, zur Abschaffung der Negersclaverei 351 n.; uber wechselseitiges Untersuchungsrecht d. Schiffe 352.
Vertrage, volkerrechtliche S. 5.; 402 ff.
Fähigkeit zur Abschliessung von, 403; Erfordernisse zur Gultigkeit ders. 404—407, 416, 444.
Einfluss des Zwanges u. dgl. darauf 408, 409.
Rechtsgrund der Verbindlichkeit der Vertr. 410.
ungültige Verträge insbesondere 411, 412, 474.
wirkungslose Vertrage 413, 414.
Lossagungsrecht von Vertr. 415, 456, 460.
Form der Vertr. 417 ff. — 424.
Verstarkung der Vertr. 425 ff., 441.
Arten der Vertr. 442-445.
Vertragserneuerung, stillschweigende, 451.
Vertragsrecht 3 n. 1, 12 n. 2, 494 n.
Vertragsverbindlichkeit, Aufhören der 450—461.
Vertragsverhältnisse, zwischen den Staten, Einfluss des Krieges auf diese 538; des Friedensschlusses auf diese 718.
Vertreter des Völkerrechts 5.
Verwaltung und Rechtspflege während des Krieges 541, 545, 547.
Verweigerung der Ratifikation der Verträge 420.
Verwundete im Kriege, 582, 586, 590, 591.
Verzicht 288, 482, 494 n.
Veto 113 n.
Vicekonige 161.
Victor I. Emanuel König 735 n.
Visitationsrecht, der Kriegsschiffe gegen verdachtige Sclavenschiffe S. 20.
Volkergericht S. 7.
Volkerrecht: Begriff S. 1 und 2; 1; Keime desselben bei den wilden und barbarischen Stämmen S. 10; christliches S. 12; der Barbaren, Hellenen, Römer, Germanen S. 10 u. ff.; seine Befreiung von religioser Befangenheit S. 16 ff.; — Aufleben des modernen S. 15 ff.; Schranken desselben S. 17 ff.; Ausdehnung S. 17; Aufgabe S. 17 ff.; Begrundung, Natur und Grenzen des Völkerrechts 1—16; conventionelles u. nothwendiges 13 n. 2.
Völkerrecht: Verletzungen dess. und Verfahren zur Herstellung dess. 462 ff.
Vortritt 89 ff.

W.

Waare, neutrale, auf feindlichem Schiffe ist freies Gut S. 43.
Waffenruhe 687—689, 691—696.
Waffenstillstand 688—696.
Waffenvorrathe 57.
Washington S 45, 756 n. 2; 763 n. 2.
Wechsel der Regierung, Einfluss auf die völkerrechtliche Persönlichkeit 123; auf die Fortdauer der Creditive 230—232.
Wechsel, des Ministers des Aeussern, Einfluss auf die Creditive 233.
Wegfuhrer 634—636.
Wegnahme d. Kriegscontrebande 806 n. 1, 808, 809, 813, 818.

Wegweisung, von Flüchtigen 398 n.
Wegweisung, fremder Kriegsschiffe 321 n.
„ e. Gesanten 210, 235, 637.
„ von Korrespondenten 638.
Wegzug, freier, 392, 393.
Weltbürgerrecht S. 24; 23 n.
Weltcongress 108, 111, 112.
Weltherrschaft, Anspruch der Päbste darauf S. 13; der deutschen Kaiser S. 15; 412.
Weltmacht 104.
Weltordnung, Gefährdung der allgemeinen, 471, 472.
Weltstat und Weltgesetzgebung 10 n., 22 n.
Weltstrassen S. 32.
Weltströme, mehrstatliche u. einst. S. 29.
Weltverkehr 314 n.
Weltverkehrswege 307, 472.
Widerstand, dessen Erlöschen 289.
Wienercongress-Akte (v. 1815) S. 28 n, 103 n., 312 n., 314 n., 315 n.
Wienercongress-Protokoll 171 n., 172 n. 2, 175 n., 176 n., 177 n., 178 n.
Wildfangsrecht S. 24.
Wilhelm I. Kurfürst 735 n.
Wilhelm III. v. England 117 n.
Wissenschaft, Einfluss der auf das Völkerrecht S. 15.
Wohnort 367, 376.
Wohnung, Quartier, Wagen des Exterritorialen 150—151, 200, 201.
Wrack 335.
Würde, Missachtung der e. States 453.

Z.

Zerstörung von Privateigenthum im Kriege 662, 663.
Zurückhaltung der Geiseln 426.
Zwangsabtretung, von Privateigenthum im Kriege 655.
Zwangsverkauf 811.
Zwischenregierung 44, 45, 731—735.

Von dem Verfasser Professor **Dr. J. C. Bluntschli**
erschienen bei uns ferner:

Das Beuterecht im Krieg und das Seebeuterecht insbesondere. Eine völkerrechtliche Untersuchung. 1878. 3 ℳ

Das moderne Kriegsrecht der civilisirten Staten. Taschenausgabe für Militärs ꝛc. 2. Abdruck. 1874. 1 ℳ 60 ₰.

Deutsche Statslehre für Gebildete. 1875. (Gebdn.) 6 ℳ

Inhalt: Thl. I: Allgemeine Statslehre; Thl. II: Deutsches Statsrecht; Thl. III: Ueberschau der nichtdeutschen Staten.

Die rechtliche Unverantwortlichkeit und Verantwortlichkeit des römischen Papstes. Eine völker- und statsrechtliche Studie Mit einer Beilage: Das italienische Garantiegesetz. 1876. 1 ℳ

Character und Geist der politischen Parteien. 1869. 2 ℳ 80 ₰.

Altasiatische Gottes- und Weltideen in ihren Wirkungen auf das Gemeinleben der Menschen. 1866. 2 ℳ 60 ₰.

Nördlingen, im Juli 1878.

C. H. Beck'sche Verlagsbuchhandlung.

Printed in Dunstable, United Kingdom

91231752R10318